구약성경 입문
- 제1권 -

Th. 뢰머, J.-D. 마치, Ch. 니한 외 공저

김 건 태 옮김

Th. Römer, J.-D. Macchi et Ch. Nihan (éd.)
***Introduction à l'Ancien Testament.* Vol 1.**

Translated by **KIM Gun-Tai**

IMPRIMATUR

Suvon, die 13 Mensis Januarius, 2019
+ Mathias I. H. RI
Episcopus Suvonensis

구약성경의 입문 1
- Th. 뢰머 외 공저 -

교회인가 : 2019년 1월 13일 수원교구
초판 1쇄 인쇄 : 2019년 4월 1일
1쇄 발행 : 2019년 4월 10일
2쇄 발행 : 2022년 5월 6일

옮 긴 이 : 김 건 태
펴 낸 이 : 곽 진 상
펴 낸 곳 : ©수원가톨릭대학교 출판부
등 록 : 1990년 1월 13일 제90-1호
주 소 : 경기도 화성시 봉담읍 왕림1길 67
전 화 : 031-290-8814

인 쇄 : 하상출판사
주소 · 수원시 장안구 천천로 210번길 21-1
등록 · 제10-51-96-1-3호
전화 · 031-243-1880 / **팩스** · 031-248-4842

ISBN : 978-89-7396-063-7
978-89-7396-051-4(세트)

값 : 35,000원

※ 이 도서의 국립중앙도서관 출판예정도서목록(CIP)은 서지정보유통지원시스템 홈페이지(http://seoji.nl.go.kr)와 국가자료종합목록시스템(http://www.nl.go.kr/kolisnet)에서 이용하실 수 있습니다. (CIP제어번호 : CIP2019012667)

구약성경 입문

- 제1권 -

입문 일반

오경

예언서

수원가톨릭대학교 출판부

□ 목차 □

제 1 권

제1부 : 오경

제2부 : 예언서

제4부 : 제2경전

제2판 서문과 본서 사용 방법

뢰머 (Thomas Römer)

적지 않은 여러 언어로 번역되었다는 사실이 보여주듯이, 이 입문서가 이루어낸 성과는 이제 기존의 장들을 개정하고 현실에 맞게 수정하면서 새로운 장을 첨가하는 제2판을 준비하도록 이끌었다.

초판에서 우리는 그리스도교에는 두 개의 서로 다른 구약성경 판이 있다고 언급한 바 있다. 프로테스탄트의 구약성경은 유다교의 성경을 그대로 취한 것이며, 가톨릭의 구약성경은 유다교 경전에 수록되지 않은 몇몇 책을 포함하고 있는 그리스어 역본에 기초한 것이다. 여기서 우리는, 구약성경 경전이 공적인 결정을 통해 확정되어 본 적은 없지만, 현대의 성경 연구가 히브리어 성경의 형성 과정을 보다 정확하게 이해하기 위해 관심을 두기 시작한 상당수의 작품을 사용하고 있는 동방교회를 등한시했던 것이 사실이다. 따라서 제2판은 이 작품들 가운데 가장 중요한 작품들을 받아들이기로 했다. 이 입문서의 새로운 단원인, '동방교회의 구약성경'이라는 제하의 제5부에서 마카베오기 3-4권, 에즈라기 3-4권, 희년서, 에녹서와 열두 성조의 유훈과 같은 작품들이 소개될 것이다. 짧은 시간 내에 제5부의 장들을 준비하기로 한 랑글루아(M. Langlois)님과 하미도비치(D. Hamidović)님께 감사드린다. 이 입문서는

제5부의 내용을 통해, 우리가 알기로는, 이 작품들을 포함한 구약성경의 유일한 입문서로 자리하게 되었다. 성경 각 권의 책 이름 약어(略語)를 그대로 따르고 있는 불어판 '공동번역 성경'(TOB)의 편집 책임자들은 새로운 판에서 동방교회에서 사용하고 있는 상당수의 작품을 편입시킬 예정인 것으로 알고 있다.

또한, 우리는 기원전 1000년 동안 전개된 이스라엘과 유다의 역사를 간략하게 소개함으로써 이 제2판을 보완하는 것이 좋겠다고 생각했다. 이 책의 부록에 수록된 연대표만으로는 성경 각 권을 고유한 역사적 배경 속에 자리하도록 하는 데 충분한 자료를 제공하지 못하기 때문이다.

이 외에 다른 장들이 첨가되었다. 먼저 오경의 세 가지 법규집을 역사적이며 비교적인 방법으로 소개하는 장을 마련했다. 독자는 이 장에서, 세 가지 법규집을 포함하고 있는 토라의 책들 내부에서 이 법규집을 다루는 것으로는 미치기 어려운 각 법규집의 독자성과 목표를 제대로 파악할 수 있을 것이다. 또한, 독자는 성경의 지서들을 메소포타미아와 이집트의 지혜 세계의 틀 안에 자리하게 하는 지혜문학 입문 일반을 만날 수 있을 것이다. 유다교의 묵시문학에 관한 새로운 장은 헬레니즘 시대와 로마제국 시대에 이 문학이 차지했던 중요성을 주지시켜 줄 것이며, 독자들이 초기 유다교 세계와 관련된 이러한 유형의 저서들을 올바르게 이해하는 데 필요한 정보를 제공해줄 것이다.

개정 보완된 제2판은 초판과 마찬가지로 성서학과 유다교를 공부하는 학사과정의 학생들만이 아니라, 그리스도교 신자들의 구약성경인 히브리어 성경의 내용과 형성에 대하여 알아보기를 원하는 모든 사람을 대상으로 하는 작품이다.

이 입문서의 초판과 제2판 사이에 새로운 가설들과 저서들이 간행되었고, 특히 오경과 예언서에 관한 새로운 관점을 열어주었으며, 이러한 새로운 관점들은 해당하는 장에 삽입시켜 놓았다. 이 입문서의 목적은 전문가들의 연구와, 이 연구의 마지막 결과에 대하여 잘 알지 못하는 일반 독자 사이의 간극을 최소화해 주는 데 있다. 성서학이 날로 전문성과 복잡성을 더해 간다는 점에서, 이 입문서를 공동으로 집필해야 한다는 것은 당연한 현실로 받아들여 진다. 사실 오늘날 어떤 한 개인이 구약성경 주석의 모든 영역에서 경쟁력을 갖출 수 있다는 것은 불가능하게 보이며, 이 점에서 우리의 집필 방식은 1995년에 쳉어(E. Zenger)에 의해 처음으로 출간된 '구약성경 입문'(*Einleitung in das Alte Testament*, 2008년 제7판)의 그것으로부터 영향을 받고 있다. 그럼에도 불구하고 우리는 쳉어와는 다르게 공동 집필진의 교파가 일치되어야 한다는 사실은 수용하지 않기로 했다. 이와는 달리 구약성경 주석 불어권 전문가들을 집필에 초대했으며, 나아가 몇몇 독어권 스위스 동료들의 협조를 구하기도 했다. 교파는 물론 어떤 주석학파에 속하느냐 하는 문제도 고려하지 않기로 했다. 여기서 우리는 이러한 도전에 활기를 불어 넣어줄 수 있었던 모든 사람에게 깊은 감사의 마음을 전한다.

이 책은 전반적으로 유다-그리스도교 문화의 기초가 된 본문들에 관한 역사적이며 학구적인 입문서가 되기를 바라는 마음에서 집필되었다. 따라서 신앙적인 접근이나 영성적인 작품과는 거리가 있다. 방법론적인 면에서 이 입문서는 성경 각 권을 내적인 일관성만이 아니라, 특히 각 권의 구성사와 함께 각 권이 기초된 역사적 문맥에 따라 이해될 수 있도록 최선을 다했다. 구약성경은 이스라엘 백성의 역사를 끊임없이 참조하는 작품의 총체이며, 근동 지방에서 기원전 1000년 동안 펼쳐진 역사적 문맥 속에 성경 본문들을 자리하게 하지 않고서는 제대로 이해할 수 없는 작품이다.

구약성경의 역사적 입문으로서 이 책은 성경 주석학계의 논쟁적 현실을 반영하지 않을 수 없었다. 이 점에서 구약성경의 다양한 작품들의 형성에 관한 유일한 답안을 찾고자 하는 독자는 실망감에 빠져들 것이다. 공동 작품은 당연히 관점의 다양성을 내포할 수밖에 없으며, 여기에 신약성경의 주석 이상으로 구약성경의 주석은 오늘날 활발한 논쟁의 대상이 되고 있다는 사실이 덧붙여진다. 히브리어 성경의 이해를 위한 핵심적인 관점 대부분은 오늘날 열정적이며 흥미진진한 논쟁의 대상이 되고 있어, 인위적이며 임의적인 관점으로 의견의 일치를 이루어내기 위해 침묵을 요구하는 일은 어리석은 일일 뿐만 아니라 지적으로 정직하지 못한 일이다. 한편 수많은 주제에 대해 의견의 일치를 보지 못하고 있다는 사실을 근거로 지금 개진 중인 다양한 견해들을 병기해 놓으면 된다는 명분을 내세울 수도 없는 노릇이다. 이와는 달리 공동 집필진에 부여된 집필 수칙은 독자들에게 성경 각 권에 관한 현재의 연구 상태를 제시하고, 문제에 대한 각자의 고유한 입장을 간결하게 서술하면서도 독자들이 다른 해결안도 선택할 수 있도록 그 가능성을 열어놓는 것이었다.

우리는 또한 이 책에 보다 확고한 윤곽을 제시하기 위해 성경 각 권을 소개할 때 일정한 일관성을 유지하기로 했다. 따라서 각각의 단락은 아래와 같은 동일한 질문, 무엇?(작품, 내용, 설계와 구조), 누구?(작품의 저자와 편집자), 언제?(문제의 작품이 탄생한 역사적 상황), 무엇의 도움으로?(자료, 곧 작품이 편집될 때 사용되었던 원전, 문헌, 전승 등), 누구 또는 무엇에 직면하여?(작품의 논쟁 마당, 비평의 대상이 되는 부분), 어떻게?(작품 이해, 주제, 의도)라는 질문에 답하는 형식을 취할 것이다.

성경 각 권에 관한 이러한 질문은 일반적으로 네 개의 부분으로 나뉘어 다루어질 것이다. '설계와 내용'이라는 첫째 부분은 각 권의 공시적(共時的) 접근을 제안한다. 작품과의 첫 번째 접촉을 일컬으며, 독자는 여기서 그 내용과 구조와 설계로 들어가게 될 것이다. 둘째 부분은 '출처와 형성'에 관한 것으로서 작품의 서로 다른 형성 과정, 저술 배경과 수신인, 역사적 상황 등 통시적(通時的) 부분에 해당한다. 작품의 대주제와 핵심적인 의도는 셋째 부분(주제와 의도)에서 취급될 것이며, 이때 공시적이며 통시적인 연구 결과가 어느 정도 제시될 것이다. 네 번째와 마지막 부분에서는 작품을 계속해서 연구하고자 하는 사람들을 위한 참고문헌들이 적시될 것이며, 독자는 여기서 앞선 부분에서 언급된 저자들에 관한 정보를 얻을 수 있을 것이다. 참고문헌 역시 체계적으로 정리되어 있다. 참고문헌은 대체로, (1) 총서에 따라 인용된 주요 주석서, (2) 몇몇 연구 현황, (3) 책 일반 또는 책 일반의 중요한 관점에 관한 주요 연구와 같은 세 단락으로 구성되어 있다. 이 책에 수록된 참고문헌이 완전한 것이라고 주장하지는 않겠으나, 숙고 끝에 엄선한 것만은 사실이며, 출판물의 범람으로 어떤 참고서를 택해야 할지 방황할 수 있는 독자에게 도움을 주려는 것이다. 또한, 가능한 범위 내에서 불어 출판물을 강조하기 위한 노력이 시도되었으며, 독어 출판물이 영어로 번역되어 있으면 그 번역본이 대부분 수록되었다. 총서와 논문지에 사용된 약어표는 이 책의 부록에서 확인할 수 있다.

오경의 경우 각 권은 별도의 입문 대상이 되었음을 밝혀둔다. 이러한 관점은, 오경을 하나의 총체로 제시하고 그 다섯 부분의 형성을 (1980년대까지 '문헌가설'이라 불렸던) 단 하나의 가설로 설명하고자 했던, 구약성경 입문서 대부분이 채택하고 있는 관점과 학구적으로 구별된다. 오경 연구에 관한 최근의 발전만큼이나 오경의 조직 연구에 기초가 되는 방법론은 오경 각 권의 문학적이며 신학적인 특성 고찰을 위해 기존의 연구 방법을 거부한다. 이 점에서 창세기는 특별한 대우를 받아온 덕에, 이 책에서도 서로 다른 세 개의 장을 할애하여 창세 1-11장과 12-36장과 37-50장을 독립적으로 소개하고 있다. 문학적이며 역사적인 설계에서 기원 설화와 성조 기사와 요셉 소설 사이에 존재하는 중요한 차이점 때문이다.

이 입문서 제2판은 네 가지 개론으로 시작된다. 삼등분되어 있는 히브리어 경전의 형성에 관한 논제, 구약성경의 주요 이본들과 그 전달과정 제시, 기원전 1000년 동안 펼쳐진 이스라엘과 유다의 역사 개관, 성경 형성에 이바지한 다양한 사회학적 배경 서술이다(이 마지막 부분은 E.A 크나우프의 저서 '구약성경의 세계'[*Die Umwelt des Alten Testaments*], Stuttgart, 1994를 번역하여 놓은 것이다).

한편 성경 각 권 소개는, 오경 형성에 관한 연구사와 현재의 논점과 함께, 여호수아기와 판관기와 사무엘기와 열왕기와 같은 신명기계 역사서를 규합하는 '신명기계 역사' 가설에 관한 연구사와 현재의 논쟁을 소개하는 논문들로 보완되었다. 예언서 소개는 예언서를 특징짓는 문학유형에 관한 입문과, 예언 본문들의 편집에 관한 서술로 시작될 것이다. 성문서에 할애된 부분은 지혜문학과 유다교 묵시문학에 관한 소개로 보충되었다. 공동번역(TOB)에서 오경에 관한 새로운 판을 마련할 때(Paris, 2003) 정리한 것을 약간 수정하여 이 책의 부록에 실은 연대표는 구약성경의 이해를 위한 주요 일자들을 요약하고 있으며, 독자들이 이 책의 개론 부분에서 확인할 수 있는 이스라엘과 유다의 역사 요약 부분을 보완해준다.

끝으로 독자는 이 입문서에서 이스라엘 하느님의 이름이 시종일관 네 개의 자음 Yhwh로 제시되어 있음에 주목할 것이며, 아울러 이를 야훼로 발음하는 것은 본래의 발음 야호(?)와 일치하지 않을 수 있다는 사실을 고려해야 할 것이다. 기타 히브리어 용어들은, 히브리어를 아는 사람들에게는 본래의 용어를 찾아볼 수 있도록 하고, 히브리어를 읽을 줄 모르는 사람들에게는 그 발음을 알아볼 수 있도록 하는 단순화한 법칙에 따라 옮겨 쓰기로 했다('u'는 'ou'를 옮겨 쓴 것이기에 *ketubim*은 *ketoubim*으로 발음된다).[1]

이 입문서는 다양한 방법으로 사용될 수 있다. 다른 어떤 책과 마찬가지로 처음부터 끝까지 읽어나가면서 구약성경 전체에 관한 기초 지식을 잇달아 접할 수 있다. 그러나 독자는 성경의 어떤 책에 특별한 관심을 두고 있거나 깊이 있게 공부하기를 원하는 경우 그 책의 입문부터

1) 역자 주 : 이는 어디까지나 불어 발음상의 문제이다.

시작할 수도 있다. 이 경우 그 책이 속해 있는 문학 총체(오경, 예언서, 성문서, 제2 경전, 동방교회의 구약성경)의 입문 부분을 앞서 읽어보는 것이 좋을 것이다. 이 입문서를 보다 효과적으로 사용하는 방법으로 우리는 동시에 히브리어 성경이나 구약성경을 펼치기를 강력하게 권고한다.[2] 그래야 각 주제를 다룰 때 인용된 중요한 성경 본문이나 참고 본문을 체계적으로 따를 수 있기 때문이다. 이 서문 끝자락에서 다양한 불어 성경 번역본 목록을 확인할 수 있다.

끝으로 이 책의 부록 가운데는 전문용어들과 주석 고유의 표현들에 관한 간결한 사전 하나도 게재되어 있다.

우리는 이 작업에 참여한 모든 집필진에게 감사의 마음을 되풀이하고자 한다. 집필진 가운데 여성이라고는 단 한 사람밖에 없다는 사실을 모르는 사람이 없을 것이다. 구약성경 주석은 불행하게도 성적 평등으로부터 아직 멀리 있는 것 같다. 한 가지 바람이 있다면, 지금부터 20여 년 후의 차기 세대에 의해 제안될 구약성경 입문서는 다른 성별 분포를 제시해주리라는 것이다.

입문서 초판 완성을 위해서 우리는, 작품 형성에 직접 참여함과 아울러 학생들을 위한 적합하고 적절한 작품이 될 수 있도록 기여한 나기(D. Nagy)와 발터(T. Walter)의 협조를 얻어낼 수 있었다. 이 두 분과, 히브리어 성경의 세계에 관한 크나우프(E.A. Knauf)의 저서와 후기 예언서 형성에 관한 슈밋(K. Schmid)의 저서를 나누어 책임 번역한 케넬(L. Kaennel)과 인더뮐레(Ch. Indermühle)에게 진심으로 감사드린다. 또한, 초판을 위해 참고문헌 수록을 조정하고 약어표를 작성했던 기라르뎃(R. Girardet) 여사에게도 감사의 뜻을 표하고 싶다. 한편 니한(Ch. Nihan)은 초판 제작을 위해서 많은 시간과 힘을 할애하며 엄청난 노력을 기울였고, 제2판을 위

2) 제5부 곧 동방교회의 구약성경은 총서 'La Pléiade'(*La Bible 3 : Ecrits intertestamentaires*, Gallimard, 1987)를 통해 불어로 접근할 수 있다.

해서 랑돌(J.-F. Landolt)과 뤼클(J. Rückl)과 휠레만(M. Füllemann) 여사의 협조를 받을 수 있었다.

개인적으로 본인은 이 입문서 저술과 제2판의 개정 작업과 출간 과정에 늘 본인과 함께 해주었고, 우리가 직면했던 어려움을 함께 나누었던 마치(J.-D. Macchi)와 니한(Ch. Nihan)에게 특별한 감사를 드린다.

끝으로 이 책이 성경 이해에 도움이 되는 책, 인류의 가장 중요한 작품들 가운데 하나인 성경을 읽고 또 읽고 발견하고 싶은 의지를 불태우는 책이 되기를 기대한다.

로잔과 파리, 2009년 여름

발행인을 대표하여 뢰머(Th. Römer)

히브리어 성경과 불어판 구약성경

- ***Traduction oecuménique de la Bible*(TOB)** : 교파를 초월한 번역으로서 입문과 각주를 담은 '大 TOB'이 있으며, 오경 입문과 각주는 2003년에 전면 개정되었다(Le Cerf – Alliance biblique universelle).

- ***La Bible*(구약성경은 두 권으로 되어 있다)** : E. Dhorme가 주도하고 Pléiade에서 출간된 가톨릭 번역이다.

- ***La nouvelle Bible Segond*(NBS)** : 제네바의 개신교 목사 Segond의 작품(La Bible Segond)을 기초로 한 개신교의 불어권 새 번역으로서 제2경전은 담겨 있지 않다. 학구용으로도 출간되어 있다(Alliance biblique universelle).

- ***La Bible de Jérusalem*(BJ)** : 예루살렘 성서대학의 도미니코회 학자들의 주도로 간행된 번역으로서 TOB처럼 입문과 각주를 담고 있다(Cerf).

- ***La Bible d'Osty*** : Osty 수사와 Trinquet 신부의 번역이다(Seuil).

- ***La Bible du Rabbinat*** : 유다교 공동체가 사용하는 히브리어 성경 번역이다(Colbo).

이 모든 번역은 사용이 가능하다. 그러나 André *Chouraqui*의 번역이나(Desclée de Brouwer) *Bible Bayard*와 *La Bible en français courant*은, 이 입문서가 지지하는 자의적 번역보다는 시적 번역을 추구하고 있다는 점에서 적절해 보이지 않는다.

구약성경의 경전

드 쀠리(Albert de Pury)

'Bible'은 본디 복수 명사였다. 기원후 1세기 유다인 역사가 플라비우스 요세푸스는, 그리스어 독자들에게 유다인들을 위한 규범서가 어떤 것들이 있는지를 설명하는 가운데, 이를 *ta biblia* 곧 '책들'로 지칭한다. 중세기에 와서야 비로소 *Biblia*는 라틴어법상 단수 명사로 자리하기에 이른다. 신약성경의 저자들은 구약성경을 가리킬 때 일반적으로 *hai graphai*, '기록들'(예를 들어 마태 21,42; 루카 24,27; 요한 5,39), 가끔은 *he graphe*, '기록'(예를 들어 마르 15,28; 요한 2,22)이라 일컫는다. 오늘날 유다인들은 히브리어 성경을 가리킬 때 미크라(*Miqra*, 독본 곧 회당에서 읽히는 책)라 부르는 경우를 제외하고는, 세 부분으로 구성된 성경의 각 부분, 곧 토라(*Torah*, 율법)와 느비임(*Nebiim*, 예언서)과 크투빔(*Ketubim*, 성문서)의 첫 글자를 모아 만든 타낙(*Tanak*)이라는 용어를 사용한다. '신약성경'에 수록된 기록들과 구별하기 위하여 그리스도교가 기원후 2세기부터 '구약성경'이라 지칭한 이 유다교 성경은 따라서 하나의 문고(文庫)를 이룬다. 엮인 책으로서의 코덱스(codex) 형태 이전까지는 용어 그대로의 문고, 사해의 동굴에서 발견되었던 형태 그대로의 두루마리 보관 공간을 연상해야 한다.

성경이 하나의 문고라면, 그것은 공인된 책들로 이루어진 문고를 말한다. 문고를 구성하는 책들은 숙고 끝에 수집되어 하나의 '경전', 다시 말해서 규범이 되는 총서로 유다교 공동체에 제시된 것이다. 이 경전을 경전으로 받아들일 준비가 되어 있던 종교적이며 민족적인, 또는 문화적인 공동체가 없었다면 '경전'도 존재하지 않을 수 있다.

'경전'(canon)이라는 용어는 그리스어 카논(*kanôn*)에서 나왔으며, 은유적으로 '표, 규범, 기준'이라는 의미를 지닌다(갈라 6,16; 2코린 10,13.15). 이 용어는 본디 셈어에서 유입된 것으로서, 히브리어 *qanēh*(줄기, 가지) 등을 예로 들 수 있다. 그러나 기원후 4세기에 (367년의 파스카 축일 서간에서) 아타나시오가 교회가 인정한 성령의 책들 목록을 지칭할 때 비로소 이 용어를 적용하기 시작했다. 이때부터 '경전'은 교회가 인정한 책들 목록, 이어서 그 책들 자체를 가리키게 되었다.

(성경적이든 비성경적이든) 몇몇 작품들이 경전으로 인정되기를 바라거나 겨냥하고서 집필될 수 있었다 하더라도, 처음부터 경전인 책은 없었다. 우선 인간 집단이 있었으며, 이 집단의 중심에는 책들을 수집하고 그 불변의 가치를 인정하고 끝내 경전의 지위를 부여한 권위 있는 인물들이 있었다. 그러나 곧 경전의 존재가 경전의 이해와 해당 집단의 '정체성'에 영향을 미치기에 이르렀다는 것은 자명한 사실이 된다. 경전은 이렇게 이 정체성을 유지하고 전달하는 방식이 되며, 이 정체성은 우선 종교적이며 민족적 또는 문화적인 개념으로 이해된다. 구약성경의 특성을 이루는 것은, 이 거대한 문집이 – 이름과 배열이 다르고 상호 구별된 두 개의 언어를 통하여 전수되었음에도 – 유다교도들은 물론 그리스도교도들에 의해 경전으로 받아들여 졌다는 사실이다. 이 특성은 매우 기

본적인 것이며, 그리스도교 교회와 유다교 회당 사이의 관계를 구성하는 요소로 머문다. 역사 속에서 이 관계가 종종 충돌 상황에 놓여 있었음에도 말이다. 역사적인 흐름 속에서 구약성경을 이해하고자 하는 사람은 누구나 구약성경의 생성 과정과, 각각의 문학적인 실체와 이 문고에 수록된 각 작품의 발전 과정은 물론, 문고 자체가 구성된 방법에 관하여 관심을 가져야 할 것이다. 이 점이 '경전의 역사' 분야에서 다루어 나갈 내용이다.

1. 내용과 구조

라삐 시대의 유다교가 받아들인 히브리어 성경의 경전은 토라(*Torah*, 율법)와 느비임(*Nebiim*, 예언서)과 크투빔(*Ketubim*, 성문서), 이렇게 세 부분으로 구성되어 있다. 한편 동서방교회 대부분이 받아들인 그리스어 성경의 경전은 오경과 역사서와 성문서와 예언서, 이렇게 네 부분으로 되어 있다. 이 두 목록을 나란히 비교해보면 세 가지 점을 확인할 수 있다. 1) 히브리어 경전의 모든 작품이 (그리스어 작품들과 정확하게 일치하는 것은 아니라 하더라도) 그리스어 경전에서 발견된다. 2) 그리스어 경전은 한편 (아래의 도표에서 별표로 표기된) 일련의 보충 작품들을 포함하고 있다. 이 첨가 작품들을 흔히 '제2 경전'이라 지칭한다. 3) 이 두 경전 목록에서 작품들과 작품 전체의 배열은 동일하지 않으며, 가장 큰 차이점은 느비임(예언서) 전체가 역사서와 예언서로 양분되어 있고, 예언집이 경전의 끄트머리에 자리하고 있다는 것이다.

마소라본 경전

I. 토라(율법)

Bereshît(창세기)
Shemôt(탈출기)
Wayyiqra(레위기)
Bemidbar(민수기)
Debarîm(신명기)°

II. 느비임(예언서)

1. '전기' 예언서

여호수아기°
판관기°
사무엘기 상하권°
열왕기 상하권°

2. '후기' 예언서

이사야서
예레미야서
에제키엘서
'열두 소예언서'(XII)
호세아서
요엘서
아모스서
오바드야서
요나서
미카서
나훔서
하바쿡서

그리스도교화한 '칠십인역' 경전

I. 오경(또는 '모세의 다섯 책')

창세기
탈출기
레위기
민수기
신명기

II. 역사서

여호수아기
판관기
룻기
사무엘기 상하권(=Basileiai 1–2권)
열왕기 상하권(=Basileiai 3–4권)
역대기 상하권(=Paraleipomenes 1–2권)
에즈라기
느헤미야기
에스테르기
*토빗기
*유딧기
*마카베오기 상하권

III. 성문서

욥기
시편
잠언
코헬렛
아가

마소라본 경전	그리스도교화한 '칠십인역' 경전
스바니야서 하까이서 즈카르야서 말라키서 **III. 크투빔(성문서)** 시편 욥기 잠언 룻기+ 아가+ 코헬렛+ 애가+ 에스테르기+ 다니엘서 에즈라-느헤미야기 역대기 상하권	*솔로몬의 지혜서 *집회서 **IV. 예언서** 이사야서 예레미야서 애가 *바룩서 에제키엘서 다니엘서(!) 호세아서 요엘서 아모스서 오바드야서 요나서 미카서 나훔서 하바쿡서 스바니야서 하까이서 즈카르야서 말라키서

° : M. Noth(1943)에 따르면 '신명기계 역사서'를 구성하는 책.

* : 마소라본 경전에 속하지 않는 책.

+ : '다섯 두루마리'(*Megillot*)라 일컬어지는 총서를 이루는 책.

이 두 경전은 어디에서 비롯되었는가? 그리스어 경전은, - 우선 오경에 국한되기는 하나 - 기원전 3세기부터 알렉산드리아의 유다교에 의해 탄생한 그리스어 역본인 칠십인역 성경(LXX)의 본문을 전해준다. 느비임(예언서)과 크투빔(성문서)에 속한 책들을 위한 번역 작업은 기원전 2세기와 1세기에 이어졌다. 불행하게도 우리는 알렉산드리아의 유다인들이 오경 이외에 규범서로서의 경전을 알고 있었는지, 이 경전이 기원전 2세기 중엽부터 팔레스티나의 바리사이들에게 알려져 있었던 것으로 보이는 경전과 다른 것이었는지 알지 못한다(아래를 참조하시오). 다만 그리스도교 성경의 수사본에 등장하는 그대로의 (가장 오래된 수사본들은 기원후 4세기의 것들이다) 성경 각 권의 구조가 그리스도교에 기원을 두고 있다는 사실만이 그럼직해 보인다. 적지 않은 전문가들의 주장에 따르면, 그리스도교 신자들이 예언서를 경전의 끄트머리에 자리하게 했을 것이며, 이는 옛 계약(구약)을 새 계약(신약)에 관한 예고로 귀착시키려는 의도에서였다. 따라서 우리가 구약성경 경전의 기원을 살펴보고자 한다면, 당연히 히브리어 경전에 초점을 맞추어야 할 것이다.

플라비우스 요세푸스는 유다교를 변호할 목적으로 기원후 95년경에 작성한 '아피온의 견해에 대한 반론'에서 다음과 같이 기술하고 있다.

> 우리나라에는 상호 대립과 모순 속에 있는 책이 10,000권에 이르지 못하나, 모든 시대의 역사적 기록을 담고 있고 마땅한 신뢰를 받는 책으로서는 꼭 22권이 있다. 율법과, 인류가 존재하기 시작할 때부터 모세가 죽음에 이르기까지 거의 3000년 동안의 전승을 포함하는 모세의 다섯 권이 이 22권에 속한다. 모세의 죽음으로부터 페르시아의 황제 크세르크세스의 후계자 아르타크세르크세스 시대까지 모세의 뒤를 이어 등장한 예언자들이 열세 권의 책을 통해 그들 시대의 역사를 이야기하고 있다. 이 책들 가운데 마지막 네 권에는 하느님께 대한 찬미가와 인간이 갖추어야 할 자세에 관한 규범이 담겨 있다. 아르타크세르크세스로부터 우리 시대에 이르기까지 분명 모

든 사건이 서술되었으나, 앞서 기록들과는 달리 이 기록에 동일한 신뢰를 부여하지 않는다. 예언자들이 더는 정확하게 계승되지 않았기 때문이다(*Contra Apionem*, 1.38-41).

경전의 권수 차이에서 제기된 난제 이외에 - 요세푸스는 22권을 헤아리나, 동시대에 작성된 에즈라기 4권 14장은 24권을 꼽는다. 이 24권은 어떻게 계산된 것인가? - 위의 글은 요세푸스의 성경이 세 부분, 곧 모세의 책들과 (역사서를 포함한) 예언서들과 찬미가와 인간의 자세에 관한 규범으로 이루어진 셋째 부분으로 구성되어 있음을 분명히 밝힌다.

한 가지 점은 분명하다. 셋째 부분이 토라와 예언서에 합류된 시점에 이르러서야 비로소 사람들은 '성경 경전'에 대하여 합법적으로 말할 수 있게 되었다는 것이다. 그렇다면 이 셋째 부분은 언제 그리고 어떻게 구성되었으며, '삼등분' 경전이라는 개념은 어느 시대까지 거슬러 올라갈 수 있는가?

2. 출처와 형성

2.1. 야브네 시대

그라츠(H. Graetz, 1871) 이후의 지배적인 이론에 따르면, 구약 경전의 세 부분은 - 이 부분을 이루는 책들이 오래된 것이라는 속단을 배제한 채 - 점진적으로 형성되었다는 것이다. 학자들은 일반적으로 토라는 페르시아 시대 말기 이전, 늦어도 기원전 400년 330년 사이에 집대성되었으며, (전기 예언서와 후기 예언서가 잇따라 배열된) 지금 형태대로의 느비임은 기원전 200년경(Steck, 1991 참조), 다시 말해서 팔레스티나에서의 프톨레마이오스 시대 말기에 출간되었다. 한편 크투빔은 훨씬 불규칙적이며 보다 개방적인 하나의 총서를 이루고 있었다. 이 총서는 기원후 1세기 말 '야브네(Yabne) 종교회의'에 라삐 유다교가 모습을 드러냈을 때 비로소 마무리되었을 것으로 본다. 기원후 70년 로마제국에 의해 예루살렘 성전이 파괴되고 난 다음 크투빔 수집이 마감되었으며, 그 결과 성경 전체가 완성을 보게 된다. 이로써 유다교의 위경적인 종교문학 양산에 종지부가 찍히고, 이단적이라 평가된 작품들, 특히 묵시적 또는 그리스도교적인 작품들이 유다교 경전에 삽입되는 일이 차단된다. 야브네의 라삐들은 팔레스티나와 디아스포라의 유다교 공동체에 확고하면서도 공인된 '기록들'을 제공함으로써 유다교가 새로운 국가적 재앙 속에서도 살아남을 가능성을 부여했다. 바로 이것이 우리가 알고 있는 형태대로의 히브리어 성경이 탄생한 배경이라고 말할 수 있다.

이러한 주장을 뒷받침하는 세 가지 기본적인 논거가 있다. 1) 라삐 문학이 증언하고 있듯이, 야브네 시대에는 크투빔에 속하는 몇 권의 성경, 아가와 코헬렛과 에스테르기와 적어도 한 번 잠언만이 논쟁의 대상이 되었다(QohR 1,4). 2) 경전들 가운데 세 번째 총서에 관한 라삐 시대 이전의 언급에 따르면, 사람들이 아직 이 총서를 가리키기 위한 총괄적이며 공인된 개념을 소유하고 있지 않았으며, 이 총서에 포함될 수 있는 책들의 수가 단 한 권으로부터(시편: 루카 24,44; Philon, *De vita contemplativa* 3,25) 한정되지 않은 다수에("다른 글들": 집회서 머리글 참조) 이르기까지 다양했던 것으로 보인다. 이는 경전의 세 번째 총서의 경계가 아직 설정되어 있지 않았다는 사실을 일러준다. 3) 경전의 세 번째 총서의 필요성과 합법성은, 라삐 시대 이전에는 유다교의 모든 분파, 특히 *Torah*만을 성경으로 인정했던 사두가이들과 사마리아인들에 의해 수용되지 않았다. 다른 분파들은 - 에쎄네파와 추정컨대 헬레니즘화한 유다교 - 오히려 영감받은 책들을 보다 폭넓게 인정하고 있었던 것으로 보인다.

이와 같은 논거들은 한편 또 다른 관점들로 말미암아 영향력에 있어 한계에 부딪힌다. 우선 첫째 논거를 들어보자. 야브네에서의 논쟁시 제안되었던 질문은 이 책들이 '손을 더럽히는' 것인지 아닌지, 다시 말해서 이 책들을 취급하기 이전에, 그리고 보관함에 다시 넣고 난 다음에 손을 씻는 예식을 집전해야 하는지를 알아보는 것이었다. 다른 표현을 빌린다면, 이 책들은 - 물리적으로 - 신성한 것인가 하는 문제였다. 이 책들이 크투빔 총서에 속하는지 아닌지를 살피는 것과 동일한 문제가 아니었다. 이 책들 각 권에 해당하는 문제는 근본적으로 달랐으며, 코헬렛의 경우는 표면상의 이단적인 성격이 문제였다.

> 현인들은 코헬렛서가 내적인 모순을 담고 있다는 이유로 배포 목록에서 이 책을 삭제하고자 했다. 그런데 어떤 연유로 이 일을 실행에 옮기지 못했을까? 그것(이 책)이 토라에 (충실한) 말씀으로 시작되고 (율법에 충실한) 말씀으로 마감되기 때문이다(Talmud b, Shab 30b).

코헬렛은 이렇게 작품의 첫머리와 (둘째) 맺음말(코헬 12,12-14) 덕분에 오명을 벗을 수 있었다. 한편 아가는 우의적 관점에서 읽혀야 한다는 조건으로 모든 라삐의 열렬한 지지의 대상이 되었다. (135년 이전의 인물) 라삐 아키바는 다음과 같이 말했다.

> 온 세상도 아가가 이스라엘에 주어진 날에 견줄만한 가치가 없다. 모든 크투빔은 거룩한 책들이나, 아가는 거룩한 책들 가운데 가장 거룩한 책이기 때문이다(*Mishna*, Yadaïm 3,5).

다만 이 책이 경계의 대상이 되었던 것은 혼례 때와 같은 세속적인 사용을 가로막기 위함이었다.

> 우리의 스승들은 "노래로 바꾸기 위해서 아가의 한 구절을 읽는 사람과, 때가 아님에도 불구하고 혼인 잔치에서 한 구절을 읽는 사람은 이 세상에 저주를 불러들이게 될 것이다."하고 알려주셨습니다(Talmud b. Sanhedrin 101a).

끝으로 우리는 느비임 총서에 속한 작품 가운데 하나인 에제키엘서 역시 그 이단성이 의심되었다는 사실에 주목한다. 하난야(Rav Hananya)가 에제키엘서의 모순을 해결하고자 삼백일 밤을 새웠다는 기록이 있다(Talmud b. Shabbat 13b). 우리는 이 '모순'의 내용이 무엇이었는지 알지 못한다. 신적인 수레에 관한 사변이 문제였는가(에제 1), 아니면 에제 40-48장과 탈출 25-민수 10장의 사제계 법규 사이의 불일치가 문제였는가? 아무튼, 이 '문제가 된' 책들에 관한 반론들이 야브네에서 다 정리되었던 것은 사실이다. 미스나는 이 점을 분명히 밝힌다. "모든 거룩한 기록들(*kitebey haqodesh*)은 손을 더럽히며, 아가와 코헬렛도 손을 더럽힌다."(*Mishna*, Yadaïm 3,5). 그러나 토셉타 야다임(Tosefta Yadaïm) 2,13이 설명하고 있듯이 "*gilyonim*(이 용어는 우선 양피지의 글자가 새겨지지 않은 부분을 가리키나, 실제로는 복음서들을 겨냥한다)과 이교도들의 책들은 손을 더럽히지 않는다. 벤 시라의 책들과, 거기서부터 그리고 그 뒤를 이어 기록된 모든 책은 손을 더럽히지 않는다."

이러한 기록은 현실적으로 논쟁 중이던 책들 대부분이, 이미 오래전부터, 경전으로 인정된 총서 일부를 이루었다는 사실을 입증한다. 라삐들은 아가나 코헬렛과 같은 책들을, 그렇게 하고자 했을지라도, 제쳐놓을 가능성을 더는 가지고 있지 못했다. 한편 라삐들은 집회서처럼 그들의 마음속 가까이 있던 한 권의 책의 경우 이 책을 경전에 들여놓는 자유를 다시는 가지지 못했다. 야브네 권위자들의 핵심 노력은 성경의 경전에 관한 정의와 실효성이 아니라, 200년경 미스나의 간행과 '경전화'에 이르렀음이 틀림없는 구전 토라로서의 토라 세-베-알-페(*torah she-be-'al-peh*)의 완성에 있었다는 사실을 알아야 한다. 구전 토라는 성문 토라처럼 모세의 작품으로 여겨졌으며, 성문 토라와 동일한 권위를 요구했다. 결국, 미스나는 성경 토라뿐만 아니라 성경 경전 전체를 읽는 데 필수적인 열쇠 역할을 하는 새로운 경전이 되었다. 거의 같은 시대에 또는 이보다 조금 앞서서, 유다교로부터 분리되어 나가기 시작한 그리스도교에서 신약성경이 형성되며, 이 성경은 우선은 성경 경전을 읽는 데 유익한 간결한 열쇠로, 이어서 '옛 계약'의 경전을 보완하고 영광스럽게 하는 독자적인 새로운 경전으로 자리한다. 지나간 역사를 돌이켜보면, 구약성경은 라삐 유다교와 그리스도교가 - 서로 다른 관점에 따라 - 무엇인가를 참고할 때 의거했던 중대한 기준으로 떠올랐다. 구약성경은 그리스도교와 유다교를 하나로 묶어주면서 동시에 갈라놓는 초석이 되었다. 구약성경에 대한 이중 인식과 이중 요구에 기초한 이와 같은 입장, 자기 것으로 삼고자 하면서도 거리를 두고자 하기에 불안정한 것으로 보이는 이와 같은 입장이 유다교도들과 그리스도교도들의 마음속에, 나아가 인류의 문화유산 속에 그 믿기 어려운 영속성을 구약성경에 보장해준 것으로 보인다.

유다교가 율법에, 그리스도교가 예언서에 더 큰 관심을 기울이고 있다 하더라도, 이 두 공동체는 율법과 예언서에 포함된 경전의 단일성을 인정한다. (미스나 이전의 전승 가운데 하나인) 바라이타(*Baraita*)는 경전의 서로 다른 두 부분에 속한 책들을 모세, 여호수아, 사무엘 또는 예레미야와 같은 몇몇 저자의 작품으로 돌리면서 경전의 단일성을 단언한다.

> 느비임이 이어지는 순서는 여호수아기, 판관기, 사무엘기, 열왕기, 예레미야서, 에제키엘서, 이사야서와 '열둘'(=소예언서)이다. 크투빔이 이어지는 순서는 룻기, 시편, 욥기, 잠언, 코헬렛, 아가, 애가, 다니엘서, 에스테르의 두루마리, 에즈라기와 역대기이다. 그런데 누가 [히브리어 경전의 24권을] 저술했는가? 모세는 자기 책과 발람에 관한 단원과[민수 22 이하] 욥기를 기술했고, 여호수아는 자기 책과 토라에서 여덟 구절을[신명 34,5-12] 썼으며, 사무엘은 자기 책과 판관기와 룻기를 저술했다. 다윗은 아담과 멜키체덱과 아브라함과 모세와 헤만과 여두툰과 아삽과 코라의 세 아들과 같은 열 명의 원로들의 주선으로 시편을 썼고, 예레미야는 자기 책과 열왕기와 애가를 집필했으며, 히즈키야와 그 일파는 이사야서와 잠언과 아가와 코헬렛을 저술

했다. 대집회의 사람들이 에제키엘서와 '열둘'[=소예언서]과 다니엘서와 에스테르의 두루마리를 썼고, 에즈라는 자기 책과 역대기의 족보를 기술했다 (Talmud b의 Baraita, Baba Barta 14b–15a).

2.2. 삼등분 경전

히브리어 성경의 삼등분 경전의 기원을 살피고자 한다면 야브네 시대를 거슬러 올라가야 한다.

경전의 세 번째 부분의 등장을 밝혀주는 가장 오래된 증언은 기원전 2세기로 올라간다. 집회서의 그리스어 번역 머리글에서 예수 시라의 손자는 조부를 "율법과 예언서와 다른 선조들의 글을 읽는 일에 오랫동안 전념하셨고, 이에 관한 충분한 소양을 갖추신"(머리글 9–10절; 참조. 25절) 분으로 소개한다. 이 머리글은 기원전 130년에 작성된 것으로 추정된다. 거의 같은 시대에, 유다 마카베오가 "임금과 예언자들에 관한 책들과 다윗의 책들, 그리고 자원 예물에 관한 임금들의 편지를" 모아들였다고 언급하는 2마카 2,13–15절이 작성된다. 끝으로 쿰란의 '할라카 편지'(4Q MMT C 1–17 = 4Q 398 14–17)에 나오는 "또한 우리는 모세의 책과 예언자들과 다윗의 책들과 각 세대의 연대기를 이해해야 한다고 너에게 써 보냈다."(10–11줄) 하는 문구가 동일한 기원전 2세기에 작성된 것으로 추정된다.

기이하게도 2세기가 지나서 더는 해당 언어가 분명히 제시되지 않는다. 기원후 50년경 알렉산드리아의 필론은 "율법, 예언자들에 의해 계시된 말씀들, 시편, 신심과 지력이 날로 깊어지고 완전해지도록 이끌어주는 기타 문서들"(*De vita contemplativa* 3,25)을 자신들의 독본으로 사용하던 테라페우테스(Therapeutes)라는 유다교 분파를 상기시켜준다. 한편 루카 복음서는 예수님께서 "나에 관하여 모세의 율법과 예언서와 시편에 기록된 모든 것이 다 이루어져야 한다."(루카 24,44) 하고 말씀하셨다고 전한다.

비교적 빈약한 이와 같은 자료 수집은 우리에게 표면상 상호모순적인 두 가지 현실을 일깨워준다. 첫째, 70년의 성전 파괴 이전에는 유다교의 모든 분파로부터 인정 받은 획일적인 유다교 성경이 존재하지 않을 수 있다는 것이다. 이 성경의 뚜렷한 윤곽은 아직 통일된 전문용어나 확고한 교의의 대상이 되지 못했다. 둘째, 그러나 한편 기원전 2세기 중엽부터 율법과 예언서가 규범이 되는 책들로 이루어진 세 번째 총서를 동반할 수 있었다는 주장이 등장하기 시작한다. 이 두 결론을 어떻게 양립시킬 수 있을까? 또한, 이 두 결론은 이 세 번째 총서의 출처에 대하여 무엇을 일러주는가?

2.3. 크투빔

기원전 2세기에 관해 인용되었던 문구들 가운데 두 문구는(2M 2,13-15와 4Q 398) '다윗의 책들', 다시 말해서 시편을 이 세 번째 총서에 속한 것으로 제시한다. 학자들은 종종 시편을 첫머리에 인용하는 현상을 제유법(提喩法)이라는 표현법으로 이해한다. 그러나 시편이 필론의 작품과 루카 24,44에서 독자적으로 언급되자, 학자들은 시편이 어떤 세계에서는 기록된 경전의 세 번째 부분을 이루는 요소가 아니었을 수 있다고 자문한다. 이는 시편이 - 우리는 그 발전 과정을 쉽게 재구성할 수 있다. - 어떤 이유로, 추정컨대 하스몬 시대에, 분명 오경과 유사하게 다섯 '권'으로 연결된 구조에 이르게 되었는지 설명한다. 이 경우 시편은 독자적으로 완전한 권리를 소유한 하나의 경전 전체로 인식될 수 있다. 그렇다면, 인용된 2세기의 세 문구는 우리에게 경전의 다양성 앞에 서게 한다는 사실을 밝혀주는 셈이다.

마소라본 크투빔 총서에 속한 책들은 열두 권이다. 비평가들의 일반적인 견해에 따르면, 이 책들 가운데 어떤 책도 기원전 160년 이후의 것은 없다. 물론 편집상의 내적인 재손질에 관한 우연성, 나아가 개연성을 배제하는 것은 아니며, 아무튼 기원전 2세기 말까지 그런 과정이 펼쳐졌을 것이다. 이 책들 가운데 최후의 작품인 다니엘서는, 기원전 167년에 안티오코스 4세가 단행한 성전 침해 사건과 마카베오 형제들의 성공적인 저항 운동에 따른 기원전 164년의 성전 정화 사건은 알고 있었으나, 기원전 163년에 복원된 성전 예배에 대해서는 침묵하고 있다는 점에서(다니 11,31-35 참조), 기원전 167년과 163년 사이에 기초된 작품이다. 느비임 경전 총서가 열두 소예언서로 마감된다는 점을 고려하면, 우리는 크투빔의 편찬자들 역시 열두 권으로 된 총서 하나를 잇대어놓으려 애썼다는 사실을 가정할 수 있을 것이다.

우리는 따라서 2세기 중엽에 서 있다. 누가, 어떤 권위가, 어떤 결정 기관 또는 어떤 세력이 이와 같은 기획을 주도할 수 있었겠는가? 벡위드(R. Beckwith, 1985, 150-153쪽)는 2마카 2,13-14를 주된 논거로 하여 기원전 164년의 성전 봉헌시 유다 마카베오가 취한 공적인 직무를 생각한다. 그러나 이어진 두 세기를 위한 적절한 증언이 없다는 점에서 총서의 '공적인', 나아가 국가적인 성격은 의문시된다. 따라서 크투빔 총서의 편찬을 하나의 사조나 하나의 학파의 업적으로 돌리는 것이 더 설득력이 있어 보인다. 어떤 학파인가? 사두가이파나 에세네파는 그럴만한 후보자가 되지 못하며, 총서에 담긴 책들이 모두 히브리어로 작성되었고, 분명 셈어 교육을 받은 독자들을 대상으로 하고 있다는 점에서 알렉산드리아의 유다인들도 제외된다(당시 사용되던 언어는 아람어였고, 히브리어는 이미 문학적인 언어가 되어버린 상태였다). 남아 있는 학파는 마카베오 형제들의 열성적인 지지자들이었던 하시딤(*ḥasidîm*)에서 유래한 바리사이파 또는 원-바리사이파이다. 사실 현재 경전의 크투빔이, 느비임 총서와 마찬가지로, 라삐 유다교 창립자들의 영적인 선조였던 바리사이파에 의해 편찬되었다고 가정하는 데에는 충분한 이유가 있다. 이 경우 크투빔은, 토라와는 달리, 국가의 경전이 아니라 학파의 경전으로 인식되었을 것이다.

이 크투빔 총서에 편성 원칙이 있었는가? 지배적인 주제나 분명하게 식별해낼 수 있는 정치적 또는 신학적인 노선이 결여되어 있다는 점에서, 가장 자연스러운 의미에서의 유일한 원칙은 선집(選集)이라는 원칙이다. 토라와 느비임도 나름대로 선집으로 이해될 수 있다. 토라는 법규 선집일 뿐만 아니라 (야곱, 모세 등에 관한) 이스라엘의 기원 설화 선집이다. 또한, 예언서들 가운데 후기 예언서 각 권은 그 자체로 동일한 예언 학파에서 유래한 (심판, 외국, 복구 등에 관한) 전형적인 신탁 선집이며, 각 학파는 어떻게 보면 자기 '경전', 곧 '이사야' 경전, '예레미야' 경전 또는 '에제키엘' 경전을 넘겨주고 있는 셈이다. 크투빔에서는 분명 작품 하나하나가 선집을 형성한다. 각 선집은 서로 다른 문학유형에 속하며, 동일한 범주에 속하는 것으로 보이는 에즈라기와 느헤미야기와 역대기를 예외로 한다면 같은 유형의 작품이 반복되지 않는다. 시편은 공동체적이며 개인적인 찬미가와 기도들을 모아놓고 있고, 애가는 공동체적인 하소연을 내포하고 있으며, 잠언은 지혜문학적인 교육 내용과 격언을 담고 있고, 아가는 욕망의 노래 선집이며, 욥기는 비극적인 대화의 틀 역할을 하는 보도이고, 코헬렛은 철학적인 습작이며, 다니엘서는 하나의 묵시록이고, 룻기와 에스테르기는 둘 다 여인을 주인공으로 세우기는 하나 각각 고유한 주제를 소유하고 있는 소설이다. 끝으로 역대기와 에즈라기와 느헤미야기는 이어지는 시대를 포괄하는 역사편찬적인 작품들이다. 이러한 원칙은 시편 제2권이나 또 다른 잠언서가 존재할 수 없는 이유를 설명한다. 예배에 관한 다양한 모든 서정시가 (지나칠 정도의 범위를 취하게 할 위험이 있기는 하나) 오로지 시편 안에 들어와 있으며, 긍정적인 경험적 지혜에 관한 모든 표현은 잠언이라는 단 하나의 책 한가운데 자리하고 있다. 이처럼 크투빔 총서는 유다 문학에서 찾아볼 수 있는 여러 문학유형의 선집으로 인식되었던 것 같다. 유다 문학이 생산한 주목할 만한 작품들을 선별해냄으로써 크투빔은 결국 탁월한 유다 문학이

되기를 기대했다.

유다 문학의 경전으로 크투빔이 형성된 역사적이며 예배적인 배경은 쉽게 파악된다. 유다인들의 다양한 세계 속에서 하나의 중요한 문학 운동이 이미 페르시아 시대에, 나아가 아시리아 시대에 펼쳐졌으며, 팔레스티나는 물론 바빌론과 이집트에서도 그러했다는 사실에 이의를 제기하는 사람은 아무도 없다. 그러나 문학 경전을 정립하는 역사적 '시간'(*kairos*)은 알렉산드로스의 정복과 보조를 맞춘, 그리스 문화의 거대한 중심이 출현하면서 전개되었다. 프톨레마이오스 왕조의 첫 번째 인물, 프톨레마이오스 1세 소테르(기원전 323-282)가 통치할 때부터 그리스 문화의 파급은 새로운 세력의 우선적인 관심사가 되었다. 이 정책의 기본적인 수단은, 프톨레마이오스 2세 필라델포스(기원전 282-246)와 프톨레마이오스 3세 에우에르게테스(기원전 246-222)가 강력하게 발전시키고 소중하게 다룬 도서관과 박물관이었다. 상호 대립적이면서도 실상 보완적이었던 이 두 야심가는 다음과 같은 노력을 경주했다. 하나는, 세계의 문학 서적 전체를 한 장소에 모아놓으려는 야심이었으며(완벽함에 관한 관심), 또 다른 하나는, 필독서로서의 가치가 있고 젊은이들의 교육을 위한 교과 과정 역할을 할 수 있는 문학 작품들을 선별하여 목록을 작성하는 일이었다('경전'에 관한 관심). 기원후 95년경 퀸틸리아누스는 자신의 저서 '수사학의 원리'(*De institutione oratoria*)에, 기원전 3세기와 2세기로 넘어가는 시점에서 알렉산드리아의 도서관의 두 관리관이 작성한 목록을 인용한다. 이 목록은 각각 네 명의 저자들이 예증하고 있는, 아홉 개의 문학유형으로 분류되어 있다. 아무튼, 여기서 우리는 헬레니즘 시대의 학교를 위한 기초 경전이 오직 세 개의 총서로 구성되어 있었음을 확인할 수 있다. 이 총서는 호메로스의 작품과 헤시오도스의 작품과, 아이스킬로스와 소포클레스와 에우리피데스와 같은 아테네의 위대한 세 비극작가의 작품들 가운데 선별된 작품 등이다. 학교 교육을 위한 경전의 완성에는 또한 비평적 고증 작업이 동반된다. 이미 3세기에 에페소의 제노

도토스는 호메로스에 이어 헤시오도스의 작품에 대한 고증 작업에 착수하며, 얼마 후 비잔스의 아리스토파네스는 비극작품들을 출간한다. 오래된 대부분의 문학 작품들이 사라지거나 단편 또는 인용 정도로만 알려져 있음에도 불구하고, 알렉산드리아 도서관의 사서들에 의해 선별되고 출간된 바로 이 작품들이 우리 시대까지 존속하고 있다는 사실을 기억해두는 것이 중요하다.

헬레니즘 문화는 다른 문화에 개방적이었고 그 문화를 수용하려는 자세가 되어 있었으며 순응하고자 했다. 각자는 이 문화에서 자신의 '보금자리'를 찾아냈으며, – 그토록 엄격했던 나바테아인들을 포함한 – 많은 동방인들은 헬레니즘적인 삶의 길을 열정적으로 감싸 안았다. 유다만이 아니라 고대 페르시아 제국 대부분의 중심지역에 살고 있었고, 알렉산드리아 주민 가운데 중요한 부분을 차지하고 있던 유다인들은 이 문화적인 '공격' 앞에서 저항했는가? 우리는 3세기와 2세기에 그리스 전통과의 연결고리를 구축하면서 헬레니즘 문화와 대화 속으로 들어가고자 노력했던 유다인 저자들로서 데메트리오스, 아르타파노스, 에우폴레모스, 클레오데모스, 아리스토불로스 또는 헤르밉포스라는 이름을 알고 있다. 이들의 작품 속에서 아브라함은 헤라클레스의 동료 또는 유다인들과 스파르타인들의 공동 조상이 되고, 피타고라스는 유다인 스승들의 제자가 된다. 이 유다인 저자들의 작품들은 분실되었으나, 작품 본문의 상호성으로 이끄는 이와 같은 문학 현상은 지속적인 성과를 얻지는 못했던 것 같다. 한편 또 하나의 '반격'이 대두되었으며, 이는 오랫동안 지속되었고 더욱 훨씬 효과적이었으며 '공격'에 버금가는 효력을 발휘했다. 크투빔, 그리고 이와 함께 준비과정 중에 있던 성경이 그것이다!

문화 사이의 대화에 힘썼던 유다인들과는 달리, 유다인 저자들, 이어서 크투빔 발행인들은 (또는 적어도 이들 가운데 상당수는) 그리스 적대자를 거명하거나 무엇이 그리스와 그 문화에 속한 것인지를 언급하는 일을 엄격하게 삼갔다. 이러한 현상은 한편 이 책들이 경전문학에 어울리는 매우 오래된 작품임을 주장하려는 의지와 부합한다. 유다인들 역시 조상 전래의 책들을 잃지 않았다는 사실을 증명하는 일이 급선무였다.

우선 토라는 말할 것도 없다. 유다인들은 지중해 주변에 자리하고 있던 – 헬레니즘 신화가 이들 모든 청원 주민에게 족보를 제공할 수 있다고 자부하던 –, 트로이 전쟁에서 살아남은 자들 사이에 자신들을 배열할 필요성을 느끼지 못했다. 유다인들은 그들 고유의 역사와 고유의 탈출과 고유의 하느님을 모시고 있었기 때문이다. 나아가 그들은 하느님께서 모세를 통해 계시해주신 그들 고유의 율법을 가지고 있었기에, 그리스 입법자들에게 충성할 필요도 없었다. 그들의 하느님 또한 호메로스나 헤시오도스의 '신들의 계보'에 자리할 필요가 없었다. 그분은 유다인들의 하느님일 뿐만 아니라, 모든 족보와 단절된 유일하신 하느님이다. 그분은 세상과 인류를 창조하신 분이고, 모든 인간과 모든 나라의 군주이시다. 또한, 느비임은 유다인들의 하느님께서, 당신 백성의 불성실에도 불구하고, 궁극적으로 한 번도 이스라엘로부터 돌아선 적이 없으셨다는 사실을 입증하는 데 주력한다. 이렇게 토라와 느비임이 호메로스와 헤시오도스에게 일종의 답변을 제시하고 있다는 사실 자체가 소포클레스와 에우리피데스에 대한 응수에 무슨 부족함이 있었겠는가? 유다인들에게 있어 삶이 하느님의 시선 아래 머물러 있다는 사실에는 의심의 여지가 없으나, 이 삶이 선한 것인지 악한 것인지 하는 문제만 남아 있다. 인간은 행복을 위해서 만들어진 존재인가, 아니면 절망을 위해서인가? 하느님은 결국 인간에게 호의적인 존재인가, 아니면 적대적인 존재인가? 토라도 느비임도 이 질문에 만족할만한 답을 줄 수 없었다. 바로 여기서 하나의 '문학', 그저 기사와 율법과 신탁만이 아니라, 그리스 비극 작품처럼 상호 양립할 수 없는 것들 사이의 대화와 논쟁과 대결을 담고 있는 문학에 대한 필요성이 감지된다. 구약성경 경전의 세 번째 부분이 이 도전에 활기를 불어넣는 시도를 했으며, 이것이 유다 '문학'의 도전이었다.

우리는, 2세기 중엽 원-바리사이파가 출간한 유다 문학의 이상적인 선집을 대표한다고 가정하면서, 히브리 경전의 크투빔에 관한 가설에서 출발했다. 이 이상적인 선집은 결국 폰 라트(G. von Rad)가 율법과 예언서에 담긴 답변으로서의 '이스라엘의 응답'이라 불렀던 바와 그렇게 멀지 않다. 완벽한 (그러나 길들어진!) 문학으로서의 크투빔, 이는 마카베오 시대의 위기를 뒤따랐던 복구 과정에서 바리사이파가 기대할 수 있었던 바와 부합하는 것 같다. 그러나 혼란스러운 몇 가지 문제가 남아 있다.

바리사이파처럼 전통적인 신심 안에 편입된 하나의 운동이 욥기와 같은 신성모독적일 가능성이 있고 아가처럼 '세속적'이거나 코헬렛처럼 '회의주의적'인 책들을 자기의 문학 선집 속에 일거에 포함하기로 했다는 사실을 받아들일 수 있겠는가? 크투빔에 규합된 책들을 분류하는 일은 오로지 문학유형에만 국한된 것이 아니라, '관념', 특히 각 권이 이스라엘의 '특정주의'에 비해 자리하고 있는 방식과 관련되어 있다. (에즈라기, 느헤미야기, 역대기와 다니엘서와 같은) 몇몇 책들은 '민족주의적'인 문학이며, (잠언, 욥기, 아가와 코헬렛과 같은) 다른 책들은 이스라엘의 역사나 제도에 관한 최소한의 암시마저 의도적으로 포기한 채 보편적이며 동시에 개별주의적인 관점을 보여주는 작품들이다. 마지막 네 권은(시편, 룻기, 에스테르기와 애가) 이 두 문학 사이에 자리한다. 이 작품들은 공동체의 역사와 제도를 참조하면서도, 개개인이 하나의 공동체적 울림을 찾는 데 모범이 되고 가능성을 열어놓을 수 있도록 관심을 쏟는다. 특히 시편은 이 두 갈망, 곧 역사적이며 제도적인 전승에 뿌리내리고 있는 공동체의 갈망과 하느님 앞에 홀로 선 인간의 갈망에 부응한다. 이는 다시 한번 세 번째 경전 총서의 역할을 도맡고자 하는 시편의 잠재적인 열망을 드러내는 하나의 표지일 수 있다. '관념적인' 연결고리의 다양성은 아무튼 우리에게 다음과 같은 질문을 던지도록 종용한다. '열두 크투빔' 총서라는 개념이 진정 바리사이 학파의 선례 없이 탄생할 수 있었겠는가? 그렇지 않다면 바리사이파의 크투빔 한가운데는 더 제한적이고 더 오래된 하나의 총서가 존재했다는 사실을 밝혀낼 수 있겠는가? 이 경우가 더욱 합리적인 것으로 보인다.

잠언과 욥기와 아가와 코헬렛이 보여주는 결코 특정주의적이지 않은 측면은 우연한 결과가 아닐 것이다. 이 문집은 각각 고유의 문학적 논리를 따르고 있음에도 불구하고, 여러 가지 특징을 공동으로 소유하고 있다. 첫째, 이 작품들은 공동체적 종교나 구원의 역사를 전제로 하지 않으며, (욥 1,5; 42,8; 잠언 15,8; 21,3; 코헬 4,17; 9,2처럼) 예배나 제사 의식을 언급할 때도 어느 정도 분명한 거리를 두고 있다. 둘째, 개인을 독자로 겨냥하고 있어 개인적인 독본으로 평가된다. 셋째, 잠언을 예외로 한다면 삶에 관한 비극적인 개념을 보여주나, 넷째, 이 작품들은 모두 유일하신 하느님, 세상을 창조하셨을 뿐만 아니라 그 세상을 "시작에서 종말까지"(코헬 3,11) 당신의 손으로 보존하시는 하느님이라는 원리를 고수한다. 특히 이 마지막 관점에서 네 권의 책은 철저하게 유다 문학으로 머문다. 우리는 이 책들을 '인문주의적 크투빔'이라고 지칭할 수 있을 것이다. 이 책들을 총서로 규합한 사람은 하느님 앞에 선 인간의 상태를 생각하는 새로운 방법, 헬레니즘이 던지는 도전은 물론 경직된 전통적 유다교가 안고 있는 위험에 응답하는 방법을 제안하려는 의지를 소유하고 있었을 것이다. 그러나 아직 그 무엇도, 몇십 년 후 안티오코스 4세 시대에 전통적 유다인들과 헬레니즘화한 유다인들 사이에 발생한 격한 갈등을 예상하도록 허용하지 않는다. 지금으로서는 예루살렘이 여전히 알렉산드리아에 예속되어 있었을 때인 3세기에서 인문주의적 크투빔 편찬을 주도한 사람을 찾아야 한다. 사랑과 기원과 장례와 감정 표현에 관한 풍자적 시집으로 구성된 케팔라스의 시선집과 같은 네 권으로 된 선집들, 우리는 3세기에 발간된 이에 관한 다른 예들을 알고 있다(Irigoin, 88-89쪽 참조). 코헬렛의 첫 번째 발문은(코헬 12,9-11) '코헬렛'이 "검토하고 연구하여 수많은 잠언을 지어냈고"(9절), "사람들의 마음에

드는 말을 찾으려 노력하였고 진리의 말을 바르게 기록하였기에"(10절) 몸소 수집과 편집 활동을 벌인 인물이었음을 알려준다. 이어서 이 '현인들의 말들'과 '잠언들의 금언들'의 기능은 고무하고 보호하는 일이었다고 설명한다. 말들과 금언들의 다양성에도 불구하고 이 문서들은 "한 목자"(11절), 추정컨대 코헬렛 자신에 의해서 우리에게 전달되었다. 더는 아무것도 입증할 길이 없으나, 코헬렛을 네 권으로 된 인문주의적 크투빔의 주도자와 발행인으로 보는 것이 설득력이 있어 보인다(이 점에 관해 Pury 참조).

이 책들 가운데 세 권은 솔로몬의 작품으로 되어 있다(참조. 잠언 1,1; 아가 1,1; 코헬 1,1). 그러나 솔로몬을 저자로 보는 현상은 코헬렛의 저술시대로 거슬러 올라갈 수 없다. 이 세 권에는 분명 솔로몬이 언급되어 있으나, 이차적일 뿐이다. 잠언의 일곱 부분 가운데 두 부분만이 솔로몬과 연관되어 있고(잠언 10,1; 25,1), 아가에서 솔로몬은 연인을 이상화한 것 같은 존재들 가운데 하나로 등장하며(아가 3,7-11; 8,11-12), 코헬렛에서 그는 무한한 권력과 능력을 지닌 임금을 의인화하고 있다(코헬 1,12-2,11). 그런데 정확하게 말해 이 마지막 문맥에서 저자 코헬렛은 솔로몬이라는 가면과 분명하게 거리를 두고 있다(이 점에 관해 Krüger, 2000 참조). 이 네 권의 책들은 사실 솔로몬의 작품으로 여겨지지도 않았고 발간되지도 않았다. 따라서 기원전 2세기 중엽에 크투빔의 바리사이 발행인들이 네 권으로 된 이 경전을 솔로몬의 작품으로 두기로 한 사람들이며, 적어도 이 점이 쉽게 예측되는 세 권의 경우가 그렇다(욥기에 관해서는 이 책을 솔로몬의 작품으로 취급한다는 것이 불가능해 보인다. 욥이 노아와 다넬과 함께 이스라엘 역사 이전의 전설적인 영웅들 가운데 하나로 등장하기 때문이다. 참조. 에제 14,14.20). 이 점에서 잠언과 아가와 코헬렛, 이 세 문집은 많은 부분이 솔로몬의 아버지 다윗의 권위 아래에 배치된 시편의 연속 선상에 있는 작품인 듯하다. 이 '문제가 많은' 책들을 느비임 역시 명예를 실추시키는 데 주저하지 않았던 한 임금의 작품으로 취급하면서, 바리사이들은 이 책들이 아마도 그 대중적 인기 때문에 유다교 문학 경전에서 무시할 수 없는 책들이 되었다는 사실을 고려했을 것이다. 이 책들의 반-유다교적인 잠재성이 제거되기를 바라면서 말이다. 솔로몬은 외국 여인들과 이 여인들의 종교적 충성 때문에 약한 모습을 드러내지 않았던가(1열왕 11,1-13)? 사치와 회의주의와 천박함의 대표주자, 간단하게 말해서 '세속적' 인물이 아니었던가? 따라서 그의 책들은 '가감하여' 읽어야 할 것이다. 이러한 문제를 해결하기 위하여 바리사이들은 잠언에 서문 하나와 결문 하나를(잠언 1-9; 30-31), 코헬렛에 둘째 발문을(코헬 12,12-14) 비치해 놓았으며, 이 첨가 부분들은 이 두 책에 관한 정통 해석을 보장하는 것이었다. 경전 크투빔의 바리사이 발행인들이 이 네 권의 책을 지켜냈기에, 우리가 결코 알 수 없었을 페르시아와 헬레니즘 시대의 유다교 흐름의 목소리를 경청할 수 있게 되었다는 점에서 그들에게 고마운 마음을 가져야 할 것이다.

2.4. 토라

토라와 느비임의 경전화에 대하여 우리는 무엇을 알고 있는가? 이 점에서 많은 부분이 학자들이 주장하는 '신명기계 역사편찬'이라는 가설의 유효성에 좌우된다. 1943년 노트(M. Noth)가 누구보다 먼저 발전시켜 나간 이 가설에 따르면, 신명기에서 열왕기 하권에 이르는 책들, 곧 모압 평원에서 모세에 의해 율법이 낭독된 이후 이스라엘과 유다 왕국의 종말에 이르기까지의 이스라엘 백성의 역사를 이야기하는 책들은 골격에 있어 587년 예루살렘 함락 이후 구상되고 글로 기록된 역사편찬 작업으로 거슬러 올라간다(이 책의 신명기계 역사 참조). 이 가설이 정확한 것이라면, 6세기 중엽부터 신명기의 정신 속에는 역사편찬의 기초가 되는 거대한 작품, 곧 야훼께서 이스라엘에 내리신 계약의 틀 속에 담긴 '율법 계시'라는 하나의 측면과, 이 율법에 비추어 작성된 '이스라엘 백성의 역사'라는 또 다른 측면으로 구성된 작품의 존재를 인정할 수 있을 것이다. 노트에게 이 역사의 목적은 왕국의 소멸 이유를 납득시키는 것이었다. 다시 말해서 이 재앙을 불러들인 잘못은 야훼가 아니라 이스라엘과 그 임금들에게 있음을 분명히 밝히는 것이었다. 계약의 항목들을 존중하지 않았던 존재는 야훼가 아니라 이스라엘이다. 이러한 구조 속에서 신명기계 '역사'는 경전의 두 첫째 부분의 기원에 서 있는 셈이 된다. 토라를 배태한 신명기와, 느비임의 첫 부분을 포함하고 있기 때문이다. 그렇다면 이 작품에 대하여 하나의 '경전화' 작업을 말한다는 것이 정당한 일인가 하는 문제와, 이 공인 작업을 주도한 세계가 어떤 세계인지를 알아보는 문제가 남아 있다. 사실 이 문제는, 모세오경 문제에 할애된 장에서 다시 언급하겠지만, 유배시대 말기에 이르러 신명기계 기획과는 또 다른 기획들이 – 특별히 사제계 기획이 – 매우 빠르게 편집의 장에 들어섰다는 점에서 하나의 잠재적인 문제로 머무는 것으로 판단된다. 아케메니데스 제국의 탄생을 뒤따른 초기 수십 년에 이르러 최초의 초안을 수집하고 편집하고 풍요롭게 하는 과정이 전개되었다. 이 모든 기간 모세오경이 '성장'의 길을 걸었다고 말하는 것이 바람직해 보이며, 준비 기간이 마감되고 난 다음의 공인화 과정과 '끝맺음한 결실'을 선포하기 위하여 '경전화'라는 개념을 묶어두게 되었다고 보는 것이 설득력이 있다.

이렇게 말하면서도, 이 서로 다른 단계들을 온전하게 구분한다는 것은 불가능한 일이다. 토라의 일차 발행에 관한 공인 작업이 이 토라의 성장 과정을 필연적으로 가로막는 것이 아니었으며, 오늘날 학자들은 편집에 관한 성장의 역사와 경전화의 역사와 본문의 역사가, 적어도 부분적으로는, 동시에 나란히 펼쳐질 수 있었던 세 과정이었다는 사실을 터득하게 되었다.

토라의 경전화 단계에서 기초가 되는 요인은 다음과 같았다.

1) 학자들이 종종 경전성과 묶어 보는 원칙인 '불변성'이라는 조건

은 이미 율법이나 특별한 명령에 등장한다. "내가 너희에게 명령하는 말에 무엇을 보태서도 안 되고 빼서도 안 된다. 너희는 내가 너희에게 내리는 야훼 너희 하느님의 명령을 지켜야 한다"(신명 4,1-2; 13,1과 5,22도 참조). 그렇다고 해서 이러한 문형이 '손을 대서는 안 되는' 본문의 정확한 범위에 대한 어떤 지침을 주는 것은 아니다.

2) 구약성경의 여러 곳에서는 토라 선포와 같은 공적인 낭독이 문제시된다. 이 낭독은, 요시야 시대에 힐키야 대사제에 의해 발견되고 임금 앞에서 읽힌(기원전 624년) '율법서'에 관해 언급하는 2열왕 22-23장에서 시작되고, 느헤 8장의 에즈라에 의한 공적인 율법 봉독에 이르기까지 이어진다. 그러나 여러 명령이 보여주는 불확실성은 이 지침들을 부정할 수 없는 관례로 받아들이는 데 어려움을 준다. 우선 지침들이 이 율법에 담긴 몇몇 법규에 주어져 있다 하더라도, 그 무엇도 이 율법이 경전 토라와 동일한 것이라고 단정해주지 않는다. 경전 토라는 요시야 시대에는 분명 존재하지 않았으며, 5세기의 경우라 하더라도 상황과 일자는 물론 에즈라의 방문에 관한 역사성 역시 논쟁의 대상이 되고 있다. 5세기 말의 토라가 벌써 지금의 형태를 간직하고 있었겠는가?

3) 4세기 중엽에 와서야 '유다교 율법'은 예훗 속주와, 페르시아 제국의 여러 지역에 설립되어 있던 거대한 유다교 공동체에 살고 있던 유다인들을 위한 공적인 율법으로 사용되었던 것으로 보인다. 이 율법은 3세기 라고스 왕조 시대에 유다와 이집트에 거주하던 유다인들과, 이어서 2세기 초 셀레우코스 왕국에 살고 있던 유다인들에게도 유효했다(요세푸스가 보도한 안티오코스 3세의 칙령 참조. *Antiquités* XII, 142). 페르시아 시대 말 또는 헬레니즘 시대 초에 공적인 권력에 의하여 승인된 이 '유다교 율법'이 경전 토라의 본문과 일치한다고 가정하더라도, 우리는 토라가 국법으로 전환된 기원과 상황을 알지 못한다. 유다법을 예훗 속주를 위한 제국법으로 인정할 준비가 되어 있던 페르시아인들의 요구로 토라가 구성되었을 것이라는 가설('제국 인가' 이론)은 오늘날 거센 이의제기를 받

고 있으며(이 책의 오경 입문 참조), 전문가들 사이의 지배적인 경향은 토라 구성에서 오히려 유다교의 내적인 발전을 보고자 한다.

4) 분명한 하나의 변수는 결국 그리스어로 된 토라 번역, 칠십인역 성경이 기획한 번역이다. 이 번역은 프톨레마이오스 2세 필라델포스(282–246)의 치하에 자리하는 것으로 보인다. 이 번역본에서 끝내 우리는 번역된 본문이 마소라본 경전의 토라와 실질적으로 일치한다는 확신을 갖게 되었다. 다시 말해서 우리가 알고 있는 대로의 히브리어 성경의 토라는 늦어도 기원전 4세기 말에, 또는 3세기 초에 완성되었음이 분명하다. 만일 에즈라라는 인물의 역할이 유다교 전승이 부여하는 역할과 동일한 것이라면, 토라는 한 세기 앞선 5세기 말에 완성되었을 수 있다. 토라의 완성은 아마도 그 경전화 단계와 관련된 것으로 보인다.

2.5. 느비임

느비임에 관하여 스텍(O.H. Steck, 1991)은 이 거대한 경전 일체가 정리되어 나간 단계를 추적했다. *Corpus propheticum* 곧 네 권의 예언 신탁집(이사야서, 예레미야서, 에제키엘서, 열두 소예언서)은 기원전 220년 이전에 문학적 구성이 완료되었을 것이며, 기원전 200년경에 신명기계 '역사'의 둘째 부분, 곧 미래의 '전기 예언서'(여호수아기, 판관기, 사무엘기 상하권, 열왕기 상하권)가 삽입됨으로써 지금의 느비임으로 그 폭을 넓혀갔을 것이다. 이 예언집은 매우 인상적인 구조를 보여준다. 이스라엘의 역사 이야기, 모세오경에 직접 연결되는 이야기로 시작해서, 이 역사와 관련된 예언 신탁 모음을 열거한다. 따라서 이 예언집은 '이야기'와 '받침 본문'을 병치시키고 있다. 느비임은, 서언과 결어가 증명하고 있듯이, 정리 단계부터 토라에 분명하게 연결되고 토라와의 종속적인 관계 속에 자리하게 된 작품이다.

서언(여호 1,1–2.7–8)

«1절) 야훼의 종 모세가 죽은 뒤, 야훼께서 모세의 시종인 눈의 아들 여호수아에게 말하였다. 2) "나의 종 모세가 죽었다. 그러니 이제 너와 이 모든 백성은 일어나 저 요르단을 건너서, 내가 이스라엘 자손들에게 주는 땅으로 가거라. 7) 오직 너는 더욱더 힘과 용기를 내어, 나의 종 모세가 너에게 명령한 모든 율법을(칠십인역 성경: 모세가 명령한 모든 것을) 명심하여 실천하고, 오른쪽으로도 왼쪽으로도 벗어나서는 안 된다. 그러면 네가 어디를 가든지 성공할 것이다. 8) 이 율법서의 말씀이 네 입에서 떠나지 않도록 그것을 밤낮으로 되뇌어, 거기에 쓰인 것을 모두 명심하여 실천해야 한다. 그러면 네 길이 번창하고 네가 성공할 것이다(..)"».

결어(말라 3,22–23)

«22절) 너희는 나의 종 모세의 율법, 내가 호렙에서 온 이스라엘을 위하여 모세에게 내린 규정과 법규들을 기억하여라. 23절) 보라, 야훼의 크고 두려운 날이 오기 전에 내가 너희에게 엘리야 예언자를 보내리라. 24절) 그가 부모의 마음을 자녀에게 돌리고 자녀의 마음을 부모에게 돌리리라. 그래야 내가 와서 이 땅을 파멸로 내리치지 않으리라».

아울러 느비임의 결어는, 비록 엘리야의 역할이 아직은 여전히 토라의 설교자의 역할로 머물러 있다 하더라도, 종말론적인 나아가 메시아적인 관점을 향해 열려 있는 것 같다. 이 결어는 예언자들의 시대가 마감될 것임을 예고하는 즈카 13,2–5에서도 강조된다.

2절) 만군의 야훼의 말씀이다. 그날에 나는 이 땅에서 우상들의 이름을 없애 버려, 그들이 다시는 기억되지 못하게 하겠다. 또한, 나는 예언자들과 더러운 영을 이 땅에서 치워 버리겠다. 3절) 그런데도 어떤 사람이 계속 예언하면, 그를 낳은 아버지와 어머니가 그에게, "너는 주님의 이름으로 거짓말을 하였으니 이제 더 이상 살지 못한다." 할 것이다. (…) 4절) 그날에 예언자들은 예언을 하면서도 저희가 본 환시를 부끄럽게 여기며, 속이려고 입던 털옷을 걸치지 않을 것이다. 5절) 그러면서 "나는 예언자가 아니라 땅을 일구는 사람이오. 사실 젊어서부터 땅이 나의 전 재산이었소." 하고 말할 것이다(즈카 13,2-5).

역사적인 상황은 무엇이며, 경전화의 절차를 책임진 사람들은 누구였는가? 스텍에 의하면(1991, 167-178쪽), 오래된 신명기계 역사에 예언집(*Corpus propheticum*)을 덧붙여 발행된 느비임은 이제 기본적인 다섯 개의 관점을 열어준다. 첫째, 예언자들의 시대는 종말에 이르렀다. 이제부터 예언자들의 메시지는 기록된 형태 이외에는, 정확하게 말해서 폐쇄된 경전 느비임 밖에서는 접근이 불가하다. 새로운 예언자들이 나타난다면, 그들은 사기꾼에 불과할 것이다. 둘째, 하느님의 백성을 그들의 땅에 다시 정착시키는 것이 역사의 목적으로 머무나, 이는 야훼의 종말론적인 업적일 것이다. 거기에 반-헬레니즘적이며 동시에 반-신정주의적인 관점이 자리한다. 셋째, 예언집과는 달리 느비임은 더는 이스라엘이 야훼의 심판 아래 머문다고 보지 않는다. 이 심판은 과거에 자리하며(신명기계 역사), 새로운 기다림은 구원과 복원에 관한 것이다. 넷째, 여호수아기로부터 열왕기 하권까지의 책들을 포괄함으로써 시선이 '온 이스라엘'로 확대되며, 유다에게만 국한된 범위를 넘어서기를 요구한다. 다섯째, 느비임을 토라에 잇대어놓고, 이미 오경에서 준비된 예언자 모세의 후계자로서의 역할을 여호수아에게 부여함으로써, 새로운 경전 일체를 발행한 사람들은 느비임을 (2열왕 17,13의 의미에서) 토라의 합법적인 해설서로 만들어 놓는다. 따라서 이들은 이 경전 일체를, 토라를 읽는 데

간과할 수 없는 열쇠로 제시하며, 이를 통해서 토라 자체의 품위와 거의 동등한 품위를 느비임에 부여한다. 이 점이 오경만을 인정했던 원-사두가이파를 거슬러, 그리고 이스라엘 사명을 해석하면서 제의적인 측면만을 고집하고 원-사두가이파의 예를 따라 신정주의적 능력 행사에만 집착하는 모든 사람을 거슬러 제기된 관점이다.

이와 같은 발전 과정을 가능케 한 역사적 상황은 무엇이었는가? 스텍은 기원전 198-187년, 다시 말해서 예루살렘과 유다가 셀레우코스 왕조의 지배하에 놓이게 되는 시기로서 안티오코스 3세(223-187)의 치세가 끝나기 이전 시대를 옹호한다. 이러한 시대적 관점을 내세우는 데는 두 가지 논거가 있다. 첫째, 집회서는 기원전 175년 이후에 편집될 수 없었던 '조상들에 대한 칭송'(집회 44-50)에서 토라와 느비임이 (비록 몇 년 전부터 이러한 주장이 다시금 격렬한 논쟁의 대상이 되고 있다 하더라도) 지금의 외형을 이미 간직하고 있었다고 가정하는 듯하다. 둘째, 이와는 달리 몇 년 후에 편집된 다니엘서는 느비임에 포함되지 않는다. 그러나 오늘날, 적어도 느비임과 크투빔에 관해서는, 경전화 절차에 있어 엄격성이 다소 떨어졌다는 사실에 힘이 실리기 시작한다. 알렉산드리아와 예루살렘 사이에는 경전에 관한 경쟁적인 초안이 있었을 것이며, (기초 경전인) 토라는 다양하면서도 발전적인 제안에 따라 다른 작품들로 보완되어 나갔을 것이다.

그럼에도 중요한 문제가 그대로 남아 있다. 마카베오 시대의 위기 이전이냐 이후이냐 하는 문제이다. 히브리어 경전의 느비임 총서를 이루기 위해 '전기 예언서'와 '후기 예언서'가 결합하였다는 사실 자체가 이미 마카베오 형제들의 저항을 특징짓는 '민족주의' 분위기에 들어서 있던 것이 아닌가? 그러기에 그들의 경전화를 주도한 요인은 164년경의 유다 마카베오의 권위가 아니겠는가(2마카 2,13-14: van der Kooij, 1988 참조)? 사실 의식적으로 해방자 '판관들' 또는 정복자 여호수아의 군화를 신기 시작하는 사람들은 하스몬가의 사람들, 특히 요나탄(기원전 160-

143)과 시몬 마카베오(143–134)이다(참조. 1마카 9,73; 15,33). 여호수아기와 판관기의 경전성은 한편 임금이라는 직함을 (아직은) 내세우지 않으면서도 권력의 완전성을 요구할 가능성을 부여했다.

이와 같은 관점은 하스몬가의 느비임과 원–바리사이파의 크투빔 구성을 동일한 역사적 상황에 속하는 두 사건, 병행하는, 나아가 상호관계에 있는 사건으로 해석하도록 이끈다. 최종 편집 단계에서 느비임과 크투빔은 해설서이고자 했던 토라의 우월성을 둘 다 인정하는 한편(시편 1 참조), 이 두 총서는 가깝든지 아니면 멀든지 복구의 기다림 속에 자리하고 있었다. 역대기와, 역대기와 함께 히브리어 성경 전체는 다음과 같은 결어로 마감된다.

> 페르시아 임금 키루스 제일 년이었다. 야훼께서는 예레미야의 입을 통하여서 하신 말씀을 이루시려고, 페르시아 임금 키루스의 마음을 움직이셨다. 그리하여 키루스는 온 나라에 어명을 내리고 칙서도 반포하였다. "페르시아 임금 키루스는 이렇게 선포한다. 야훼 하늘의 하느님께서는 세상의 모든 나라를 나에게 주셨다. 그리고 유다의 예루살렘에 당신을 위한 집을 지을 임무를 나에게 맡기셨다. 나는 너희 가운데 그분 백성에 속한 이들에게는 누구나 야훼 그들의 하느님께서 함께 계시기를 빈다. 그들을 올라가게 하여라"(2역대 36,22–23).

우리가 여기서 작품으로 보고 있는 히브리어 성경의 경전을 최후로 편집한 사람들에게 모든 것은 – 예언자들(따라서 느비임)이 전하는 – 야훼(따라서 토라)의 말씀에서 유래하며, 모든 것은 야훼를 세상과 민족의 군주이시며 동시에 예루살렘 성전에서 당신을 기념하도록 부르신 당신 백성의 하느님으로 범세계적으로 인식하도록 이끈다. 이 말씀들은 민족들의 대왕, – 헬레니즘 시대의 군주들과 달리 – 유일하신 하느님을 받아들인 임금, 야훼께서 당신의 도구로 만드시기 위해 택하신 임금인 키루스의 입에 놓인 말씀들이다. 달리 표현한다면, 야훼의 말씀과 이스라엘의 운명과 이 백성 개별 구성원의 소명은 범세계적 역사의 한가운데에 깊숙이 새겨 있는 것이다. 그러기에 이를 증언하는 위대한 책 역시 범세계적 울림을 찾도록 초대된다.

3. 결어

우리가 성경 경전에 대하여 가지고 있는 시선은 그에 접근하는 각도에 따라 다르다. 어떤 사람들, 특히 라삐 유다교, 그러나 그에 앞서 사두가이파와 에세네파와 바리사이파에게 성경 경전은 통틀어 토라로 한정되며, 따라서 본질적으로 기초 헌장인 율법일 것이다. 다른 사람들에게 - 그리고 아마도 느비임의 최후 발행인들에게 - 성경 경전은 또한 민족 서사시이며 정치적인 또는 메시아적인 복구에 대한 기다림일 것이다. 또 다른 사람들에게, 그리고 분명 페르시아와 헬레니즘 시대의 식견 있는 몇몇 유다인 세계에 경전은 본질적으로 하나의 문학일 것이다. 이 장에서 우리는 크투빔을 출발점으로 경전 문제를 다루었기에, 경전 연구 각도는 바로 이러한 것이었다.

문학이란 무엇이며, 그 기능은 어떤 것인가? 모든 문명 세계에서 문학은 몇 년 몇 세기가 지나가는 동안 의미 있는 작품으로 자리매김한 작품 선별에 기초한다. 책들이 바로 상상의 세계를 키워준다. 그러기에 학교에서 사람들이 말하는 것은 책들이며, 식견 있는 각 개개인 모두 읽었으리라 여겨지는 것이 책들이다. 다른 모든 책이 - 그리고 우선 동시대의 책들이 - 재미가 있다거나 비난받아 마땅하다는 말은 아니나, 이 책들은 우리가 '경전'이라 부르는 참고문헌에 들어가지 못하거나 아직은 그러하지 못한 것들이다. 유다 문학이 그러했던 것처럼 그리스 문학도 그러했다. 문학은 한 공동체의 구성원들이 가장 여린 어린 시절부터 걸어 다니도록 초대된 거대한 놀이동산과 같은 것이다. 거기서 사람들은 살아가면서 부딪히게 되는 여러 문제에 대한 답을 얻는다. 각각의 책, 각각의 구절은 상황에 따른 자기 시간을 가질 수 있다. 상중에는 시편이나 애가, 사랑으로 행복할 때는 아가, 의심스러울 때는 욥기나 코헬렛의 경우이다. 개인의 여정은 변할 수 있으나, 한 공동체의 구성원들에게 공동 정체성을 함양시켜주는 요소는 모든 이에게 문학적인 놀이동산이 동일하다는 것이다. 이러한 관점은 특히 크투빔의 경우에 해당되나, 성경 경전의 다른 두 부분과 하나가 되면서 크투빔은 성경 전체를 문학으로 변형시키는 데 기여한다. 자기의 길을 택하는 자유, 독자는 이 자유를 토라와 느비임에도 요구하기에 이른다. 율법이 율법 자체와 끊임없이 논쟁을 벌이는 순간부터, 율법에 어떻게 충실해야 할지 결정하는 것은 각자에게 놓인 문제이다. 창립 인물들이 복잡해지고 상호 대조를 이룸에 따라 '조상을 택하는 것'은 각자에게 주어진 과제이다.

끝으로 유다교 성경이 비상하게 된 것은 알렉산드로스와 헬레니즘과 만남 덕분임을 기억하는 일이 중요하다. 기원전 3세기에 경쟁적인 두 문학 경전, 곧 그리스어 경전(호메로스, 헤시오도스, 비극작품들)과 유다교 경전(모세, 예언서, 크투빔) 사이에 전개되었던 논쟁은 서양과 지중해 연안 동양의 모든 역사를 훑어갔으며, 계속해서 이어졌다. 상호 깊이 있는 이 두 문학 경전 사이의 긴장 관계에서 우리가 유럽 문화의 정체성이라고 지칭할 수 있는 요소가 탄생된다.

4. 참고문헌

P.S. Alexander/J.-D Kaestli (éd.), *The Canon in Jewish and Christian Tradition. Le canon des Ecritures dans les traditions juive et chrétienne* (Publications de l'Institut des Sciences Bibliques 4), Prahins, 2007. J. Assmann,

Fünf Stufen auf dem Wege zum Kanon. Tradition und Schriftkultur im frühen Judentum und seiner Umwelt (Münstersche Theologische Vorträge 1), Münster, 1999. D. Barthelemy, «L'état de la Bible juive depuis le début de notre ère jusqu'à la Deuxième révolte contre Rome (131–135)», in J.–D. Kaestli/O. Wermelinger (éd.), *Le Canon de l'Ancien Testament. Sa formation et son histoire* (Le Monde de la Bible 10), Genève, 1984, p. 9–45. R. Beckwith, *The Old Testament Canon of the New Testament Church and Its Background in Early Judaism*, Grand Rapids(MI), 1985. B.J. Diebner, «Erwägungen zum Prozess der Sammlung des dritten Teils der antijüdischen (hebräischen) Bibel, der *Ketubim*», *DBAT* 21 (1985), p. 139–199. D.M. Carr, «Canonization in the Context of Community : An Outline of the Formation of the Tanak and the Christian Bible», in R.D. Weis/D.M. Carr (éd.), *A Gift of God in Due Season : Essay on Scripture and Community in Honour of James A. Sanders* (JSOT. S 225), Sheffield, 1996, p. 22–64. C. Dogniez/M. Hart (éd.), *Le Pentateuque. La Bible d'Alexandrie* (Folio Essais 419), Paris, 2001. G. Dorival/M. Harl et O. Munnich, *La Bible grecque des Septante. Du judaïsme hellénistique au christianisme ancien* (Initiations au christianisme ancien), Paris, 1988. P.W. Flint (éd.), *The Bible at Qumran : Text, Shape and Interpretation* (Studies in the Dead Sea Scrolls and Realted Literature), Grand Rapids(MI), 2001. L.L. Grabbe (éd.), *Did Moses Speak Attic? Jewish Historiography and Scripture in the Hellesnistic Period* (JSOT.S 317 ; Europian Seminar on Historical Methodology 3), Sheffield, 2001. J.–D. Kaestli/O. Wermelinger (éd.), *Le canon de l'Ancien Testament. Sa formation et son histoire* (Le Monde de la Bible 10), Genève, 1984. D. Kraemer, «The Formation of the Rabbinic Canon : Authorities and Boundaries», *JBL* 110 (1991), p. 613–630. B. Lang, «The "Writings" : A Hellenistic Literary Canon in the Hebrew Bible», in A. van der Looij/K.

van der Toorn (éd.), *Canonization and Decanonization : Papers Presented to the International Conference of the Leiden Institute for the Study of Religions (LISOR), Held at Leiden 9-10 January 1997* (SHR 82), Leiden, 1998, p. 41–65. S.Z. Leiman, *The Canonization of Hebrew Scripture : The Talmudic and Midrashic Evidence* (Transactions of the Connecticut Academy of Arts and Sciences 47), Hamden(CT), 1976, spéc. p. 112–124. L.M. MacDonald/J.A. Sanders (éd.), *The Canon Debate*, Peabody(MA), 2002. A. Paul, *Et l'homme créa la Bible. D'Hérode à Flavius Josèphe*, Paris, 2000. Id., *La Bible avant la Bible. La grande révélation des manuscrits de la mer Morte*, Paris, 2005. Id., *La Bible et l'Occident. De la bibliothèque d'Alexandrie à la culture européenne*, Paris, 2007. S.E. Porter/C.A. Evans (éd.), *The Scrolls and the Scriptures : Qumran Fifty Years After* (JSP. S 26), Sheffield, 1997. A. de Pury, «Le canon de l'Ancien Testament. Ecritures juives, littérature grecque et identité européenne», in Faculté universitaire de théologie protestante de Bruxelles (éd.), *Protestantisme et construction européenne. Actes du Colloque des Faculté de théologie protestante des pays latins d'Europe. Bruxelles (8-12 septembre 1991)*, Bruxelles, 1991, p. 25–45. Id., «Qohéleth et le canon des *Ketubim*», *RThPh* 131/2 (1999), p. 163–198. J. Schaper, «The Rabbinic Canon and the Old Testament of the Early Church : A Socio-Historical View», in A. van der Kooij/K. van der Toorn (éd.), *Canonization and Decanonization*, p. 93–106. O.H. Steck, *Der Abschluss der Prophetie im Alten Testament. Ein Versuch zur Vorgeschichte des Kanons* (BThSt 17), Neukirchen-Vluyn, 1991. J. Trublet, «Constitution et clôture du canon hébraïque», in C. Theobald (éd.), *Le canon des Ecritures. Etudes historiques, exégétiques et systématiques* (LeDiv 140), paris, 1990, p. 77–187. E.C. Ulrich, «The Qumran Biblical Scrolls – The Scriptures of Late Second Temple

Judaism», in T.H. Lim (éd.), *The Dead Sea Scrolls in Their Historical Context*, Edinburgh, 2000, p. 67-87. A van der Kooij, «The Canonization of Ancient Books Kept in the Temple of Jerusalem», in A. van der Kooij/K. van der Toorn (éd.), *Canonization and Decanonization*, p. 17-40. J. Vermeylen, «L'école deutéronomiste aurait-elle imaginé un premier canon des Ecritures?», in T. Römer (éd.), *The Future of th Deuteronomistic History* (BEThL 147), Leuven, 2000, p. 223-240.

구약성경 본문사

쉥커(Adrian Schenker)

우리는 성경을 알고는 있으나, 본문 내부에 수많은 이본이 있음을 적시하는 BHS(*Biblia Hebraica Stuttgartensia*) 하단에 기록된 본문연구 자료에 대해서는 거의 주목하지 않는다. 사해사본 발견 이후 아무튼 성경 본문의 상대적 다양성을 단순히 번역자들의 탓으로 돌릴 수 없게 되었다. 본문의 다양성이 (기원전 2세기부터 기원후 1세기 사이에 존속했던) 쿰란의 서고에 보관되어 있던 성경에 관한 히브리어 수사본에서 이미 확인되기 때문이다.

따라서 고대부터 성경 본문이 매우 다양했다는 사실과 함께, 이러한 본문 형태를 서로서로 묶어주는 부정할 수 없는 일체성이 존재했다는 사실을 고려해야 할 것이다. '본문사'는 바로 이러한 과제를 해결하기 위한 시도이다. 아울러 가장 훌륭한 본문 형태를 찾아내기 위한 노력도 기울여야 할 것이며, 이는 '본문비평'의 과제이다.

1. 본문사와 본문비평

본문사는 하나의 문서가 발행되는 순간, 다시 말해서 (서신, 개인적인 기록 등과 같이) 사적인 형태로 존재하기를 멈추고 다수의 독자를 위해 공표(발행)되는 순간 탄생된다. 이때부터 문서는 사적인 변경, 나아가 저자의 변경까지도 피할 수 있게 된다. 독자들은 그들이 소유하고 있는 문서와 유포 중인 문서들이 일치하기를 기대하며, 이들 모든 문서는 출간시 만들어진 원본에 기초하기 때문이다. 이를 앞서 본문사는 아직 시작된 것이 아니며, 문학 구성사는 아직 마감된 것이 아니다. 본문사는 존재하는 본문 형태, 다시 말해서 흔히 '본문 증언'이라 부르는 수사본들이 대표하고 본문사가 그 계보 정립을 추적하는 본문 형태로부터 기술해 나갈 수 있을 것이다.

구약성경 본문비평은, 가장 오래된 표준 본문과 훗날 발생한 변조된 본문들(이본들)을 구별하기 위하여, '원문에 가까운 증언들'이 입증하는 경쟁적인 표준 본문들 사이의 연대순을 규정한다. 우리는 '표준 본문'이라는 표현에서 (낱말, 양식, 문장 구성요소, 문체, 문장과 본문 안에서의 구분, 본문 총체 등과 같은) 본문의 개별적인 요소를 떠올린다(E. Tov 참조).

2. '발행된' 최초 문서들

구약성경은 왕정시대 이후 상당한 문서들이 발행되었음을 설명하는 다양한 요소들을 직접 표기하고 있다. (ㄱ) 여러 예언자는, 지워버리기를 간절히 바랐던 적대자들로부터 그들의 신탁을 온전하게 보존하기 위하여 글로 남겼다(이사 8,16; 예레 36; 하바 2,2-3). (ㄴ) 행정적이며 사법적인 문건들은 어떠한 변조라도 차단하기 위하여 잘 보존되었을 것이다(사해 사본에서 볼 수 있듯이, 서류를 옹기그릇에 넣어 보관하도록 지시하는 소중한 내용을 담고 있는 예레 32,10-14; 또는 욥 19,23-24 참조). (ㄷ) 계약 체결에 관한 기사에서 하느님의 계약 조항들은 법적으로 공인된 문서로(탈출 24,3-7; 여호 24,26; 2열왕 23,1-3), 그리고 비명(碑銘)이나(탈출 24,12; 31,18; 신명

10,4-5 등) 공적인 기념비처럼(신명 27,2-3; 여호 8,32) 돌판에 새겨졌기에 변질되지 않는 문서로 제시된다. (ㄹ) 공포된 법률은 공적이며 신성한 성문 형태로 기록되었다. 거룩한 장소에 안치되어 원본 상태로 보존되었기 때문이다(신명 31,9-13.24-26; 참조. 2열왕 22). (ㅁ) 왕궁에서 서기관들은 지혜문학적이며(잠언 25,1) 역사적인(1열왕 11,41 등) 전승들을 공적으로 수집했다. 이 모든 문서는 더는 저자의 사적인 소유물이 아니라, 공공의 자산이 되기에 이른다.

3. 경전화, 경전 문서 개정판과 본문 확정

종교공동체의 공유 자산이 된 문서들은 그 공동체를 위한 거룩한 총서 또는 경전 총서를 형성한다. 그러나 경전과, 경전 본문의 최종 확정 사이에 분명한 구분을 두어야 한다. 종교공동체 내의 결정 기관은 그때까지 사용하던 성경 본문을 개정해야 할 필요성을 불러일으킨 새로운 상황에 직면하여 경전을 새로이 발행할 수 있었기 때문이다. 따라서 온전한 경전으로서의 이 책은 '유동성 있는' 본문, 다시 말해서 하나의 경전에 개입할 수 있는 권한을 가진 결정 기관에 의해 어느 정도의 변경이 가능했던 본문을 지니고 있었을 것이다.

유다교 공동체는 기원전 3세기와 1세기 사이에 이와 같은 상태에 있었다. 중요한 본문에 손을 댔던 '서기관들의 수정'(*tiqqûnê sôperîm*)에서 그 증거를 찾을 수 있으며, 그 한 예로 '하느님의 자손들'을 '이스라엘의 자손들'로 수정한 신명 32,8을 들 수 있다(Barthélemy, 1962). 경전 본문에 대한 이와 같은 개입은 결국 권한이 부여된 주도 세력에 의해서만 시행되었으며, 기원전 2세기 또는 1세기의 일이다.

이미 기원전 3세기에 존재했던 것이 거의 분명한 토라의 또 다른 발행의 예를 유다교 내부의 독자적 교파였던 사마리아 공동체의 성경인

'사마리아 오경'에서 찾을 수 있다(von Gall, Tal).

권한을 부여받은 또는 경전으로 받아들여진 발행에 관한 또 다른 증거는 칠십인역 성경 본문의 교정본에서 찾아볼 수 있다. 칠십인역 성경(LXX)은 오경 최초의 그리스 역본이다(기원전 3세기경). '아리스테아의 편지'에 담겨 있는 전설적인 내용에 따르면, 이 역본은 프톨레마이오스 2세 필라델포스(285-246)의 요청으로 72명의 역자에 의해(여기서 칠십인역 성경이라는 서명 유래) 알렉산드리아에서 가까운 파로스 섬에서, 기적과 같은 상황 속에서 탄생되었다. 구약성경의 나머지 부분들은 기원전 2세기와 1세기에 그리스어로 번역되었다.

'교정'이라는 표현에서 우리는, 공인 출판으로 여겨지는 히브리어 본문과 엄격하게 일치시킬 목적으로 시도된 칠십인역 성경 본문의 편집 작업을 떠올린다. 이러한 교정의 가장 오래된 고증 수사본은 사해 부근의 나할 헤베르에서 발견된 *Dodecapropheton*(열두 소예언서) 두루마리로서 기원전 1세기 중엽의 것이다. 작업 결과가 오리게네스에 의해 헥사플라에 수록되어 있기에 '헥사플라 역자들'이라 불리며, 기원전 1세기부터 2세기 사이에 활동한 아퀼라, 심마쿠스, 테오도시온, 퀸타 등도 실은 '교정자들', 다시 말해서 칠십인역 성경이, 그들이 볼 때, 배타적인 권위를 보유한 원-마소라본과 근본적으로 일치하도록 작업한 편집자들이다.

4. 성경 본문 형태의 다양성

성경 각 권의 문학적 구성과, 몇 가지 점에서 수시로 교정이 가해졌던 발행 사이에는 분명히 선을 그을 필요가 있다. 이와 같은 본문의 형태나 발행의 다양성은 히브리어 성경 자체를 기원후 초기 이전에 완성된 작품으로 전제한다. 이 다양성은, '사마리아 발행'이 이미 예견하게 하고 특히 사해 부근에서 발견된 성경 수사본들이 입증해주듯이, 히브리어 성경 번역의 결과가 아니다. 왜냐하면, 이 수사본들은 마소라 본문까지 이르렀을 것이라는 추정 아래 흔히 원-마소라본이라 부르는 본문과 일치하는가 하면, 때로는 포를라게(*Vorlage*, 본문 원형)라 불리는 히브리어 본문을 바탕으로 번역된 칠십인역 성경 그리스어 본문과 일치하기 때문이다(Cross/Talman). 이러한 현실은 그리스어 성경에 나오는 상당한 책들의 본문 형태가 그리스어 역자들의 작업 결과가 아니라, 이 역자들이 번역 대본으로 가지고 있었고 그에 맞추어 충실하게 번역한 히브리어 성경에 기초한다는 사실을 밝혀준다.

사해사본과 칠십인역 성경 덕분에 여러 성경책과 구별되는 몇몇 판을 규정할 수 있게 되었다. 탈출기(특히 초막절에 관한 단락), 사무엘기, 예레미야서, 에제키엘서, 에즈라기, 느헤미야기, 다니엘서와 다른 책들을 예로 들 수 있다.

이 두 개의 판 사이에 가해진 변화의 폭은 유동적이나, (예레미야서의 경우처럼) 중요하게 다가올 수 있다. 크로스(F.-M. Cross)는 본문 형태의 차이를 (바빌론, 이집트, 팔레스티나 등) 기원의 장소가 서로 다르다는 데서 찾는다. 그러나 어떠한 동기인지는 몰라도 유다 공동체의 권위가 변조된 형태로 몇몇 성경책들을 재발행했으리라고 보는 것이 더 타당해 보인다(Barthélemy, 1978).

이 다양한 발행의 연대순은 잘 알려져 있지 않다. 그 상관적인 연속성이 여전히 논쟁의 대상이 되고 있기 때문이다. 그러함에도 불구하고 성경의 여러 히브리어 판이 공존했다는 사실이 지향하는 귀착점은 확립할 수 있다. 사실 기원전 1세기 말경 특정한 하나의 본문이, (물론 사마리아 공동체에서도 봉독된 오경의 경우를 제외하고) 회당의 전례와 성경 연구에 있어 히브리어를 사용하던 유다교에서 독점적으로 공인된 본문 지위를 확보하게 된 것으로 보인다. 우리는 이 본문을 원-마소라본이라는 수식어로 지칭할 수 있다. 다른 곳에는 생략되어 있으나 마소라본에서 다시 찾아볼 수 있는 독특한 철자와 형태를 특징으로 간직하고 있기 때문이다. 이 원-마소라본은 사해 사본에서, 다시 말해서 기원전 70년 이전의 본문에서 확인된다(Barthélemy, 1978 참조).

여러 차례 발행된 성경책들의 분기 시점을 명시한다는 것은 더욱 어려운 일이다. 아마도 히브리어 성경 본문을 위한 공적인 출판 활동이 기원전 2세기와 1세기에 팔레스티나 지방에 자리 잡았던 것으로 본다(van der Kooij).

5. 본문사는 문학사를 내포한다

의도되고 공인된 본문의 변화를 초래한 새로운 성경 판은 구약성경 본문사 연구를 요구하며, 이러한 연구는 이 판들을 각각의 독보적인 형태 안에 재정립하는 것으로 시작된다. 본문사는 이 판들을 서로 서로의 관련 속에 배치하고, 그 발행 일자를 지정해주는 시도를 말한다. 이 작업은 실상 사해의 성경 본문, 사마리아 오경, 하나의 히브리어 원문을 반영하고 있는 것으로 추정되는 칠십인역 성경, (양피지, 나스 파피루스와 같은) 기타 원문에 가까운 증언들을 문학적으로 분석하는 일에 해당한다.

6. 원-마소라본

기원전 1세기 말엽 자음으로만 기록된 하나의 히브리어 본문이, 사마리아 공동체를 예외로 한다면, 유다교 공동체의 유일한 공인 성경으로 받아들여진다. 이 본문은 우수한 질적 가치를 지닌 개인 수사본으로 거슬러 올라가는 것 같다(Barthélemy, 1978). 이는 철자법의 독자성은 물론 필사자의 물리적인 실수들, 곧 이 본문을 원본으로 하여 필사된 이후의 모든 수사본에 그대로 다시 옮겨진 실수들로 입증된다.

7. 마소라본(*TM*)

우리는 자음, 구두점과 음송(악센트 또는 *ṭe'amîm*) 표기, 모음, 줄 바꿔 나눔, 단원과 권, 중세의 석학이었던 마소라 학자들이 수사본의 여백에 기록한 약자('소 마소라') 또는 상세한 형태('대 마소라')로 된 본문 각주를 포함하는 성경 본문을 마소라본이라 부른다(Ginburg, Dotan, Yeivin 참조).

성경 본문을 단락과 단원과 권으로 나누는 구분은 완전하게 통합된 적이 없다. 이러한 구분은 회당의 업무에 해당하는 전례적 독서 주기와 성경 구절 발췌로 거슬러 올라간다(Perrot). 사해사본과 칠십인역 성경과 마소라본은 여러 가지 구분 체계를 보여준다(Oesch).

악센트 부호는 모음보다 더 오래된 것이다. 악센트와 모음은 기원후 6세기와 9세기 사이의 시대로 거슬러 올라간다. 학자들은 가장 오래된 바빌론 체계와 '이스라엘 땅'(팔레스티나) 체계와 더욱 발전된 형태를 보이는 후대의 티베리아 체계를 구별하나(Kahle, Dotan), 궁극적으로 (9세기와 10세기의) 티베리아 체계가 수용되었다. 마소라 학자들이 모음부호로 제시한 모음은 보다 오래된 발음 전통에 따른 것이다. 고문헌(칠십인역 성경, 헥사플라 번역, 대중 라틴말 성경, 요한 크리소스토모, 예로니모, 테오도레토, 그러나 특히 헥사플라에서 히브리어 본문의 단어들을 옮겨쓴 난)에서 히브리어 용어와 이름을 그리스어와 라틴어로 옮겨쓰기 한 것은 발음의 견고성은 물론 아무튼 후에 삽입된 변조 부분들을 들여다볼 수 있도록 허용한다.

마소라본은 더 이상의 변질에 맞서 정확한 것으로 평가한 본문을 보호할 목적으로 각주를 첨가했다. 각주의 역사적인 발전은 매우 복잡한 과정을 거친 결과이다(Ginsburg, Dotan 참조). 이 각주는, – 크팁(*ketîb*)과 스비르(*sebîr*)라 불리는 이본들 이외에 – 거부된 이차적인 이본들을 수록하지 않았다는 차이점이 있기는 하나, 그 나름대로 현대의 본문비평 작업에 해당한다. 이 이본들은 한편 원문으로 평가되는 본문 형태를 보여준다(Ognibeni, Kelley/Mynatt/Crawford).

8. 마소라본 본문비평

히브리어 성경 본문비평의 우선적 과제는 티베리아 마소라본을 (자음, 악센트, 구분, 전승을 중심으로) 확립하는 일이다(E. Tov 참조). 히브리어 수사본들을 대조해놓은 걸작은 2절판 크기로 된 두 권짜리 케니코트(Benjamin Kenncott)의 작품이다(Oxford, 1776-1780). 그러나 이 작품은 자음에 국한되어 있다. 드 로씨(Joh. Bern. de Rossi)는 두 권으로 된 자음과 모음 이본들을 추가로 선정하여 이 작품을 보완하였다(Parme, 1784-1798). 수많은 대조 수사본들은 매우 다양한 질적 가치를 지니고 있어, 이를 본문비평 작업에 끌어들이는 일은 여전히 논쟁의 대상이 되고 있다(Ognibeni 참조). 문제는 이 작품들이 10세기와 11세기 마소라 학자들의 수사본들과 다른, 마소라본보다 더 오래된 독립적인 내용을 담고 있는지 살피는 일이다. 본문비평을 위한 티베리아 마소라본의 주요 증언들은 9세기부터 11세기 사이의 티베리아 '학술적' 대수사본들로 남아 있다.

그러나 몇몇 저자들은 다른 방법으로 히브리어 성경 본문비평의 궁극적 목적을 정의한다. 이들에 의하면, 예를 들어 네슬-알랑(Nestle-Aland)의 신약성경 본문 또는 고대 저자의 간행물들과 같은 모든 본문 증언을 기초로 하여 비평적 성경 본문, 종종 '절충적'이라 불리는 본문을 작성해야 한다. 그 목적은 의심의 여지 없이 히브리어 성경 출판 작업에 종지부를 찍는 일이나, 그에 앞서 히브리어나 번역본에서 확인된 각 본문 형태를 확인하고 연대순으로 나열하는 일이 먼저 해결되리라 추정한다. 그러나 아직 그 단계에 이른 것으로 보이지 않는다.

게다가 본문 증언들의 상태는 다양하다. 사실 마소라본은 자음, 모음 글자, 구두점과 모음부호와 같은 마소라 표기, 단원과 권으로 된 구분 현상을 보여주나, 사해사본에는 자음 이외의 것으로 표기된 구두점이나 모음부호와 같은 것이 없다. 고대 번역본 역시 히브리어 바탕을 불완전하게 드러낼 뿐이다. 따라서 이 본문 증언들이 가장 오래된 본문을 제시한다고 가정한다면, 마소라본의 히브리어 형태로 그것들을 옮겨 쓴다는 것은 시대착오적이며 불확실한 일일 것이다.

구약성경의 절충적 비평 본문 하나를 작성하는 작업을 잠시 포기하고, 본문사 출발 이후 접근 가능했던 모든 본문 정보로 보완된 티베리아 마소라본의 비평적 판을 선택하는 일은, 마소라본에 대한 공리적 또는 교의적 선호 때문이 아니라 구약성경 본문사의 원전에서 비롯된 것이다.

9. 고대 번역본의 기여

성경의 가장 오래된 번역은 칠십인역 성경(Septuaginta)이며, 오래되었다는 이유만으로 가장 값진 본문 증언에 속한다. 한편 이 번역본은 그 자체로 하나의 복잡한 본문사를 주파했으며, 번역본을 사용할 때 이를 감안해야 한다. 대략 기원전 2세기에서 기원후 1세기 사이에 기록된 사해의 성경 사본들 가운데 칠십인역 성경의 몇몇 본문 형태들이 히브리어로 발견되었다.

(저자와 시대가 다른 아람어 성경 번역인) 타르굼, (2세기의 시리아어 번역으로서 페시토라고도 불리는) 페시타, (예로니모가 400년을 전후로 - Vetus Latina(고대 라틴말 성경)에 실려 전수된 시편 이외에 - 유다교 경전을 라틴어로 새롭게 번역한) 대중 라틴말 성경(Vulgata)은 거의 다 원-마소라본과 동일시되는 히브리어 본문을 기초로 하고 있다. 이러한 현실은 일반적으로 마소라본 증언들로 평가되는 헥사플라 번역에도 적용된다. 고대 라틴말 성경, 콥트어 역본, 에티오피아와 아르메니아어 역본은 칠십인역 성경을 기초로 하고 있어, 이 번역본들은 본래의 칠십인역 성경과 거리가 먼 본문 상태를 반영하고 있는 그리스어 수사본들 자체보다 더 오래된 증언일 수 있다.

고대 번역본들은 그리스도교의 옛 저자들이 필요에 따라 인용할 때만 확인되는 경우가 많다.

10. 성경 본문사 종합

1) 첫째 단계는 성경 본문의 문학적 구성 단계이며, 기원전 4세기 이전부터 출발하여 서로 다른 시기에 출간 또는 출판에 이른 단계이다.

2) 둘째 단계는 유다와 사마리아 공동체에 속한 거룩한 책들의 수집 단계(성경 경전의 시초)이며, 이때 경전 문서들은 비교적 견고한 하나의 본문을 소유하고 있었다(기원전 4-3세기).

3) 공적인 결정 기관이, 추정컨대 무엇보다도 신학적인 동기에서, 이 경전 문서에 문학적인 수정을 가하며, 이로써 이 문서의 '새로운 판'을 초래한다. 아울러 (사해사본, 칠십인역 성경과 같은) 고대의 판이 계속 존재하고 있었기에, 이 단계는 성경 본문의 문학적인 상대적 다양성을 인지하고 있었다. 사실 (기원전 3세기에서 기원후 1세기 사이의) 이 단계에서 경전 본문의 견고성은 아직 절대적인 것이 아니었다. 당시 회람되던 본문 형태들 가운데 하나가 선(先)-마소라본이라 불릴 수 있다. 이 본문은 훗날 마소라본의 자음 본문에 거의 해당하기 때문이다. 그러니까 마소라본의 전조인 셈이다.

4) 원-마소라본의 단계는 자음 본문의 절대적인 견고성이라는 특징과 함께, 추정컨대 발음과 악센트와 성경 본문 구분에 관한 구전 전승을 확고히 한다는 특징을 안고 있다(기원후 1세기 말 이후).

5) 문자 그대로의 마소라본 단계는 악센트(구두점), 자음의 모음화, 성경 본문 구분을 위한 표기라는 특징과, 마소라 학자들이 붙인 각주의 형태로 체계적인 '본문비평'의 점진적인 발전 과정이라는 특징을 보인다. 이는 유일하면서 정확한 본문으로 취급된 성경 본문의 최상의 견고

성을 보장하기 위한 차원이었다(5세기 이후, 좀 더 정확하게 말해서 티베리아 본문의 경우는 8세기 이후).

11. 요약표

기원전	토라	느비임	크투빔	
5세기	경전화; 본문의 상대적 고정화 작업			
4세기		경전화; 본문의 상대적 고정화 작업		
3세기			경전화를 향한 여정; 본문의 상대적 유동성	
2세기	부분적 새로운 판(탈출기)	다양한 본문 형태 또는 판의 공존	새로운 판; 본문의 상대적 견고화	쿰란
1세기	원-마소라본 확정			
기원후				
1세기	원-마소라본			
2세기	헥사플라(Hexapla) 역본 페시타(Peshitta) 역본			
3세기				
4세기	대중 라틴말 성경(Vulgata)			

12. 참고문헌

D. Barthélemy, *Les devanciers d'Aquila. Première publication intégrale du texte des fragments du Dodécaprophéton trouvés dans le désert de Juda* (VT.S 10), Leiden, 1963. Id., «Les Tiqquné Sopherim et la critique textuelle de l'AT», in *Congress Volume Bonn 1962* (VT.S 9), Leiden 1963. Id., «Histoire du texte hébraïque de l'AT», in D. Barthélemy, *Etudes d'histoire du texte de l'AT* (OBO 21), Fribourg(CH)/Göttingen, 1978, p. 341–364. Id., *Critique textuelle de l'Ancien Testament*, t. 1–3 (OBO 50/1–3), Fribourg(CH)/Göttingen, 1982–1992. P.-M. Bogaert, «Le livre de Jérémie en perspective : les deux rédactions antiques selon les travaux en cours», *RB* 101(1994), p. 363–406. B. Botte/P.-M. Bogaert, «Septante et versions grecques», *DBS* 12(1996), col. 536–691. F.M. Cross/S. Talmon (éd.), *Qumran and the History of the Biblical Text*, Cambridge (MA)/London, 1975. A. Dotan, «Masora», *Encyclopaedia Judaica*. Vol. 16, Jerusalem, (1972) 1978^4, col. 1401–1482. N. Fernández Marcos, *Introducción à las versiones griegas de la Bíblia* (TECC 64), Madrid, 1998^2. D.N. Freedman (éd.), *The Leningrad Codex. A Facsimile Edition*, Leiden, 1998. A. Gall, D*er hebräische Pentateuch der Samaritaner*, Giessen, 1918. C.D. Ginburg, *Introduction to the Massoretico-Critical Edition of the Hebrew Bible*, London, 1897. M.-H. Goshen-Gottstein/S. Talmon, *The Hebrew University Bible Project : The Book of Isaiah*, Jérusalem, 1975–1993. Id., The Book of Jeremiah, Jérusalem, 1997. Ph. Hugo/A. Schenker (éd.), *L'enfance de la Bible hébraïque. Histoire du texte de l'Ancien Testament* (Le Monde de la Bible 52), Genève, 2005. I. Himbaza/A. Schenker (éd.), *Un carrefour dans l'histoire de la Bible. Du texte à la théologie au IIe siècle avant J.-C.* (OBO 233), Fribourg(CH)/Göttingen,

2007. P. Kahle, *Masoreten des Ostens. Die ältesten punktierten Handschriften des Alten Testaments und der Targume* (BWAT 15), Leipzig, 1913. Id., *Masoreten des Westens. I* (TUVMG 1 ; BWAT 33), Stuttgart, 1927. P.H. Kelley/D.S. Mynatt et T.G. Grawford, *The Masorah of the Biblia Hebraica Stuttgartensia. Introduction and Annotated Glossary*, Grand Rapids(MI), 1998. J.M. Oesch, *Petucha und Setuma. Untersuchungen zu einer überlieferten Gliederung im hebräischen Text des Alten Testaments* (OBO 27), Fribourg(CH)/Göttingen, 1979. B. Ognibeni, *Tradizioni di lettura e testo ebraico della Bibbia* (Studia Friburgensia 72), Fribourg, 1989. A. Pelletier, *Lettre d'Aristée à Philocrate* (SC 89), Paris, 1962. C. Perrot, *La lecture de la Bible. Les anciennes lectures palestiennes du Shabbat et des fêtes* (Massorah 1/1), Hildesheim, 1973. A. Schenker (éd.), *The Earliest Text of the Hebrew Bible. The Relationship between the Masoretic Text and the Hebrew Base of the Septuagint Reconsidered* (SBL.SCS 52), Leiden/Boston, 2003. Id., «Der Ursprung des massoretischen Textes im Licht der literarischen Varianten im Bibeltext», *Textus* 23(2007), p. 51-67. A. Tal, *The Samaritan Pentateuch : Edited According to Ms 6(C) of the Shekem Synagogue*, Tel Aviv, 1994. E. Tov, *Textual Criticism of the Hebrew Bible*, Minneapolis(MN)/Assen, 1992(2001^2). J. Trebolle Barrera, *The Jewish Bible and the Christian Bible : An Introduction to the History of the Bible*, Leiden/Grand Rapids(MI), 1998. W. Wickes, *Two Treatises on the Accentuation of the Old Testament : Prolegomenon by A. Dotan* (LBS), New York, 1970. I. Yeivin, *Introduction to the Tiberian Masorah* (SBL Masoretic Studies 5), Missoula(MO), 1980.

이스라엘의 역사. 기원에서 바빌론 지배 시대까지

마치(Jean-Daniel Macchi)

히브리어 성경을 진지하게 연구하고자 하는 사람에게 고대 이스라엘의 역사는 결코 무시할 수 없는 주제를 형성한다. 사실 성경 본문은 이스라엘 역사의 흐름 속에서 기초되었으며, 어떤 점에서 성경은 역사의 결과물이라 말할 수 있다. 또한, 성경 기사의 대부분은 이스라엘 역사 속의 사건들과 인물들을 소개한다. 끝으로 이 역사의 의미와 의의에 대한 질문은 성경 본문에 현존하는 신학적 반성에 관한 중심 주제를 형성한다.

그러기에 우리는 어떤 이유로 성경 기사가 고대 이스라엘의 역사에 접근하는 특별한, 나아가 유일한 방법으로 오랫동안 인식됐는지 쉽게 이해한다. 그러나 오늘날, 이 본문이 역사적인 논쟁 한가운데서 여전히 중요한 역할을 담당하고 있다 하더라도, 과거보다는 중심에서 훨씬 벗어나 있다. 이러한 현상은 여러 요인으로 설명된다. 학자들은 이제 사회학, 역사적 인류학, 특히 고고학과 같은 방법론과, 새로운 본문 자료들 발견과 함께 성경 외적 참고문헌에 관한 점증적인 상세한 문헌학 연구에 관심을 쏟는다. 게다가 성경 본문의 역사적 성격보다는 신학적인 성격이 우선한다는 사실과 함께 본문의 형성 연대가 종종 뒤로 늦춰진다는 사실이 충분히 강조되었으며, 이런 이유로 역사가들은 성경을 역사적 원전으로 사용하는 데 더 신중한 자세를 취하기에 이른다. 끝으로 중요한 사료들을 바탕으로 편찬된 '실록'에 대해 역사가들이 품고 있는 거의 배타적인 관심에는, 사회적, 경제적, 정치적 생활 조건들과 긴 시간 동안 빚어진 조건들의 변형을 참작해야 한다는 염려가 보태진다. 이 입문서는 이스라엘 '새로운' 역사의 주요 목적을 제시하려 노력할 것이다.

1. 역사적 원전(原典), 방법론 문제

과거를 재구성한다는 것은 모두 평가하고 해석하는 원전에 기초한다. 학자들은 일반적으로 일차적인 원전과 이차적인 원전을 구별한다. 이 원전들 역시 비평적인 방법으로 분석되어야 한다 하더라도, 일차적인 원전들은 대부분 해당 시대에서 직접 유래한다는 점에서 더욱 신뢰할 수 있는 자료들로 취급된다. 이차적인 원전들 역시 적절한 정보들을 담고 있기는 하나, 기술하고 있는 시대 이후에 발생한 자료들이기에, 역사가들은 그 안에 담긴 정보들이 이미 편집의 과정을 거쳐 생산된 결과물, 따라서 간접적인 방법으로 전수된 정보들이라는 사실을 고려해야 한다.

1.1. 고고학 원전

19세기 이후 수많은 고고학적 발굴이 이스라엘 지방에서 단행되었으며, 성경의 세계에 관한 정보 더미를 엮어냈다. 성경에 등장하는 수많은 지점이 성공적으로 확인되었다. 이 지방의 주요 지점들에서 실시된 발굴작업은 각 지점의 지층을 분석해내는 데 일조했고, 그곳에서 발견된 도기의 유형을 비교함으로써 무엇보다도 점유에 관한 주요 시기들의 연대측정을 가능하게 해주었다.

고고학자들에 의해 수집된 수많은 자료는 그 지방의 주민들이 직면했던 갈등의 폭만이 아니라, 그들이 겪었던 영향력, 그들의 생활 방식, 그들이 이행했던 상업적인 교환, 그들이 거주하고 생계를 보장했던 수단 등을 알아볼 수 있도록 한다. 또한, 지면을 광범위하게 탐사해나감으로써 각각의 시대에 관한 거의 모든 점유지의 위치와 범위를 알아볼 수 있고, 주민의 밀도와 분산을 어림잡을 수 있으며, 이로써 지방에서 전개된 사회적 변혁과 함께 거기서 발생된 긴 기간의 혼란을 잘 이해할 수 있게 되었다

이스라엘의 고고학은 지난 50년 동안 놀라운 발전을 이루어냈으며, 성경 본문의 타당성을 확인시켜주는 데 주된 목적이 있던, 초기 역사에 대한 접근 방향을 너무나 분명하게 돌려놓았다. 학자들은 '성경 고고학'이라는 표현을 사용하기에 이르렀다. 이 표현은, 고고학적 소재가 제공하는 자료들은 역사의 단편적인 전경만을 제공할 뿐이며, 그것들 역시 역사적인 결론 도출에 앞서 해설되고 비평적 검토 아래 놓여야 한다는 사실을 전제한다. 고고학자는 정보들을 수집하고 그 분석을 제안하면서도, 그가 발굴한 것을 돌이킬 수 없을 만큼 파괴한다. 그러기에 발굴 작업에 참여한 경험이 있는 사람들은 누구나 고고학자들의 작업이 어느 면에서 어려움을 주고, 해설을 필요로 한다는 사실을 잘 알고 있다. 따라서 지층에 관해 공개된 주장들은 논쟁이 대상이 되는 경우가 많다. 한편 유다와 사마리아 지방의 지층 대부분을 고고학적으로 시대 표기한다는 것은 어느 정도 가능한 일로 평가되나, 소위 '솔로몬' 시대에 관해서는 이 경우에 해당하지 않는다(아래 도표의 철기IIA 참조). 또한, 지층들의 시대가 흔히 발견된 도기 비교를 통해서, 그리고 파괴된 지점을 다른 곳에서 고증된 역사적 사건들과 대조 확인하면서 표기된다는 사실을 잊어서는 안 된다.

끝으로 이스라엘의 고고학은 불행히도 의도적인 왜곡의 대상에서

제외되지 않는다. 골동품 거래는 이득이 높은 까닭에, 사람들은 더는 위조와 무분별한 발굴에 아랑곳하지 않는다.

지중해 동부 연안지방의 고고학적 시대

초기 청동기	(기원전 3100–2000)
중기 청동기	(2000–1550)
후기 청동기	(1550–1200)
철기I	(1200–1000)
철기IIA	(1000–900)
철기IIB	(900–720)
철기IIC	(720–539)
페르시아 시대	(539–333)
헬레니즘 시대	(333–63)
로마 시대	(63년 이후)

1.2. 금석학 원전

고고학적 발굴은 판독 가능한 일련의 모든 본문을 밝혀낼 수 있도록 이끌었으나, 이스라엘 지방에서 발견된 금석학적 자료들은 상대적으로 빈약한 상태이며, 9세기 이후에야 비로소 등장한다. 학자들은 묘지석과 함께 본질적으로 행정적이며 상업적인 성격에 해당하는 비석을 찾아냈다. 이 일차적인 자료들은 관습과 생활 방식과 나아가 고대 이스라엘인들의 신앙에 관한 값진 정보를 우리에게 제공하나, 사실적인 역사 곧 '실록'에 관해서는 거의 침묵을 지키고 있다. 실록 차원에서 왕실 비문들은 대개 매우 장황한 편이다. 그러기에 이러한 유형의 어떤 이스라엘 비문도 발견되지 않았지만, 다른 왕국에서 유래한 왕실 비문들이 이스라엘과 유다와 관련된 것들이 있다. 예를 들어 메차의 모압 돌기둥과 텔 단의 아람 비문은 이스라엘이 연루된 충돌을 언급한다. 청동기부터 로마 시대까지 고대근동의 남부 지역 통제 문제로 언쟁을 벌였던 제국들의 왕실 비문들 역시 이 주변 지역에서 펼쳐진 사건들에 관한 상당한 정보를 제공한다. 이 기념적 또는 정세 분석적인 비문들은, 이념적인 의미를 함축하고 있고 왕실을 홍보하는 표현을 담고 있다는 점에서 역사가들은 비판적인 관심을 가져야 한다. 이스라엘 밖의 행정적이며 서한체의 문건 역시 역사가들에게는 매우 소중한 원전이다. 예컨대 파라오가 가나안의 소국왕들과 나눈 엘 아마르나 교신은 청동기 시대 지중해 동부 연안 지방의 환경을 일깨워주며, 엘레판틴 파피루스들은 5세기 말에 상(上)이집트에 위치한 이 섬에 살고 있던 '유다' 공동체의 생활에 대한 흥미 있는 자료를 던져준다. 끝으로 고대 헬레니즘과 로마 시대의 여러 역사가의 작품들은 필요에 따라 유다-이스라엘 역사의 일화를 다루며, 나아가 주요 주제로 삼기도 한다(예: 요세푸스와 마카베오기 저자들). 성경과 마찬가지로 이차적인 자료에 관한 문제이다.

1.3. 역사적 원전으로서의 성경

히브리어 성경을 구성하는 본문들은 종종 역사적인 보고서와 같은 인상을 준다. 사실 성경은 족보 제시와 치세 명기와 사건에 관한 일자 표기를 통해 절대적인 일자를 입힐 수 있는, 상대적으로 일관된 연대 체계를 제공한다. 한편 이 본문들은 주요 시대를 중심으로 역사를 체계화한다. 홍수 사건을 통해 비극적으로 마감되는 기원사의(창세 1-9) '신화적' 시대 이후, 본문은 인류에 의한 세상의 식민지화를 묘사한 다음(창세 10-11), 아브라함과 이사악과 야곱이라는 성조들과, 이스라엘 지파의 조상으로 야곱의 열두 아들이라는 인물을 제시하면서(창세 12-50) '역사'의 시대를 연다. 야곱과 그의 아들들이 이민을 오고, 이스라엘인들이 억압을 받기 이전 많은 수의 백성이 되고, 가나안 땅을 정복하여 정착하기 위해 탈출해 나온 곳이 바로 이집트이다(탈출기에서 여호수아기까지). 이스라엘 지파의 지방분권적 조직과 카리스마적인 우두머리들(판관들)의 간헐적인 출현이라는 특징을 지닌 시대는 군주제도의 개막을 앞선다. 사울과 다윗과 솔로몬으로 이어진 창립자로서의 세 임금의 치세는 이스라엘의 통합과 예루살렘의 다윗 왕조 건립으로 귀착한다(사무엘기-1열왕 11). 솔로몬의 사망과 함께 왕국은 양분된다. 북부에서 이스라엘 왕국은 지파들 대부분을 연방으로 규합하나, 남부에서 예루살렘의 다윗 왕조의 지배하에 존속했던 지파는 유다뿐이다. 이러한 상황은 아시리아인들이 북 왕국을 병합시켜버린 사마리아 함락 시점까지 지속되며(2열왕 17), 남 왕국은 예루살렘 함락과 바빌론인들에 의한 주민 압송 시점까지 홀로 살아남는다(2열왕 18-25). 페르시아 제국의 도래와 함께 유배되었던 유다인들의 귀환이 가능해진다. 예루살렘 성전과 도성의 성벽은 다시 건축되며, 새로워진 사회가 유다에 자리를 잡는다(즈카르야서, 하까이서, 에즈라기와 느헤미야기). 에즈라의 개혁은 경전으로서의 히브리어 성경이 서술하는 최후의 사건들로 규정된다. 알렉산드로스 대제가 초래한 페르시아 제국의 몰락, 유다와 사마리아에 셀레우코스와 프톨레마이오스 왕조의 헬레니즘 통치시대 정착, 예루살렘 성전 모독 사건에 대한 마카베오 형제들의 저항운동이 분명 다니엘서에 예고되어 있으나, 그 상세한 보도는 제2경전 문학에서만 찾아볼 수 있다(마카베오기 상권과 하권).

고대 이스라엘의 역사에 관한 문제 제기를 잘 이해하기 위해서, 나아가 성경 본문의 성격 자체를 파악하기 위해서는 막 서술된 역사편찬 초안이 유다의 왕정시대 말기부터 시작해서 유배시대와 페르시아와 헬레니즘 시대 동안 생산된 문학에 따라 전수되었다는 사실을 우선 숙지해야 할 것이다. 성경 사료편집은 따라서, 넓은 의미에서 본다면, 기술된 사건이 지나가고 난 다음에 이루어진 것이다. 그러기에 이 본문들은 '실제로 일어난 것'을 보도할 목적이 아니라, 세상과 인류와 당신 백성과 하느님의 관계에 대한 신학적 성격의 메시지를 건네주기 위한 차원에서 편집된 것이다.

한편 성경 편집자들은 그들이 서술한 기사 전체를 완전하게 창안해낸 것이 아니라, 그들 역시 신뢰할만한 또는 다소 신뢰감이 떨어지는 – 연대기, 전통적 기사 등 – 상당한 원전을 활용해나갔다. 그렇다고 해서 이들이 이 원전의 실체를 꼭 변질시켰다는 말은 아니다. 따라서 '성경 역사'는, 성경에 기술된 사건들이 성경외적 참고자료들에 의해 그 관련성 여부가 확인되는 수많은 경우가 입증해주고 있듯이, '역사가의 역사'와 무관한 역사는 아니다. 역사가의 목적은, 사람들이 어떻게 생각하든 상관없이, 이스라엘의 역사에 관해 자기가 임의로 활용할 수 있는 가장 상세한 고대 원전을 구성하는 성경 본문에 어느 정도까지 신빙성을 부여할 수 있는지 또는 아닌지 하는 문제를 알아보는 일이다. 작금의 논쟁에서 이스라엘의 역사가들은, 성경 본문이 성경 밖의 신뢰할만한 원전과 상관관계가 있는 경우에만 역사적인 사건들을 고려한다는 주장을 펼치는 철저한 극소주의적 입장, 이와는 달리 고고학과 금석학의 자료에 의해 직접 상반되는 경우가 아니라면 성경은 늘 역사적인 현실을 반영한다고 보아야 한다는 주장을 펼치는 극대주의적 입장 사이에서 주저한다. 앞으로 여러 차례 되풀이해서 살펴보겠지만, 성경 본문의 비평적 분석과 편집 일자는 본문에 역사성을 부여할 수 있는지 없는지를 가늠함에 중요한 역할을 담당할 것이다.

2. 지리와 기후

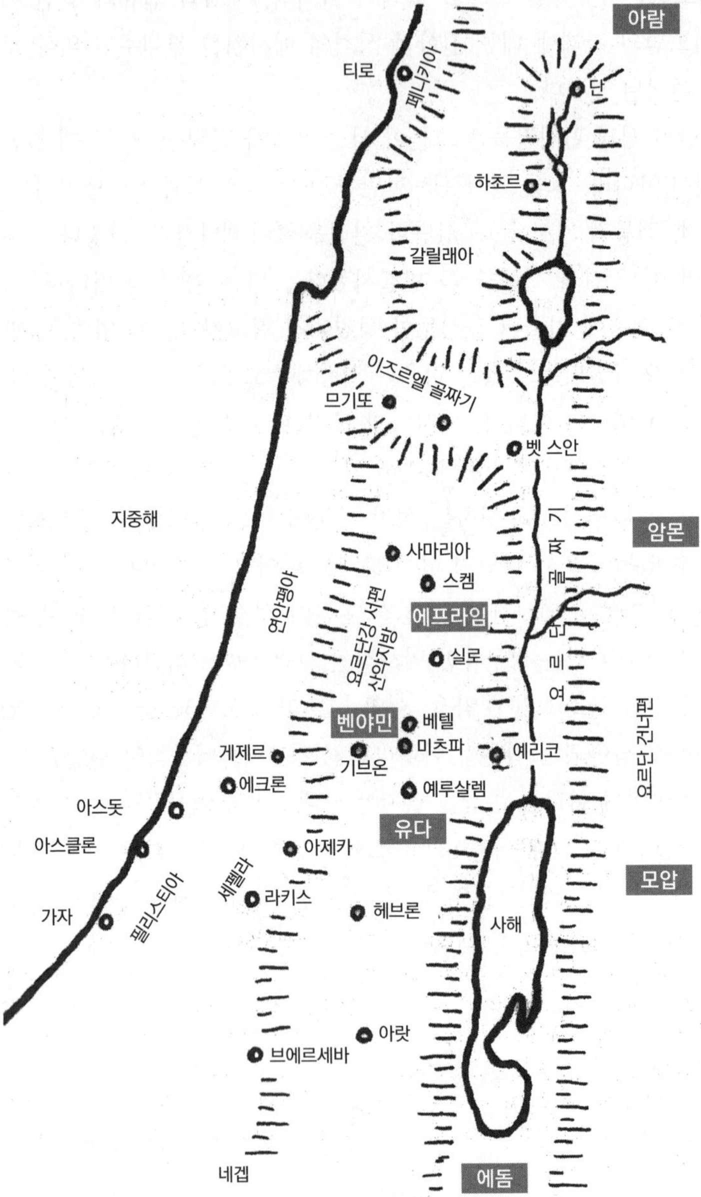
아람
티로
페니키아
단
하초르
갈릴래아
이즈르엘 골짜기
므기또
벳 스안
지중해
암몬
사마리아
스켐
에프라임
연안평야
요르단강 서편 산악지방
요르단 골짜기
실로
요르단 건너편
벤야민
베텔
게제르
미츠파
기브온
예리코
에크론
예루살렘
아스돗
유다
아스클론
아제카
모압
셰펠라
라키스
헤브론
가자
필리스티아
사해
아랏
브에르세바
네겝
에돔

대부분의 성경 기사가 펼쳐진 지역은 지중해 동부 연안지방의 남쪽에 위치한 지역이며, 지중해의 동쪽 경계선을 이루고 북쪽은 시리아-페니키아 권으로 형성된 지역이다. 이 지역은 교역로의 교차점에 자리했으며, 고대근동 지방에 영향력을 행사하던 중심세력들 사이에서 완충지대 역할을 했다. 아프리카대륙 북동 지방의 으뜸 세력이었던 이집트는 이스라엘의 남쪽에 바로 걸쳐 있었으며, 이스라엘의 북쪽은 시리아를 통하여 메소포타미아와 아나톨리아에 연결되어 있었다. 이스라엘의 지중해 연안이 항구를 거의 갖추고 있지 못했다 하더라도, 이스라엘의 바로 북쪽에 자리한 페니키아는 여러 항구를 소유하고 있었고, 그런 까닭에 에게해 서쪽을 향한 해상권을 장악하고 있었다. 끝으로 지중해 동부 연안지방의 남동쪽에 위치한 광활한 아라비아 사막은 거대한 대상(隊商) 지역이었다.

지중해 동부 연안지방의 남쪽은 지리적으로 변화무쌍한 지역이었다. 고대에 이 지역은 수많은 성읍이 정착한 비옥하고 풍요로운 긴 연안평원으로 이루어져 있었다. 이 평원은, 그 한가운데서 요르단강이 요르단강 서편 산악지역을 통하여 사해로 흘러 들어가는 깊은 침하로 양분된다. 넓디넓은 광야 네게브는 시나이반도에 이르기까지 이 지역의 남쪽 전체를 차지한다. 연안평원의 남동쪽에는 세펠라 지맥이 유다 지방을 향하여 점진적으로 올라가며, 예루살렘이 중심을 차지하고 있는 유다의 고지대는 경작하기에 가장 어렵고 요르단강 서편 산악지역 가운데 가장 기복이 심한 지대이다. 이 지대는 또한 요르단강의 강변과 골짜기 접근이 가장 어려웠던 곳이기도 하다. 북쪽으로 좀 더 올라가면 스켐과 사마리아 성읍이 세워져 있던 벤야민과 에프라임의 고지대가 있으며, 이 지대는 접근 가능한 지형과 경작이 가능한 일련의 작은 골짜기 전체를 보여준다. 에프라임은 연안평원을 요르단강에 연결하는 이즈르엘의 비옥한 골짜기가 북쪽 경계선을 이룬다. 연안평원처럼 이즈르엘의 비옥한 골짜기는 고대에 므기또와 벳 스안과 같은 여러 주요 성읍에 의해 통제되었다. 오랫동안 이스라엘의 요르단강 서편 산악지방의 자연적 경계선을 이룬 이 골짜기를 넘어, 연안평원과 요르단강의 깊은 골짜기 사이에 갈릴래아의 고지대와 저지대의 산들이 솟아오른다. 또한, 요르단강을 건너, 요르단 건너편의 고원지대가 요르단강 서편 산들과 견줄만한 크기의 경작 가능한 지대를 갖추고 있으며, 이 지대는 동쪽과 남쪽에서 아라비아 사막까지 펼쳐진다.

3. 초기 청동기부터 중기 청동기까지(3100-1550)

지방 도시화의 일차적 단계는 초기 청동기 시대(3100-2000) 중에 펼쳐지며, 이때 아이와 예리코와 므기또와 같은 요새화한 주요 지점들이 등장한다. 이 첫째 성읍들이 발전을 거듭하면서 청동기 모든 시대를 특징짓는 지방 국가 조직이 탄생한다. 초기 청동기의 성읍들이 기울고 난 다음, 중기 청동기(2000-1550)가 성읍의 새로운 발전과 함께 윤곽을 드러내며, 그 가운데 우리는 예루살렘, 므기또, 스켐, 하초르를 언급할 수 있다. 왕궁을 중심으로 건설된 이들 성읍 국가들은 통제의 대상이 되었던, 제한된 규모를 갖춘 주변 지역의 행정과 상업의 중심 역할을 했다. 일련의 지방 성읍들 사이의 세력 분산이라는 특징을 지닌 이와 같은 정치 체계는 시리아에서도 발견된다. 한편 중기 청동기는 지중해 동부 연안지방에 대한 이집트의 점진적인 세력 증강으로 돋보인다.

성경 연대는 창세 12-50장의 성조들에 관한 기사를 중기 청동기의 상황 속에 자리하게 한다. 성조들에 관한 기사군(記事群) 모음이 기술하고 있는 내용에 따라, 반유목민들의 무리가 성읍 국가 주변에 자리 잡고 살 수 있었다 하더라도, 성경 기사들은 중기 청동기 시대 이후 오랜 세기가 지난 다음 작성된 것이며, 그러기에 이 시대에 관한 역사적 원전으로 거의 사용할 수 없다. 청동기 시대와 관련된 일련의 시대착오적 모든 현상을 제외하면(낙타의 가축화 현상은 창세 37,25와는 달리 2000년대 말기 이전에는 등장하지 않으며, 필리스티아인들은 창세 26,1 등과는 달리 1200년경에야 비로소 정착한다), 성조들에 관한 기사는 이스라엘의 왕정제도 시대부터 비로소 등장하는 문제점들을 반영한다. 이처럼 이 기사들은 이스라엘의 창립 인물들과, 왕정시대부터 이스라엘인들에게 중요한 인물들로 등장하기 시작한 백성의 선조들 사이의 관계를 상기시킨다. 특히 - 선조 에사우와 결합된 - 에돔인들, - 선조 이스마엘과 맺어진 - 이스마엘인들, - 라반이라는 인물과 관련된 - 아람인들의 경우가 그러하다. 끝으로 아브라함이 메소포타미아를 떠나 가나안으로 향하도록 불림을 받은 이야기는(창세 12,1-3) 아마도 페르시아 시대에 펼쳐질 바빌론의 유다 유배자들의 귀환에 대한 희망을 미리 내다보는 것 같다.

4. 후기 청동기 - 철기I(1550-1000). 성읍 국가에서 '이스라엘' 인구 증가까지

4.1. 후기 청동기와 성읍 국가 체계

후기 청동기는 앞선 중기와의 상대적 연장 선상에 포함된다. 대부분의 성읍 국가들과 팔레스티나에 살던 대다수 정착민은 연안평원, 이즈르엘 평원과 함께 요르단강의 깊은 골짜기에 터를 잡는다. 외떨어졌던 예루살렘과 스켐은 유다와 에프라임의 산악지역을 차지하여 주로 목축업에 종사한다.

후기 청동기 내내 이 지방은 정치적으로 이집트의 통제하에 있었다. 투트모스 3세의 군대 원정은(1480년경) 이 지방에 대한 이집트의 지배를 확고히 하는 효과를 냈다. 람세스 2세 시대에 직면한 히타이트 왕국과의 대립과, 북 시리아에 대한 통제 기능 상실도(1275년 카데스 전투)

문제가 될 것이 없는 상황이었다. 이 시대 동안 가나안의 성읍 국가의 수장들은 이집트에 조공을 제공하는 운명 속에서도 상당한 자치권을 향유하고 있었다. 이집트의 두 주요 부대가 지중해 연안의 가자와 이즈르엘 평원 동쪽의 벳 스완에 주둔하고 있었다.

14세기 중엽 지중해 동부 연안 성읍 국가의 소국왕들과 아메노피스 3세와 4세 파라오 사이에 주고받은 서한 발췌본이 상(上)이집트의 텔 엘 아마르나에서 발견되었다. 이 서한은, 서로 다른 성읍 국가 사이의 충돌과 대외 세력과의 충돌이 주요 집단 사이의 맹약을 전제로 하지 않는다는 사실로 미루어, 비교적 안정된 정치적 상황을 증언한다. 엘 아마르나 서한의 본문들은 성읍 주변에 살고 있던 하피루(*hapiru* 또는 *habiru*)라는 존재를 여러 차례 언급한다. 이 용어는 아마도 사회적 하위계급을 가리키는 것 같으며, 어원학적인 이유로 성경 본문이 종종 이스라엘 사람에게 부여했던 수식어 '히브리'와 가까운 것으로 취급해 왔다. 하피루를 훗날 이스라엘을 형성할 무리와 접목시킨다는 것은 아직 불분명한 일로 남아 있다. 아무튼, 하피루의 실존은 청동기 시대에 지방의 사회적이며 정치적인 다양성이 존재했음을 드러내 준다.

4.2. 후기 청동기 성읍 국가의 몰락(1250-1150).

13세기 말과 12세기 초는, 가나안 지방에 대한 이집트의 통제력 상실과 후기 청동기의 성읍 국가 문명의 몰락에 이르는, 지중해 동부 연안 모든 지방의 근본적인 붕괴로 돋보인다.

고고학적인 발굴을 통하여 청동기 말에 점령된 주요 지점들이 엄청난 파괴의 흔적을 남겼다는 사실이 밝혀졌다. 사회적이며 정치적이며 풍토적인 일련의 모든 요인은 이러한 결과로 귀착된다. 가장 두드러진 요소는 근동 지방 전체에 영향을 끼쳤던 민족이동 과정과 결부되어 있다. 후기 청동기 말에 메르네프타에 이어 람세스 3세의 이집트는,

한편으로는 리비아에서, 다른 한편으로는 지중해 연안을 통하여 북에서 이민 온 민족들을 가까스로 몰아낸다. 이집트 문헌들은 북에서 내려온 사람들을 가리켜 '해양 민족'이라 부른다. 이들의 기원은 논쟁거리이다. 에게해와 아나톨리아, 나아가 지중해 연안의 북쪽에서 이주한 다양한 지역 출신의 집단일 수 있다. 가나안 남쪽 연안의 성읍(가자, 아스돗, 아스클론 등)에 정착한 필리스티아인들은 이집트에 의해 추방된 이 '해양 민족' 가운데 하나였다. 필리스티아인들이 가나안 출신이 아니라는 사실은 이 민족이 점령한 지역의 옛 주민들의 문화와 다른 물리적인 문화로 확인된다.

청동기 말기의 중요한 주민 이동은 아마도 수년에 걸친 가뭄과 사막화 현상으로 인한 지중해의 불리한 기후 조건으로 설명될 수 있다. 후기 청동기 사회의 내부적 위기에 '해양 민족'의 도래로 말미암은 충돌이 더해지면서 시리아에 위치한 왕국들과, 나아가 가나안 성읍 국가들의 붕괴가 가속화되었다.

4.3. 철기I 시대(1200-1000)의 '이스라엘인들'의 새로운 정착

학자들은 일반적으로 이와 같은 혼란스러운 상황 속에서 1000년대 초엽 이스라엘 왕국의 출현을 이끈 사회적 현상의 기원을 찾아낸다. 사실 학자들은, 고고학적인 관점에서, 청동기의 성읍들이 차지하고 있던 주요 지점들이 탈도시화와 주민감소 현상을 보이기 시작하던 때, 비교적 아직 점유 상태에 있지 않던 에프라임과 유다의 산악지대가 1200-1150년 즈음 일련의 새로운 주민 정착으로 발전 단계에 접어들게 되었음을 주시한다. 추후 다시 살펴보겠지만, 이스라엘과 유다의 왕국들이 철기II 시대 동안, 정확하게 말해서 에프라임과 유다의 산악지역에 출현하게 되었음을 전제로 한다면, 이 새로운 정착민들은 이스라엘 발전의 개시로, 따라서 이스라엘 고고학의 최초 흔적으로 합법적으로 해석될 수 있다.

철기I 시대(1200-1000) 동안, 거의 200여 개가 넘는 새로운 작은 마을들이 유다-에프라임의 모든 산악지대에 분산되어 등장했다. 가장 규모가 큰 마을이라고 해도 기껏해야 주민 50여 명 정도가 살았던 이러한 정착 현상은 하나의 건축양식과 비교적 거친 물리적 문화를 선보였으나, 특히 일체의 공공건물은 갖추지 못했다. 예전에 예루살렘과 스켐 등과 같은 지역을 점령하여 촌락을 이루던 몇몇 지역만이 새로운 정착의 규모를 벗어난다. 당시 이 지역을 점령한 사람들은 우선 대개 곡식농사로, 때로는 약간의 목축업으로 생계를 유지한다. 과격한 파괴 흔적이 일러주고 있듯이, 방어 장치의 결여는 그 당시 산악지대가 비교적 안전을 보장하는 장소였음을 증언한다.

4.4. '이스라엘' 출현의 동기

철기I 시대의 산악 사회가 이스라엘 왕국의 기원 역할을 했으리라는 사실에는 폭넓은 의견의 일치를 보인다. 이와는 달리 이 사회가 산악지방에서 출현하게 된 동기에 대해서는 의견이 분분하다. 이 논쟁에서 성경본문 해석과 함께 역사적 사실과 고고학적 자료 사이의 양립 가능성 문제는 중요한 역할을 담당한다.

성경은 이집트에서 이주한(탈출기-신명기) 민족인 이스라엘인들에 의한 가나안 정복을 이야기하며(여호수아기), 이어서 가나안 정착과 이스라엘 지파와 주변 민족 사이의 충돌을 보도한다(판관기). 그런데 이와 같은 역사편찬적 도식은 일련의 역사적 난제를 제기한다.

이스라엘의 이집트 탈출 기사가, 후기 청동기 또는 철기 초에 전개된 하나 또는 여러 인구 집단의 이주에 관한 역사적 기억을 반영한다는 사실은 분명하지 않다. 이 기사와 후기 청동기의 힉소스족의 이집트 추방, 람세스 2세 치하의 역사적 상황, 또는 세트나크테 시대 베야의 탈출과 접근시켜보는 것은(탈출기 입문 참조) 충분히 고려해볼 만한 일이다. 그러나 탈출기는 이 책에 기록된 사건들 이후 여러 세기가 지난 다음에 탄생한 작품이며, 신뢰할 만한 성경외적 어떤 본문이나 고고학적 어떤 흔적도 그 역사성을 확인해주지 않는다. 셈족 가운데 하나 또는 여러 집단이 이집트로부터 이주했다는 사실이 일어날 수 있는 사건이었다고 가정하더라도, 이 사건은 성경 편집자들이 그 사건에 부여한 풍요로움은 분명 소유하지 못했을 것이다. 따라서 후기 청동기 사회의 붕괴와 이스라엘의 가나안 출현은 어떤 경우에도 이와 같은 단 하나의 요인으로 설명될 수 없다.

역설적으로 이스라엘이라는 이름 전체를 담고 있는 성경외적 첫 언급은, 그 언급이 등장하는 순간부터 파괴 예고에 관한 것이다. 이 언급은, 지중해 동부 연안 지방에 위치한 집단들에 대한 승리를 묘사하는 메르네프타 파라오의 기념비에 다음과 같이 새겨 있다(13세기 말). «(…) 가나안은 그의 악행으로 벗겨지고, 아스클론은 유배로 떠나며, 사람들은 게제르를 빼앗고, 야노암은 이제 없는 것처럼 되며, 이스라엘은 절멸되어 더는 종자가 없으리라(…)».
가장 중요한 이러한 금석학적 증언은 후기 청동기 말에 지중해 동부 연안 지방의 남쪽에 이스라엘이라 불리는 집단이 존재했다는 사실을 밝혀준다. 그러나 이 집단과 산악지대의 주민들과 여러 세기 후에 이스라엘 왕국이 될 실체 사이의 관계는 아직 분명하지 않다.

이스라엘 집단의 정복에 관한 성경 기사 역시 어려움을 준다. 우선 여호수아에 의한 정복에 관한 주요 기사는(여호 2-8은 예리코, 아이와 기브온에 대해 말한다), 이스라엘 대부분의 땅 정복이 매우 간결하게 기술되고 있음에도 불구하고(여호 10-11), 유다 왕국의 남동쪽에 위치한 - 아마도 요시야가 당연한 것으로 권리를 주장한 - 비교적 규모가 작은 지역을 대상으로 한다. 다른 한편, 여호수아기에 묘사된 가나안 정복 기사는, 이스라엘의 땅이 하느님께서 당신 백성과 계약을 체결하신 후 그 백성에게 내려주신 절대적인 선물임을 제시하려는 목적을 지닌 문학적이며 신학적인 구조로 이루어져 있다. 그런데 이 신학적 개념은 '정복' 시대 이후에 편집된 신명기에서 열왕기 하권에 이르는 역사편찬의 그것과 부합한다(이 입문서 신명기계 역사 참조). 따라서 이 '정복' 기사는 역사적인 기억을 반영한다기보다는 우선 문학적인 허구를 이룬다. 요시야 임금 시대와 페르시아 시대에 이 기사는 모든 지방을 다스릴 권리가 유다의 예루살렘에 있음을 신학적으로 정당화시키는 역할을 할 수 있었다. 예루살렘이 파괴되고 주민의 일부가 유배지로 떠났을 때, 이 동일한 정복 동기는 하느님께서 내려주신 땅이라는 최초의 선물을 이스라엘의 불성실성에 대한 하느님의 징벌로 해석된 파멸에 신학적으로 대립시키는 작업을 가능하게 해 주었다. 끝으로 우리는 가나안에 대한 전반적인 정복이 기술되고 난 다음(여호 11,23; 23) 곧바로 판관기 초두는(판관 1) 이 정복이 완성과는 거리가 있었음을 서둘러 설명하는 현실을 목격한다.

성경 자료의 해석과 결부된 어려움에, 고고학적으로 예리코와 아이 지방이 후기 청동기에 점령된 적이 있었다는, 나아가 그 지방이 파괴된 적이 있었다는 사실을 확인해주는 자료가 전무하다는 난제가 덧붙여진다.

이러한 관점은 오늘날 대부분의 이스라엘 역사가들로 하여금 이스라엘 백성의 유다-에프라임 산악지대 정착이 탈출기부터 여호수아기가 진술하는 급진적인 정복보다는 훨씬 더 여러 곳으로 분산되어 점진적으로 복잡하게 진행된 정복의 결과였다는 결론에 이르게 한다. 이때부터 선택적인 여러 해석안들이 제시된다. 우선 요르단 건너편에 살고 있던 가나안족이 아닌 반유목민들의 잠입과 정착 과정이 검토된다(Alt). 이어서 사회정치적인 선례에 기초한 역사가들은 철기I 시대에 전개된 요르단강 서편의 산악지방 식민지화는 평원의 성읍들의 세력에 맞선 토착 농경민들의 반란 결과였다는 주장을 펼친다(Gottwald).

이외에 오늘날 요르단강 서편 산악지방의 식민지화 과정은 후기 청동기 말에 전개된 전반적인 혼란이라는 맥락에서 이해되어야 한다는 견해가 성립될 수 있다. 그 이유는 하나의 소규모 지역 상호간의 관계에서 매우 다양하게 개진될 수 있다(Thompson). 우리는 후기 청동기 말의 평원 지역의 빈곤화 현실이 그곳에 살고 있던 주민들 가운데 일부를 점령 상태가 아직 미미했던 산악지역으로 이주하도록 이끌었으리라고 생각해 볼 수 있다. 또한, 유목 방식으로 목축업에 종사하면서 유다-에프라임의 고지대에 이미 살고 있던 주민들이 그곳에 강제로 정착해 - 그곳에 그 유명한 철기I 시대의 시설물을 건조해서 - 살고 있었으리라는 가정도 가능하다. 지중해 연안 성읍들이 붕괴하면서 목축업을 통해서는 더 이상 획득할 수 없게 된 곡물을 스스로 생산하기 위함이었다(Finkelstein).

4.5. 이스라엘의 지파 정체성

철기I 시대에 이스라엘 왕국이 탄생할 지대를 점령한 주민들의 다양하고 토착적인 기원은 이스라엘의 성격과 정체성에 관한 질문을 불러일으켰다.

성경 본문은, 이스라엘의 열두 지파가 공통의 시조를 모시고 있다는 동기에서, 이스라엘의 민족적 단일성이 '지파'라는 성경 개념이 제시하는 이질성조차 초월했다고 가정한다. 성경이 때로는 민족이라는 개념으로, 때로는 영토라는 개념으로 지파를 정의하고 있다는 사실에 주목하자. 한편 정착에 관한 기사에 따르면(여호 13-21), 열두 지파에 의해 점유된 지대는 본래의 '이스라엘인' 이주민 집단보다 훨씬 많은 집단을 '이스라엘'에 결부시킨다는 사실을 전제로 한다. 사실 성경의 지파 조직에 따르면, 열두 지파는 북쪽으로는 갈릴래아까지, 서쪽으로는 연안평원

전체를 따라, 동쪽으로는 요르단 건너편까지 펼쳐져 있음에도 불구하고, 에프라임과 유다의 산악지대는 전통적으로 유다와 벤야민과 에프라임, 이 세 지파에 부여된 영토와 거의 일치한다. 그러나 이 영토의 대부분이 이스라엘의 정치적 통제하에 있었던 기간은 매우 짧았다. 예를 들어 요르단 건너편의 북부와 마찬가지로 갈릴래아는 이스라엘 왕국의 전성기에만 통제하에 있었다. 따라서 우리는 동일한 실체에 소속되어 있다는 깊은 의식이 그곳에 살던 다양한 주민들 사회에 매우 일찍 확산되었다는 사실에 의구심을 가질 수 있다. 사실 열두 지파의 범이스라엘적인 지리가 유다와 사마리아와 갈릴래아에 살던 집단의 사회적이며 종교적인 단일성을 합법화할 목적으로 중요한 정체성 역할을 했던 시기는 페르시아에 이어 헬레니즘의 지배 시대였다. 지파적이며 족보적인 용어로 표현된 이스라엘의 정체성에 관한 증언이 페르시아와 헬레니즘의 통치시대에 편집된 본문 속에 등장하는 것은 이와 같은 의미 있는 관점에서이다(민수기, 1역대 1-9, 에제 40-48). 판관기에 관해서라면, 이 작품이 내포하고 있는 옛 전승들은 그들의 단일성보다는 지중해 연안 지방 남부에 위치한 지파 집단의 독립을 시사하는 것 같다. 한편 이 작품의 가장 오래된 단락이 아무리 빨라도 왕정시대 동안 편집되었다는 점에서, 철기I 시대의 지파 역사에 관한 신빙성 있는 역사 원전으로 거의 사용될 수 없다('판관기' 입문 참조).

끝으로 철기I 시대의 산악지방에 살던 주민들에게만 관심을 둔다 하더라도, 이들이 스스로 동일한 민족 집단에 속한 사람들이었다고 생각했는지 파악한다는 것은 그야말로 어려운 문제이다. 사실 하나의 민족에 속한다는 의식은 일반적으로 다른 민족과의 대조를 통해서, 그리고 속지성(屬地性)으로부터 (음식, 언어, 관습 등과 같은) 문화적이며 신화적이며 종교적인 요소에 이르는 일련의 모든 척도를 바탕으로 밝혀진다. 그러나 우리가 철기I 시대에 관하여 이용할 수 있는 자료들은 너무 결함이 많아서, 산악지방의 주민들이 스스로 '이스라엘'이라는 민족적 단일성을 인식하고 있었다고 확실하게 결론지을 수 없다. 그러함에도 불구하고 이러한 결론으로 이끄는 몇 가지 지표들이 있다. 돼지 사육에 대한 어떤 흔적도 발견되지 않는다는 사실에서 우리는 동일한 금기 음식 문화가 이들을 특징짓는다고 가정할 수 있다. 또한, 철기I 시대 건축물들의 설계 구조와 도자기 제조의 상대적 동질성과 함께 (테라스, 우물 등과 같은) 상당한 생활혁신 현상은 동일한 문화의 현존을 확인시켜줄 수 있다. 종교적 관점에서 동일한 집단에 속해 있다는 의식을 촉진한 요인들이 있었을 것이나, 이를 역사적으로 정립하는 데는 어려움이 많다. 끝으로 메르네프타의 기념비에 새겨진 이스라엘이라는 언급은(위 참조), 이집트의 문헌에 등장할 만큼 중요한 존재로서의 이스라엘이라 명명된 집단이 후기 청동기 말에 이 지방에 생존했음을 증언한다.

5. 철기IIA-B(1000-720). 이스라엘 왕국의 출현에서 쇠퇴까지

5.1. 철기IIA(1000-900)와 이스라엘 왕국 출현

철기I 시대와 철기II 시대 전반기 동안 지중해 연안의 모든 지방은 전반적으로 이집트와 아나톨리아와 메소포타미아 제국의 지배에서 벗어나 있었다. 에프라임과 유다의 고지대에서 인구는 증가를 멈추지 않았으며, 철기I(1200-1100) 시대의 생계를 위한 농업과 거의 자급적인 생활 방식은 - 우선 북부 지방에서 - 특히 올리브와 포도 재배를 통한 더욱 다양화한 생산에 점진적으로 자리를 넘겨주었다. 값비싼 생산품 교환은 산악지대에 상대적 번영을 선사했다. 사실 생계를 위한 경제로부터 더욱 활기찬 상업 경제로의 전환은, 왕정제도 시대처럼 요르단강 서편 산악지방에 지도계급을 탄생시켰으며, 더욱 진보된 사회정치적 조직 형태를 발전시켜나갔다. 이와 유사한 현상이 9세기에 모압과 암몬 왕국이 등장할 때 요르단 건너편 지방에서 재현되었다.

역사적 관점에서 본다면, 가장 논쟁이 심한 문제는 언제, 어떠한 상황 속에서, 그리고 어디서 이와 같은 과정이 이스라엘 왕국 창건에 이르게 되었는지를 알아보는 일이다.

이 문제를 검토하기 위하여 역사가는 사무엘기와 열왕기의 본문들을 이용할 수 있다. 사실 사울과 다윗의 영웅적 행위에 관한 기사 가운데 일부는, 이스라엘 왕국 내에 비교적 일찍부터 고정되어 있었던 왕국 창건 임금들에 관련된 전승과 역사를 반영할 수 있다. 나아가 이 본문에 기술된 사건들은 우리가 철기IIA(1000-900) 시대에 대하여 알고 있는 내용과 부합하는 경우가 많다. 따라서 다윗을 위해 하느님에 의해 버려진 임금으로 사울을 소개하는 편집적 관점을 제외한다면, 사무엘기 상권을 읽어가면서 우리는 - 선임자 사무엘처럼 - 벤야민 출신의 이 인물이 에프라임과 벤야민의 산악지방에서 북 이스라엘 왕국의 기원에 국가적 구조를 정비해 나가면서 필리스티아의 압력에 저항할 만큼 충분한 세력을 규합한 첫 번째 군주였음을 이해할 수 있다. 또한, 헤브론과 예루살렘에서 권력을 독점하기에 이른 남 유다 무리의 우두머리로 다윗을 소개하는 성경 전승들 역시 충분히 그럴만한 것들이다.

> 이스라엘의 북부의 텔 단에서 발견된 아람어 석비 조각은 유다 왕국의 왕조를 지칭하기 위하여 '다윗의 집'을 언급한다. 9세기의 것으로 추정되는 이 비문은 다윗이 유다 왕국의 창건자로 매우 일찍부터 인식되었다는 사실을 간접적으로 확인시켜주는 역할을 한다.

다윗의 역사성과 예루살렘의 수장으로 군림하는 기사에 관한 역사성은 이론이 제기된 적이 거의 없으며, 나아가 그의 왕국이 에프라임 산악지방 전체와 갈릴래아와 연안평원과 요르단 건너편 지방으로의 빠른 확산, 광범위한 제국적 행정 체계의 예루살렘 정립, 그의 후계자인 솔로몬에 의한 일련의 제반 건축공사 실현 등에 관한 역사성도 마찬가지이다(2 사무 5-1열왕 11).

다윗-솔로몬 제국에 관한 성경 기사가 이상적인 성격을 지닌 것이 비교적 분명하고, 이러한 성격이 신명기계 역사편찬의 틀에서 볼 때 정복 기사의 그것과 매우 가까운 신학적 기능에 답하고 있다 하더라도, 최초의 유다 제국의 존재는 문학적인 과장의 결과가 아니라 역사적 사실로 오랫동안 받아들여졌다. 고고학자들은 사실 므기또와 하초르와 게제르에서 1열왕 9,15에 언급된 대로 솔로몬이 펼친 공사의 유적들을 찾아냈다고 확신했다.

그러나 다윗-솔로몬 제국의 역사성에 대한 상대적인 의견 일치는 최근에 와서 여러 가지 이유로 산산조각이 났다. 무엇보다도 먼저 솔로몬 시대의 것으로 취급된 유적이 발견된 고고학적 지층의 연대가 이스라엘의 여러 고고학자에 의해 강력하게 거부되고 있다. 이 학자들은 전통적으로 (10세기 초) 통일 이스라엘 왕국의 것으로 분류하는 지층의 연대를 한 세기 후, 다시 말해서 대략 오므리 왕국 시대의 지층 연대로 추정하는 (고고학적 주기에서 수용 가능성이 있는) '낮은 단계의 연대표'를 옹호하는 사람들이다. 소위 솔로몬이 세운 것으로 추정하는 건축물들이 10세기가 아니라 9세기에 시리아에서 찾아볼 수 있는 건축물들과 놀라울 만한 유사성을 보인다는 점이 관심을 끈다. 그렇다면 하초르에서처럼 므기또에서 발견된 훨씬 초라한 유적들이 솔로몬 임금과 동시대의 것이 될 수 있다. 나아가 고고학적인 일련의 기타 난제들은 10세기에 유다로부터 전개된 광범위한 통일 왕국의 실존에 대한 이의를 제기한다. 10세기 예루살렘의 흔치 않은 고고학적 유적들은, 이 도성이 하나의 제국을 통제하기 위해 갖추어야 하는 충분히 발전적인 형태의 왕실 행정에 미치지 못하는 규모를 가진 작은 성읍만을 보여줄 뿐이라고 증언한다. 이 시대의 것으로 추정되는 어떤 기념물 또는 어떤 비문도 발견되지 않았다. 대다수의 경우 고고학은 한편, 국가의 사회조직 기능과 관련이 있는 교환이 존재했다는 표지인 비문이 9세기 중엽에야 비로소 모든 지방에서 의미 있는 방법으로 등장한다는 사실을 밝혀냈다. 끝으로 에프라임과 유다의 모든 산악지방에 있던 설치물 분석을 통하여 밝혀진 전망은, 10세기에 남부 유다는 북부보다 발전이 훨씬 늦었고 훨씬 빈곤했다는 사실이다. 유다는, 완전한 구조를 갖춘 하나의 국가가 발전할 수 있도록 호조건 속에 있던 북부 에프라임의 인구 대비 겨우 10% 정도였다. 한편 채택된 연대가 어떠하든 상관없이, 고고학적 자료들은 지방의 참된 국가시설들이 우선 북부의 규모가 큰 지점들, 특히 사마리아와 므기또에 등장한다는 사실을 일러준다.

고고학적 자료들에 관한 최근의 분석은, 철기IIA(1000-900) 시대 동안 요르단강 서편의 모든 산악지방은 전반적으로 발전이 더뎠으며, 이 시대가 마감되는 시점(9세기)부터 왕국이라는 이름에 걸맞은 국가가 북부에 등장했음에도 불구하고, 남 유다는 규모가 작은 행정력에 의해 예루살렘에서 다스려지던 지방으로 머물러 있었음을 밝히려 한다. 따라서 930년경 파라오 시삭이 개입했을 때, 그는 지방의 강력한 군사력에 의한 저항에 직면한 적이 없었던 것으로 보인다.

아무튼, 사울의 왕국을 병합하여 약속의 땅 전체를 다스린 최초의 통일된 다윗-솔로몬 왕국에 관한 성경 기사는 역사적인 사실성이 부족해 보인다. 이 기사는 아마도 몇 세기가 지난 다음, 다시 말해서 북 왕국이 이미 하나의 단순한 속주로 전락해버리고 유다 왕국이 온 이스라엘의 합법적인 유일한 대표로 이해되던 시대에, 그리고 유다의 당국자들이 사마리아에 대한 지배권을 주장하기 위해 애쓰던 페르시아와 헬레니즘 시대에, 그 타당성을 쉽게 이해하게 된 통일 이스라엘 왕국의 정체성에 관한 고정관념에 응답하기 위해 기술된 문학적인 허구인 것 같다.

5.2. 오므리 왕조, 북 왕국의 출현

철기IIB(900-750) 시대 초기에 전개된 상황은 지방 단위를 뛰어넘는 강력한 세력의 지배로부터 여전히 자신을 지키고 있던 지중해 연안 지방 국가들의 발전으로 이어진다. 요르단 건너편에는 모압과 암몬이 등장하고, 연안 지방 북부에서 우리는 하맛 왕국과 페니키아족과 다마스쿠스의 아람 왕국을 만난다. 이와 같은 지역적인 상황 속에서 북 이스라엘 왕국은 좋은 조건의 지역을 차지하며, 연안 지방 남부의 지배적인 세력으로 모습을 드러낸다.

역사적인 기초자료에 있어 학자들은 9세기 전반기를 출발점으로 성경 밖의 금석학적인 참고문헌들이 1열왕 15장에서 2열왕 25장에 이르는 기사에 담긴 일련의 정보들을 확인해준다는 점에 주목한다. 따라서 - 추정컨대 7세기부터 - 이 기사들을 편집할 때 성경 편집자들은 신빙성 있는 여러 원전, 특히 왕조 실록과 함께 상세한 역사적 사건들에 관한 전통적 기사들을 자유자재로 활용할 수 있었던 것이 거의 분명해 보인다. 열왕기는, 역사가들이 이 작품의 전설적이며 민담적인 측면과, 사건 소개가 신학적인 방향으로 흐르고 있다는 점에 대하여 비판적인 시각을 고수하고 있다 하더라도, 역사적인 사건 재구성에 있어 중요한 참고자료가 될 수 있다. 이렇게 해서 열왕기 편집자들은 이스라엘의 승리보다는 역사적 패배를 더욱 분명하게 기술하기에 이른다. 사마리아의 멸망 이후 이 작품을 편집하면서 이들은 북 왕국의 패배와 소멸을 성실하지 못한 이 왕국에 내리신 하느님의 징벌 표지로 해석했기 때문이다.

성경 편집자들의 견해가 어떠하든, 오므리 왕조의 출현과 함께(오므리 886-875; 아합 875-853; 요람 852-842) 북 이스라엘 왕국은 처음으로 완전하게 조직된 강력한 지방 국가로서의 모습을 드러낸다. 예전에 에프라임과 유다 산악지방에 군주들이 존재했다는 것이 사실이라면 - 이스라엘과 유다의 임금들에 대한 성경의 계승 기사는(1열왕 12-15) 왕조 실록을 기초로 한 것 같다 - 오므리 왕조의 등극은 중대한 전환기를 형성한다. 이때부터 북 왕국에는 주요 건축물들로 확인되는 발전된 형태의 제반 공사, 관료 조직, (전차부대 등) 평원에서의 전투를 위해 조직된 상비군대, 이웃 국가들과 맺은 상업적이며 정치적인 관계가 등장한다.

성경과 성경외적 자료들은, 오므리 왕조의 이스라엘 왕국이 에프라임 산악지방의 이스라엘 지역을 넘어 가파르게 확장함으로써 북부로는 이즈르엘 골짜기에서 갈릴래아 북쪽까지, 동부로는 요르단 건너편의 주요 부분에 이르는 지방을 통제하게 되었다는 사실을 밝혀주기 위해 규합된 것들이다. 유다는 아마도 북 왕국에 예속된 지방 정도였을 것이다.

주요 건축공사들은 오므리 왕조와 결부되어 있다. 오므리 왕국의 새로운 수도로서 그야말로 처녀지에 세워진 사마리아 성읍 건설은(1열왕 16,24-25) 고고학자들에 의해 확인된 철기IIB 시대의 가장 주요한 공사 가운데 하나로 취급된다. 나아가 앞서 '다윗-솔로몬 제국' 주제에서 언급했던 지역의 발굴 지층 연대 수정(잘 알려진 '낮은 단계의 연대표')은, 오므리 왕조의 통치시대가 주요 행정 건물과 왕궁과 요새와 수로 공사 등이 이즈르엘 골짜기(므기또, 이즈르엘)와 갈릴래아(하초르, 단)의 규모가 큰 요충지에서 실시되던 시대와 일치한다고 가정한다.

모압에서 요르단 건너편의 남부까지 펼쳐졌던 오므리 왕조의 이스라엘 통치는 쉽게 확인된다. 메사 임금이 모압어로 현무암 위에 새긴 중요한 비문 하나가 840-830년경의 것으로 추정된다. 이 비문에서 요르단 건너편의 주군 메사는 오므리 후계자들의 지배에서 벗어나기 위한 노력을 기술하기에 앞서 다음과 같이 언급한다. "이스라엘의 임금 오므리는 수많은 날 동안 모압을 억압했다. [모압의 신] 케모스가 자기 나라를 거슬러 진노했기 때문이다. 그리고 그의 아들이 그를 계승했으며, 그는 '나는 모압을 억압하리라'라고 말했다." 한편 성경 본문은 모압이 오므리에게 지급했던 조공을 언급하며(2열왕 3,4-5), 아합이 죽자 모압이 일으켰던 반란과(2열왕 1,1) 요람이 모압의 요르단 건너편 지방을 손아귀에 넣기 위한 시도도 마찬가지이다(2열왕 3).

아합 치세를 묘사한 성경 본문은 오므리 왕조의 이스라엘이, 페니키아 출신의 유명한 왕비 이사벨이 왕궁에 존재한다는 사실이 증언해주듯이, 비교적 중요한 외교 망을 펼치는 국제적 왕국을 이루고 있었음을 밝혀준다. 몇몇 예언자 세계와 바알 숭배자들 사이의 – 특히 엘리야에 관한 기사군이 참고하고 있는 – 충돌과 논쟁은, 추정컨대 에프라임 산악지방의 전통적인 종교 지도계급과 오므리 왕조가 사마리아에 심어놓은 보다 '국제적인' 지도계급 사이의 알력을 증언하는 것 같다.

오므리 시대 동안 다마스쿠스의 아람 왕국은 이스라엘의 위협적인 적대 세력이었다. 이 두 왕국 사이의 무력 관계에 관한 정보들은 요람 시대(852–842)까지 이스라엘 왕국이 분명 우세했음을 일러준다. 텔 단의 아람 비문에 대한 전통적인 해석이 옳다면, 아람 임금 하자엘에게서 비롯된 이 비문은 842년의 사건 이전에는 이스라엘 백성이 아람의 영토 일부를 잠식시켜 나갔음을 분명히 한다. "이스라엘 임금은 예전에 내 아버지의 땅을 침입해 들어왔다."

이러한 문맥 속에서 성경 본문이 아람족에게 유리하게 돌아간 여러 군사적 충돌을 아합 시대의 일로 배치한다는 점이 놀랍기만 하다(1열왕 20; 22; 2열왕 6). 우리는 성경 편집자들이 신학적인 이유에서 이스라엘의 패배를 이 불경하다고 판단한 군주 치세의 일로 자리하게 했다고 가정할 수 있다. 역사적으로 예후가 그 뒤를 이으며, 이 군주는 이스라엘에서 바알 숭배를 근절시켜 야훼로부터 보호를 받았음이 틀림없는 사람이다. 다마스쿠스와 이스라엘 왕국 사이에 존재했던 적대관계에도 불구하고 아무튼 853년에 이 두 왕국은 동맹을 맺고 카르카르 전투에서 아시리아 임금 살만에세르 3세가 이끈 침공을 물리친다. 살만에세르의 비문 하나가 이 사건을 보도하며, 한편으로는 아합이 반아시리아 동맹군의 전차(2000대) 가운데 가장 많은 몫을 제공했으며, 다른 한편으로는 살만에세르가 정복을 선언했다 하더라도 이 전투에서 그는 격퇴되어 아시리아로 돌아가야만 했기에 하나의 패배로 기록된다는 사실을 우리에게 일러준다.

아무튼, 853년의 충돌은 아시리아의 세력이 이 지역에 대한 지배권을 점점 더 넓혀나갈 것이라는 역사적 상황을 예고하는 사건이었다.

5.3. 오므리 왕조 이후 아람에 이은 아시리아의 지배

오므리 왕조는 요람의 죽음에서 비롯된 매우 혼란한 상황 속에 종말을 고한다. 다시 한번 텔 단의 비문에 대한 대다수 학자의 해석에 따르면, 다마스쿠스의 임금 하자엘은 이스라엘-유다 연합군과 맞서 승리하며, 요람과 '다윗 집안의' 아하즈야를 살해한다. 이 이야기는 한편 그의 후계자 예후에 의해 암살되기(2열왕 9,14-37) 이전 하자엘과의 대전에서는 상처만 입었을 뿐이라고 전하는 2열왕 8,28에 의해 확실시되고 있다. 살만에세르 3세 치하 제18년(841)의 문서에 따르면, 하자엘은 얼마 후 승리자가 된 아시리아 원정군과의 전투에 직면해야만 했으며, 예후처럼 조공을 바쳐야 했다.

> 살만에세르 3세의 유명한 흑색 오벨리스크는 아시리아의 임금 앞에 부복한 한 인물에 관한 묘사를 보여주며, 장면을 설명하는 것 같은 비문 하나도 갖춰져 있다. «오므리의 아들 예후의 조공[오므리의 아들이라는 호칭은 오므리 왕조를 막 전복시킨 군주 예후를 위해서는 다소 비아냥거림일 수 있다. 그러나 이 본문은 이스라엘 왕국에 대한 아시리아의 관점을 드러낸다]: 나는 그로부터 금화와 금으로 된 사발 하나를 받았다…».

예후 시대(842-814)는 다마스쿠스에 유리하게 이스라엘이 심하게 기울어져 있었다는 특징을 지닌다. 2열왕 10,32-33은 바로 이 시기에 이스라엘은 하자엘에게 갈릴래아와 요르단 건너편에 대한 통제력을 상실했다고 보도한다. 앞서 살펴보았던 대로, 사마리아와 맞서 싸워 승리를 거둔 아람족의 전쟁 기사는(1열왕 20; 22; 2열왕 6) 우리의 시선을 하자엘의 시대에 관한 추억으로 돌린다. 한편 '낮은 단계의 연대표'를 지지하는 고고학자들은 갈릴래아와 이즈르엘 평원에서 발견된 오므리 왕조 시대의 수많은 파괴 흔적들을 이스라엘과 맞선 하자엘의 군사 활동 결과로 취급한다(전통적인 연대표에 따르면, 이 파괴는 한 세기 이전 이집트 파라오 시삭이 이끈 전쟁의 결과로 여겨진다).

9세기 말에 가서 상황은 바뀐다. 아닷 니라리 3세의 아시리아 제왕 등극은, 아시리아 제국 내의 동요로 말미암아 841년 이후 지중해 연안 지방에 대한 지배력이 많이 축소되었던 현상을 다시 바로 잡기 시작한 사건이었다. 아시리아 비문들은 803년경 아닷 니라리가 시리아와 전투를 벌여 굴복시키고서 모든 지방에서 조공을 징수했다고 전한다. 한편 '사마리아 사람 여호아스'(803-787)는 아시리아 임금에게 조공을 바친 인물 명단에 들어 있다. 아람족의 세력이 약세에 접어들었음을 분명히 하는 이 사건들은, 하자엘이 정복했던 갈릴래아와 요르단 건너편 지배의 일부 또는 전부를 이스라엘이 되찾을 수 있도록 도와주었다.

여호아스와 예로보암 2세(787-747) 치세 동안 아시리아의 충실한 속국으로 처신했을 이스라엘에 일대 번영의 시대가 열린다. 이 시대에 이스라엘의 전략상 거점에서 주요한 건축물들이 새롭게 등장한다. 고대의 매우 값진 농산물이었던 올리브유가 이스라엘에서 다량으로 생산되었던 것 같다. 이 시대에 기름과 포도주 배달 전표 역할을 했던 오스트라카(ostraca), 곧 잉크로 글자가 새겨진 도기 조각들이 사마리아에서 발견되었다. 대개 '야훼'라는 신의 이름에서 유래한 여러 이스라엘 사람의 이름들을 담고 있는 이 오스트라카는 8세기의 사마리아 지도계급 사회에서 야훼라는 민족신의 중요성을 밝혀준다. 또한, 예로보암 왕국 시대의 마구간이 발견되었다는 점에서, 말 사육 역시 당대에 의미 있는 역할을 했던 것으로 보인다. 아무튼, 이 시대 동안 펼쳐진 이스라엘의 번영과 성읍 지도계급의 부의 축적은, 아모스와 같은 예언자가 부자들을 거슬러 신랄하게 비난하고 있는 현상을 보면, 사회적인 문제 야기 없이 이루어진 것 같지 않다.

5.4. 이스라엘 왕국의 붕괴

8세기 전반기에 펼쳐진 긴 번영의 시기는 티글랏 필에세르 3세(745-727)의 아시리아 제왕 등극과 함께 끝을 맺는다. 아시리아의 정치는 갈수록 난폭해지고 제왕적이 되며, 사반세기가 지나지 않아 지중해 연안의 주요 왕국들은 지나치게 과한 조공 납부에 굴복한 다음 결국 아시리아 제국의 속주로 전락해 버린다.

당시에 펼쳐진 상황을 이해하기 위해서는 현존하는 세력들 간의 격차를 의식해야 한다. 티글랏 필에세르의 신(新)아시리아 제국은 지중해 연안 국가들의 그것을 훨씬 뛰어넘는 경제적이며 군사적인 역량을 발휘할 수 있었다. 그 한 예로 8세기의 사마리아 면적은 아시리아의 성읍 님룻의 면적과 비교하면 거의 쉰 배나 협소했으며, 나아가 아수르의 군대는 고만고만했던 지중해 연안의 모든 왕국을 규합한 연맹체보다도 조직이 잘 되어 있었고 타격 능력 또한 우수했다.

티글랏 필에세르 치세 제8년(738)의 연보는, 그가 시리아로 원정하여 하맛 왕국을 아시리아의 속주로 전환하고, 지중해 연안 기타 국가들 대부분으로부터 막대한 조공을 납부하도록 했다고 보도한다. 2열왕 15,19-20과 아시리아의 명단이 가리키고 있듯이, 당시 이스라엘의 임금이었던 므나헴은(746-737) 해당 조공자 가운데 한 사람이었다.

반-아시리아 저항이 불붙기 시작하며, 4년이 지난 후 연안 국가 동맹체가 다마스쿠스의 르친과 이스라엘의 페카를 끌어들이면서 결성된다. 2열왕 15,37; 16,5-9; 이사 7,1-9와 2역대 28,5-19가 전하는 이야기가 바로 이러한 상황을 전제로 한다. 이때 르친과 페카는 예루살렘을 위협하고 그 군주를 쓰러뜨리려 한다. 추정컨대 유다를 그들의 동맹체에 가입하도록 강요하기 위함이었을 것이다. 2열왕 16,7-8에 따르면, 이때 유다의 군주 아하즈는 티글랏 필에세르에게 원병을 요청하며, 이로써 그는 아시리아의 제후로 머물고 조공을 바치기에 이른다. 729년에 작성된 아시리아의 조공자 명단에 아하즈의 이름이 올라 있다는 사실이 이를 입증하는 것 같다. 아무튼, 733-732년 사이에 티글랏 필에세르는 필리스티아 연안에서 펼친 전쟁에 이어 시리아-에프라임 동맹체와 맞서 대대적으로 개입하기 시작한다. 다마스쿠스는 정복되어, 이스라엘의 영토 대부분과 지중해 연안과 갈릴래아와 이즈르엘 평원과 요르단 건너편과 마찬가지로, 아시리아의 속주로 전환된다. 이 지방의 여러 주요 지점에서 확인된 파괴 흔적들은 아시리아 개입의 폭력성을 증언한다. 므기또 발굴은, 이 지점이 부분적으로 파괴된 다음 아시리아 양식으로 재건되었고, 중요한 행정도시가 되었다는 사실을 밝혀준다. 2열왕 15,30과 아시리아 문서들은, 사마리아에서 모반이 일어나 페카가 제거되고 그의 후계자 호세아(732-724)가 승리자에게 충성을 서약했다고 전한다. 티글랏 필에세르는 다음과 같이 언급한다. «그들은 그들의 임금 페카를 뒤엎었고, 나는 그들 위에 호세아를 왕위에 앉혔다. 나는 그들이 매년 지급해야 하는 것(으로) 그들로부터 황금 열 탈렌트(와) 은 백 탈렌트를 받았다 (…)». 이스라엘은 이제 아시리아에 예속된 작은 왕국으로 전락하며, 그 주권은 사마리아를 둘러싼 에프라임 산 위에서만 펼쳐질 뿐이다.

티글랏 필에세르가 사망하고 난 다음(727), 호세아는 이집트의 도움을 받아 아시리아의 지배에서 벗어나고자 한다. 이러한 정책은 참담한 결과를 초래한다. 아시리아 제국의 우두머리 등극 문제로 어려움을 겪은 후 살만에세르 5세는(727-722) 사마리아를 거슬러 개입하여 여러 달 동안 포위 상태를 유지한다. 사마리아를 완전히 정복한 아시리아의 임금이 누구인지는 분명하지 않다. 2열왕 17,1-6의 성경 본문은 살만에세르가 사망하기 직전 이 과업을 이루어냈다고 언급하나, 그의 후계자인 사르곤 2세로부터 유출된 본문들은 수도 점령을 그의 업적으로 돌린다. 이 점에서는 성경 본문이 옳은 것 같으며, 사르곤은 자기 연보에서 720년 지중해 연안으로 진군할 때 그 행정을 조직하는 것으로 만족했던 어떤 성읍 점령을 자기의 활약으로 돌릴 뿐이다. 아무튼, 722년과 720년 사이에 사마리아는 점령되며, 이스라엘 왕국은 사라진다.

5.5. 아시리아의 속주 사마리아

> 님룻의 각기둥은 다음과 같은 방법으로 사마리아를 속주로 편입시키는 사건을 보도한다. «나를 그들과, 그들의 전차와 그들이 믿던 신들과 함께 그곳에 살고 있던 27,280명과 맞서 싸웠다. 나는 내가 그들 가운데 불러모은 내 왕실 경비대를 위한 전리품으로 전차 200대를 헤아렸으며, 나머지 사람들은 아시리아에 정착해 살도록 보냈다. 사마리아 성읍, 나는 그 성읍을 식민지화했으며, 이전보다 더 큰 성읍으로 만들었다. 내 고유한 손으로 정복한 나라의 사람들, 나는 그들을 이곳으로 데려왔다. 나는 그들 한가운데 총독으로 내 대리자를 세웠으며, 그들을 아시리아 사람들과 함께 헤아렸다.»

이 아시리아 보도 내용은 큰 틀에서 2열왕 17장의 본문에 나타난 내용과 일치한다.

여러 요소를 지적할만하다. 먼저, 수십 년 전에 므기또에서 일어났던 것처럼, 성읍 약탈에 이어 아시리아 양식에 의한 재건이 뒤따랐으며, 이는 이 성읍을 당국의 행정 중심지로 만들기 위함이었다. 사마리아와 므기또의 여러 행정관 이름들이 아시리아의 문헌들 덕분에 우리에게 이르러 있다. 다른 한편 정복된 부대의 - 경우에 따라 200대의 사마리아 전차 - 아수르 군대 편입이 자료에 의한 관습과 부합한다.

강제 이주 관습은 사실로 확인되며, 경제적인 상당한 수익을 가능하게 함으로써 제국의 구조적 응집력을 확대해나갔던, 정복된 지방에 대한 관리 정책과 부합한다. 이전의 사회 구조는 대부분 파괴되고 강제 이주를 통해 아시리아화한다. 정복된 지역의 지방 지도계급은 다른 지방에서 온 사람들로 경질되고 대체된다. 학자들은 아시리아의 강제 이주가 10%와 20% 정도의 해당 지방 주민에게 타격을 주었다고 어림잡는다.

사마리아의 강제 이주민들이 아시리아 제국의 서로 다른 여러 지방에 흩어져 정착해 살면서 완전히 동화되어 갔다는 것이 사실처럼 보이는 반면에, 사마리아 지방에서는 이스라엘의 사회 종교적인 정체성이 아시리아 사람들의 이주로 완전히 사라졌다고 보기 힘들다. 사실 10%에서 20% 정도의 주민이 강제 이주되었다면, 80%에서 90%의 주민은 그대로 남아 있었다는 사실을 전제로 하며, 이는 예전부터 존재하던 문명의 연속성 차원에서 이해되는 아시리아 시대의 물질적인 문명, 특히 도자기 제조를 더욱 다져주었다. 한편 사마리아 지방의 후기 역사와 거기서 유래한 본문들은 사마리아 주민들의 종교 문화가 유다의 그것과 매우 유사하다는 사실을 밝혀준다. 페르시아 시대에 와서 완전히 텅 비고 재식민지화한 나라라는 개념을 발전시켜 사마리아 주민들이 이스라엘인들이라는 사실에 이의를 제기했던 2열왕 17,24-41의 기사 편집자들은 사마리아인들이 왜 이스라엘의 하느님 야훼를 올바로 받들어 섬겼어야 했는지 설명한다. 현실적으로 아시리아와 바빌론 시대 동안 사마리아 지방 주민들은 예배에 있어 이스라엘 조상들의 전통에 매우 가까이 머물러 있었다. 대부분 예루살렘에서 기초되었을 것으로 추정하는, 북이스라엘에서 유래한 상당한 전승들이 히브리어 성경에 게재되어 있다는 것은 놀라운 일이 아니다. 결국, 사마리아가 함락되었을 때 그 지방의 지도계급 가운데 일부가 예루살렘으로 피신하였다는 사실 이외에, 8세기 말부터 개막된 '아시리아 평화'라는 기치 아래 아시리아의 속주 사마리아의 주민들과 아시리아에 예속된 유다 왕국의 주민들 사이에는 잦은 접촉이 있었을 것이다. 북 왕국의 주요 성소였던 베텔이 예루살렘으로부터 몇십 킬로미터밖에 떨어져 있지 않았으며, 성경 시대 내내 야훼 신앙의 종교적 중심지로 남아 있었다는 사실을 돌이켜보자.

6. 철기IIC(720-539). 유다 왕국과 유배

앞서서 우리는, 성경이 다윗 시대에 온 이스라엘을 지배했던 최초의 광활한 유다 왕국에 대하여 묘사한 현실은 가능성이 엷어 보인다는 사실을 지적했다. 사실 북 왕국 역사 대부분의 시기 동안 유다의 초라한 왕국은 - 이 왕국의 군주들로 이루어진 왕조는 성경을 통하여 우리에게 알려져 있다 - 모호한 상태로 이웃의 큰 나라, 곧 북 왕국에 예속되어 있었다. 고고학적 연구는 8세기 중엽까지 예루살렘과 그 주변 지역은 아직 인구가 많지 않았으며, 주요한 국가적 활동을 보여주는 표지들 역시 미미할 뿐이라는 사실을 밝혀준다. 성경 또한 매우 '유다' 편향적임에도 불구하고, 900-750년 사이에 유다가 지방에서 평범한 정치적 역할 이상의 모습을 보여줄 수 있었다고 시사하는 사건들을 거의 언급하지 않는다.

강력한 오므리 왕조에 예속된 유다의 봉건적 형태가 드러나기 이전에 이미 1열왕 14-15장은, 북 왕국 군주들의 영토확장을 위한 압력이 남 유다의 르호보암과 아사에게 가해졌다고 언급한다. 이어서 오므리 왕조 시대에 유다가 군사 작전에 참여했던 것은, 하자엘이 아람 왕국과 맞서 싸울 때 유다의 아하즈야가 요람을 지원하던 이야기가 증언하고 있듯이(위의 텔 단 비문과 2열왕 8,28; 9 참조), 가까운 형제국이었던 북왕국의 정책을 지지하기 위함이었다. 요람과 아하즈야가 사망하던 841년 여왕 아탈야가 잔인한 방법으로 유다에서 권력을 쟁취한 이야기는(2열왕 11), 오므리 왕조 말기와 예후의 정변에서 비롯된 혼란이 유다 임금들의 왕조에 지대한 영향을 끼칠 수밖에 없었음을 드러내 준다. 얼마 후 하자엘이 이스라엘 왕국에 행사한 지배는 요아스의 예루살렘이 아람족으로부터 직접 위협을 받을 만큼 강력한 것이었다(2열왕 12,18-19). 이어서 이스라엘 왕국이 지중해 연안의 새로운 강자로 등장했을 때, 아마츠야(811-782)의 예루살렘을 향한 이스라엘 임금 여호아스의 개입은(2열왕 14,8-16), 남쪽의 에돔을 쳐부순 다음 야망에 들떠 우쭐대던 자기의 제후인 유다 임금을 제압하려는 의지를 보여주는 행동이었던 것 같다.

6.1. 아시리아의 지배

티글랏 필에세르가 이 지방에 모든 압력을 가하기 시작하던 750년 경에야 비로소, 유다는 체계를 갖춘 국가로 부상하며, 독립적인 정치력과 외교력을 행사한다. 예루살렘과 그 주변 지역의 인구 밀도와 시설공사는 이때 눈부신 발전을 거듭한다. 아하즈 시대(735-719)와 히즈키야 시대(728-698: 이 연대는 공동 집정을 전제로 한다)부터 예루살렘의 확장은 놀라워 그 면적이 거의 열 배에 가까울 정도로 가파르게 증가한다. 거대한 공동묘지가 도성 둘레에 조성되며, 도성의 방어를 보강할 목적으로 일련의 모든 건축 공사가 실시된다. 성벽이 현저하게 넓혀졌으며, 포위에 대비한 급수 시설이 마련되었다. 예루살렘의 언덕 아래를 파서 도성 내부로부터 기혼 샘에 접근할 수 있도록 건조된 유명한 '실로암 터널'은 이러한 공사 유형 가운데 가장 볼만한 예를 이룬다. 또한, 유다 왕국이 비옥한 세펠라 지역을 통제할 수 있는 길을 열어준 라키스 성읍은 대부분이 시대에 요새화되었다. 히즈키야와 아하즈의 건축공사에 관한 암시는 2열왕 18,8; 20,20과 추정컨대 에스 7,3에 들어 있다.

곧 살펴보겠지만, 아시리아 제국이 초기에 유다를 향한 위협적 세력으로 머물러 있었음에도, 8세기 중엽부터 7세기 말엽까지의 예루살렘과 주변 지방의 눈부신 번영과 발전은 특히 이 제국 출현에서 비롯된 결과였다. 사실 점진적으로 정착하기 시작한 '아시리아 평화'는, 유다와 필리스티아 연안 성읍들에 눈부신 상업적 경제발전을 가능하게 하는 지방의 안전성을 담보로 한다. 아시리아의 처지에서 본다면, 외국과의 국경선에 확고하게 위치한 이 작은 나라들은, 충실한 봉건국가로 머물러 있는 한, 분명 유익한 수단으로 인식되었을 것이다. 이러한 상황 속에서 고가치의 상품 생산과 교환은 유다의 경제에 중요한 역할을 했을 것이다. 7세기 동안 유다와 요르단강 서편 산악지방의 풍부한 농산물이던 올리브는 올리브유 제조 중심지였던 세펠라 지방의 에크론으로 집결되었다. 유다의 또 다른 새로운 번영의 표지는 아시리아 시대에 와서 지도계급 사회에 문자교육이 확산되고, 지방에 오스트라카와 묘비문과 같은 일련의 문헌들이 나타나기 시작했다는 점이다.

8세기와 7세기의 것으로 추정되는 지중해 연안 남부에서 발견된 잘 알려진 몇몇 비문 발췌.

쿤틸렛 아즈룻의 술통 A와 B에 새겨진 기록: 술통 A «… 나는 사마리아의 야훼와 그의 아세라로 당신을 축복했다» ; 술통 B «… 나는 테만의 야훼와 그의 아세라로 너를 축복했다».

실로암의 터널 비문은 이 터널의 굴착에 대하여 말한다.

(7세기경 라키스 부근의) **키르벳 엘-콤**의 묘지석은 «부자인 우르야후는 이

렇게 기록했다 : 적들로부터, 그의 아세라에 의해서, "우르야후는 야훼로부터 축복받을지어다". 그는 내 문지기와 그의 아세라를 위해 그를 구했다». 이 비문은 손으로 만든 조각으로 장식되어 있다.

(7세기) **실로암**의 묘지석은 «이것은 왕궁의 주인 … 야후의 묘지이다. 이 묘지를 여는 사람은 저주를 받을지어다». 한편 민수 6,22-24의 본문을 담고 있는 두 개의 부적이 (7세기) 예루살렘에서 가까운 묘지에서 발견되었다.

7세기의 **야브네-얌의 오스트라콘**은 추수꾼이 왕실 관리에게 올바른 판단을 청하기 위해 제출한 내용을 담고 있다.

라키스의 오스트라카는 네브카드네자르가 당도했을 때 성읍의 방어를 책임진 관리에게 건넨 비극적인 몇몇 서신을 포함하고 있다.

여전히 유다에서 왕실 관인이 찍힌 표준화된 수많은 항아리가 발견되었다는 것은 물품 운송에 있어 날로 증가하는 국가의 통제를 증언한다. 한편 지방에서는, 북부에서는 아시리아 제국과, 남부에서는 이집트와 아라비아 사이의 거래에서 회전판이 사용되었다. 여러 대상(隊商) 통로가 특히 유다 남부를 통과했으며, 이 통로로 향료와 같은 물품이 아시리아와 이집트로 집결되었다. 끝으로 사마리아가 함락되고 난 다음 (722), 옛 이스라엘 왕국의 지도계급 일부가 예루살렘에 정착했다는 사실은 예루살렘의 가파른 발전과 번영에서 일정한 역할을 했을 것으로 본다.

우리가 이미 확인한 것처럼, 이스라엘과 다마스쿠스 왕국이 연합하여 봉기했을 때, 유다는 북부의 이 이웃 국가들의 반아시리아 정책에 대해 분명한 거리를 두고 있었으며, 그 결과 734-732년 사이에 전개된 티글랏 필에세르의 개입과, 이어서 722-720년 사이에 펼쳐진 살만에세르와 사르곤의 침입으로 말미암은 참화를 모면할 수 있었다.

한편 사마리아가 파괴된 지 몇 년이 지나지 않아 유다의 정책 역시, 우선 - 이사 30-31장이 신랄하게 비난하는 - 이집트의 도움을 갈구하면서, 그리고 사르곤 2세가 죽고 난 다음(705) 직접 반란을 일으키면서 아시리아의 종속에서 벗어나고자 한다. 아시리아 제국에 맞선 - 성경 기사에 의하면, 요시야의 개혁에 비교되는 종교개혁을 동반한 - 이 독립 정책은, 사르곤의 후계자인 산헤립이(705-681) 지체하지 않고 유다에 개입하여 나라를 황폐화했기에 결과적으로 잘못된 계산이었다. 특히 산헤립은 세펠라 지역의 보루였던 라키스와 함께 대부분의 유다 성읍을 점령한다.

산헤립의 연보는 다음과 같이 이 사건들을 보도한다. «나는 내 멍에에 굴복하지 않았던 유다 나라의 히즈키야를 포위했으며, 성벽으로 견고했던 그의 성읍들 가운데 46개의 성읍과 그 주변의 수없이 많은 고을을 정복했다. 비탈진 공격 축대를 쌓아 올려 성벽 파괴용 쇠뭉치를 접근시키고, 갱도와 성벽 구멍과 공격 보루를 통하여 보병들을 침투시키는 방법을 활용했다. 거기에서 나오게 했으며, 전리품으로 높고 낮은 200,150명, 남자와 여자, 말, 노새, 당나귀, 낙타, 황소와 수많은 가축을 헤아렸다. 나는 그를 새장의 새처럼 예루살렘에 가두었다 (…)». 이어서 연보는 히즈키야가 니네베에 엄청난 조공을 지급했다고 언급한다.

아시리아의 연보는 강제 이주민의 수를 과장하고 있는 것 같으나, 아무튼 701년 히즈키야 왕국을 강타한 재앙의 폭을 설명한다. 유다 지역의 수많은 고고학적 파괴 흔적들은 산헤립의 침입 결과로 볼 수 있으며, 예루살렘의 '해방'이 2열왕 18-19장과 이사 36-37장에서 하느님 보호하심의 결과로 나타난다 하더라도, 사건은 아시리아 연보의 서술을 확인시켜주는 방법으로 묘사되어 있다. 히즈키야는 치세 말년에 세펠라에 대한 통제력을 상실하며, 수도만이 파괴를 모면한 황폐한 왕국의 으뜸으로 자리할 뿐이다.

얼마 지나지 않아 히즈키야의 뒤를 이은 므나쎄 시대는 유다의 번영을 향한 가파른 회귀가 가능했다. 이 군주와 함께 유다는 이제 완전한 아시리아 봉건국가의 전형처럼 보였다. 698년에서 642년에 이르는 매우 길었던 므나쎄의 치세는, 지방의 확고한 안전성과, 그의 정치에 반대했던 적대자들을 거슬러 자행되었던 것으로 보이는 가혹한 탄압을 증언한다(2열왕 21,16ㄱ).

6.2. 요시야 시대와 그의 '개혁'

요시야(640-609)는 어린 나이에 왕위에 올랐으며, 그의 치세 전반기는 '아시리아 평화'를 바탕으로 큰 혼란 없이 펼쳐지나, 625년경부터 상황이 바뀐다. 바빌론의 세력이 점점 더 무겁게 내리누르는 위협으로 말미암아 아시리아 제국이 약세의 길에 접어든 반면, 프삼메티쿠스 1세의 제26 이집트 왕조는 지중해 연안평원에 대한 이집트의 과거 지배를 되돌려놓기에 이른다. 이러한 역사적 상황은 독립 정책을 발전시켜 나갈 수 있었던 유다의 임금에게 과거보다 더 큰 행동의 자유를 보장해주었다. 역사가 대다수에 따르면, 유다 임금은 자기 왕국을 요르단강 서편 산악지방의 북쪽까지 확장하고자 했으며, 성경이 격찬하는 종교개혁을 단행한다.

요시야의 영토 확장주의적이며 개혁적인 활동은 성경외적 문헌과 고고학의 확증과는 어느 정도의 거리가 있다 하더라도, '신명기계 역사편찬'(신명기에서 열왕기 하권)은 이 주제에서 비교적 신뢰성 있는 정보들에 관한 원전을 이루는 것으로 보인다. 많은 주석가들은, 이 작품의 첫 편집 단계가 바로 이 임금의 조정에서 구상된 것으로 추정한다. 신명기계 역사편찬은 사실 요시야에게 매우 우호적인 입장을 견지하며, 종종 그를 암시하는 것으로 보인다. 이렇게 해서 여호 2-8장의 약속의 땅 정복 기사는 요시야 시대에 유다의 통제 아래에 있었을 지점들을 대상으로 하며, 다윗-솔로몬 시대 최초의 광활한 왕국에 관한 신화적 기사는 이스라엘의 모든 땅을 지배하려는 의지를 가졌던 요시야의 대망 차원에서 착상된 것일 수 있다. 끝으로 요시야의 정치를 묘사할 때, 2열왕 22-23장은 그가 성전에서 발견된 율법서를 기초로 한다고 전한다. 이렇게 신명기계 역사편찬 초기에(신명기) 모세에 의해 제정된 하느님의 율법을 참조하면서 요시야가 개혁 활동을 펼쳤다는 정당성을 고취시킨다.

2열왕 22-23장에 의하면, 요시야가 시행한 종교개혁은 바알, 아세라, 성신('하늘의 군대')과 같은 야훼 이외의 다른 신들에게 올려지던 모든 흔적을 예루살렘 성전에서 일소해버리는 데 목적이 있었던 것 같다. 동시에 왕실 성전 이외에 유다의 모든 성소를 파괴하고, 점술이나 영매와 같은 서로 다른 형태의 경신행위를 금하기에 이른다(2열왕 23,4-14.24). 끝으로 베텔에 있던 큰 산당도 허문 다음(2열왕 23,15-20), 요시야는 예루살렘에서 온 이스라엘을 대상으로 한 파스카 축제를 지냈을 것이다(2열왕 23,21-23).

여러 성경 본문과 지중해 연안의 금석과 보석에 새겨진 글귀에 등장하는 일련의 모든 표지는(예를 들어 위의 쿤틸렛 아즈룻과 키르벳 엘-콤의 비문 참조), 7세기에 야훼는 여신 아세라와 결합하여 있었고, 태양과 별을 상징하는 체계가 예루살렘 예배 안에 들어와 있었으며, 유다에 수많은 성소가 존재했고, 야훼의 유일신 신학과 거리가 먼 의식들이 시행되고 있었음을 확인해준다. 2열왕 22-23장이 바로 세우려는 유다의 '선(先)-요시야적' 종교성의 실상은 넓은 의미에서 역사적 현실과 부합한다.

한편 요시야 개혁의 폭과 효력을 확실하게 규명하는 일은 쉽지 않다. 이와 같은 개혁에 관한 흔치 않은 고고학적 증거들 가운데 우리는 잡신 조각상 전체와 태양을 상징하는 요소, 특히 후대 유다의 조각된 보석들이 사라졌으며, 7세기의 아랏 신전이 파괴되었다는 사실을 언급할 수 있다.

아무튼, 우리는 당시에 유다의 거센 민족주의적 경향 아래서 배타적인 야훼 종교를 외쳤던 종교개혁운동이 요시야 조정에 절실히 요구되었다고 추정할 수 있다. 이 운동은, 한편으로는 이스라엘의 합법적인 유일한 군주는 야훼 하느님이시라는 신명기의 기조 이념과, 다른 한편으로는 이 하느님께 대한 예배는 예루살렘 이외의 다른 곳에서는 집전될 수 없다는 이념을 수호했을 것이다. 합법성에 관한 명백한 목적 이외에, 공식적 예배의 중앙화는 경제적 이유로도 설명될 수 있다. 예배를 중앙화한다는 것은 또한 그것과 결부된 수입의 중앙화를 의미하기 때문이다.

요시야의 업적으로 평가되는 종교개혁 내용 면에서, 야훼 예배의 예루살렘 중앙화가 절실하다는 이념은 한편 예루살렘 성전의 합법성을 설득하고, 범이스라엘적 순례의 중심지로 격상시키기 위한 수사학적 과정에서 페르시아 시대에도 중요한 역할을 했으리라는 사실을 지적할 수 있다. 따라서 우리는 성경 본문의 분석과 편집 연대가 역사 토론의 장에서 중대한 역할을 한다는 사실을 이해한다. 사실, 일반적으로 생각하는 것과는 달리, 요시야라는 인물과 그의 개혁에 대한 성경의 이상화 현상이 무엇보다도 유배시대 이후의 편집적 개입에서 유래한다 하더라도, 역사적 원전으로서의 2열왕 22-23장의 신명기계 기사의 적절성은 다시 문제로 남을 수 있으며, 이 개혁의 역사적 효력 또한 철저하게 검토해보아야 할 것이다.

6.3. 유다 왕국의 파괴

요시야의 대망이 어떠한 것이든 상관없이, 609년 므기또에서 파라오 느코에 의해 살해됨으로써 이 대망은 완전히 꺾여버린다. 이 비극의 이유는 분명하지 않다. 요시야는 과연, 동맹국 아시리아를 지원할 목적으로 바빌론과 맞서 전쟁을 벌이기 위해 유프라테스강을 향하던 파라오 군대의 통행을 경솔하게 가로막고자 했던 것인가? 아니면 이집트의 지배를 거슬러 지나치게 자주적이었던 그의 정책으로 말미암아 파라오에게 소환되어 응징되었던 것인가? 아무튼, 일화는 요시야의 이념적 기획에도 불구하고 유다 왕국과 이집트와 같은 강대국 사이의 불균형은 엄청났다는 사실을 분명하게 밝혀준다.

요시야가 죽고 난 다음 파라오는 원정에서 귀환하는 길에 보기에 적합한 - 경우에 따라 여호야킴이라(609-597) 불리는 - 임금 하나를 봉건국 유다에 세운다(2열왕 23,31-35).

시대가 흘러가면서 유다는 국제적인 상황의 격동기를 정면에서 감수한다. 614년에 아수르에 이어 612년 도성 니네베가 함락되고 난 다음, 605년 카르크미스 전투에서 아시리아는 바빌론 임금 네부카드네자르에 의해 완전히 정복된다. 이 임금은 가자에 이르기까지 지중해 연안을 따라 내려오나, 601년에 느코의 이집트에 의해 잠시 원정길을 멈춘다. 이때 여호야킴의 유다 조정에서는 이집트에 우호적인 정책을 펼쳐야 할지, 아니면 바빌론 편에 서야 할지 망설인다(2열왕 24,1; 예레 37-39). 이집트에 충실한 나라로 머물기로 한 선택이 결국 재난으로 밝혀지며, 597년 예루살렘을 향한 네부카드네자르의 첫 개입으로 이어진다. 그는 과도한 조공을 앗아가며, 유다 임금 여호야킨과 함께 지도계급 일부를 강제 이주시킨다. 이 사건은 2열왕 24,10-16에 서술되어 있으며, 바빌론 연보는 다음과 같이 언급한다. «그는(네부카드네자르) 유다의 성읍 앞에 자리를 잡았고, 아다르달 초이튿날 성읍을 점령했다. 그는 임금을 사로잡고 자기 마음에 드는 임금을 세웠다. 그는 거기서 막대한 부과금을 거두어 바빌론으로 가지고 왔다».

여러 성경 저자들의 관점에서 본다면, 597년의 강제 이주는 이스라엘의 '합법적인' 지도계급에 타격을 주었다. 저자들에게는 강제 이주된 첫째 집단이 유배 중의 참 이스라엘을 형성한다. 이처럼 2열왕 25,27-30은, 바빌론에 편안하게 정착한 여호야킨 임금의 품위 회복을 언급하면서, 이스라엘의 신명기계 역사에 관한 모든 기사를 마감하며, 에제키엘서는 첫 번째 유배시 유배지로 떠난 사람들을 대상에서 제외하면서 597년 이후 그 자리에 그대로 잔류했던 유다인들에게 가장 심각한 배교의 죄를 묻는다. 차후에 살펴보겠지만, 바빌론 문헌은 정복자들조차도 여호야킨을 유다의 합법적인 임금으로 여겼다고 밝힌다.

네부카드네자르는 예루살렘에 치드키야(597-587)를 임금으로 앉힌다. 이 인물은 암몬과 모압과 에돔과 페니키아 같은 지중해 연안의 다른 국가들과 반-바빌론 동맹체를 결성하면서 주군을 거슬러 반역하는 잘못을 저지른다. 당시 유다의 지도계급은 따라서 각자가 택하는 입장에 따라 구분되었던 것 같다. 예레 27,3-8의 본문은 아마도 친-바빌론 입장에 서서 반-바빌론 동맹 계획을 반대하고자 했던 예레미야의 부질없는 시도를 증언한다.

588-587년에 바빌론이 보인 반응은 난폭의 극치였다. 고고학은 유다의 전략적 여러 지점이, 특히 세펠라 지방이 황폐하게 되었음을 증언한다.

> 라키스의 폐허에서 발견된 오스트라카는 유다의 부대에서 오고 간 서신 교환을 보여준다. 서신들 가운데 전진기지에 배치되어 있던 장교 하나가 라키스 성채의 장수에게 보낸 서신은 성읍의 최후 순간들을 증언한다. 아제카 성읍이 점령되었을 때, 이 장교는 라키스에서 보낸 - 추정컨대 빛으로 표시된 - 신호 외에 더는 기댈 수 있는 것이 없다고 가리킨다. «우리는 내 주군이 보내준 표시들을 따라 라키스의 신호들을 관찰합니다. 더는 아제카의 신호들을 볼 수 없기 때문입니다».

치드키야는 몇몇 무리와 함께 도주를 시도한 다음 바빌론 군대에 의해 사로잡힌다. 그들이 치드키야의 눈을 멀게 하기 전에, 그의 아들들은 그가 보는 가운데 살해된다(2열왕 25,7). 이렇게 치드키야는 유다의 두 번째 강제 이주 흐름 속에서 유배지로 끌려간다.

예루살렘은 점령되고 불태워지며, 그 성전은 파괴된다. 독립국으로서의 유다 국가가 오랫동안 종말을 맛보게 된 것이다. 한편 유다의 여러 지대, 특히 예루살렘의 북부에 위치한 지대들은 바빌론의 침입 순간 심하게 파괴되지 않았다. 베텔과 기브온과 미츠파와 같은 지점들은 파괴의 흔적을 보여주지 않는다. 따라서 학자들은, 바빌론에 대한 굴복에 순순히 응했던 지역으로 평가된 이 성읍들은 바빌론 군대와 맞서지 않았으며, 나아가 치드키야를 쓰러뜨리는 데 공헌했을 것으로 추정한다(예레 37,12-13; 38,19 참조).

6.4. 바빌론의 유다 지배

바빌론 제국은 제국의 행정 체계상 유다(아람어로는 '예훗')를 속주로 편입한다. 539년에 이 제국이 함락되고 난 다음에도 새로운 페르시아 세력은 이 동일한 속주 체계를 수용한다. 에즈라기와 느헤미야기가 가정하고 있듯이, 유다 지방 통치는 페르시아 시대 중엽에 이르기까지 사마리아에 위치한 속주의 행정 중심지에 따라 좌우될 것이다.

아무튼, 바빌론의 유다 통치기구는, 예루살렘의 북쪽에 위치한, 베텔에서 가까운 성읍 미츠파에 설립되었다. 소위 그달야라 불리던 한 유다인이 총독으로 그곳에 자리 잡으나, 581년에 일단의 독립주의자들에 의해 암살되며(2열왕 25,22-26; 예레 40-41), 이후 상당수의 유다인들은 피난처이며 이스라엘인들과 유다인들의 전형적인 이주지였던 이집트로 도주한다.

페르시아와 헬레니즘 시대 동안 유다-이스라엘 집단이 이집트에 실존했다는 사실은 쉽게 입증된다. 상(上)이집트의 엘레판틴에 정착한 하나의 공동체가 5세기 말에 아람어로 기록된 엄청난 분량의 수사본을 남겼으며, 이 수사본들은 야호(=야훼) 신이 그곳에서 경배되었다고 전한다. 이 이스라엘 공동체는, 그 기원은 불분명하지만, 아마도 바빌론 시대에 이미 존재했을 것이다.

그달야의 암살 이후 유다의 바빌론 속주에 관계된 어떤 사건도 우리에게 알려져 있지 않다. 바빌론의 지배 아래서 상황은 빠르게 정상화한 것 같다. 유다의 잔류민들은 미츠파에서 관리되며, 베텔 성소는 정상적인 기능을 이어간다. 유배자들만이 참 이스라엘을 형성한다는 사실을 드러내기 위해 2열왕 25,26은 나라에 주민들이 자리를 비웠다고 단언한다. 이러한 관념적인 단언은 사실과 다르며, 학자들은 일반적으로 유다 왕국 옛 주민의 80%가 그 자리에 잔류했다고 추정한다. 예루살렘은 폐허의 터에 불과했지만, 성전의 잔해들은 여전히 예배와 순례의 공간으로 활용되었다. 한편 성경이 그 자취를 전하는 문학 활동이 바빌론에 편입된 유다에서 지속된다. 우리는 왕정시대에 기초된 본문 일부가 지방에 남아 있던 유다인들의 집단에 의해 보존되고 개정되고 출판되었으리라 추정할 수 있다. 예레미야서의 몇몇 단원이 이 경우에 해당될 수 있으며(2-6; 37-44), 신명기계 역사편찬 자체의 일부도 그러할 수 있다. 끝으로 에제 33,24는("이스라엘 땅의 저 폐허에 사는 자들이 이런 말을 한다. '아브라함은 혼자이면서도 이 땅을 차지하였는데, 우리는 수가 많다. 그러니 이 땅은 틀림없이 우리에게 소유로 주어진 것이다.'") 아브라함에 관한 전승이 잔류 유다인들에게 중요한 역할을 했다고 증언한다.

6.5. 강제 이주

597년과 587년, 이어서 아마도 581년에 바빌론 땅으로 자리를 옮긴 유다인 이주민들의 수는 분명 만 명을 넘지 않았다(예레 52,28-30이 제시하는 숫자는 2열왕 24,14.16의 그것보다 더 그럼직하다). 유배자들은 대부분 바빌론의 중심에 위치한 몇몇 지역에 정착했다. 에제키엘서는 텔 아비브라 불리는 정착 지역을 언급하며(에제 3,15), 바빌론에서 유래한 여러 금석 문헌들은 유다의 고유한 이름을 지닌 인물들이 있었음을 밝힌다.

> 네부카드네자르 시대의 바빌론 비문 하나는, 이 제국의 군주가 바빌론에 정착한 유다 임금을 위해 지시한 식량 분배에 대하여 언급한다. «유다의 임금 야우킨(여호야킨)에게 한 수투(sutu, 5.5 리터). 유다 나라의 임금의 다섯 아들에게 두 쿠(qû) 반(약 2리터)».

바빌론에 강제 이주된 유다의 지도층에 관한 사회-경제적 조건은 비교적 여유로운 편이었다. 그러기에 페르시아 시대 유다로 귀환할 수 있었던 순간에도, 유다 산악지방으로 돌아가기 위하여 비옥한 메소포타미아를 포기하지 않은 사람들이 많았다.

한편 집단을 이루어 정착한 유다 이주자들은 그들의 정체성을 보존할 수 있었다. 옛 유다 왕국의 지도층 출신이었던 이 유배자 공동체는, 성경 문학과 유다 종교에 크게 이바지했던, 매우 풍요로운 반성의 공간이었음을 보여준다. 바빌론인들 앞에서 유다가 겪은 패배는 유다의 민족신 야훼가 바빌론의 마르둑 앞에서 패한 것으로 해석될 수 있었지만, 바로 이 유배자들은 일련의 성경 본문 전체에 드리워져 있던 하나의 이념, 이 재난을 불신실한 당신 백성을 거슬러 야훼께서 내리신 벌로 설명하던 이념을 추진해 나갔다. 훗날 이 동일한 유배자들은, 페르시아 임금 키루스가 바빌론인들을 쳐 이긴 승리 안에서 당신 백성을 해방하시려는 하느님의 업적을 인식한다(이사 45). 나아가 이집트 탈출 후 이스라엘의 광야 체류를 야훼께 대한 예배와('이동 성소'라는 주제 참조) 그분 율법의 발상지로 묘사한 성경 전승은, 유다로의 귀환을 '제2의 탈출'로 해석했던 것으로 보이는 유배자들의 신학적 반성 안에서 중요한 역할을 담당했다(이사 40-55). 끝으로 안식일, 할례 또는 가족 단위의 파스카 축제처럼 쉽게 적용할 수 있는 사제계 의식들 역시 유배자 집단을 위해 큰 영향력을 행사했음이 분명하다.

위대한 유다 공동체가 등장했던 것은 바빌론 지배시대였다는 사실을 강조하면서 우리는 이스라엘의 역사 서술 첫째 부분을 결론지을 수 있으며, 다음 장에서 이 공동체가 페르시아와 헬레니즘 시대에 보여준 중요성을 살필 것이다. 이제 유다인들은 유다와 바빌론과 이집트에 현존한다.

7. 참고문헌

7.1. 이스라엘의 역사

G.W. Ahlström, *The History of Ancient Palestine from the Palaeolithic Period to Alexander's Conquest* (JSOT.S 146), Sheffield, 1993. J. Bright, *A History of Israel* (OTL), London, 1972. I. Finkelstein/N.A. Silberman, *La Bible dévoilée: les nouvelles révélations de l'archéologie*, Paris, 2002. L.L. Grabe, *Ancient Israel: What do we know and how do we know it?*, London, 2007. S. Herrmann, *A History of Israel in Old Testament Times*,

London, 1981. A. Lemaire, *Histoire du peuple hébreu*, Paris, 1981. N.P. Lemche, *Ancient Israel. A New History of Israelite Society*, Sheffield, 1988. J.M. Miller/J.H. Hayes, *A History of Ancient Israel and Judah*, Philadelphia, 1986. M. Noth, *Histoire d'Israël* (Bibliothèque historique), Paris, 1954. J.A. Soggin, *Histoire d'Israël et de Juda* (LivRoul 19), Bruxelles, 2004. T.L. Thompson, *Early History of the Israelite People. From the Written and Archaeological Sources* (SHANE IV), Leiden, 1992.

7.2. 본문 원전

A. Brian/J. Naveh, «An Aramaic Stele Fragment from Tel Dan», *IEJ* 43(1993), p. 81-98과 «The Tel Dan Inscription: A New Fragment», *IEJ* 45(1995), p. 1-18. J. Briend/M.-J. Seux (éd.), *Textes du Proche-Orient ancien et histoire d'Israël*, Paris, Le Cerf, 1977(이 책에서 앞서 언급했던 성경 외적 본문을 자주 발췌했다). P. Grelot, *Documents araméens d'Egypte* (LAPO 5), Paris, 1972. W.L. Moran, *Les lettres d'El Amarna. Correspondance diplomatique du pharaon* (LAPO 13), Paris, 1987. J.B. Pritchard (éd.), *Ancient Near Eastern Texts Relating to the Old Testament*, Princeton, 1969.

7.3. 주요 연구

Y. Aharoni, *The Land of the Bible. A Historical Geography*, Philadelphia, 1979. A. Alt, *Kleine Schriften zur Geschichte des Volkes Israel*, München, 1953-1959. H.M. Barstad, *The Myth of the Empty Land*, Oslo/Stockholm, 1996. B. Becking, *From David to Gedaliah. The Book of King as Story and History* (OBO 228), Göttingen, 2007. R.B. Coote/K.W. Whitelam, *The Emergence of Early Israel in Historical Perspective*, Sheffield, 1987. P.R.

Davies, *In Search of «Ancient Israel»* (JSOT.S 148), Sheffield, 1992. J. Day, *In search of pre-exilic Israel: Proceedings of the Oxford Old Testament Seminar* (JSOT.S 406), London, 2004. I. Finkelstein, *The Archaeology of the Israelite Settlement*, Jerusalem, 1988. V. Fritz/P.R. Davies (éd.), *The Origins of the Ancient Israelite States* (JSOT.S 228), Sheffield, 1996. G. Garbini, *Myth and History in the Bible* (JSOT.S 362), London/New York, 2003. N.K. Gottwald, *The tribes of Yahweh: a sociology of the religion of liberated Israel 1250-1050 B.C.E.*, London, 1979. L.L. Grabbe (éd.), *Did Moses Speak Attic? Jewish Historiography and Scripture in the Hellenistic Period* (JSOT.S 317), Sheffield, 2001. L.L. Grabe, *Ahab agonistes: the rise and fall of the Omri dynasty* (LHB. OTS), London/New York, 2007. D.W. Jamieson-Drake, *Scribes and Schools in Monarchic Judah. A Socio-Archaeological Approach* (JSOT.S 109), Sheffield, 1991. O. Keel/C. Uehlinger, *Dieux, déesses of figures divines*, Paris, 2001. E.A. Knauf, *Ismael: Untersuchungen zur Geschichte Palästinas und Nordarabiens im 1. Jahrtausend v.Chr.* (Abhandlungen des Deutschen Palästinavereins), Wiesbaden, 1985. J.-D. Macchi, *Les Samaritains: historie d'une légende. Israël et la province de Samarie* (Le Monde de la Bible 30), Genève, 1994. Id., *Israël et ses tribes selon Genèse 49* (OBO 171), Fribourg/Göttingen, 1999. J.A. Middlemas, *The troubles of templeless Juda* (OTM), New York/Oxford, 2005. H.S. Sader, *Les états araméens de Syrie depuis leur fondation jusqu'à leur transformation en province assyrienne*, Beirut, 1984. E. Stern/ A. Mazar, *Archaeology of the land of the Bible* (Anchor Yale Bible reference library), New Haven/London, 2009. S. Timm, *Die Dynastie Omri. Qvellen und Untersuchungen zur Geschichte Israels im 9. Jahrhundert vor Christus* (FRLANT 124), Göttingen, 1982. K.W. Whitelam, *The Invention of Ancient Israel: The Silencing of Palestinian History*, New York, 1996.

페르시아, 헬레니즘, 로마 시대의 유다교 역사. 키루스에서 바르 코크바까지

세랑두르(Arnaud Sérandour)

성경 문학, 나아가 성경외적 문학을 이 시대를 위한 역사적 관점 속에 재배치한다는 것은 우선 눈에 드러나 보이는 것처럼 그렇게 간단한 문제가 아니다. 예를 들어 이 시대의 출발을 알리는 성경의 원전들은 상호간 조화를 이루지 못하는 서로 다른 여러 기사, 유배로부터의 귀환과 시대를 새롭게 여는 성전 재건에 관한 사건들을 제공한다(기원전 538년부터 500년경). 또한, 사제 에즈라와 총독 느헤미야의 보호 아래(444-330년경) 마지막으로 확립된 시민제도와 종교제도에 관한 묘사도 마찬가지이다. 고고학과 금석학의 자료들과 다르게 성경의 원전들은 부분적이고 편파적이며 적어도 의심이 가는 내용이 많다. 성경 참고자료들이 보여주는 거의 전적으로 종교적이며 호교적인 특성, 하느님께서 원하신 것으로 정당화된 사건들을 귀납적으로 추리하여 재구성한 역사에 기초한 이러한 특성은 인식론적이며 방법론적인 무시할 수 없는 문제들을 제기한다. 먼저 성경 원전들은 전체적으로 역사에 관한 매우 빈약한 증거를 제시한다는 사실을 인식해야 한다. 이처럼 전반적인 역사 상황에 관한 암시에도 불구하고 이 원전들은 역사서를 구성한다기보다는 역사적 기억을 담고 있는 기념물로서의 모습을 띠면서, 유다의 사건과 예배의 역사와 유다교의 역사를 재구성하고자 애쓰고 있는 것이 사실이다. 한편 성경 내적 원전들은 연구된 각 시대에 관한 참고자료 속에서 수많은 결함을 보여주며, 외적 원전들은, 그것들이 존재하는 경우, 주목할 만한 예외적인 경우를 제외하고는 종종 객관성이 떨어지고 인색하며 연속적이지 못하다는 지탄을 받는다. 아무튼, 우리가 살펴나갈 서로 다른 시대들은 최근 수십 년간 역사와 고고학의 모든 분야에서 펼쳐진 수많은 연구, 성경과 성경외적 본문들을 새로운 빛으로 밝혀낸 연구의 도움을 받고 있다. 가장 확실한 방법론은, 그것들이 존재하는 경우, 금석학과 함께 그 범위가 넓지 않은 고고학적 자료들인 일차 자료들로부터 시작하는 데 있다. 이 자료들은 문학적인 증거 가치 평가를 위하여 적절한 함량의 해석을 필요로 한다.

1. 페르시아 시대(538-330)

1.1. 예루살렘 성전 재건

성경은 아케메니데스 시대 초기 유다의 정치적이며 종교적인 부흥을 증언하며, 에즈라기는 이를 유다인들이 예루살렘 성전을 다시 세우도록 본국 귀환을 윤허했던 페르시아 대왕(키루스)의 주도에 의한 업적으로 돌린다. 본국 귀환이 키루스가 바빌론 왕좌에 등극할 때인(에즈 1) 538년부터, 또는 이보다는 다리우스(1세?) 때부터 허락되었다면, 하까이서와 즈카르야서가 시사하고 있는 바와 같이 예루살렘 성전 재건은 국가적 부흥을 위한 첫걸음으로 평가된다. 대왕의 주도에 응답하는 차원에서 바빌론의 대다수 유다인들은 서둘러 본국으로 귀환하여 성전을 재건한다. 성경 문학의 한가운데 자리한 사건들에 대한 서로 다른 해석에 대한 증거로는 키루스의 주도가 실로 의심스럽게 보인다는 것이다. 키루스가 기획했던 보수 공사를 기념하기 위하여 바빌론의 거대한 신전 기초에 놓았던 점토로 된 원기둥에 새겨진 비문에 따르면, 대왕은 자신의 정책이 민족들, 특히 유다인들에게 호의적인 종교정책으로 해석되는 것에 대하여 당연하다는 태도를 보인다. 현실적으로 키루스는 아시리아-바빌론 군주들이 따랐던 하나의 전승, 곧 즉위할 때 선임자들이 포로로 잡았던 모든 사람과 신에게, 그 사람들 또는 신들을 받아들이지 않으면서도, 일반 사면을 내리는 전승을 따른다. 한편 페르시아 시대 초기에 집단으로 귀환한다는 개념은 역사적으로 비현실적인 일이다. 이와는 달리 고고학은 인구의 통계적 감소와, 페르시아 시대 내내 유다에서 우세를 보였던 물질 문화의 결핍을 증언한다.

고고학과 금석학과 문학 본문들은 유다가 페르시아 제국의 속주를 이루고 있었다는 사실에 의견의 일치를 보인다. 몇몇 상치되는 견해에도 불구하고, 유다 속주가 고대 신(新)-바빌론 시대부터 이어져 내려왔다는 점은 의심의 여지가 없다. 본문들과 고고학적인 발견은 한편 기원전 6세기 말엽부터 지방과 종교의 새로운 행정 체제를 증언한다. 예훗(*Yehud*)이라는 글이 새겨지거나 어떤 '총독'을 기명으로 참조하는 인장과 관인 자국들은 즈루빠벨에(하까 1,1.14; 2,2.21) 이어 느헤미야에게(느헤 12,26) '총독' 직함을 부여한 본문들을 다져준다. 유다 속주의 경계선들은, 특히 서쪽에서는 연안평원, 북서쪽에서는 사마리아, 남쪽에서는 이두매아가 완전히 페르시아의 속주가 되기 전후로 그 지역과 함께 논쟁의 대상이 되었다. 논쟁은 종종, 출처와 원전과 본문 전달과 문학 체계와 저술연대에 있어 많은 문제를 제기하는 에즈라기와 느헤미야기가(에즈 2; 느헤 7,6-72; 느헤 3; 11,25-36) 제공하는, 역사적으로 신뢰성이 떨어지는 목록에 기초하여 전개된다. 역사가들과 주석가들은, 그러한 논쟁이 페르시아 시대의 유다 속주와 그 주민들에 대한 역사적인 정보를 제공하지 못한다는 주장에 점진적으로 의견의 일치를 보이기 시작한다. 유다 속주에 관한 더욱 상세한 내용을 얻어내기 위해서는 고고학에 의

지하고 그 결과를 본문과 대조하는 작업이 필요하다. 속주는 대략 40-50km의 장방형으로 면적이 2000㎢에 달했다. 협소하고 매우 가난한 땅으로서, 주위로부터 떨어진 채 고립된 언덕 지방에 위치한 탓에, 연안평원과의 직접적인 접촉이 불가했고, 군사적인 역할은 물론 경제적 또는 정치적 역할도 어려운 상태였으며, 거의 40%에 해당하는 지역이 광야지대에 속했다. 나머지 60% 가운데서도 공간과 시간에 따라 강수량이 매우 다양했다. 공간상으로는 비교적 물 공급이 좋았던 남쪽과 메말랐던 북쪽 사이가 그러했으며, 시간상으로는 광야지대를 뒤로 물리거나 앞으로 당길 수 있고, 주된 지리적 네 구역의 생태학적 균형을 뒤흔들 수 있는 연중 기후 변화에 따라 그러했다. 주민 대부분은 예루살렘에 집중되어, 유다의 언덕 중심 지역과(약 65%) 경사진 곳, 특히 세펠라와 연안평원을 향해 내려가는 북서 방향 비탈에 모여 살았다. 유다는 왕정시대 종말부터(기원전 586) 주민이 격감하기 시작하여 기원전 2세기 초까지 계속 감소 추세였다. 고고학은, 유다 속주는 페르시아 시대에 와서 왕정시대 말기보다(600-586) 주민이 삼 분의 일 가량 축소했음을 증언하며, 이는 바빌론에서 본국으로 귀환한 유배자들이 텅 비고 황폐한 나라에 대거 정착했다고 기술하는 성경 기사와 상반된다. 유배로부터의 귀환 운동이 페르시아 시대 내내 이루어진 것이 사실이라 하더라도, 이 운동이 새로운 땅을 향한 주민들의 탈출을 저지하기에 충분한 요인은 되지 못했다.

유배자들의 귀환 운동을 지휘했던 사람들과 그들의 정치적이며 사회적인 지위와 예루살렘 성전 재건 방식은 본문에 따라 모순적인 증거의 대상이 된다. 에즈 1,9-11에 인용된 세스바차르는 키루스 치하의 첫 귀환 대열의 일원이었을 것이다. 그는 '유다의 총독'이라는 직함을 받으나, 우리는 이 직함이 담고 있는 정확한 현실은 알지 못한다. 유다의 임금 여호야킨의 아들인 다윗 왕가의 센아차르와 동일 인물인가(1역대 3,17-18)? 이는 히브리어 두 개의 철자가 서로 다른 두 개의 아카드식 이름을 연상시키고 있어 가능성이 적어 보이나, 그는 분명 유다 귀족계급의 일원이었던 것 같다. 그의 이름은 에즈 5,14-16에 인용되어 있듯이 다리우스 2세 치세로 일자 표기된 공문서에 다시 나온다. 이 공문서에 따르면, 세스바차르는 유다의 지방 행정관이었으며, 성전 기초작업을 총독 즈루빠벨과 여호차닥의 아들 대사제 예수아의 업적으로 돌리는 에즈 3장과 하까이서와 즈카르야서와는 달리, 그가 바로 성전 기초를 놓은 사람이다. 히브리어 에즈라기와 느헤미야기의 작품 전체는, 그리스어로 된 제3 에즈라기와 달리, 세스바차르를 즈루빠벨의 수하 인물로 두면서 이 두 사람의 업적을 동일시한다. 결국, 세스바차르의 주요 사명은 역사적으로 의심스러워 보일 수 있다. 성전의 거룩한 기물들을 가지고 돌아온다는 것은 잘 알려진 주제이며, 이는 하나의 역사적 사건보다는 새로운 예배 제도를 옛 제도와 이어주는 지속성과 합법성 강조에 목적이 있는 주제이다. 사실 예배 기물들이 바빌론 군대의 약탈로부터 온전히 보존되어 있었다는 것은 의심스러운 일이다. 이 기물들은 아마도 2열왕 25,13-17이 암시하고 있듯이 주조되었을 것이다.

총독 즈루빠벨과 여호차닥의 아들 대사제 예수아가 실시한 이른바 성전 재건사업 역시 역사적으로 까다로운 문제를 제기하는 서로 다른 기사들에 의해 다양한 관점에서 서술된다. 에즈 2,1-2가 키루스 치세 초에(538) 두 주요인물을 연결하는 반면, 하까이서와 즈카르야서는 그들의 업적을 다리우스 1세(520) 치하로 돌리는 것 같다. 에즈 3-4장에 따르면, 총독과 대사제는 지체하지 않고 우선 번제물을 올릴 제단을 쌓고 번제물을 바치며, 일곱 달 후에 성전 자체를 재건하기 시작한다. 그러나 주민들과 이웃 백성의 반대로 다리우스 치세 2년까지(520) 공사는 중단되나, 이 중단은 450-445년경 아르타크세르크세스 치세로 일자 표기된 페르시아 당국의 개입으로 확정되었다고 하니(에즈 4,17-23) 거의 70년 후의 일이 된다! 하까이와 즈카르야의 설교로(에즈 5) 공사는, 유프라테스 서부 총독 타트나이의 감찰에도 불구하고, 516년에 준공될 때까지

(에즈 6) 중단 없이 재개된다. 해당 기사는 페르시아 당국이 예루살렘 성전 재건공사를 인허했음을 밝히고, 이웃 주민들의 배은행위와 상반된 유다인들의 성실성을 강조하고자 한다. 다리우스로부터 아르타크세르크세스로의 연대적 비약은, 성전 재건에 대한 백성의 반대와, 키루스와 다리우스의 치세와, 아르타크세르크세스의 치세로 일자 표기된 예루살렘 성벽 재건에 대한 이웃 주민들의 반대를 담고 있던 문건을 주제적으로 병렬시켜 놓음으로써 빚어진 결과이다.

에즈 5,1-2가 인용하는 하까이서와 즈카르야서에서 성전 재건에 관한 전반적인 반대의 이유를 찾아본다는 것은 부질없는 일이며, 성전 재건에 관한 전반적인 반대 주제로 등장하는 타트나이의 방문에 대한 언급이 전혀 발견되지 않는다. 하까이서는 오히려 유다인들 스스로 성전 재건사업을 서두르지 않으며, 그 때문에 성전 재건이 지체된다고 비난한다. 이 상황이 역사적 현실에 더욱 가까운 것 같다. 사실 사제 한 명과 제후 한 명과 각 씨족을 동반한 원로들의 인도를 받아 바빌론에서 돌아온 유배 유다인들의 귀환에 적대적이던 다른 종족이 둘러싸 빼앗은 유다, 유다인들이 빠져나간 그 유다에 대해 에즈라기와 느헤미야기가 서술한 개략적 내용은 당대의 현실과 아무런 관련이 없는 하나의 전례적 예형에 속한다. 한편 이 개략적 서술은, 예배와 예배 제도 설정에 적극적으로 참여하는 자세를 통해 하느님이 지고의 소유주이신 땅에 대한 상속 소유권을 부여받을 수 있다는 사법적인 개념을 함축한다. 이처럼 느헤 2,20은("하늘의 하느님께서는 우리가 뜻을 이루게 해 주실 것이오. 우리는 그분의 종으로서 성벽 쌓는 일을 시작하는 것이오. 예루살렘에는 당신들에게 돌아갈 몫도 권리도 연고도 없소."), 즈루빠벨과 유다인들의 원로들이 성전 재건에 참여할 수 있게 해 달라는 야훼를 믿는 다른 종족과 대립하면서 내세운 거부의 사법적인 근거를 설명한다. 편집자는 이 신의 없는 "유다와 벤야민의 적들이"(에즈 4,1) 불법으로 점유한 땅에 대한 소유권을 확보하고자 한다고 추정한다. 역사적이며 전례적이며 사법적인 배경과 함께 이러한 관점은 보도된 사건들이 한참 지나가고 난 다음에 생성된 것이며, 아울러 하스몬 왕조의 사람들이 자신들의 전투, 특히 이두매아와 사마리아와 맞서 싸운 전투를 정당화하기 위하여 내세운 관념적 토대를 연상시킨다.

하까이서와 즈카르야서는, 유배를 모면했던 유다 토착민, 곧 유배로부터 최근에 귀환한 귀족계급이 무너진 성전을 복원하도록 독려하는 잔류 토착민이라는 존재를 떠올리게 한다. 이 유다인들이 하까이와 즈카르야 예언자와 공권력(즈루빠벨)과 종교 지도자(여호차닥의 아들 대사제 예수아)의 호소에 한마음으로 답변하는 열정적 모습은 보다 인위적이고 시대착오적인 앞선 개략적 서술과 상반된다. 개략적 서술과 상관없이, 역사적이기보다는 관념적인 이 예형은 당대의 현실을 잘 반영한다. 페르시아 시대에는 축소된 토착 유다 백성이 현존했으며, 이들은 예루살렘 함락을 전후로(597, 586 등) 바빌론 제국이 단행한 강제 이주에도 불구하고 그 땅에 그대로 잔류한 세대 출신들이다. 한편 바빌론 유배자들의 본국 귀환은 속주의 특권 지도계급 외에는 거의 관련이 없었다. 권력과 소유권에 대한 갈등은 여전히 남아 있었으나, 귀환 세력이 너무 미미해 의미 있는 고고학적 또는 인구 통계상의 흔적은 남겨놓지 않았다. 모든 개연성을 열어놓는다면, 본국으로 귀환한 유배자들은 토지에 대한 예측 가능한 어려움 없이 평화롭게 동화되어 나갔다.

총독과 대사제가 협연했던 성전 건축은 한편 이 두 세력이 보여온 관계라는 문제를 제기한다. 문학적이며 금석학적인 참고문헌이 완전한 목록 작성을 쉽게 허락해주지 않는다 하더라도, 페르시아 시대 초부터 말까지 존속한 총독들에 관한 증언 배열은 이 제도의 지속성을 보장해준다. 우리는 여전히 페르시아 시대 말에 발행된 동전에서 '총독 히즈키야'라는 언급을 읽는다. 금석학적인 본문과 자료는 총독을 대왕을 대신해서 속주를 다스리는 사람으로 묘사한다. 총독은 임금의 모든 특권, 특히 성전을 재건하는 특권을 행사한다. 그의 주된 기능은 질서가 지배하고, 조공 전체가 페르시아 당국에 제대로 납부되도록 감독하는 일이다. 성경 본문의 종교적 성격에 비추어 볼 때, 유다 총독의 업무는 성전과 예배 제도와 도성과 속주를 세우고 보증하고 조직하고 수호하는 일이 지배적이었다.

성경 본문에 따르면, 총독 곁에는 대사제가 최고권에 근접한 것 같은 중요성을 띤 인물로 등장한다. 다양한 시대와 결부된 성경의 수많은 증언에도 불구하고, 이 직함은 페르시아 시대에 마련되어 있던 정치적이며 종교적인 새로운 체계의 수장을 가리키는 당대의 독창적인 직함이다. 이 제도의 연대와 상황은 따라서 이 직함의 기능을 규명하는 데 결정적이다. 하까이서와 즈카르야서는, 분명 다리우스 1세 치하, 성전이 복구되기 이전에 이미 이 직함을 여호차닥의 아들 예수아에게 부여한다. 여기 놀라운 점이 있다. 예수아는, 예루살렘 성전이 제 기능을 발휘하고, 성전 관리자가 귀족계급과 모든 사회에서 지배적인 자리를 차지하던 시점에 와서야 비로소 후대에 설정된 직함을 부여받았던 것으로 보인다. 성경 본문 이외에, 대사제라는 직함과 그 기능을 증언하는 첫 문건은, 다리우스(2세) 제13년인 408-407년에 아람어로 작성되고, 이집트의 엘레판틴 섬에 주둔한 유다 군사 식민지의 고문서고에서 발견된 파피루스 서신이다. 이 서신은 유다의 총독 바고니에게 발송된 청원서로서, 410년에 주둔 부대의 이집트 사제들에 의해 파괴된 야후 지방 성전이 파괴되기 이전처럼 재건되기를 청원하는 내용을 담고 있다. 이 서신은 도움을 요청하기 위하여 유다의 총독과 "대사제와 예루살렘의 동료 사제들과[…] 유다 귀족들"에게 410년에 발송한 이전의 서신을 언급한다.

예루살렘의 사제단을 주재하는 대사제라는 동일한 개념이 즈카 3,8에 등장하며, 여기서 예루살렘의 사제들은 예수아의 권위 아래에 서 있다. 예수아는 사실 자신에게 예속되어 있던 유다의 성전 전체에 법적인 권한을 행사했던 것 같다. 즈카 7,1 이하는 베텔을 암시한다. 이스라엘 왕국의 종교적 옛 중심지였으며, 기원전 722년 이후 사마리아 속주의 수도였던 베텔은 예루살렘 성전이 파괴 상태에 있는 동안(에즈 3장에 의하면 587-538) 예루살렘을 대신했던 것으로 보인다. 즈카 7,1 이하에 따르면, 예루살렘 성전 재건공사가 완료되기 직전 베텔의 당국자들은 예루살렘에 제물을 바치러 와서, 왕실 성전의 파괴를 애도하기 위하여 제정된 단식일 '제도'에 대하여 성전의 사제들에게 문의한다. 이를 통해서 우리는 베텔이 예루살렘의 법적 권한을 인정한다는 사실을 확인할 수 있다. 아마도 이 기사는 베텔의 아론계 사제단이 예루살렘의 사제단과 최후 통합하는 장면을 어렴풋이 보여주는 듯하다다. 아무튼, 페르시아 시대 말에 본문들은 아론계 사제들을 예루살렘의 번제 제단 봉사자들과 동일시한다. 바로 이 사제들 가운데서 대사제가 곧 지명될 것이다.

한편 419-418년 다리우스(2세) 제5년에 작성되어 엘레판틴의 동일한 유다 고문서고에서 발견된 '파스카 파피루스'는, 주둔 부대원들이 예루살렘에서 거행되던 축제를 본 따 지내던 가족 단위 파스카 축제의 규정문제를 다룬다. 이 서신은, 니산 달 14일 밤에 파스카 축제를 지내고 자신을 정화하고 니산 달 15일과 21일에는 모든 일을 멈춤과 아울러, 축제의 이레 동안 사람들의 거처로부터 멀리 떨어져 있어야 하는 발효 음료와 음식을 끊도록 명한다. 후대에 와서 법제화한 것으로 추정되는 성경의 해당 규정들과 형식상의 의미 있는 차이에도 불구하고, 이 문건은 오경의 상당한 사제계 본문들과(특히 탈출 12,15-20) 문학적이며 문체적인 유사성을 보여준다. 이 문건의 조항들은, 엘레판틴의 유다인들이 피 흘리는 제물을 바치거나(탈출 23,18) 번제 제단 위에 곡식 제물을 바칠 때(레위 2,11-12), 제단으로부터 누룩 든 빵과 발효 음료를 배제한 예루살렘 성전의 관례 규정을 따르도록 주문한다. 한편 이 문건은 예루살렘 성전의 전례력이 기원전 5세기 후반기에 엘레판틴의 유다인들에게 받아들여졌으며, 이집트의 페르시아 행정은 419-418년에 이를 알고 있었음을 증언한다. 결국, 이 문건은 엘레판틴의 유다인들이 봄에 열리는 신년축제

동안 예루살렘의 신에게 올리던 예물 체제에 순응했다는 사실을 밝혀준다. 제반 규정 위반은 예루살렘 종교 당국의 권한에 속한 문제이며, 궁극적으로는 대사제의 사법권에 관련된 사항이다. 이 사법권은 성전과 그 예배 봉직자들만이 아니라, 가족 단위의 예배와, 종교의식과 관습 규정을 따르는 사회에 이르기까지 펼쳐졌다. 왕정시대에는 성전들이 임금들의 의지에 따라 임명된 또는 추인된 가문에 의해 상호 독립적으로 관리되었으나, 이제는 예루살렘 성전에 관한 법률이, 대사제가 수장으로 있는 통합된 사제 귀족계급의 보호 아래 모든 이에게 확대 적용된다. '파스카 파피루스'와 엘레판틴의 유다 군사 식민지의 고문서 문건 몇몇을 성전들과 유다 사회를 대상으로 하는 대사제의 사법권을 확대하려는 첫 시도에 관한 증언으로 본다면, 우리는 그 제도적 장치 시기를 다리우스 치세 전반기나 조금 앞서, 곧 기원전 5세기 후반기로 어림잡을 수 있을 것이다.

이처럼 유다의 성소들은 예루살렘 대사제의 사법권 아래에 놓인다. 신명 12,15-16.20-25는 도살장 역할을 했던 성소가 성읍마다 하나씩 있었다고 내다보기도 한다. 짐승을 제의적으로 도살하는 행위는, 신성한 울타리와 피에 관한 의식을 집전할 자격이 있는 사람을 필요로 하는 거룩한 행위이다. 따라서 신명기는 성읍에 레위인들이 있었다고 언급한다(신명 12,18; 14,27; 16,11; 18,6). 이들은 분명 지방 성전의 봉직자들일 것이며, 십일조와 제의적으로 도살된 짐승의 살코기를 상품화하여 생계를 유지하던 사람들이다. 이들은 또한 지역과 구역의 기관에서 일하던 지방 관리자들이었으며(느헤 3), '성읍의 원로들'과 '성읍의 판관들'과(에즈 10,14) 함께 일차 송사에서 지방의 분쟁을 조정하던 성읍 의회에 배석했다. 최후 발행 과정에서 신명기계 법규집은(신명 12,1-26,19) 예루살렘을 최고의 사법권을 겸비한 사법망의 중심으로 묘사한다(신명 17,8-12). 이러한 지위로 예루살렘 성전은, 종교적이며 행정적인 중심지로서의 궁정 성소, 유일하게 하나의 첼라를 보유하고 있는 성소에 거하시는 위대하신 하느님의 전유물이라는 특전을 보유한다. 이처럼 성경 본문에서 예루살렘 성전은 순례의 유일한 성소, 위대하신 하느님께 온전히 불태워지는 제물을 바치는 유일한 성소, 맏배와 서원 예물과 자원 예물과 헌금을 바쳐야 하는 유일한 성소이다(신명 12,4-7.11.13-14.17-18.26-27). 예루살렘의 대사제에게 위임된 사제단 전체에 대한 최고의 사법권은, 페르시아 시대에 유다에 설치되어 있던 정치적이며 종교적인 새로운 체제의 결과로 보인다.

특히 황제의 명령으로 언제든지 해임될 수 있는 총독과는 달리, 대사제라는 직함은 규정에 따라 세습적이었다. 이는 오경의 사제계 본문에서 이 제도가 전수되는 과정과, 역대기와 느헤미야기의 족보 명부와, 예수아로부터 오니아드가와 마카베오가와 하스몬가에 이르기까지 예루살렘의 대사제들이 대사제 가문으로서의 지속성을 유지하고 있었음을 옹호하는 역사가 요세푸스가 증언하는 바다. 이 전통적인 족보의 인위적 성격에도 불구하고 대사제라는 직함의 세습은 성경 본문 한가운데서, 하느님께서 레위 지파와 맺으신 사제 가문의 '새 계약', 종말을 위해 왕조의 창설자에게 내리신 약속의 말씀을 그대로 남겨둔 채(하까 2,20-23) 하느님과 다윗(2사무 7), 솔로몬(1열왕 6,11-13; 9,4-9) 사이에 체결된 왕실 옛 계약을 대체하는 '새 계약'이라는 이념을 불러일으킨다. 즈카 6,11에 묘사된 대사제 예수아의 상징적 대관식은, 하느님과 당신 백성 사이의 유일한 제도적 중개자로서의 사제 귀족에게 부여된 새로운 품위를 축성한다. 사제계 이념과, 이 이념을 받혀주는 계약, 곧 백성이 지고의 하느님을 대신하는 사제들에게 주기적으로 선서하는 충성심 서약을 통하여 백성과 지고의 신 사이의 관계가 체결되는 계약에 관한 예언은, 법과 역사적 현실 속에서 종교적 세력은 페르시아 시대 내내 속주의 유일한 우두머리였던 총독의 정치적 세력과 비교하면 이차적이라는 사실을 망각하게 해서는 안 된다. 한편 페르시아 시대에 엄연히 구분되어 있던 종교적 세력과 정치적 세력은 각각 고유한 영역을 소유하고 있었다.

임금의 특권이 대사제에게 이양된 것은 페르시아 시대가 아니라, 헬레니즘 시대의 일이다. 결국, 총독의 지위가 대사제의 지위보다 더 높고 그의 세력 범위가 대사제의 그것보다 더 넓다 하더라도, 적어도 총독이 대사제를 임명하지 않았고, 임금들의 시대에 그러했던 것처럼 종교적 세력이 정치적 세력에 의해 좌우되지 않았던 것은 분명하다. 아무튼, 여호차닥의 아들 예수아를 대사제직에 임명하는 천상 장면과 이를 동반하는 신탁이 정치적 수장이었던 즈루빠벨에 관한 중심 현시와 그에게 건네진 신탁을 앞서고 있는 즈카르야서에 잘 드러나 있는 것처럼, 속주에서 하느님을 제도적으로 대신하던 존재로서의 대사제는 총독보다 우월한 존재였다. 이와 마찬가지로 사해 사본은 언제나 '기름부음받은' 왕보다 '기름부음받은' 사제에게 우월권을 부여한다.

예루살렘 성전 건축에 관한 기사가, 총독 타트나이가 방문했을 때와(에즈 5) 성전이 완공되었을 때(에즈 6,15) 즈루빠벨은 물론 예수아도 암시하지 않는다는 점에서, 상당수의 저자는 다윗 왕가의 즈루빠벨에 의해 또는 그의 이름으로 단행된 메시아적 성격의 왕정복고 시도가 실패로 돌아갔으며, 총독과 나아가 대사제 예수아가 다리우스 치세 전반기에 희생되었을 것으로 추정한다. 이 회귀적 추론은 에즈라기의 침묵만이 아니라, 하까이서와 즈카르야서에서 읽어볼 수 있는 메시아적으로 여겨지는 예언, 다리우스에 의한 강력한 힘의 정복으로 빚어진 혼란한 상황 속에서 해석되는 예언 위에 근거한다. 이 본문들은 모호함이 없는 것은 아니며, 다양하게 해석될 수도 있다. 따라서 정치종교적인 민족적 봉기에 관한 소문에 이의를 제기하는 사람들이 없지 않았다. 어찌 되었든, 관념적인 성격과 전례적인 형식과 본문의 배경 자체는 이러한 결론에 별로 협조적이지 않다. 건축가로서의 임금이라는 관념은 적어도 기원전 삼천년대부터 고대근동 지방에 널리 알려져 있었으며, 이러한 관념은 군주에게 개인과 왕조 전체의 권위와 축복을 더욱 높여주는 데 기여했다. 이와는 달리, 반대의 경우는 입증되지 않는다. 한편 이러한 예언은 혹자들이 묘사하려 했던 민족주의적인 횃불로 받아들여질 수 없다. 하까 2,20-23의 친저성도 의문시할 수 있다.

1.2. 에즈라와 느헤미야의 개혁

에즈라기와 느헤미야기의 역사편찬적 기사는, 다리우스 1세 치하의 성전 재건 완료부터(에즈 6) - 키루스와 크세르크세스와 아르타크세르크세스와 다리우스에 이르는 일련의 왕위 계승이, 에즈 1-6의 기사가 성전 완공을 다리우스 2세 치하에 둔다는 사실을 배제하지 않는다 하더라도 - 아르타크세르크세스 1세(기원전 465-424) 또는 아르타크세르크세스 2세(404-359) 가운데 누구인지는 몰라도 아르타크세르크세스 시대까지를 다룬다. 전승은 에즈라가 오경의 최후 형태에 가까운 형태로 사제계 법규집을 공포하기 위하여 예루살렘에 왔다고 여기며, 이는 유다교 탄생을 법적으로 확인해준다. 따라서 우리는 이제부터 유다 땅과 관련된 '유다인'과 오로지 종교적인 용법으로서의 '유다인'을 구별한다. 이 전승은 에즈라기와 느헤미야기의 공동 증언과, 오경이 소위 '칠십인 역자'에 의해 그리스어로 번역된 해인 280년 이전에 존재했음을 가정하게 하는 헬레니즘화한 유다교의 호교론적 작품인, 필로크라테스에게 보낸 '아리스테아의 편지'에 근거한다. 에즈라를 모세의 율법과 결부시키는 전통은 주석가에게 일자를 후대로 잡도록, 나아가 그의 예루살렘 사명 수행에 이의를 제기하도록 요구한다. 다리우스 2세 시대의 엘레판틴 문헌에 의해 확인된 종교 법규의 상황이 아르타크세르크세스 1세 치세부터 모세의 율법이 공포되었다는 사실에 유리하게 작용하지 않는다는 사실을 하나의 예로 들 수 있다. 학자들은 따라서 에즈라의 사명을 아르타크세르크세스 2세 치하인 398년경으로 두고자 하나, 이는 오경의 옛 형태가 당시에 존재했다고 보기에는 아직 한참 이른 것 같으며, 주석가에게는 물론 역사가에게 극복할 수 없는 난제를 불러일으킨다. 에즈라-

느헤미야기는 주로 사제계 본문들(P)과 성결법(H)에서 유래한 다른 요소들로 치장된 신명기(D)에 담긴 법규들을 참조한다. 여기에 오경과 예언서의 서사체 부분에서 발췌하여 느헤미야의 기도(느헤 9) 속에 수록된 기념비적인 역사적 요소들과, 느헤 10장에 인용된 예배 규정 목록을 덧붙여야 한다. 하까이와 즈카르야의 예언에 관한 암시는(에즈 5,1-2) 한편 이 예언이 열두 소예언서의 구성요소로서 동질의 것임을 증언한다.

아르타크세르크세스 1세 치하에 에즈라-느헤미야의 건축을 위해 에즈라는 예루살렘에 오경 전체와 (여호수아기부터 열왕기에 이르는) 전기 예언서와 후기 예언서 가운데 하까이서와 즈카르야서를 도입했을 것이다. 율법은 모세에 의해 전달된 계약법 전체로 인식되었으며, 에즈라가 지고의 사법권을 대표했던 사제 귀족들의 관리 하에 맡겨진 것이었다. 이 율법은, 백성이 예루살렘의 국립 성전에서 거행된 계약 갱신에 관한 공적 의식 중에 그 실천을 장엄하게 맹세하면서 하느님께 순종한다는 사실에 근거한 관습법을 말한다(느헤 8). 결국, 에즈 1-6장에 따르면, 키루스의 칙령에 의해 전달된 야훼의 명에 대한 순종은, 총독 즈루빠벨과 여호차닥의 아들 대사제 예수아 사이의 '조화로운 협연'(즈카 6,13) 덕분에 가능했던 성전 재건과 제사 갱신으로 이끌어갔다. 이 행위는 백성과 하느님 사이의 계약 체결을 가능하게 했으나, 이 계약은 일시적인 계약, 다른 백성으로부터 야훼의 백성을 분리하는 법으로 형식화한 계약(에즈 6,19-22), 아직은 모세의 율법을 실천하기로 다짐한 맹세로 제도화되지 못한 계약이었다. 에즈라가 무대에 등장했을 때, 이 일시적인 계약은 파기되나, 야훼의 백성이 예배 집회에 모일 때마다 이 백성을 다른 백성으로부터 철저하게 분리해냈던 에즈라의 구원 업적에도 불구하고, 계약은 느헤미야기가 첫발을 내딛던 시점에도 아직 복원에 이르지 못했다. 여기서 다시 한번 종교법의 스승인 사제 에즈라와, 예루살렘 성벽 복구사업으로 계약과 범세계적인 화합을 복원시킨 총독 느헤미야의 '조화로운 협연'이 떠오른다. 범세계적인 화합은, 키루스가 전한 위대하신 하느님의 최초 명령의 끝점인 성도 예루살렘을 장엄하게 봉헌할 때 정점에 이른다. 하느님은 '당신의 온 백성'이 당신에게 집을 하나 세워주기를 요구하셨기 때문이다(에즈 1,2 이하). 이처럼 도성 성벽 봉헌은 이중적인 이유로 에즈라-느헤미야기 전체의 정점이 된다. 고고학적 평가는 성도 봉헌이 가을에 시작하는 태양력 신년축제로서의 초막절 중에 거행되었다고 일러준다. 그 상징성이 왕정시대의 인간적이며 신적인 왕국의 연례 대축제를 신성한 축제로 높여주었으며, 이 축제 중에 솔로몬은 실제로 하느님을 위해 세웠던 성전 봉헌식을 거행했다(1열왕 8; 2역대 5-6). 축제는 일곱째 달 초하룻날 거행되었고, 축제에 앞서 에즈라가 율법을 공적으로 봉독하는 의식이 있었으며, 이때 계약이 갱신되었다. 신명 31,10-13에 따르면, 계약 갱신을 위해 일곱째 달 초하룻날 소집되는 온 백성의 집회는 오로지 "일곱 해마다, 곧 탕감의 해로 정해진 때마다" 이루어졌다. 예루살렘 성벽 재건에 관한 이야기를 단절시키는 느헤 5장에서 에즈라-느헤미야 건축가에게 부여된 기능은, 해당 연도는 단순히 안식년만이 아니라(느헤 5,10.12) 희년임을 분명히 하는 것이었다. 느헤미야는 백성에게 물질적 재산과 성전에 규정된 예물로 바친 만물을 몇 배로 되돌려주고, 종으로 팔린 '이스라엘의 자녀들'을 풀어주며(8-9절), 희년에 관한 레위 25,10-13의 규정보다 더 엄격한 규정에 따라 양도된 그들의 재산을 돌려주라고 요구한다(11절). 이렇게 에즈라와 느헤미야의 공동 업적은 두 작품의 최후 편집적인 틀에 비추어 보면 444-443년 희년의 맥락 속에 자리하며, 에즈라의 고유 사명을 통하여 458-457년 안식년에 이미 서곡이 울렸다(에즈 10,9). 우리는 성전의 전례력이 언제 규정화되고 안식년이 언제 확립되었는지 정확하게 알지 못하나, 에즈라-느헤미야 전체의 구성 요인인 안식년 전례력은 안티오코스 4세가 예루살렘에 야훼의 예배를 복원했던 해인 164-163년을 안식년으로 명시하는 1마카 6,49.53의 일자 계산법과 일치한다. 따라서 우리는 안식년 연도를 다시 정리할 수 있고, 에즈라-느헤미야기의 일자들이 성전의 이 전례력과 부합한다는 사실을 확인할 수 있다. 이 전례력은 요세푸스와(*AJ*, XII, 378), 사해 부근의 와디 무라바앗 동굴에서 발견된 로마제국 시대의 협약서, 곧 다음 안식년이 다가옴에 따라 대여금 이자를 합의해서 책정하는 협약서가 그대로 따르고 있다.

에즈라-느헤미야기의 편집적 틀은 또한 종교적인 모든 체계와, 페르시아와 헬레니즘 시대 동안 영향력을 행사했던 유다교의 철학을 아우른다. 예배의 종교사회학적인 조직과 공적인 전례와, 느헤미야기에 묘사된 거의 완벽한 형태의 개인적이며 공동체적인 기도는 유다 종교의 완성 단계를 보여준다. 특히 다른 종족들과 맞서 언제든 논쟁거리가 될 수 있고 이 두 권의 책을 묶어주는 뚜렷한 반-사마리아적 자치주의 이념과, 예배 참석을 '이스라엘 자손'이라는 족보상의 혈족에게 국한시키고(에즈 10) 성전과 성도의 성벽 뒤에 몸을 숨기는 유다교라는 개념은, 이 두 권의 책을, 그리스인들을 포함한 많은 사람에게 예배 접근을 쉽게 하려고 예루살렘 성전의 외벽을 헐어버리고자 했던 헬레니즘계 대사제 알키모스를 단죄하는 1마카 9,54-56에 표현된 하스몬가의 이념에 다가서게 한다. 마카베오기 상권 저자의 눈에 불경죄로 비쳤던 이 범죄는 곧 초자연적인 죽음으로 징벌 된다(56절). 성벽 건립으로 유다인들을 갈라놓는다는 원칙은 이 책이 의거한다는 모세의 율법을 넘어선다. 모세의 율법은 이렇게 규정한 적이 없다. 또한, 느헤 10장은 공동체의 예배를 실천에 맞게 조직하기 위하여 적지 않은 모세의 율법 주해를 통해 발전시키고 번안해 나간다. 한편 우리는, 정권에 의해 임명된 공권력 보유자인 총독과, 하까이와 즈카르야와 말라키 예언서에서처럼 총독에 의해 좌우되지 않던 계급화한 종교 권위와 함께 유다 속주에서 지배적이던 귀족 체제를 인식한다. 그러나 제도는 발전을 거듭했다. 에즈라는 예루살렘 성전의 대사제가 아니었다. 주군인 대왕의 곁에 머물면서, "그대 손에"(에즈 7,12.25-26) 있는 모세 율법에 따라 그 실천 여부를 감시하는 대사제의 사법권보다 한층 높은 사법권을 소지한 사람이며, 그의 권위는 총독에게처럼 대사제에게도 행사된다. 이처럼 그는 모세의 '또 다른 나'로 등장하며, 모세가 아론 옆에서 차지하고 있던 지위와 유사한 지위에 있던 대사제 곁에 자리한다. 이와 같은 계급제도는 성경 밖에서는 확인되지 않는다. 이 제도는 아마도 페르시아 시대 말 또는 헬레니즘 시대 초에 우세했던 제도적 상황과 부합하나, 당대의 증언들이 부족한 상태이다.

민족적 전통들을 종합하고 있음을 보여주고 그 전통의 연속성 안에 자리하고 있음을 강조하기 위하여 하스몬가의 초기에 출판되었을 에즈라-느헤미야기의 편집 틀 한가운데서, 어떠한 역사적 가치가 에즈라와 느헤미야에 관계된 전통과 일치하며, 이 두 권의 어떠한 문학적 요소들이 이전의 역사적이며 종교적인 발전을 증언할 수 있는 것들인가? 에즈라를 오경의 최후 편집자로 보는 전승은, 편집 틀에 속하는 (에즈 7,12-26의 에즈라의 사명 지시와 같은) 요소들을 기사의 줄거리에 관한 다른 요소들과 뒤섞어 놓았다. 이 전승은 역사적인 것으로 취급될 수 없다. 모세의 율법 대부분은 일찌감치, 곧 페르시아 시대 말과 헬레니즘 시대 초에 형태를 갖추었을 것으로 본다. 헬레니즘 시대 입법의 외연과 관련해서는 토론이 이어지고 있다. 이러한 조건 속에서 에즈라의 사명을 조상대대의 관습을 법제화하고 편집하는 일련의 지속적인 흐름 속에 자리한 사건과 동일시한다는 것은 어려운 일이다. 한편 벤 시라(시라시드 또는 집회서 44-50, 200년경)의 '조상들에 대한 칭송'은 느헤미야의 업적과는 달리(49,13) 에즈라의 업적은 기록으로 남기지 않는다.

이민족 여인들과의 혼인 문제는 두 책의 주된 주제이다. 이 주제는 종종 '혼합혼인의 위기'와 동일시되며, 이 위기는 유다에서 혼합혼인의 일반적 해소로 이끌었던 느헤미야가 선언한 이민족 혼인 금지처럼 인식되었다. 이 사건은 전대미문의 사건이었으며, 성경외적 문학에서 빈축을 사는 반향을 불러일으켰을 것이다. 한편 백성으로 종교적 집회가 구성되는 까닭에, 여인들을 포함한 외국인들을 제사에서 갈라놓는 현실을 가리키는 '(아내를) 버리다'라는 동사는 본문에 전혀 등장하지 않는다. 사실 느헤 13장이 명시하고 있듯이, 예루살렘 성벽이 다시 세워지고 성문이 복구된 다음, 외국인들은 주중에는 매일 성도에 살며 생업에 종사했다. 안식일(과 휴일) 전날 밤 이들은, '이스라엘 자손들'로 예배 집회가 이루어지는 동안 도성을 떠나야 했다. 느헤미야가 건설한 성벽은, 외국인 여인들에 대한 전반적이며 궁극적인 포기를 면해주면서 에즈라의 종교법이 요구하는 분리를 현실화했다. 안식일 다음 날 성문은 다시 열리고 남녀 외국인들이 돌아와 일상생활이 재개된다(느헤 13,19). 따라서 외국 여인들에 대한 전반적 포기는 역사적 사실이 아니었다. 언제 예루살렘과 '이스라엘의 자손들'의 종교적 집회에 남녀 외국인들이 쇄도하는 문제가 실지로 발생할 수 있었던가? 에즈라-느헤미야기가 반영하는 상황은, 특히 예루살렘에서 전개된 인구 통계상의 확장을 가정하는 것 같으며, 이러한 상황은 이집트의 헬레니즘계 군주들과 시리아의 셀레우코스가 군주들이 맞섰던 전쟁이 종료된 후인 기원전 2세기에 와서야 비로소 가능했던 일이다. 여기서 다시 한번 하나의 분명한 사건과, 역사 속에 인물을 고정해 놓는 하나의 연대를 에즈라에게 부여하는 것은 어려운 일이다. 그러나 에즈라에 관한 기사의 오래된 바탕이, '이스라엘의 자손들' 원로회의의 예외적인 회기 중에, 예배 참석이 허락되고 '이스라엘 지고의 하느님'이신 야훼의 법 아래에 있는 '이스라엘의 자손들'의 신원을 밝히는 데 있었다는 추정은 충분히 가능한 일로 보인다. '각 성읍의 원로들과 판관들'과 협조하여 이루어졌으며, 누가 '이스라엘'에 속하고(에즈 10,12-17) 누가 '외국인'인지 규명하기 위한 차원이었다. 또한 외국 여인들을 '살게 한' 잘못을 저지른 사람들의 명단, 백성의 각 구성원을 조상의 이름이나 (레위인 계열의 문지기들과 같은) 기능의 이름 아래 열거한 명단이(에즈 10,18-43), 문학상 그리고 문체상 에즈 2장과 느헤 7장의 명단, 예배 집회를 씨족과 기능과 성읍에 따라 구성된 조직으로 제시하면서 - 이는 에즈라가 문의했던 "성읍의 원로들과 판관들"이라는 언급을 상기시킨다(에즈 10,14) – 나열하는 명단과 짝을 이룬다는 사실을 받아들인다면, 한편으로는 에즈 2장과 느헤 7장의 명단은, 다른 한편으로는 에즈 10,18–43의 명단은 이를테면 에즈라가 완성한 작업과 그가 주관한 원로회의를 보완해서 반영한다. 따라서 우리는 이 책의 오래된 바탕이 '이스라엘의 자손들'의 종교 공동체, 에즈라가 '이스라엘의 자손들' 사이에 외국 여인들을 '살게 한' 잘못을 저지른 사람들을 잠시 지적하면서 모세의 율법에 예속시킨 이 공동체를 구조화하고 서열화하고 제한하는 하나의 조사 과정 역시 에즈라의 업적으로 돌리고 있다는 결론에 이를 수 있다. 이러한 업적을 통하여 에즈라는 예루살렘 성전의 예배 공동체의 명부를 작성한다. 이 종교 공동체의 명부는, 헬레니즘계 대사제 야손이 예루살렘에 유다의 안티오키아를 창설한 연도인 174년에 작성했던 시민 명부와 논쟁적인 짝을 이루는 명부처럼 제시된다. 에즈라 전승의 오래된 핵심의 연대 문제는 열려 있으나, 유다가 안티오코스 3세의 셀레우코스 왕국에 편입되던 해인 기원전 200년경, 나아가 야손과 메넬라오스의 헬레니즘적 개혁 시대 전후, 또는 그 기간 동안의 헬레니즘 시대를 배제할 수 없다. 아무튼, 이 결론은 히브리어 에즈라기와 옛 그리스어 역본인 제3 에즈라기의 비교를 통해 추론할 수 있다.

1.3. 느헤미야의 파악하기 힘든 업적

느헤미야의 업적은 우선 그 내용 파악과 연대 표기가 어렵지 않은 것으로 보인다. 주석가들은 일반적으로 총독 느헤미야의 활약에 관한 기사의 오래된 핵심, 곧 그 한계를 설정하는 작업이 여전히 논쟁 중인 난제로 남아 있기는 하나, '느헤미야의 회고록'과 동일시되는 핵심의 연대와 사실성에 관한 자료들을 수용한다. 느헤미야는 몸소 이 기사의 핵심에서 아르타크세르크세스(1세)가 예루살렘의 성벽과 성문을 다시 세우도록 위임한 사명을 설명한다. 사실 느헤미야가 대왕의 조정에서 담당한 기능과 대왕에게서 받은 예루살렘에서의 사명에 관련된 내적이며 외적인 난제와 모순이 없는 것은 아니다. 아르타크세르크세스 1세가 예루살렘의 성곽 복구 사명과 함께 느헤미야를 파견한 사실은 확인되지 않는다. 느헤미야에 의해 다시 세워진 성곽에 관해서, 헤로데 성전 주변으로부터 '다윗의 성읍'까지 펼쳐진 체계적인 고고학적 발굴은 지금까지 그 사실을 밝혀내지 못했다. 따라서 페르시아 시대에 예루살렘을 방어했던 성곽의 존재는 입증되지 않는다. 한편 느헤미야의 활동으로 여겨지는 건축가로서의 모습은, 460년에 이집트에서 벌어졌으나 454년경 이집트의 페르시아 지배를 확고히 한 태수 메가비제스에 의해 진압되었던 이나로스 반란으로 표기된 지방 상황과 결부시켜 살펴볼 수 있다. 유프라테스 동부의 태수가 된 (기원전 4세기) 크니두스의 체시아스에 따르면, 450년경 이제는 메가비제스가 반란을 일으킨다. 그러나 고립된 이 증언은 신뢰성이 떨어진다. 우리가 유다 총독으로서의 느헤미야의 사명이 지방에 관련된 황제의 광범위한 정책의 일환이었다는 사실을 배제할 수 없다면, '느헤미야의 회고록'이 그 추측을 지지하지 못하게 한다는 사실도 받아들여야 한다.

예루살렘 성벽 재건에 관한 기사와(느헤 4; 6-7,1-5) 건축가들의 명단과(느헤 3) 함께 성도가 봉헌될 때 두 개의 행렬이 따른 행로에 관한 기사는(12,27-43) 그 상태로는 성벽의 노선을 상세히 그려주지 못한다. 한편 이 책은 성전의 동문과 같은(느헤 3,29; 참조. 3에즈 9,6.38) 예전에 이미 재건된 성벽과 성문의 복구작업을 느헤미야의 업적으로 돌린다. '느헤미야의 회고록'은 명확하지도 않고 모순적이기도 하다. 본래의 회고록에 견주어 수정된 부분의 폭과 질적인 효과를 여전히 규명할 수 없더라도, 이 회고록은 편집적인 틀에 의해 다양한 수준에서 수정되고 보완되었다. 이처럼 예루살렘 성곽에 부여된 방어적 기능보다는 종교적이며 상징적인 기능이, 본래의 '느헤미야의 회고록'보다는 에즈라-느헤미야기의 공동 발간에서 비롯된 것으로 보아야 한다. 느헤미야가 단행한 개혁 전체는 축제의 날 외국인들 추방을 지시한 적이 없는 모세의 율법을 넘어서는 예배 규정들을 시행하도록 함에 목적이 있었다(느헤 13,15-22). 결국 '느헤미야의 회고록'을 읽어보면, 성전의 안식일 전례력은 아르타크세르크세스 1세 치세부터 이미 존재했으며, 느헤미야는 안식년과 희년에 관한 모세법을(느헤 5) 귀족들에게 부과한 첫 총독이었을 것이다. 우리는 이 본문들이, 이 책의 결론과 에즈라-느헤미야기 전체의 구조처럼, 5세기의 어떤 저자보다는 최후 편집적 틀에 더 가깝다는 사실을 알고 있다.

이렇게 페르시아 시대는, 유다교가 발전되어 나간 정치-종교적 제도와 조건들이 마련되어 있었음을 증언한다. 중세기의 작가 포시우스가 보도하는 디오도루스 인용구로서의(40,3.1-7) 300년경의 압데라의 헤카타이오스의 증언은, 올바른 것이 틀림없다면, 예배를 주관하는 업무만이 아니라 판관으로서의 업무와 민족의 법률과 관습의 수호자로서의 업무를 담당했던 사제들의 인도를 받던, 예루살렘을 중심으로 모여 살던 유다 민족의 모습과 일치한다. 헤카타이오스에 의하면, 사제들은 토지도 소유하고 있었다. 이러한 현실은 민수 18,24; 신명 10,9; 12,12; 28,1과 상반되는 것으로 보이나, 총독이 일시적으로 부재중이었을 때 성전 봉사직을 포기하고 저마다 자기 밭이 있는 곳으로 달아나 버렸다고 말하는 느헤 13,10이 말하는 바와 상응하기도 한다. 헤카타이오스는 대사제를 신의 계명을 전달하는 사람으로 묘사하며, 느헤 8,1-6이 상술하듯이 율법의 공적 봉독이 동반되는 전례를 상기시키는 용어들로 예배와 계약 갱신을 떠올린다. 그는 율법 봉독이 끝날 때 "이것이 모세가 하느님으로부터 청취하여 유다인들에게 전한 말씀들이다"하는 선포가 있었다고 부연 설명한다. 이 선포는 레위 27,34와 민수 36,13과 가까운 인용이다.

점진적으로 절대적으로 다가오기 시작한 이 공적 유다교와는 별도로 하나의 대중 종교가 자리한다. 점술, 강신술, 해몽, 점성술, 마술, 사자 숭배 등은 물리적이며 문학적인 흔적을 남겼다. 베스와 프타와 같은 이집트 신들의 형상 형태로 발견된 고고학적인 풍부한 자료들은, 저주와 악령 또는 사악한 시선을 거슬러 대비하는 데 목적이 있는 구마 의식을 증언한다. 널리 퍼져 있던 의식은, 특히 아이들이 질그릇이나 유리컵 모양의 진주 목걸이를 착용하거나, 수호신의 형상이나 상징을 나타내는 보석 또는 부적을 몸에 지니는 것이었다. 이와 같은 물건들은 6세기부터, 특히 5세기에 예루살렘과 엔게디에서 발견되었다. 점토 가면과 함께 하나 또는 두 개의 얼굴이 두드러지게 깊이 패 새겨진 도기들도 발견되었다. 이집트의 신 베스의 형상이 널리 유포되어 있었으나, 다양한 모양의 기괴한 초상들과 새 모양을 한 기이한 상들도 만날 수 있다. 성경 문학에서 제2 이사야서의 적지 않은 구절들이 바빌론에서 흔히 만날 수 있고 유다에서 번안된 점쟁이와 마술사와 마법사에 관한 여러 유형을 암시한다. 제3 이사야서의 몇몇 구절 역시 페르시아 시대 모든 지방에서 전통으로 내려오던 사자 숭배를 암시하는 것 같다(이사 65,1-7).

2. 헬레니즘 시대(기원전 333-63)

2.1. 알렉산드로스에서 안티오코스 4세의 즉위까지

유다는 333년 말에 벌어진 이소스의 전투 결과 알렉산드로스의 지배 하에 놓이게 된다. 유다인들이 엮어낸 호교론적 전설에도 불구하고, 알렉산드로스는 예루살렘을 방문하거나 대사제를 만난 적이 없다. 알렉산드로스의 후계자가 되기 위하여 장수들이 다툰 혼란의 시기에 이어 유다는 312년에 이집트에 편입되며, 이후 라고스의 후손들이 계승한 왕조에 의해 지배된다. 라고스는 알렉산드로스의 주요 장수들 가운데 한 사람이었으며, 왕위에 오르면서 프톨레마이오스라는 이름을 취한다. 그리스의 동방 지배는 유다와 유다인들의 역사에 하나의 기나긴 휴지 기간을 이루지 못한다. 거기서 기인한 변화가 조금씩 체감되기 시작하다. 한편 그리스 지배자들, 그리스 행정, 그리스 언어와 문화의 계속된 영향력은 고대근동 지방의 '헬레니즘화' 과정을 열어준다. 그리스와 페르시아와 아시리아–바빌론과 시리아 문화의 새로운 단계의 융합은 점진적으로 헬레니즘 세계를 구축해나간다. 이 세계는 전형적인 고대 그리스 세계와 전통적인 동방 세계와는 매우 다르게, 특이하면서도 독창적이며 변화무쌍한 종합을 이룬다. 다양한 요소들의 혼합을 말하는 것이 아니다. 이보다는 오히려 이 요소들은 서로 이웃하나, 그리스 문화의 상당한 면들은 다른 요소들보다 더욱 널리 전파되거나 개인과 시간과 장소에 따라 지배적이기에 이른다. 이러한 까닭에 그리스어는 방언을 몰아내지 않는다. 아람어, 이집트어, 민용어 또는 아카드어는 행정과 문학과 사법과 일상적인 통교를 위한 언어로서 계속해서 중요한 역할을 한다. 과도기적으로 다양한 문화들이 상이한 리듬에 맞추어 진화하며, 이들 문화 상호 간의 관계는 변화되어 나가고, 상당한 그리스적 요소들이 시대의 흐름에 따라 다소간의 중요성을 띠기 시작한다.

지중해 동쪽은 세 왕국으로 나뉜다. 지중해 남쪽을 통제했던 라고스 왕조 또는 프톨레마이오스 왕조의 이집트와, 대륙 그리스와 마케도니아와, 알렉산드로스의 또 다른 장수였던 셀레우코스의 후손들인 셀레우코스 왕조에 의해 관리되던 남부 시리아와 바빌론이다. 통제권을 시행하던 영토에 견주어 볼 때, 라고스 왕조의 이집트는 정기적인 세수와 국유지에서 생산되는 산물과 수익을 거두어들일 목적에서 징세와 조공을 위한 압력만을 행사했던 것 같다. 조직의 핵심은 지방의 수준에서 머무르며, 라고스 왕조의 행정은 무엇보다도 지방의 수준에서 징수한 수입을 왕실 금고로 향하게 하는 데 관심을 기울인다. 문헌이 충분하지 못하여 라고스 왕조의 유다 조직을 밝히기 어렵다. 경제와 태수 제도에 관한 증언 부족으로, 우리는 유다가 코일레 시리아와 페니키아로 추정되는 태수 통치 구역의 일부를 형성하고 있었는지 알 수 없다. 프톨레마이오스 2세의 초상이 새겨져 있고 예홋 또는 여후다라는 이름이 언급된 고유 화폐는, 예전에 속주를 다스렸던 총독 대신에 그 자리에서 홀로 행정력을 행사하게 된 대사제의 권위 아래 유다인들이 누렸던 상대적인 자치권을 증언한다. 대사제는 이제 영적이며 세속적인 우두머리의 모습을 취한다. 경제에 관한 업무를 담당하면서 세금과 공물 징수와 함께 알렉산드로스 조정 편에 서서 유다 백성을 대표하는 임무를 띤 백성의 프로스타시아(*prostasia*, 대표직)가 그에게 보장된다. 이후 금전에 따라 좌우되던(요세푸스, *AJ*, XII, 161) '행정관직'은 이 사람을 유다 '민족의 우두머리'로서의 지방관으로 만들며, 인가받은 종속 공동체를 책임진 사람으로서 주군의 배려로 고유한 조직을 소유한다. 대사제 옆에는 그리스어로 편집된 원전에서 게루시아(*gerousia*, 원로원)로 소개되는 전통적인 원로원 제도가 있으며, 이 제도는 그리스 시대 원로들의 귀족 회의를 예로 발전을 거듭해나간다. 요세푸스의 증언에 따르면(요세푸스, *AJ*, XII, 142), 원로원은 안티오코스 3세 시대에(200년경) 그리스어로 산헤드린이라는 이름 아래 하나의 강력한 제도로 부상하며, 이 제도 안에 대사제는 당연히 포함된다. 요세푸스가 이야기하는 '토비아가의 소설'(*AJ*, XII, 156-222와 228-236) 역시 프톨레마이오스 왕조의 지원으로 강력해진 유다의 군사 귀족들이 대사제에게 위임된 징세 책임 기능을 담당했던 것으로 밝혀준다.

고고학과, 3세기에 관한 흔치 않은 문학적 자료들은 유다가 3세기 중엽에 절정에 이른 상당한 경제적 발전을 맞이했다고 일러준다. 이러한 부의 전반적인 성장은 가진 자들로서의 귀족계급과, 도시 특히 예루살렘에 사는 중간계급에 큰 이익이 되었다. 주민 대부분의 생활 수준이 향상되었다고 보기는 힘들다. 이들은 농업을 생계 수단으로 삶을 이어갔다. 경제를 위한 수단으로 나날이 화폐 주조에 힘썼던 현실은 잉여 재산을 축적할 수 있었던 지주들에게 유리하게 돌아간 반면에, 빈자들의 채무는 증가 일로였다. 느헤 5장이 설명하는 가난한 농부들의 채무와, 느헤 13,15-16이 시사하는 예루살렘 내의 활발한 상거래는 2세기 초 국가와 도시의 상황과 잘 부합한다. 예루살렘은 이제 매우 중요하고 부유한 성읍이 되어, 기원전 175년경에는 그리스의 도시로 탈바꿈하기에 이른다. 3세기에 조공은 이전 시기와 비교해서 매우 안정적이었다. 2마카 4,7에 따르면, 야손은 175년에 360 탈렌트를 약속하며, 안티오코스 3세는 그동안에 조공을 삼 분의 일로 감해준다(*AJ*, XII, 144). 이 숫자들은 라고스의 왕조 시대 동안 유다의 물질적 상황이 향상되었음을 대변해주며, 이는 모든 지방에 해당하는 당대의 문헌이 확인하는 내용이기도 하다.

종교 분야에서 페르시아 시대에 감지할 수 있었던 경향이 이어진다. 사제 귀족들과 예배 봉직자들은 필수 기능과 공적 종교 통제 기능, 아울러 사제가 속주에서 담당했던 행정 활동의 확대 기능에 따라 다양해졌다. 개인적이며 집단적인 영적 독서와 기도는 예루살렘 성전의 제사를 관리하던 전례 한가운데서, 그리고 성전을 뛰어넘어 종교적이며 전례적인 문학을 기록으로 남기도록 항상 고무하던 개인적이며 집단적인 신심 속에서 발전을 거듭해나갔다. 페르시아 시대 말엽에, 법적이며 서사체로 된 본문들로 구성된 의미 있는 총서가 예루살렘 성전의 당국자들에 의해 현지 신의 권위, 문학적인 증언에 따라 일반적으로 수용된 권위 아래에 놓였다. 집회서가 '조상들에 대한 칭송'에서(집회 44-49) 제시하는 조상 목록에 따라 평가한다면, 권위가 인정된 2세기 초엽의 이 기록 총서는 오경과, 여호수아기에서 열왕기 하권에 이르는 전기 예언서, 이사야서와 예레미야서와 에제키엘서와 열두 소예언서로 구성된 후기 예언서, 그리고 몇몇 미래의 성문서를 포함한다. 이와는 달리 집회서는 다니엘서도, 에즈라-느헤미야기 문학 단위도, 에스테르기도 알지 못한다. 이 책들 각 권의 본문은 유동적이며, 이 수사본과 저 수사본 사이에 분량이나 질적인 면에서 적지 않은 이본들을 담고 있다. 이 성경 총서는 따라서 하나의 순서와 고정된 본문을 갖춘 경전을 이룰 리가 없다. 오경이 그리스어와 히브리어에서 다섯 권으로 된 동일한 구조를 보여준다 하더라도, 각각은 서로 다른 본문 유형을 제시한다. 대다수의 경우 3세기에 탄생한 종교문학은 예전에 성경에서 입증된 문학유형과 일치하나, 헬레니즘적 경향을 숨기지 않는다. 한편 풍부한 문학 전통은 성경외적 본문들이 헬레니즘 시대 초엽부터 편집되었다고 밝혀준다. 에녹서 상권과 같은 몇몇 작품들은 훗날 이러 저러한 교회, 예를 들어 에티오피아 교회의 경전 속에 들어올 수 있었다. 특정한 기록에 예배의 완전한 구성요소로서 점점 커져가는 자리를 부여하면서 '거룩한 책'이라는 개념이 만들어지기 시작하나, 율법이 성전 예배의 경쟁 요소 또는 예배와 대체될 수 있는 요소로 인식되는 일은 없었다. 끝내 '책의 종교'로 이끌어간 이러한 경향은, 오경이 이집트의 유다인들이 사용하던 그리스어로 번역된 시점과, 200년 직전 헬레니즘화한 유다교에서 최초의 성경해석학 작품으로 평가되는 오경 주해가 역대기자 데메트리오스에 의해 발간된 시점인 3세기부터 움직이기 시작한다.

유다 출신의 상당한 인구, 나아가 대다수 인구가 적어도 6세기 초부터 라고스 왕국과 셀레우코스 왕국에, 특히 이집트와 바빌론에 정착하며, 3세기부터는 시리아와 소아시아에도 동일한 현상이 전개된다. 유다 주민들의 이민은 새로운 현상이 아니었으나, 헬레니즘 시대부터는 유다인 역사의 지속적인 구성요소로 자리하며, 결국 디아스포라의 제도와 관습과 정신이 본국과 해외의 유다인들 전체의 역사에 영향력을 행사하기 시작한다. 본국은 일찌감치 디아스포라의 공동체들과 통신망을 구축한다. 그리스 시대에 이 공동체들은 바빌론과 이집트에 가장 많이 존재했다. 우리는 바빌론에 정착한 공동체들에 대하여 아는 것이 별로 없으나, 이집트에서 그리스어로 정기적으로 작성되어 발간된 하나의 파피루스 고문서가 이집트 유다인들의 일상생활에 대한 많은 정보를 제공한다. 파피루스들은 수많은 유다인들이 전쟁 중이 아닐 때는 국가가 각자에게 임대한 작은 토지에서 군사 식민지 주민으로 살고 있다고 전한다. 참고자료는 유다인들이 그리스인들처럼 살고, 그들과 똑같은 신분을 지니고 있었다고 증언한다. 유다인들은 동일한 사법 체제의 도움을 받을 수 있었으며, 이집트의 유다인들이 조상 전통의 법에 따른 삶의 특전을 누리고 있었다고 증언하는 자료는 전혀 없다. 몇몇 문헌은 이집트의 유다인들이 그리스의 법과 관습을 '조상 전통의 법'으로 여겼다고 생각하게 하기도 한다. 또한, 유다인들 사이에는 당시의 금리에 따라 대부 행위가 이행되기도 했다. 프톨레마이오스 6세(180–145) 치세부터 헬레니즘 세계의 다른 나라에서처럼 이집트에 폴리테우마타(*politeumata*)라 불리는 위원회가 등장한다. 이 용어는 오경의 그리스어 번역을 전설적인 방법으로 전하는 '아리스테아의 편지'에 나온다. 알렉산드리아의 폴리테우마타 위원들은 백성의 원로들과 같은 지위에 있는 사람들로 소개된다. 따라서 학자들은 우선 이 제도가, 자치권을 누리는 다른 국가 공동체와 동등한 자격으로, 유다 공동체에 그들의 법규에 따라 자체적으로 문제를 해결해나가도록 제공된 사법적인 틀을 가리킨다고 확신했다. 그러나 헤라클레오폴리스의 폴리테우마타 고문서에서 발견된 최근의 참고자료 하나는 이러한 확신에 이의를 제기하면서, 민족적이기보다는 전문적인 성격의 여러 위원회 가운데 자발적으로 구성된 위원회를 가리키는 용어일 것이라는 생각에 이르게 한다. 폴리테우마타는 정치적이며 종교적인 자치 조직이 아니라, 헬레니즘 왕국으로 이민 온 토착민들이 그리스 법을 수용하도록 만들어진 조직일 것이다.

종교 공동체 생활은 훗날 '시나고그'라는 이름을 지니게 될 '기도(의 집)' 한가운데서 체계화된다. 문학적인 자료들은 시나고그가 (기원후 1세기 전반기에) 본토 유다로 퍼져나가는 시점인 기원후 1세기부터 이 제도를 참조한다(알렉산드리아의 필론, 요세푸스). 한편 비문들과, 파피루스 고문서에서 찾아볼 수 있는 언급들은 프톨레마이오스 3세(246–221) 치세부터 이집트에 '기도의 집'이 존재했다는 사실을 알려준다. 비문들은 공공건물들을 지적하며, 그 가운데 여럿은 고을이나 성읍의 지방 유다인들이 프톨레마이오스 3세와 왕가에 헌납한 것들이다. (기원전 2세기) 크니두스의 아가타르키데스는 이 건물들을 유다인들이 안식일에 모여 공동으로 기도하던 '성전들'로 묘사한다(요세푸스, 아피온 반론, 1,22, § 209). 이 증언들은 유다교에서 기도와 모세의 율법 봉독이 차지하는 중요성을 강조하나, '기도의 집'이 성전을 대체할 수 있는 것처럼 말하지는 않는다. 기도와 봉독은 멀리에 있는 이집트의 유다인들을 예루살렘 성전의 예배 집회로 이루어지는 공적인 전례와 맺어주었다. 성전과 제사는 기원후 70년에 로마인들이 성전을 파괴할 때까지, 유다인들이 어디에 거주하던지, 그들을 지고의 하느님과 맺어주는 관계의 초점으로 머물렀다.

예루살렘 지도자들의 고무와 통제 아래 확대일로에 있던 이와 같은 유다교의 상황 속에서, 이집트에서 헬레니즘 그리스 방언으로 오경이 번역되며, 3세기 중엽 이집트의 유다인들이 이 역본을 사용한다. '필로크라테스에게 보낸 아리스테아의 편지'은 이 번역을 프톨레마이오스 2세(기원전 282-246) 치하의 작업으로 취급한다. 역사비평가들은 이 편지의 전설적 성격을 강조하면서 한목소리로 그 역사성을 부정하나, 연대를 포함한 자료들은 수용한다. 역대기자 데메트리오스는 기원전 200년경에 편집한 것으로 추정되는 주해서에서 칠십인역 성경(LXX)의 그리스어 본문을 기초로 했던 것으로 보인다. 기원전 132년경 조부의 히브리어 저서를 그리스어로 번역한 집회서의 벤 시라는 머리글에서 율법과 예언서가 당대에 이미 그리스어로 번역되었다고 증언한다. '아리스테아의 편지'가 70(*septuaginta*)인에 의해 번역이 이루어졌다고 말하는 오경의 다섯 권 번역에 이어, 이후의 성경책들은 히브리어로 편집되어 나감에 따라, 상황이 거의 밝혀 있지는 않지만, 그리스어로 번역된다. 히브리어 성경의 그리스어 역본 전체는, 그리스어로 직접 편집된 헬레니즘화한 유다교 저서들을 포함해서, 널리 칠십인역 성경이라 불린다. 사해 사본 발견 이후 칠십인역 성경은 두 가지 점에서 관심을 다시 받게 되었다. 첫째는 이 역본이 고대 문학 번역의 최초의 예들로 열거된다는 점이며, 둘째는 이 역본이 번역 대본으로 사용한 히브리어 본문이, 다양한 경우, 우리가 가지고 있는 히브리어 본문 마소라본 이전 판을 반영하고 있다는 점이다. 기원전 2세기의 '아리스테아의 편지'가 작성된 사회와 기원후 1세기의 알렉산드리아의 필론이 살았던 사회와 같은 몇몇 사회에서 칠십인역 성경은 어떤 수정도 가당찮은 권위를 갖춘 작품으로, 그리고 마네토스의 에집티카(*Aegyptica*) 또는 베로세스의 바빌로니아카(*Babiloniaca*)와 같은 호메로스의 전승이나 민족학 문학과 마찬가지로, 여러 가지 주해의 출발점을 이루는 작품으로 취급되었다. 이 번역을 역사적으로 설명하기 위해 여러 가설이 제안되었다. 알렉산드리아와 이집트의 유다 공동체에서 지배적이었을 정치적이며 종교적인 자립 행정조직 유형에 속하는 폴리테우마타의 해석은, 모세의 율법이 프톨레마이오스 2세 또는 3세의 명령으로 그리스어로 번역되었으리라 추정하게 한다. '아리스테아의 편지'가 말하고 있듯이, 그 본문을 법적 납본으로 공식적으로 펴내는 대신에 알렉산드리아 도서관에 비치하도록 하기 위함이었다는 것이다. 그러나 이러한 견해는 포기해야 한다. '기도의 집들'과 공동체들과 나아가 개인적 신심의 전례적 필요성에 의한 전통적 설명이 참고문헌의 현재 자료들을 더 잘 해설해주기 때문이다.

공식적인 유다교 옆에서 대중 종교가 주변의 종교들, 특히 그리스-이집트 종교와 바빌론 종교와 접촉하면서 활동을 넓히고 발전을 거듭한다. 공식적인 종교의 눈에 마냥 불법적으로 보였던 복점 의식과 비밀 의식은 대부분 한참 후대인 그리스-로마 시대 말경에 이르기 전까지는, 특히 마법의 영역에서 기록으로 남겨지지 않았다. 후대의 기록들과 논쟁적인 몇몇 암시들 또는 동시대의 막연한 언급들은 이러한 의식들이 존재했음을 밝혀준다.

기원전 2세기 말 다섯 번째 시리아 전쟁이 끝났을 때, 파네이온에서 거둔 승리는 이집트의 라고스 왕조를 희생으로 하여 유다를 안티오코스 3세와 셀레우코스 왕조의 지배 하에 놓는 계기가 된다. 유다교 전승은 안티오코스 3세의 매우 호의적인 모습을 간직했고, 요세푸스는 안티오코스 3세가 유다인들을 셀레우코스 왕조에 대한 충성과 헌신의 사람들로 평가하면서 보여준 호의적인 모습을 설명하는 세 개의 문서를 전해준다. 이 문서들 가운데 200년경 안티오코스 3세가 코일레 시리아의 태수인 트라새오스의 아들 프톨레마이오스에게 보낸 편지 하나는, 유다인들이 예루살렘의 라고스 왕조 수비대를 몰아내는데 그의 부대를 도왔다고 확인한다. 그에 대한 답례로 임금은 유다인들이 조상의 법규를 따라 살도록 하고, 예루살렘과 성전을 재건하는 데 필요한 금전 기부와 세금 면제를 허락하며, 성도에 다시 살도록 허용했다(*AJ*, XII, 138–144). 다른 한편, 임금의 칙령 하나는 성전 규정에 따라 부정한 것으로 평가되는 식료품이 예루살렘에서 유통되는 것을 금지한다. 이 문서의 진정성은 널리 받아들여지고 있다. 임금의 명령이 효력을 발생했다면, 안티오코스 3세가 트라새오스의 아들 프톨레마이오스에게 보낸 편지는, 에즈라–느헤미야기에 언급된 아르타크세르크세스 1세 시대보다 느헤미야의 사명 수행에 문제가 될 것 없는 유리한 상황을 제공할 수 있을 것이다. 이 문제는 고고학을 통해서만 해결될 수 있다. 셀레우코스의 군주가 인허한 특혜들은, 존재하는 공동체들을 인정해주고 그들이 고유 규정에 따라 조직되도록 허용함으로써 결과적으로 군주에게 충실한 공동체들로 머물도록 했던 페르시아의 아카이메니데스의 군주가 선보였던 권력 행사의 특징에 포함되는 것들이다. 이 특혜들은 유다인들이 소요하지 않는 한 안티오코스 3세의 후계자들이 문제시할 이유가 없는 것들이었다. 자치제도는 대사제 오니아스 3세와 안티오코스 3세를 이어 즉위한 셀레우코스 4세(187–175) 사이에 징세 문제로 벌어진 극도의 긴장 관계를 가로막지 못했다. 커튼(H.M. Cotton)과 뵈를레(M. Wörrle)에 의해 최근 밝혀진 석비 하나와(«Seleucus IV to Heliodoros – A New dossier of royal correspondence from Israel», *ZPE* 159[2007], pp. 191–205), 이두매아의 옛 수도 마리사에서 실시된 공식적인 고고학 발굴 결과물인 보충적인 세 개의 단편은, 현재 출간 중인 것으로서, 178년 셀레우코스 4세는 코일레 시리아와 페니키아의 신전 금고를 좀 더 엄밀하게 통제하기 위한 목적에서, 2마카 3-4장 분석을 통해 추정했듯이, 일련의 칙령들을 내렸다는 사실을 증언한다. 대사제의 특권 가운데 일부를 박탈하고 예루살렘의 사제였던 시몬을 성전의 '관리관'으로 임명했다는 사실은 셀레우코스 4세의 개혁 결과로 보인다. 셀레우코스의 권위라는 관점에서 본다면, 지방 자치제도 구성원들을 경쟁 관계로 유도함으로써 지방마다 견제세력 장치를 마련해 놓은 셈이다. 경쟁 관계에 있던 사람들 사이의 충돌은 이제 피할 수 없게 되었다. 오니아스와의 분쟁에 이어 시몬은 시리아-페니키아의 태수에게, 라고스 왕조 시대의 징세 총괄책임자였던 인물로서 형제들과의 적대관계 표적이 되어 자기 성으로 피신하여 숨어지내던, 오니아스 3세의 사촌 토비아 히르카노스의 재산이 성전의 금고에 숨겨 있다고 밝힌다. 셀레우코스 임금들의 눈에 히르카노스는 유배된 정치적 적대자였기에 그의 재산은 몰수될 수 있었다. 그러기에 안티오코스 4세의 행정 책임자였던 헬리오도로스는 히르카노스의 재산을 압수하기 위하여 예루살렘에 당도한다(2마카 3,4-27). 이때 오니아스는 반대 입장을 취한다. 조공 징수관의 업무에 속하는 압류와 같은 자기의 특권을 수호하기 위함이었을 것이다. 안티오코스 4세가(175-164) 즉위할 때, 오니아스는 그의 조정에 소환되어 대사제직을 박탈당하며, 야손이라 불리는 동생 예수아에게 직무가 이양된다. 자료들이 보여주는 관점에도 불구하고, 유다인들에 대한 셀레우코스 왕가의 자세 돌변을 말하는 것은 아니다. 셀레우코스 4세가 사망하자, 유다 백성은 안티오코스 3세 치세와 같은 신분을 계속 향유한다. 그러나 셀레우코스의 지배는 자치제도 한가운데서 갈수록 긴장을 고조시켰다. 2마카 4,23-25의 내용에 의하면, 3년 후 곧 172년에 성전의 '관리관'이던 시몬의 동생으로서 그때까지 꾸준히 대사제를 배출했던 '차독의 후손들'이라는 평판을 듣고 있던 오니아스 가문의 귀족계급에 속하지 않은 메넬라오스라는 사람이 야손보다 은 삼백 탈렌트를 더 바쳐 대사제장직을 매수하나(2마카 4,24), 그 역시 이 직분을 박탈당한다. 귀족계급은 세금과 공물 임대차료로 말미암아 갈라진다. 새 대사제 메넬라오스를 지지한 셀레우코스 일파는 소수파가 된다(*AJ*, XII, 239). 사실, 히르카노스가 프톨레마이오스 시대에 징세 총괄책임자로 있었을 때, 토비아 가문에 호의적이며 친-셀레우코스 왕가 세력이던 대부분의 유다인들은 안티오코스 4세에게 조공을 바쳐야 할 시점에 이르러 셀레우코스 왕가와 토비아 가문으로부터 등을 돌린다.

2.2. 마카베오의 위기

'마카베오의 위기'는, 유다인들이 조상의 법규에 따라 살 수 있도록 허용한 자치 행정권이 안티오코스 4세 에피파네스 임금이 반포한 칙령으로 거부되자, 이에 대한 유다 주민들의 반란을 야기한 이유와 상황이 복잡하게 뒤얽긴 현실을 가리킬 때 일반적으로 사용되는 표현이다. 이 위기는 마카베오기 상하권에 의해 설명되는 먼 이유와 가까운 이유를 지닌다. 마카베오기의 설명은 근본적으로 반란 자체에서 유래한 것이기에 예외적인 참고자료라 말할 수 있다. 유감스럽게도 전통적인 저자들의 입장에서도, 헬레니즘화한 정복된 유다인들의 편에서도 볼 때, 사건이 명백한 흔적을 별로 남기지 않았다는 것이 문제이다. 그리스어로 발간된 마카베오기 상하권은 히브리어 성경에는 제외되어 있다. 마카베오기는 상하라는 순서로 표기되어 있어도, 한 권이 다른 한 권을 뒤따르는 작품이 아니라, 온전히 구분된 작품이다. 연대적 순서에 의하면, 마카베오기 상권이 175년에서 135년에 벌어진 사건들의 연대기를 제시하는 반면, 마카베오기 하권은 기원전 180-160년에 펼쳐진 사건들을 담고 있으며, 반란의 이유에 대한 가장 타당한 진술을 이룬다.

174년에 오니아스 3세의 동생 야손은 안티오코스 4세를 기념하여, 필요한 경비 충당을 조건으로 임금의 허가를 받아, 안티오키아라 명명된 그리스 도읍 하나를 예루살렘에 세운다. 야손은 도읍의 시민 명부를 작성하며, 이는 위기에 처한 도읍들이 일반적으로 시행하던 관습대로 시민권을 미래의 시민들에게 팔아넘겼다는 것을 의미한다. 그는 또한 그리스 도읍의 특징적인 제도로서 시민들의 만남과 형성의 공간인 체육관과 청년 학교를 세운다(2마카 4,7-17; 1마카 1,10-15). 안티오키아-예루살렘은 다른 많은 도읍 가운데 하나의 히에라폴리스, 곧 '성도(聖都)'로 조직된다. 야손은 정치적이든 종교적이든 어떤 제도도 무너뜨리지 않는다. 대사제는 게루시아(*gerousia*), 곧 '원로원'의 통제 아래서 사제들이 배석한 도읍의 으뜸 행정관의 기능을 계속 담당한다. 야손이 그 보증인인 조상들의 법규는 문제 될 것 없이 계속해서 모든 유다인에게 부과되었다. 반대로 헬레니즘 개혁은, 헬레니즘 세계에서 그리스 신들을 영예롭게 하기 위한 종교적 의례라는 가치를 지니고 있던 육상 경기와 같은 새로운 풍습과 행동을 끌어들였다. 이 예배적 동화정책은 마카베오기 상권의 저자에 의해 탈유다교화 과정으로 해석된다. 개혁의 이유는 논쟁의 대상이 되었다. 안티오코스 4세는 백성을 헬레니즘화하고 유다교를 절멸하기 위한 개혁의 진정한 주모자였는가? 안티오키아-예루살렘 도읍 창설이 헬레니즘화한 토착 지도계급의 지위 향상을 위한 임금의 정책에 포함되는 것은 사실이나, 임금이 몸소 주도했다는 것을 의미하지는 않는다. 반란의 책임을 유다교 일당에게 전가하는 마카베오기 하권에 따르면, 안티오코스 4세는 현지 주도권만 지지했을 뿐이다. 야손이 내세우는 근거는 무엇이었는가? 무엇보다도 먼저 개혁은 재정적 요구에 응답했고, 영토확장과 재분배를 가능하게 했다. 이 개혁은 또한 예루살렘을 셀레우코스 왕국에 병합시키려는 목적을 지니고 있었다. 개혁은 우선 정치적 또는 종교적 차원보다는 예배적 차원에 관한 것이었다. 널리 알려 있는 잘못된 인식과는 달리, 이 개혁은 유다인들이 근동 지방의 다른 민족들과는 달리 헬레니즘 세계 형성에 참여하지 않았음을 드러낸다. 한편 새로운 사회 분열이 전개되며, 친셀레우코스 일파와 저항파가 대립 관계에 놓인다.

172년 메넬라오스가 대사제직에 임명되면서, 헬레니즘 세계에서 경제와 예배와 종교 통합이 유리하도록 동화정책은 가속화된다. 이러한 정책에 반하여, 원로원의 다수파이며 전통적인 가치와 민족의 과거 모습의 이름으로 율법 준수에 헌신적이던 '경건주의자' 운동이 형성된다. 율법주의자이며 정통 왕정주의자였던 이들은, 임금의 서신으로 위임되고 대사제의 전통적 혈통에 속하지 않는 메넬라오스의 비합법적인 임명에 반대한다. 원로원에 의해 인색하고 탐욕스럽고 폭력적이고 불경한 폭군으로 고발된 메넬라오스는 티로 법정에서 안티오코스 임금 앞에 섰을 때 무죄선고를 받으며(2마카 4,43-50), 십 년간 권력을 유지한다. 정치적인 대립은 이제 종교적인 대립이 된다. 예루살렘에서의 내부 긴장은 친라고스파와 친셀레우코스파 사이에 고조되며, 결국 안티오코스 4세와 이집트 사이의 전쟁으로 발전한다. 이집트와 맞서 싸우기 위해 출병하는 안티오코스 4세의 출정과 전투에서 임금이 죽었다는 헛소문을 이용하여 야손은 완력으로 메넬라오스에게서 대사제직을 되찾고자(169년 겨울) 헛수고한다. 이집트에서 돌아오는 길에 안티오코스 4세는 유다가 반란을 일으켰다고 판단하고서 169년 여름 예루살렘을 향하여 기수를 돌린다. 그는 성전을 약탈하고 예루살렘에 주요 식민 부대를 주둔시키며, 혼란이 증폭되자 아폴로니우스 휘하에 군사 이만 이천 명을 예루살렘에 파견하여 학살을 단행하게 한다. 168-167년에 안티오코스 4세는 유다교의 모든 예식, 곧 안식일, 할례, 전통적 제물, 거룩한 책 봉독을 금지하는 박해령을 반포한다. 유다인들은 그들의 관습을 포기하고 그리스 풍습을 수용하도록 강요된다. 셀레우코스 왕조의 주신인 올림포스의 제우스 숭배가 예루살렘 성전에 설정되며, 아울러 디오니소스 축제와 신격화한 임금 숭배를 위한 의무적 복장 역시 마찬가지이다.

범신교의 고유한 특징인 종교적 관용이 관례로 되어 있는 고대 세계에서 박해령은 놀랍기만 하며, 그 이유는 논쟁거리이다. 체리코버(V. Tcherikover)가 제안한, 종교를 가장한 다음과 같은 정치적 설명을 수용해야 하는가? 박해령은 종교적 또는 관념적 광기와, 이교로 대체할 목적으로 유다교를 근절시키려는 의지 문제가 아니라, 유다인들이 그들의 법규와 조상의 관습에 따라 체계화될 수 있도록 안티오코스 3세가 그들에게 비준해준 특권을 반란을 이유로 유다에서 다시 거두어들이는 정치적 결단에 속한다. 이 특권은 오직 임금의 호의에 의한 것이지, 유다인들의 권리문제는 아니었다. 안티오코스 4세는 임금의 영지로 탈바꿈한 영토를 몰수한다.

박해는 유다에 국한된다. 사마리아인들은 168년부터 유다인들과 혼동되지 않도록 그들이 시돈(페니키아) 출신임을 정당화하는 보고문을 보냄으로써 박해를 모면한다. 이들은 임금의 신성을 인정하며, 그들의 무명의 신(야훼)을 '그리스인들의 제우스'라는 이름으로 헬레니즘화하는 데 동의한다. 임금은 그리짐 산의 성소를 인정하며 그들의 면책권을 확인해준다. 약 60년이 지난 다음 하스몬가의 요한 히르카노스는 이 성소에 불을 질러 파괴해버리며, 다시 세워지는 일이 없도록 감시한다(111-110).

기대했던 결과를 획득하기는커녕, 박해는 유다교의 생명력과 유다교 율법에 대한 민중의 결속력을 다져주면서 반란을 고무시켰다. 셀레우코스 왕가의 압력 앞에서도 유다인들은 3년 만에 예루살렘 성전을 되찾고 전통적인 예배를 올린다. 마카베오기와 다니엘서와 에녹서 상권과 같은 이 시대에 관한 유다교 자료들에도 불구하고, 분명하지 않은 부분들이 적지 않다. 먼저 우리는 헬레니즘화한 유다인들 이상으로 그들의 적대자들에 대하여 아는 것이 별로 없다. 마카베오기는 이들을 하시딤(경건한 유다인들)이라는 이름으로 지칭한다. 이들은 율법 준수에 엄격했던, 특히 제의적 순수성에 관한 법규에 집착했던 열성주의자들로서, 율법을 위반하고 계약에 이의를 제기하는 것처럼 보였던 나머지 이민족의 풍습에 접근하려는 모든 행위를 적대시했다. 박해 앞에서 '광야로' 피신했던 최초의 시간이 지나고 난 다음, 자리 잡고 살던 모데인에서 마타티아스와 그의 다섯 아들 등 하스몬 가문을 중심으로 저항운동이 점차 조직되기 시작한다. 그러나 우리는 하스몬 가문이 이 반란에 합류한 것인지, 아니면 마카베오기 상권이 시사하듯이 이 반란을 직접 주도한 것인지 정확하게 알지 못한다. 또한, 1마카 2,1에도 불구하고, 하스몬 가문이 사제 가문에 속하는지에 대해서도 의심이 간다. '마카베오'라 불리는 유다만을 언급하는 마카베오기 하권은, 오히려 군대의 수장으로 소개하는 이 인물의 가문 기원에 대해서는 침묵한다. 166년에 유다와 그의 형제들은 6000명의 장정으로 구성된 군대를 보유하고 있었다. 벳 추르의 전투시 실제 인원은 10000명을 넘어서지 않았으며(1마카 4,29), 종종 그보다 적었을 것이다. 이들과 맞선 임금의 부대는 마카베오기가 전하는 수보다 훨씬 적었을 것으로 보인다. 169년부터 예루살렘에는 주요 수비대가 설립되고, 안티오코스 4세는 여러 차례 증원 부대를 파견하나, 정예부대는 아니었던 것 같다. 임금은 그의 눈에 더 중요하게 보였던 동방 지역에 원정을 계획하고 있었기 때문이다. 안티오코스 4세가 이란에 체류하고 있던 164년 봄에 이르러서야 비로소 안티오키아의 으뜸 공동 집정관이던 리시아스가 몸소 전쟁에 나서며, 안티오코스 4세가 죽고 난 다음인 163년에도 전투를 벌인다.

사건의 연대는, 마카베오기 상하권이 부합하지 않고 몇몇 상세한 부분에서만 일치하고 있어, 부분적으로 우리의 판단을 어렵게 한다. 이어지는 전략은 초기 단계에 있어 변절자들을 응징하고 저항의 의지를 확고히 하며 백성의 좌절을 가로막는 데 목적이 있었다. 반란은 헬레니즘화한 유다인들을 쫓아내 이웃 나라로 도주하게 하고, 강제로 할례 의식을 거행한다(1마카 2,44-46). 이어서 유다는 체계적인 전투를 피하면서 셀레우코스 군대를 집요하게 공격한다. 얼마 후 반란자들은 게제르와 같은 요새까지 공격한다(2마카 10,32-38). 전쟁은 3년(167-165) 동안 유다에서 계속되며, 평원에서의 유다의 승리가 점점을 이룬다. (고프나에서) 아폴로니우스에 이어 (벳 호론에서) 세론과 맞서 승리를 거둔다. 니카노르와 고르기아스가 시리아와 페니키아의 사령관에 의해 원군 차원에서 파견된다. 리시아가 163년에 벳 추르를 거슬러 싸운 두 번의 전쟁을 말하는 것이 아니라면(2마카 13,1-26; 1마카 6,28-63), 고르기아스는 (165년 여름) 엠마오에서 패하며, 이어서 리시아스는 165년 10-11월에 벳 추르에서 정복된 것 같다(2마카 11,1-12; 1마카 4,28-35). 어찌 되었든, 도성을 점령하고 거기서 (셀레우코스 연호로 148년 키슬레우스 달, 또는 165년 12월 25일에) 성전을 다시 봉헌한 마카베오 형제들에게 예루살렘의 길은 열렸다. 안티오코스 4세는 164년 가을에 죽음을 맞이한다. 요르단 건너편, 갈릴래아, 이두매아에서, 그리고 토착민들의 위협 속에 있던 주변의 유다 공동체를 방어하기 위하여 해안의 항구들을 거슬러 싸워 승리한 163년의 마카베오 전투는 전쟁을 이어가고자 하는 마카베오 형제들의 의지를 증언하고, 참된 권력이 어디에 있는지를 가리킨다. 안티오코스 4세의 아들 안티오코스 5세는 리시아스의 섭정 하에 있던 나이 어린 임금으로서 박해령을 폐기하고 메넬라오스를 처형시킨다. 안티오코스 4세가 사망에 이르렀을 때, 셀레우코스 왕국은 추정컨대 로마의 압력에 의한 왕조의 위기로 말미암아 쇠퇴의 길로 들어선다. 셀레우코스 왕조의 두 가문이 왕국의 종말에 이르기까지 왕권 쟁취를 위해 서로를 살해하는 지경에 놓인다. 셀레우코스 4세의 아들 데메트리오스는 리시아스와 안티오코스 5세를 제거하고 안티오키아에서 권력을 쟁취한다. 그는 헬레니즘화한 유다인들에 의존하던 바키데스를 예루살렘으로 보내 반란을 진압하고, 합법적인 사제 혈통의 헬레니즘화한 온건한 알키모스를 새로운 대사제로 임명한다. 이러한 선택에 만족감을 표현하면서 하시딤은 유다 마카베오에게서 떨어져 나간다. 알키모스와 마카베오 형제들 사이의 공존은 빠르게 불가능한 현실로 드러난다. 162년에 전쟁은 다시 전개되며, 다양한 운명이 뒤따른다. 유다 마카베오는 160년에 전투 중에 사망하며, 역경을 알고 있던 그의 동생 요나탄이 뒤를 잇는다. 헬레니즘화한 유다인들은 예루살렘에서 승리한 것처럼 보이나, 알키모스는 후임자 대체 없이 159년에 사망한다. 헬레니즘화한 유다인 일파는 약세에 접어들어 셀레우코스 군대에 전적으로 의존한다. 157년에 바키데스는 요나탄과 그의 동생 시몬의 화친 제의를 받아들여, 원정군 부대와 함께 나라에서 철수한다. 요나탄은 152년에 가서야 공식적으로 인정을 받은 권한을 유다에서 펼친다.

안티오코스 4세의 아들이라 자처한 알렉산드로스 발라스에 의해 위기에 놓인 메테트리오스 1세는 152년 요나탄을 백성의 지도자와 동맹자로 인정하고(1마카 10,3-14), 그가 군대의 수장으로 예루살렘에 대한 통제 기능을 다시 발휘하도록 허락하면서 자신의 배후를 안전하게 한다. 데메트리오스와 알렉산드로스 발라스의 경쟁 관계를 활용하여 요나탄은 알렉산드로스 발라스로부터 대사제직과 임금의 '벗'이라는 직함을 획득한다. 셀레우코스 왕조의 이 두 경쟁자는 유다인들에게 더 좋은 조건들을 제시하기에 이르며, 조상들의 율법을 준수할 수 있도록 보장해줌과 아울러 재물과 토지에 관한 선처를 약속한다. 하시딤이 불법으로 판단한 요나탄의 대사제직 수여는 하스몬 가문과 하시딤 사이의 단절을 초래한다. 바로 이러한 시대에 훗날 에세네파로 불리는 집단이 탄생한 것으로 본다.

마카베오 형제들의 반란은, 새로운 문학유형으로 분류되는 저항과 투쟁의 문학, 곧 묵시문학을 탄생시키며, 이후 3세기 동안 큰 성과를 거둔다. 이는 하나의 신비 문학으로서 박해의 순간으로 특징되며, 세상 통치에 대한 하느님의 계획, 곧 현재의 고통에 의미를 부여하는 계획을 밝혀 희망을 북돋우는 데 목적이 있는 문학이다. 이 문학은 종말을 미리 내다보기 위하여, 또한 하느님께서 악을 근절하시고 세상의 현재 질서를 우주적으로 전복시킴으로써 선택된 백성을 구원하시는 순간 펼쳐질 대이변의 상황을 그려내기 위하여 예언문학이 품고 있는 동력을 활용한다. 다니엘서는 이를 대표하는 경전문학이다. 165년경 구성된 작품으로서 작품 속의 내용 상영과 상징적인 연출은 유다교와 그리스도교 사고를 형성한 종교 언어를 탄생시켰다. 여러 종류의 묵시문학이 존재한다. 어떤 작품들은 '역사'와, 성전의 안식일력으로부터 영향을 받은 '시간'의 주기 개념을 따르며, 다른 작품들은 '역사'에 대한 관심보다는 종말론적인 현시를 발전시켜나가고, 또 다른 작품들은 더욱 개별적인 종말론을 펼친다. 다니엘서는 첫째 범주에 속한다. 각각의 범주는 종교의 적대자, 곧 헬레니즘과 맞서는 투쟁에서 백성과 백성의 구성원 각자를 성원하는 목적을 지닌다. 묵시문학에서 개진된 주제들은 당대 유다교의 발전을 드러낸다. 다니엘서는 죽은 이들의 부활에 대한 믿음을 분명히 한다(다니 12,2). 묵시문학을 통해 처음 등장하는 개별 구원 개념은 헬레니즘화한 세상에서 점증적인 성과를 도출한 비의(秘儀)를 촉진하는 개념과 유사하다. 메시아사상이라는 개념 또한 하느님이 불러세우신 구세주의 도래를 예고하는 이 문학에서 개진된다. 우리는 훗날 그리스도교가 다니 7,13의 '사람의 아들'을 메시아적으로 활용한다는 사실을 알고 있다. 최후의 심판을 준비하고 의인들의 부활과 이스라엘의 최후 승리를 주재하러 종말에 오시는 메시아는, 세상의 종말이 다가온 것으로 예고하는, '주간들의 묵시록'이라 불리는 에티오피아어 에녹서에 2세기 중엽부터 등장하기 시작한다. 메시아사상은 이어지는 세기에, 특히 에세네파 안에서 놀라운 발전을 거듭한다. 2세기 중엽만 하더라도, 묵시적이며 반-헬레니즘적인 요소들이 바탕으로 삼고자 했던 문학에서 이 사상은 아직 초보단계에 있었으며, 이는 역설적으로 헬레니즘이 당대 유다인들의 정신과 사회에 뿌리내리고 있었음을 밝혀준다. 1에녹 12-26장은 메시아사상에 대한 울림이 없이 셀레우코스 왕조의 역경을 자축하며, 다니 9,4-19는 다음의 승리를 간청하면서 예루살렘 성전의 재봉헌을 예고한다. 그리고 시편 30편은 성전을 봉헌하면서 하느님께 감사의 노래를 부른다.

당대의 유다교 문학은 시간의 변천을 증언한다. 헬레니즘과 맞선 투쟁은 팔레스티나 유다교의 발전을 근본적으로 적시한다. 군사적으로 패한 헬레니즘화한 유다인 일당은 더 이상 성전과 사회에 대한 영향력을 행사할 수 없었다. 그러나 요나탄의 등극과 함께 반헬레니즘화한 유다인들은 헬레니즘 왕국을 예형으로 새로운 유다 국가를 세우며, 이 국가는 독립에 이르기까지 셀레우코스 왕조의 간섭을 최소화하는 노력을 기울일 것이다.

2.3. 하스몬 국가

마카베오 반란이 남긴 폐허 위에 세워진 새로운 유다 국가는 유다교와 헬레니즘으로 재편된 통합체를 형성한다. 이 국가는 점차 독립을 찾아 나가며, 안티오키아 셀레우코스 왕국의 점진적인 해체 덕을 본다. 셀레우코스 왕국은 왕조의 위기로 대내적으로 약세에 접어들었고, 이집트의 라고스 왕국과, 지중해 연안 동부에서 그리스-마케도니아 왕국들 가운데 이 왕국 또는 저 왕국이 세력을 증강하는 현실을 달갑지 않게 지켜보던 로마의 혼란 준동으로 말미암아 대외적으로 짓눌려온 터였기 때문이다. 이 새로운 유다 국가는 이웃 나라들과 경쟁하고 내부의 적대 세력과 맞서야 했으며, 상황에 따른 후퇴와 실패에도 불구하고 사실상 또는 이론상의 독립을 향하여 전진한다. 독립은 일찌감치, 143년에 형 요나탄의 뒤를 이은 대사제 시몬 시절부터 요구되었다. 시몬은 가맹에 대한 화답으로 데메트리오스 2세로부터 예루살렘의 요새인 아크라에서 왕실 부대가 철수하는 약조를 받아낸다. 유다인들은 (141년 5월 28일의) 이 사건을 국가 독립의 새 연호 원년으로 잡는다(1마카 13,41-42). 140년에 시몬은 자기를 대사제, 군사령관, 총독으로 선포하는 대집회를 개최하며, 이 직함은 이제 세습된다. 그의 아들 요한 히르카노스가 뒤를 이으며, 이후 왕조의 규정이 적용된다. 하스몬 국가는 독립이 확보되기 이전부터 이미 영토확장에 주력했다. 110년경 요한 히르카노스 시대의 독자적인 화폐 주조 개시와 함께 결국 독립이 쟁취된 것으로 보였을 때, 유다 국가는 알렉산드로스 얀내오스(103-76)가 정복을 마친 지중해 연안 남쪽의 모든 지방을 되덮는다. 하스몬 제국주의는, 하느님의 법이 적용될 수 있는 약속의 땅 전개와(민수 34,1-12) 부합하는 하나의 왕국을 재건하려는 의지에서 그 동기를 찾는다. 여기에서 요한 히르카노스와 아리스토불로스와 알렉산드로스 얀내오스가 영토 내에 거주하는 주민들을 강제로 유다교도화하려는 기획이 전개된다. 유다교도화 작업은 상당한 성과를 거두나, 강요된 유배와, 펠라, 사마리아, 마리사, 아도라, 브에르 세바와 같은 성읍의 파괴를 초래한다. 하스몬 왕가는, 그리스인들 또는 토착민과 같은 극소수의 이교도들이 있었지만, 대다수 유다인들을 중심으로 하나의 민족 국가를 형성한다. 이처럼 이 새로운 국가는, 성경에 의해 다윗과 솔로몬과 결부된 전설적인 민족 왕국과, 토착민들과 그리스 식민지 거주민들을 정치적으로 포함하는 헬레니즘 왕국 사이의 통합체로 등장한다.

종교적이며 정치적인 관점에서 사회는 경쟁 분파로 분리된다. 왕조의 정당성은, 합법적인 사제 혈통에 속하지 않은 요나탄이 대사제직에 오를 때부터 문제시되었다. 이 왕조의 적대자들 가운데는, 성전이 해방될 때까지 마카베오 형제들을 지원하고 혈통을 이유로 알키모스를 지지한 사람들로서 정통 왕조주의자이며 율법주의자들이던 하시딤 원로들이 있었다. 요나탄의 죽음을 말하기 직전 요세푸스는 '세 학파', 곧 바리사이파와 사두가이파와 함께 이 시대부터 존재했다고 확언하는 에세네파에 대해 몇 줄을 할애한다. 적어도 몇 가지는 에세네파의 작품으로 추정되는 사해 사본 가운데, '다마스쿠스 문서'는 '불경한 사제'의 시대에 차독의 후손인 '정의의 스승'의 순교에 대해 암시하며, 우리는 '정의의 스승'으로 동일인임이 분명하지는 않으나 종종 요나탄을 예상한다. 에세네파와 성전 권위자들 사이의 단절은 하스몬 시대 초기로 거슬러 올라가는 것 같다. 또한 '적대자들에게 보낸 편지'는 특히 성전과 축제의 달력, 그리고 의식과 예물의 순수성에 대해 예루살렘 성전과 의견이 상치되는 점들을 진술한다. 이 편지는 종종 에세네파와 성전 사이의 단절

문서로 취급된다. 그러나 이 단절을 과장할 필요는 없다. 단절은 새 성전의 개막에 대한 기다림 속에 일시적이었으며, 제물 포기는 상황에 의한 것으로서 과도기적이었을 뿐이기 때문이다. 사해 사본에 따르면, 에세네파는 하나의 사제 공동체로 등장하며, 그들 가운데 몇몇이 성전의 예배에 전혀 참석하지 않았다면 그들은 어디까지나 소수에 불과했다.

알렉산드로스 얀내오스와 사두가이파를 바리사이파와 대립시킨 적대감은 군주의 치세를 피로 물들이는 민중 소요와 반란을 동반한다. 이방 문화에 동화되어 문란해진 풍습은 물론 인접한 헬레니즘 왕국에서 볼 수 있던 권력 집행의 잔혹함을 모방한 귀족 계급과, 귀족 계급에게서 빚을 지고 국가로부터 압력을 받으며 근근이 살아가던 백성 사이의 단절은 점점 깊어졌다. 여인들의 역할 또한 날로 증가했으며, 특히 본인이 몸소 나서기 이전 얀내오스에 이어 히르카노스 2세 치하의 알렉산드라 살로메라는 여인의 역할은 셀레우코스와 라고스 왕조 여왕들의 그것을 상기시킨다. 유다 마카베오의 반란은 난폭한 헬레니즘화에 저항하여 일어난 것이다. 헬레니즘화는 2세기와 1세기의 국가와 사회를 변형시키면서 저변을 확대하는 방법으로 지속되었다.

하스몬 가문의 세 명의 첫 대사제 시대에 군주들은 대사제와 총독이라는 전통적인 직함을 그대로 유지해나갔다. 시몬은 이 직함에 사령관직을 덧붙임으로써 군대 수장의 역할과 '유다인 공동체'에 대한 자치권을 확립한다. 아리스토불로스 1세(104-103)는 임금이라는 직함을 취하면서 결정적인 단계를 넘어선다. 하스몬 왕정은, 유다주의적 성격을 잃지 않으면서 이웃 헬레니즘 국가들처럼 펼쳐진다. 알렉산드로스 얀내오스는 정면에 그리스어 글자와 뒷면에 대사제 직함과 군주의 히브리어 이름을 새긴 이중언어로 된 화폐를 주조한다. 군사 영역에서의 개혁은 헬레니즘 왕국들을 모방한 것이다. 시몬에 의한 기병대 설립, 얀내오스 시대에 재정적 부담을 주었던 용병 모집, (직업군인에게 전답을 급여로 지급하는) 은대지 제도 등이다. 깊어가는 헬레니즘화의 또 다른 표지인 하스몬 왕조 창건 증서는(1마카 14,27-49) 그리스 성읍 창설에 관한 경의적인 칙령에서 찾아볼 수 있는 세부 내용과 일치하며, 예루살렘 집회는 시몬을 그야말로 그리스 개념에 속하는 민족의 '은인'으로 인정한다. 자기 왕조에 대한 공식적인 승인에 힘을 얻어, 시몬은 모데인에 일곱 개의 피라미드를 갖춘 왕릉을 조성한다(*AJ*, XIII, 211-121). 헬레니즘의 미적인 모형과 생활 방식이 모든 사회, 묘실과 왕궁과 나아가 특별한 가옥에 이르기까지 건축과 내부 장식에 수용되었다. 유다법에 따른 정결례용 욕조가 설비되어 있지 않다는 사실이 이를 대변한다. 헬레니즘 세계로의 유다교 동화는 이제 극에 달했다.

시대는 과격한 민족주의 출현에 유리하게 작용하며, 마카베오기 상하권이 이를 증명한다. 100년경 마카베오기 상권을 히브리어로 편집한 예루살렘의 서기관은 반란과 왕조의 역할을 민족사의 영광스러운 한 장을 여는 사건으로 묘사한다. 마카베오 형제들의 주도로 대사제가 이제 유다를 세상에 열어주는 헬레니즘 왕조로 점차 바뀌어 간다. 정치적으로 추론하여 대사제는 반란을 그리스 정복과 식민지화와 외세의 억압에 의한 것으로 정당화시킨다. 그리스 디아스포라의 유다인인 키레네의 야손에 의해 일차 편집된 마카베오기 하권은 그리스 세계에서의 유다인 정체성이라는 문제를 더욱 강조한다. 고대에 종종 그러했던 것처럼, 이 작품은 164년의 성전과 제단 봉헌을 기념하는 축제를 설명하기 위하여 구성된다. 이 기회를 이용하여 예루살렘 성전은 모든 지역의 유다인들에게 반란과 승리를 기념하는 축제에 참여할 것을 요청하면서(2마카 1,8-9) 디아스포라와의 결속력을 강화한다. 키레네의 야손은 반란을 전통적인 유다인들과 헬레니즘화한 유다인들 사이의 내적 긴장 탓으로 돌린다. 이에 대해 우리가 알고 있는 요약 부분은, 교훈적이며 경건한 문학을 이루는 참고자료를 "하늘에서 내린 현시들"로 재해석한다(2마카 2,21). '유다 여인'을 뜻하는 유딧기 역시 수많은 교훈을 담고 있으며, 영웅적이며 민족주의적인 문학의 기념비를 이룬다. (히르카노스에 의한 사마리아 병합 연대인) 108-107년과 (알렉산드로스 얀내오스에 의한 얌니아-야브네와 아좃-아스돗 정복 연대인) 103년 사이로 비교적 정확하게 집필연대를 측정할 수 있는 이 작품은 당대 팔레스티나 유다교의 헬레니즘화를 반영한다. 특이한 헬레니즘 소설로 제시되는 이 작품은 젊고 아름다우며 지적이고 정숙한 여인, 변화무쌍한 가운데 고조된 긴장감으로 가득 차 있으며 폭력과 외설이 뒤엉킨 예외적인 역사 속의 여걸을 소개한다. 그런데 이 여걸은 유다 여인, 율법을 철저하게 준수하는 여인이며, 이러한 율법 준수 정신이 유다교와 유다교도들과 그들의 민족신의 영광을 찬양하기 위하여 모든 적으로부터 승리하게 한 요인이다. 2세기에 와서 재편집된 유딧기와 에스테르기는 선교적인 유다교의 모습을 보여준다. 요르단 건너편의 암몬 사람 아키오르는 유딧이 휘두른 칼에 맞아 떨어진 적장의 피 흘리는 머리를 보고서 이스라엘에 합류하기 위하여 할례를 받는다(유딧 14,6-10). 에스테르기에서 수사의 유다인 공동체는 박해를 모면한 다음 할례를 명하고 유다교화를 강제로 실시한다(에스 8,11-17). 이와 마찬가지로 요한 히르카노스는 이두매아인들을, 아리스토불로스는 갈릴래아인들과 레바논과 다마스쿠스 사이에 사는 이투래아인들을 강제로 할례 받게 한다. 매번 할례와 강제된 율법 준수를 통해서 피정복자들을 동화시키는 데 목적이 있었다. 이처럼 당대 유다 문학의 일부는 그들 고유의 관습을 지배하는 문학과 대립한다. '아리스테아의 편지'는 이집트의 헬레니즘 세계에 유다교의 지혜를 제안한다. 특히, 유다교의 지혜가 그리스인들의 지혜보다 더 오래되었다는 논거는, 한 세기 앞선 '사마리아의 익명'이라는 작품과 마찬가지로 헬레니즘화한 유다 문학에 당연한 것으로 받아들여진다. 그러나 아리스토불로스와('모세 율법 주석') 전투적인 민족주의자임을 드러낸 에우폴레메스에게('유다의 임금들', 125년경) 있어, 문명의 영웅은 이제 백성의 조상인 아브라함이 아니라, 율법을 전해준 모세이다. 율법은 그리스인들을 위한 헬레니즘화한 유다교 선교 활동에서 이제 문명 영웅의 속성이 된다.

3. 로마 시대

3.1. 헤로데

폼페이우스는 기원전 64년에 근동 지방에 출현해, 셀레우코스 왕조를 무너뜨리고 시리아를 로마제국의 속주로 격하시키면서 시리아 문제를 정리한다. 63년에는 폼페이우스에 의해 예루살렘이 점령되며, 유다는 로마의 섭정 아래 놓인다. 유다는, 41년에 파르테스에 의해 완전히 점령됨으로써 정복된 왕국의 임금으로 헤로데가 임명되던 41년까지 사라진 것은 아니라 하더라도, 하스몬 왕조의 유다 독립 국가는 종말을 맞이한 것이다. 알렉산드로스 얀내오스에 의해 유다교화한 이두매아 사람 안티파테르의 아들 헤로데는, 하스몬 왕조의 마지막 군주로서 파르테스 세력을 지지했던 안티고노스 마타티아스을 희생으로 해서 유다를 중심으로 하나의 왕국을 다시 세운다. 하나같이 모두 적대적이었음에도 헤로데는 괜찮으면서 유능한 군주로 등장한다. 39년 초 프톨레마이오스에서 권좌에서 물러난 그는 귀족계급과 대다수 신하의 반대와, 이집트 라고스 왕조의 상속지 반환을 요구한 이 왕조의 마지막 여왕 클레오파트라의 적대감에도 불구하고 3년 안에 왕국을 다시 정복한다. 그는 팔레스티나에서 질서를 유지하고 아라비아족을 거슬러 로마제국의 시리아를 수호한다. 옥타비아누스가 악티움 해전에서 승리를 거둔 다음, 헤로데는 아우구스투스라는 이름을 지닌 새로운 군주와 동조한다. 아우구스투스는 전에 안토니우스가 클레오파트라에게 넘겨주었던 사해 연안의 영토와, 왕국의 주변에 위치한 그리스 성읍들을 헤로데에게 양도한다. 27년과 20년 사이에, 헤로데는 남부 시리아의 땅으로 왕국을 더욱 넓혀가면서, 거대한 건축 계획과 왕국 성읍들, 특히 성전을 재건하고 극장과 원형경기장을 세운 예루살렘에서 미화 작업을 펼친다. 그는 지방의 백성을 쥐어짜 전쟁과 건축 비용을 충당케 하며, 세금 징수를 위해 난폭한 모습을 보인다. 그러나 기원전 25년에 기근이 들자 그는 왕궁의 금은붙이를 녹여 이집트에서 밀을 사들이며(*AJ*, XV, 306), 20년에는 세금 총액의 삼 분의 일을(*AJ*, XV, 365), 14년에는 사 분의 일을 감하여 백성의 빈곤을 덜어준다(*AJ*, XVI, 64).

온통 헬레니즘화한 헤로데는 그리스 군주처럼 처신하고 궁정에 그리스 작가들을 맞아들이며, 호화로운 생활을 하고 후궁을 거느리며, 헬레니즘 군주들의 전통을 따름과 아울러 로마제국의 제후들이 영지에서 그렇게 했던 것처럼 폭력과 잔인과 계략으로 통치한다. 그는 헬레니즘 생활 양식과 틀을 온 왕국에 유포시키며, 아마도 정기적으로 조공을 납부하지 못함에 대해 로마의 용서를 구하고자 페니키아와 시리아에 일종의 후견주의 관습을 확대한다. 헤로데는 대규모 사업으로, 항구로 변형되어 '해양 카이사리아'라는 이름을 갖게 된 '스트라톤 탑'과 같은 그리스식 성읍을 세우고, 게르만족과 트라키아족과 갈리아족 용병을 그가 재건한 사마리아-세바스테에 주둔시키며, 모든 주민에게 그들의 조상 전통에 따른 관습에 적합한 예배 장소를 보장하고, (아우구스투스에게 헌정된) 사마리아-세바스테와 해양 카이사리아에 있는 카이사리움에 황제 숭배를 끌어들인다.

한편 유다인 대부분이 살고 있던 유다와 갈릴래아는 유다법 아래에 있었다. 알렉산드로스 얀내오스 시대에 유다화한 이두매아인 아버지와 나바테아인 어머니에게서 태어난 헤로데의 유다교 신심은 위장적 또는 피상적이었다. 그러나 헤로데가 그 신심에 다가서지는 못했을지라도, 그는 유다교와 유다인들을 존경했다. 예루살렘 성전을 다시 세우고 전에 볼 수 없던 아름다움으로 성전을 꾸민다. 공사를 하는 동안 그는 정결법을 세밀하게 준수하도록 감독한다. 이렇게 그는, 추정컨대 로마인이 아니라 유다인을 우두머리로 두고 있다는 사실에 만족한 바리사이들과 올바른 관계를 유지한다. 바리사이들은 또한 헤로데가 대사제라는 직함을 가로채지 않았다는 사실에도 기쁨을 표시했을 수도 있다. 아무튼, 헤로데는 군주의 역할에 진지했으며, 신성한 기능과 세속적인 기능을 몸소 수행해나갔다. 이제 임명직인 대사제들은 임금이 임명하는 임금의 힘 없는 수족에 불과했다. 헤로데의 장인 보에토스라는 사람은 대사제직이 종신직이었음에도 하나넬과 같은 사람을 제멋대로 사직시키고, 그 자리에 하스몬 왕조의 마지막 후손으로 겨우 열일곱 살이던 아리스토불로스 3세를 앉히나, 임명한 지 한 해가 채 되기도 전에 그 역시 익사시켜버린다(*AJ*, XV, 41.51–56). 유다교 전통은 헤로데가 독립 유다 국가의 전통을 단절시켰다는 이유로, 또한 대사제직을 촛불을 끄는 도구 정도로 취급했다는 이유로 그를 용서하지 않을 것이다. 그러나 헤로데를 사악한 임금의 원형으로 소개하면서 최악의 평판 앞에 서게 하는 전통은, 외경에 속하는 '솔로몬의 시편'과 부합하는 그리스도교 전통이다.

한편, 63년 로마제국 정복 이후의 역사에 대하여 아무런 암시도 하지 않는 사해 사본에서는 사정이 전혀 다르다. '하바쿡 주해서'에서 로마는 하스몬 왕조를 겨냥한 하느님 진노의 도구로 해석된다. 로마의 정복과 헤로데의 통치는 다른 문서들 가운데도 사해 사본이 증언하는 메시아사상의 발전에 대한 명백한 표지로 인식된다. 이 사해 사본들은 종말론적인 두 인물을 처음으로 '기름부음받은이들' 또는 '메시아들'이라 부르는 데, 이들은 디아스포라의 백성을 예루살렘으로 인도하고, 기원후 1세기에 메시아 기능 수행을 자처하던 사람들이 많아지기 이전부터 이미 종말을 다가오게 할 존재로 여겨지던 인물들이다. 그사이 에녹과 결부된 하나의 경건파 문학이 이 주제를 대신하여 다룬다. 상당수 사해 사본의 이중 메시아사상은, 아론 혈통으로서 우월권을 지닌 사제 메시아와 다윗 혈통의 임금 메시아에 대한 기다림을 보여준다(1QS IX, 11; 1QSa II, 11–14; 다마스쿠스 문서, XIV, 19). 종교적인 권력과 정치적인 권력을 분립하는 이 이중 메시아사상은, 2세기 말까지 하스몬 왕조의 두 군주 아리스토불로스 1세와 알렉산드로스 얀내오스가 행사하던 대사제직과 왕직 겸직에 맞서 그것이 잘못된 것임을 밝힌다. 이와는 달리 이중 메시아사상은 페르시아 시대에 국가의 복구를 위해 활동한 예언자들이 선포한 권력 분립에 부합한다(즈카 6,12-13). 이어서 이 본문들 가운데 다른 본문들은 이 두 메시아적 인물을 동일시하면서 다양하게 결합시키며, 이는 헤로데 시대의 종말론적이며 메시아적인 기다림과 사조에 관한 다양성을 드러낸다.

알렉산드리아에서 구성된 헬레니즘화한 유다교 제2경전에 속하는 솔로몬의 지혜서는 헤로데 시대의 작품으로서, 지혜는 성령의 발현과 옥좌를 함께 하는 하느님의 불사불멸 능력을 드러내는 것으로 인식되는 하느님 지혜의 본질을 묵상한다. 저자는 창조된 세상과 거룩한 역사 안에서 하느님의 계시와 동일시되는 지혜의 창조 활동을 역설한다. 기도와 하느님의 은총을 통해서만 접근할 수 있는 지혜는 불변성과 불멸성과 함께 지식과 지상의 선을 얻게 해준다. 이 작품에서 처음으로 인간의 죽음에도 불구하고 불멸성과 불변성이라는 개념이 등장한다. 저자는 현실화를 위해 늘 큰 관심을 쏟고 있는 전통적 유다교에 성실하게 머물면서도 그리스어로 사고하고 말한다.

3.2. 그리스도교 시대 초입의 유다교

헤로데가 죽자 그의 상속자들은 유다교와 헬레니즘 사이의 통합을 로마식으로 새롭게 하는 데 실패한다. 이들은 전통적인 관습을 무시하고 그리스-로마적인 관례와 관습을 수용함으로써 백성에게서 멀어진다. 헤로데 당원들은 헤로데가 시작한 성전 미화 작업을 계속하면서 유다교 신앙을 과시하고 성전을 드나들며, 때로는 로마 당국의 권력 남용으로부터 백성을 보호하고자 힘쓰기는 하나, 백성의 눈에 로마의 귀족 계급과 돌이킬 수 없을 만큼 타협하는 사람들로 비쳤다. 백성으로부터 증오를 사고 로마인들로부터 버림을 받은 아르켈라오스는 기원전 6년경 폐위되어 갈리아 지방 비엔나로 유배를 떠나며, 안티파스 역시 39년에 퇴위하여 갈리아로 유배 간다. 헤로데의 손자였던 아그리파스 1세는 거의 재편된 헤로데 왕국에서 얼마간의 평화를 이루어내는 데 성공한 것으로 보이며, 43-44년에 사망한다. 클라우디우스 황제는, 6년에 아르켈라오스가 폐위된 다음에 그러했던 것처럼, 아그리파스의 왕국을 로마의 속주로 축소해 버린다.

속주는 이제 카이사리아에 거주하는 총독이 다스린다. 동시에 대사제와 유다교 최고 의회인 산헤드린은 국가의 주요 통치기관이 된다(AJ, XX, 10,5 § 251). 유다가 로마의 속주로 전락하였다는 사실은 영토 재획정과 징세 제도의 변화를 초래한다. 사법적 영역에서 유다인들은 현지 관습법, 따라서 그 첫 자리에 백성의 법으로 자리한 토라를 인정하는 사법자치권이라는 특권을 누린다. 그러나 유다의 자치주의를 존중하는 데 별 관심이 없었던 로마제국의 당국자들과 백성 사이에 긴장이 가파르게 증폭된다. 유다의 귀족들은 이러지도 저러지도 못하는 처지에 선다. 공동체는 대사제와 산헤드린의 공동 권위자 아래에 놓인다. 대사제는 로마 당국에 의해 지명되며, 그의 직무는 종신적이며 세습적이기를 그만둔다. 직무는 성전 관리와, 디아스포라를 포함한 종교 문제에서 산헤드린의 협조를 구해야 하는 법과 규정에 관한 실력 행사에 국한된다. 백성의 눈에 신망을 잃어버린 대사제들은 헤로데가 그러했던 것처럼 로마 당국자들의 도구 정도일 뿐이다. 구성원으로서 바리사이들이 더욱 많아진 산헤드린은 대사제의 권한을 공유하나, 그 사법권은 유다에서만 행사된다. 로마 당국자들은 대사제와 산헤드린을 정치적 결정과 거리를 두도록 한다.

도덕과 정치와 징세에서 오는 위기에, 헤로데와 그의 후계자들에 의해 악화한 사회적 위기가 이어진다. 주민의 대다수는 시골에 살았다. 그런데 팔레스티나는 기원후 1세기에 인구 밀도가 비교적 높았으며, 사유지는 조각조각으로 형성되어 있었던 것 같다. 유다의 작은 사유지는 종종 귀족계급의 영지와, 특히 헤로데가 사마리아-세바스테를 중심으로 정착시킨 식민지인들의 영지에 유리하게, 가장 풍요한 농경지에 편입되어 나갔다. 사유지를 빼앗기고 빚을 진 농부들, 소작인 또는 품팔이꾼이 된 농부들은 고관들, 나아가 윤택한 대지주의 재력에 유리하게 자신들의 생활 수준이 격하되는 것을 바라보았다. 빚을진 많은 농부는 종으로 전락했다. 이와 같은 사회적 박탈은 가진 자에게 국세와 지방세 납부를 꺼리게 하는 현상을 빚기도 했다.

이러한 현상들은 통합을 저지하는 표지들로서 일반적인 경우와 대조를 이룬다. 로마제국은 대체로 피정복 주민들을 배제하지 않고 그들을 통합하는 정책을 펼쳤기 때문이다. 한편 민족주의이며 회고주의적 성격 요구는 우리의 확신을 부정하지 않는다. 헬레니즘은 권력의 주기를 넘어 전파되며, 예루살렘 이외의 지역 어디서나 유다인들은 소수의 무리로 이방인들과 뒤섞여 살았다. 묘비문을 포함한 비문에서 확인할 수 있는 그리스어의 확산은 사실상의 통합을 증언한다. 통합 거부는 사회의 헬레니즘화를 향한 전진과 그 과잉 차원에서 보면 절망적인 답변이다. 특히 정치적인 차원과 경제적인 차원에서 그러하다. 헹엘(M. Hengel)이, 헬레니즘이 유다 사회를 장악했고, 디아스포라의 유다-헬레니즘 문화와 팔레스티나에서 유래한 유다 문학 사이에 주목할만한 차이가 없었음을 강조하는 이유는 충분히 있다. 그에게 66-70년의 반란은 따라서, 유다인들이 이점과 가르침을 끌어냈던, 순조롭고 독창적인 헬레니즘화한 유다 문학에 종지부를 찍는 사건이었다. 아무튼, 헬레니즘은 일반적으로 모세의 율법과 조상 전통의 관습법 준수에 이의를 제기하지 않는 범위에 한정되어 있었다.

실상 유다교는 이질적이고 다양하며 경쟁적인 사고의 흐름 사이에 분리되어 있었으며, 기원후 초기 유다교는 제각기 다른 분파의 체제와 맞서는 고유 신념과 예식과 역사와 정체성을 갖추고 있던 여러 종교체제를 헤아리고 있었다. 가장 중요하면서 가장 영향력 있는 집단은 바리사이들로 구성되었다. 도시 중간계급 출신이었던 것 같으며, 자료들은 이들을 일상생활의 실천적이며 변화무쌍한 상황에 맞추어 모세의 율법을 해석하는 직책에 묶어놓는다. 이들은 또한 모세의 율법에 실려 있지 않은 '조상들의 전통'에서 유래한 다른 규범들도 받아들였다(*AJ*, XIII, 297; 마르 7,3; 마태 15,2). 이처럼 이들은, 기원후 1세기 초에 모든 민족에게 부과되어야 한다고 선언한 모세의 율법을 주해하고 판례적으로 보충한 전승의 총체인 '구전 율법'을 발전시켜나갔다. 이 시대의 모든 분파처럼 바리사이 운동은 단일성을 띠고 있지 않았으며, 성경 해석에 관한 다양한 견해를 품고 있었다.

수가 많지도 않고 영향력도 별로였던 에세네파 역시 서로 다른 삶의 방식과 사고를 인정하는 하나의 다양한 집단으로 등장한다. 그들 역시 그들의 삶을 학습에 바쳤다. 분리와 거룩하고 순결한 삶이라는 이상은 이들을, 요세푸스가 사두가이파와 결부시키는 힘 있고 영향력 있는 사회와 대립시켰다. 그렇다고 해서 이들이 또는 이들 모두 사회로부터 단절된 사람들은 아니었다. 요세푸스는 기원후 1세기 이들의 사회적이며 정치적인 통합을 기술한다. 이들 가운데 몇몇은 헤로데 왕조에 봉사하는 조정의 예언자들이거나(*AJ*, XV, 373-374; *GJ*, I, 78-80; II, 113) 예루살렘에서 학파를 이루고 있었다(*GJ*, I, 78). 플리니우스는 이들을 무기 소유권을 가지고 있지 않은 평화주의자들로 소개한다(*Quod omnis probus*, 78). 그러나 요세푸스에 따르면, 이들 가운데 몇몇은 유다 전쟁 동안 군사 지휘권을 행사하기도 했다(*GJ*, II, 567). 바리사이파와 에세네파는, 각자 공동체 안에서 그리고 공동체를 통하여 자기실현을 이루도록 초대하는 공동체 이상을 공유했다. 에세네 세계에서 모든 관계는 상호성과 화합과 공유, 특히 재산 공유를 기초로 형성되었다. 이러한 생활 방식은, 요세푸스가 개인 사이의 불평등한 차별을 정당화하는 개인주의와 정예주의를 특성으로 강조하는 사두가이들의 그것과 대조를 이룬다. 사두가이들은 사제계 귀족계급으로 구성된 사람들로서, 율법에 대한 바리사이들의, 나아가 에세네파의 율법해석에 대한 권위를 인정하지 않는 보수 율법학자들을 재규합하면서 율법을 자의적으로 읽는 것으로 만족하고 본문에 대한 윤리적 또는 불가사의한 사변을 거부했다. 자료들은 이들이 기원전 2세기와 1세기에 빛을 본 새로운 신심, 형태가 어떠하든 죽음 이후 개별적인 삶의 형태에 관한 신심을 거부한다는 데 견해의 일치를 보인다.

요세푸스는 또한 종교 생활과 정치 활동을 밀접하게 뒤섞어 전개하는 운동 가운데 '넷째 철학', 곧 열혈당원들의 철학을 명기한다(*AJ*, XVIII, 23-24). 이들이 바리사이들과 다른 점은 로마인들을 거슬러 펼치는 행동주의와, 종말과 이 세상 하느님 왕국 도래를 앞당기기 위해 맺은 동맹 관계이다. 우리는 모든 정치적 투쟁에서 열혈당원들과, 66년까지의 메시아적이며 종말론적인 예고 말씀들을 접할 수 있다. 이 집단의 가장자리에서 자객(*sicarius*)들이 로마인들과 맞서기 위한 과격주의와 동맹 관계와 공모 용의로 말미암아 구별되어 나온다. 지니고 다니던 '단검'(*sica*)에서 이름을 딴 이들은 상황을 급진적으로 만들고, 반란 참여에 미온적인 사람들을 뒤흔들어 놓기 위하여 탄압이 초래될 것임에도 불구하고 적대자들을 암살한다.

이 운동들이 모든 유다교를 대표하는 것은 아니다. 경건주의자들, 세례주의자들, 예언주의자들과 같은 또 다른 집단들을 참고할 수 있다. 한편 대중 메시아 운동은 로마인들과 맞선 반란에서 추종하기 위한 '왕'과 '메시아'를 불러일으킨다. 이 운동들은 유다-아람어 칭호인 '나조라이오스들', 또는 메시아이신 예수께서 오셨고 본시오 빌라도 치하에 돌아가시고 부활하셨다고 믿고 있던 그리스 전통 속의 '그리스도교 신자들'과 구별된다. 이 집단들 가운데 몇몇은 로마와 맞선 유다인들의 전쟁에 능동적으로 참여하며, 다른 집단들은 삼간다. 나조라이오스들은 66년부터 펠라로 도주하며, 바리사이인 요나한 벤 자카이는 적대감이 종식을 고하기 이전부터 얌니아-야브네에 산헤드린을 설치한다. 그것이 어떠한 권력이든 상관없이 권력 지향적이던 사두가이들 이외에, 대다수의 유다인들은 종말과 가까운 미래에 펼쳐질 의인들의 최후 승리를 기다린다. 어떤 이들은 인내심을 갖고 기다리는가 하면, 어떤 이들은 능동적으로 요구하고 나선다. 기원전 1세기 중엽부터 메시아사상은, 66년의 전반적인 민중봉기를 앞서는 저항적 메시아 운동들이 입증하듯이, 수많은 유다 사회로 퍼져나갔다. 요세푸스가 기술하는 '폭도' 또는 '반역자' 역시 종말론적이며 메시아적인 기다림으로 고무되어 있던 사람들이다.

로마 당국자들에게 도전장을 내민 민중봉기로 빚어진 긴장은 66년 폭발에 이르기까지 고조된다. 요세푸스는 유다 정치지도자들의 공연한 중재 노력을 강조한다. 65년 긴장을 누그러뜨리기 위한 노력이 부질없는 일이었음을 의식하고 더는 잃을 것이 없다고 판단한 유다의 지도자들은 봉기를 향한 방향을 잡는다. 전쟁이다.

3.3. 66-67년의 전쟁

66년에 발발한 전쟁은 어느새 귀족들과 열혈당원들을 묶어준 상황적 연합의 모호성과 그 일시적인 성격을 분명히 드러냈다. 전쟁은 또한 당대의 정치적이며 종교적인 분파 사이를 지배했던 반목을 표출하기도 했다. 따라서 로마인들을 거슬러 전개된 반식민주의 전쟁은 이제 내란으로 돌아선다. 이러한 상황이 계속된 이유는, 로마인들 역시 로마에서 네로가 암살된 후 빚어진 하나의 중대한 정치적 위기에 직면해야 했기 때문이다. 베스파시아누스가 황제로 선포된 다음에야 비로소 티투스가 전쟁을 효과적으로 지휘할 수 있었다. 70년 9월 티투스의 군대가 예루살렘을 점령하고 성전을 파괴한 다음 전쟁은 사실상 종료된다. 티투스는 승리를 기념하며, 자객들이 차지하고 있던 요새들은 대단한 전략적 작전 없이도 하나씩 하나씩 넘어간다.

베스파시아누스 황제는 유다를 시리아에서 빼내 황제의 속주로 재편하고, 예루살렘에 제10 프레텐시스 군단을 주둔시킨다. 그는 제국의 모든 유다인들이 성전 유지를 위해 납부하던 세금을, 주피터 카피톨리노를 숭배하기 위한 불명예스러운 세금으로 변형시킨다. 또한, 반란에 적극적으로 가담한 주모자들의 재산을 몰수하고, 퇴역 군인들과 친구들에게 나누어준 몫을 제외한 나머지 토지를 원하는 사람에게 팔도록 한다.

전쟁으로 심하게 충격을 받은 유다 주민들은 115-117년에 키레네와 이집트와 키프로스에서 전개된 유다 반란에 참여하지 않았다. 그러나 불만은 여전히 남아 있었고, 폭력 행위는 제거되지 않았으며, 로마에 대한 적대감은 문학의 초점으로 남았다. 메시아적이며 종말론적인 기다림이 '시빌리누스 신탁' 제4, 5권과 '바룩의 묵시록'을 채우고 있다. 전쟁은 아무것도 해결해주지 않았다. 사회적 위기는 지속하며, 농부들이 바르 코크바가 선도한 반란 중에 주된 세력으로 머문다. 예배 중심지를 잃은 유다교는 정신적 위기에 완전히 빠져 있었다. 유다교는 이제 요나한 벤 자카이가 토라 연구를 목적으로 학교를 세우고, 실제로 대사제와 산헤드린의 유능한 사람들이 측근에 배치되어 있던 얌니아-야브네를 중심으로 모이기 시작했다. 요나한의 권위는 곧 모든 사람에게 인정을 받았으며, 1세기 전반기부터 지방에 설립되기 시작한 시나고그라는 보다 느슨한 망을 통해 집전되던 예배는 파괴된 성전을 서서히 계승해나갔다.

맺음말 : 132-135년의 반란

제2차 유다 반란의 이유와 상황은 잘 알려져 있지 않다. 반란의 주모자는 시몬 바르 코시바이다. 반란의 메시아적 성격은 확실하지 않으며, 후대에 와서야 라삐들이 이런 해석을 내린 것 같다. 또한 야곱의 별에 대한(민수 24,17) 유명한 성경 예언을 암시하는 바르 코크바(별의 아들)라는 메시아적 이름 또한 훗날 붙여진 것이다. 당대의 본문들은 이 사람을 증언하지 않으며, 화폐에 새겨진 글들은 이스라엘의 해방과 성전 재건에 대한 결의를 선포한다. 전쟁은 3년간 지속되나, 우리는 반란의 범위와 이 반란의 결과로 빚어진 파괴의 규모를 알지 못한다. 다만 유다의 언덕에 위치한 동굴들이 반란자들을 위한 피신처 역할을 했다는 사실은 알고 있다.

결과는 참담했다. 진압은 가혹했으며, 유다와 사마리아의 수많은 고을이 그대로 버려진다. 두 번에 걸친 반란이 나라에서 주민들을 떠나게 하는 데 기여했으며, 유다인들은 이제 유다에서도 소수 민족으로 살아가게 되고, 예루살렘은 유다교도들에게 출입이 금지된 이방 로마의 식민지로 전락한다. 속주의 이름 또한 토착의 흔적이 지워진 채 133-134년경 시리아-팔레스티나로 바뀐다. 성전도 예루살렘도 끝이 난 것이다. 유다교는 이제 다시 창립되어야 한다. 할례와 안식일 준수는 금지되었고, 메시아사상은 사라지기 직전에 이르렀다. 묵시론적이며 메시아적인 문학 전통 유산은 이제 그리스도교로 넘어간다.

4. 참고문헌

J. Bowden, *Religionsgeschichte Israels im alttestamentlicher Zeit*, Göttingen, 1992 (영역 : R. Albertz, *A History of Israelite Religion in the Old Testament Period, II, From the Exile to the Maccabees* (OTL), London, 1994). M.-F. Baslez, *Bible et Histoire. Judaïsme, hellénisme, christianisme*, Paris, 1998. P.R. Bedford, *Temple Restoration in Early Achaemenid Judah* (JSJ.S 65), Leiden, 2001. J.E. Berquist (éd.), *Approaching Yehud: New Approaches to the Study of the Persian Period* (SBLSS 50), Atlanta, 2007. E.J. Bickerman, *Institutions des Séleucides*, Paris, 1938. Id., *Studies in Jewish and Christian History: A New Edition in English Including* The God of the Maccabees, t. 1-2, Leiden, 2007(A. Tropper에 의해 영역 논문집에 수록

: E.J. Bickerman, *Studies in Jewish and Christian History* (AGAJU 9), Leiden, 1980). P. Bilde (éd.), *Religion and Religious Practice in the Seleucid Kingdom*, Aarhus, 1990. P. Briant, *Histoire de l'Empire perse*, Paris, 1996. L. Finkelstein/W.D. Davies (éd.), *The Hellenistic Age* (Cambridge Ancient History of Judaism), Cambridge, 2e éd., 1990. C.E. Carter, *The Emergence of Yehud in the Persian Period: A Social and Demographic Study* (JSOT.S 294), Sheffield, 1999. W.D. Davies/L. Finkelstein (éd.), *The Cambridge History of Judaism*, I, *The Persian Period*, Cambridge, 1984. II, *The Hellenistic Age*, Cambridge, 1989. A.-M. Denis *et al.*, *Introduction à la littérature religieuse judéo-hellénistique*, t. 1-2, Turnhaut, 2000. I. Finkelstein, «Jerusalem in the Persian (and Early Hellenistic) Period and the Wall of Nehemiah», *JSOT* 32(2008), P. 501-520. D. Gera, *Judaea and Mediterranean Politics 219 to 161 B.C.E.*, Leiden 1998. L.L. Grabbe, *Judaism from Cyrus to Hadrian*, II, *The Roman Period*, Minneapolis, 1992. Id., *A History of the Jews and Judaism in the Second Temple Period*, I, *Yehud: A History of the Persian Period Province of Judah*. II, *The Early Hellenistic Period (335-175 BCE)*, London/New York, 2004, 2008. Id. (éd.), *Did Moses Speak Attic? Jewish Historiography and Scripture in the Hellenistic Period* (JSOT.S 317; European Seminar on Historical Methodology 3), Sheffield, 2001. P. Grelot, *Documents araméens d'Egypte* (LAPO), Paris, 1972. J.H. Hayes/J.M. Miller, *Israelite and Judaean History*, London, 1977. M. Hengel, *Judaism and Hellenism* (영역: J. Bowden), Philadelphia, 1974. K.G. Hoglund, *Achaemenid Imperial Administration in Syria-Palestine and the Missions of Ezra and Nehemiah* (SBLDS 125), Atlanta, 1992. W. Horbury/W.D. Davies/J. Sturdy (éd.), *Cambridge History Judaism*, III, *The Early Roman Period*, Cambridge, 1999. A. Joisten-Pruschke, *Das religiöse Leben der Juden von Elephantine in der*

Achämenidenzeit (Göttingen Orientforschungen, Iranica N.F. 2) Wiesbaden, 2008. R.G. Kratz, *Das Judentum im Zeitalter des Zweiten Tempels* (Forschungen zum Alten Testament 42), Tübingen, 2004. E.-M. Laperrousaz/ A. Lemaire, *La Palestine à l'époque perse*, Paris, 1994. O. Lipschits/ M. Oeming (éd.), *Judah and the Judeans in the Persian Period*, Winona Lake(IN), 2006. H. Lozachmeur *et al.*, *La Collection Clermont-Ganneau: ostraca, épigraphes sur jarre, étiquettes de bois* (Mémoire de l'Académie des Inscriptions et Belles-Lettres 35), Paris, 2006. Y. Levin (éd.), *A Time of Change : Judah and its Neighbours in the Persian and Eary Hellenistic Periods*, London/New York, 2007. O. Lipschits/G.N. Knoppers/R. Albertz (éd.), *Judah and the Judeans in the Fourth Century B.C.E.*, Winona Lake(IN), 2007. J. Mélèze-Modrzejewski, *Les Juifs d'Egypte, de Ramsès II à Hadrian*, Paris, 1992. P. Green (éd.), *Hellenistic History and Culture*, UCP, 1993. M. Mor (éd.), *Jewish Assimilation, Acculturation and Accomodation*, New York/London, 1991. B. Porten/A. Yardeni, *Textbook of Aramaic Documents from Ancient Egypt*, I, *Letters*, Jérusalem, 1986. P. Sacchi, *Storia del Secondo Tempio*, Torino, 1994. F. Schmidt, *La pensée du Temple*, Paris, 1994. M. Sartre, *D'Alexandre à Zénobie. Histoire du Levant antique* (*IVe s. av. J.-C. - IIIe s. ap. J.-C.*), Paris, 2001. C. Saulnier, *Histoire d'Israël*, III, *De la conquête d'Alexandre à la destruction du Temple*, Paris, 1985. P. Schäfer, *Histoire des juifs dans l'Antiquité*, Paris, 1989. A. Schalit (éd.), *The World History of the Jewish People*, VI, *The Hellenistic Age*, Jerusalem, 1972. E. Schürer, *The History of the Jewish People in the Age of Jesus Christ (175 B.C. - A.D. 135)*, t. 1-3 (G. Vermes/F. Millar/M. Goodman/M. Black에 의한 개정판), Edinburgh, 1987[4]. E. Stern, *Archaeology of the Land of the Bible*, II, *The Assyrian, Babylonian and Persian Periods (732-332 B.C.E.)* (The Anchor Bible Reference Library), New

York, 2001. V. Tcherikover, *Hellenistic Civilization and the Jews*, New York, 1959. E. Will, *Histoire politique du monde hellénistique (323-30 av.J.-C.)*, t. 1-2, Nancy, 1979-1982. Id./C. Orrieux, *Ioudaïsmos-Hellènismos*, Nancy, 1986.

히브리어 성경의 저술 배경

크나우프(Ernst Axel Knauf)

성경 본문을 이해하기 위해서, 그 본문을 글로 작성하게 하고 보존한 사회학적인 배경에 관심을 쏟는 일이 매우 중요하다. 우선 고대에 문자는 지적이며 정치적인 상류사회의 전유물이었다는 사실을 상기해야 한다. 따라서 우리는 천막에 앉아서 그들 지파의 역사를 기술하던 베두인들, 또는 팔레스티나를 주름잡던 전설들을 수집하거나 가족 모임 때 전해 들었던 이야기들을 그대로 옮겨 쓰던 사람들을 연상하는 낭만적인 환상은 거부한다. 고대 이스라엘에서 (신성하고 세속적인) 작품을 기초하고 전하는 배경은 학교와 왕궁과 성전, 후대에 와서는 개인 서고를 소유한 사람들이었다.

1. 학교

이른바 양식사(*Formgeschichte*)는 구약성경 본문들을 유형에 따라 분류하고, 각 유형에 특정한 '삶의 자리'(*Sitz im Leben*)를 부여하고자 힘썼으나, 이러한 시도는 실패로 돌아갔다. 하나의 작품, 하나의 유형은 그것들이 '삶의 자리'를 포기할 때 '문학작품'이 되기 때문이다. 희곡 '윌리엄 세익스피어'의 배우이며 공유자였던 사람은 궁정시인이 되지 않고서도 소네트를 구성할 수 있었던 것과 같다. 분명 성문 전승 외에 구전 전승이 있었다. 특히 (욥기와 같은) 혼합 작품은 거의 또는 조금도 모음을 포함하지 않고 있어, 작품 이해를 위해서는 필히 이 작품을 동반한 읽기 전승에 좌우될 수밖에 없다. 성경과 고대근동 지방 본문들의 '구전 선사(先史)'에 대하여 살펴볼 수 있으나, 지금 우리는 고대의 현장 민족학에 관한 녹음테이프나 그것을 옮겨 쓴 기록이 아니라, 솜씨 좋게 형성된 본문들만 소유하고 있을 뿐이다. 이러 저러한 전승의 출처로 일시적인 불빛에 의존하는 방법이 사소한 부분을 해설하는 데 도움이 될지는 몰라도, 현재의 문맥 속에서 본문을 밝혀주지 못하며, 문제만 더욱 복잡하게 만든다.

문자가 없는 사회 차원에서 현장 민족학은, 하나의 자료에 관한 모든 해석으로부터 하나의 새로운 작품, 해석하는 사람과 그의 독자의 관심 속에 전승을 자기화하는 하나의 현상이 빚어진다는 사실을 확인해주었다. 분명 어떤 베두인은 10세대 또는 15세대에 이르기까지 자기의 족보를 알고 있었고, 베두인 사회에서 자기 항렬을 내세울 수 있기 위하여 그것을 알고 있어야 했다. 또한, 분명 당대의 사람들은 개별적인 선조에 대한 '재평가' 작업에 강력한 대립으로 저항했을 것이다. 다양한 씨족과 가문의 족보수(族譜樹)가 상호 일치하지 않는 이유가 바로 여기에 있다. 한 편이 명성 높은 혈통을 주창하는가 하면, 다른 한 편은 이에 이의를 제기하기 때문이다. 여러 세기 동안 소중하게 여겨져 온 이러한 유형의 족보는 이러저러한 씨족 또는 가문을 향해 놀라운 약진 또는 쇠퇴를 표현했으며, 따라서 어떤 순간 상호 경쟁적인 주장을 고려해야만 했다. 예를 들어 창세 36,21에서 디손은 세이르의 아들로 나오지만, 창세 36,25에서는 세이르의 증손자일 뿐이다.

유명한 콩트 '쁘티 샤프롱 루즈'(*Petit Chaperon rouge*, 작은 빨간 모자)는 실상 프랑스와 독일에서 서로 다른 수많은 갈래의 작품으로 알려져 있다. 심오한 심리학적 해석 차원에서 결정적인 요소가 되어 버린 이 콩트의 특이한 점들은 (예를 들어 *Capuche rouge* 「빨간 두건」과 같은) 가장 오래된 작품 속에서는 찾아볼 수 없다. 독일 작가들인 그림(Grimm)가의 형제들은 대중 전승에서 이 자료를 취하지 않고, 베르사이유 궁전을 즐겁게 할 목적으로 1697년에 발간된 프랑스 콩트집에서 채택했다. 배불리 먹은 사람들의 입에 오른 검은 빵에 대한 찬사와 단순한 생활에 대한 갈망은 사치 계급의 탄생만큼이나 오래된 것이며, 양치는 여자 목동들의 존재와 전원생활을 그린 소설들은 루이 14세와 15세와 16세의 궁전에서만이 아니라 헬레니즘 문화 속에서 이미 호평을 받고 있었다. 이러한 특징들은 또한, 페르시아나 헬레니즘 시대, 그러니 이미 아시리아 시대의 예루살렘 주민들 편에서 볼 때 '아래 계급으로의 변장' 놀이처럼 아가의 노래 속에서 쉽게 발견되며(아가 1,5-8), '임금 역할'은 '위 계급으로의 변장' 놀이로 여겨졌다(아가 1,4.12). 구약성경에서 우리는 또한 파라다이스(*paradise*)가 페르시아어에서 빌려온 용어를 나타낸다는 사실을 기억한다. 이 용어는 본디 제후의 정원, 동물원, 지상낙원을 가리켰으나, 훗날 '지복(至福)의 원상태'를 의미하는 개념으로 자리하게 되었다.

고대근동 문학의 '삶의 자리'(*Sitz im Leben*) 문제가 확고한 토대를 마련하고 있는 자리, 곧 학교로 돌아가 보자. 미래의 관리들은 읽기와 쓰기를 배우면서 동시에 어떻게 처신해야 하는지 교육받았으며, 이로써 그들에게 영예스러운 직업 생활이 보장되었다. 인재 양성을 위한 이러한 기록들을 가리켜 엄밀한 의미에서의 '지혜'라 불렀으며, 이 기록들은 구약성경에서만이 아니라(예를 들어 잠언 25-29), 메소포타미아와 이집트와(잠언 22,17-23,11은 이집트의 지혜 작품으로 거슬러 올라간다; Lévêque, p. 53-69 참조) 아람에서도(아키카르; Grelot, p. 427-452 참조) 발견된다. 이 지혜는, 선한 행동은 모두 현세적인 보상으로 이어지며 질서에 위반되는 행위는 즉각적인 징벌을 낳는다는 믿음을 전제로 한다. 여기서 목표로 삼고자 하는 것은 분명 사회의 안전성 보장이다. 이 이념에 젖은 주역들은 선포된 질서를 강요하기 위한 국가의 특권적인 기둥 역할을 담당했다. 고대 근동 학교의 현자들은 현세적인 보상 사상이 체험과 전혀 일치하지 않는다는 사실을 잘 의식하고 있었으나, 체험은 의미를 확대해서 볼만한 어떤 가치도 지니지 못했다. 현자들은 전승되어 온 것을 의로운 것으로 받아들였다(욥 8,8-10 참조). 개인의 이름으로 이러한 사상에 맞서 이의를 제기하게 된 것은, 곧 우주적 질서를 소송에 빠지게 한 것은 욥기에서 볼 수 있듯이 유다 국가의 실추 이후, 그리고 코헬렛에서 확인할 수 있듯이 헬레니즘 시대의 체험을 통한 전승의 왜곡 이후에나 가능했던 일이다.

한편 흔히 '지혜 문서'라 일컫는 본문에 국한한다면, 우리는 '지혜'와 '현자들'의 작업을 지나칠 정도로 편협하게 인식하는 것이다. 고대근동의 학교는 문화의 전통 속에서 직업적인 형성을 뛰어넘어 신과 세상과 인간에 대한 개념을 도입했음이 틀림없기 때문이다. 이렇게 해서 미래의 아카드어 서기관들은 청동기 시대에(Bottéro 참조) 므기또에서 길가메시(*Gilgamesh*)를 옮겨썼을 (그리고 외웠을) 것이며, 그리스어에 능통했던 사람들은 헬레니즘화한 예루살렘에서 일리아드(*Iliade*)를 그렇게 했을 것이다. 어떤 문화도 '교육용 경전' 없이, 규범이 되는 본문과 전통을 담은 기본적인 총서 없이 오랫동안 살아남을 수 없었다. 관심을 끄는 하나의 가설에 따르면(Lemaire, Lohfink), '교육용 경전'은 성경 경전을 앞서며, 구약성경의 경우에도 마찬가지이다. 기원후 70년 이후, 예전에 예루살렘 성전 학교의 바탕을 이루던 동일한 본문들이 유다교에서 경전이 된다. 따라서 성전 학교는 구약성경 모든 책을 하나로 묶는 제도적 연결고리가 되었을 것이다. 실상 몇몇 측면에서 고찰해보면 이러한 현실은 타당성이 있어 보인다.

탁월한 '가르침'인 토라는 유다교도가 유다교도가 되기 위하여 해야 하는 (또는 해서는 안 되는) 것만 가르치지 않는다. 창세 1-10장에서 토라는 우주론(창세 1; 6-8), 인류학(창세 2-4), 동물학(창세 1; 6-8; 레위 11도 참조), 범세계적이기를 주장하는 지리학을(창세 10) 담고 있으며, 거기에는 고대근동 지방 지식의 거대한 흐름이 집중되어 있다. 고대근동에서도 지성은 국제적이었다(참조. 1열왕 5,10-11; 잠언 30,1; 31,1; 욥 1,1). 창세 5장의 첫 시조들의 명단과 창세 10장의 민족 명단은, 가장 오래된 것은 기원전 2000년대로 거슬러 올라가는 메소포타미아의 유사한 명단을 따른다. 이집트의 신학자들은 늦어도 기원전 8세기에 신의 창조 말씀을(창세 1 참조) 이미 묵상했다(Seux외 공저, *Création et déluge*, p. 85-87). 아트라하시스의 고대 바빌론 서사시는, 예전에 파업을 벌인 적이 있던 하위 신들을 진정시킬 목적으로 신들의 '종'으로 인간을 창조했고(창세 2,5.15 참조), 지나치게 많아지고 시끄러워진 인류를 이를 귀찮게 여긴 신들이 홍수라는 방법으로 전멸시켰으며, 신들 가운데 일부가 인류의 핵심을 구원했다는 내용을 이미 다루었다(창세 6-8; Seux외 공저, *Création et délige*, p. 54-64). 그러나 예언서들도 학교에서 읽히고 전승되었으며, 그렇지 않았다면 본문의 문법적인 난해함 앞에 실망한 어떤 독자에게서 유래했을 호세아서의 결어는 이해불가한 채 남아 있었을 것이다(호세 14,10: "지혜로운 사람은 이를 깨닫고 분별 있는 사람은 이를 알아라"). 예언서들은, 역사가 이스라엘과 유다의 정치 비판이 옳다고 인정한 이래(욥 4,12-16도 참조), 하느님과 세상에 대한 지식 자료들의 숫자에 포함되었다. 여기서 묵시문학 세계의 형상, 곧 다니 7-12에 완벽하게 전개되어 있는 것처럼 역사의 흐름을 미리 인지할 수 있다는 이념이 윤곽을 드러내기 시작한다.

기원전 20세기의 '이집트 사람 시누헤' 이야기는(Briend, p. 9-13) 이집트의 학교에서 대중적 인기를 끌었던 작품이다. 이 작품은, 한편으로는 대담하고 이국적인 도주에 관한 흥미진진한 이야기와, 다른 한편으로는 이집트인들의 관심 대상인 영토에 대한 정보를 묶어 전해주며, 미래의 관리들이 이집트 사람임을 가장 큰 행복으로 여기도록 하는 신념을 갖도록 가르친다. 우루크의 임금 길가메시 이야기는, 그 첫 서사시들과 첫 일화들이 메소포타미아 남부의 궁전에서 형성되었음이 틀림없다 하더라도, 학교에서 완성된 것이다. 길가메시 서사시는 고대근동의 문학 형성이 나날이나 주간이 아니라, 세기와 천 년대를 염두에 두고 있다는 사실을 밝혀준다. 초기에 아직은 수메르어로 기록되어 있던 고립된 전설들이 있었으며, (기원전 18세기?) 고대 바빌론 시대에 와서 사람들은 잘 알려진 수메르어 일화들 가운데 (전부가 아니라) 몇몇을 모아 여섯 개의 점토판 위에 아카드어로 기록함으로써 하나의 서사시를 이루어냈다. 11세기에 이 서사시는 열두 개의 점토판으로 된 경전 형태를 취한다. 여기서 길가메시는 이제 가까이 또는 멀리 모험 속을 달리는 영웅적 전사가 아니라, 죽음이라는 운명과 맞선 투쟁에서 인간의 조건을 수용하기에 이르는 인간으로 제시된다. 결국, 천 년이라는 세월 동안 진행된 편집 과정을 통해 길가메시 서사시는 수메르어 일화들의 저자들이 생각도 해 본 적이 없던 최종 형태를 취하게 된 것이다. 그러나 이 서사시는 서로 다른 편집 단계가 확인되었기에, 그 문학사 또한 잘 조망될 수 있었다. 우리는 열두 개의 점토판에 기록된 서사시로부터 해당 일화들을 재구성해야 했다면, '고립된 일화들'에 대하여 사색할 수 있었을 것이다. 그러면 아마 어떤 것들은 대강, 다른 어떤 것들은 겨우 짐작했을 것이며, 또 다른 어떤 것들은 전혀 간파하지 못했을 것이다.

편집 전개가 언제나 수천 년이라는 기간을 요구했던 것은 아니다. 아슈르바니팔 연대기에서, 최적의 상태로 펼쳐지지 않았던 어떤 역사가 놀랄 만큼 완전한 역사로 탈바꿈하는 데는 겨우 20년이라는 시간이 필요했다. 편집 절차는 몇몇 제한적인 경우에만 뒤집힐 수 있었다. 우리는 하나의 본문이 구성되고 편집되었는지를 볼 수 있으나, 분명하고 상세하게 편집 단계를 구별하려 하면 할수록, (본문의 일관성이라는) 하나의 허구를 (본문을 재구성한 사람이 마음속에 그린 그대로 펼쳐져야 하는 편집 절차라는) 다른 허구로 대체할 위험성이 커진다.

아슈르바니팔처럼 길가메시는 우리를 이미 학교에서 왕궁으로 필연적으로 이끌어갔다. 학교는 결국 왕궁, 국가의 요구에 이바지하는 기관이었기 때문이다.

2. 왕궁

기원전 삼천년대 수메르 왕궁에서 하프연주가들은 무엇을 연주했을까? 기원전 8세기와 7세기 동안 일리아드와 오디세이가 수집되었던 고대 그리스 귀족사회의 경내에 자리한 연주실에서 그러했던 거처럼 서사시들을 (또는 서사시들도) 연주했을까? 서사시 문학에 있어 동일한 '삶의 자리'는 구약성경에도 전제되어야 한다. 이러한 유형을 뒷받침하는 유일한 증거인 드보라의 노래는(판관 5), 장면의 잦은 변화만이 아니라 한 장면의 특별한 부분에 머무르는 현상을 통하여 음유시의 기초가 되는 구조를 보여준다. 지리적인 범위와(2사무 2,9 참조), 아직은 '야훼 이스라엘의 하느님'과의 연대가 당연한 것으로 받아들여지지 않던 상황 속에서 그 연대로 호소하는 노력을 고려해볼 때, 노래의 발원지는 사울의 궁전 곧 군대를 이끄는 임금의 상설 숙영지로 취급되어야 하는 이스바알의 궁전일 수 있다. 이와 같은 상황 속에서 읊어지고 전승된 노래들은 "야사르의 책"과(여호 10,12-13; 2사무 1,18-27; 그리스어 본문에 따른 1열왕 8,12-13) "야훼의 전쟁기"에도(민수 21,14-15) 규합되어 있었던 것 같다. 임금의 치세에 따라 헤아렸기에, '실록'에 속한 모든 것의 기초가 되었던 연례 목록을 참작해야 한다. 실록 약술이 (예를 들어 '아무루의 전멸'과 같은) '연도 이름'의 범위를 벗어나는 경우가 있는가 하면, 거기에 임금의 '행적 기사'가 덧붙여진다. 이 기사에서 군주는 자기의 수호신들에게 (게다가 특별히 이집트에서 고관은 임금과 임금의 후손들에게) 자기의 임무를 완수했음을 증명해 보인다(모압 임금 메사의 비문과, 동일한 유형에 속하며 종종 어떤 신에게 써 보낸 편지처럼 편집된 아시리아 '실록' 참조; Briend, p. 57-58과 함께 Glassner,

p. 157–178 참조). “이스라엘 임금들의 실록”이나(1열왕 14,19 등 참조) “유다 임금들의 실록”(1열왕 14,29 참조) 발췌 부분이 열왕기 상하권에 보존되어 있었는지 파악하기는 어렵다. 예로보암 1세부터 르하브암까지의 연대기 초고는 분명 이러한 실록으로 거슬러 올라간다. (기원전 701년 직전의) 실로암 비문은 구약성경을 벗어난 유다 실록의 발췌 일부를 담고 있다(Briend, p. 73–74 참조). 이 비문은 미완의 것으로 남아 있으며, 동굴이 반들반들해서 이 미완의 비문 위에 다른 본문들을 받아들일 준비가 되어 있었다. (동굴 건설을 보고하는) 실록 발췌 부분이 글로 새겨져 있는 반면에, 임금의 직함을 위한 자리는 비어 있다. 이 글을 새기는 작업을 하면서 저자는 아마도 (동굴의) 이 자리에 새겨진 비문이 일반 대중에게 읽히지 않으리라 생각했던 것 같다.

또한, 어느 정도까지는 ‘법률 모음’이 왕궁에 비치되어 있었다. 분명 임금은 법을 보증하는 역할을 했으며, (함무라비처럼; Seux, *Lois*, p. 29–73 참조) 입법자로 처신했다. 함무라비가 선포한 법은 아직은 지역 공동체의 손에, 곧 해당 지역의 귀족계급 수중에 맡겨져 있던 시리아–메소포타미아의 관습법을 크게 벗어나지 않는 것 같다. 이스라엘에서 재판은 성읍의 성문에서 거행되었다(참조. 룻 4,1–11; 시편 12,4–5). 왕정시대 성읍에 여러 성문이 있었다는 것을 알고 있듯이, 법해석을 담당하던 소수의 사람이 있었다는 사실도 가정할 수 있다. 요시야의 개혁까지, 나아가 유배시대까지 임금은 자기 시종의 소송 문제에 대해서만(1사무 30,25 참조), 또는 어떤 법률 공동체도 재판 능력이 없거나 재판을 원치 않는 소송의 경우에만(1열왕 3,16–28 참조) 재판 자격이 있었다. 아무튼, 관습법 모음이 왕궁 주위에도 존재했으며, 관습법 숙지 문제가 관리 양성의(‘학교’에서 다룬 내용으로 돌아간다) 일부를 이루고 있었다는 사실을 고려해야 한다. ‘계약법’인 탈출 21–23장은 유배시대 이전에 관습법을 수집한 하나의 예로 취급할 수 있다.

끝으로, 왕궁은 ‘예언 말씀’, 특히 남예언자 또는 여예언자의 등장이 임금과 관계가 있는 경우, 그 말씀을 전하는 데도 기여했다. 예언자적인 재능이 이미 드러난 적이 있던 사람이 아닌 경우라면, 서류 하나를 작성하고 조사에 착수해야 했다. 공공질서를 어지럽히고 임금을 모욕하거나 신을 모독함으로써 징벌받아야 하는 협잡꾼인지, 아니면 사회에 일정한 기여를 보장할만한 영감 받은 인물인지 알아보아야 했기 때문이다. 예언자라고 주장하며 선동하는 사람들을 감옥에 가두거나(1열왕 22,26-28 참조) (옷깃이나 머리를 쥐어 잡아) 상징적으로 체포하는 행위는(Asurmendi외 공저, p. 55-57 참조) 예언자들에 대한 '박해'를 말하는 것이 아니라, 국가의 입장에서 꼭 필요했던 예방 차원의 공적인 대비책이었다. 예언자들의 행적은 마리의 고문서고에서 찾아볼 수 있다(Asurmendi외 공저, p. 8-78 참조). 웬 아몬이 방문했을 때 비블로스의 조정에도(Briend, p. 42-48), 또는 기원전 8세기 초 하맛에도 (때로는 명의상의) 예언자들이 있었다(Briend, p. 61-62). 아시리아의 임금 에사르 하똔과 아슈르바니팔은 조정 예언자들과 잦은 교신을 했다. 이사 7,4-9.14-16에서 기원전 734년의 난국 앞에서 아하즈 임금에게 보낸 구원의 신탁이 발견된다. 이와 같은 신탁의 위탁과 전달에 있어 조정을 염두에 두어야 한다.

3. 성전

사제직무 수행에 필요한 지식이 성전에서 전수되었다. '신화' 곧 신들의 이야기는 신들 그리고 그들과 맺고 있던 관계에 대한 지식만을 전해주었던 것이 아니라, 아울러 성전에서 거행되던 예배를 해설해주었다. 예배 집전자들이 예배 안에서 신들의 어떤 행적을 다시 기억해야 하는지 일러주기 위하여 새해 초하룻날 창조 신화를 음송해야 할 필요는 없었다(그러나 예를 들어 바빌론에서는 그렇게 했다). 죽음의 신 못과 맞선 바알과 그의 여신 아낫의 투쟁에 관한 유명한 우가릿 설화는, 첫 비가 메

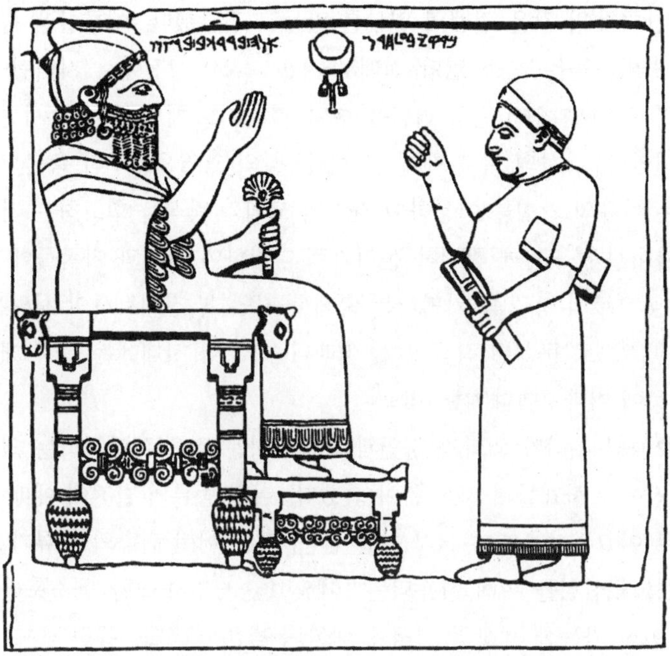

임금 앞에 선 서기관(8세기 시리아)

마른 땅에 비옥함을 되돌려주던 가을에 신들의 어떤 행적을 기념했는지 설명한다(Caquot–Sznycer, p. 253–271 참조). 비는 신의 선물이었기에, 비를 뿌려주는 신과 평화로운 관계가 유지되는 한 사람들은 새해마다 비를 희망할 수 있었다(아모 4,6–8; 호세 6,1–3; 하까 1,2–11 참조). 어떤 의미에서 성경은, 신약성경처럼 구약성경은, 특히 '예수의 생애'는 예수의 탄생 예고로부터 죽음과 부활과 승천에 이르는 교회력의 예배 범례인 것이다.

신화(와 특별히 이집트에서 그러했던 것처럼 신화 개념에서 출발한 신학적인 사변) 이외에, 사제들 세계는 전문지식 요소들로서의 '제사 규정'(레위 1–7 참조), 넓은 의미에서의 예배 달력과 '신들의 계보'와 전례, 또는 경우에 따라 이미 기원전 삼천년대에 메소포타미아 지방에 마련되어 있던 '전례용 찬미가'와 같은 전례의 일부를 만들고 전달했다. 예루살렘 성전의 몇몇 찬미가들은 '성소 입당 전례'나(시편 15; 24) 성전에서 지내던 가족 축제의(신명 12,7 참조) 전형 역할을 했던 '감사기도'처럼(시편 22) 시편집에 편입되었다. 감사의 축제 때에, 사회 곧 삶의 영역으로부터 축출되었던 병자는 치유의 기회를 이용하여 자기의 고뇌와 탄식을 회고하는 가운데 구원자이신 하느님께 찬미를 올리기로 다짐하며 성전과 가족들에 둘러싸여 '삶으로의 복귀'를 기념하는 축제를 지냈다. 전체로서의 시편은 한편 신학적으로 구성된 작품이며, 헬레니즘-로마 시대에는 독자 개개인의 계몽에 이바지했다(시편 1 참조).

오늘날 우리가 의학과 자연과학에 속하는 것으로 분류하는 영역들이 예전에는 사제들의 지식 분야 속했다. 어떤 종류의 발진이 예배적 부정으로 이끄는가(레위 13-14)? 어떤 짐승, 또는 어떤 짐승의 종류가 제각각 제물과 섭취를 위해 허용되는가(레위 11; 신명 14,1-20)? 메소포타미아에서 인식 가능한 세상의 질서에 대한 신념은 전조들, 특히 - 그러나 배타적인 것은 아니고 - 희생 제물로 바친 간의 복잡한 구조를 기초로 한 예언들을 수집하기에 이른다. 이천년대에 와서 이와 같은 전조 수집은 팔레스티나에서도, 예를 들어 하초르에서 실시된다. "간 왼쪽에 반점이 있으면, 임금은 죽는다. 간 오른쪽에 반점이 있으면, 임금의 아들이 죽을 것이다". 여기서 우리는 '불완전한 귀납법'의 궤변적인 극단의 예를 확인할 수 있다("나는 흰 백조를 보았기에, 모든 백조는 희다고 생각한다", 또는 "나는 사닥다리 아래로 지나가면서 한번 들보에 부딪힌 적이 있었기에, 다시는 사닥다리 아래로 지나가지 않을 것이다"라는 논리와 같다). 비웃지는 말자. 경험적 사고에 전적으로 의존하고 있기 때문이며, 오늘날에도 미신적인 생각과 행동 속에서 같은 행태들이 발견된다. 바빌론 사람들은 천체의 움직임을 통해 미래를 해석하는 가운데 예외적인 솜씨를 보여주며, 국제적임 명성을 얻고 있었다(마태 2,1-7을 참조할 수 있다). 별들이 여전히 신들로 받아들여 졌던 시대에, 우기의 도래를 예고하는 성좌가 비를 가져오는 힘을 가지고 있다고 믿으려 했다. 레위 11,6("토끼는 새김질은 하지만 굽이 갈라지지 않았으므로 너희에게 부정한 것이다")의 동물론처럼, 바빌론의 예언집에서는 세상의 일들과 사건들 상호간의 관계를 정립하면서 그 거의 무한한 다양성을 통제하고자 하는 기초적인 시도가 관점이었다.

끝으로, 성전은 예언서 전수에도 이바지했다. 왕궁에서처럼 성소에서, 예언자로 불림을 받지 않은 사람들처럼 불림을 받은 예언자들이 자주 모습을 드러내곤 했다. '독립적인' 예언자들은 성소에서도 의전을 따르고 그것을 서류에 첨부해야 했다(하나의 사실적인 기사이기보다는 일화에 가까운 본문이라 하더라도 아모 7,10-17 참조). 우리는 호세아가 베텔의 사제들을 거슬러 던진 비난이(호세 4) 기원전 720년 사마리아가 멸망하고 난 다음 이 파국의 원인을 반성하도록 이끌었으며, 현 호세아서의 중심이(호세 4-11), 요시야가 그것을 파괴할 때까지(2열왕 23,15-16), 성소의 새로운 발전을 초래했다고 가정할 수 있다. 우리는 여전히 예레 2-6장과 호세아서 사이의 언어적 병행 현상을 주시한다. 이 두 예언자 사이의 개인적 접촉은 한 세기의 격차로 말미암아 고려의 대상이 될 수 없다. 그러나 유다 북쪽에 위치한 성읍 아나톳 사제의 아들 예레미야가 베텔 성소의 학교에 다녔었다면? 우리는 다시 학교로 돌아가고 있는 셈이다. 요르단 건너편의 수콧(지금의 텔 데이르 알라)에 발라암이라 불리는 한 예언자의 출현 이야기는 고문서고에 보존되어 있을 뿐었만 아니라, 그 수사본이 (기원전 8세기 전반기의) 어떤 돌담에 게재되어 있다(Asurmendi의 공저, p. 92-96).

4. 최초 개인 서고들

구약성경은 대부분 형성에 있어 왕궁도 성전도 학교도 제각각 그럼직한 제도적 배경을 제공하지 못하는 문학 본문들로 짜여 있다. 아브라함과 야곱에 관한 가장 오래된 역사 속에는, 그리고 아모스서와 이사야서, 호세아서와 예레미야서에는 언어학적인 진정한 걸작들이 수록되어 있다. 고대근동의 지식인들은 어디서 언어 교류에 관한 막대한 통제력을 확대해 나갈 수 있었던 것인가? 분명 조정의 역할을 가정할 수 있다. 그러나 이 문학은 성전과 궁전에 대하여 매우 비판적이다. 유다의 공식적인 정책이 실패로 돌아가자, 그리고 (기원전 587년) 국가와 그 제도가 실추하자, 당연한 것으로 자연스럽게 다가왔던 것은 정치적 반대 입장이며, 이 입장이 새로운 출발의 기초가 되었고, 결국 페르시아 시대에 와서는 경전 토라와 예언서가 결과물로 제시되었다. 유배시대 유다 종교의 생존과, 다윗 왕국의 마지막 세기 이래 계속된 당파 사이의 투쟁은 성전과 궁전 밖에서 책들을 보유하는 문제에 관한 것이었다. 유배시대 이사야서의 편집만큼이나 예레 45장과 36장은 상속 재산으로서의 이와 같은 책을 전제로 한다.

기원전 7세기에 아슈르바니팔은, 자기 고유의 문화 유산에 대한 증언들을, 이 유산이 아카드어가 사라지고 아람어가 다가옴에 따라 위협을 받을 수 있다는 무의식적인 염려와 함께, 수집할 줄 알았던 유일한 인물이 아니었다. 동시대에 이집트는 거의 이천년대를 거슬러 올라가는 고왕국의 문헌들을 수집하고 복사하고 모사한 '사이스 르네상스'라 불리는 문예 부흥을 알고 있었다. 기원전 7세기의 문화적 충격, 세상은 '하나'가 되었다는 피할 수 없는 확신은 유다만이 아니라 이집트와 아시리아에도 전파되었다. 이 시대에 오래된 자료들을 보존해야겠다는 관심이 유다에서 탄생했으며, 훗날 토라와 '신명기계 역사'를 구성했던 자료들이 이때 수집되었던 것 같다. 그러나 기원전 7세기 '오래된 자료들에 대한 보존방식'에 있어 왕궁과 학교, 따라서 국가의 공적 제도들은 여전히 활동 중이었다.

동시대에 이제 막 문명국가의 길에 들어선 그리스에서는 하나의 문학이 국가 기관의 영역을 벗어나 발전되어 나갔다. 그리스에서 음유시인들의 '궁전풍' 작품에 이은 '중산층' 문학의 출발은 기원전 7세기로 거슬러 올라간다. 아르킬로코스나 알카이오스 같은 서정시인들과 사포 같은 여류 서정시인은, 날로 더욱 부유해져 갔으나 새로운 폭군들에 의해 정치적으로 소외되었던 귀족계급에 속한 사적 동료 동호회를 위해 불변성을 고집하지 않으면서 작품을 썼다. 이러한 동호회의 정기 모임인 연회(그리스어로 *symposion*)에서 구성원들은 즐기고 마시고 함께 춤을 췄으며, 정치적으로 반대 입장을 표명했고, 때에 따라서는 폭군 시해를 기획하기도 했다. 이와 같은 귀족계급 동호회에 관한 사적인 자료 수집은 그 질적인 가치가 널리 알려졌고, 자료 대여를 통해 유사 동호회와의 접근이 수월해지기도 했다. 바로 이러한 자료 수집 안에서 고대 그리스 서정시인들의 작품들이 맥을 이어갔으며, 끝내 이 작품들은 상업적 문학 활동과 학교를 통해 되풀이되어 나갔다(Rösler). 그러나 어떤 연회에서든 주고받은 대화가 플라톤과 같은 이름으로 된 담론의 수준에 이르렀으리라는 상상은 지워버리자. 이 모임들은 종종 규모가 큰 주연(酒宴) 이상의 것이 아니었으며, 따라서 다른 동호회원들이 풍자한 시구에 의해 비판의 대상이 되기도 했다.

일련의 지표들이 기원전 7세기 고대 유다문학을 위해 비교할만한 제도적 배경을 밝혀준다. '고전적 예언자들'은 언어 차원에서 높은 수준의 예술적인 정치적 서정시와(인유와 언어유희가 번역 과정에서 종종 사라지는 경우가 많다) 주점과(이사 5,1-7) 길거리 연극에(예레 27) 관심을 가졌다. 공적으로 알려야 한다고 믿었던 현시를 보았지만, 그때까지 별 관심을 두지 않고 넘겼던 인물에 관해서든, 아니면 단독(1사무 9,9) 또는 집단으로(1사무 10,5-6.10-11), 독립적으로 또는 성전이나 궁전에(2사무 7; 1열왕 18,19; 22,6) 기여하기 위하여 그들의 재능을 발휘했던, 미래를 내다보는 소질을 지닌 인물들에 관해서든, 글로 기록된 구약성경의 예언은 고대근동 지방 전체에 퍼져 있던 예언과 공통점이 전혀 없다. 또한, 비록 정도가 쳐지기는 해도, '인정받은' 예언자들이 '모세처럼' 불변의 하느님 말씀을 전달하는 기능을 수행하는 사람들로 소개되는(신명 18,18) 경전의 형식에서도 마찬가지이다. 트코아의 아모스가 자기를 소개하는 방법은 아모스서에만 국한된 것이 아니다. "나는 예언자도 아니고 예언자의 제자도 아니다"(아모 7,14). 아모스와 같은 또는 호세아와 같은 사람의 본문들은, 이 예언자들이 구사하는 언어상의 정교함이나 천박함을 거의 맛볼 줄 몰랐을 '백성'이 아니라, 예언자들의 책임을 함께 짊어질 사람들 곧 동지들을 대상으로 한다. 글로 쓰인 예언이 얼빠진 쾌락을 세차게 비판할 때는, 그리스의 연회에 견줄만한 기원전 8세기 이스라엘과 기원전 7세기 유다의 귀족계급 주연을 전제로 한다.

이제 우리는 다음의 가정을 표명할 수 있다. 예언자들의 신탁들이 조정과 성전의 고문서고에만 존속할 없게 되자, 정치적으로 반대편에 섰던 귀족계급 동호회는 신탁의 전달과 그 문체와 수사법 형성에 관심을 두게 되었다. 아마도 정기적인 잦은 동호회 모임이 기원전 8세기와 7세기의 경제발전에 힘입어 상류사회가 누렸던 여가생활과 안락생활 덕분에 가능했을 것이다. 구약성경의 산문체 문학의 특징은 같은 방향으로 나간다. 트코아의 아모스처럼 창세 12-16장과 19-22장의 아브라함은 많은 가축을 소유한다. 아브라함은, 대등하게 임금을 대할 수 있었고(창세 12,10-20; 20) 꾀를 부릴 필요가 있었다면 그 꾀가 임금들에게 당연한 것으로 받아들여졌던 유다 평원의 귀족계급에 속한 인물이었다. 아브라함에 관한 초기 역사와 마찬가지로 아모스서의 전달에 있어 우리는 (정치적 동기로 말미암아 예루살렘의 반대편에 섰던) 유다 평원의 귀족계급 동호회를 가정할 수 있다. 이 동호회는, 다윗 역사의 주요 부분이 지리적 중심으로 삼고 있던 헤브론에서(1사무 27; 30; 2사무 2; 다윗이 예루살렘에 관해 비판적인 유다 평원 동호회에 희망을 피력하는 미카 5,1 참조) 모임을 가졌다. 제1 이사야서 역시 예루살렘 반대편의 동호회에 출처를 둔 작품일 것이다. 기원전 7세기의 유다처럼, 그리스에서 국가의 제도에 매여 있지 않은 문학의 탄생은 사회-경제적 발전의 결과였다. 사회-경제적 발전으로 최상의 부유층은 돈과 시간을 자유자재로 활용할 수 있었을 뿐만 아니라, 읽고 쓰는 법을 배우 수 있었기 때문이다.

문학은 사치였으나, 모든 사치가 문학은 아니었다. 베르사이유 궁전은 재단사들과 실내 장식가들과 향수제조업자들을 위해 엄청난 금액을 소비했으며, 거기에는 작곡가 륄리(Lully)와 시인 라신(Racine)을 위한 경비도 포함되었다. 길가메시 서사시와 호메로스의 작품과 성경과 같은 본문을 언어 공동체의 공동 자산, 끝내는 세상의 자산으로 만들어간 것은 저술의 결과가 아니라 바로 수용의 결과였던 것이다. 결국, 독자들이 마지막 말을 지니고 있다.

5. 참고문헌

P. Guillemette/M. Brisebois, *Introduction aux méthodes historico-critiques* (Héritage et Projet 35), Montréal, 1987. A. Lemaire, *Les écoles et la formation de la Bible dans l'ancien Israël* (OBO 39), Fribourg(CH)/Göttingen, 1981. N. Lofink, «Les épilogues du livre de Qohéleth et les débuts du canon», in P. Bovati/R. Meynet (éd.), *Ouvrir les Ecritures. Mélanges offerts à Paul Beauchamp à l'occasion de ses soixante-dix ans* (LeDiv 162), Paris, 1995, p. 77-96. D.W. Jamieson-Drake, *Scribes and Schools in Monarchic Judah: A Socio-Archeological Approch* (JSOT.S 109), Sheffield, 1991. W. Rösler, *Polis und Tragödie: funktionsgeschichtliche Betrachtungen zu einer antiken Literaturgattung* (Konstanzer Universitätsreden 138), Konstanz, 1980.

(고대근동 문헌에 관한 참고자료)

J. Asurmendi *et al.*, *Prophéties et oracles. I: Dans le Proche-Orient ancien*

(CEv Supp. 88), Paris, 1993. J. Bottéro, *L'Epopée de Gilgamesh. Le grand homme qui ne voulait pas mourir* (L'aube des peuples), Paris, 1992. J. Briend, *Israël et Juda vus par les textes du Proche-Orient ancien* (CEv Supp. 34), Paris, 1980. A. Caquot/M. Sznycer, *Textes Ougaritiques. Mythes et légendes* (vol. I), Paris, 1974. J.-J. Glassner, *Chroniques mésopotamiennes* (La roue à livres), Paris, 1993. P. Grelot, *Documents araméens d'Egypte* (LAPO), Paris, 1972. J. Lévêque, *Sagesse de l'Egypte ancienne* (CEv Supp. 46), Paris, 1984. M.-J. Seux *et al.*, *La création et le déluge d'après les textes du Proche-Orient ancien* (CEv Supp. 64), Paris, 1988. M.-J. Seux, *Lois de l'Ancien Orient* (CEv Supp. 56), Paris, 1986.

제1부 | 오 경

- 입문
- 오경 형성 : 연구사
- 오경 형성에 관한 토론 현황
- 오경의 율법
- 창세기 1-11장
- 창세기 12-36장
- 창세기 37-50장
- 탈출기
- 레위기
- 민수기
- 신명기

입 문

'오경'이라는 이름은 성경의 첫 다섯 권의 책을 지칭한다. 이 그리스어 이름은 함미사 훔세 하토라(*ḥammīšā ḥumšē hattōrāh*)라는 히브리어 표현에 대한 번역이다. 이 표현을 자의적으로 번역하면 '토라의 다섯 오분의 일'이 되는데, 이는 성경의 첫 다섯 두루마리를 보관한 '다섯 상자'를 가리키는 것 같다. 유다교 전승에 따르면, 이 책들은 흔히 '율법'으로 번역되지만, 무엇보다도 '가르침, 교육'을 의미하는 토라를 구성한다.

토라 안으로 들어가 보면, 이야기들만큼이나 법적 유형의 본문들('법규집')이 규합되어 있음을 확인할 수 있다. 토라가 성경의 중심이라는 유다교 전통이 여전히 토라에 담긴 법규에 특별한 관심을 쏟는 반면에, 그리스도교 전승은 창조로부터 모세의 죽음에 이르기까지 펼쳐진 오경의 서사체 줄거리에 더 관심을 기울인다.

오경 전체를 이루는 다섯 권의 책 하나하나에 붙여진 통상적인 이름은 그리스어 번역에서 유래한다. 유다교 전통이 다섯 권의 책을 각각의 책이 담고 있는 첫 번째 단어들 가운데 하나를 택해 지칭하는 반면, 그리스어 번역은 각 책의 내용을 요약한다. 성경의 상당수 역본, 특히 독어권에서는, 토라의 책들을 모세의 다섯 책으로 부른다(예를 들어 탈출기는 '모세의 두 번째 책'이 된다). 이러한 용법은 모세가 오경의 저자일 것이라는 전승에 기초한다.

1. 토라의 다섯 권의 책 이름

현대어	그리스어	히브리어
창세기	게네시스(*genesis*, 기원)	브레싯(*b*^{e}*re'šît*, 한 처음에)
탈출기	엑소도스(*exodos*, 탈출)	스못(*š*^{e}*môt*, 이름들)
레위기	레위티콘(*leuitikon*, 레위인)	와이크라(*wayyiqrā*, 그가 불렀다)
민수기	아리트모이(*arithmoi*, 수들)	브미드바르(*b*^{e}*midbar*, 광야에)
신명기	데우테로노미온(*deuteronomion*, 둘째 법)	드바림(*d*^{e}*bārîm*, 말씀들)

오경은 세상과 인류의 기원에 관한 기사로 시작하는 창세기로 열린다. 이어서 이스라엘 선조들 곧 아브라함, 이사악, 야곱, 요셉과, 이웃 백성들의 역사가 펼쳐진다. 탈출기는 이집트에서의 이스라엘 억압과 모세의 중개를 통한 해방을 기술한다. 모세는 백성을 이집트에서 탈출시켜 하느님의 산 시나이로 이끌며, 거기서 백성에게 일련의 법규와 규정들을 전해준다. 이 법규와 규정들은 탈출기 일부와 레위기 전체와 민수기의 첫 열 개의 장을 구성한다. 민수기의 나머지 부분은 광야에서의 이스라엘 체류와 요르단 건너편의 땅 정복에 관한 기사로 이루어진다. 오경의 마지막 책인 신명기는 모세의 유훈을 담고 있으며, 이 유훈은 계약과 함께 이스라엘의 하느님 야훼께서 당신 백성에게 내리신 율법을 상기시킨다.

2. 오경의 구조

최후의 편집자들은 레위기가 토라의 중심에 분명하게 자리하도록 오경을 정돈했다. 한편, 창세기와 신명기의 여러 본문은 이 두 책이 오경의 '외적 틀'로 나란히 인식되었다는 점을 강조한다. 특히 신명기와 마찬가지로 창세기는 끝에서 둘째 장에서 이스라엘의 열두 아들/지파를 위한 축복 기사를 담고 있다. 이 축복은 이스라엘의 정체성을 확인하고 (창세 49 → 야곱; 신명 33 → 모세) 곧이어 죽음에 이르는 두 주요인물에 의해 주어진다. 끝으로 신명 34,4에서 모세에게 내리시는 야훼의 마지막 말씀은, 창세 12,7에서 아브라함에게 하신 하느님의 첫 약속의 말씀을 글자 그대로 옮긴다.

탈출기와 민수기 역시 상관관계에 있으며, 오경의 일종의 '내적 틀'을 형성한다. 민수기의 여정은 탈출기의 그것과 역행하는 궤도를 보여주며(탈출기: 이집트, 광야, 시나이; 민수기: 시나이, 광야, 모압), 이 두 책은 여러 기사와 병행하는 주제를 담고 있다. 특히 광야에서 백성이 표명한 불평('중얼거림')이라는 주제에 주목할 수 있다. 물론 탈출기에서는 백성의 중얼거림이 아직은 야훼로부터 오는 징벌을 초래하지 않으나, 민수기에서는 그러하다는 차이가 있다. 이러한 차이는 토라 전체의 진정한 중심과 축을 이루는 시나이산에서의 율법 계시가 보여줄 중심 역할을 강조한다(탈출 19-민수 10). 민수기에서 이스라엘의 행동은 이제 율법 앞에서 백성이 보이는 불순종의 동의어가 된다. 더욱 특이한 점은, 탈출기와 민수기에 의해 형성된 내적 틀이 레위기를 오경의 중심으로 확립시켜준다는 점이다. 레위기라는 작품의 정점은 레위 16장의 속죄일(*Yom Kippur*) 제사 규정으로 이루어져 있기 때문이다.

이러한 구조 외에 또 다른 오경 구조가 존재한다. 창세기를, 탈출기와 레위기와 민수기와 신명기가 기술하듯이, 모세의 인도를 받는 야훼의 백성으로 이스라엘을 형성해나가는 대서사시의 서막으로 간주하는 구조이다. 벤 즈비(E. Ben Zvi)는 오경 각 권의 결론이 어떠한 방법으로 오경의 신학 프로그램에 참여하는지를 밝힌다. 탈출기와 레위기와 민수기와 신명기는 모두 이스라엘 백성을 언급하면서 마감된다. 탈출기와 신명기는 "이스라엘의 온 집안이 보는 앞에서"(탈출 40,38)와 "온 이스라엘이 보는 앞에서"(신명 34,12)와 같은 매우 유사한 문형을 보여주며, 레위기와 민수기 역시 "이것이 야훼께서 이스라엘 자손들을 위하여 시나이산에서 모세에게 내리신 계명들이다"(레위 27,34)와 "이는 야훼께서 예리코 앞 요르단 강가의 모압 벌판에서 모세를 통하여 이스라엘 자손들에게 명령하신 계명들과 법규들이다"(민수 36,13)와 같은 유사한 결론을 담고 있다.

창세기

창세 12,7 : 첫 약속

창세 49 : 야곱의 축복

신명기

신명 34,4 : 마지막 약속

신명 33 : 모세의 축복

탈출기

이집트 - 광야 - 시나이

탈출 12 : 파스카

탈출 15-17 : 중얼거림

탈출 25-40 : 성소

민수기

시나이 - 광야 - 모압

민수 9 : 파스카

민수 11-20 : 중얼거림

민수 1-9 : 진영

레위기

레위 1-15 : 제물과 규정

레위 16 : 대속죄 규정

레위 17-26 : 규정과 제물

각 권 결론 사이의 병행 문구들을 밝히면서 이 네 권의 책을 둘씩 재규합하는 의도는 명백하다. 여기서 창세기는 이집트에서의 요셉 죽음에 관한 언급으로 끝맺음하기에 이와 같은 편집 과정에 제외되었다. 벤즈비에 따르면, 오경의 발행인은 다른 책들과 비교하면서 창세기의 독특한 성격을 강조하고자 했다는 것이다. 사실 창세기와 탈출기 사이의 중간 휴지(休止)는 오경에서 가장 중요한 부분이다. 탈출기와 레위기와 민수기와 신명기는 특히, 탈출 2장의 탄생에서 신명 34장의 죽음에 이르기까지 일종의 '전기'(傳記)를 보여주는 모세라는 인물을 통해 상호 연결된다(R.P. Knierim). 앞에서 확인했던 중심을 향한 구조와 서로 겹치는 토라의 이 둘째 구조화 원칙 역시 일관성이 있다. 모세는 율법과 계약의 중개자로서 이스라엘에 정체성을 부여하나, 창세기는 성조들의 중개로 유다교에 족보 정체성을 제공한다. 오경에서 유다교의 정체성에 관한 '율법과 족보'라는 이 두 원전은 공존하면서 상호 보완한다.

시인 하이네(H. Heine)는 '고백'(*Geständnisse*, 1854)이라는 작품에서 오경을 유다교도들의 '휴대 조국'이라 불렀다. 사실 유다교는 바로 이 토라와 그 규정들과 기사들에 대한 숙고 안에서 오늘에 이르기까지, 지리적이며 이념적인 다양성에도 불구하고, 자기 정체성을 찾는다.

3. 참고문헌

E. Ben Zvi, «The Closing Words of the Pentateuchal Books : A Clue for the Historical Status of the Book of Genesis within the Pentateuch», *BN* 62(1992), p. 7-10. R.P. Knierim, «The Composition of the Pentateuch», in *SBL Seminar Papers*, Atlanta(Ga), 1985, p. 393-415. J.-L. Ska, «La structure du Pentateuque dans sa forme canonique», *ZAW* 113(2001), p. 330-352

오경 형성 : 연구사

뢰머 (Thomas Römer)

역사–비평적 주석과 유다교 전통 주석은 하나의 전제를 공유한다. 이 두 접근 유형에서 토라(오경)는 히브리어 성경 다른 두 부분('예언서'와 '성문서')의 이해만이 아니라, 계시의 역사 –또는 비평적 주석 전문용어로 말한다면, 고대 이스라엘의 종교개념 발전 – 이해를 결정짓는 초석을 이룬다. 그러기에 역사–비평적 주석은 특별히 성경의 첫 다섯 권 형성과정을 설명하는 데 집중한다. 19세기 말에 토라의 형성을 위한 전반적인 예형을 제안하는 이론, 이어서 하나의 진정한 학설로 받아들여진 이론이 개진되었다. 그러나 삼십여 년 전부터 이 학설은 대부분의 주석가에게 그 기초가 흔들리기 시작했다. 예전에 의견의 일치를 보았던 부분들을 문제시하기에 이른 차이점들은, 새로워져야 할 뿐만 아니라 이념적인 전제에 대하여 자문해야 하는 성서학적인 연구를 요구하기에 이르렀다.

1. 비평적 주석의 시초

1.1. 저자 문제

전체로서의 오경은 저자의 신원을 확인할 수 있는 서명을 남기지 않은 익명의 문학작품이다. 이와는 달리 수많은 법률 본문들은(탈출 24,4; 신명 1,1; 4,45 등) 모세를 저자로 한다. 이처럼 모세를 율법의 저자로 보는 견해에서 유다교와 그리스도교 전승은 오경 전체를 모세의 작품으로 취급하게 된 것이다(참조. 알렉산드리아의 필론, *De Vita Mosis*, I § 84; 마르 12,26; 2코린 3,15 등). 토라의 출처를 모세에게 두는 견해가 분명 18세기까지는 직접적인 이론의 대상이 되지 않았다 하더라도, 이 개념 속에 들어 있는 논리적 난제들 가운데 몇몇은 이미 일찍부터 문제시되었다.

무엇보다도 신명 34장이 기술하는 모세의 죽음과 하느님의 지시에 따른 매장 기사가 문제였다. 모세 스스로 자기 죽음을 묘사한다는 것이 가능한 일이겠는가? 상당수의 라삐들은 이에 의구심을 품고서, 오경의 마지막 구절들은 훗날 모세의 후계자 여호수아에 의해 덧붙여진 것이라고 가정했다(바빌론 탈무드, *Baba Bathra* 14b 참조). 중세기에 와서 유다교 학자 벤 예수스(Isaac ben Jesus)와 에스드라스(Ibn Esdras)는 이스라엘 역사상 후대에 기록되었음이 틀림없는 '후-모세'(*post-mosaica*) 본문들을 담고 있는 목록을 작성했다(예를 들어, 군주시대를 전제로 하는 창세 36,31, 요르단강을 건너 위치한 땅을 '요르단 건너편'이라 일컬음으로써 요르단강 건너편에서 글을 쓰고 있는 모세와 모순이 되는 내용을 담고 있는 민수 22,1 등이다). 그러나 이 저자들은 받아들인 전승을 공개적으로 감히 비판하지는 않았다.

이러한 발걸음은 유다교 철학자 스피노자의 작품 '신학-정치론'(Tractatus theologico-politicus, 1670)에서 그 한계를 넘어선다. 스피노자는 오경이 (여호수아기에서 열왕기에 이르는) 역사서와 함께 유기적인 단위를 형성하며, 따라서 (열왕기 하권에 기술된) 유다 왕국의 멸망 이전에 편집될 수 없었음을 주시한다. 그의 눈에 오경의 진정한 저자는 페르시아 시대의 유다 백성에게 정체성을 심어주고자 했던 에즈라였다.

1.2. 통시성(通時性) 수용과 원전 문제

이 문제는, 토라에 담긴 명백한 시대착오 이외에 서술적이며 문학적인 논리를 단절시키는 부분들, 주석가에게 오경의 저자들이 활용한 원전들에 관한 문제를 불러일으키는 부분들을 찾아내는 작업이다. 이 작업의 출발점은 오경의 본문에서 수많은 긴장 관계, 나아가 모순 관계를 주시하는 데 있다. 창세 7,15에 따르면, 노아는 짐승을 종류대로 한 쌍씩 방주에 들어가게 하나, 창세 7,2는 정결한 짐승을 위한 '일곱 쌍'을 말한다. 창세 4,26에 의하면, 인류는 처음부터 이스라엘의 하느님을 '야훼'라는 이름으로 부르기 시작하나, 탈출 3,13-15에서 이 이름은 모세가 소명을 받을 때야 비로소 이스라엘에 계시된다. 이집트의 재앙 앞에 선 파라오의 행동은 서로 다른 두 가지 방법으로 설명된다. 예를 들어 탈출 7,3에 따르면, 야훼께서 친히 이집트의 임금의 마음을 완고하게 만드시나, 다른 본문들은 파라오 스스로 자기의 마음을 완강하게 했다는 사실을 강조한다(탈출 8,11 등).

우리는 또한 여러 개의 이중 본문들이 존재함을 확인한다. 오경은 창조 기사 둘(창세 1,1-2,3; 2,4-3,24), 하느님과 아브라함 사이에 체결된 계약을 서술하는 기사 둘(창세 15; 17), 하갈을 떠나보내는 사건에 관한 기사 둘(창세 16; 21,9 이하), 모세의 소명에 관한 기사 둘(탈출 3; 6), 십계명에 관한 두 이본(탈출 20; 신명 5) 등을 담고 있다.

그러나 구약성경의 학구적이며 비평적인 주석가의 마음을 혼란스럽게 하는 일차적 걸림돌은, 본문에서 이스라엘의 하느님을 지칭하면서 고유명사 '야훼'와 통칭명사 '엘로힘' 용법 사이를 계속해서 오가고 있다는 점이다. 이를 기초로 독일의 목사이며 동양학자였던 비터(H.B. Witter)

와 루이 15세의 주치의였던 프랑스인 아스트뤽(J. Astruc)은 18세기 중엽에 최초로 그리고 각자 독립적인 방법으로 오경의 원전에 관한 이론을 구상해냈다. 1753년에 아스트뤽은 '창세기 구성에서 모세가 사용한 것으로 보이는 본래의 회고록에 대한 추론'(*Conjecture sur les mémoires originaux dont il paroit que Moyse s'est servi pour composer le Livre de la Genèse*)을 발표했다. 그의 목적은 호교론적이었다. 오경의 모세 친저성을 방어하기 위하여 아스트뤽은 모세가 두 가지 주요 문헌, 곧 엘로힘이라는 하느님 이름을 사용하며 그 첫 언급을 창세 1장에서 찾아볼 수 있는 '회고록 A'와, 야훼라는 이름 사용으로 특징되며 창세 2,4에서 시작되는 '회고록 B'를 수중에 소유하고 있었다고 추정했다. 이렇게 해서 '문헌이론'이라 일컬어지는 첫 번째 이론, 현대의 역사-비평 주석에 깊은 인상을 남긴 이론이 탄생한 것이다.

1.3. 통시적 첫 이론들

학자들이 다양한 '원전들'의 존재를 받아들인 이래 (아스트뤽이 기획했던 호교론적 측면은 어느새 잊혔다), 이 원전들이 그 최종 형태대로의 오경을 구성하기 위하여 어떻게 결합하였는지 설명할 수 있는 예형들이 필요했다. 18세기부터 여러 예형이 제안되었으며, 아스트뤽의 '추론' 발표는 '문헌이론'이라는 가설의 기원이 되었다. 이 이론에 따르면, 우리는 오경의 바탕에서 여러 서사체 줄거리를 상상할 수 있으며, 이 줄거리들은 상호 독립적이며 서로 다른 시대에 기초되었고, 각기 동일한 '골자'를 기초로 하면서도 이념적으로 서로 다른 강세를 보여준다(여기서 신약성경 복음서에서와 같은 병행현상은 보이지 않는다). 이 문헌들은 뒤따른 편집자들에 의해 서로서로 연결되어 나갔을 것이다. 아무튼, 이 유사 줄거리들을 재구성하는 어려움은 다른 주석가들이 '단편이론'이라 부르는 가설에 다가서도록 도움을 주었다. 이 이론은 오경의 바탕에 서술적인 연속성을 찾아볼 수 없는, 흩어지고 고립된 서술적이며 법적인 상당한 본문들이 자리하고 있다고 가정한다. 이 단편들은 오경의 연대적인 틀을 책임졌던 여러 편집자에 의해 수집되었을 것이다. 그러함에도 불구하고 토라의 모든 서사체 줄거리들이 편집적인 개입 결과일 뿐이었다는 주장을 받아들이기는 쉽지 않다. 따라서 학자들은 '보충이론'이라 부르는 또 다른 가설을 엮어냈다. 이 가설의 주창자들은 오경의 '핵심'을 담고 있는 기본 문헌을 가정하며, 이 '핵심'은 세기의 흐름 속에서 수많은 추가 부분을 수용하게 되었을 것으로 본다. 이 예형은, 몇몇 학자들에게는 매력적일지 몰라도, 오경에서 찾아볼 수 있는 병행 전승들의 존재를 설명하는 데는 역부족이다. 이처럼 19세기 초에는 합리주의적 비평이 다른 이론들을 제압하는 것처럼 보였지만, 어떤 예형도 보편성에 이르지는 못했다. 오경의 형성을 위해 누구나 만족할만한 이론을 제시할 수 없었기 때문이다.

2. 문헌이론 구상

오경 형성 해설에 있어 1970년에 이르기까지 지배적이었던 학술적 예형은 벨하우젠(J. Wellhausen)이라는 이름에 결부되어 있었다. 벨하우젠 자신이 문헌이론을 제안한 것은 아니라 하더라도, 그에 앞서 어떤 주석가도 이르지 못했던, 또한 덧붙여 말한다면, 그 후에도 몇몇 학자들만이 이를 수 있었던 새로운 개연성을 부여했다.

2.1. 율법의 위치 이동

오경이 서너 개의 병행 문헌들에 의해 구성되었을 것이라는 견해는 이미 벨하우젠 이전에도 피력되었었다. 그러나 서로 다른 문헌들의 연대순은 분명하지가 않았다. (대략 탈출 25-40; 레위; 민수 1-10; 동일한 유형을 나타내는 서사체 본문들과 같은) 사제계 법률을 포함하는 문헌이 오래전부터 가장 오래된 문헌으로 취급되었다. 그러나 1839년에 스트라스부르의 교수 러이스(E. Reuss)는 오경의 예배적인 사제계 법규들이 분명 이스라엘의 후대 역사를 반영한다고 직감했으며, 그의 제자 그라프(K.H. Graf)는 이를 증명해 보였다. 그라프는 신명기도, 예언서도, (여호수아기에서 열왕기 하권에 이르는) 역사서도 토라에 등장하는 대로의 사제계 법률을 알지 못했다는 점에 주목했다. 그러기에 사제계 문헌은 유배시대, 나아가 유배시대 이후의 작품이 될 수밖에 없었다. 서로 다른 문헌에 관한 연대를 다시 정리하는 작업은, 벨하우젠이 오경 형성에 관한 이론을 정립해나간 지주들 가운데 하나가 되었다.

2.2. 벨하우젠의 체계

벨하우젠에 의하면, 오경은 (독어로 'Jahwe'로 표기되는 '야훼'라는 고유 이름으로 하느님을 부르기를 선호하기에) 야훼계 문헌(J), (하느님을 '엘로힘'으로 부르기에) 엘로힘계 문헌(E), 신명기(D)와 (독어 *Priesterschrift*에 따라) 사제계 문헌(P) 등 네 개의 문헌이 조합된 결과이다. 그의 후학들과 달리 벨하우젠은 이 문헌들의 정확한 일자 표기에 대해서는 극도의 신중함을 보였다. 그가 보기에 J와 E는 각각 여러 문헌을 규합하는 약자들이었기 때문이다. 이 두 원전을 차별화하는 작업은 종종 그에게 어려운 일이었기에, JE(*Jehowist*)라는 약자 아래 이 자료들을 묶어놓기를 선호했다. JE는 (기원전 8세기) 왕정시대, D는 왕정시대 말기 (620년경) 요시야 시대의 작품일 것이며, P는 (유배시대 초기) 500년 즈음에 자리할 것이다. 벨하우젠에게 JE와 P는 여호수아기에서도 확인된다. 약속의 땅 정복 기사는 오경에 명시된 땅의 약속에 대한 결말을 이루기 때문이다. 여기서부터 학자들은 벨하우젠의 뒤를 이어 육경(六經)을 말하기 시작했다. 그러나 벨하우젠은 이 종합적 이론을 내세운 첫 인물은 아니었다.

2.3. 구약성경 신앙의 진전을 반영하는 문헌들

벨하우젠에게 문헌이론은 오직 문학분석의 도구 역할만이 아니라, 구약성경 종교의 진전을 살펴볼 수 있는 열쇠 역할을 했다. 그의 눈에 각 문헌은 서로 다른 시대에 해당하는 작품이기에, 이 진전의 결정적인 단계를 반영한다. JE문헌은 왕정시대를, D문헌은 요시야의 종교개혁을(벨하우젠은, 1805년에 Wette가 내세운 원-신명기와 2열왕 22-23에 언급된 책이 동일한 것이라는 주장을 받아들였다), P문헌은 유배시대 이후와 '복원'를 반영한다는 것이다. 벨하우젠이 (예배 장소, 제사, 축제, 사제단, 십일조와 같은) 다섯 가지 제도를 출발점으로 추적한 탐사는 매번 종교 발전에 관한 동일한 도식, 곧 다원성과 중앙화와 의식화를 보여준다. 예를 들어, 성경 본문들은 왕정시대에는 지방 성소들이 다양했다고 밝히나, 요시야 시대에 와서는 예배가 중앙화되었다고 한다. 예루살렘 성전이 합법적인 유일한 성소가 된 것이다(2열왕 22-23과 신명 12 참조). P원전은 이 중앙화와 기원 기사의 회고적 투영을 전제로 한다(예를 들어 탈출 25-40장에 등장하는 광야의 성막은 세상 창조의 완성으로 보도된다).

이스라엘 종교의 진전에 대한 이와 같은 통찰을 통해, 벨하우젠은 율법이 고대 이스라엘의 기원에도, 오경의 기원에도 존재하지 않았으며, 유배시대 이후부터 비로소 유다교의 바탕이 되었다는 견해를 확고히 한다.

2.4. 벨하우젠 체계의 이념적 차원

벨하우젠이 특별한 관심을 가졌던 이스라엘의 역사 시대는 JE문헌에 반영된 대로의 왕정시대이다. 흔히 말하듯 우리는 여기서 독일 낭만주의의 영향을 볼 수 있다. 그러나 왕정시대에 대한 벨하우젠의 이와 같은 관심은 1871년 독일제국의 창건이라는 맥락에서 더 잘 이해가 된다.

카이저(Kaiser)를 흠모했던 벨하우젠은 그의 앞에서 이스라엘 왕정제도의 탄생과 비스마르크 독일제국의 탄생을 비교하는 연설을 할 기회를 가진 적이 있다. 그러나 왕정시대에 대한 벨하우젠 학파의 과잉 평가는 심각한 문제를 야기한다. 이러한 평가는 이스라엘 역사의 흐름 속에서 제사주의적이며 율법주의적인 유다교를 향해 점차 변질되어가는, 그에 의하면 유배시대 이후에 정점에 이르는 과정을 지켜보도록 이끌기 때문이다.

그리스도교와 유다교 보수주의자들 사회에서 흘러나온 비판들은 신랄하기 그지없었다. 이들은 괴팅엔 신학대학에서 벨하우젠을 사직시키기 위한 선동을 마다하지 않았으며, 그는 결국 문과대학에서 한동안 셈족 철학을 가르치기만 했으나, 얼마 가지 않아 오경 구성에 관한 그의 예형은 학술 세계에서 수많은 주석가에게 인정을 받기에 이른다.

3. 문헌이론의 수정과 완성

벨하우젠이 구상했던 오경 해설 예형은 거의 전적으로 '문학비평'(*Literarkritik*) 방법론에 기초했다. 우리는 이 예형을 수용한 주석가에게서, 처음부터 20세기 중엽까지, 어느 정도 이 방법론을 남용하는 추세를 주시할 수 있다. 이렇게 야훼계 문헌은 곧바로 J^1 ,J^2 등으로 세분되었으며, 이어서 ('평신도' 원전) L과 ('유목민' 원전) N으로 나누어지기도 했다. E와 P 역시 동일한 운명을 맞이했다. 오경을 문학적인 층으로 증식시켜 나가는 작업은 점진적으로 세세한 부분에 대하여 공감을 이루어낼 수 없게끔 했다.

3.1. 궁켈과 '종교사학파'

한편 우리는 벨하우젠 이후 오경 본문의 (구전)전승들과 그 사회적 맥락을 고려하고자 애쓰는 방법론을 향한 역사-비평 주석의 움직임을 주시한다. 이러한 경향은 종교사학파(*Religionsgeschichtliche Schule*)의 지지자였던 궁켈(H. Gunkel)이라는 이름과 밀접하게 결부된다. 이 학파는 특히 성경 본문의 문학적인 층들을 재구성하는 것으로 만족하지 않고, 이를 뛰어넘어, 아니면 더 깊이 들어가 전승들과 개념들, 그리고 본문의 바닥에 있는 '신화의 원형들'을 파악하고자 힘써야 할 필요성을 강조했다.

한편 종교사학파가, 창세기에 나타나는 그대로의 창조와 홍수 기사와 놀라우리만큼 가까운 문구들을 담고 있는 (길가메시 서사시나 아트라하시스 같은) 아시리아-바빌론 문헌들을 밝혀준 메소포타미아의 고고학적 발굴작업으로부터 깊은 영향을 받았음을 상기해야 한다. 따라서 유사한 다른 문화에서 찾아볼 수 있는 기사들을 고려하지 않고서 오경의 첫째 권을 설명한다는 것은 불가능한 일로 다가왔다.

3.2. 구전 전승의 가치 부여

'창세기는 설화 모음집이다'라는 구호가 창세기에 대한 궁켈 주해의 일차 제안이며 핵심 주제이다. 이 구호는 무엇보다도, 오경 원전의 '저자들'은 그들이 보도하는 자료들을 창안해낸 사람들이 아니라, 대중 기사와 전설과 구전 전승들을 수집하고 발간한 사람들, 고대 이스라엘의 '그림(Grimm)가의 형제들'과 같은 사람들이었다는 신념을 내포한다.

궁켈에게 J, E, D와 P 원전은 오경 생성에 있어 이미 매우 뒤늦은 단계를 드러낸다. 서사체 부분의 기저에는 본래의 단일성을 이루고 있던 독립적인 설화들이 있었다는 것이다. 구전 전승을 높이 평가하면서 궁켈은 오경에 포함된 소재 형성의 문학 이전 단계를 향한 연구에 관심을 기울였다. 그러나 이러한 평가는 본문의 출처에 관한 긍정적 확신이 통제되기 어려우며, 그만큼 사변적일 수밖에 없다는 위험을 감추고 있었다.

3.3. 양식사

아마도 궁켈은 몸소 이러한 위험성을 인지했던 것 같다. 어쨌든 그가 전승의 사회학적이며 역사적인 뿌리를 찾아내야 한다고 역설했던 것은 사실이다. 이처럼 궁켈은 성경 본문의 *Sitz im Leben*이라는 개념의 출발선에 섰다. 자의적으로 '삶의 자리'를 가리키는 이 표현은, 모든 본문은 처음에는 분명한 통교의 상황과, 독자적인 사회학적 맥락 곧 해당 본문의 양식에 반영된 상황에 뿌리를 두고 있다는 사실을 의미한다. 이를 통해서 궁켈은 양식사(*Formgeschichte*)라 일컬어지는 주석 방법론, 특히 그가 시편 주해 안에서 발전시켜나갔던 방법론의 창시자들 가운데 한 사람으로 자리한다. 또한, 바로 이 양식사 덕분에 역사-비평 주석은 오경의 법률 본문에 더 많은 관심을 기울이기 시작했다.

3.4. 문헌이론의 틀 속에 비친 왕정제도 이전의 이스라엘

우리는 궁켈 이후 왕정제도 이전의 이스라엘과 그 종교적이며 정치적인 제도에 관한 관심이 커져갔다는 사실을 확인한다. 알트(A. Alt)의 '성조들의 하느님'에 관한 연구는 이 점에서 지대한 영향력을 행사했다. 이 논문에서 알트는, 야훼가 '조상들의 하느님'으로 소개되는 창세기의 몇몇 기사 뒤에서 유목민적이며 선(先)야훼적 종교에 관한 흔적들을 찾아낼 수 있다고 생각한다. 한편 노트(M. Noth)는 판관시대 이스라엘 지파의 제도들, 특히 (공동 성소 유지를 위한 직무를 분담하면서 열두 지파 사이에 맺어진 신성한 동맹을 가리키는) 암픽티오니아 제도를 재구성한다. 이어서 계약갱신, 마좃(*mazzot*, 누룩 없는 빵) 축제 등 지파 이스라엘의 모든 축제를 재구성하는 일종의 행복감에 젖어 든다. 이와 같은 재구성을 위한 바탕 본문들은 그러나 매우 빈약했다.

본문에 대한 작업 수준에서 '최초의 단위들'에 집중하는 방법은 점진적으로 다음과 같은 문제를 야기했다. 어떤 절차로 본디 독립적이었던 이 기사들이 오경의 서로 다른 저자들에게 바탕이 되는 소재가 되었는가?

3.5. 노트와 전승의 계승사

노트는 그 최후 편집에 이르기까지 오경의 전승사를 되짚어보는 것을 목적으로 삼기 위하여 이 질문에 응답하고자 힘썼다. 그러나 궁켈처럼 노트는 일차적 관심을 전승의 형성에 관한 문학 이전의 단계에 맞추었다. 노트에게도 모든 것은 왕정시대 이전에 행해졌기에, 오경의 첫 기록 원전인 야훼계 문헌은 이전에 존재하던 서로 다른 전승들을 정리하고 연결하기만 한 작품일 뿐이다. 독립적인 설화들을 좀 더 복잡한 전승들로 이끌어가는 길을 설명하기 위하여, 노트는 오경은 몇몇 '대주제들'로부터 형성되었을 것이라는 이론을 도입했다. 이 주제들은 다양한 생산 환경에서 유래한 것들이며, 가장 오래된 환경은 이집트 탈출과 가나안 입성이다. 이어서 성조 전승, 광야 체류 전승, 끝으로 시나이 계시 전승과 같은 또 다른 주제들이 이 첫 주제들을 중심으로 조직되어 나가기 시작했다. 노트가 이 전승들의 정리에 대해 모호한 태도를 보였다 하더라도, 그의 연구는 이 전승들이 흔히 서로 다른 신학적 목표를 드러내고 있음을 강조했으며, 구약성경의 학술적 주석을 위한 탐구의 장으로 전승사의 중요성을 밝히기도 했다.

3.6. 모세 육경(六經)에서 사경(四經)까지

노트가 불러일으킨 또 하나의 변화는 육경이라는 개념을 문제로 제기한 것이다. 벨하우젠 이래 학자들은 오경의 문헌들이 여호수아기로 확장된다고 가정했다. 이들에게 여호수아기는 오경 전체 중 일부, 나아가 성경의 첫 번째 책들에 담긴 서사체 줄거리의 결말로 여겨졌다. 여호수아기에 대한 주해를 준비하면서 노트는 이 책에 포함된 (기사와 목록 등의) 소재가 J, E, P문헌의 그것과 너무나 큰 차이를 보여 여호수아기에서 이 동일한 원전들이 계속된다는 이론을 지지할 수 없게 되었음을 밝힌다. 노트는, 신명기에서 열왕기 하권에 이르는 책에 담겨 있고(아래 참조) 당연히 여호수아기가 거기에 속했음이 틀림없는 '신명기계 역사'의 존재를 주창하면서, 앞서의 결론을 더욱 다진다. 벨하우젠으로부터 물려받은 예형의 변경과 함께 이제는 더 이상 육경이 아니라, 오경은 본디 사경(창세-민수)이었다는 주장이 펼쳐진다. 다시 말해서 오경은, 신명기가 신명기계 역사서로부터 떼어지고 난 다음 한참 후대에 와서 비로소 빛을 보게 되었다는 것이다.

3.7. 원전의 결말에 관한 문제

한편 노트와 그의 추종자들이 스스로 제기해야 했던 문제는 원전, 특히 J문헌의 결말 부분이었다. 이러한 결말을 더 이상 여호수아기에서 찾아낼 수 없다면, 노트는 적어도 오래된 문헌인 J문헌과 E문헌이 정복기사를 내포하고 있다는 사실에 설득되어야 했을 것이다. 그러나 이와 같은 기사를 어디서 찾을 수 있겠는가? 노트는 J문헌(과 E문헌)의 결말이 사경과 신명기계 역사가 통합될 때 사라졌거나 생략되었다는 사실을 주장해야만 했다. 신명기계 역사는 여호수아에 관한 기사와 함께 필요 이상의 이중어록을 보여주기 때문이다. 그러나 이 해결안이 거의 만족스럽지 못하다는 것은 분명한 사실이다.

3.8. 폰 라트의 저서에 나타난 문헌이론의 완성

우리는 과장 없이 폰 라트(G. von Rad)를, (오늘에 이르기까지!) 입문서들은 물론 이 이론을 대중화한 저서에 나타나 있는 그대로, 문헌이론 '최종판'의 위대한 제작자로 주목할 수 있다. 폰 라트는 변증법적 신학 방법으로 '구원사'의 예형을 기초로 구약성경의 형성을 고찰하는 가운데 문헌이론을 재정립한 학자이다. 동료였던 노트와는 달리 사경 개념에는 회의적이었던 폰 라트는 육경이라는 논제를 중심으로 연구를 계속했다. 또한, 노트와는 반대로, 오경의 문학 이전 단계에 관한 문제를 비켜두고서, 서로 다른 원전들과 진정한 신학자로 보았던 그 저자들에 관한 문제에 집중했다. 이렇게 해서 폰 라트에게 야훼계 저자는 육경의 창시자가 된다. 폰 라트에 따르면, 야훼계 저자는 전승에서 물려받은 핵심, 곧 신명 26,5-9의 '역사적 소신경'(小信經)에서 출발해서 육경을 창안한 사람이다.

폰 라트의 저서에서 J문헌은 신학적 목표를 추구한다. 솔로몬 제국이 야훼의 약속과 계획의 결말을 이룬다는 사실을 밝히는 일이다. 여기서 창세 12,1-3은, 폰 라트의 관점에서 볼 때, 야훼계 저자의 신학 프로그램 문구('케리그마')로 해석되어야 한다. 아브라함에게 내리신 '큰 민족'과 축복과 땅의 소유에 관한 야훼의 약속은 솔로몬 시대에 구체적으로 실현되었으며, '큰 이름'은(창세 12,2) 다윗에게 주어졌기 때문이다(2사무 7,9). 다른 원전들이 야훼계 저자의 문학적이며 역사적인 높은 재능에 이르지 못한다 하더라도, 폰 라트는 이 원전들의 '케리그마' 연구를 똑같이 시도할 필요가 있다고 평가하며, 이는 폰 라트처럼 칼 바르트의 신학으로부터 영향을 받은 다른 주석가들이 전념해서 연구해나갈 과업이었다.

3.9. 1960연대 문헌이론의 '경전적' 예형

주로 폰 라트를 중심으로 한 연구에 이어, 오경의 구성 원전들인 네 개의 문헌들에 대한 주석가들의 공통된 견해는 다음과 같이 요약된다 :

J 연대 : 930년경(솔로몬 시대).

범위 : 창세 2,4에서 여호 24장까지(?; 결말 부분이 사라졌을 수도 있다).

열쇠 본문 : 창세 12,1-3; 탈출 19,3 등등.

신학 : 다윗 제국의 합법성. 하느님은 인간의 나약함에도 불구하고 그를 동반하시며 약속을 성취하신다.

E 연대 : 북 왕국에서 850-750년경.

범위 : 창세 15장(?)에서 ?까지.

열쇠 본문 : 창세 20-22장.

신학 : '하느님께 대한 두려움'; E는 이 두려움에서 유래하는 윤리적 행동을 강조하며, 예언자들의 세계와 가깝다.

D 연대 : 750-620년경. 그 기원은 북 왕국에 있었을 것이며, 예루살렘 조정으로 피신한 사람들에 의해 남 왕국에 유입되었을 것이다.

범위 : 신명 5-30장.

열쇠 본문 : 신명 6,4 이하.

신학 : 계약과 율법 준수와 야훼께 대한 배타적 경배.

P 연대 : 550년경, 유배시대, 나아가 유배시대 이후.

범위 : 창세 1장에서 신명 34장까지(?; 여호수아기 어디까지일 수도 있다).

열쇠 본문 : 창세 1장, 창세 17장, 탈출 6장.

신학 : 야훼의 주권과 성성. 사제계 제도들과 중개의 중요성.

4. 문헌이론에 대한 반론

4.1. 반론의 선구자

문헌이론은 몇몇 종교의 근본주의자들 세계에서 이의 제기의 대상이 되어 왔다. 역사-비평 주석 내부에서의 반론은 근본적으로 엘로힘계 문헌에 집중되었다. 처음부터 이 원전은 몇 가지 문제점을 안고 있었다. 원전을 간파하기가 쉽지 않으며, 이 문헌 연구에 대해 공감대가 형성되어 본 적이 없기 때문이다. 이러한 이유로 학자들은 어느새 '엘로힘계 단편'이라 말하기 시작했다. 이 원전의 환영 같은 성격은 마침내 원전의 존재 자체에 대한 이의제기를 초래했다(P. Volz와 W. Rudolph 참조).

E문헌과는 달리, 오경 내부의 사제계 본문은 그 존재 여부가 토론되어 본 적이 없으나, P원전의 본질과 작성연대는 격렬한 논쟁의 대상이 되었다. 많은 주석가들, 그 가운데 특히 크로스(F.M. Cross)에게 P문헌은 처음부터 독립적인 문헌이 아니라, 사제계 작품 가운데 이전의 문헌들을 통합한 편집 단계로 취급되었다. P문헌의 작성연대 역시 의견의 일치를 보이지 못했다. 상당수의 유다교 학자들은, 왕정제도 시대에 분명 사제들과, 예배와 제사에 관한 규정들이 존재했다는 사실을 근거로, 사제계 본문들이 유배시대 이전에 작성되었을 것으로 추정했다.

4.2. 1970연대 중반에 문헌이론이 문제시된 이유

1975년과 1977년 사이에 오경에 관한 주석가들의 공감을 제각기 다른 방법으로 산산조각이 나게 한 세 권의 저서, 곧 반 세터스(J. Van Seters) 의 '역사와 전승 속에서의 아브라함'(*Abraham dans l'histoire et la tradition*)과, 슈밋(H.H. Schmid)의 '일명 야훼계 문헌'(*Le soi-disant Yahwiste*)과, 렌트토르프(R. Rendtorff)의 '오경의 전승사 문제'(*Le problème de la transmission des traditions du Pentateuque*)가 출간된다. 이 작품들은, 브리엥(J. Briend)의 표현에 의하면, 오경의 진정한 '위기'를 초래한 것들이다. 그러나 이들 저서에 앞서, 더욱 특유한 문제를 다루면서 여러 가지 점에서 이미 관점의 주요 변화를 예고했던 수많은 연구가 있었다.

4.2.1. 왕정제도 이전의 이스라엘 재구성에 대한 반론

왕정시대 이전의 이스라엘 제도와 종교 재구성에 관한 수많은 연구를 통해 여러 허점이 드러났다. 성조 기사에 대해 디버(B.J. Dieber)와 다른 학자들은, 창세기의 '조상들의 하느님'과 이 하느님이 성조들에게 내리신 약속의 동기가 유목민들의 종교심 유형을 전혀 반영하지 않으며, 이는 편집자들이 (아브라함, 이사악, 야곱과 같은) 서로 다른 성조들의 모습 사이의 관계를 보강하며 활용한 구성 기법과 같은 문학적인 차원에서 설명되어야 한다고 주장했다. 사회학적인 차원에서 '조상들의 하느님'은 대중 종교심을 드러낼 수 있으나, 이는 어디까지나 왕정시대, 나아가 유배시대 이후의 일이다. 반 세터스(J. Van Seters)의 연구는(1975), 아브라함에 관한 전승들과 그 성문화 작업을 바빌론 유배시대로 자리하게 하면서, 궁극적으로 '성조' 시대를 문제시했다.

4.2.2. '고대 원전들'에 담긴 신명기 저자의 문체와 신학의 발견

1960년대부터, 소위 '야훼계'라는 문헌 자체가 실은 신명기의 문체와 신학과 가까운 특징들을 안고 있다는 사실을 밝히는 여러 연구작업이 등장했다. 이 부분에서 페를릿(L. Perlitt)은 가장 중요한 연구를 진행하면서, 야훼와 이스라엘 사이의 계약 신학을 언급하는 본문들은 J/E문헌에 속한 것으로 볼 수 없고, 기원전 7세기경에 작성된 '신명기계 문헌'으로 규정되어야 한다고 주장했다. 사실 탈출 19,5와 같은 본문은("이제 너희가 내 말을 듣고 내 계약을 지키면, 너희는 모든 민족 가운데에서 나의 소유가 될 것이다") 일반적으로 J문헌으로 분류되나, 그 병행 문구가 신명기에서 발견된다(신명 28,9와 신명 7,6 참조). 그래서 몇몇 저자들은 오경에서 신명기 저자의 편집에 대하여 말하기 시작했으며, 다른 저자들은 문제시되는 문구가 오래된 것임을 보전하기 위해서 '원-신명기'라는 (다소 애매한) 용어를 창안하기에 이르렀다. 한편 슈밋(H.H. Schmid)은 J원전 전체를 신명기와 가까운 원전으로 돌리면서 J원전에서 신명기의 언어가 존재하는지를 체계적으로 검토해나갔다.

4.2.3. 공감대와 맞서 커지는 불안감

문헌이론에 관한 공감대의 표면에 균열은 이제 점점 더 분명히 드러난다. 다양한 원전들의 시작과 결말에 대해 더 이상 의견의 일치는 존재하지 않는다. 학자들은 J원전과 E원전 사이를 구별하는 데 거의 비평적 관심을 쏟지 않으며, 작성연대에 대해서는 더욱 그러하다. 이러한 불안감은 특히, 받아들인 본문에 부여되어야 하는 중요성을 역설하는 렌트토르프(R. Rendtorff)의 접근에서 돋보인다.

4.3. 반 세터스 : 근원화한 '보충이론'

'역사와 전승 속에서의 아브라함'(*Abraham in History and Tradition*)이라는 저서에서 반 세터스는, 창세 12-25장에 포함된 전승 대부분은 6세기, 다시 말해서 유배시대의 역사적 상황을 반영한다는 사실을 강조한다. 어떻게 보면 반 세터스의 예형은 앞선 '보충이론'을 근원화하여 되풀이한 것이다. 오경은 (유배시대 야훼계 저자인) J의 작품을 바탕으로 한 서사체 줄거리 위에 형성되었으며, 다양한 덧붙임, 그 가운데 특히 사제계 편집인 P문헌으로 보충되었다는 이론이다. 반 세터스에게 P문헌은 오경의 '최후' 편집이 된다(이 점에서 J. Van Seters는 F.M. Cross와 매우 가깝다). 초기 단계에서 우리는 몇몇 '원-야훼계' 본문과 '엘로힘계' 본문을 만나며, 이 두 문헌은 J문헌의 줄거리 속에 통합된다. J문헌의 줄거리는 따라서 오경의 진정한 장인으로 머문다. 여기서 우리는, 반 세터스의 야훼계 저자가 더는 솔로몬의 조정에 존재하지 않고 바빌론 시대를 산 사람이라는 차이점에서, 폰 라트(von Rad)의 그것과 가까운 개념을 다시 만난다.

4.4. 슈밋과 신명기계 저자를 향한 야훼계 저자의 변모

슈밋(H.H. Schmid) 역시 '일명 야훼계 문헌' 분석에 주안점을 둔다. 그는 탐구의 출발점을 노트(Noth)가 한정했던 대로의 J본문에서 찾는다. 슈밋은 문체와 어휘와 전체 주제를 중심으로 이 본문들을 다시 검토했으며, 그 결과는 다음과 같다. 분석한 모든 J본문은 기원전 8세기와 7세기의 고전적인 예언운동을 전제하며, 신명기계 문학과 밀접한 관계 아래에 있다는 것이다. 슈밋에 따르면, 탈출 3,10 이하 모세의 소명 기사는 에레미아와(예레 1) 에제키엘의(에제 2) 소명 기사를 요약한 것이다. (6세기의 작품인!) 이 기사들을 모방하여 탈출 3장의 저자는 모세를 탁월한 예언자로 만들고자 한다. 한편 탈출기와 민수기에 나오는 광야에서의 백성의 불순종 기사는, 신명기계 역사에서 찾아볼 수 있는 범죄와 징벌에 관한 동일한 도식에 따라 구성된다(판관 2,6 이하 참조). 슈밋은 또한 오경의 '야훼계' 전승 대부분이 오경 이외의 유배시대 또는 유배시대 이후의 본문에서 다시 발견된다는 사실에 주목하도록 한다. 따라서 그는 '야훼계'라 일컬어지는 본문들이 유배시대를 즈음하여, 그리고 신명기계 세계와 매우 가까운 시대에 편집된 작품이라는 결론을 내린다.

슈밋은 그가 바라보는 유배시대의 '야훼계 저자'와 신명기계 역사(HD: *histoire deutéronomiste*) 사이의 관계에 대하여 분명하게 표명하지 않았다. 그의 제자 로제(M. Rose)가 '신명기계 저자와 야훼계 저자'라는 무언

가를 떠오르게 하는 제하의 저술에서 이 임무 수행에 전념한다. 이 두 총체 사이의 관계를 정의하기 위하여 로제는, 예를 들어 민수 13-14장과 신명 1,19 이하의 정탐에 관한 역사처럼 동일한 전승을 참조하면서, HD의 시작 본문들을 사경의 J/E본문들과 비교한다. 이와 같은 비교는, 로제에 따르면, HD의 본문들이 오래된 본문들이라는 사실을 밝혀준다. 정찰대에 관한 기사를 보면, 민수 14장의 모세의 중개 기도에 버금가는 본문이 신명 1장에 나오지 않으며, 신명 1,37의 (모세에 대한 야훼의 진노) 진술은 저자의 포를라게(*Vorlage*, 본문 원형)가 민수 13-14장(J/E문헌)이었다면 불가능했을 것이다. 게다가, (갈대 바다를 향한 회귀를 언급하는) 민수 14,25는 민수 13-14장에서 분별없는 동기로 나타나나, 신명 1,40; 2,1에서는 모든 의미를 되찾는다. 따라서 J문헌은 HD가 처음으로 간행된 후 작성되었음이 틀림없다.

이 논제는 반 세터스의 것이기도 하다. 그 역시 야훼계 저자를, (헤로도토스, 헬라니코스와 같은) 그리스 동료들을 본받아 삼중 도식, 곧 신화적 기원과(창세 1-11) 영웅시대와(창세 12-50) 백성의 기원(탈출-민수) 도식을 따라 이스라엘의 다양한 창립 전승들을 정리했을 '역사가'로 본다. 반 세터스와 로제가 J문헌은 신명기계 역사의 '서문'으로 여겼다는 점에선 의견의 일치를 보이는 반면에 - 이는 J문헌의 결말에 관한 까다로운 문제를 해결한다 -, 이 서문 기능의 개념에 있어 로제는 반 세터스보다 더 '신학적'이다. 로제에 따르면, J문헌은 HD에 나오는 율법 개념을 수정하고자 한다. 신명기계 역사에서 율법에 대한 순종이 인간의 행복을 보장한다면(신명 28), J문헌에서 인간은 하느님의 계명을 따라 살기에 불가능한 존재일 뿐이다(창세 3 참조).

4.5. 렌트토르프 : 문헌이론 포기와 '단편 예형' 재생

렌트토르프(R. Rendtorff)는 기존의 오경 연구를 뒤집는 데 결정적인 역할을 한 사람이다. 우선 사대 문헌가설의 부조화와 허점을 신랄하면서도 반어적으로 들추어냈기 때문이며, 노트(Noth)의 여러 직감을 자기 책임 아래 되풀이하면서 대안으로서의 예형을 발전시켜나갔기 때문이다. 그는 지금 형태대로의 오경을 '큰 문학 단위들'로 구성된 작품으로 본다. 내적인 온전한 조화와 상호 간의 거의 완전한 독립성이라는 특징을 안고 있는 이 단위들은 기원사(창세 1-11), 성조들(창세 12-50), 이집트 탈출(탈출 1-15), 시나이(탈출 19-24; 32-34), 광야 체류(탈출 16-18; 민수 11-20), 땅의 정복(민수 + 여호)이다. 이 모든 단위는 독립적인 방법으로 긴 시간 동안 계승되어왔으며, 각 단위는 다른 단위들과 접속하기 이전까지 고유한 편집 과정을 인식하고 있었다. 렌트토르프는 성조 기사들에 관해 이 논제를 증명해 보이려 했으며, 이때 약속의 내용 분석 방법을 따랐다. (땅, 후손, 동반, 축복과 같은) 약속들은, 그에 의하면, 세 성조가 '족보상'의 관계 안에 이름을 올리고 자리하게 된 편집용 '회반죽'에 해당한다. 성조 기사군(記事群)이 오랫동안 독립성을 띠고 있었다는 사실은 한편 탈출 3,8 이하에서 모세가 받은 땅의 약속으로 확인된다. 아브라함과 이사악과 야곱에게 내려진 약속에 대해서는 일말의 언급도 찾아볼 수 없기 때문이다. (기원사를 제외한) 모든 단위를 연결해준 첫 번째 편집은, 창세 50,24; 탈출 13,5.11; 33,1-3; 민수 11,12; 14,23; 32,11과 같은 본문에서 식별되는 '신명기계' 유형의 편집이다. 사제계 본문들에 대해서 렌트토르프는 그것들을 독립적인 하나의 문헌으로서가 아니라, 편집과 발간을 위한 하나의 단계로 간주한다(앞의 반 세터스도 참조).

렌트토르프의 접근은 그의 제자 블룸(E. Blum)에 의해 수정되고 발전되었다. 블룸은 우선 성조 기사에(창세 12-50) 대한 전반적인 분석을 단행하면서, 창세 12-50장 전체가 오경의 다른 전승들과 결합하기 이전 긴 편집 과정을 거쳤을 것이라는 렌트토르프의 논제를 확인한다. 이러한 결합은 유배시대 이후 신명기계 문체와 신학과 가까운 '신명기계 구성'(D-Komposotion)에 의해 이루어진다. 이어서 블룸은 '오경의 구성에 관한 연구'(*Studien zur Komposition des Pentateuch*)라는 논문에서, 오경을 유배시대 이후에 기원을 둔 두 가지 구성, 곧 신명기계 구성(KD)과 사제계 구성(KP)의 결과로 간주하기를 제안한다. 렌트토르프의 '큰 문학 단위들'에 대해서는, 이 단위들이 탈출기-민수기 전체에 훨씬 불분명하게 나타나며, 가장 가시적인 '균열'은 성조 전승과 탈출 전승 사이에 자리한다고 주장한다.

이러한 접근을 특징짓는 차이점에도 불구하고 반 세터스와 렌트토르프와 그 제자들의 작업은 여러 가지 공통점이 있다. 각자의 논제를 논증해나가면서 이 저자들은 오경의 형성과 구성에서, 그리고 비(非)-사제계 문헌 대부분이 이미 신명기계 문학을 알고 있었다는 사실에서, 유배시대와 유배시대 이후의 중요성에 대하여 견해를 함께 한다.

그렇다 하더라도, 문헌이론의 붕괴 이래 아직 새로운 공감대가 형성된 것은 아니다. 여러 접근 방법이 공존하기에, 어떤 방법이 이차적이고 어떤 방법이 일차적이라고 확신을 두고 말할 수 없다. 따라서 우리는 오경의 학술적인 주석에 있어 논쟁 중인 다양한 이론들을 제시하는 것으로 시작해서, 다음 장에서 구약성경의 첫 다섯 권 형성에 관한 잠정적이며 개인적인 견해를 피력해야 할 것이다.

5. 1990년대 오경의 주석 상황

5.1. 전통적인 문헌이론 유지

문헌이론이 주석 토론의 장에서 그냥 사라졌다고 생각하는 것은 잘못이다. 그 추종자들은 상대적으로 여전히 적지 않다. 물론 각자의 견해가 세세한 점에서는 여러 차이점을 보이고, 전통적인 가설을 유지하는 것이 타당하다고 생각하는 방법에서 여전히 대립 관계에 있다 하더라도 말이다.

몇몇 저자들, 그 가운데 특히 슈밋은 폰 라트가 제안한 예형을 전적으로 확신하며, 솔로몬 시대의 야훼계 저자에 대한 가설을 계속해서 옹호한다. 다른 학자들은 J문헌을 솔로몬 시대의 작품으로 돌릴 수 있는지에 회의적인 반응을 보이고, J문헌과 E문헌 사이를 분명하게 구별하는 데 있어 어려움이 있다는 사실을 인식하면서도, 벨하우젠 이론으로의 회귀를 기꺼이 권장한다. 또한, 이 저자들은 J/E문헌에 무게를 둔다(특히 H. Seebass 참조). 여러 주석가들은 왕정시대 초기에 자리한 야훼계 저자에 대한 논제에 큰 관심을 보이면서도, 예전에 야훼계 저자의 작품으로 돌렸던 수많은 본문이 오히려 후대의 오경 편집에 속한다는 사실을 알고 있다. 쳉어(E. Zenger)와 바이마르(P. Weimar)는, 창세 12,1-3; 탈출 32장 등과 같이 J문헌으로 취급되는 대부분의 '주요' 본문들을 포괄하는 (722년과 587년 사이의) J/E편집과 (587년부터 시작된) 신명기계 편집이 있었다는 사실을 확인한다. 쳉어에 따르면, 창세기-민수기에서의 J/E 편집은 유배시대 이전의 '예루살렘 역사편찬'(*Jerusalemitisches Geschichtwerk*)을 이루었으며, 훗날 유배시대에 와서 신명기계 편집에 의한 중요한 개정 절차를 밟았을 것이다. 솔로몬 시대의 야훼계 저자는 결국 환영 같은 존재가 되며, 그의 작품으로 취급된 본문들은 파피루스 종잇장, 나아가 양피지 위에 기록되는 과정이 이어졌다.

5.2. 후기에 작성된 두 원전에 관한 이론

여러 저자는 오늘날 오경을, 아니 사경을 유배시대에 작성된 것으로 추정되는 J문헌과 P문헌의 통합 결과로 본다. 카이저(O. Kaiser)와 로제(M. Rose) 이외에, 특히 레핀(C. Levin)이 주장하는 이론이다. 레핀에게 야훼계 저자는 자기의 작품 속에 더욱 오래된 원전들을 통합시킨 디아스포라의 편집자이며 신학자로서, 대중 신심을 높이 평가하면서 유일

성소에 대한 신명기계 이념과 맞서 논쟁한다. 한편 P문헌은 페르시아 시대의 J문헌을 알고 편집된 독립적인 문헌으로서 J문헌을 대체할 목적이 있었다. 최후 편집은 이 두 문헌을 가능한 한 온전하게 보존했으며, P문헌의 병행기사가 J기사를 따르게 하거나 J기사가 P문헌의 병행기사를 따르게 했다. 레핀에게 오경 본문의 절반 이상이 후기에 J문헌과 P문헌에 덧붙여진 부분들, 나아가 J문헌과 P문헌이 통합되고 난 다음 덧붙여진 부분들이다.

5.3. 구성과 갈등 이론

블룸이 깊이 있게 연구하여 제안하고, 알베르츠(R. Albertz), 블렌킨소프(Blenkinsopp), 크뤼즈만(F. Crüsemann)과 다른 저자들이 몇 가지 점을 수정하면서 뒤따른 이론 역시 오경 형성의 결정적 시기로 유배시대 이후를 고려한다. 그러나 J문헌을 P문헌 또는 편집으로 보충된 후기의 문헌으로 취급한 앞선 예형과는 달리, 이 이론은 본질적으로 오경을 D학파와 P학파, 이 두 학파 사이의 논쟁적인 대화의 결과로 인식한다. 블룸에게 '신명기계 구성'(KD)은 그 출발점을 아브라함 기사군에서, 그리고 결말을 2열왕 25장에서 찾고자 하는 것 같다. 신명기계 구성은 신명기계 역사의 서막으로 인식되기 때문이다. 그렇다 하더라도 신명 34,10은, '모세의 토라'로서의 창세기-신명기 전체에 하나의 자립성, 나아가 (뒤따르는 책들과 비교하여) 하나의 우월권을 부여하기에, 일종의 단절을 표기하는 것으로 보인다. 이러한 구성 의도는 다음과 같이 규정될 수 있다. 신명기계 구성은 유배자들에게 아브라함과 탈출의 역사를 기술하면서 야훼와 이스라엘 관계의 바탕이 되는 두 지주(支柱)를 상기시키며, 이 두 지주가 유배라는 대이변에도 불구하고 안전하게 버티고 있음을 강조하고자 한다. 신명기계 구성은 유배시대 이전에 작성된 매우 오래된 법적이며 서술적인 자료를 소유하고 있었을 것이다. '사제계 구성'(KP)이 신명기계 구성 작품에 하나의 편집으로 삽인된 것이 사실이라면, 사제계 학파는 동시에 (창세 6-8; 탈출 6,2-8의 P 홍수 기사, 탈출 7장 이하의 재앙 기사군, 탈출 14장의 바다 건넘 기사 등과 같은) 독립적인 문헌들로 오래전에 기록된 본문들을 사용했을 것이다. 사제계 구성은, 홍수 이후 하느님과의 친밀한 관계가 회복되었음을 체험할 수 있도록 야훼께서 베푸신 선물로 제시되는 예배와 제도를 강조한다. 신명기계 구성과 사제계 구성 이외에 블룸은, 때로는 신명기계 이념과, 때로는 사제계 이념과 가까우면서, 이 두 학파 사이에 대화가 지속되었음을 가리키는 여러 편집적 첨가 본문들을 밝혀낸다. 이 예형의 장점은 오경이 두 학파 사이의 '공존'으로부터 발전되어 온 것임을 드러내는 데 있다. 그러나 문제는, 토라의 모든 본문이 블룸이 제안한 이 두 구성 가운데 이것 또는 저것에 의한 것일 수 있는지를 살피는 일이다. 상당한 본문이 신명기계 또는 사제계 흔적을 담고 있지 않다는 사실을 중시해야 하지 않겠는가? 특히 창세기의 성조 기사에 해당하는 이러한 지적은 우리를, 다음 장에서 다룰, 오경 형성에 관한 가장 최근의 논쟁 속으로 끌어간다. 여기서 우리는, 블룸이 성조 기사들과 탈출 기사들 사이의 문학적이며 신학적인 차이점을 인정하고서 신명기계 구성이 모세의 역사와(탈출 3) 함께 출발해야 한다고 주장하면서, 신명기계 구성에 관한 기존 이해를 수정했다는 사실을 언급해야 할 것이다.

6. 참고문헌

6.1. 연구사

F. García López, *Comment lire le Pentateuque* (Le Monde de la Bible 53), Genève, 2005. C. Houtman, *Der Pentateuch. Die Geschichte seiner*

Erforschung nebst einer Auswertung (CBET 9), Kampen, 1994. A. de Pury/T. Römer (éd.), *Le Pentateuque en question* (Le Monde de la Bible 19), Genève, 2002[3].

6.2. 주요 저서 및 논문

6.2.1. 1975년 이전의 간행물

(여기에 언급되지 않은 저자들의 참고자료는 위에 인용된 *Le Pentateuque en question*에서 찾아볼 수 있다).

A. Alt, *Der Gott der Vöter* (1929), *Kleine Schriften zur Geschichte des Volkes Israel*에 재인용, München, 1953, p. 1-78 = *The God fo the Fathers*, Oxford, 1966. J. Astruc, *Conjectrues sur la Genèse* (1973). *Introduction et notes de Pierre Gibert*, Paris, 1999. F.M. Cross, *Canaanite Myth and Hebrew Epic*, Cambridge(Ma), 1973. B. Diebner, «Die Götter des Vaters - Eine Kritik der "Vätergott" - Hypothese Albrecht Alts», *DBA* 9(1975), p. 21-51. H. Gunkel, *Genesis übersetzt und erklärt* (HKAT I/1), Göttingen, 1902(이 저서의 입문 불역 : P. Gibert, *Une théologie de la légende : Hermann Gunkel*, Paris, 1979). M. Noth, *Überlieferungsgeschichte des Pentateuch*, Stuttgart, 1948 = *A History of Pentateuchal Traditions*, Englewood Cliffs(NJ), 1972. L. Perlitt, *Bundestheologie im Alten Testament* (WMANT 36), Neuchirchen-Vluyn, 1969. G. von Rad, *Das formgeschichtliche Problem des Pentateuch* (1938), *Gesammelte Studien zum Alten Testament*, München, 1971, p. 9-86에 재인쇄 = «The Form-Critical Problem of the Hexateuch», in Id., *The Problem of the Hexateuch and Others Essays*, New York, 1966, p. 1-78. J. Wellhausen, *Die Komposition des Hexateuchs und der historischen*

Bücher des Alten Testaments (1899), Berlin, 1963[4].

6.2.2. 1975년 이후의 간행물

R. Albertz, *Religionsgeschichte Israels in alttestamentlicher Zeit 2* (GAT 8), Göttingen, 1992 = *A History of Israelite Religion in the Old Testament Period. Volume II*, London, 1994. O. Artus, *Le Pentateuque* (CEv 106), Paris, 1988. J. Blenkinsopp, *The Pentateuch. An Introduction to the First Five Books of the Bible* (The Anchor Bible Reference Library), New York *et al.*, 1992. E. Blum, *Studien zur Komposition des Pentateuch* (BZAW 189), Berlin/New York, 1990. Id., «The Literary Connection Between the Books of Genesis and Exodus and the End of the Book of Joshua», in Th. Dozeman/K. Schmid, *A Farewell to the Yahwist?*, Atlanta(GA), 2006, p. 89-106. J. Briend, «La "crise" du Pentateuque», *Revue de l'Institut catholique* 29(1989), p. 49-62. F. Crüsemann, «Le Pentateuque, une Tora. Prolégomènes à l'interprétation de sa forme finale», in A. de Pury/T. Römer (éd.), *Le Pentateuque en question* (Le Monde de la Bible 19), Genève, 2002[3], p. 339-360. P. Haudebert (éd.), *Le Pentateuque. Débats et Recherches* (LeDiv 151), Paris, 1992. O. Kaiser, «The Pentateuch and the Deuteronomistic History», in A.D.H. Mayes (éd.), *Text in Context : Essays by Members of the Society for Old Testament Studies*, Oxford, 2000, p. 289-322. C. Levin, *Der Jahwist* (FRLANT 157), Göttingen, 1993. R. Michaud, *Débat actuel sur les sources et l'âge du Pentateuque*, Montréal/ Paris, 1994. R. Rendtorff, *Das überlieferungsgeschichtliche Problem des Pentateuch* (BZAW 147), Berlin/New York, 1976 = *The Problem of the Transmission in the Pentateuch* (JSOT.S 89), Sheffield, 1990. M. Rose, *Deuteronomist und Jahwist : Untersuchungen zu den Berührungspunkten beider Literaturwerke* (AThANT 67), Zürich, 1981. Id., «La croissance du corpus historiographique de la Bible – une proposition», *RThPh* 118 (1986), p. 217–236. H.H. Schmid, *Der sogennante Jahwist. Beobachtungen und Fragen zur Pentateuchforschung*, Zürich, 1976. W.H. Schmidt, «Elementare Erwägungen zur Quellenscheidung im Pentateuch», in J.A. Emerton (éd.), *Congress Volume Leuven 1989* (VT.S 43), Leiden *et al.*, 1991, p. 22–45. H. Seebass, «Pentateuch», *TRE* 26(1996), p. 185–209. Id., «Que reste-il du Yahwiste et de l'Elohiste?», in A. de Pury/T. Römer (éd.), *Le Pentateuque en question*, p. 199–214. J.-L. Ska, *Introduction à la lecture du Pentateuque. Clés pour l'interprétation des cinq premiers livres de la Bible* (le livre et le rouleau 5), Bruxelles, 2000. J. Van Seters, *Abraham in History and Traditon*, New Haven/London, 1975. Id., «The Theology of the Yahwiste : A Preliminary Sketch», in I. Kottsieper *et al.*, (éd.), *«Wer ist wie du, Herr, unter den Göttern?», Studien zur Theologie und Religionsgeschichte Israels für Otto Kaiser zum 70. Geburstag*, Göttingen, 1994, p. 219–230. Id., *The Pentateuch : A Social Science Commentary* (Trajectories), Sheffield, 1999. E. Zenger, «Die Bücher der Tora/des Pentateuch», in E. Zenger *et al.*, *Einleitung in das Alte Testament* (Studienbücher Theologie 1,1), Stuttgart/Berlin/Köln, 2008[7].

오경 형성에 관한 토론 현황

니한(Christophe Nihan)과 뢰머(Thomas Römer)

현재의 토론에서 사제계(P) 본문과 비-사제계 본문 사이의 구별은 기본적인 지식에 속하며, 오경 형성에 관한 모든 재고의 출발점이 된다. 반면에, 작금의 학술적인 논쟁 한가운데에 세 가지 큰 문제가 자리하고 있다. 선(先)-사제계('야훼계' 또는 '신명기계') 본문의 윤곽과 일관성 문제와, 사제계 본문의 내적 통시성, 다시 말해서 'P'라는 약자 안에 규합된 소재들의 생성과 형성 문제와, 오경 구성에 있어 후(後)-사제계 편집자들의 역할 문제이다. 우리는 이 세 문제를 순서에 따라 다룰 것이며, 주로 문제의 실태 제시에 할애했던 앞선 부분보다 이 부분에서는 보다 개인적인 관점이 소개될 것이다.

1. 선(先)-사제계 오경의 범위와 성격 문제

1.1. 문제 제기

몇몇 저자들에게 'P'라는 약자는 오경의 최종 발간 책임자였으며,

최종 단계에서 비-사제계 본문들을 체계적으로 다듬었던 사제계 편집을 가리킨다. 특히 반 세터스가 옹호하는 이 예형에서, 사제계와 비-사제계 편집 사이의 편집연대 관계 확립은 거의 문제가 될 것이 없다. 오경의 비-사제계 본문들은, 몇몇 예외적인 경우를 제외하고는, 거의 자동으로 선-사제계 본문들이기 때문이다. 그러나 다음에 상세히 살펴보겠지만, 이와 같은 예형은 지나치게 단순해서 오경 형성을 제대로 들여다보기에는 부족함이 많다. 특히 연구가 대부분은 사제계 저자가 오경의 발행인이라는 견해를 거부하면서, 이를 후(後)-사제계에 속한 하나 또는 여러 편집의 결과로 이해한다. 아울러 비-사제계와 사제계 본문의 편집연대 설정에 대해서도 문제가 야기된다. 비-사제계 본문들은 필수적으로 선-사제계 본문들이 아니며, 오히려 이 본문들 가운데 상당수는 후-사제계 편집으로 취급해야만 한다. 여기서 선-사제계 작품의 범위와 본질이 무엇인지 살펴야 하는 문제가 발생한다. 이 점에 대하여 현재 토론의 장은 활짝 열려 있다.

1.2. 야훼계 문헌의 결말

간단하게 말해서, 벨하우젠의 위대한 통합 이론을 물려받은 고전적인 문헌 예형의 위기가, 가장 최근에 이르기까지, 주석가들의 새로운 공감대 형성 위에서 펼쳐졌다고 분명히 말할 수 있다. 엘로힘계 문헌(E원전) 가설은 학자 대부분에 의해 아무런 조건 없이 포기되었으며, 야훼계 문헌(J)은 더는 기원전 10세기의 솔로몬 시대가 아니라 아시리아 시대(Seebass), 나아가 신(新)-바빌론 시대에 자리하게 되었다(Levin, Rose, Van Seters). 이 예형에서 야훼계 문헌은 오경의 선-사제계 중심 문헌으로 머문다. 한편 J문헌을 위해 수용된 연대에 따르면, J문헌과 신명기계 역사(HD: Histoire Deutéronomiste) 사이의 전통적 관계는 뒤집힌다. 레빈(C. Levin)의 주장을 예외로 하면, 야훼계 저자는 오히려 신명기계 역사를 전제로 하며, 창세기에서 신명기에 담긴 자기의 작품을 신명기에서 열왕기 하권에 이르는 HD의 일종의 '서문'으로 인식한다(Rose, Van Seters 참조). 이 예형은 오늘날에도 수많은 연구가에 의해 옹호된다. 그렇다 하더라도 야훼계 저자와 신명기계 학파의 관계에 있어 모호한 점이 있다. (Van Seters와 같은) 어떤 학자들에게 야훼계 저자는 신명기계 학파의 용어와 신학을 알고 있고 전제로 하나, 신명기계 정통파에 대해 저항하고 대립하는 보다 '자유주의적 입장'으로 어느 정도 거리를 두고 있는 저자 또는 편집자이다. 이와는 달리 (Rose와 같은) 다른 학자들은 야훼계 저자에게서 신명기계 저자들의 직계 모습을 발견한다. 유사한 사고방식이, 오경의 비-사제계 본문들을 야훼계 저자가 아니라, 유배시대에 HD 구성을 책임졌던 신명기계 학파의 후계자인 '신명기계 구성'(D-Komposotion, 또는 KD)의 작품으로 돌리는 블룸의 이론에서 발견된다. 이러한 판단의 차이점을 등한히 여겨서는 안 된다. 오경의 선-사제계 작품의 일관성에 대해 기본적인 문제를 제기하는 결과를 내기 때문이다. 탈출기와, 그리 중요하지는 않으나, 민수기의 비-사제계 본문들은 신명기계 언어 및 신학과 명백한 유사관계를 보여준다(예를 들어 땅의 약속에 관한 '군사적' 설명을 제시하면서 원주민의 추방과 결부된 탈출 23,31-33이나 34,10-13). 이와는 달리, 매우 예외적인 경우이기는 하나, 창세기의 비-사제계 본문들은 신명기계 전승과 병행 관계를 거의 보여주지 않는다. 창세기에 나타난 성조들의 약속이나 탈출기-민수기를 특징짓는 군사적 이념에 초점을 맞춘다면, 우리는 야훼계 문헌과, 이 문헌과 신명기계 학파와의 관계에 관한 매우 다른 개념을 확인할 수 있다.

그러기에 창세기와 탈출기/민수기 사이의 문체와 이념의 뚜렷한 차이가, 오경의 선-사제계 편집이 창세기와 함께 시작하는 오경 전체를 필연적으로 포괄한다는 최근의 연구에 따른 가설을 문제시하지 않는지 자문해 보아야 할 것이다. 이 점에서 1970년대의 위기로부터 떠오른 예형이 결국 문헌 이론상의 J문헌에 대한 전통적 개념과 독립적으로 머물게 되었다. 아무튼, 1990년대부터 뢰머(Th. Römer)는 반 세터스에 이어 HD가 언급하는 '조상들'은 초기엔 성조들이 아니라 이집트 탈출 세대를 가리킨다는 사실을 논증했다. 이러한 맥락 속에서 뢰머는, 창세기와 탈출기의 전승들이 선-사제계 오경에 여전히 분리되어 있었으며, 사제계 문헌이 바로 유일하면서도 동일한 문학 모음 속에 이 전승들을 규합한 장인이리라 가정했다. 이 가설은 이후 슈밋(1999)에 의해 개진된 논증의 대상이 되었으며, 아무튼 독어권에서는 점점 더 증가하는 다수의 연구가에 의해 수용되었다(이 점에 대해서는 2002년 Gerta의 공저와 2006년 Schmid과 Dosemann 참조). 그런데 이 가설은 오경의 선-사제계 편집에 관한 전통적 예형의 전적인 개조를 전제한다. 이 이론에 따르면, 창세기에서 신명기에 이르는 J문헌 유형과 동일한 편집이 선-사제계 단계에 결코 존재한 적이 없었으며, J문헌은 오경의 장인이 아니다. 이 결론은 특히 블룸(E. Blum)에게 최근의 간행물에서 자기의 예형을 수정하도록 이끌었다. 이 전과는 달리 창세기가 아니라 탈출기에서 신명기계 구성의 출발점을 찾기로 했기 때문이다. P문헌 이전에 창세기와 탈출기의 전승들이 여전히 분리된 상태로 계승되었다면, 아직 단 하나의 문헌에 수집되어 있지 않았던 선-사제계 소재의 이질적인 성격을 마땅히 인정해야 한다. 이러한 결론은, 본디 독립적이던 여러 모음이 경전의 형태를 갖춘 오경 뒤에 존재했다는 사실을 재발견한 최근의 연구 동향과 상통한다('단편이론').

1.3. '단편이론'의 회귀

'단편이론'은 현대의 오경 연구에서 '큰 문학 단위들'에 관한 렌트토르프의 작업을 통하여 그 회귀가 예고되었었다. 렌트토르프는 저서 '오경 전승사'(*Überlieferungsgeschichte des Pentateuch*)에서 노트(M. Noth)의 접근 방법을 취하면서도 그와 매우 다른 결론에 이르렀다. 노트는 오경의 주요 전승들과 (성조들, 탈출, 광야, 시나이, 정복과 같은) '대주제들'이 왕정시대 이전에 결합하였다고 판단한 반면에, 렌트토르프는 이러한 문학 현상이 블룸의 신명기계 구성(KD)에 견줄만한 신명기계 유형의 편집시에 일어났다고 본다. 이러한 관점의 변화는 이미, 처음에는 구별되어 있던 전승들이 후대에 와서 비로소 짜 맞춰졌다는 사실을 함축한다. 문헌가설 비평 이후 펼쳐진 첫 번째 작업이 특히 야훼계 문학 작품들을 강조하는 것이었다면, 더욱 최근의 작업은 오히려 선-사제계 소재 형성과정에서 독립적으로 수집된 작품들의 중요성을 일깨우는 것이었다. 이러한 면에서 '단편이론'으로의 부분적 회귀는 오경 형성을 지나치게 단순화한 것으로 보이는 예형에 맞선 반응으로 이해되어야 할 것 같다.

1.3.1. 창세/탈출기에 나타난 이스라엘 기원에 관한 서로 다른 두 가지 전승

신명기계 전승에서 조상들에 대한 언급이 창세기의 성조들이 아니라 탈출기 세대에 해당한다는 것을 논증하면서, 뢰머의 작업은 여러 관점에서 드 쀠리(A. de Pury)가 창세 25-36의 야곱 기사군을 연구한 다음 다다른 결론과 부합한다. 드 쀠리는 야곱 기사군이 본디 이스라엘의 기원에 관한 자립적인 신화, 이집트 탈출 전승과 경쟁 관계에 있는 것처럼 보이는 신화를 구성한다는 사실을 밝혔다. 따라서 우리는 이스라엘 백성의 기원에 관한 적대적인 두 개의 전승 앞에 서 있음이 분명하다. 창세 12-36의 성조 기사군에 담겨 있는 전승에 따르면, 이 기원은 예전의 조상들이 가나안 땅에 정착한 시대로 거슬러 올라가며, 탈출 전승에 의하면 이집트 탈출 시대로 올라간다. 이 두 전승 사이의 갈등은 출처에 관해 상반되는 두 개념 사이의 갈등에 해당한다. '족보' 개념에(창세기), 이스라엘의 정체성이 조상이 아니라 율법 순종에 근거하는 예언-신명기계 유형의 '소명' 개념이(탈출기) 대립하고 있다. 에제 33,24와 같은 본문은 이 두 기원 신화 사이의 갈등이 어느 때보다도 유배시대와 귀환 시대에 자리했으며 매우 격렬했던 것으로 가정한다. 이 두 전승을 처음으로 지속적인 이야기 안에 접목하면서 P원전('P^g', 아래 참조)은 따라서 별도의 종합을 시도하면서 이 갈등 극복을 위해 힘썼을 것이다.

이러한 결론은 그러나 사제계(P) 편집 작업 이전에 이미 이 두 전승 사이에 이러저러한 접촉이 있었다는 사실을 배제하는 것은 아니다. 우선, 특히 신명 26,5-9와 같은 몇몇 신명기계 기법(과 선-사제계 기법?) 본문은 이집트로 내려가는 전승과 이집트에서 탈출하는 전승 사이에 이미 연결고리가 있었음을 가정하는 것으로 보인다. 우리는 물론 이들 본문에서 후-사제계 연대를 고려할 수 있으나, 이는 순환적 추론이라는 논리적 위험에 빠질 수 있다. 다른 한편, 성조 기사들 가운데 여러 본문은 탈출 전승에 종종 반어적인 암시를 담고 있으며, 특히 창세 12,10-20이나 창세 16장이 그러하다. 이는 탈출 전승이 일부 성조 기사 저자들에게 알려져 있었음을 의미하며, 이들은 탈출 전승과 어느 정도의 거리를 두거나 비판적이었던 사람들이다. 끝으로, 창세기와 탈출기 사이의 관계 문제는 어떤 공감대도 형성되어 있지 않던 요셉 소설의(창세 37-50) 출처에 관한 질문을 제기한다. 요셉 소설에 대해 현재 학자들이 제안한 편집 연대는 9세기부터(북 왕국의 합법성, Dietrich) 헬레니즘 시대까지(Soggin) 펼쳐진다. 시편 105편과 또는 집회서의 '조상들에 대한 칭송'을(집회 44-50; 49,15의 요셉에 관한 언급은 편집상 덧붙여진 부분으로 보인다) 제외하고, 히브리어 성경의 모든 역사 요약 부분에서 요셉 기사가 빠져 있다는 사실은, 후대 디아스포라의 기록으로 취급하도록 뒷받침해 준다(이 책의 창세기 37-50장 입문 참조). 아무튼, 요셉 기사는 성조들과 이집트 탈출 사이의 관계 설정을 위해 필수적인 기사는 아니다.

1.3.2. 기원사(창세 1-11)

1981년부터 크뤼즈만(F. Crüsemann)은, 창세 12-25장에 하나의 이음 부분을 짐작하게 하는 어떤 표지도 담겨 있지 않다는 사실에 주목하면서, 기원 기사의 선-사제계 판의 독립성을 강조했다. 이 두 문학 단위 사이의 분명한 연결고리는 창세 12,1-3에서 발견되나, 이 본문은 여러 학자가 후-사제계 편집 흔적으로 여기는 후대의 접합 부분일 뿐이다. 비테(M. Witte)의 최근 탐구는 같은 방향을 따른다. 그는 창세 2-8장을 오경의 나머지 부분에 연결했을 선-사제계 편집이 존재해 본 적이 없다고 결론지었기 때문이다. 이 연결 부분은 오로지, (유배시대 이후 초기에 기초되었을) '야훼계'라 일컬어지는, 기원 역사를 사제계 기사 안에 통합한 최후 편집자의 작품일 것이다. 몇몇 저자들은 더 나아가, 창세 1-11장의 비-사제계 본문 전체가 후-사제계 시대에 기초된 것으로 간주한다 (Krüger, Otto 1996과 최근의 Arneth). 한편 비테의 연구는 독립적인 선-사제계 기사라는 가설이 더욱 바람직하다는 사실을 밝힌다(이 책의 창세기 1-11장 입문 참조). 이 기사는 분명 창조와(창세 2-3) 홍수를(창세 6-8) 보도하며, 이렇게 해서 메소포타미아 기원 신화와 비슷한 유다 기사를 구성한다(특히 아트라하시스 참조).

1.3.3. 모세 또는 이집트 탈출에 관한 고대 역사?

학자들은 종종 탈출 1-15장의 기사가 처음에는 독립적인 전승을 형성했다고 전제한다. 최근의 저자들 가운데 바이마르(P. Weimar)와 쳉어(E. Zenger)와 크나우프(E.A. Knauf)는 이집트 탈출에 관한 왕정시대 이전의 역사가 존재했다고 가정하나, 알베르츠(R. Albertz)는 탈출 1-15장에서 (예로보암 1세 시대의) 모세의 옛 역사와, 유배시대에 기초된 이집트 재앙과 탈출 역사의 흔적들을 찾아낸다. 또한 오스발트(W. Oswald)는 유배시대에, 탈출만이 아니라 이스라엘의 하느님 산 도착까지 기술하는 탈출 1-24장의 ('탈출-하느님의 산-기사'라는) 보다 논리적인 기사를 따라 변형되었을 탈출 1-15장의 기본적인 독립성을 강조한다. 최근의 연구에서 게르츠(J.C. Gertz)도 선-사제계 탈출 기사로서 처음에는 독립적이던 문학 윤곽을 상세히 재구성했다. 이집트 탈출에 관한 자립적 전승의 존재는 사실상 매우 진지한 하나의 연구 가설로 취급되기에 이르렀다. 한편 특히 블룸과 오토(E. Otto 2001)와 같은 또 다른 저자들은 오히려 탈출기의 현 기사 속에서 확인할 수 있는 그대로의 신(新)-아시리아 시대의 '모세의 생애'(*Vita Mosis*)가 존재했으리라 예상한다(오토와는 달리 블룸은 민수기에서도 몇몇 단편을 찾아낸다). 이 두 가설은 양립할 수 없는 것이며, 학자들은 여기서, 탈출의 본래 기사가 7세기를 전후로 해서 신-아시리아 제국의 군주와 동등한 인물로 소개하고자 힘썼을 모세의 진정한 전기로 발전되었음을 확신할 수 있었다(탈출 2장의 모세의 탄생 기사는, 그 기록된 이본들이 기원전 8세기 또는 7세기를 거슬러 올라가는 아카드의 사르곤 탄생에 관한 전설에서 빌려왔다).

주요 문제는 탈출의 본래 기사의 결말에 관한 것이다. 이집트 탈출에 관한 본래 기사가 (비-사제계 기사인) 탈출 14장에서 바다 건넘과 함께 마감된다면, 모세의 역사가 처음에는 어디서 마무리되는지 규정하기 매우 어려워진다. 오토는 계약 갱신 기사와 함께 탈출 34장에서 끝맺음한다고 가정하나, 이 가설은 매우 사변적이며 많은 난제에 부딪힌다. 이와는 달리 다른 여러 저자에게 이집트 탈출 기사는 땅 정복에 이르기까지, 나아가 왕정제도 초기에 이르기까지 펼쳐진 이야기 줄거리에 관한 논쟁을 일으킨다(Schmid). 어찌 되었든, 탈출의 본래 전승은 후기에 발전된 양상을 띠고 있는 광야 체류에 관한 부정적인 전개를 포함하지 않을 수 있다. 사실 호세아서의 몇몇 광야 언급은(호세 2,5; 9,10; 13,5) 광야 시대를 야훼와 이스라엘 사이의 만남에 있어 긍정적인 시대로 소개하며, 아직은 현재 탈출기 본문과(탈출 15-18) 특히 민수기에서 찾아볼 수 있는 중얼거림과 반항의 전승이 분명히 존재했다고 전제하지 않는다.

1.3.4. 법규집

주석 연구는 오래전부터 오경에서 세 법규집, 곧 '계약법'과(탈출

20,22-23,33) 신명기법과(신명 12-26), '성결법'을(레위 17-26[27]) 확인했다. 이 세 법규집은 오랫동안 본디 독립적이던, 후에 현재의 문맥 속에 삽입되었을 법규집으로 취급되었다. 계약법과 신명기법의 독립성은 언제나 대부분 학자에 의해 수용되는 가설이다. 세 법규집 가운데 계약법이 가장 오래되었다는 전통적인 가설 역시 마찬가지이다(Van Seters만 예외). 이와는 달리 성결법의 본래 독립성과 (유배시대 전후의) 전통적인 연대표기는, 이 법규집에서 오히려 후대의 구성, 사제계 기법 또는 후-사제계 구성을 확신하는 저자들에 의해 오늘날 점진적인 논쟁의 대상이 되고 있다(아래 참조).

계약법과 신명기법의 경우에 주된 문제는 현재의 문학적이며 서술적인 문맥 속에 이 법규집을 통합하는 문제와 관련되어 있다. 이 통합을 책임진 편집은 어떤 것인가? 신명기법의 경우 물론 우리는 (여호수아기에서 열왕기 하권에 이르는) 전기 예언서 구성을 책임진 신명기계 편집자들을 다시 떠올린다. 그러나 신명 12-26장의 편집적인 틀 가운데 일부, 특히 신명 31-34장과 추정컨대 신명 1-11장이 오경에 신명기를 삽입시키는 역할을 했으며, 따라서 후-사제계 편집자들의 작업 결과였던 것으로 보인다.

계약법의 경우 문제는 더욱 복잡하다. 시나이와 관련한 단원 속에 계약법을 삽입시킨 단계를 이미 선-신명기계 단계로 본 블룸과는 달리, 최근의 여러 연구작업은 이 삽입을 후-사제계 편집으로 돌린다(특히 Crüsemann, Levin, Otto 2000 참조). 오토에게 있어서 특히, 계약법을 간행하고 최후의 편집시 이 법규집을 시나이 단원 속에 삽입시킨 요인은, 신명기법을 거쳐 가장 오래된 법규집(계약법)과 가장 최근의 법규집(성결법)에 이르기까지 이스라엘의 법률 전승 전체를 발간하고자 했던 의지였다. 대체로 오늘날 학자들은 시나이 단원 서사체 틀의(탈출 19장과 24장) 여러 문구 역시 후-사제계 문구로(특히 탈출 19,3-8) 보려는 경향이 지배적이다. 따라서 우리는 탈출 19-24장의 시나이 단원 전체가, 오토가 그렇게 보고자 하는 것처럼, 후-사제계 편집이 아닌지 자문해야 한다. 아무튼, 이러한 해결안은 중요한 난제를 불러일으킨다는 사실에 주목해야 한다. 이 단원이 복잡한 편집사를 분명히 겪었고, 이 단원을 오경의 유일한 편집자의 작품으로 돌리는 데 어려움이 많기 때문이다. 계약법이 선-사제계 단계에서 탈출기의 본래 기사 속에 삽입되었을 가능성은 따라서 온전히 배제될 수는 없다. 그러함에도 불구하고 이러한 편집의 문학적 윤곽을 재구성하는 것은 난해한 문제로 머문다(좀 더 자세한 부분은 이 책에서 O. Artus가 기여한 부분 참조).

1.4. 종합

종합적으로 말해서, 앞서 빠르게 훑어본 개략적 내용은 오경의 선-사제계 전승들이 사제계 학파의 작업 이전에 유일하며 똑같은 문헌 속에 수집되어 본 적이 없었다는 사실을 전제한다. 따라서 선-사제계 단계에서 창세기에서 민수기 또는 창세기에서 신명기에 (또는 창세기에서 열왕기 하권에) 이르는 통일된 기사가 존재했다는 가설은 포기해야 한다. 오경의 선-사제계 자료를 구성하는 주요 문학 전승들은, 본래 독립적이던 탈출 20,22-23,33과 신명 12-26장의 두 법규집과, 창세 1-11장의 기원 기사와, 창세 12-25장과 26-36장의 성조 아브라함과 야곱 기사군과, 끝으로 이집트 탈출을 보도하는 대안적인 신화이다. 이 마지막 전승은 본디 탈출 14장에까지 펼쳐져 있었을 것이며, 이어서 신-아시리아 시대의 '모세의 생애'로 변형되고, 나아가 선-사제계 단계로서 탈출 19-24장이 처음 발간될 때 덧붙여진 부분으로 보완되었을 수 있다. 느헤 9장을 제외하고 역사적 요약 부분에서 거의 확인되지 않는, 시나이에 관한 단원의 선-사제계 단계를 재구성한다는 것은 여전히 논쟁거리이다.

2. 오경의 사제계 문학(P)에 관한 최근의 연구

2.1. 오경 주석에 있어 P문헌에 관한 연구 갱신 : 윤곽과 목적

19세기 후반에 이전 문헌이론과 '새' 문헌이론 지지자들 사이 논쟁의 중심에 있던 '사제계' 원전(P)은 20세기 대부분 오경에 관한 연구에서 그리 큰 역할을 하지 못했다. 오늘날, 오경 형성에 관한 전통적인 이론들이 붕괴한 그 자리에 사제계 원전에 관한 관심이 다시 일어나기 시작한다. 우선, 사제계 자료와 비-사제계 자료 사이의 구별이 19세기처럼 오경의 원전들과 편집 분석의 기초로 머물기 때문이다. 그뿐만 아니라 – 이 점이 더 오래된 연구로부터 P원전에 관한 최근의 연구를 부분적으로 구별해준다 –, 역사 주석이 유배시대 이후 공동체의 지적이며 종교적인 생활에 있어 제2 예루살렘 성전 사제들의 역할이 컸음을 점진적으로 발견하거나 재발견하기에 이르렀기 때문이다. 오늘날, 사제들의 세계가 야훼 유일신 사상의 주요 원동력이었음이 분명하게 드러난 상태이다. 그러기에 'P'라는 약자 아래에 규합된 복잡한 이 문학 단위의 형성에 관한 연구는 오경의 형성만이 아니라, 오경에서 최소한 부분적이라도 페르시아 시대 제2 예루살렘 성전 공동체의 사회적, 경제적, 종교적 발전의 반영을 읽어볼 수 있다는 점에서 특별한 관심을 제공한다.

P문헌에 관한 최근의 연구는 주로 '최초의 P문서'(*Grundschrift* : P^g)를 재구성하고, 사제계 문학과 오경의 구성역사를 위한 의미 부여가 오늘날 중요한 논쟁의 대상이 되는 레위 17-26장의 소위 성결법을 살펴보는 일이다. 나머지 사제계 법규들, 특히 레위 1-16장은 특히 공시적(共時的) 유형의 연구 대상이 되었으나, 그 출처와 형성과 오경 구성을 위한 의미 부여는 최근의 연구에서 거의 등한시되었으며, 우리는 이 점을 유감스럽게 생각할 수 있다.

2.2. 최근의 토론에서 최초 사제계 문서(P^g)의 출처와 성격과 기능

문헌이론 문맥 속에서 (어쨌든 독일계의) 연구는 언제나, 근본적으로 서사체로 되어 있는 최초의 P문서(*Grundschrift* : P^g)와, 특히 레위기와 민수기에서 찾아볼 수 있는 '법률' 자료 일부를 묶는 다양한 이차적인 전개 사이를 구별했다. 벨하우젠이 제안한 문헌이론에 관한 고전적인 예형에 따르면, P^g는 J와 E와 D에 이어 오경 속에 자리한 독립적인 최후 원전을 이룬다. 이어서 P^g는 기원전 5세기 내내 다양한 덧붙임으로 점차 보충되어 나갔을 것이다. 여기에는 주로 페르시아 시대 제2 예루살렘 성전 예배의 발전된 모습을 반영하는 제사 규정들이 자리했을 것이며(이차적인 P 문헌을 가리키는 P^s), 이 규정들은 통일된 문헌 안에서 다른 원전들과 통합되었을 것이다. P^g가 본래 독립적이었다는 가설은 오늘날 저자들 대부분에 의해 유지되고 있으나, 문헌가설에 이의를 제기하는 흐름 속에서 (특히 미국의 Cross와 Van Seters, 독일의 Rendtorff, Blum, Crüsemann과 Albertz와 같은) 상당수의 주석가들은 비-사제계 자료의 일부 또는 전부를 편집한 주체로 보고자 한다. 그러함에도 불구하고 학자들의 여러 연구 결과 P문헌의 본래의 독립성, 특히 창세기와 탈출기의 P단편들이 일관성 있는 기사를 이루거나 P문헌이 (홍수와 탈출 같은) 비-사제계 기사 속에 보도된 여러 일화에 관한 고유 이본을 보존하고 있었다는 사실이 확인되었으며, 한 명의 P편집자라는 가설은 더는 받아들여질 수 없는 이론으로 취급되었다.

P문헌에서 본래 독립적이던 하나의 원전을 본 전통적인 가설이 유지된다 하더라도, 이 원전을 인식하기에 적절한 방법은 오늘날 중대한 논쟁의 대상이 된다. 토론은 우선 P^g의 범위 문제에 머무나, 이러한 문제 제기는 P문헌과 오경 형성 이해에 미치는 일반적인 결과를 안고 있다. P문헌을 토라의 최후 원전으로 취급한 전통적인 이론은, P^g는 토라가 본래 '육경'이었다는 가설에 따라 여호수아기에서(여호 18-19), 또는

최초의 육경 가설이 특히 노트의 영향력 아래 점차 포기되어 가면서 신명기의 끝부분인 34장에서 마감된다고 확인했다. 신명 34장에서 결말 부분을 찾는 해결안은 그러나 P^g의 작품으로 보는 구절들이(1절 일부와 7-9절) 엄격한 의미에서의 모세의 죽음에 관한 기사를 포함하지 않는다는 점에서 문제가 있다. 또한, 1988년에 발표된 페를릿의 연구는, 이 구절에 사용된 언어가 오히려 오경의 최후 편집적 특징을 보인다는 사실을 논증했으며, 이는 이후 많은 학자가 수용한 결론이기도 하다. 학자들은 따라서 신명 34장 이전 단계, 곧 민수기에서 P^g의 결말을 찾아낸다. 그러나 앞서 제안된 후보군, 다시 말해서 기본적으로 (모세의 죽음을 말하는) 민수 20장 또는 (여호수아의 계승을 알리는) 민수 27장은 P^g기사에 만족할만한 결말을 제공하지 못하며, 이 본문들은 한편 민수기 P유형 대부분의 본문처럼 오경의 최후 편집과 접근시키는 여러 요소를 담고 있다. 그러기에 아우렐리우스(E. Aurelius)는 1988년부터 P^g의 결말은 이스라엘의 광야 체류 기사가 아니라 시나이 단원에서(탈출 25-민수 10) 찾아야 한다고 주장한다. P^g의 결말이 시나이 단원에 자리하고 있다는 가설은 오늘날 상당한 공감의 대상이 되고 있으나, P^g의 정확한 결말 확인 작업은 여전히 논쟁 중이다. 1995년의 연구에서 폴라(T. Pola)는 최초 P기사의 끝을 시나이의 성막 설립 완성을 전하는 탈출 40장에 자리하도록 제안한다. 이 가설은 이후 다양한 저자들에 의해 수용되나(Bauks, Kratz 참조), 다른 저자들은 P^g문헌이 처음에는 레위기에서 마감되었을 것으로 추정한다. 이러한 관점에서 쳉어(E. Zenger)는 레위 9장의 제사 개시에 관한 기사를 제안한다. 이 장은 새로 세워진 제단 위에서 첫 제물을 바침으로 절정에 이르는 P기사에 하나의 훌륭한 결론을 제공한다. 한편 니한(C. Nihan)은 여러 면에서 창세 1장과 관련된 성소 정화의식을 언급하는 레위 16장에서 P^g의 결말을 찾을 수 있다는 가능성을 검토한다. 문학과 개념에 관한 이러저러한 판단에 좌우되는 이 다양한 해결안 사이에서 하나를 택한다는 것은 쉬운 일이 아니다. 탈출 40장에서 P^g의 결말을 찾는 가설을 지지하는 저자들은 특히 탈출 40,34-35에서 확인할 수 있는 명백한 이중어록을 근거로 내세운다. 탈출 40,35가 레위 9,23-24를 준비하는 역할을 한다고 가정할 때, 이 구절을 후대의 첨가 부분으로 취급한다는 것은 P문헌에서 탈출기와 레위기 사이의 관계가 이차적임을 전제해야 할 것이다. 한편 레위기에 P^g의 결어가 자리한다고 주장하는 저자들은, 성막 설립 기사 전체가 레위 1-9장 또는 1-16장의 제사 제도에 관한 기사에서 그 논리적인 결론을 찾을 수 있다고 확신한다.

시나이 단원에 P^g의 결말이 자리한다는 가설은 작금의 연구 과정에서 의견의 일치를 이루는 데는 아직 거리가 있다(특히 Schmid과 Frevel의 최근 연구 참조). 그러함에도 불구하고 이 가설을 수용한다면, P편집이 본디 창세-탈출기(이는 어떤 면에서 1807년부터 W.M.L. de Wette가 내세운 가정과 관련이 있다) 또는 창세-민수기에 제한되었다는 사실도 받아들여야 한다. 이 가설은 또한 P문헌 초판의 성격과 기능과 의미 부여를 전면 수정해야 하며, 특히 전통적인 비평이 체계적으로 그렇게 해 왔던 것처럼 P^g를 오경의 다른 원전들과 병행하는 기사로 인식하는 개념을 포기해야 함을 의미하기도 한다. P문헌의 초판은 땅의 정복까지 펼쳐지지 않고, 하느님께서 구름 속에 머무셨던 시나이산 정상을 떠나(탈출 24,15ㄴ-18ㄱ: P^g) 백성이 건립한 성소에 거하시기 위해 당신 백성 한가운데로 내려와 머무시는 기사로(탈출 40,34) 마감된다. 이와 같은 도식에서 본다면, 탈출의 궁극적인 목적과 마무리는 땅의 정복이 아니라 하느님께서 이스라엘 한가운데에 현존하시기 위해 돌아오시는 사건과(창세 1-탈출 40) 예배 제도 확립에서(레위 1-16) 발견된다. 이 두 주제를 차례대로 살펴보기로 하자.

2.3. 창세 1-탈출 40장 기사의 의미

창세 1-탈출 40장의 사제계 기사 구조는 고대근동의 다양한 창조신화에서 공통으로 드러나는 도식으로부터 영향을 받았음이 분명하며,

특히 메소포타미아의 설화 에누마 엘리시(*Enuma Elish*)에서 확인할 수 있다. 이 설화는 세상의 창조로 시작해서(창세 1) 창조주를 위한 성소 건립으로(탈출 25-40) 마감되는 도식을 보인다. 여기서 성소 건립은 카오스의 세력에 대한 창조주의 승리를 기념하는 일종의 구체적 표지를 드러낸다. 아무튼, 땅에 폭력(*ḥāmas*)이 끼어들어 홍수로 징벌을 받음으로(창세 6,11-13) 하느님과 인간 사이의 본래의 친밀한 관계가 파괴되나, 이스라엘의 예배 안에서 하느님과 인간 사이의 친교가 회복되는 사건을 묘사하는 P^g기사에서 이 기본 도식은 더욱 특이한 문제 제기 역할을 한다. 창세 6-8장의 홍수에 관한 P기사는 인간과 동물이 창조주 하느님께서 마련해주신 평화로운 공존 프로그램을(창세 1,29-30) 따를 능력이 없음을 징벌한다. 홍수가 지난 다음, 창세 9,1-17(P^g)에서 하느님께서 노아와 자손에게 내리신 말씀은 '홍수 이후의 창조' 안에서 펼쳐져야 할 하느님과 인간과 동물 사이의 관계를 정의한다. 창조주 하느님은 이제, 몇 가지 조건 아래서 그 원칙을 인정하시는(9,2 이하), 인간과 동물 사이의 폭력의 불가피성을 법적으로 인정하신다. 반면에 하느님과 인간은 이제 분명히 분리된 영역에 머물며, 이 영역은 "하느님과 땅 사이의"(9,13) 하늘에 자리한 하느님의 (왕권의 상징인) 무지개, 하느님께서 당신의 창조물을 잊지 않으실 것을 보증하는 무지개를(창세 9,15-16) 통해서만 연결될 것이다. 그러나 하느님께서 이처럼 물러나 앉으심은 결정적인 것이 아니다. 이와는 달리, 노아의 세 아들의 자손들인 세상의 주요 민족들이 온 세상에 분산되고 나 다음(창세 10), 하느님은 아브라함과 그 자손들과 영원한 계약을 맺으실 것이며(창세 17), 탈출기의 사제계 문헌이 이야기하는 대로(특히 탈출 6,2-8과 29,45-46 참조) 이 자손들 가운데 특별한 종족 곧 야곱/이스라엘의 자손들을 택하여 당신 백성으로 삼고 그들 가운데 머무신다. 이스라엘의 자손들이 하느님의 지시에 따라 시나이산 기슭에 세운 성소에 하느님의 영광이 입성하시는 장면을 묘사함으로 마감되는 P^g기사는(탈출 40,34; 참조. 탈출 25-40) 이처럼 이스라엘 성소의 신성한 공간에 하느님이 인간에게 현존하심을 부분적으로 복원함으로써 완료된다. P기사에서 이스라엘은 이제, 드 뿨리(A. de Pury)의 양식에 따라, 세상 민족들 가운데 '사제계 민족'이 된다.

신이 활을 당겨 카오스 세력을 상징하는 물속 괴물을 위협한다. (구름 속 무지개를 언급하는) 창세 9장은 야훼가 카오스 세력과 맞서 창조물을 보호한다는 사실을 표현하는 것 같다.

이스라엘에 하느님의 현존이 복원된다는 주제는 한편, P문헌에서, 인간을 향한 하느님의 계시가 점진적으로 묘사되는 도식으로 짜여 있다. 창세 1-11장 전체 가운데 인류에게 할애된 P^g단원에서, 세상의 하느님은 조직적으로 엘로힘 곧 '하느님'이라 불리나, 성조들에게는(창세 12-50) 엘 사다이 곧 '전능하신 하느님'으로 소개된다(창세 17,1과 탈출 6,3 참조). 성조들의 시대는 따라서 세상의 하느님 신원이 이미 서서히 계시되어 나가는 진행 과정이라는 특징을 지닌다. 신원이 밝혀지는 과정은 아무튼, 한 백성이 되도록 이스라엘 자손들을 이집트의 종살이에서 해방시켜야 할 것을 모세에게 통고하실 때 당신의 고유한 이름 야훼를 계시해주신(탈출 6,3) 이스라엘과 함께 절정을 이룬다. 이 최후의 계시와 함께 세상의 창조주 하느님과 이스라엘 민족의 하느님은 오로지 '한 분이시며 같은 하느님'으로 확인된다. 우리가 잘 알고 있는 것처럼, 하느님의 계시라는 주제는 이제 P^g문헌이 물려받은 세 전승 총체, 곧 창조와(창세 1-11) 성조들과(창세 12-50) 탈출을(위의 '선-사제계 오경의 범위와 성격 문제' 참조) 연결하고 조직하는 동력이 된다. 이는 이어지는 세 시대를 하나의 동일한 역사, 특별한 한 민족에게 하느님의 본성을 계시하는 방향으로 온전히 규합된 역사로 만들기 위함이었다. 여기서 우리는, 이스라엘의 기원 역사가 세상의 기원 역사와 처음으로 조심스럽게 연결된, 특별히 구상된 기원 신화를 접한다. 탈출이 이스라엘을 민족으로 따로 떼어 구성하는 계기가 된다. 이스라엘은 이제 그 존재 이유와 소명으로 홍수 이후 전 인류의 종교사를 어느 정도 완성하는 민족이 된다. 이 민족은, 땅에 폭력이 침투하고 원시시대의 홍수로 징벌된 이래 단절된 하느님과의 친교를 예배 안에서 복원하도록 초대된 민족이기 때문이다.

이러한 이스라엘의 기능과 정체성 개념은 주로 이스라엘의 기원에 관한 선-사제계 전승들을 재해석하여, 이 전승들을 유다 사회의 두 가지 새로운 기초 구조와 양립할 수 있도록 하는 데 목적이 있다. 사제계 세계에 의해 고양된 야훼 유일신 사상과, 페르시아의 (아케메니데스) 제국에 의해 부과된 정치적이며 경제적인 새로운 질서, 이 두 구조는 특히 유배시대와 귀환 이후의 신명기계 학파에 의해 표명된 전통적이며 민족적인 개념이 적응할 수 없던 것이다. 이스라엘을 세상의 하느님이 어떤 분인지 제대로 알고 있으며 당신 성소에 계신 하느님의 현존을 위탁받은 유일한 민족으로서의 '사제계 민족'으로 정의하면서, P^g문헌의 저자는 페르시아 제국의 상황에서 재건된 (또는 재건 중인) 성전을 중심으로 모인 야곱 자손들의 작은 공동체가 실천할 수 있는 역할을 다시 생각한다. 예루살렘과 그 성전은 이제, 사제계 저자의 관점에서 볼 때, 오로지 세상의 예배 중심일 뿐이다. 우리가 잘 알고 있는 것처럼, 이 주제는 유배시대 이후의 복구에 관한 예언 말씀 속에 자주 등장한다. 그러나 이 예언 말씀과는 달리, P^g문헌에서 세상의 예배 중심으로서의 시온의 변형은 종말론적인 약속에 관한 것이 아니라, 창세-탈출기의 P기사의 서술 논리에 따라 세상의 기원부터 이스라엘에 부여된 소명, 따라서 어떻게 보면 창조 질서 자체에 들어 있던 소명에 속한 것이다. 이 소명은 이렇게 근본적이어서 하느님께서 약속하신 땅에 이스라엘이 입성할 때 이미 존재하던 것이다. 이 입성은 다른 곳에서는 단순히 전제될 뿐이며, P^g문헌에서는 전혀 이야기되어 본 적이 없다. 페르시아 제국이라는 상황 속에서 이와 같은 개념은 아마도, 이스라엘의 사제계 소명은 궁극적으로 이스라엘이 땅 위에서 행사하는 정치적이며 군사적인 통제에 좌우되는 것이 아님을 시사하는 데 목적이 있는 것 같다. 제2 예루살렘 성전을 세상의 예배 중심 대열로 격상시키고, 예루살렘에 모인 이스라엘의 자손들 공동체가 예배에 적극적으로 참여함으로써 아케메니데스 제국시대에도 자신들의 정체성을 새롭게 정의하도록 북돋운 정치적이며 종교적인 이 프로그램은, 페르시아 시대 초기에 온전히 새로운 종교적 구조, 곧 사제계 학파가 주창한 (특히 이사 40-48장에서 확인할 수 있듯이, 다른 신들의 존재를 거부하는 '배타적인' 유일신 사상과는 달리) '포괄적인' 야훼 유일신 사상의 등장으로 가능하게 되었다. 이스라엘 민족의 하느님 야훼가 유일하신 하느님, 다른 민족들이 하늘과 땅의 창조주 하느님으로 경배하는 분이 되자, 이스라엘의 예배는 배타적인 민족적 차원의 예배를 멈추고 필연적으로 차원을 세계로 넓혀나간다. 민족적 특수성 보존을 위협하던 아케메니데스 제국시대에 의해 마련된 경제적이며 다문화적인 거대 시장이라는 상황 속에서, 제2 성전에서의 야훼 예배는 이제, 사제계 문헌의 관점에서 보면, 독자성과 보편성의 중개가 이루어지는 공간이 된다.

2.4. '사제계 토라'의(레위 1-16) 출처와 기능

P^g문헌의 구성과 범위와 의미에 대한 토론 현황을 통해 우리는 레위 1-16장의 형성과정을 새로운 방법으로 살필 수 있게 되었다. 고전적인 문헌이론 이후, 이 장들은 전통적으로 제의화를 추구하면서 율법주의적인 유형의 일련의 첨가 부분으로 'P^s'라는 약자 아래 재규합된 이차적인 다양한 사제계 편집자들의 작품으로 취급되었다. 더욱 예리한 분석은 레위 1-16장 구성의 문학적인 일관성은 물론, 사제계 문헌을 위한 이 단원의 중요성을 분명히 드러냈다. 1-16장은 근본적으로 두 개의 큰 규정집으로 구성된다. 하나는 제물들에 관한 것이며(레위 1-7), 다른 하나는 공동체 구성원의 오염(부정)의 경우 이 오염의 정도에 따라 취해야 할 방법에 관한 것이다(레위 11-15). 제물에 관한 규정집은 첫 사제들의 임직식 기사와(아론과 그의 아들들, 레위 8), 사제들에 의한 첫 제물 봉헌과 제사 개시로(레위 9) 마감된다. 한편 부정의 경우에 관한 규정집은 레위 16장의 성소 정화를 위한 연례 대제의에 관한 묘사로 마무리된다. 레위 1-16장은 이처럼 일종의 사제계 큰 '토라'(가르침)를 형성하며, 이 토라는 시나이산 기슭 만남의 천막 앞에 모인 공동체가 읽도록 하는 데 목적이 있다. 이 토라는 논리적이며 동시에 창세 1-탈출 40장의 P^g기사에 필수적인 보충 부분을 이룬다. 한편, 시나이산 기슭에 모인 공동체가 전형적인 두 사제계 권한 영역에 속하는 제사에 관한 규정과 부정의 경우 취해야 할 방법을 받았다는 사실은, 온 이스라엘이 이제 사제들의 백성이 되었다는 사실을 다져준다. 다른 한편, 성소 건립 기사가 하느님의 현존이 성소라는 신성한 장소에서 이스라엘 한가운데로 회귀한다는 이야기로 마감되는 반면(탈출 40,34), 레위 1-16장의 사제계 토라는 (P의 가상 모세라는 문맥 속에서) 시나이산 기슭에 모인 공동체가 합당한 제물로 하느님을 받들고(레위 1-7) 성소를 더럽혀 그분의 진노를 초래하는 일이 없도록 가르친다(레위 11-16).

레위 1–16장의 편집자들은 제물과(특히 레위 1–3) 부정의 경우에 관한(특히 레위 11,2–23; 12?; 13–14; 15) 전통적인 다양한 규정들을 사용했다. 이 규정들은 본디 사제 양성을 위해 마련된 훈련용이었을 것이다. 사제계 편집자들은 이 규정들을 (몇몇 규정들이 여전히 사제들에게 유보되어 있다 하더라도, 6–7장과 13–14장 참조) 이스라엘의 자손들 공동체 전체를 위한 것으로 각색하여 P문헌의 시나이 계시 문맥 속에 삽입시켰다. 또한, 레위 9장과 16장의 제사 규정을 덧붙임으로써 P편집자들은, 이스라엘 자손들 공동체의 하느님 현존 접근이라는 P^g의 핵심 주제 속에 이 규정들을 분명하게 삽입시켜 놓았다. 탈출 40장에서 야훼는 이스라엘 자손들이 당신에게 세워준 성소를 취하시나(P^g문헌에 속하는 탈출 40,34), 모세는 아직 성소의 입구를 건너갈 수 없었다(탈출 40,35). 레위기는 따라서 야훼께서 만남의 천막 입구에서 모세에게 처음으로 제물에 관한 여러 가지 규정들을(레위 1–7) 전해주시는 그분의 말씀으로 열린다(1,1). 첫 사제들이 축성되고 모세가 받은 규정에 따라 첫 제물들이 봉헌된 다음(9,1–21), 대사제 아론은 백성을 축복하고(9,22), 아론을 동행한 모세는 비로소 만남의 천막 입구를 가리키던 첫 휘장을 거쳐 천막에 들어갈 수 있었다(9,23). 야훼는 제단 위의 제물을 불사르시고, 제단 앞에 운집한 온 공동체에게 당신의 '영광'을 드러내신다(9,23ㄴ–24). 이렇게 해서 하느님과 인간(이스라엘) 사이의 통교가 홍수 이후 처음으로 온전하게 회복된다. 끝으로 레위 16장에서 아론은 처음으로 성소의 둘째 휘장을 건너 하느님 현존의 장소인 지성소에 들어갈 수 있는 허락을 받는다.

이처럼 레위 1–16장 구성은, 우리가 살펴본 대로 비록 P문헌 발전에 있어 이차적인 단계를 이룬다 하더라도, 창세 1장에서 시작된 사제계 기사의 진정한 끝마무리를 보여준다. 탈출기의 마지막 장에서(탈출 40) '사제계 민족'으로 정의된 이스라엘 자손들 공동체는 이제 이 사제직을 이해하도록 이끌 규정들과 법규들의 지도를 받는다. 이 점에서 레위 1–16장은 고유한 방식으로 다른 민족들로부터 이스라엘이 분리되는 과정을, 이미 창세 1–탈출 40장의 P기사에서 진행되어 온 과정을 뒤따르고 연장한다. 세상의 하느님이 거하시는 공동체는 제물에 관한 지식과(레위 1–7) 가장 완벽한 정(淨)으로(레위 11–15, 특히 레위 11!) 다른 민족들과 구별되어야 한다.

2.5. '성결법'과(레위 17-26/27) 5세기 말 제2 예루살렘 성전 공동체의 이상적 관습법으로서의 토라 발간

레위 1–16과는 달리, 17–27장으로 이루어진 단원은 최근의 연구에서 또다시 중요한 토론의 대상이 되었다. 여전히 열려 있는 이 토론은 사제계 문학구성사를 인식하는 방법에 있어 중대한 영향력을 행사하는 것 같다.

1866년 그라프(K.H. Graf)의 연구 이후, 학자들은 일반적으로 레위 17–26장 뒤에 더 오래된 법규집, 레위기에 삽입되던 시점에 P문헌에 의해 조율되고 발간되었을 소위 '성결법'이 있었다는 사실을 인정했다. 신명기법과 에제키엘과의 병행 현상 때문에 선–사제계 성결법 편집은 기원전 6세기 중에, 나아가 보다 보수적인 저자들이 볼 때는 7세기 후반기에 자리한다. 한편 학자들은 성결법의 저자들은 더욱 오래된 수많은 법적 전승들을 활용했을 것이며, 어떤 것들은 이미 모음으로 규합되었을 것이라고 보았다(레위 18–20; 21–22 등). 그런데 몇 년 전부터 이러한 공감대는 완전히 문제시되기 시작했다.

1) 우선, 여러 저자는 설득력 있는 방법으로 형성 비평학파의 연구 차원에서 점차 문제시된 성결법이 계약법과 신명기법과 나아가 십계명에 문학적으로 종속되어 있음을 재확인했다(특히 Cholewínski, Otto [1994, 1999], Gründwaldt, 끝으로 Stackert 참조). 최근의 연구 결과, 성결법은 이제 예전의 법적 전승 일체를 잘 알고 있었고, 특히 신명기와 계약법 사이의 차이점 극복을 위해 수차례에 걸쳐 이 전승을 조율하고 보완 또는 개정

하고자 힘썼던 오경의 최후 법규집으로 분명히 밝혀졌다. 이러한 현상은 성결법의 상세한 여러 규정에서 잘 드러나며, 우리는 이에 관한 여러 예를 앞서 언급한 저자들의 작품에서 확인할 수 있으나, 특히 레위 17장과 23장과 25장의 세 법규집에서 자명하다. 레위 17장은 악신들에게 바친 제물과 동일시되는 비종교적인 도살과 맞선 논쟁 중에, 제물로 바칠 수 있는 모든 짐승은 오로지 제단 위에서 도살되어야 한다고 규정한다. 이러한 규정은 비종교적인 도살을 허용했던 신명기법에(신명 12 참조) 의해 단행된 개혁에 맞선 비판적인 반응으로 해석되어야 할 것이다. 레위 23장은 탈출 23,14-17과 신명 16장에서 증언된 연례 순례 삼대 축제를 되풀이하는 축제 달력을 담고 있으나, 다양한 추가 예식거행으로 이 축제들을 풍요롭게 하며, 전례력상 처음으로 각 축제의 정확한 일자를 명기하는 특징을 보여준다. 특히 우리는 레위 23장의 전례력이 파스카 축제와 무교절 사이의 결합을 고유한 방법으로 반복한다는 사실에 주목한다(23,5-8). 계약법은 아직 이 결합을 모르고 있었으며, 신명기에서(신명 16) 처음으로 증언된다. 끝으로 레위 25장은, 본디 사회 구성요소와 함께 하는 땅을 위한 휴경의 해를 말하던 탈출 23,10-11의 안식년에 관한 법규와, 그 또한 이미 일곱째 해에 관한 계약법의 법규를 개정한 신명 15,1-18 사이의 과감한 종합을 단행한다. 신명기법에서 일곱째 해는 더는 휴경의 해가 아니라, 채무 탕감의 해로 변경된다(신명 15,1-11). 한편 이 법규는, 계약법에는 두 법규가 여전히 분리된 상태임에도 불구하고, 이제 일곱 해가 지난 다음 종들을 자유로이 놓아주어야 한다는 새로운 법규로 이어진다(신명 15,12-18; 참조. 탈출 20,2-11). 레위 25장은 한편 신명기계 문헌을 거슬러 진정한 의미에서의 사회 구성요소를 생략한 채 안식년에 관한 순수 농업적인 해석을 되돌려 놓으며(25,2-7 참조), 일곱째 안식년 곧 마흔아홉 해마다 단절되는 희년에 대한 사회정치적인 차원을 진술한다. 레위 25장은 또한 야훼께서 당신의 '종들'(!)로 정의된(특히 25,23-24와 55 참조) 이스라엘의 자손들에게 경작만이 위임된 땅의 유일한 소유주로 머무신다는 본래의 관점을 발전시킨다. 이와 같은 개념은 이제, 이스라엘 자손들 공동체의 구성원들이 땅과 함께 자기 동족들의 노동력을 자기화하려는 시도를 금한다. 땅도 노동력도 야훼께 속한 것이기 때문이다. 계약법과 신명기법에 담긴 종들의 해방과 채무 탕감에 관한 예전의 법규들은 성결법의 고유한 관점에 따라 이렇게 효력을 상실한다. 공동체의 가난한 구성원은 자기 땅의 소출을 팔 수 있고 다음 희년까지 자기 노동력을 빌려줄 수 있다(25,14-16과 39-43).

2) 한편, 여러 저자는 최근에 성결법이 독립적인 법규집을 형성해 본 적이 없고, 단숨에 현재의 문학적 문맥으로, 따라서 레위 1-16장 P 법규의 보충 부분으로 인식되었다는 주장을 펼쳤다(다양한 관점에서 Knohl, Milgrom, Otto[1999]와 Ruwe 참조). 이러한 결론은, 특히 성결법이 수차례에 걸쳐 P법규를 참조할 뿐만 아니라(예를 들어 레위 11,41-45를 분명하게 참조하는 20,25 참조), P법규를 비-사제계 다른 법규들과 분명히 조화시키고자 한다는 사실로 재확인된다. 그 한 예로, 레위 23,5-8의 전례력에서 성결법이 (계약법과 신명기법으로 대표되던 예전 전승을 거슬러) 파스카 거행을 위한 P문헌의 정확한 일자를 수용하면서도('이 달 열나흗날 저녁': 탈출 12,6 참조), 이제 파스카를 (P문헌과는 상반되나 신명 16장의 전승을 따라) 무교절 거행 주간을 여는 축제로 묶어놓는다는 사실을 들 수 있다. 성결법이 이미 창세 1-레위 16장의 P문헌을 전제한다는 가설은 레위 17-26장에 담겨 있는 본래 독립적이던 법규집 재구성이 불러일으켰던 난제들을 해결한다. 계약법과 신명기법과는 달리 성결법에는 독립적인 서문이 없다. 한편 이 법규집에는 시나이에 관한 사제계 허구가, (모세와 아론과 시나이산 기슭에 운집한 이스라엘 자손들 공동체에 건네시는 야훼의 말씀과 같은) 편집적인 틀만이 아니라, 일부가 이스라엘의 광야 체류 상황을 명백하게 참조하는 구체적인 법규에 조직적으로 스며들어 있다(특히 레위 17장과 19,23-25와 25,2 이하 참조). 끝으로 우리는 레위 17장과 같은 성결법의 여러 장에서 그라프 이후 성결법의 주석가들이 그렇게 하고자 헛수고했던 것처럼, P문헌

의 영향력을 반영하는 요소 일체를 제거하면서 일관성 있는 본문을 재구성한다는 것은 어려운 일이거나 아니면 불가능한 일임을 쉽게 입증할 수 있다. 이 모든 주장을 근거로, (비록 특히 레위 18장에서 보다 오래된 몇몇 전승들을 통합하고 있다 하더라도) 성결법은 전체로 후대에 구성되었으며, 아울러 현재의 문맥에서 레위 1-16장의 결론으로 기초되었다는 사실을 인정하는 것이 바람직하다. 몇몇 저자들, 특히 블룸(E. Blum)과 크뤼즈만(F. Crüsemann 1992)과 루베(A. Ruwe)의 주장과는 달리, 레위 17-26/27장이 창세 1-레위 16장의 P문헌을 기초한 동일한 사제계 학파의 작품일 수 있다는 추정은 의심이 간다. 이보다는 이미 P문헌의 언어와 신학을 전제하면서도, 특히 크놀(I. Knohl)과 밀그럼(J. Milgrom)이 주장했던 대로, 고유한 전문용어와 함께 무엇보다도 신학을 발전시킨 후-사제계 구성을 더 검토해야 할 것이다.

모든 이론을 고려할 때, 최근의 이 두 연구 동향은 성결법이, 특히 오토가 옹호했던 대로, 후-신명기계이며 동시에 후-사제계 편집에 속한다는 결론으로 이끈다. 이 편집은 페르시아 시대에, 아마도 기원전 5세기 후반기에 예루살렘 성전의 사제계 세계에 의해 토라가 처음으로 발간될 때 이루어진 것 같다. (계약법, 신명기법, 십계명, 사제계 규정과 같은) 이스라엘의 주요 법규 전승들을 개정하고 보완하고 체계적으로 조율한 성결법의 본질 자체는 이처럼 이 전승들이 처음으로 유일하면서 동일한 문헌 속에 규합되던 시점에 시도된 하나의 종합으로 이해된다. 토라의 초판이었을 이 문헌은, 예훗 지방의 사법관들과 행정관들에게 어떤 법적인 영향력도 행사하지 못했으나, 제2 성전의 공동체 구성원들이 동참해야 했던 일종의 이상적인 관습법을 보여주는 것 같다. 이러한 결론은 첫 발간으로부터 최후 마감에 이르기까지 페르시아 시대 오경의 구성사에 관한 일반적인 문제를 불러일으킨다.

3. 페르시아 시대 오경의 형성과 발간

3.1. 페르시아 시대 오경 발행시의 민수기

페르시아 시대 오경의 첫 발행은, 당시까지 상호 독립적이던 두 개의 대전승, 곧 (전기 예언서와 분리된) 신명기와 창세 1-레위 16장의 P문헌 사이에 시도된 종합으로 말미암은 것이 분명하다. 한편, 창세기와 탈출기에서 P기사는, 앞서 확인해보았던 다양한 비-사제계 병행 전승들, 곧 창조, 성조들, 탈출 전승과 추정컨대 탈출 19-24장의 시나이 단원의 비-사제계 첫째 판과 처음으로 결합하였다. 토라 발간을 책임졌던 서기관들에게 중요했던 문제는 특히 모세와 이스라엘에 내리신 하느님 율법의 연속적이며 대립적인 두 계시를 고려하는 일이었다. 이 점에서 창세 1-레위 16장의 기사와 신명기 사이의 종합은 분명 시나이 법규에 유리하고 신명기에 불리하게 이루어졌다. 이스라엘의 주요 법률 전승 전체를 종합한 성결법이 매우 뚜렷하게 제시하고 있는 것처럼, 이제 시나이 법규가 신명기계 법규에 대하여 권위를 행사한다. 신명기는 이러한 관점에서 (그리스 전승이 잘 이해했던 대로) '두 번째' 율법, 특히 1장의 첫 구절들이(신명 1,1-5) 암시하는 것처럼 시나이 계시의 보충적인 계시가 된다. 성결법의 편집과 함께, 탈출 19장에서 열리기 시작한 시나이산의 하느님 계시는 레위 26,46과 27,34의 서명이 분명하게 날인하고 있듯이, 이제 닫히며 원칙적으로 더는 아무것도 덧붙여질 수 없다. 한편으로는 창세-레위기와 다른 한편으로는 신명기 사이를 연결하는 민수기는, 오경 발행의 최종에 이르기까지, 오경의 발행인들이 토라를 끝맺음하기에 앞서 새로운 요소들을 다량으로 편입하기 위해 수중에 소유하고 있던 마지막 두루마리가 된다.

이러한 가설은 민수기 구성을 집중적으로 연구한 아헨바흐(R. Achenbach)의 학술논문에서 최근에 인정을 받았다. 아헨바흐는 이 논문에서 특히, 그 독자성에 대해 좀 더 분명히 할 필요가 있기는 하나, 민수기에 편입된 몇몇 독자적 전승들 이외에 확인이 가능한 주요 편집들은 모두 후-신명기계와 후-사제계 속한다는 사실을 논증했으며, 이는 이 편집들이 본래 독립적이던 어떤 한 문헌에 속해 본 적이 없었다는 것을 의미한다. 민수기 편집은 따라서 오경이 발행될 때 동시에 이루어졌다. 아직 열려 있는 문제는, 오토에 이어 '육경 편집'(*Hexalteuchredaktion*)과 '오경 편집'(*Pentateuchredaktion*)과 끝으로 그 또한 연속적인 세 단계로 이루어진 최후 '신정(神政) 경향의 편집'(*theokratische Bearbeitung*)을 확인한 아헨바흐가 지지하고 있는 것처럼, 민수기 전체를 통하여 일관성 있는 하나 또는 여러 편집을 확인할 가능성 여부를 살피는 일이다.

한 본문이 이 편집 또는 저 편집에 속하는지를 확인하기 위한 기준은 아무튼 불확실하다는 말은 아니어도 종종 확고하지 못한 경우가 많으며, 노트가 주해서에서 이 책의 마지막 단원인 민수 27-36장을 설명할 때 이미 지지했던 대로, 민수기의 몇몇 부분에 있어 *Fortschreibung*(책 전체의 편집 시점에 삽입되지 않은 '덧붙여 이어 쓰기') 유형의 절차를 고려하는 것이 좋지 않을지 자문할 수 있다. 예를 들어, 민수 11장에서 모세에게 주어진 야훼의 영을 일흔 명의 원로들에게 나누어주는 이야기는 분명히 후기 예언 편집에 속한다(특히 민수 11,7과 에제 37,5; 민수 11,21과 에제 37,1.3; 민수 11,23과 이사 50,2; 59,1; 민수 11,29와 이사 44,3; 에제 36,27 등 참조). 이 예언 편집은, 모세 자신의 입에 그 이상적인 표현을 올려놓으면서(11,29) 후기 예언집의 여러 곳에서 확인되는 '예언자들의 백성'이라는 종말론적 이상을(참조. 이사,32,15; 44,3; 에제 36,27; 39,29; 요엘 3,1-5; 즈카 8,23) 예증하기 위한 탈출 18과 신명 1,9 이하의 일종의 미드라시를 구성한다. 이와 같은 본문은 민수기만큼이나 오경의 나머지 부분에서 거의 발견되지 않으며, 책 전체의 편집으로 보기에 어려움이 많다. 이보다는 일반적으로 오경의 구성과는 별도로 취급되었던 종말론적 예언 세계의 토라에 대한 하나의 개입일 것이다. 예언-종말론적 유형의 이 편집은 아무튼 12장에서 보다 '정통주의적' 편집, 모세의 비교 불가한 특성을 재확언하고 이 점에서 오경의 최후 편집과 가까운(특히 신명 34,10-12 참조) 편집으로 수정되었다. 민수 12장의 기사가 민수 11장의 기사에 대한 하나의 반발이라면, 12장을 민수기 전체의 편집 결과로 보는 데도 어려움이 있다. 이 경우 오히려 토라의 발행인들에 의한 꼼꼼한 구성으로 보아야 할 것이다. 이 유형에 관한 여러 다른 예들은 민수기에서 찾아볼 수 있다. 아무튼, 이 책의 (특히 민수 1장과 26장의 인구조사 동기와 함께; 이 점에 대해서는 민수기 입문 참조) 다양한 구조화 시도가 논리적인 편집 기획을 분명히 내포하는 것처럼 보인다는 점에서, 우리는 민수기 전체가 '덧붙여 이어 쓰기' 유형의 발전 과정에 의한 것이어야 하는지 정당하게 자문할 수 있다. 이 편집 기획과, 토라가 최후 발행될 때 민수기를 작품화한 편집을 동일시하는 작업은 오늘날 오경 비평 주석의 주된 목적들 가운데 하나이다.

3.2. 오경에서 작업 중인 '성결 학파'

오경 편집에 관한 연구에서 중요한 또 다른 방향은 토라 발행시의 구성에 있어 성결법이 끼친 영향력에 관한 것이다. 19세기 이래 학자들은 이미 오경, 특히 탈출기와 레위 1-16장의 몇몇 구절이(예를 들어 탈출 12,14-20; 31,12-17; 레위 11,41-45; 16,29-34; 민수 15) 이 성결법의 문체와 동일한 문체로 기초되었다는 사실을 주시했다. 전통적으로 학자들은 이 본문들이 본디 이 법규집에 속한 단편들일 것이나, 이후 본문이 잘못 한정됨으로써 분리되기에 이른 것으로 가정했다. 최근에 크놀과 밀그럼은, 이 구절들을 성결법의 편집을 주도한 학파, 그들이 '성결 학파'(*Holiness School*)라 명명한 학파와 동일한 학파의 작품으로 취급하면서 훨씬 흥미로운 가설을 내세웠다. 성결법을 히즈키야 시대 곧 기원전 8세기 말 작품으로 취급하는 크놀과 밀그럼은 바로 이 시대를 오경의 나머지 부분에서 성결 학파가 활동했던 시대 초기로 삼으며, 이러한 활동이 이후 오경의 발행 마무리까지 펼쳐졌다고 생각한다. 아무튼, 성결법을 실상 훨씬 후대의 작품, 5세기 후반 오경이 처음으로 발행될 때 이미 구상된 작품으로 받아들인다면, 오경의 발행에서 성결 학파가 맡은 역할은 매우 쉽게 이해된다. 제2 예루살렘 성전의 사제계 서기관들에 의해 토라에 규합된 법률 전승들을 이미 처음으로 종합하는 작업을 맡았던 이 학파는, 오경의 나머지 부분에서도 성결법의 법규들을 확대함과 동시에 보충하고(예를 들어 민수 15장 참조), 다른 법률 전승들, 특히 P문헌을 성결법의 법규들과 조화롭게 하면서 그 작업을 이어갔을 것이다. 우리는 탈출 12,14-20에서 성결 학파 작업의 매우 좋은 예를 찾을 수 있다. 이 본문은 12,1-13의 파스카에 관한 본래의 P법규 보충 부분으로서, 레위 23,5-8의 성결법 전례력이 지시하는 내용에 따라 파스카 거행을 무교절 거행과 결합시키면서 동시에 레위 23장의 법규를 보완하고 확대하고 특성화한다.

3.3. 페르시아 시대 토라의 발행 상황에서 오경/육경 교차

끝으로, 페르시아 시대 오경 발행의 최후 주요 과제 가운데 하나는 이 문헌의 범위와 결말에 관한 것이었던 것 같다. 퀘넨(A. Kuenen)과 벨하우젠(J. Wellhausen) 이후, 고전적인 원전 비평은 육경, 다시 말해서 지금의 오경처럼 창세기부터 신명기까지가 아니라, 토라의 적지 않은 본문에서 만나는 땅의 약속이라는 주제가 분명히 땅의 정복 기사를 전제한다는 현실을 고려하기 위하여 창세기부터 여호수아기까지 펼쳐지는 문헌으로서의 육경의 존재라는 결론에 이르렀다. 한편 오경의 또 다른 동기들도 여호수아기에서의 이어짐을 요구한다. 고전적인 하나의 예는 여호 24장에서 비로소 그 완성을 보게 되는 창세 50,25와 탈출 13,19에 명시된 요셉의 유골 운구라는 주제이다. 이 점에서 우리는 여호 24장의 끝이 분명 창세기의 마지막 장에 맞추어 짜졌음을 주목할 수 있다(여호 24,29와 창세 50,26 참조). 이외에 육경의 존재를 다져주는 여러 부가적인 예들이 언급된다. 민수 13-14장의 칼렙 이야기는 여호 14,13-15에서 되풀이되며, 여호 5,12는 탈출 16,35에서 시작된 만나 시대의 종말을 전하는 예 등등이다. 노트(M. Noth)이래 아무튼 신명기와 여호수아기는 특히 신명기계 역사(HD)의 시작으로 취급되었기에, 학자들은 오경이나 육경의 결론을 이루는 작품으로서의 이 책들에 대하여 별 관심을 두지 않았다. 전통적인 문헌 예형이 문제시되면서, 오경의 비-사제계 주요 편집들은 HD와 동시대 또는 그 이후의 결과가 되었으며, 여호수아기에 오경의 특징적인 주제들이 존재한다는 사실은 따라서 사경의 '신명기계 구성'이라는 가설(Blum), 또는 창세-민수기가 신명기에서 열왕기 하권에 이르는 HD의 '야훼계 서문' 역할을 한다는 가설로 설명되었다(Rose, Van Seters). 한편, 이 예형들은, 오경과 HD 사이의 본문 상호성이 여호수아기에만 집중되어 있을 뿐 이어지는 작품 속에서는 별로 발견되지 않으며, 여호 24장과 같은 본문은 앞선 시대(창세-여호)와 뒤따르는 시대(판관-2열왕)를 뚜렷하게 단절하기 시작한다는 사실을 설명하기 위하여 힘을 쏟았다.

최근의 논쟁에서 '신명기 역사편찬'에 대한 노트의 예형이 문제시되면서(이 책의 신명기계 역사 입문 참조), 육경에 관한 전통적인 가설이 다시 거론되기 시작했다. 해결안으로부터 아직 거리가 있어 보이나, 문제의 핵심은 이 육경의 편집연대와, 어떤 이유로 페르시아 시대 토라의 최후 발행인들에게 요구되었던 것이 결국 오경을 선택하는 일이었는지를 살펴보는 일이다. (Kratz와 같은) 몇몇 저자들은 토라의 최후 편집 이전에 이미 탈출로부터 정복에 이르는 기사가(탈출-여호) 존재했음이 틀림없다고 여겼다. 이 가설은 가능성이 있어 보이나, 문학적 설계에 따라 재구성한다는 것은 어려운 일이다. 방법론적인 측면에서, 하나의 육경을 창안해낸 요인이 어떻게 보면 강 건너편에 살던 조상들로부터 땅의 정복에 이르기까지의 역사를 이야기하는 여호수아의 입에 올려진 역사 요약이었기에, 여호 24장에 나오는 여호수아의 작별 연사로부터 출발하는 것이 바람직해 보인다. 그런데 이 장에 대한 최근의 연구가들은, 이 본문이 유배시대와 신명기계 이후에 편집되었다는 사실에 의견의 일치를 보이는 추세이다(Blum, Anbar). 이 결론이 타당한 것이라면, 육경을 창안해내고자 했던 시도가 페르시아 시대 후반기에 오경이 발행되는 상황 속에 자리한 후대의 기획이라는 사실을 함축한다. 페르시아 시대 오경의 발행을 책임진 신명기계와 사제계 저자들 가운데 일부는 아마도 여호수아기를 포함하고자 했던 것 같다. 이는 특히 유배시대 이후 유다교 창설과 관련된 문헌 속에 백성의 땅 입성 동기와 함께 하느님 약속의 성취를 진술하기 위함이었을 것이다. 오경과 육경, 이 두 선택 사이의 갈등은 신명 34장의 마지막 구절에도 반영되어 있다(이 점에 대해서 Römer–Brettler 참조). 34장 7–9는 모세의 합법적인 후계자로서 여호수아의 모습을 강조한다. 이 구절은 여호 24장을 따라 여호수아를 '제2 모세'로 소개함으로써 여호수아기에서 토라가 계속될 것임을 준비한다. 이와는 달리 신명 34,10–12는 누구와도 비교할 수 없는 모세의 절대적 성격을 강조하면서 이러한 관점을 수정하고, 야훼의 탁월한 종의 죽음으로 마감되는 시대와 이어지는 시대 사이에 일종의 가로막을 친다.

오경과 육경은 페르시아 시대 후반기에 상당 기간 완벽하게 공존했을 것이며, 이 두 문헌은 예루살렘의 지식인 사회에서 각각 서로 다른 명칭을 소유하고 있었을 것이다. 여호 24,26("여호수아는 이 말씀을 모두 하느님의 율법서에 기록했다")에 따르면, 여호수아는 신명 31,24의 모세처럼 하나의 책을 쓴다. 쎄페르 토랏 엘로힘(*seper torat 'elohîm*, 하느님의 율법서)이라는 표현은 모든 히브리어 성경에서 느헤 8,8과 8,18에서만 다시 발견된다: "사람들은 하느님의 율법서(*seper torat hā'elohîm*를 읽었다." 그리고 느헤 8,17은 "여호수아 때부터" 그렇게 지내본 적이 없는 초막절을 처음으로 거행할 때 이 공적인 낭독이 시행되었다고 분명히 강조한다. 우리는 따라서 쎄페르 토랏 엘로힘이 육경에 주어진 명칭이었다고 가정할 수 있다. 반면에 우선 신명기를 의미했던(1열왕 2,3; 2열왕 14,6; 23,25) 세페르 토랏 모세(*seper torat mošeh*, 모세의 율법서)가 이후 오경을 가리키는 용어가 되었다. 어찌 되었든, 육경이 아니라 오경으로 토라를 발행하기로 한 결정은 우리 시대에 이르기까지 유다교를 위해 놀라운 결과를 초래한 종교적이며 정치적인 심오한 의도를 반영한다. 이러한 결정은, 뒤따르는 예언자들의 계시에서 유사현상을 도저히 찾아볼 수 없는 예외적이며 배타적인 모세 중개의 특성을 강조할 뿐만 아니라, 특히 토라의 계시를 땅의 약속으로부터 떼어놓는다. 하느님 약속의 지평이 여전히 땅, 그 국경선에서 모세가 사망한 땅의 입성에 관한 약속으로 머물러 있다 하더라도, 토라 전체는 아무튼, 여호 24장의 경우와는 달리, 땅 밖에서 모세와 이스라엘 백성에게 전달된다. 오경의 관점에서, 땅의 소유는 어찌 보면 율법 준수와 비교하면 이차적인 것이 된다. 땅의 소유는 율법 준수에 종속되어 있고, 전적으로 거기에 달려 있다.

3.4. 결어 : 페르시아 시대 토라의 발행, 열린 작업실

오경 형성에 관한 토론 현황에서 표출된 대립, 온전히 조화를 이루기 불가능한 이러한 대립의 중요성에도 불구하고, 전통적인 문헌이론의 와해는 몇 년 전부터 점진적으로 오경의 최후 편집자들과 발행인들의 작업 중요성을 더욱 강조하는 방향으로 연구를 이끌어갔다. 오경의 가장 오래되고 가장 '원초적인' 원전들에 관한 문헌이론의 낭만주의적 고정관념을 끊어버리고만 이러한 연구 추세는, 토라의 발행인들이 사용한 전통적 문헌의 이전 단계를 재구성하는 작업을 등한히 하지 않도록 이끌어서는 안 된다 하더라도, 매우 진지한 태도를 요구한다. 일반적으로, 전통적인 이론과 견주어 더욱 근원적이고 더욱 효과 있는 발전적 이론 가운데 하나는, 오경 구성을 책임진 서기관들이 오래된 원전들을 단순히 수집한 사람들이 아니라, 더욱 선명한 신학적 기획으로 고무되었던 사람들이라는 점을 점진적으로 인식해 나가는 데서 찾을 수 있다. 기저에 정치적이며 종교적인 목적이 숨어 있는, 앞서 설명한 오경과 육경 사이의 교차 문제는 하나의 좋은 예를 이룬다. 아무튼, 페르시아 시대 후반기 토라 발행인들의 이념적인 주요 프로그램들과 그 차이점들과 상호 관심사에 대한 올바른 이해는 앞으로 오경, 특히 민수기의 경우에 관한 연구의 중요한 대상으로 머물 것이다. 새로운 탐구를 요구하는 또 다른 본질적 문제는 토라 발행인들과 그들의 사회학적 환경에 관한 것이다. 오토와(2000) 아헨바흐는 (에제키엘서의 최후 편집자들과의 근접성을 이유로) 제2 예루살렘 성전의 사두가이 서기관들을 염두에 두나, 이들이 속했던 사두가이 운동의 성격에 대해서는 매우 조심스러운 태도를 보인다. 혹시 토라처럼 그렇게 야심적이고 그렇게 값진 문헌이 관계 당국의 정치적이며 경제적인 지원 없이 발행되었다고 상상할 수 있겠는가? 실상, 최근의 여러 저자가 강조했듯이, '최후' 형태대로의 토라는 고립된 한 두 편집자에 의한 작품이 아니라, 우선 그리고 무엇보다도 당시의 종교적이며 정치적인 주요 흐름 사이에서 타협으로 이루어진 하나의 문학, 예루살렘 성전에 수집된 고대 이스라엘에 관한 다양한 전승들 사이에서 단행된 위대한 종합 시도이다. 이 종합에 연루된 사회환경의 정체성은 아직 온전하게 밝혀지지 않았다. 오경을 발행한 연합세력은 분명 제2 성전의 도서관을 출입했을 것이며, 사제계 서기관들을 포함하고 있었을 것이다. 또한, 예외적인 경우를 제외하고는(민수 11장, 앞쪽 참조), 크뤼즈만이 이미 예리하게 고찰했듯이(1992), 예언자적이며 종말론적인 사조가 거기에서 조직적으로 배제되었던 것으로 보인다. 한편 평신도에 더 가까웠으며 사제계 전승에 그렇게 매여 있지 않던 사람들, 유배시대와 페르시아 시대 초기의 신명기계 학파의 후계자들이라 볼 수 있는 이들 서기관에 관하여 관심을 가져야 할 것이다. 더 집중해서 토론해야 할 문제는, 오경의 최후 발행에 이르도록 한 타협에 (유다인이 아니라) 사마리아인 서기관들을 끌어들이는 문제에 관한 것이다(Nihan 참조). 신명기의 후대의 한 문구가

(신명 27,4-8) 그리짐 산 위에 세울 성소에 관한 지시를 담고 있다는 사실을 확인한다는 것은 충격적인 일이다. 최근의 고고학자들에 따르면, 이와 같은 성소가 실지로 5세기 중엽부터 존재했던 것으로 보이며, 이는 오경의 주요 전승들이 규합되기 시작한 시대와 맞아떨어진다.

또 다른 기본적 문제는 기획 자체의 출처에 관한 것이다. 프라이(P. Frei)가 구상하고 곧이어 수많은 주석가가 받아들인 소위 '황제의 인가'라는 가설은, 페르시아(아케메니데스) 행정 당국이 예루살렘의 종교적이며 정치적인 유다 최고기관에 토라 발행을 후원했을 것이라는 이론으로서, 이 문제에 매력적인 해결안을 제공했다. 그러나 이 가설은 오늘날 점점 더 반론의 대상이 되고 있으며, 아무튼 고전적인 진술에서는 포기되어야만 할 것이 분명하다(이 점에 대해서는 Watts에 의해 최근에 간행된 저서의 여러 공헌과 함께 Knoppers와 Levinson의 다양한 공헌 참조). 황제의 인가라는 관례 자체가 존재했었는지도 논쟁 중이며, 아무튼 제시된 예들이 아람어를 포함한 여러 언어로 기초된 간결하고 매우 법적인 문헌으로 되어 있어 토라와 거의 결부시킬 수 없는 것들이다. 토라의 발행에서 주로 예루살렘 공동체의 발전적인 내부 변화를 보기 위하여, 하나의 새로운 공감대가 최근에 이렇게 이루어졌던 것이다. 한편 이러한 상황 속에서 여러 문제가 열려 있다. 토라와 같은 종합 문헌 발행은 종교만이 아니라 정치와 경제에도 영향을 미쳤다. 이토록 중요한 기획은 아마도 445년 도성을 유다 지역의 정치와 행정 중심지로 복원하고자 했던 느헤미야의 사명 이후 예루살렘과 그 성전의 새로워진 야심을 반영하는 듯하다. 그러나 유배시대 이후 이스라엘의 정체성을 다시 정의하고 확립하는 데 기여해야 했던 타협 문헌의 발행은 또한 5세기 말과 4세기 초의 상황 속에서 일종의 자치권 요구를 반영한다. 페르시아 황제가 더는 이집트를 통제하지 못하고 팔레스티나에 대한 지배권이 약세에 접어든 결과, 유다의 페르시아 행정력 소멸이 예루살렘 성전의 경제와 정치적 역할의 중요성을 더욱 확대하기에 이르렀기 때문이다.

4. 참고문헌

(아래에 참고자료가 언급되지 않은 저자들의 저술은 이전 항목의 참고문헌에서 찾을 수 있다)

4.1. 선-사제계 오경 문제

R. Alberz, *Religionsgeschichte Israels in alttestestamentlicher Zeit 1* (GAT8), Göttingen, 1992 = *A History of Israelite Religion in the Old Testament Period. Volume 1*, London, 1994. E. Blum, *Studien zur Komposition des Pentateuch* (BZAW 189), Berlin/New York, 1990. F. Crüsemann, «Die Eigenständigkeit der Urgeschichte. Ein Beitrag zur Diskussion um den "Jahwisten"», in J. Jeremias/L. Perlitt (éd.), *Die Botschaft und die Boten. FS H.W. Wolff*, Neukirchen-Vluyn, 1981, p. 11-29. Id., *Die Tora. Theologie und Sozialgeschichte des alttestamentlichen Gesetzes*, München, 1992 = *The Tora : Theology and Social History of Old Testament Law*, Edinburgh, 1996. W. Dietrich, *Die Josephserzählung als Novelle und Geschichtsschreibung. Zugleich ein Beitrag zur Pentateuchfrage* (BThSt), Neukirchen-Vluyn, 1989. J.C. Gertz, *Tradition und Redaktion in der Exoduserzählung. Untersuchungen zur Enredaktion des Pentateuch* (FRLANT 186), Göttingen, 1999. J.C. Gertz/K. Schmid/M. Witte (éd.), *Abschied vom Jahwisten. Die Komposition des Hexateuch in der jüngsten Diskussion* (BZAW 315), Berlin/New York, 2002. E.A. Knauf, *Midian. Untersuchungen zur Geschichte Palästinas und Nordarabiens am Ende des 2. Jahrtausends v.Chr.* (ADPV), Wiesbaden, 1988. T. Krüger, «Das menschliche Herz und die Weisung Gottes. Elemente einer Diskussion über die Möglichkeiten und Grenzen der Tora-Rezeption im Alten

Testament», in T. Krüger/R.G. Kratz (éd.), *Rezeption und Auslegung im Alten Testament und seinem Umfeld. Ein Symposium zum Anlass des 60. Geburtstags von Odil Hannes Steck* (OBO 153), Feiburg(CH)/Göttingen, 1997, p. 65-92. W. Oswald, *Israel am Gottesberg. Eine Untersuchung zur Literaturgeschichte der vorderen Sinaiperikope Ex 19-24 und deren historischem Hintergrund* (OBO 159), Feiburg(CH)/Göttingen, 1998. E. Otto, «Die Paradieserzählung Genesis 2-3 : Eine nachpriesterliche Lehrerzählung in ihrem religionshistorischen Kontext», in A.A. Diesel *et al.*, (éd.), *«Jedes Ding hat seine Zeit...». Studien zur israelitischen Weisheit. Diethelm Michel zum 65. Geburtstag* (BZAW 241), Berlin/New York, 1996, p. 167-192. Id., *Das Deuteronomium in Pentateuch und Hexateuch. Studien zur Literaturgeschichte von Pentateuch und Hexateuch im Lichte des Deuteronomiumsrahmen* (FAT 30), Tübingen, 2000. Id., *Die Tora des Mose. Die Geschichte der literarischen Vermittlung von Recht, Religion und Politik* (Berichte aus den Sitzungen der Joachim-Geselschaft der Wissenschaften 19/2), Göttingen, 2001. A. de Pury, «Le cycle de Jacob comme légende-autonome des origines d'Israël», in J.A. Emerton (éd.), *Congress Volume Leuven 1989* (VT.S 43), Leiden, 1991, p. 78-96. Id., «Le choix de l'ancêtre», *ThZ* 57(2001), p. 105-114. T. Römer, «Le Deutéronome à la quête des origines», in P. Haudebert (éd.), *Le Pentateuque, Débats et Recherches* (LeDiv 151), Paris, 1992, p. 65-98 [résumé de sa thèse de 1990]. Id., «L'histoire des patriarches et la légende de Moïse : une double origine?», in D. Doré (éd.), *Comment la Bible saisit-elle l'histoire?* (LeDiv 215), Paris, 2007, p. 155-196. K Schmid, *Erzväter und Exodus. Untersuchungen zur doppelten Begründung der Ursprünge Israels innerhalb der Geschichts-bücher des Alten Testaments* (WMANT 81), Neukirchen-Vluyn, 1999. J.A. Soggin, «Notes on the Joseph Story», in A.G. Auld (éd.), *Understanding Poets and Prophets. Essays in Honor of George Wishart Anderson* (JSOT.S 152), Sheffield, 1993, p. 336–349. P. Weimar/E. Zenger, *Exodous : Geschichten und Geschichte der Befreiung Israels* (SBS 75), Stuttgart, 1975. M. Witte, *Die biblische Urgeschichte. Redaktion – und theologiegeschichtliche Beobachtungen zu Genesis 1,1-11,26* (BZAW 265), Berlin/New York, 1988.

4.2. 사제계 문학

E. Aurelius, *Der Fürbitter Israels. Eine Studie zum Mosebild im Alten Testament* (CB.OT 27), Stockholm, 1988. M. Bauks, «"Une histoire sans fin". L'impasse herméneutique de la notion de "pays" dans l'Oeuvre sacerdotale(P^g)», *ETR* 78(2003), P. 255–268. A. Cholewinski, *Heiligkeitsgesetz und Deuteronomium. Eine vergleichende Studie* (AnBib 66), Roma, 1976. C. Frevel, *Mit Blick auf das Land die Schöpfung erinnern. Zum Ende der Priestergrundschrift* (HBSt 23), Freiburg *et al.*, 1999. K. Grünwaldt, *Das Heiligkeitsgesetz Leviticus 17-26. Ursprüngliche Gestalt, Tradition und Theologie* (BZAW 271), Berlin/New York, 1999. I. Knohl, *The Sanctuary of Silence. The Priestliy Torah and the Holiness School*, Minneapolis(Mn), 1995. J. Milgrom, *Leviticus 17-22* (AncB 3A), New York *et al.*, 2000. C. Nihan, «L'écrit sacerdotal comme réplique au récit deutéronomiste des origines. Quelques remarques sur la "bibliothèque" de P», in D. Marguerat (éd.), *La Bible en récits. L'exégèse biblique à l'heure du lecteur* (Le Monde de la Bible 48), Genève, 2003, p. 196–212. Id., *From Priestly Torah to Pentateuch : A Study in the Composition of the Book of Leviticus* (FAT II/25), Tübingen, 2007. E. Otto, «Del Libro de la Alianza a la Ley de Santidad», *Estudios Biblicos* 52(1994), p. 195–

217. Id., «Forschungen zur Priesterscfrift», *ThR* 62(1997), p. 1–50. Id., «Innerbiblische Exegese im Heiligkeitsgesetz Livitikus 17–26», in H.-J. Fabry/H. Jüngling (éd.), *Levitikus als Buch* (BBB 119), Berlin/Bodenheim, 1999, p. 125–196. L. Perlitt, «Priesterschrift im Deuteronomium?», *ZAW* 100. Supplement (1988), p. 65–88. T. Pola, *Die ursprüngliche Priesterschrift. Beobachtungen zur Literakritik und Traditionsgeschichte von Pg* (WMANT 70), Neukirchen-Vluyn, 1995. A. de Pury, «Abraham : The priestly Writer's "Ecumenical" Ancestor», in S.L. Mckenzie/T. Römer (éd.), *Rethinking the Foundations : Historiography in th Ancient World and in the Bible. Essays in Honor of John Van Seters* (BZAW 294), Berlin/New York, 2000, p. 163–181. T. Römer, «Nouvelles recherches sur le Pentateuque. A propos de quelques ouvrages récents», *ETR* 77(2002), p. 69–78. A. Ruwe, *«Heiligkeitsgesetz» und «Priesterschrift» : literaturgeschichte und rechtssystematische Untersuchungen zu Levitikus 17-26* (FAT 26), Tübingen, 1999. L. Schmidt, *Studien zur Priesterschrift* (BZAW 214), Berlin/New York, 1993. J. Stackert, *Rewriting the Torah. Literary Revision in Deuteronomy and the Holiness Legislation* (FAT 52), Tübingen, 2007. E. Zengen, «Priesterschrift», *TRE* 27(1997), p. 435–446.

4.3. 페르시아 시대 오경 발행

R. Achenbach, *Die Vollendung der Tora : Studien zur Redaktionsgeschichte des Numeribuches im Kontext von Hexateuch und Pentateuch* (BZAR 3), Wiesbaden, 2003. M. Anbar, *Josué et l'alliance de Sichem (Josué 24:1-28)* (BET 25), Frankfurt a.M. *et al.*, 1992. P. Frei, «Zentralgewalt und Lokalautonomie im Achämenidenreich», in P. Frei/K. Koch, *Reichsidee und Reichorganisation im Perserreich* (OBO 55), Freiburg(CH)/Göttingen, 1966, p. 5-131. E.A. Knauf, «Audiatur et altera pars. Zur Logik der Pentateuchredaktion», *BiKi* 53(1998), p. 118-126. G.N. Knoppers/B.M. Levinson (éd.), *The Pentateuch as Torah. New Models for Understanding its Promulgation and Acceptance*, Winona Lake(IN), 2007 R.G. Kratz, *Die Komposition der erzählenden Bücher des Alten Testaments. Grundwissen der Bibelkritik* (UTB 2157), Göttingen, 2000. C. Nihan, «The Torah between Samaria and Judah : Shechem and Grizim in Deuteronomy and Joshua», in G.N. Knoppers/B/M/ Levinson (éd.), *The Pentateuch as Torah*, Winona Lake(IN), 2007. T.C. Römer/M.Z. Brettler, «Deuteronomy 34 and the Case for a Persian Hexateuch», *JBL* 119(2000), p. 401-419. T.C. Römer/K. Schmid (éd.), *Les dernières rédactions du Pentateuque, de l'Hexateuque et de l'Ennéateuque* (BETL 203), Leuven, 2007. J.W. Watts (éd.), *Persia and Torah : The Theory of the Imperial Authorization of the Pentateuch* (SBL.SS 17), Atlanta(GA), 2001.

오경의 율법

아르뛰스(Olivier Artus)

'오경의 율법'이라는 제하의 단원이 존재한다는 것은, 이 문학 단위들이 문맥과는 독립적으로 분석되고 해석될 수 있다는 가능성을 품게 한다. 현실적으로 오경에서 기사와 율법을 분리하는 것은, 양식비평에서 빌려온 이 범주 사용이 암시할 수 있는 것보다 그렇게 어려운 문제가 아니다.

1) 창세기와 탈출기의 수많은 기사는 '법률 차원'을 포함하고 있다. 다시 말해서 창세 1,1–2,3의 기원 기사는 양식에 관한 지시와(창세 1,29–30) 안식일의 휴식에 관한 암시로(창세 2,1–3) 마감되고, 탈출 15,22–27의 물 선사 기사는 하느님의 계명에 성실할 것을 권고하는 내용을 담고 있으며(탈출 15,26), 만나 선사 기사는(탈출 16) 안식일 휴식에 관련된 법규 진술 하나를(16,5.22 이하) 편입한다. 이렇게, 당신 백성에게 내리시는 선물 묘사를 대상으로 하는 기사들은(창조, 구원) 아울러 선물을 '잘 사용할 것'을 지시하는 법적 규정 해설을 담고 있다.

2) 법적 진술들은 레위 24,10–16.23; 민수 15,32–36처럼 '본보기 기사' 형태를 띨 수 있다.

3) 한편으로는 사경(四經) 문학분석, 다른 한편으로는 신명기의 문

학분석은 성경 본문의 서사체 단락과 법률 단락 사이에 존재하는 상조(相助) 작용을 쉽게 확인시켜준다. 탈출 20,2의 십계명 서언은("나는 너를 이집트 땅, 종살이하던 집에서 이끌어 낸 야훼 너의 하느님이다") 탈출 1-14장의 억류와 해방 기사를 떠올리게 하며, 안식일에 관계된 계명은(20,8 이하) 창세 1,1-2,3의 사제계 기원 기사를 전제한다. 또한, 신명기의 윤리법은(신명 15,15 이하; 16,11 이하; 24,17 이하) 이집트로부터의 해방을 상기시키는 전승에 의거한다. 일반적으로, 신명기의 본문과 마찬가지로 사경의 본문이 법적 진술이 아니라 하나의 기사로, 창조 또는 구원 기사, 또는 광야와 요르단 건너편에서의 여정을 회상시키는 사료로 시작한다는 점에 주목해야 한다. 오경의 율법 주석은 따라서 관련된 서사체 문맥을 고려해야 할 필요가 있다. 탈출기 또는 신명기에서의 '계약 윤리'는 상세한 규정 또는 금령 진술에 한정되지 않고, 하느님의 '기본 선물'의 펼침으로 제시된다.

1. 고대근동의 법률 문맥 속에서 오경의 법률 본문들

1.1. 오경의 법률과 고대근동의 법률 사이의 근접성

메소포타미아와 신-아시리아 또는 히타이트 문헌 발견은, 문학 형성만이 아니라 법규의 내용과 그 이념적인 바탕에 있어, 오경의 율법과 고대근동의 비교할만한 본문들의 형성과정이 매우 근접함을 확인시켜 주었다.

1.1.1. 문학 형성과 구조

토라의 '법규집'에 자리한 수많은 법적 진술에서 찾아볼 수 있는 결의법(決疑法) 문형은(탈출 21,2.3.4. 등; 레위 4,3.13.27; 신명 15,12; 21,10.15.18) 함무라비 법전의 법규들의 문학 형태와 비교할만하다. 이밖에, 함무라비 법전에 수록된 법률들의 편집과 다른 편집에서 유래한 이 법전의 결문은 신명 28장이나 레위 26장과 가까운 축복과 저주의 연사를 담고 있다. 끝으로, 신명기의 구조는 고대근동의 법률 본문들과 비교되었으며, 히타이트 종속 조약과 신-아시리아의 충성 서약과 대비되었다. 이들 본문에 대한 신명기의 '예속'을 고려하는 것은 잘못된 견해라 하더라도, 조약과 서약의 '문화적' 영향은 검토해볼 만하다.

(Victor Korosek이 제안한) **히타이트 종속 조약의 구조**

1. 조약문을 받아쓰게 한 군주를 소개하는 **서언.**
2. 군주의 위대한 업적을 진술하는 **역사적 서문.**
3. 제후에게 내리는 군주의 의무 규정과 군주에 대한 제후의 다짐을 밝히는 **규약.**
4. 조약 서판이 보관될 장소를 특정하고, 제후가 자기 조정에서 정기적으로 이 조약문을 낭독하도록 권고하는 **서판에 관한 조항.**
5. 조약 체결을 증언하고 이를 유효하도록 간청받은 **신들의 명부**
6. 조약을 위반할 경우 제후가 처하게 될 상황과, 충실할 경우 받게 될 혜택을 분명히 하면서 조약문을 마감하는 **저주와 축복**

1.1.2. 법규 내용

오경의 법규집에 규합된 법규들의 주제는 종종 고대근동의 법전에 자리한 주제와 매우 가깝다. 혼인법과 '가족법'(부모에게 입힌 구타와 상처; 탈출 21,15.17; 참조. 함무라비 법전, § 195), 죽음에 이르게 한 구타와 상처에 관한 법, 종들에 관한 법 등이다. 법규의 배경이 되는 사회 현실이 가까울 뿐만 아니라, 나아가 채무로 말미암은 종살이 기간에 종지부를 찍는 정기적 해방과 같은(함무라비 법전, § 117; 참조. 탈출 21,2 이하; 신명 15,12 이하) 법률이 고려하는 관습이 비교된다.

1.1.3. 법규의 이념적 기초

성경의 율법에 숨어 있는 원리들 - 율법의 바탕이 되는 이념 - 가운데 일부는 고유한 것이 아니다. '동태복수법 문형'에 의거하는 법규들은 분명한 예를 제공한다. 이 문형은 다소 변형된 형태로 탈출 21,22-25; 레위 24,17 이하; 신명 19,19-21에서 다시 발견된다. 그러나 모든 경우 이 문형은 손해 원인과 처벌의 형평성을 묘사하기 위하여 사용된다. 이 원리는 이미 기원전 이천년대 초기 함무라비 법전에서처럼(§ 192-195; 196, 197, 200; 205-208) 에스눈나 법전에(§ 42-48; 53-58) 기술되어 있다. 특히 함무라비 법전 § 209-214에서 (조산 또는 싸우다가 빚어진 유산처럼) 실례로 언급된 상황 가운데 하나가 탈출 21,22-23에서 발견된다는 사실은 주목할 만하다.

또한, 고대근동의 법전과 오경의 법률 본문에서 법규의 기능과 목적의 묘사 사이에는 상호 일치하는 점들이 존재한다. 예를 들어 함무라비 법전의 서문은 이 법전에 수록된 법규들의 궁극적 목적처럼 법과 정의에 기초한 약자 보호를 고려하는데, 빈자와 약자에 대한 유사한 관심이 계약법의 필연법과(탈출 22,20 이하) 성결법과(레위 19,15) 신명기법에(신명 15,7.9.11) 새겨 있다.

1.2. 오경 율법의 독자성

오경의 율법과 고대근동의 법률 본문 사이에 존재하는 문학적 (그리고 이념적) 근접성을 어떻게 해석할 수 있겠는가? 잭슨(B. Jackson)과 이어서 웨스트브룩(R. Westbrook)은, 시공에 따라 다양한 법들이 독자적 문형으로 기록된다 하더라도, 고대 동양의 사법적 기능은 일치한다는 가설을 제안했다. 관습법이라는 개념은 법 이해에서 이와 같은 동질성을 설명해준다. 사실 성경 율법과 고대근동의 법률 본문 사이의 병행 현상은 무엇보다도 먼저 이스라엘과 유다, 이어서 주위 예홋 지방의 문화적 통합을 반영한다. 따라서 이스라엘 사고의 특수성을 나타내는 비연속성보다는 성경 율법과 고대근동 법률 본문 사이의 연속성에 많은 관심을 가질 필요가 있다. 이처럼 오경의 법률 본문들은 '전도'(顚倒)를 목적으로 지방의 문학 예형을 빌려올 수 있다.

– 이렇게 오토(E. Otto)는 에사르 하똔에 대한 충성 맹세 문형을 전도시키는 문구로, 그리고 첫 자리에 더 이상 아시리아의 신들이 아니라 야훼를 모실 의도를 지닌 문구로 신명 13,2–10; 28,20–44를 주목한다.

– 함무라비 법전에서처럼 임금이 아니라, 토라에서 야훼가 바로 유일한 입법자로 소개된다. 임금의 권위가 토라의 문서에 예속된다는 사실이 신명기법의 신명기계 율법에(신명 17,14–20) 의해 강조되는 반면, 토라는 가장 후대의 편집에서 보면 하느님 자신의 문서로 제시된다(탈출 24,12; 34,1). 토라가 구성되어 가는 단계에 따라, 거기에 규합된 율법의 '점진적인 신학화' 과정이 뒤따랐을 것이라는 가정은 충분히 가능한 일로 보인다. (계약법의 결의법과 같은) 가장 오래된 율법들이 지역의 공동체 생활 문제를 해결하는 구전 관습법을 반영할 수 있었던 반면, 다양한 법률 모음(이 용어는 '법규집'이라는 용어보다 바람직하다) 구성은 그 논리가 무엇보다도 신학적인 토라 구성사와의 관련에서만 검토될 수 있다.

– 여기서 '신학화 운동'의 출발점을 제안할 수 있겠는가? 크뤼즈만(F. Krüsemann)은 계약법의 필연법 문형에서(탈출 22,21 이하) 탈출 21,1 이하의 결의법을 신학적으로 정리하여 재독하는 첫 단계를 확인한다. 이 재독을 통하여 야훼는 가난한 사람들의 하느님으로 인식된다는 특징을

지닌다. 우리는 또한 유배시대 이전 예언자들의 사회 비판 속에 자주 등장하는 '법과 정의'(*mishpat usedaqâh*)라는 동기가 토라에는 거의 나타나지 않는다는 사실을 주목할 수 있다. 고대근동의 문학에서 '법과 정의' 실천이 임금의 기능과 밀접하게 결부되어 있으므로, 우리는 이 점에 관한 토라의 침묵이 법의 기초와(또는) 실천에서 임금의 권위를 비판하는 당연한 귀결로 추정할 수 있다.

1.3. 오경의 법률 본문들의 기능

오경의 법률 모음의 기능과 '위상'은 무엇인가? 군주의 권위 아래에 놓인 사법 총서 발행이 종종 왕권 홍보 활동으로 해석되었던 고대근동 '법전들'의 그것들과 비교될 수 있겠는가?

우선, 성경 기사에서 율법이 고려하는 형법 조항에 관한 명백한 언급이 거의 전혀 발견되지 않는다는 사실은, 율법을 구성될 당시의 법에 관한 구체적 원전들로 함부로 취급해서는 안 된다는 점을 분명히 한다. 오히려 본문의 구성사와, 이 본문들이 주어진 사회 안에서 획득한 (신학적, 사법적) 권위의 위상 문제 사이를 구별하는 것이 바람직하다(Kratz 2007 참조). 오경 율법의 사법적 기능 결여에서 '고전적' 가설 하나가 이 율법을 서기관들의 실습을 위한 문서로, 또는 '학파 요건'으로 여기도록 권한다. 오경의 법규집들은 이처럼 그것들이 수집된 다양한 시대의 사법적 결정을 위한 주요 원전이 아니라 '기대되는 법'을 표명한 선언들을 제시하는 것으로 보인다.

이 가설들은 오경의 법률 모음의 으뜸 '기능'을 망각하도록 해서는 안 된다. 이 모음은 무엇보다도 먼저 신학적 본문들이라는 점이다. 이 법들은 다양한 법규들의 객관적 내용만이 아니라, 각 모음의 구조와 본문의 서사체 단원들과 유지하고 있는 관계가 반영하는 이스라엘의 정체성에 관한 서로 다른 이해를 진술한다. 이처럼 1사무 8-12장의 기사는 신명 17,14-20의 임금에 관한 법과의 관계 속에서만 이해될 수 있다. 신명기-신명기계 문헌에서 법률 본문들은 사료 편찬을 해설하기 위한 열쇠를 제공한다.

2. 오경의 주요 법률 모음들

2.1. 계약법(탈출 20,22-23,19)

오토는 계약법의 탈출기 삽입을 페르시아 시대 오경의 육경 편집 결과로 본다. 본문 발행은 수집된 문학 자료보다 훨씬 후대의 일이다. 크뤼즈만이 주목했던 대로, 법규집의 구조는 결의법(*mishpatîm*)과 필연법을 변증법적 관계로 맺어준다. 결의법들은 지역 관습법에 대한 표현이며, 신학적 바탕이 없는 것들이다. 이 규범들은 사회생활의 다양한 영역을 다는 아니더라도 어느 정도 다루고, 이웃 관계를 조정하나, 특별히 종교적인 사고에 관한 표현을 이루지는 않는다. 고대근동 법률 모음의 문형들과의 근접성은 주목할 만하다. 필연법들은 관습법 규범들의 부족을 비판하는 신학에 기초한 규범들로서의(크뤼즈만의 표현에 따라 *metanormes*) 원리들을 제시한다. 필연법은 가난한 사람들 보호와 채무로 말미암은 노예화 방지를 일차 대상으로 삼는다.

계약법 구조(탈출 20,22–23,19)

탈출 20,22–26 : 예배에 관한 법(제단 건립)

탈출 21,2 이하 : 6/7 리듬에 따른 종 제도와 해방에 관한 법

탈출 21,12–17 : 사형선고법(분사형 법적 진술)

21,18–22,16 : (*kî*로 시작하는) **결의법**

탈출 22,17–19 : 사형선고법(분사형 법적 진술)

탈출 22,20 : 이방인(*ger*)에 관한 법

가난한 이들에 관한 (형벌 없는)

필연법(탈출 22,21–23,8)

탈출 23,9 : 이방인(*ger*)에 관한 법

탈출 23,10–12 : 6/7 리듬에 따른 일곱째 날의 휴경과 휴식에 관한 법

탈출 23,13–19 : 예배에 관한 법(전례력)

크뤼즈만은 필연법 문형에 대한 예언자들의 영향을 주시하며, 그 구성 연대를 대략 기원전 7세기 초로 잡는다. 탈출 20,24 이하의 예배에 관한 법은, 탈출 23,14 이하의 전례력과 마찬가지로, (본문이 탈출 20,22–23; 21,1; 23,13처럼 후대에 발행되고, 탈출 22,20ㄴ.24ㄱㄴ; 23,13처럼 보충 부분을 포함한다 하더라도) 계약법에 규합된 오래된 규정에 유리한 고전적인 논거를 제공한다. 예배의 중앙화를 고려하지 않고, 무교절을 파스카 거행에서 분리하고 있기 때문이다.

2.2. 신명기법(신명 12-26)

유배시대 이전의 신명기(*Ur-Deuteronomum*, 원-신명기)는 계약법 전승을 계승하여 다시 해석하고 발전시켜 나간다(*Fortschreibung*, 덧붙여 이어 쓰기; Levinson, Otto 참조). 이 새로운 율법 모음의 신학적 역점은 제사의 중앙화에 있으며(신명 12,13-19), 이는 의미 있는 독자성을 형성한다. 이와는 달리 계약법의 필연법 단락의 윤리 규정들은 발전된 양상만을 보일 뿐이다. 예를 들어, 채무 탕감과 종의 해방에 관한 규정이 확대되어 있으며(신명 15), 가난한 이들, 특히 채무로 말미암아 종으로 전락할 위험에 놓여 있는 (과부, 고아, 거류 외국인, 레위인과 같은) 범주의 사람들을, 이자대부 금지와(신명 23,20 이하) 담보물과 품삯과 이삭줍기에 관한 법을(신명 24,6.10-22) 통하여 보호하는 내용이 첨부되어 있다. 신명기법은 '공동체' 윤리가 가장 중요한 자리를 차지하고 있는 오경의 법률 모음이다. 예언자적 직감으로부터 영향을 받아(아모 5,21 이하 참조) 신명기법은 예배 규정과 윤리 규정 사이의 관계를 설정했다. 순례 축제 참여는 이제 가난한 사람들에 대한 배려를 함축하게 되었다(신명 16,9 이하).

유배시대 동안 신명기법은 정치적이며 종교적인 새로운 상황에 응답하는 신명기계 보충 부분을 수용하며, 신명기의 신명기계 발행은 유배시대 이전의 법률 모음에 새로운 틀을 제공한다. 오토에 의하면, '호렙' 편집이(신명 5; 9-10; 26) 유배시대 말 직전의 희망에 해당하는 '모압' 편집을(신명 1-3; 29) 앞섰을 것이다. 임금에 관한 법은(신명 17,14-20) 왕정제도에 대한 비판적 접근으로 보아 유배시대의 첨가 부분으로 취급된다. 신명 5장의 십계명은 오토에 의하면 '호렙' 편집의 결과이다. 이 십계명은 실로, 본토에서의 삶을 전제로 하는 신명 12-25장의 규정과는 달리, 디아스포라의 삶과 양립될 수 있다. 다른 율법 본문들과 거리를 둔 '법적 전문'을 형성하면서 십계명은, 1인칭 문장으로 이루어지고 모세의 중개로 전달된 야훼의 말씀이라는 문학 형태를 취한다. 기사와(5,6) 율법(5,7 이하), 예배와 윤리 규정을 결부시키고 하느님과의 관계와 이웃과의 관계를 연결하는 이 본문은, 고도의 권위를 누리고 신명 12-26장에 규합된 특별 규정을 해석하기 위한 원리를 제공하는 규범들의 종합을 말하는 하나의 '표준 규범'이다. (Otto, Zenger와 같은) 몇몇 저자들은 신명기법의 법규 제시는 신명 5장의 십계명의 순서와 상응한다고 주장하나, 이 가설은 지나치게 도식적인 것으로 보인다.

2.3. 창세 1-레위 9(16)장의 사제계 문헌 법규들

문헌이론은, 신명 34장 또는 여호수아기에서(여호 18,1 또는 19,51) 마감되는 순수 서사체 사제계 문헌을 염두에 둔다. 이 도식에 따르면, 사제계 법규들은 보충 부분들로 취급된다. 폴라와 오토와 쳉어의 연구로부터 시작해서, 사제계 문헌의 새로운 한계 설정이 점진적으로 요구되었다(탈출 29; 탈출 40 또는 레위 9). (P문헌의 끝을 레위 16장으로 잡는) 니한(C. Nihan)은 법적이며 서술적인 이 문학 단위를 통합하는 서술적 일관성을 밝혀냈다. 이스라엘은 내부에서 잃어버린 창조 질서를 회복하고, 다른 민족들 가운데서 사제 민족으로 변형되도록 노력했으며, 이로써 하느님께서 원하신 본래 질서의 '소우주', 각 구성원이 특히 음식 섭취에서 부정으로부터 분리되는 공동체가 되었다. 레위 1-9장의 법들은 세속적인 것으로부터의 성소 분리를 정의하며, 같은 방법으로 (P문헌, 또는 P[s]문헌의 다른 저자들에 의한) 레위 11-15장의 규정은 외부 세상으로부터의 주거지 분리를 정의한다. 레위 16장의 제사 규정은 한편 무질서의 세력으로부터 성소를 보호하고 이로써 이스라엘에 주님의 영원한 현존을 가능하게 하는 기능을 지닌다. 이 사제계 문헌 창세 1-레위 9장 (또는 창세 1-레위 16장)은 예루살렘의 '후-국가적' 공동체의 성전 창설 기사처럼 기원전 5세기 초에 구성되었을 것이다. 이 시기는 왕정제도 복원에 대한 모든 전망이 포기되고, 임금의 상징들이 대사제라는 인물에게 전이되었을 때였다(탈출 28,15-30). 백성의 성화가 - 예배적이며 윤리적인 - 율법에 공동체적으로 순종하는 데 달려 있던 신명기 신학과는 달리(신명 7,6; 14,2 참조), 사제계 신학은 이스라엘 공동체를 성화할 수 있게 하는 특수한 매개체로 사제직을 내세운다.

2.4. 성결법(레위 17-26)

사제계 문헌과 성결법 사이의 관계를 어떻게 파악할 수 있겠는가? 엘리거(K. Elliger)는 레위 17-26장의 법을 사제계 법률 보충 부분(P^s)의 입문보다 앞서는 바탕 사제계 문헌(P^g)의 이음으로 여겼다. 블룸(E. Blum) 역시 크뤼즈만(F. Crüsemann)과 알베르츠(R. Albertz)와 마찬가지로, 레위 17-27장을 사제계 문헌과 결부시키나, 크놀(I. Knohl)과 밀그럼(J. Milgrom)은 성결법이 P문헌에 종속되어 있다는 결론을 내리면서도, 이 두 문서는 매우 일찍 탄생했다고 주장한다. 오토(E. Otto)는 성결법을 5세기 페르시아 시대의 오경 구성과 연관시킨다. 다시 말해서 성결법을 후-사제계 또는 후-신명기계 문학 구성으로 보고자 한다. 또한 니한(C. Nihan)은 성결법을 후-신명기와 후-사제계 구성으로 간주함으로써, 신명기와 사제계 문헌이 기원전 5세기 페르시아 시대에 동일한 토라 속에 삽입되었다고 보면서도, 오경의 구성과는 독립적이었다고 주장한다.

이 다양한 가설들은 무엇보다도 본문의 구성사라는 영역에 자리한다. 이 구성사는 P문헌에 대한 성결법의 '입장 표명'을 당연한 귀결로 삼는다. P문헌과 성결법 사이에 개입하는 주된 변환은 성화의 장소와 방식에 관한 것이다. 이는 성성의 범위가 재해석된 레위 18-20장에 분명히 나타난다. 사실 P문헌에서 성성이 정적이고 성소, 곧 성소가 내포하는 바와 사제들에게 결부되어 있다면, 성결법에서는 이스라엘 공동체 전체를 대상으로 한다. 성성의 범위는 이제 이스라엘 종교와 윤리의 모든 분야를 내포한다. 계명 준수를 통한 공동체의 성화는 예배라는 중개를 대신하는 것이 아니라 그것을 보완하는 것이다. 이렇게 성성의 범위는 P문헌의 관점과는 달리 성소의 한계를 넘어 확장된다. 다른 한편, 신명기와는 달리, 이스라엘은 성결법에 의해 땅과의 관계가 아니라, 탈출에 뒤따르는 하나의 율법, 하느님께 봉헌하기 위해 이스라엘을 민족들로부터 떼어놓는 율법과의 관계에서 정의된다. 신학적 중재의 문헌인 성결법은 사회경제적 관점에서도 그러하다. 레위 25장의 희년법은 사회적 긴장을 완화하고 이스라엘 공동체 구성원 사이의 평등을 바로 세우는 데 목적이 있다. 결과적으로, 시대가 서로 다른 범위를 받아들이기 위하여, 우리는 '민주화'라는 개념 속에 P문헌 구성과 성결법 구성 사이에 펼쳐진 발전 과정을 떠올릴 수 있을 것이다.

2.5. 민수기의 법규들

최근의 연구는 민수기의 구성을 후대의 작업으로 취급한다. 이 책에 규합된 법규들은(민수 1-10; 15; 18-19; 27-30; 35-36) 이전의 법에 첨가된 보충 부분들로 보이며, 민수 28-29장의 전례력은 토라 가운데 최후의 작품이다. 한편, 민수기의 법규에서 현저하게 드러나는 상호 조화롭지 못한 단락들은, 아헨바흐에 의해, 후대의 편집 속에서 '신정주의적이며 사제 통치적'으로 규정된 신학적 관점 아래 통합되어 있다. 민수기는 성결법 신학에 대한 후-사제계 '답변'으로 이해되며, 성결법의 '대중적' 또는 '민주적' 신학에 대한 후-사제계 대안으로 파악된다.

성결법에 대한 민수기의 독자성은 성성의 범위에 관한 서로 다른 파악에 한정되지 않는다. 성결법은 묵시적 또는 명시적인 어떤 영토 요구도 포함하지 않으며, 실질적으로 유다에서 이스라엘 공동체 구성원들과 다른 백성들 사이의 공존을 수용한다. 이처럼 레위 25,47은 예훗에 정착한 외국 백성들에 대한 이스라엘 백성의 재정적 종속 가능성을 시사한다. 성결법은 이렇게 사제계 문헌의 평화적 방향을 고유 방법으로 반복한다. 그러나 민수기는 이스라엘 공동체를 전혀 다르게 소개한다. 2장과 10장은 지파들이 군대 단위로 편성되어 있던 공동체의 '군사 지리'를 활용하며, 같은 방법으로 민수 25장과 31장의 기사는 사제계 인물들의 군사적 책임을 제시한다. 피느하스는 미디안을 거스른 징벌 파견 때 이스라엘 백성을 동반하며(민수 31,6), 끝으로 엘아자르는 정복된 땅을 이스라엘 자손들 사이에 분배하는 일을 주재할 때 여호수아와 지파들의 수장과 연합한다(민수 34,17-18). 분명, 니한(C. Nihan)이 주목하게 했던 대로, 성결법의 신학이 끼친 영향은 여러 법률 본문이 성결법에서처럼 *gerîm*(이방인들)과 예배 공동체 사이의 연합을 상기시키는 민수기에서 그 흔적을 다시 찾을 수 있다(민수 15,15-16.29-30; 35,15). 그러나 - 법규들이 이 법규들과 연계되어 있고 때로는 그것들을 설명하는 기사들과 독립적으로 해석될 수 없는 - 민수기 전체는 사제들의 예배적 우월권 확언과, 토지 요구로 귀결되는 그들의 정치적 권위 부각 사이의 관계를 설정한다. 민수기의 이상적 이스라엘은 분명 신정주의적이나, 이는 사제들이 이끄는 '군사적' 신정주의를 말한다. 다문화적인 페르시아의 유다에 유다의 평화적인 종교 생활에 관한 방식을 묘사하면서 민수기는, 성결법이 바로 그 표현일 수 있는 실용주의에 대해 새로운 '근원성'을 널리 퍼뜨리면서 응답한다. 사제들은, 규정들과 기사들에 따르면, 종교적일 뿐만 아니라(레위인들은 이제 그들의 수하가 된다, 민수 4; 18) 정치적인(민수 34,16 이하) 권위를 행사한다.

3. 토라의 문맥 속에 담긴 다양한 '법규집'

3.1. 토라의 문학 구성과 법률 본문들의 권위

오경의 한계 설정은, 지금까지 따로 검토되어 온 다양한 법률 모음을 유일한 문학 단위 속에 통합하도록 이끈다. 이 문학 단위의 구성은 온 유다 공동체에 의해 그 권위가 곧바로 수용되었다는 결론으로 이끌지 못한다. 기원전 5세기 말의 엘레판틴 문서들은, 이 공동체의 책임자들과 유다와 사마리아 당국자들 사이에, 토라의 규범적 권위도 신명 12장의 중앙화 법 적용도 전제로 하지 않은 대화가 있었다는 사실을 밝혀준다.

3.2. 하나의 동일한 토라 안에 서로 다른 모음들의 공존

통시적인 관점에서 오경의 한계 설정은 하나의 동일한 총체 안에 다양한 시대의 산물이며 내용이 일치하지 않는 규정들과 모음들을 규합하도록 이끈다(참조. 탈출 22,30; 신명 14,21; 레위 17,15-16). 이러한 현상을 설명하기 위하여 두 가지 동기를 생각해 볼 수 있다.

1) 하나의 동일한 문학 단위에 유배시대 이전의 법들과 제2 성전 시대의 유다교 기능과 연계된 법들이 공존한다는 것은, 이스라엘의 종교제도가 정치적인 역경을 뛰어넘어 지속되어 왔다는 사실을 강조해준다.

2) 오경 가운데 가장 후대의 법률 모음 해석은 가장 오래된 모음에 대한 인식을 전제로 한다(Levinson, Otto, Nihan). 이처럼 어떤 면에서 성결법 해석은 계약법, 신명기법, P문헌을 참조할 때만 가능한 일이 된다.

3.3. 토라의 공시적 구조

토라의 법규 정리는, 해당 본문을 공시적 관점에서 살펴본다면, 독자가 거기에서 하나의 위계적 권위를 식별하도록 이끈다. 사경에서 1인칭 야훼의 말씀으로 되어 있는 탈출 20,2-17의 십계명은 다른 모든 법률 본문 앞에 자리하며, 이 법률 본문들은 십계명의 전개 또는 적용으로 간주할 수 있다. 십계명은 그 다양한 시대를 반영하는 '변화하는' 법들의 항구한 '원리들'을 제시하는 것으로 보인다.

신명기에서도 5,6-21의 십계명은 호렙의 계약에 해당하며, 모압 계약의 문맥 속에 자리한 신명기법의 원리들을 제공한다. 오경의 공시적 구조는 따라서 거기에 수록된 법들의 '위계적 권위'를 주시하고, 그럼으로써 크뤼즈만(F. Crüsemann)이 계약법에 대하여 내세웠던 규범과 표준 규범 사이를 구별하도록 이끈다.

4. 참고문헌

4.1. 오경의 법규와 고대근동의 법규

B. Jackson, «Reflexions on Biblical Criminal Law», *JJS* 24(1973), p. 8-38. V. Korosek, *Hethitische Staatsverträge. Ein Beitrag zu ihrer juristischen Wertung*, Leipzig, 1931, 특히 12-15, 31-33, 58-61쪽. N. Lohfink, «Les lois du Pentateuque dans le contexte des législations du Proche-Orient ancien», *Transversalités* 70(1999), p. 129-147. G.E. Mendemhall, *Law and Covenant in Israel and the Ancient Near East*, Pittsburgh(PA), 1955. H. Niehr, «The Constitutive Principles for Establishing Justice and Order in Northwest Semitic Societies with Special Reference to Ancient Israel and Juda», *Zeitschrift für Altorientalische und Biblische Rechtsgeschichte*, 1997(3), p. 112-130. S.M. Paul, *Studies in the Book of the Covenant in the Light of Cuneiform and Biblical Law*, Leiden, 1970. E. Otto, *Körperserletzungen in den Keilschriftrechten und im Alten Testament : Studien zum Rechtstransfer im Alten Orient*, Kevalaer/Neukirchen-Vluyn, 1991. R. Westbrook, *Studies in Biblical and Cuneiform Law*, CRB 26, Paris, 1988.

4.2. 오경 법규들의 위상과 해석

O. Artus, *Les Lois du Pentateuque* (LeDiv 200), Paris, Cerf, 2005. F. Crüsemann, *Die Tora*, München, 2002, p. 170–234. R.G. Kratz, «Temple and Torah : Reflexions on the legal Status of the Pentateuch between Elephantine and Qumran», in G.N. Knoppers/B.M. Levinson (éd.), *The Pentateuch as Torah. New Models for Understanding its Promulgation and Acceptance*, Winona Lake(IN), 2007, p. 77–103. M. Lefebvre, *Collections, Codes and Torah. The Re-characterization of Israel's Written Law* (JSOTSS 451), New York/London, 2006. C. Nihan, «De la loi comme prétexte. Tours et détours d'une allusion dans le débat exilique sur la loyauté en 1 Samuel 8–12», in D. Marguerat/A. Curtis (éd.), *Intertextualité. La Bible en écho*, Genève, 2000. E. Otto, «Tendenzen der Geschichte des Rechts in der Hebräischen Bibel», *ZAR* 9(2003), p. 1–55. J.W. Welch, «A Biblical Law Bibliography – 2002 Supplement», *ZAR* 9(2003), p. 279–315.

4.3. 오경의 다양한 법률 모음에 관한 연구

R. Achenbach, *Die Vollendung der Tora ; Studien zur Redaktionsgeschichte des Numeribuches im Kontext von Hexateuch und Pentateuch* (BZAR 3), Wiesbaden, 2003. R. Albertz, *Religionsgeschichte Israels in alttestamentlicher Zeit* (ATD, Ergänzungsreihe 8/2), Göttingen, 1992, p. 518 이하. K. Elliger, art. «Heiligkeitsgesetz», RGG, 1959, col. 175–176. K. Grünwaldt, *Das Heiligkeitsgesetz Leviticus 17-26. Ursprüngliche Gestalt, Tradition und Theologie* (BZAW 271), Berlin, 1999. C. Houtman, *Das Bundesbuch. Ein Kommentar*, Leiden/New York, 1997. Id., *Exodus* (vol. 3), Leuven, 2000, p. 78–269. I. Knohl, *The Sanctuary of Silence : The Priestly Torah and the Holiness School*, Minneapolis(MN), 1995. B.M. Levinson, *Deuteronomy and the Hermeneutics of Legal Innovation*, New York, 1997. J. Milgrom, *Leviticus 1-16; 17-22; 23-27*, New York, 1991; 2000; 2001. C. Nihan, *From Priestly Torah to Pentateuch* (FAT 2. Reihe 25), Tübingen, 2007. E. Otto, *Gottes Recht als Menschenrecht. Rechts- und literaturhistorische Studien zum Deuteronomium* (BZAR 2), Wiesbaden, 2002. Id., «Perspektiven der neueren Deuteronomiumsforschung», *ZAW* 119(2007), p. 319–340. T. Pola, *Die Ursprüngliche Priesterschrift, Beobachtungen zur Literakritik und Traditionsgeschichte von Pg*, Neukirchen–Vluyn, 1995. Th. Römer, «Les deux décalogues et la loi de Moïse», in *Mémoires d'Ecriture, Hommage à Pierre Gibert*, Bruxelles, 2006, p. 47–67. A. Ruwe, *«Heiligkeitsgesetz» und «Priesterschrift». Literaturgeschichtliche und rechtsystematische Untersuchungen zu Leviticus 17,1-26,2* (FAT 26), Tübingen, 1999. L. Schwienhorst–Schönberger, *Das Bundesbuch (Ex 20,22-23,33). Studien zu seiner Entstehung und Theologie*, Berlin, 1990. E. Zenger, *Einleitung in das Alte testament*, Stuttgart, 2001[4], p. 145–161. K. Zobel, *Prophetie und Deuteronomium. Die Rezeption prophetischer Theologie durch das Deuteronomium* (BZAW 199), Berlin/New York, 1992.

창세기 1-11장

윌링어(Christoph Uehlinger)

대부분의 문학적 기념물처럼 성경은 '기원사'라 불리는 첫 페이지에서 가장 많은 독자를 불러모은다. 얼마나 많은 사람이 어느 날 처음부터, 곧 창세기로 시작하여 성경 읽기를 시도했던 경험, 그러나 결국 두세 권, 나아가 그저 몇 장 정도 읽고 포기한 경험을 안고 있지 않겠는가? 창세기의 첫 장들은 따라서 다른 모든 장과 견주어 이론의 여지가 없는 이점을 지니고 있다. 바로 이 장들이 모든 사람이 읽고 모든 사람이 어느 정도 이해한다고 믿는 부분이다. 그런데 현대의 독자들은 이 몇몇 페이지에서, 내용을 별생각 없이 너무나 경솔하게 읽기(이레 동안의 창조, 갈빗대 또는 사과 – 당신은 그것을 믿지 않지요?!), 창조론자들과 진화론자들 사이의 부질없는 논쟁(빅뱅은 우연의 결과인가, 아니면 조물주의 의지에 의한 것인가? 사람은 하느님에 의해 창조되었는가, 아니면 원숭이의 후손인가?), 구조주의적인 설계 기사들이 제안하는 번드레한 설계도, 주석가로 변신한 새로운 마술사로서의 정신분석학자들의 희희낙락(창세 3장, 또는 지식과 '신들과 같은 존재'에 눈을 뜨게 한 성의 발견…) 등으로 쉽게 스스로 함정에 빠져버린다. 이 대단한 사람들과 다른 많은 사람은, 첫 장부터 성경을 잘 이해하도록 이끌어준다고 확신하는(그런 일은 별로 없다!) 열쇠를 제안하기 위하여 –

이러한 생각으로 단 하나의 열쇠를 제안하는 경우도 있다 – 자기들의 성경 풀이로부터 시작해야 한다고 믿는다.

역사–비평 주석가들과 그들의 제자들은 시끌벅적거림과 혼란스러운 견해 앞에 일말의 책임이 있다. 아스트뤽(J. Astruc)이 그 유명한 *Conjecture sur les mémoires originaux dont il paroit que Moyse s'est servi pour composer le Livre de la Genèse*(창세기 구성에서 모세가 사용한 것으로 보이는 본래의 회고록에 대한 추론)라는 논문을 발표한 1753년 이래, 새로운 학생 세대들과 수많은 평신도 독자들이 기원사는 다양한 원전으로 구성되었다는 사실을 인지했을 때, 마치 구름에서 떨어진 것 같은 느낌이었으리라는 것 외에 무엇을 알 수 있겠는가? 한 세기가 넘는 기간 동안, 그리고 문학비평과 교의 신학 사이에서 '가랑이를 쭉 벌리기'와 같은 일종의 곡예 상황에서, 현대의 주석가들 대부분은 경전화 이전의 원전들을 세밀하게 분석하는 데 몰두했으며, 이 과정에서 역사적이며 사회문화적인 고유한 문맥에서 출발해서 기원에 관한 성경 역사, 다시 말해서 기원전 천 년대의 근동과 지중해 동부의 문학사를 해석하기보다는, 이 원전들에 (하느님과 인간, 죄와 은총 등과 같은) 광범위한 구세론적 프로그램을 입혀 나갔다는 사실을 확인할 뿐이다.

1. 설계와 내용

1.1. 이름과 문학 단위

'기원사'(*Urgeschichte, Primeval History*)라 일컫는 이 일반적인 명칭은 주석가들이, 창세기의 첫 단어(*bere'šît*, 한 처음에)에 기초해서 이 책의 첫 열한 개의 장에 부여한 이름이다. 사실 이 부분에서 세상과 인류의 기원, (목축, 농업, 포도 재배, 도시 생활 등과 같은) 문명과 (대륙에 따른 백성 분산, 민족,

언어 등과 같은) 문화에 관한 것들이 문제시된다. 이 첫 장들이 다루는 모든 것은 거의 다 처음으로 일어나는 일들에 관한 것일 수밖에 없다. 낮과 밤에 이어 첫 탄생 또는 첫 살인을 거쳐 첫 '(벽돌) 굽기'에 이르기까지 그러하다. 여기서 또한 (시간, 공간, 삶과 죽음, 축복과 징벌과 같은) 우주를 지배하는 법칙이 하느님에 의해 제정되며, 제사 또는 기도와 같은 기본적인 몸짓이 완성되고, 기쁨이나 수치와 같은 감정이 처음으로 감지된다. 이 페이지들 속에는 그토록 근본적인 것들에 관한 무수한 '첫째들'이 들어 있어서, 고대 저자들이 관현악기들을 솜씨 좋게 연주한 문학 '공연', 결과적으로 모든 원인을 파헤치려는 사변적 시도라는 사실을 자칫 잊어버리기라도 할 것 같다.

그런데 '역사'라는 용어는 이 장들에는 그렇게 잘 어울리지 않는 것 같으며, 적어도 우리가 평소 알아듣는 의미에서는 그러하다. 그 출발점을 창세 5,3 이하로 잡는 연대순에 관한 매우 조밀한 체계는 세상 창조를 이집트 탈출 이전(탈출 12,40-41) 2666(P문헌: 2320)년에 두도록 하며, 이는 솔로몬에 의한 예루살렘 성전 봉헌(1열왕 6,1) 이전 3146(P문헌: 2800)년 또는 유다 마카베오에 의해 정화된 제단 봉헌 이전 4000년에 해당하며, 이 제단 봉헌 사건은 또한 이 연대 체계 창시자들의 버팀대로 기원전 164년이라는 매우 상세한 일자를 제공한다(이 일자 계산법은, 344년에 Hillel II에 의해 단행된 개혁으로 거슬러 올라가는[서기 2000년 = 세속 달력으로 5760년], 현재 사용 중인 유다 전례력과 일치하지 않는다는 점을 주목하자). 이 체계는 세상의 창조를, 물리적이며 역사적인 개념으로 시간을 개시하는 사건으로 만든다. 한편, 연대를 간략하게 요약하는 연결망이 토라와 전기 예언서의 표면 위에서 짜였다는 사실과, 이 연결망은 기원 기사 대부분의 이해에 어떤 중요성도 띠지 못한다는 사실을 확인할 수 있다. 기원 기사들은 오히려 유형에 있어 시간과 역사를 자연스럽게 뛰어넘는 신화와 전설에 속한다. 또한, 우리가 이 장들을 고유한 의미에서의 '역사'가 아니라, 원초적인 '작품들'의 연결을 말하는 '기원 기사군'으로, 나아가 인간 실존에 관한 근본 자료들을 이해하는 데 필요한 기초 지식을 역사의 독자에게 통교하는 하나의 '서문'으로 - 이 서문에 이어 해당 서사시는 고유한 관점을 펼쳐나갈 것이다 - 취급하는 것은 적절한 판단으로 보인다.

'기원사'의 시간과 역사의 시간 사이, 기본적인 것과 특별한 것 사이, 창조에 관한 신화와(느헤 9,6 참조) 아브라함이 첫 영웅으로 등장하는 서사시(느헤 9,7) 사이의 한계를 설정하는 것은 쉬운 일이 아니다. 주석가들은 또한 서문의 끝을 명확하게 규정하는 데에도 주저한다. 창세기 1-11장을 하나의 단원으로 여기는 학자들이 적지 않다. 관례적일 뿐인 이 한계 설정은 창세 12,1-3의 아브라함 소명을 이스라엘의 독자적인 역사 개시로 보는 데서 유래한다. 그러나 12,1-3에서 이름이 불리는 사람은 다른 곳에서 온 사람이다. 그의 출신과 (칼데아의 우르에서 메소포타미아 북부의 하란으로 자리를 옮긴) 가족 이민사가 11,27-32에 상세히 보도되어 있다. 따라서 몇몇 주해가들은 기원사가 11,26에서 마감된다는 결론에 이른다. 그러나 (10,21-31과는 대조적으로 셈족의 족보를 마무리하는) 이 마지막 구절은 11,32만큼 결정적인 중단을 이루지 못한다. 서문에 더욱 설득력 있는 경계를 설정하고자 한다면, (실패한 바벨탑 계획으로 언어의 다양화와 민족 분산이 빚어진) 11,9 또는 (역사의 시간에서 신화의 시간을 갈라놓는 홍수의 종결로서의 노아의 죽음이 그야말로 한 시대를 닫는) 9,29가 적절해 보인다(10,1.32; 11,10의 *'aḥar ha-mabbûl* 곧 '홍수가 있은 뒤에'라는 언급 참조). 아직 보다 광범위한 세계로 향하지 못하는 기원사와는 독립적인 이본에 속하는 8,21(22)에서 쉽게 마침표를 찾는 경우('사제계' 구성 차원에서 이에 해당하는 맺음 문구는 9,17에서 찾을 수 있다), '민족적' 서사시 서문으로서의 이 기초적인 장들을 재정리한다는 것은(그 맺음 문구 역시 단순한 한계 설정을 벗어난다: 여호 24 또는 2열왕 25?) 첫 성조의 역사와의 뒤얽힘, 곧 간단한 한계 설정과 대립하는 뒤얽힘 현상을(12,1-7은 11,1-9와 이론의 여지가 없는 관계를 드러낸다) 초래한다는 사실을 수용해야만 한다.

1.2. 전체 설계

창세 1-11장 전체는 기본적으로 기사와 족보 명부로 구성되며, 이 명부는 종종 톨르돗(*tôledôt*, 자손들)이라는 전문용어로 도입되고(2,4; 5,1; 6,9; 10,1; 11,10.27; 25,12.19 등) 해당 기사의 전개에서 중요한 중단을 알리는 역할을 한다. 문형과 내용을 바탕으로 이 전체는 네 개의 큰 단락으로 짜여 있음을 쉽게 드러낸다.

첫째 단락(창세 1장)
우주와, 하느님의 창조적 말씀으로 거기에 사는 모든 것이 엿새 안에 마련되고, 하느님 몸소 이렛날 안식을 행사하심으로 창조 사업 완성. 이는 창조가 축복 덕분에 스스로 기능을 발휘할 수 있다는 증거.

둘째 단락(창세 2-4장)
생물, 특히 에덴동산을 감독할 임무를 맡은 인간(*hā'ādām*)의 창조에 대한 둘째 관점; 짐승은 인간과 통교할 보충성을 일차적인 목적으로 창조되며, 여인만이 이 계획에 응답(창세 2). 예외적인 지식을 갖춘 뱀의 교사로 부부는 하느님의 금령을 위반하고 에덴동산에서 쫓겨남(창세 3); 에덴동산 밖에서의 삶의 방식 다양화와 하느님과의 관계 불평등은 인간을 상호간의 점진적인 폭력 관계로 이끌며, 카인과 그의 자손들이 폭력의 상징적 존재가 됨(창세 4).

셋째 단락(창세 5-9장)
이 폭력은 노아에 이르기까지(창세 5) 비교적 경건한 사람들로 구성된 한 혈통에 의해(그 가운데 야훼의 첫 흠숭자인 *'enôš* 곧 '인간' 포함) 매우 불완전하게 균형을 이루어나감. 이번에는 하늘의 존재들이 범한 또 다른 위반에 이어(6,1-4), 인간의 너무나 분명한 타락, 나아가 땅을 가득 채운 폭력 앞에서 하느님은 의인 노아의 자손들과 노아가 방주에 실은 짐승들 이외에 모든 생물을 홍수로 제거하시기로 결심(창세 6-8). 다음 하느님께서 하나의 계약을 체결하실 생물과 관련해서 새로운 기초 위에 창조의 새로운 출발이 이어지며, 하느님은 다시는 홍수를 일으키지 않으시리라 다짐(창세 9).

넷째 단락(창세 10-11장)

(인류의 아버지 노아의 후손인) 백성의 분산과, 새로운 위반으로 대립하고자 했던 바벨탑의 계획에도 불구하고(11,1-9), 민족들이 언어와 영토에 따라 온 땅에 질서 있게 배치됨(창세 10).

분명, 이 프로그램은 이스라엘의 독자적인 역사를 우주적, 나아가 인류학적이며 근본적으로 지정학적인 틀 속 자리하게 한다. 첫째와 셋째 단락이 (역사의 시간 속에서 체험한 현실에 발맞추어 변화된 정리가 뒤따르는 본래의 '이상적' 창조 개념으로) 이 질서를 정의하는 데 기여하고 있다면, 둘째와 넷째 단락은 전이 단계를 이룬다. 둘째 단락은 (당신의 창조물을 '좋다'고, 나아가 전체를 '매우 좋다'고 인정하셨던, 1,31 참조) 하느님께서 어찌하여 홍수를 정당화하는 실패라는 확신에 이르시게 되었는지를 설명하며, 넷째 단락은 각각 고유한 땅에 사는 민족들에 관한 장면, 주된 동기가 성조들을 위한 후손과 땅의 약속으로 되어 있는 역사적 서사시 펼침에 기여하는 장면을 준비한다. 사실 이 단락들의 가치는 균등하지 않다. 창조와 홍수 기사는 세상의 기초가 되는 하느님의 보증을 담고 있는, 이를테면 신화적 지주를 형성한다(이 단락에 성경외적 병행현상이 풍요롭다는 사실은 우연이 아니다). 이 두 단락 가운데 둘째 단락의 기사들은 무엇보다도 인류학적인 관심을 드러내며, 이상적일 수밖에 없는 하느님의 계획과, 모호함과 긴장과 폭력으로 채워진 현실에 대한 생생한 인식 사이를 접목시킨다. 이 단락들을 주의 깊게 읽음으로써 잠재적인 여러 주제를 확인할 수 있고, 거대한 기사만이 (예를 들어 탈출-레위기의 성소와 안식일과 제사법을 통해서, 또한 2열왕 24-25장이 설명하고 있듯이 이스라엘 백성을 본토에서 추방하는 사건을 통해서) 이 주제의 전개를 제시한다 하더라도, 처음 세 단락은 독립적인 하나의 구성으로 묶어 읽어내려갈 수 있다. 따라서 이들 세 단락이 진정한 의미에서의 '기원 기사'를 이루며, 넷째 단락은 이 기원사를 성조사에 이어주는 연결점으로서만 의미를 지닌다.

I. 기초(창세 1,1-2,3)

1,1-2,3 창조에 관한 첫째 기사

II. 전이와 위반: '하늘과 땅의 자손들'(2,4-4,26)

2,4ㄱ (1,1에서 자리 이동한?) 표제

A. 2,4ㄴ-3,24 야훼/하느님, 사람, 여자와 뱀('에덴동산 기사')

2,4ㄴ-7 창조에 관한 둘째 기사

2,8-17 에덴동산과 금령

2,18-25 사람과 여자

3,1-6 금령 위반

3,7-13 벌거벗김

3,14-19 저주

3,20 모든 생물의 어머니 하와

3,21-24 에덴동산 추방

B. 4,1-26 문명과 야만 사이의 사람

a 4,1-2 카인과 아벨의 탄생

b 4,3-16 카인과 아벨 : 형제 살해

b' 4,17-24 카인에서 라멕 I

a' 4,25-26 (*'enôš* 곧 '인간'까지의) 아담의 다른 자손들

III. **재–기초: '아담의 자손들'**(5,1–9,29)

A. 5,1–32 아담의 혈통으로부터 노아까지(라멕 II 포함)

B. 6,1–4 하느님의 아들들, 사람들의 딸들과 '거인들'(높은 곳의 위반)

C. 6,5–9,7 **홍수**

a 6,5–22 서문: 야훼께서 홍수 일으키려 결심하심

6,5–8 야훼께서 생물을 일소하고자 하심

6,9–10 중간 표제: 노아의 족보

6,11–12 폭력이 땅을 채움

6,13–22 하느님께서 노아를 가르치심

b 7,1–16 큰물 이전에 방주에 들어감

c 7,17–8,14 홍수

7,17–24 큰물 증가

8,1–14 큰물 감소

b' 8,15–19 방주에서 나옴

a' 8,20–9,17 결문: 다시는 홍수 없음

8,20–22 제사와 약속

9,1–7 노아와 그의 자녀들 축복(1,26–29 참조)

9,8–11 생물과 계약

9,12–17 계약의 표징

B'. 9,18–27 노아의 포도밭과 가나안의 저주

A'. 9,28–29 족보 결론, 노아의 죽음

IV. **전이/위반: '노아의 자녀들의 자손들'**(10,1–11,9)

10,1 표제

A. 10,2–32 노아의 자녀들(또는 '민족 목록')

B. 11,1–9 바벨탑: 언어 확산과 민족 분산

A'. 11,10–26 셈에서 테라까지

11,27–32 테라에서 아브람까지(…→ 아브라함 기사군에서 이어짐)

2. 출처와 형성

우리는 창세 1-11장에서 매우 다양한 유형의 문학 자료들을 만난다. 홍수의 반대 주제가 응답하는 우주적이며(또는) 인류학적인 유형의 신화적 기사들, 신들의 계보와 인간의 역사 사이에 하급 신들과 거인들과 장사들과 기타 영웅들이 지배하는 시기를 삽입하여 신화와 역사편찬을 이어주는 문학 유형으로서 그리스 서사시와 헬레니즘 시대의 역사가들에게 잘 알려진 유희론적 전승 단편들, 기원을 설명하는 가운데 어떤 것들은 인간 조건의 기본적인 틀을 정의하고 다른 것들은 이러저러한 창작이나 창설을 보다 조촐하게 이야기하는 기원 기사들('X는 Y를 행사한 첫 인물이다….'), 그 효력이 설화자의 당대에 이르기까지 또는 그것을 뛰

신이 네 강의 원천을 쥐어 잡고 있다(창세 2 참조)

어넘어 인증될 수 있었던 본보기가 되는 축복이나 저주에 이르는 기사들, 신의 폭넓은 말씀 속에 포함된 미래의 계획 선언들, 끝으로 상당수의 족보 목록과 우주 형상적 회화 등의 자료들을 말한다. 분명, 이 자료들은 유일한 저자의 재능에서 유래한 것이 아니다.

2.1. 규모가 큰 편집단계

문헌의 부족으로 신화와 역사편찬 연구에 관심을 가지기에 앞서, 창세 1-11장의 현대 비평은 유일한 성경 기사의 내적 긴장을 밝히는 데 힘썼다. 아스트뤽(J. Astruc)과 아이히호른(G.F. Eichhorn)과 다른 연구가들은 19세기부터 창세 1-11장 이야기의 (특히 두 개의 창조 기사 또는 홍수에 관한 서로 다른 두 가지 일자 표기와 묘사 등) 몇몇 요소들이 이중으로 사용되고, 하느님이 (야훼, 엘로힘, 또는 야훼 엘로힘과 같이) 여러 호칭으로 나타난다는 점에 주목했다. 이중어록과 모순과 긴장 관계에 있는 내용 분석은 '원전비평'을 낳았으며, 이 비평은 오늘날 본디 독립적이던 두 개의 서사체 줄거리를 구별하는 주된 성과로 남아 있다. 하나는 (P라는 약자가 사용되며, 창세 1-11장의 경우 하느님이 *'elohîm*으로 나오는 본문들이 속하는) '사제계' 줄거리라 불리며, 대다수 주석가들은 이를 하나의 자립적 원전으로 여긴다. 다른 하나는 (J라는 약자가 사용되며, 예외적인 경우를 제외하고 하느님이 *YHWH*로 나오는) 선-사제계 또는 비-사제계 줄거리를 말하며, 이전 원전이나(O. Eissfeldt에 의하면 '평신도 원전', G. Fohrer에 의하면 '유목민 원전') 후기 편집('JE편집') 또는 이 둘의 흔적을 간직하고 있다. P원전과 J원전은 그 범위와 성격이 논쟁의 대상으로 남아 있기는 해도, 어떤 '편집자'(R)의 작업을 통해 하나의 유일한 서사체 전개 안에 결합되어 있다.

'새 문헌가설'은 이렇게 창세 1-11장에서 동일한 원전들을 찾아내며, 이후 사경 또는 육경 전체에서 이 작업을 이어간다. 이는 야훼계 자료들의 연대로 후기(페르시아 시대)를 지지하는 저자들의 경우이기도 하며

(Van Seters, Levin), 어떤 저자들은 벨하우젠이 세운 J(E)-P 순서를 뒤집어 J(E)를 후기 원전으로 취급하기도 한다(Blenkinsopp). 한편, '기원사'와 '아브라함 기사군' 사이의 관계는 비-사제계 자료에선 매우 빈약하다. (R. Rendtorff와 R. Kessler의 연구 대열에서) 크뤼즈만이 제안한 이론 이후, 선-사제계 또는 비-사제계 기원 기사에서 J원전과는 독립적인 문학의 탄생을 인정하는 저자들이 많다. 문제의 상황은 창세 1-11장의 점진적인 전개 과정에서 네 개의 주요 관점을 식별한 비테(M. Witte)에 의해 소개된다(다음 요약 부분에서, 구절들, 나아가 일화들의 분배는 비테가 제안한 상세한 내용을 벗어날 수 있다).

1) 경우에 따라 유배시대 이전의 작품일 수 있는 선-사제계 기사(= 이전의 '야훼계 문헌')는 다음과 같은 요소들을 담고 있었을 것이다 :

I. (생물, 무엇보다도 사람의) 창조: 2,5-7ㄱ^{ㄱ}.(18?)19-20ㄱ.(20ㄴ?).21-22; 3,20

II. (카인으로부터 라멕의 자녀들까지의) 문명, 폭력, 이주 집단: 4,1-5.8.17ㄱ.18-22

III. (40일 동안의 비로 인한) 홍수와 약속: 6,7-8; 7,1ㄱ.2.4-5.10ㄱ.12.23; 8,2ㄴ (?).6-7.13ㄴ.20-21ㄱ.22

최초의 구성이 아직 홍수 기사에 이르지 못했던 것으로 본 비테와는 달리, 우리는 이미 삼등분된 총체를 생각하며, 거기서 홍수는 창조를 폐지하는 것이 아니라 그것에 응답한다(신화와 반-신화). 야훼는 비가 이제는 계절의 요소, 따라서 이로운 요소가 될 뿐인 리듬을 타는 질서를 다짐하신다. 야훼는 인간에게 자신의 폭력을 뒤집어씌울 방법을 제공하는 것으로 보이는 피 흘리는 제물을 향한 당신의 호의를 보여주신다(참조. 4,4; 9,20–21). 한편, 이 최초의 기사가 있는 그대로 완벽하게 재구성되도록 내버려 두지 않는다는 사실은 인정해야 한다.

2) 5–4세기에 회의주의적, 아니면 염세주의적 지혜 정신으로 지나치게 확대되었을 이 기사의 일차 재독(= 옛 'JE'; 아래에 기울임체로 표기된 첨가 부분들) :

I. 에덴동산 기사(일곱 장면: 사람 창조, '선과 악을 아는 나무'에 관한 명령, 여자 창조, 위반, 조사, 저주, 추방) : 2,*4*ㄴ.5–7ㄱᄂㄴ.*8-9*ㄱ.*16-17*.18–20.21–22.*23-25*; 3,*1-13.14.15-18*ㄱ.*19*.20.*21-23*

II. 죄로 인한 폭력의 급격한 증가, 새로운 추방(경작지에서 쫓겨난 카인), 예방대책으로서의 복수의 효력 없음(라멕; 모두 일곱 장면): 4,1–5.*6-7*.8.*9-16*.17ㄱ.18–22.*23-24*

III. 인간의 사악한 마음으로 인한 홍수, 인간의 결함으로 인해 창조를 희생시켰음에 대한 야훼의 후회, 약속(모두 일곱 장면): 6,*5-6*.7–8; 7,1ㄱ.2.4–5.10ㄱ.12.23; 8,2ㄴ.6–7.*8.9.10-12*.13ㄴ.20–21ㄱ.*21*ㄴ.22

우리는 신학적 사고가 기사를 풍요롭게 하고 있음을 잘 볼 수 있다. 야훼께서 원하신 본래의 질서, 곧 에덴동산의 모습에서 이상화한 질서(신화)와, 수고와 고통으로 특징지어진 인간 실존의 현실, 곧 (야훼를 거슬러, 생명을 거슬러) 남자와 여자와 뱀이 전적인 책임을 져야 하는 초보적인 위반에서 초래되었기에 매우 모호한 현실(반–신화) 사이에는 하나의 간격이 있다. 인류가 아직도 생명을 유지하고 있고 땅이 제 열매를 맺고 있다면, 이는 야훼의 선의 덕분이다. 그분의 징벌은 여전히 본래의 위협 아래에 있고 가처분 상태에 있는 것이다(죽음의 벌 대신에 인류의 첫 부부는 에덴동산에서 쫓겨났을 뿐만 아니라 옷이 입혀졌고, 살인자 카인은 그를 보호해줄 표지를 받았고, 홍수는 끝내 온전히 시행되지 않았다). 확대된 이 기사의 관점에서 볼 때, 노아에게서 나온 인류는 야훼의 온정 덕분에 실존을 누리게 된 살아남은 하나의 공동체로 인식될 수 있다. 비테는 지혜 본문들과 예레미야서의 신명기계 편집 전승들과, 규모가 작기는 하나 신명기계 역사서의 전승들과 가까운 수많은 표지를 찾아냈으며, 이는 5-4세기라는 위의 앞당겨진 일자를 확증해준다.

3) '사제계'(P) 기사는 앞선 기사들보다 더 장엄하고 형식적인 전개를 보여준다 :

I. 하늘과 땅의 '자손들'(엿새 동안의 창조, 거룩해진 이렛날 휴식): 1,1-2,3(1,26 이하에서 재독) (2,4ㄱ)?
II. 전이 단계: (노아까지의) 아담의 '자손들': 5,1-29ㄱ.30-32
III. (죽을 때까지의) 의인 노아의 '자손들'
 a. 홍수(우주를 둘러싸고 있는 물의 범람, 전체 기간이 1년): 6,9-19ㄱ.20-22; 7,6-7.11.13-14.15.17.18-21.22.24; 8,1-2ㄱ.3-5.13ㄱ.14-19
 b. 계약(그러나 제물 생략!): 9,1-17(여러 단계에 걸쳐 기초됨)
 c. 노아의 자손과 죽음: 9,18ㄱ.19.28-29
IV. 전이 단계: 자손들(족보)
 a. 노아의 자녀들: 10,1-4ㄱ.5-7.20.22-23.31-32
 b. 셈의 자녀들: 11,10ㄱ.11-26
 c. (아브라함까지의) 테라의 자녀들: 11,27-32(…→ 아브라함 기사군에서 이어짐)

J문헌과는 달리, 이 줄거리는 창조를 신의 뜻에서 흘러나온 복합적 작품으로 제시하는 하나의 진정한 우주론적인 시로 열린다. 하느님은 실행을 위한 이유를 설명할 필요 없이 비가시적 군주의 모습으로 사물들이 바로 완성에 이르도록 말씀하시는 것으로 충분하다. '하느님의 모습으로' 마지막에 창조된 인간은 땅을 경작하고 동물 세계를 다스릴 권한을 받는다. 모든 것은 안식일의 예형인 이렛날의 하느님 휴식으로 완성된다.

한편, 홍수는 땅이 당대의 사람들 가운데 유일한 의인이었던 노아를 제외한 '모든 생물'의 폭력으로 타락했다는 사실로 정당화된다. 노아는 세 개의 층으로 된 실질적인 성소를 암시하는 상세한 설계에 따라 방주를 건조하도록 불림을 받는다. 홍수에 이어 하느님은 인간에게 맡기신 관리 의무를 가볍게 바꾸시어, 이제 인간에게 살코기를 양식으로 주시고 아울러 사람의 생명을 보호하시는 일을 지나치지 않으신다. 그분은 또한 '모든 생물'과 계약을 맺으신다. 훗날 아브라함과 이스라엘과 맺으시는 특별한 계약이 이 첫 계약을 뒤따를 것이다. P문헌의 '기원사'는 따라서 자립적인 작품이 아니라, 시나이산에서 정점을 찾을 이스라엘 역사를 준비하고 포괄하고 예시한다.

족보 목록(II, IV)은 기본적인 세대들 사이의 전이 과정 효과를 내면서 역사를 조율하는 역할을 하며, 그 기사는 모든 행적을 보다 상세하게 진술한다. 케난으로부터 라멕까지의 족보가(5,12-27) 창세 4,17-18(J)의 카인으로부터 라멕까지의 족보와 거의 같은 이름들을 따르고 있다는 사실을 주목해야 한다. 서로 다른 판에서 빚어진 결과이며, 편집자는 여기서 서로 다른 두 혈통을 만들어내고 있다!(P본문들은, 창세 6-9장에서만큼 1장에서 완전히 일치하지는 않으나, 상당히 꼼꼼한 재독이 이어졌다는 흔적을 드러낸다는 사실에 주의를 기울일 필요가 있다).

4) 두 개의 큰 줄거리 결합은, P문헌이 적절한 연결점을 제공한 공

간에 확대된 J기사를 삽입한 편집(R, 이는 오경의 '최후 편집'을 책임진 개입 전체를 규합하는 약자이다)에 맡겨진 일이었다. 우리가 전이 단계를 부드럽게 만들어준다고 여기는 접합 문구를 여기저기서 찾아내고자 할 때, 편집자들이 항상 가시적인 개입 흔적을 남겨두는 것은 아니다. 우리는 한편 R이 기존의 원전들을 조율하고자 한 문구들을(특히 2,1.7ㄴ; 4,25-26[셋과 에노스]; 5,29ㄴ; 6,7; 7,1ㄴ.3.8-9.10ㄴ.16.22-23; 8,21; 9,5ㄴ.18ㄴ; 10,4ㄴ.8-10.12ㄴ.14.18ㄴ-19.21.24-25.29ㄴ-30), 보다 발전된 다른 단락들, 곧 대부분 분산되어 잘 알려지지 않은 제3의 원전에서 발췌된 새 기사들이 창세기부터 열왕기에 이르는 민족의 대역사에 진정한 '서문' 역할을 할 내용을 보충하기 위하여 덧붙여진 단락들로부터 선험적으로 구별해야만 한다.

R의 '고유 자료'(*Sondergut*):

a. 2,9ㄴ-15; 3,22.24(나무 두 그루, 네 개의 강)

b. 6,1-4(하느님의 아들들과 사람의 딸들)

c. 9,20-27(노아의 포도밭과 가나안 저주)

d. 11,1-9(바벨탑 기사)

창세 2-3장의 야훼 엘로힘(*YHWH 'elohîm*)이라는 (팔미라의 후대 비문에도 병행 하여 등장하는 복합 문형인) 이중 이름 사용은 기존의 원전들을 조율하고자 했던 편집자들의 편집 방식을 위한 상징이 된다. 편집자들의 작업 창의성은, 교차하는 두 혈통이라는 의미로 이해한 두 개의 족보 이본을 다루는 데서도 드러난다. 하나는 살인자 카인을 통하여 난폭한 라멕 I에 이르며, 다른 하나는 아벨을 대신하는 셋과, 노아의 아버지 라멕 II에 이르는 야훼의 첫 흠숭 세대인 에노스의 자녀들로부터 출발한다

(4,26). 이들의 작업은 홍수 기사에서 연이어 두 번 이치에 맞게 서술할 수 없을 만큼 특별한 난관에 부딪혔음이 틀림없다.

R은 따라서 과거 문헌가설상의 J(E)본문들과 거의 일치하는 자료들의 편집자로서의 (아니면 저자로서의) 자격을 부여받는다. 이 J(E)본문들의 출처를 유배시대 이전에 둘 때는 말할 나위도 없다. 한편 이 기사들 가운데 어떤 것도 고대근동의 신화편찬에서 병행기사를 찾을 수 없다. (R이 작업한 윤곽으로부터 본래의 토대를 구별해낼 수 있는) 이 새로운 단락들은 R이라는 약자 아래 규합할 수 있는 개입들을 기원전 4세기, 아니면 3세기 초반에 자리하도록 한다. 생명 나무의 주제는 (가설에 불과하다 하더라도) 아마도 인간 영혼의 불멸성에 관한 그리스-페니키아 이론과 맞서도록 불멸성이라는 개념을 삽입시킨다. (에녹서에서 유래한?) 창세 6,1-4의 유혹받은 천사들에 관한 단편은(에녹서 6장 참조) 이 동일한 관심사를 다시 만나며, 거인들과 영웅들이라는 중개 세대 개념을 덧붙인다. 이 개념은 (7세기) 헤시오도스의 작품으로 평가되는 '신들의 계보'와 '여인들 목록' 이후 알려져 그리스와 헬레니즘화한 유다 저자들에 의해 여러 차례 되풀이되어온 개념이다. (아프리카인!) '캄'을 추잡하게 행동하는 사람으로 소개하나, ('캄'의 후손이라는 사실이 인위적인 것으로 보이는) '가나안'을 저주를 거두어들이는 사람으로 소개하는 기사의 명백한 모순 현상은, 이 두 인물을 서로 다른 기사의 불행한 영웅으로 여기면 해결될 수 있는 문제이다(하나는 가나안과 이스라엘 사이의 근본적인 대립 관계를 기초로 구성된 민족사적 관점의 기사이며, 다른 하나는 인류 전체의 운명을 포괄하는 원-역사적 관점의 기사이다. 둘째 기사에서 [그리스 세계를 대표하는] 야펫이 셈족의 땅으로 확산하는데, 이 두 지역은 기원전 332/1년 알렉산드로스 대제에 의한 티로의 패전으로 합류된다). 첫 부부의 실추에 이어(창세 3,3-22와 11,6 참조) 일종의 집단적인 둘째 실추를 말하는, 완공되지 않은 그 유명한 바벨 탑 건축 이야기에서, 사르곤 2세와 산헤립 치하의 찬란한 아시리아 시대로 거슬러 올라가는 주제들을 떠올린다면(Uehlinger), 이 주제들은 알렉산드로스가 바빌론과 그 지구라트 에

테메난키를 복원하고자 힘썼던 시대에서 새로운 반향을 찾을 수 있을 것이다(Witte).

비테의 뒤를 이어 여기서 제안된 통시적 접근은, 최근의 비평적 접근 타당성을 부정하지 않으면서도, 벨하우젠과 그 후계자들의 이론 위에 폭넓게 의존한다. 첫 기사(또는 '최초 J문헌')는 예전에 학자들이 선-J원전으로 취급했던 요소들을 포괄하며, 신학적 편집(='확대 J문헌')은 'JE'에 배정된 수많은 옛 자료들을 취한다. 현재의 연구 추세를 따라, J-P 계승은 (아니면 역으로 P-J 계승은) 약간의 의미 차이가 있다. '최초 J문헌'은 P문헌을 앞섰을 것이며, '확대 J문헌'은 아마도 P문헌의 뒤를 따랐을 것이다. 그러나 비테가 특별한 관심을 가졌던 요소는 R의 범위에 관한 것이다. 우리는 R이 '확대 J문헌'의 지혜문학에 가까운 신학으로 P문헌의 신 중심주의 개념을 풍요롭게 한 관점을 이해하나, R이 끌어들인 자료들의 다양성으로 충격을 받는다. R은 자기 고유의 종합을 강요하고자 애썼던 석학 이상으로 지성과 문학적 자질을 갖춘 전승들의 수집가로 보인다. 그 무엇도 편집에 관한 모든 개입을 단 하나의 유일한 저자의 손에 의한 것임을 강요하지 않는다 하더라도, 이 개입들은 일관성을 잃지 않으며, 이는 집합 약자로서의 R(과 R을 *rabbênû* 곧 '우리 스승'으로 번역하기를 제안했던 F. Rosenzweig의 직관)을 정당화한다. 그러나 이 서기관들은, 알렉산드리아나 가자의 헬레니즘화한 유다 저자들의 역사적 또는 백과사전식 최후의 작품들과 겨룰만한 방법도 의도도 없었던, 팔레스티나 산악지방이나 예루살렘 성전의 그늘에서 전승들을 수집하는 작업을 이루어낸 사람들이었으며, 그들의 진정한 관심사는 오히려 이어지는 작품들(특히 탈출기-신명기)에 있었다는 사실을 잊지 말자.

두 개의 주요 '기사-원전'('확대 J문헌'과 P문헌)의 저자에 관해서는, 이들이 이 문헌들을 완전히 창안한 사람들이 아니라는 사실은 자명하다. 창조의 열 가지 작업과 창조를 실행에 옮긴 7일 또는 6일과의 불일치는, 창세 1장(P)의 화자(話者)가 (안식일의 휴식에 이르는 주간과 같은) 이상적 시간 리듬이라는 개인적 개념 속에, 도입하는 데 저항이 뒤따랐을 우주에 관한 그림을 종속시켰다는 사실을 가늠케 한다. 여자와 분리된 창조 기사에서(창세 2,21-22...; 3,20) 특이한 어휘 하나가, 화자가 최후의 순간 아카드어로 기록된 (시기가 확인되지 않는) 원전, 따라서 아시리아-바빌론에서 유래한 원전에 의해 좌우되었다는 사실을 분명히 밝혀준다. 셋째 단락의 제목은 한편 저자(P)가 별도의 작품으로(참조. 1역대 1-9; 루카 3,23-28) 활용했던 것 같은 '아담의 족보 두루마리'를(5,1) 참조한다. 창세 6,1-4(R)는 에녹 유형과 (참조. 4Q201 III; 4Q202 II), (또는) 오늘날 사라진 헤시오도스의 영감을 받은 어렴풋한 신화적 기억을 담고 있으며, 홍수에 관한 전승(J, P, R)은 수메르-아카드어 문학의 천 년 이상의 기억 속에 뿌리를 두고 있다.

2.2. 창세 1-11장과 고대 신화

창세 1-11장을 이집트와 근동과 소아시아와 고대 그리스의 신화적, 서사시적, 역사적 전승에 연결하는 고리는 설형문자와 상형문자의 판독에 이어 19세기 후반기부터 연구가 거듭되었다. 니네베의 고문서고에서 발견된 규모가 큰 열두 개의 서판에 기록된 길가메시 서사시와, 천지개벽에 관한 에누마 엘리스(*Enūma eliš*) 시에 관심이 집중되었다. 거의 온전하게 보존된 상고대의 이 문헌들은, (330년경 태어난) 바빌론 사제 베로소스, (기원전 1세기의) 석학 알렉산드로스 폴리히스토르가 인용한 유다인 역사가들, 또는 비블로스의 페니키아 역사가 필론(기원후 64-141년, 산쿤야톤이라는 이름을 가진 보다 오래된 저자에 의거하는 인물이다)과 같은 앞서 알려졌던 헬레니즘과 로마 시대의 저자들을 하루아침에 세 번째 자리로 밀려나게 했다. 헬레니즘과 로마 시대의 저자들이 플라비우스 요세푸스나 카이사리아의 에우세비우스와 같은 다른 저자들의 작품에 오직 산발적으로 인용되는 단편 속에 등장함으로써 접근이 어렵기 때문만은 아니다. 특히 이들이, 헬레니즘과의 만남이 유럽의 민족주의를 이상화했던 민족정신(*Volksgeist*)을 분명히 더럽힘으로써 그로 인한 쇠퇴로 충격을 받은 아류의 모습을 갑자기 취했기 때문이다. 아무튼, 과학자들의 발견과 이론으로 이미 거칠게 다루어진 성경 기사의 영감은 '바빌론의 창세기' 발견으로 문제가 배가된 것은 사실이며, 이는 '성경과 바벨'(*Bibel und Babel*)이라는 소책자 제목으로 알려진 학구적인 열정적 논쟁에 불을 지폈다. 그러나 유감스럽게도 '범 바빌론학계'로 통하는 해석들이 이러한 시도의 가치에 다소의 손상을 끼쳤다. 따라서 관련된 비교연구가 거의 반세기 동안 제쳐진 상태로 머물러 있었으며, 이는 1930년과 1960년 사이에 종교들과 이스라엘 역사의 유일하신 하느님 신앙의 '이방' 신화를 거의 완전하게 분리하기에 이른 변증법적 신학의 선도자들을 만족시키기에 충분했다.

1960년대 말부터 비로소 기원에 관한 성경 기사들과 근동의 유사 기사들 사이의 비교가 그 모든 중요성을 되찾았으며(이 점에서 von Rad와 Westermann의 주해 참조), 헬레니즘화한 기사들과 폭넓게 분리되었다. 19세기에 비해 자료들은 수메르와 아카드어 본문들로 매우 풍요로워졌으며, 그 가운데는 성경 기사처럼 창조와 홍수를 묶는 유일한 설형문자 본문으로서 작성연대가 알려진 '초(超)현자'(Atraḫasîs) 서사시, 우리의 '확대 J' 기사와 매우 가까운 홍수 기사가 열두 개의 서판에 새겨진 길가메시 서사시, (Chisouthros가 된 Ziusudra라는 영웅의 이름을 증언하는) 베로소스에 의해 알려진 전승의 바탕에 자리한 홍수에 관한 수메르어 판이 있다. 기원전 14세기나 13세기에 작성된 길가메시 서사시 단편이 므기또에서 발견되었으나, 유감스럽게도 문맥을 벗어난 것이다(그러나 성경 전승이 청동기 '가나안' 서기관 전승으로 거슬러 올라가는 것 같지는 않다). 한 세대의 연구자들이 성경 기사들과 수메르-아카드어 유사 기사들을 대조하는 가운데 가능해진 공관(共觀) 자료 덕분에 수많은 흥미로운 결과들을 얻어낼 수 있었다. 가장 중요한 설형문자 증언들이 기원전 2000년대 초기부터 7세기 중엽의 아슈르바니팔 시대까지 이르는 기나긴 시간 동안 펼쳐져 있다. 기원전 6-3세기에, 다시 말해서 창세 1-11장의 본문이 기초되고 곧이어 규합된 (신-바빌론, 아케메니데스, 헬레니즘) 시대에 메소포타미아와 서부 셈족의 교육기관과 고문서고에서 이 전승들이 지녔던 정확한 문학 형태를 밝힌다는 것은 어려운 일이다. 최근의 몇몇 연구만이 그리스를 이 시도 속에 포함하려 한다. 아무튼 (길가메시의 모습이 4Q530 II2와 4Q531 fr. 17,12에서 확인된 쿰란 문서 덕분에 잘 알려진) 위경만이 아니라 헬레니즘 저자들의 문서를 참조하여, 근동과 지중해의 고대 신화, 천지개벽, 역사편찬 문학 속에서 성경의 '기원사'가 차지하는 자리를 보다 정확하게 규명하려는 시도는 적절한 작업으로 보인다.

고대근동과 지중해 세계에서 천지개벽과 인류창조와 홍수를 언급하는 전승들 형태의 다양성을 상세히 설명할 필요는 없다(불어판 'Suppléments aux Cahiers Evangile'에서 쉽게 접근할 수 있는 자료 참조). 다만 성경 본문을 조명하는 데 매우 흥미롭게 보이는 몇몇 공관 독서법을 제시하기로 한다. '최초 J문헌'은, 앞서 언급했던 대로, 아트라하시스(Atraḥasîs)와 길가메시 XII와 홍수에 관한 수메르어 판의 서사시와 매우 가깝다. 그러나 아트라하시스 서사시가 남녀 일곱 쌍(!)의 동시 창조를 고려하고 있는 반면에, 창세 2장은 유일한 첫 부부라는 개념을 강조하며, 이 개념은 '엔키(Enki)와 닌마흐(Ninmaḫ)'라는 수메르 신화에서도 확인되나, 이 신화에서는 첫 부부가 남무(Nammu)라는 어머니-여신에게서 탄생하다. 성경 기사에서 여인은 오로지 그녀만이 남자를 고독으로부터 끌어낼 수 있는 존재이기에 생물 창조의 정점으로 등장한다. 두 시기에 걸쳐 이루어지는 이 창조는, 앞서 언급했던 대로, 먼저 사람의 창조를 말하고 이어서 임금의 창조를 언급함으로써 분명한 정치적 의도를 드러내며(최초의 인간과 티로 임금을 동일시하는 에제 28장 참조), 신-아시리아 기사에도 영감을 주었을 아카드 원전을 따른 것일 수 있다. (까마귀에 이어 비둘기를 언급하는 창세 8,6-12의) 조류에 관한 일화와 같은 고립된 주제들과, 제사에 이르는 일반적 줄거리가(창세 8,20-21) 너무나 분명하게 설형문자 전승으로부터 영향을 받은 것이라 해도, 신화에서 나와 유일신 사상으로 접어드는 과정은 편집자들에게 적지 않은 어려움을 주었다. 고대 문학에서 신화는 다신론에 기초하나(Enlil은 홍수를 결정하고, Enki/Ea는 살아남을 자를 예고하며, 어머니-여신 Mami와 Ishtar는 피조물들이 사라지는 것을 보고 저항한다…), 성경에서는 야훼께서 모든 역할을 맡으신다. 그분만이 홍수는 물론 그 마침에 관한 결정을 내리신다. 일종의 모순된 인상을 줄 수 있는 부분에서(6,5와 8,21 참조) 저자는 야훼께서 당신 창조를 향해 느끼시는 연민을 강조하고, 하느님의 전능과 독단적인 전횡 사이의 차이를 지적함으로써 문제를 해결한다. 하느님을 엘로힘(*'elohîm*, 신들)으로 부르면서 다신적인 요소를 정리한 창세 1장의 사제계 창조 기사에 관해서, 학자들은 이를 기원전 8세기 말에 필사된 멤피스의 문서, 곧 프타의 창조 행위에서 신적인 다른 기관(器官)들에 앞서 심장과 입술과 말의 우월성을 예찬하는 가운데 보다 전통적인 생물학적이며 성적인 모형을 전적으로 거부했던 문서와 비교했다. 학자들은 또한 창세 1,1-2의 원초적인 카오스 묘사와 이집트의 천지개벽 개념 사이의 상당한 유사성을 찾아냈다. 그러나 창세 1장의 다음 내용은, 나누어 이루어지고 기능이 부여되는 바빌론의 창조 개념과 더욱 가까운 것으로 보이며, 이는 에누마 엘리스(*Enūma eliš*) 서사시와 바빌론의 마르둑 신에 의한 세상 창조를 말하는 베로소스의 간추린 기사의 중간 지점에 있는 개념이다. 이들 신화적인 모형들과는 달리, 사제계 기사는 하느님의 창조 행위에 맞설 수 있었던 어떤 사악한 또는 기괴한 세력도 알지 못한다.

근본적인 위반, 거인들(*nepîlîm*)과 용사들(*gibbôrîm*), 끝으로 발명가들과 창설자들에 관한 기사들의 원전을 특기한다는 것은 지금으로서는 불가능한 일이다. 전승이 아마도 이중 또는 나아가 삼중 바탕을 지니고 있었으리라는 사실을 지적하는 것으로 만족하기로 하자. 보다 지엽적인 전승과(카인의 자녀들) 함께 학자들은 (베로소스와 수많은 다른 헬레니즘 역사가들

두 커룹에 둘러싸인 생명나무(창세 2-3장 참조)

에 의해 알려진) 고대 수메르-아카드 임금 목록의 흔적과, 몇몇 (동방 또는 그리스) 신화들을 상고대의 영웅들에 관한 기사로 옮겨놓은 에우에메로스적 역사편찬의 영향을 찾는다. 이렇게 해서, 예를 들어, 초원의 전사이며 수호자인 아시리아-바빌론의 니누르타(Ninurta) 신은 야훼 앞에서 용맹한 사냥꾼이며 메소포타미아에서 가장 강력한 성읍들을 창설한 니므롯 임금이 된다(창세 10,8-12).

2.3. 작품의 저술 배경

인류의 세계적인 유산에 속하는 것으로 보이는 본문들의 저술 배경을 밝힐 수 있겠는가? 그 옛날 멤피스, 니니베, 바빌론, 이어서 아테네와 알렉산드리아와 같은 고대 지식의 중심지에서, 보다 정교하게 꾸며진, 나아가 궤변적인 예형들을 갖춘 기사들의 다소 투박한 판을 이들 본문에서 접하고 있다는 사실을 인지하는 것으로 만족해야 하지 않겠는가? 이 문제 역시, 그 가운데 상당수는 유배 중 또는 외국에서 사명 수행 중이던 고위 고문들과 사제들과 같은 유다인 문인들의 세계에 '출신'의 뿌리에 대한 몇 가지 견해를 제시할 수 있다. 신-바빌론 시대부터 역사적인 동시에 종교 과학적인 전승의 수호자로 나서는 것은 점차 성전에 맡겨진 역할이 되었다. 에제키엘서부터 바빌론 탈무드에 이르기까지, 기원전 6세기 이후 (신화 학자, 점술가와 의사와 같은) 바빌론의 사제-학자들과 골라(Golah) 공동체의 유다 문인들, 그 가운데 상당수는 설형문자 세계의 지적 양성을 접할 수 있었던 문인들 사이에 하나의 교환이 이루어졌다는 사실을 입증하는 지표들은 적지 않다. 창세 1-11장의 가장 전통적인 요소들을 책임진 이 지적 전문가들은 대부분, 유배지에서는 발전이 힘들었던 일상적인 예배 실천보다는 연구에 관한 임무를 맡았던 학식 높은 사제들이었을 것이다.

예루살렘 성전의 도서관은 5세기부터 해당 정보와 지식에 관한 자료들을 수집하기 시작하여, 일종의 자료 보존 기관으로 자리했음이 틀림없다. 이 기관에서 사제들 가운데 가장 뛰어난 사람들이 '사제계'라 불리는 기사를 구성하는 주도권을 잡았으며, 여기서 또한 신화론이 지혜문학 흐름과 맞섰을 것이다. 학자들은, '기원사'가 (그리스나 이집트) 과학자들의 천지개벽에 관한 최후 이론보다는(우주 형상에 관한 분야에서 본질적인 것에 만족하는 창세 1장보다 더욱 정통한 것으로 보이는 욥 38장 참조) 비관적인 인류학 개념 수용에 더 열려 있었다는 사실을 주시한다. 역으로 말해서, 창세 1-11장에 퍼져 있는 울림은, 비록 이 장들이 민족사의 서문 역할을 하고 있어 역사편찬을 위한 무시할 수 없는 자료가 되었다 하더라도, 역사편찬 자료(느헤미야기와 역대기와, '기원사'를 모르는 여호 24,2 참조), 법 또는 예언문학보다는(그러나 에제 14,14; 이사 54,9 참조) 지혜문학에서 더욱 강렬하다(시편, 욥, 애가, 집회).

민족사에 관한 방대한 기사에서 '기원사'의 역할은 한편 민족사 이해에 중요한 차원을 제공하는 일이다. P문헌의 관점에서, 아브라함, 이어서 이스라엘 자손들의 선택은, 안식일에 이어 예배를 중심으로 우주의 창조주와 온 세상을 위한 그분의 생명 계획에 가장 가까운 하나의 공동체 모형 설립에 일조한다. J문헌(또는 JE나 KD, 오경 입문 참조)의 관점에서, 이스라엘과 함께하신 야훼의 분명한 계획 실패는 결국 근본적인 인류학을 통해서 일련의 원인 설명을 찾는다. 다시 말해서 이 백성이 하느님을 거슬러 자신의 미래를 세울 수 있다고 잘못 생각하는 인류에 속한다는 설명이다. 훗날 이스라엘이 자기 땅에서 그렇게 될 것처럼, 에덴동산에서 쫓겨난 첫 인간의 불순종은 이스라엘 민족의 운명에 어느 정도 영향을 준다(그러나 에덴동산 재입성은 봉쇄된 반면, 이스라엘의 신앙은… 귀환으로부터 형성될 것이다). 신화편집과 인류학을 뒤섞는 역사편찬 관점에 서문을 연결하는 마지막 편집 과정에서, 하느님의 영역과 인간의 세상을 필연적으로 분리해야 한다는 점이 강조된다. 인간에게는 따라서 카인/라멕I과 셋/에노스/노아 사이, 폭력과 야훼 공경 사이의 선택이 제안된다. 끝내 의인들만이 살아남을 것이고, 이들 가운데 토라를 듣고 실천하도록 불림을 받은 혈통을 위해 하나의 특별한 길이 마련될 것이며, 토라가 이제 참된 인간화 도구로 등장할 것이다.

3. 주제와 의도

앞서 살펴본 대로 창세 1-11장은 본질적이고 기초적인 요소들을 다룬다. 그러기에 우리는 진부하게 만들 위험을 안고 있는 몇 마디로 이 단원의 풍요로움을 요약하고자 함에 망설임을 감추지 못한다. '기원사'를 우선 온갖 종류의 원인론이 응집해 있는 하나의 단원으로 읽을 수 있고 읽어야 한다. 그것이 우주, 지리, 지리정치(대륙과 국가), 민족, 문화(언어, 삶의 방식…) 등 어디에 속한 것이든 상관없이, 이 단원에는 세상의 질서와 기본적인 조직의 출현을 설명하기 위하여 경험상의 식견, 사변, 지식, 전통, 삼급 정보 등이 뒤섞여 있다. 이 원인론들이 고대 저자들의 지적 한계를 드러낸다 하더라도 놀랄 것은 없다. 다른 한 시대에 관한 커다란 궁금증으로 성경을 읽어가면서, 우리는 (하느님 바로 그분을 강조하기 위함이 아니라면, 성경에 따르면, 창조의 일부를 이루지 못하는) 천지개벽설과 인류창조설을 고려하는 기사들이 보여주는 요컨대 일화적인 독특한 양식들에 관하여 관심을 쏟지 않는 경우가 많다. 이보다는 남자와 여자와 그들 사이(성과 폭력), 또는 인류와 창조의 나머지 부분(생태학; 자연, 문화, 문명)과 하느님 사이를 유지해주는 관계라는 주제를 제시하는 기초적인 질문들에 대하여 더욱 큰 관심을 갖는다.

창조 전체를 통한 사람에 관한 부분에서, 창세 1장은 땅과 짐승에 대한 상당한 권한(*dominium terrae*, 땅의 지배), 그러나 인류가 종(種)과 환경을 절멸할 능력이 없던 어떤 시대의 상황에서 이해할 수 있는 권한을 부여한다. 우리는 이 권한이 "하느님의 모습으로"(1,26) 창조되었다는 품격에서, 따라서 마치 임금에 의해 임명된 대리 또는 대신처럼 지능만이 아니라 책임을 부여받았다는 품격에서 인간에게 주어진 것이라는 사실에 주목한다. 인간에게 생명의 유일한 주인이신 하느님을 대신하도록, 또는 (유행어가 된 신학적 문형에 따라) '공동 창조자'의 자리를 취하도록 요구되지 않았던 것은, 당대의 인간이 외향적인 활동 공간만큼이나 하나의 위협적 공간이었던 (야생 동물이 살던) 자연환경 속에서 살았기 때문일 것이다. 한편 노아 홍수 이전의 '채식생활'로부터 짐승의 살코기를(그러나 피는 제외, 1,28-30과 9,2-7 참조) 먹을 수 있는 생활로 바뀐 것은 제사를 위한 도살과 함께 시나이에서 개시된 제사 공동체를 준비한다. 창세 2-3장에 있어, 신화와 반-신화로 대조를 이루는 이 두 장 사이의 균형을 유지하는 일이 중요하다. 이상형은 인간(*hā'ādām*, 흙)과 짐승과 경작지(*hā'adāmāh*) 사이의 기본적인 유사성을 정립해주는 인류학적인 기사로 서술되며, 반-신화는 농사를 짓는 가운데 땅을 거슬러 쉼 없이 투쟁해야 하는 고통스러운 현실을 강조한다. 에덴동산의 모습은 위반에 앞선 시기에 대한 하나의 추억으로 머물 뿐이다. 중산층과 도시민의 환영과는 달리 목가적인 모습이 전혀 아니다. 한편, 땅 위와 공중에 사는 짐승의 생존을 돌보는 인간을 보여주는 홍수 기사는, 방주의 모습으로 일련의 순수성을 잃지 않은 강력한 상징을 엮어내면서, 인간과 짐승 사이의 생명 공동체를 다시금 상기시킨다. 여기서 우리는 창세 1장이나 9장이 창조에 관한 성경의 유일한 낱말도 최후의 낱말도 아니라는 사실을 상기한다(참조. 시편 8; 104; 욥 38 이하; 잠언 8,23 이하; 애가 등등).

이 단원의 인류학적 차원에서, 우리는 사람 곧 불가분적 품격의 기초인 "하느님의 모습과 유사성(!)"(창세 1,27; 참조. 5,1-3)으로서의 남자와 여자의 일치와 평등을 강조한다(성경 지혜문학의 숙고와[참조. 잠언 14,31; 17,5; 22,2; 29,13] 철학의 중개로 이는 인권의 궁극적 기원이 된다!). 남녀 관계 문제에서도, 그러지 않아도 그 자체로 (원죄, 신앙을 통한 의화의 필요성 등과 같은) 충분히 어두운 장면을, 시대착오적인 개념으로 더욱 어둡게 만드는 일이 없도록 창세 2장과 3장 사이의 균형을 존중해야 할 것이다. 최초의 사람(*hā'ādām*)은 여자(*'iššâ*)의 등장과 함께 비로소 현실적으로 그 자신이 되며, 곧이어 성적인 구별이 그를 남자(*'îš*)로 만들 것이라는 사실에 주목하자. 한편 여자는 남자보다 못한 '보조자'가 아니라, 남자에게 알맞은(*kenegdô*) 절대적인 '협력자'(*'ēzer*)로 창조된 존재이다. 여자 덕분에 남자는 인간의 속성인 대화의 존재가 될 것이며, 이 대화는 친교의 자격을 드러내고, 그 가장 강렬한 모습은 (아가에서 창세 2-3장이 울림을 보이는 성적인 관계에 이르기까지) 부부 상호 간에 알아봄이다.

우리는 끝으로 지적인 피조물, 따라서 ('선악'을 알기에 이르기까지) 본성상 호기심이 많고 영원한 욕구불만의 위험에 노출된 인간의 창조적, 창의적이며 동시에 파괴적인 잠재력에 대하여 자문한다. 다른 것을 생각하는 능력, 언제나 더 생각하는 능력이 인간에게 하느님을 불신하도록, 나아가 창조주에게만 유보된 자리를 차지할 마음을 갖도록 이끌었다. 하느님은 인간 창조를 후회하실 만큼(창세 6,6: '기원사'의 정점), 가장 단순한 신화 전승에서처럼, 이를 강력하게 저지하신다. 그러나 연민이 후회를 초월한다. 그러기에 창세 1-11장의 하느님은 모든 현실의 원초적인 실존을 가능케 해주셨을 뿐만 아니라, 우주의 영속성과, 세상과 인류의 생존을 보장하는 유일하신 분으로 머무신다.

4. 참고문헌

4.1. 주해

F. Castel, *Commencements. Les onze premiers chapitres de la Genèse*, Paris, 1987. G. von Rad, *La Genèse* (Commentaires bibliques), Genève, 1968. L. Ruppert, *Genesis. Ein kritischer und theologischer Kommentar. 1. Teilband: Gen 1,1-11,26* (fzb 70), Würzburg, 1992. H. Seebas, *Genesis I. Urgeschichte (1,1-11,26)*, Neukirchen-Vluyn, 1996. C. Westermann, BK.AT 1/1, 1974 = *Genesis 1-11: A Commentary*, London, 1984. G.J. Wenham, WBC 1, 1987.

4.2. 연구 현황

J. Rogerson, *Genesis 1-11* (OTGu), Sheffield, 1991. C. Westermann, *Genesis 1-11* (EdF 7), Darmstadt, 1972.

4.3. 주요 저서 및 논문

M. Arneth, *Durch Adams Fall ist ganz verderbt... Studien zur Entstehung der alttestamentlichen Urgeschichte* (FRLANT 217), Göttingen, 2006. N.C. Baumgart, *Die Umkehr des Schöpfergottes. Zu Komposition und religionsgeschichtlichem Hintergrund von Gen 5-9* (HBS 22), Freiburg i.Br., 1999. J. Blenkinsopp, «A Post-exilic Lay Source in Genesis 1-11», in J.C. Gertz *et al.* (éd.), *Abschied vom Jahwisten. Die Komposition des Hexateuch in der jüngsten Diskussion* (BZAW 315), Berlin, 2002, p. 49-61. L. Desrousseaux (éd.), *La création dans l'Orient ancien: congrès de l'ACFEB, Lille(1985)* (LeDiv 127), Paris, 1987. P.J. Harland, *The Value of Human Life: A Study of the Story of the Flood (Genesis 6-9)* (VT.S 64), Leiden *et al.*, 1996. R. Hendel, «Genesis 1–11 and Its Mesopotamian Problem», in E.S. Gruen (éd.), *Cultural Borrowings and Ethnic Appropriation in Antiquity* (Oriens et Occidens 8), Wiesbaden, 2005, p. 23–36. A. van der Kooij, «The City of Babel and Assyrian Imperialism: Genesis 11:1–9 Interpreted in Light of Mesopotamian Sources», in A. Lemaire (éd.), *Congress Volume. Leiden, 2004* (VT.S 109), Leiden *et al.*, 2006, p. 1–17. H. Pfeiffer, «Der Baum in der Mitte des Gartens. Zum überlieferungsgeschichtlichen Ursprung der Paradieserzählung (Gen 2,4b–3,24)», *ZAW* 112(2000), p. 467–500; *ZAW* 113(2001), p. 1–16. A. de Pury, *Le chant de la création. L'homme et l'univers selon le récit de Genèse 1* (Cahiers bibliques 1), Aubonne, 1986. A. Schüle, *Der Prolog der Hebräischen Bibel. Der litera- und theologiegeschichtliche Diskurs der Urgeschichte (Gen 1-11)* (AThANT 86), Zürich, 2006. C. Uehlinger, *Weltreich und «eine Rede». Eine neue Deutung der sog. Turmbauerzählung (Gen 11,1-9)* (OBO 101), Freiburg(CH)/Göttingen, 1991. M. Witte, *Die biblische Urgeschichte. Redaktions- und theologiegeschichtliche Beobautungen zu Genesis 1,1-11,26* (BZAW 290), Berlin, 1998. E. Zenger, *Gottes Bogen in der Wolken. Untersuchungen zu Komposition und Theologie der priesterschriftlichen Urgeschichte* (SBS 112), Stuttgart, 1987^2.

4.4. 비교연구 자료

J. Bottéro/S.N. Kramer, *Lorsque les dieux faisaient l'homme. Mythologie mésopotamienne* (Bibliothèque des histoires), Paris, 1989. M. Luginbühl, *Menschenschöpfungsmythen. Ein Vergleich zwischen Griechenland und dem Alten Orient* (EHS. 15/58), Berne *et al.*, 1992. H.-P. Müller, «Der Welt- und Kulturentstehungsmythos des Philon Byblios und die biblische Urgeschichte», *ZAW* 112(2000), p. 161-179. J. van Seters, «The Primeval Histories of Israel and Greece Compared», *ZAW* 100(1988), p. 1-22. M.-J. Seux, *La création du monde et de l'homme dans les textes mésopotamiens* (CEv Supp. 38), Paris, 1981. M.-J. Seux *et al.*, *La création et le déluge d'après les textes du Proche-Orient ancien* (CEv Supp. 64), Paris, 1988.

창세기 12-36장

뢰머(Thomas Römer)

현재의 경전 틀에서 창세 12-36장은 창세 1장의 천지창조에서 시작하여, 이스라엘 백성의 가나안 땅 입성 직전 모세의 죽음에 이르는(신명 34), 나아가 오경을 넘어 이스라엘 왕국과(2열왕 17) 유다 왕국의(2열왕 25) 종말까지 펼쳐진 방대한 서술문에 온전히 통합되어 있다. 이 방대한 역사편찬 구조 가운데서 이 장들은 인류와 민족의 기원사를(창세 1-11) 이어가면서, 이 인류에서 유래한 작은 이주 집단의 조상들에게 관심을 가지며, 끝내 야곱과 그의 아들들의 모습에 초점을 맞춘다(창세 34; 35,16-26; 37-50). 탈출 1,1-5에서 "이스라엘의 아들들"이라 불리는 바로 이들 야곱의 열두 아들들이 백성의 조상들로 소개되며, 이 백성의 탄생과 조직과 소명은 탈출기로부터 설명될 것이다. 오경에 현재의 형태를 제공한 발행인들의 관점에서 볼 때, 창세기는 아직 이스라엘의 역사를 기술한다고 주장하는 작품이 아니라, 어느 정도의 이스라엘 선(先)-역사를 진술하는 작품일 뿐이다. 야훼 백성으로서의 이스라엘의 실존과 정체성을 드러내고자 하는, 탈출기에서 신명기까지의 책들로 이루어진 총체와 비교해 볼 때, 창세기 전체는 서문의 기능만 담당할 뿐이나, 위대한 오페라에서와 다를 바가 없다. 서문은 문자 그대로의 소책자 이상으로 작품의 전파에도 기여할 수 있기 때문이다.

1. 설계와 내용

서사체 흐름을 따라가면서 우리는 다음과 같은 구조를 발견한다.

창세 11–25: 아브라함과 그의 두 아들 이야기

11,10–32	족보: 셈의 자손. 아브라함의 탄생과 혼인. 사라의 불임. 칼데아에서 하란으로의 아브라함과 그 식솔들의 이주
12,1–9	아브라함의 소명. 하란 출발과 가나안 땅 도착. 성조를 향한 첫 약속(땅). 스켐과 베텔 제단 건립
12,10–20	아브라함과 사라의 이집트 내려감. 파라오 궁전에 선 사라
13,1–18	베텔의 아브라함. 롯과 갈라섬. 약속의 재확인(땅, 수많은 자손). 마므레 도착
14	네 임금의 전투. 아브라함 롯을 구하고 멜케체덱 만남
15	현시 중에 하느님의 계약(*berît*)으로 추인된 약속(아들, 수많은 자손, [“이집트 강에서 큰 강 곧 유프라테스강까지 이르는”] 땅)
16	임신한 하갈이 광야로 도망. 야훼의 천사가 밝은 미래가 약속된 이스마엘 탄생 예고
17	야훼에 의해 아브라함으로 명명된 아브람과(5절) 그의 후손(이스마엘)과 계약. 사라에게서 태어날 아들 이사악을 위한 특별한 운명 예고
18,1–16	마므레 참나무 아래에 있던 아브라함에게 세 ‘사람’ 방문.

	사라의 아들 탄생 예고.
18,17-32	소돔을 위한 아브라함의 중재
19	소돔 심판과 롯의 구조. 롯과 그 아들들
20	아비멜렉 궁전에 선 아브라함과 사라. 아비멜렉의 하느님께 대한 경외심
21,1-7	이사악 탄생
21,8-21	하가르와 이스마엘 내보냄
21,22-34	아브라함과 아비멜렉의 계약
22,1-19	시련에 처한 아브라함: 이사악의 준-제물
23	아브라함이 히타이트 사람들과 협의한 끝에 마므레 가까이에 있는 묘지 매입
24	아브라함의 종이 이사악을 위한 아내 구하러 파견됨
25,1-6	아브라함과 크투라 혼인. 이 혼인에서 유래한 자손들 목록
25,7-11	아브라함의 죽음. 히타이트 사람들에게 매입한 묘지에 이사악과 이스마엘이 아브라함 안장
25,12-18	족보: 이스마엘의 자손들 열거

최후 편집상 아브라함의 역사는 선택과 이주와, 거기서 빚어진 결과에 관한 역사이다. 노아에게서 유래한 인류 한가운데서 하느님은 작은 씨족을 택하신다. 아브라함은 그에게 건네진 출발 명령에 순종하며, 그에게 주어진 약속을 믿는다. 기사의 목적은 이제 아브라함이 가나안 땅에 제대로 정착하는지, 그리고 - 또는 어떤 조건 속에서 - 그가 후손을 얻는지 살피는 일이다. 추가적인 목적은 이스마엘과 이사악, 이 두 아들 가운데 누가 아버지의 유산을 물려받는 것으로 되어 있는지를 살피는 질문에서 드러난다. 약속 진술의 기초를 놓는 기사들과(창세 12,1-

9; 13,4ㄴ-18; 15,1-6.17-21; 17,1-27; 18,1-18; 22,15-18) 이 약속의 완성을 상술하는 기사들(21,2-7.22-34; 23[?]) 이외에 다른 기사들 대부분은, 약속 실현에 방해가 되는(11,30; 12,10-20; 14; 16; 19; 20) 또는 약속의 결과에 위협을 가하는(21,17-21: 이스마엘 포기; 22,1-14: 이사악 포기) 일화들이다. (12,11-13과 20,2에서 아내를 누이로 속이려는 비겁한 행동에서 볼 수 있는) 인간적인 나약성이 배제된 상태는 아니었으나, 아브라함은 자기 아들을 제물로 바치라는 명령에도 물러서지 않을 만큼(22,1-14) 순명과 신앙의 본보기로 소개된다(12,4; 15,6; 17,23-27). 나아가 그는 관대하고 위대한 마음을 소유한 사람으로서(13,8-9; 14,11-24; 18,1-8.16-32; 20,17-18) 다른 사람들도 그를 그렇게 알아본다(23,6; 참조. 12,3ㄴ)

창세 25-36: 야곱의 몸짓

26장에서 이사악의 작은 기사군 역시 포괄하는 야곱의 몸짓에 관한 기사는 세 단락으로 분명하게 나뉜다. 첫째 단락은 상호 간의 갈등을 펼치는 야곱과 에사우(제1막), 둘째 단락은 야곱과 라반, 셋째 단락은 상호 간의 갈등을 펼치는 야곱과 에사우에 관한 것이다(제2막). 이 세 단락은 하느님의 만남 장면으로(28,10-22와 32,23-33) 서로서로 고정되어 있다. 야곱의 몸짓은 스켐과(33,18-20) 베텔에서의(35,1-15) 예배 장소 축성에 관한 두 개의 장면으로 마감된다.

I. 야곱과 에사우, 제1막(창세 25,19-28,22)

갈등 초래와 그 결과

25,19-26　어머니 태중에서 싸움을 벌인 야곱과 에사우 탄생

25,27-34　에사우 장자권을 야곱에게 팔아넘김

[26,1-33	이사악 이야기: 이사악에게 (수많은 자손과 땅 소유에 관한) 약속 반복. 그라르의 임금 아비멜렉의 궁전에 선 아사악과 레베카. 이사악 브에르 세바에 정착. 아비멜렉과 계약]
27,1-40	에사우의 축복을 야곱이 가로챔
27,41-45	에사우 복수 다짐. 야곱의 도주
26,34-35; 27,46; 28,1-9	야곱 출발의 다른 동기 유발
28,10-22	베텔에서 하느님 만남(야곱의 꿈)

II. 야곱과 라반(창세 29,1-32,1)

야곱의 두각

29,1-14	라반의 집에 야곱 도착
29,15-30	야곱의 혼인
29,31-30,24	야곱 자녀들 탄생
30,25-43	야곱의 부유함

자기 씨족의 독립을 위한 야곱의 투쟁

31,1-21	숙고에 이어서 야곱과 그의 씨족의 출발
31,22-42	도주자들을 따라잡은 라반과 언쟁
31,43-32,1	갈등 해결과 계약 체결

III. 야곱과 라반, 제2막(창세 32,2-36,43)

에사우와 갈등 해결

32,2-22	에사우와 맞섬 예고와 준비

32,23-33	프니엘에서 하느님 만남(밤중 싸움). 야곱은 축복을 받고 이스라엘이라는 이름 받음
33,1-17	에사우와 만남. 두 형제의 화해
야곱 몸짓의 결말(들)과/또는 야곱의 아들들 이야기 시작(들)과 결어	
33,18-20	스켐에 야곱 도착. '이스라엘의 하느님 엘'에게 제단 세움(결말 1)
34,1-31	스켐의 족장에 의해 혼인이 요청된 야곱의 딸 디나. 야곱의 아들들이 스켐 사람들을 학살하고 성읍 약탈(시작 1)
35,1-15	야곱과 그의 씨족 베텔로 귀환. 제단과 기념 기둥 세움. 수많은 후손과 땅 증여에 관한 약속 반복(결말 2)
35,16-20	벤야민의 탄생과 라헬의 죽음
35,21-22	르루벤의 근친상간(시작 2)
35,23-26	야곱의 아들들 열거
35,27-29	이사악의 죽음과 마므레 안장
36,1-43	에돔 땅에 에사우 정착. 에사우 자손들 열거

현재의 창세기에서, 서로 다른 기사군들은 다양한 방법으로 서로 연결되어 있으며, 서로 서로에 견주어 정확하게 한계를 규명한다는 것은 쉬운 일이 아니다. 진정 기원사가 어디서 끝맺음하며, 아브라함 기사는 어디서 시작하는가(창세기 1-11장 입문에서 이 점에 관한 앞선 언급 참조)? 이사악 기사군은(창세 26) 야곱의 몸짓 기사군에 통합된다. 창세기의 넷째 단원의 골자를 이루는 야곱의 아들들 기사는(창세 37-50) 이미 창세 34장에서 시작되는 것으로 보이며, 창세 35,21-22로 이어진다. 한편, 이사악은 아버지 유산의 가장 특이한 부분이 그에게 유보되어 있기에, 아브

라함 기사에서 중요한 역할을 담당한다. 이사악은 야곱이 고향으로 돌아올 때까지 생존했으며, 이는 야곱 또한 요셉 기사가 끝날 때까지 생존해 있고 당연히 이야기 속의 인물로 계속해서 남아 있는 것과 같다. 이어지는 오경의 책들과 창세기를 연결하는 고리는 특히, 야곱이 이집트에서 죽고 그의 자녀들로부터 훗날 모세가 불러모으고 이집트에서 탈출시킬 '히브리인들'이 탄생한다는 사실 자체 안에 들어 있다. 이와 같은 이야기 배열 외에, 단 하나의 문구가(창세 15,13-16) 탈출 사건을 명확하게 언급하는데, 우리는 이 현상을 다음과 같이 이해한다. 창세기의 여러 요소가 현재의 문맥과 독립적인 기원을 거의 분명하게 소유하고 있다 하더라도, 오경의 최후 편집시 하나의 특별한 관심이 작용하여 창세기를 유일한 기사로 만들고, 탈출 1장에서 시작하는 '진정한 역사'에 대한 서문의 지위를 갖추도록 했다. 오경이 마지막 형태를 취할 때, (예를 들어 창세 50,24; 탈출 2,24; 신명 1,8; 6,10 등처럼) 아브라함과 이사악과 야곱, 이 세 성조를 하나로 묶는 표현은 고전적인 언급으로 자리하고 '모세 이전의 선-역사'로 고정될 것이다.

2. 출처와 형성

2.1. 문제 제기

방금 살펴보았던 것처럼, '성조 기사들'이 창세기가 제안하는 지속적인 단계에 통합되고, 이러한 이유로 오경의 틀 속에서 이 책에 부여된 서문의 기능을 완전하게 수행하고 있다면, 언제나 그러했는지를 알아보는 일이 문제로 떠오른다. 우리가 역사적인 관점에 들어서는 순간부터 여러 문제가 제기된다:

1) 아브라함과 야곱 기사는 이 위대한 문학 기획의 관점에 들어서

도록 동시에 편집되었는가? 아니면 현재의 자리에 들어서기 전에 다른 운명을 겪었는가? 이는 문학비평 문제이다.

2) 이 기사들은 - 그리고 어떤 방법으로 - 문학 이전의 서사체 전승으로 거슬러 올라가는가? '구전 전승'에서 '성문화'로 나아가는 과정을 설명하는 표지들이 있는가? 이 첫 전승들에 대하여 무엇을 알 수 있는가? 아브라함과 야곱을 위한 동일한 표현 속에도 문제가 제기되는가? 이는 전승사 문제이다.

3) 아브라함과/또는 야곱에 대한 (구전 또는 성문) 기사가 본디 자립적 기능을 맡고 있었다는 사실을 받아들이면서, 이 기사들이 모세의 모습으로 지배된 문학 기획에 통합되도록 그 안에서 수정되고 보완된 조건들과 상황들을 밝힐 수 있는 방법들이 있는가? 어떤 이유로 성조 전승들이 - 전승들의 서열 구도에 따라 - '선-역사' 상태로 방치되었는가? 또는 다른 표현으로 말해서, 오경이 된 이 '이단 로켓'(창세 + 탈출~신명)이 언제 구상되었는가? 이는 편집사 문제이다.

이 질문에 답변을 제시하려는 시도에 앞서 우리는 먼저 연구사에 시선을 돌려야 할 것이다.

2.2. 연구사

근대 성경비평 초기부터 주석가들은 늘 창세기 첫 장들과 함께 시작하는 역사가 널리 광야 체류까지(민수 20-E문헌; 민수 32-J문헌), 모세의 죽음까지(신명 34-P문헌), 나아가 땅 정복과 정착까지(여호 24-J문헌; 여호 19-P문헌) 필연적으로 펼쳐진다고 가정했다. 창세기에 담긴 긴장과 이본에 주목하여(그 가운데 특히 하느님을 지칭하기 위한 '야훼'와 '엘로힘'의 교차 사용) 오경의 최후 편집자에 의해 용해된 다양한 원전들을 재구성해나가면서도, 이 원전들이 오경(창세기-신명기), 나아가 육경에서(창세기-여호수아기) 이어지고 있음이 틀림없다고 판단했다. 결코, 오경을 탄생시켰던 문학 기획이 어떤 것이었는지를 알아보려는 질문은 던져진 적이 없다. 창세기 몇몇 부분의 최초의 독립성 문제는 – 특히 성조 전승들 –, 그것이 검토의 대상이 될 때마다, 불가피하게 문학 이전의 단계로 제쳐졌다.

최초 기사들의 자립성(*Einzelagen*)에 관한 궁켈(H. Gunkel)의 통찰 이후(1901) – 궁켈은 야곱의 몸짓에 관한 일화들을, 예를 들어 서사체 연작을 이루는 방법으로 후에 서로서로 연결되어 나간 일종의 요정 이야기(*Märchen*)들로 이해했다 –, 폰 라트(G. von Rad, 1938)와 노트(M. Noth, 1948)는 처음으로 성조 기사들의 자립적 선-역사에 대하여 질문을 던지고, 현 구조대로의 오경 탄생을 이끈 문학 이전의 단계에 관한 하나의 전승사를 제안했다. 이들이 야훼계 원전에 대해 매우 오래된 일자를 주장하고 있는 것처럼 – 'J문헌'은 솔로몬 치하인 10세기에 자리한다 –, 오경의 바탕 구조의 기원은(창조-성조-모세) 그들이 볼 때 소위 '통일 왕국' 시대로 거슬러 올라간다. 그 결과 이 구조 속에 규합되었던 자립 전승들은 왕정제도 이전의 시대로 올라가며, 구전으로만 전해질 수밖에 없던 것들이었다. 세계대전 이전 눈에 띄는 연구작업은 – 유목민들에게 고유한 선-야훼계 종교형태로의 '조상들의 하느님'에 관한 알트(A. Alt)의 연구(1929)와, 이스라엘 지파들의 '암픽티온' 조직에 관한 노트(M. Noth)의 연구(1930) – 한편 가장 오래된 성조 전승들에 관한 가정을 보강해주었던 것으로 보인다. 알트와 라트와 노트의 논제가 1970년대 이후 대체로 권위를 상실하게 된 것은, 연구사에 할애된 이 책의 장에서 이미 지적했듯이, 벨하우젠 학파의 공감대에 '위기'가 초래했기 때문이다. 미래의 히브리어 성경에 보존된 산문체 첫 작품들의 편집이 8세기, 나아가 7세기로 환원되는 순간부터, 성조 기사들이 기록된 초판이 왕정시대 이전에 기원을 둔 구전 전승으로부터 직접 유래했다고 상상하는 일은 더욱 어렵게 되었다. 이스라엘의 기원에 관한 역사적 재구성은 온통 흔들리게 된 것이다.

전승들 또는 자립적 문학 단위에 관한 연구는 한편 몇몇 연구가들의 관심을 지속해서 불러일으켰다. 이러 저러한 문학 단위, 창세 2-11

장의 '야훼계'라 불리는 기사들이나(Crüsemann) 야곱 기사군은(de Pury) 오경의 전체 문학 기획 안에 최후로 삽입된 부분과는 독립적인 서사체(와 문학) 구성으로 더 잘 설명될 수 있지 않겠는가? 오경의 총체적 설명 체계도에서 렌트토르프(R. Rendtorff)의 '단편이론'의 재현실화는, 창세기 특수 부분의 편집이 오경 또는 육경의 총체적 문학 기획 틀 속에서 이루어진다는 전통적인 공리적 가설을 무너뜨리는 효과가 있다. 미래 오경의 개념과 자리매김이 유배시대 이전에 첫발을 내딛지 않았다 하더라도, 하나의 본문 또는 하나의 본문 총체는 유배시대 이전으로 거슬러 올라갈 수 있었다. 뢰머(T. Römer)가 끝으로 신명기계 문학의 성조들에 관한 저서에서, 신명기와 그 가르침을 따르는 모든 문학 전승이 아마도 성조들인 아브라함과 이사악과 야곱을 알지 못했고 – 또는 고의로 무시했고 –, 이 학파가 주도한 역사편찬 기획이 이스라엘의 역사를 이집트에서 시작하게 했다는 논증을 펼쳤을 때, 창세기와 탈출기에서 신명기에 이르는 책들 사이의 구분은 학자들이 그때까지 가정했던 것보다 훨씬 더 뚜렷했다는 사실이 드러났다.

1970년대의 '위기'는 최근 10년간 서로 잘 구별되는 두 가지 연구 방향에 귀착되었던 것으로 보인다. (Van Seters, Rose, Levin과 같은) 학자들은 창세기와 탈출기와 민수기에서 최소한으로 펼쳐지는, 계속되는 최소한의 두 원전(J와 P)의 존재를 여전히 받아들이나, 이들 원전을 유배시대 또는 유배시대 이후에 작성된 것으로 본다. 이러한 관점에서 학자들은 아브라함과 야곱과 모세의 '야훼계' 기사로서, '사제계' 저자에 의해 다시 기록되었거나 보완된 이야기를 재구성할 수 있다고 평가한다. 반 세터스에게 야훼계 저자는 거의 같은 시대에 그리스 세계에서 만날 수 있는 저자들과 유사한 신화편집자/역사편찬자가 된다. 창세기 기사들과 탈출기에서 신명기에 이르는 기사들 사이를 분리하는 특성으로 강한 인상을 받은 다른 학자들은, 창세기와 탈출기 사이의 접속이 처음으로 이루어진 시점을 밝히고자 노력한다. 슈밋(K. Schmid)의 저서는 그 본보기가 된다. 성조들의 기사와 이집트에서의 이스라엘의 역사는 우선 독립적인 편집 증보를 뒤따랐으며, 사제계 저자('P^g')가 자기의 작품 속에 두 '장'을 규합하고, 창조와 성조들의 기사를, 우리가 알고 있는 오경이 그 안에서 조금씩 솟아오르기 시작한, 이집트에서의 이스라엘 탄생 역사의 서문으로 만들었던 것은 그 이후의 일이다. 이러저러한 학자들에게 아무튼 경전으로서의 오경은 유배시대 이후에 구성된다.

2.3. 사제계(P^g) 저자의 성조 이야기

'사제계' 원전(P^g)은 벨하우젠 이론 체계 가운데 30여 년 전부터 기존의 오경 연구를 뒤흔들었던 모든 위기를 극복한 유일한 요소이다. 이 원전은 분명히 일관성 있는 본문을 – 이 본문 안에 포함된 구절들은 실상 어떤 공백이나 교란을 일으키는 일이 없이 서로서로 잘 연결되어 있다 – 구성하며, 창세기와 탈출기를 확실하게 감싸 안는다. 원전의 실체가 탈출 15장까지 너무나 쉽게 식별되는 반면, 이어지는 부분과 끝맺음하는 부분은 규명하기가 매우 어렵다. 이러한 현실은 P원전이 본디 탈출 40장의 성소 건립까지 펼쳐졌다는 최근의 가설을 뒷받침한다(이 점에서 이 책의 오경 입문 참조).

창세기에서 '사제계' 원전'(P^g)은 아래의 본문을 내포한다:

1,1-2,4ㄱ	세상과 인류 창조
5,1-32	아담에서 노아까지의 사람 족보
6,9.11-22; 7,6.11.13-16ㄱㄴ˥.17-21.24	홍수
9,1-17.28-29	노아와 인류와 모든 생물을 위한 브릿(*berît* = ±맹세/계약) 하사

10,1-7.20.22-23.31-32	
	민족 목록
11,10-28ㄱ.29-32	셈에서 아브람까지의 자손 족보
12,4ㄴ.5	가나안에 아브람과 그 식솔들 도착
13,6.11ㄴ.12	아브람과 롯의 갈라섬
16,3.15-16	이스마엘 탄생
17,1-13.15-27	아브라함으로 명명된 아브람 앞에 야훼께서 엘 샤다이 곧 '전능하신 하느님'으로 현현. 우선 아브라함과 다민족 후손을 위한(1-14절: 가나안 땅이 그들에게 약속되며, 모든 이는 아들들을 여드레 되는 날 할례받게 해야 한다), 이어서 사라에게서 태어날 아들과 그 자손들을 위한(15-21절: 이들은 '야훼 앞에서 살도록'[18절 참조] 불림을 받았다) 이중 브릿(*berît*) 하사. 아브라함과 이스마엘 할례 이행(23-27절)
19,29	롯의 구조
21,1ㄴ-5	이스마엘 탄생
23,1-20	사라 죽음. 막펠라 동굴 매입
25,7-10	아브라함 죽음. 이사악과 이스마엘에 의해 막펠라 동굴에 안장
25,13-17	이스마엘 열두 아들 명단
25,20	이사악과 레베카 혼인
26,20	야곱과 에사우 탄생
26,34-35; 27,46; 28,1-2.5.6-9	
	에사우와 히타이트 여인들 혼인. 레베카 실망. 라반의 집에서 아내를 찾도록 야곱 파견됨. 에사우와 이스마엘의 딸 혼인

35,6ㄱ^{ㄱ}.11-15	야곱 루즈(베텔) 도착. 야곱 수많은 자손('백성들의 모임')과 땅 약속 받음. 기념 기둥 건립.
(…)	[공백]. 야곱 라반의 집에 체류, 라반의 딸들과 혼인, 야곱의 아들들 탄생
31,18; 35,9-10	야곱과 그 가족 귀환. 돌아오는 길에 하느님께서 그에게 이스라엘이라는 이름 선사
35,27-29	야곱 마므레 도착. 이사악 죽음. 에사우와 야곱에 의해 막펠라 동굴에 안장
36,40-43	에사우의 열한 명의 족장 명단
37,1	야곱 가나안 정착
46,6-7; 47,27ㄴ-28	야곱과 그의 아들들 이집트 내려감
49,1ㄱ.28ㄴ^{ㄴ}	야곱 아들들 축복
49,29-33	야곱 자기의 아들들에게 막펠라 동굴에 자신의 주검 안장 요구. 야곱의 죽음
50,12-13	막펠라 동굴에 야곱 안장
탈출 1,1-5ㄱ	이집트에서 아버지와 함께 내려온 야곱의 열두 아들들 명단(이 명단에서 요셉이라는 언급을 복원시켜야 한다)

창세기-탈출기의 P^g기사는 주요한 세 부분으로 나뉜다(자세한 다른 점에 대해서는 오경 입문 참조).

1) 홍수 이후 노아에게 하사된 계약(창세 9,1-17) 안에서 수정된 창조 질서로서의(1,26-30) '인류의 역사'.

노아의 후손(다시 말해서 인류 전체)은 하느님을 엘로힘이라는 통칭명사로 경배할 것이다. 이들은 온 땅에서 살고, 피를 섭취하기를 거부하며, 살인자를 징벌함으로써 폭력을 저지해야 할 운명을 지닌 존재들이다. 구름 속에 당신의 무지개를 자리하게 함으로써 하느님 몸소 맹목적인 폭력을 거부하기로 다짐하신다. 족보수 모양대로 인류는 민족을 형성한다(10,1-7.20.22-23.31-33).

2) 족보수의 가지 가운데 하나를 통해 인류의 역사를 확장하는 '아브라함가의 역사'.

아브라함의 다민족 후손은 하나의 특수 계약으로 특전을 누린다(창세 17). 이 후손은 하느님을 엘 샤다이 곧 '전능하신 하느님'이라는 이름으로 경배하고, 가나안 땅에서 살 권리를 지니며, 소속의 표지로 할례를 시행할 것이다. 하나의 특별한 조항이, 아직 태어나지 않은 아브라함의 아들 이사악과 관련하여 예고되나, 이 조항은 이사악을 넘어 야곱의 아들들의 후손들을 통해서만 효력을 발휘할 것이다. 야곱의 역사는 한편 아브라함과, 모세가 이집트 탈출로 이끌기 전까지 형성되지 않을 이스라엘 백성 사이의 세대적 고리 역할만을 한다. 야곱이 두 번에 걸친 하느님 만남이라는 특전을 누리고(35,6.11-15와 35,9-10), 아브라함에게 주어진 약속이 자신에게 재확인되고 있다 하더라도, 어떤 계약도 그와 함께 체결되지 않는다.

3) '이스라엘 자손들의 역사와 소명'(탈출 1,7-±40,33).

우리가 살펴보았던 대로, 지상의 야훼 성전을 세우고 이를 지키도록 불림을 받은 사람들은, 유다인들과 사마리아인들을 포함하여 다민족 공동체가 될 야곱의 후손들이다(창세 35,11ㄴ 참조).

한편, 사제계 줄거리는 이사악의 자립적인 기사를 포함하지 않으며, 요셉 기사는 전혀 모르고 있다. 야곱과 그의 아들들은 이집트로 내려와 거기서 땅을 채우기까지 번성한 다음(탈출 1,7) 이집트인들의 종살이를 한다. P^g가 창세기와 탈출기의 주제들을 감싼다고 확신을 갖고 말할 수 있는 첫 작품임을 전제로 할 때, 다음과 같은 질문이 제기되어야 한다. 통상 우리가 'P'라고 부르는 이 작품의 저자는 (이미 저자 앞에 존재하던) 양분된 이 구조의 첫 증인일 뿐이지 않은가? 또는 이 구조를 구상하고 창안하고 제안한 사람이 아니겠는가? 그러나 그 이전에 사제계 기사의 줄거리에 좀 더 관심을 기울이면서 다음과 같은 질문을 던지는 것으로 만족해야 할 것이다. P문헌을 앞서는 것이 무엇이며, 뒤따르는 것이 무엇인가?

2.4. 야곱 기사군(창세 25-36)

이 성조 기사가 거의 다 서로 다른 두 이본, 곧 사제계 판(P^g)과 (전에 'JE'라 불리던) 비-사제계 판에 보존되어왔기에, 야곱 기사군에서(창세 25-36) 시작하는 것이 간편하다. (예전에 구별되어 있던 두 사제계 신현 장면이, 'JE'판이 'P'판에 통합되면서 하나로 뭉친) 창세 35,6ㄱ.9-15의 장면을 제거한다면, 이 두 이본은 그 바탕 구조에서 조화를 잘 이루는 것으로 보인다. 두 경우, 야곱은 팔레스티나 남부 지방(P: 마므레; JE: 브에르 세바)에서 출발하여, 베텔에서 헤아릴 수 없이 많은 후손과 가나안 땅에서의 미래에 관한 약속을 받은 다음(P: 35,6ㄱ.11-15; JE: 28,10-22), 상(上)-메소포타미아(P: 파딴 아람; JE: 하란)로 간다. 라반의 집에서 머무는 동안 아내와 자녀를 얻은 다음, 야곱은 자기 씨족과 함께 출발하며, 이스라엘이라는 이름을 주신 하느님과 만나고(P: 창세 35,9-10; JE: 창세 32,23-33) 거기서 자기 '집'으로 돌아온다(P: 마므레 35,27; JE: 베텔 35,1-5.6ㄴ-7). 그러나 지나치게 간결한 이 구조를 넘어, 이 두 기사군은 서사체 실체에서나 그 '어조'에서 온전히 갈라진다. P문헌은 비-사제계 야곱의 몸짓을 특징짓는, 흔히 갈등을 일으키거나 생경한, 과장된 일화들 가운데 어떤 것도 유치하거나 알지 못한다. 이것이 사제계 문헌과 비-사제계 문헌을 가름하는 척도가 되기도 한다. P문헌은 태중에서의 싸움도(25,21-26), 장자권 팔아넘김도(25,27-34), 아버지의 축복을 가로챔도(27,1-45), 라반과의 분쟁도

(29-31), 에사우와의 재회도(32,4-22; 33,1-17) 언급하지 않는다. 또한 야곱이 부모를 떠났던 것은 에사우의 복수를 피하기 위함이 아니라(27,41-45), 혈족으로부터 아내를 찾기 위함이었다(26,34-35; 27,46; 28,1-2). 그렇다면 사제계 저자가 다른 이본, 다시 말해서 창세 25-35장 대부분에서 이야기되는 그러한 야곱의 재미 있는 몸짓을 아직 알지 못했다고 결론지어야 하는가?

다행히도 북 왕국에서 유래한 유일한 예언집에 들어 있는 매우 특별한 시 하나가(호세 12) 이 몸짓의 실체뿐만 아니라, 사마리아 함락 이전 최후 몇십 년 동안 북 이스라엘 왕국에서 이 몸짓이 누렸던 대중성에 관한 몇몇 정보를 제공한다. 이 시에서 저자는 야곱을 모세와 대립시키며, '아내에게 매인 남자'로서(지파의 조상 야곱; 13-14절 참조) 시의 모두에서 '바람의 목자'로(2절) 규정되는 이 조상보다는 '예언자'(모세) 편에 섬으로써 훌륭한 '조상'을 택하도록 청중들을 초대한다. 그런데 8세기 말엽 이스라엘 왕국의 멸망 이후 성문화된 것 같은 - 유다에서 이루어진 재독(호세 12,1ㄴ.6) 역시 유배시대 이전의 일이다! - 이 본문은 분명히 야곱 기사군의 일화 속에 뿌리를 두고 있는 열두 개 정도의 표현 또는 삽입 문구, 사제계 저자의 편에서 볼 때 적지 않은 망설임을 불러일으켰을 문구를 암시한다. 따라서 그 실체에 있어 야곱 기사군의 'JE' 이본은 P^g의 대기획보다 앞선 것임에 의심의 여지가 없다. 이처럼 P문헌은 이 모든 사정을 잘 숙지하고서 이스라엘의 기원사 가운데 작품 구상에 꼭 필요하다고 판단되는 것 외에는 야곱 기사를 유치하지 않기로 한 것이다. 창세 25-36장의 비-사제계 판이 오래되었다는 사실이 한편, 이집트에서의 이스라엘 탄생의 서문 기능을 할 때 P문헌이 이미 이 판을 알고 있었음을 의미하는 것은 아니며, 아브라함 기사의 후속으로는 더욱 아니다.

야곱 기사군은 그 핵심에서 이스라엘 기원의 자립적 설화를 이루는 것 같으며, 추정컨대 가장 오래된 설화 가운데 하나인 것 같다. 고고학적이며 역사적인 측면에서 학자들은 팔레스티나 중앙과 요르단 건너편 고원의 산악지방에 정착할 미래 곧 철기 I시대(12-10 세기)의 이스라엘 지파의 출현을 내다본다. 초기의 '이스라엘'은 지파 사회였다. 이러한 유형의 사회에서는 족보가 - 특히 '분활된' 유형의 족보가 - 사회가 필요로 하는 해설 체계를 제공한다. 인류학자들과 민족학자들이 증명해 보였듯이, (예를 들어 20세기 초기 아라비아 베두인 사회와 같은) 지파 사회 안에서의 족보는 서로 다른 집단 사이에 야기될 수 있는 새로운 힘의 관계에 따라 주기적으로 각색될 수 있도록 구전으로 전해진다(이와 같은 각색에 대하여는 예를 들어 창세 25,29-34; 38,27-30; 48,13-20 참조). 그런데 우리가 창세 25-36장에서 확인할 수 있는 야곱 기사는 하나의 족보 설화에 관한 탁월한 예에 속한다. 야곱 기사군의 일화와 기담 대부분은 족보에 관한 함축적 의미와 궁극성을 지니고 있으며, 기사군 전체는 야곱이 우선 가증할 죄악으로 고향에서 쫓겨나 다른 집단에 무일푼의 피신자로 받아들여진 다음, 재능과 끈기 특히 술책 덕분에 바로 그 다른 집단 족장의 두 딸을 아내로 맞이하고 엄청난 재물을 획득했을 뿐만 아니라, 장인에게 갈라섬을 요구하고 자기 친족을 자립적인 지파 집단으로 인정해 달라고 요청했을 때 결말에 이른다. 결말에 이르기까지 공격과 장애와 제반 질서의 파괴는 모든 것을 의문시할 위험을 안게 될 것이나, 기사 막바지에서 '이스라엘'이라는 이름을 부여받은(창세 32,29) 시조는 생성 중에 있는 백성과 함께 자기 영토에(스켐 또는 아마도 베텔 주변에) 끝내 정착함으로써 미래 이스라엘 왕국의 초석을 놓는다.

우리는 야곱 기사군이 이스라엘의 기원에 관한 완전한 역사, 그 자체로 충족되는 역사이기에 서문도(노아, 아브라함 등) 결문도(모세 등) 필요 없는 역사를 제공한다는 사실을 확인한다. 야곱 기사군은 그 자체 안에서 기초를 위해 필요한 모든 것의 기초를 놓고, 설명되어야 하는 모든 것을 설명한다. 다시 말해서 이스라엘의 탄생 또는 기원, 치밀하면서 발전적인 족보 윤곽에 따라 구성된 지파 총체로서의 이스라엘의 실존, 중앙 팔레스티나 산악지방에 대한 영토권, (스켐, 베텔, 프누엘, 마하나임과 같은) 주요 성소들, 아람 지파들과의 근친결혼 규약, 이러저러한 이웃 집단(에사우) 또는 성읍(스켐)과의 다소 분쟁적인 관계 등이다.

학자들은 종종 자기 조상 야곱으로 정의되는 이스라엘이 아직은 신명기 또는 레위기의 정통 이스라엘이 아니라는 사실을 지적했다. 야곱 몸짓이 보여주는 이스라엘의 하느님은 엘(El) 신과 다른 신일 수 있다(창세 33,20 참조!). 아무튼, 북 이스라엘의 하느님은 드보라의 찬미가에 나오는 전사로서의 야훼가 아니며, 모세의 전승에서처럼 많은 것을 요구하시는 하느님, 배타적인 하느님의 모습이 아니다. 라반은 야곱에게 "아브라함의 하느님과 나호르의 하느님께서 우리 사이의 심판자가 되어 주시기를 바라네."(창세 31,53)하고 말한다. 여기서 종교적 분위기는 다분히 유연할 뿐이다. 갈등은 대체로 피를 부르는 대적으로 이어지지 않고, 흥정과 술책과 속임수, 끝내 타협으로 해소된다. 조상은 덕행이나 신심의 전형이 아니라, 재치있는 사람, (사내들에게 두려움을 주지만 늘 여인들의 지원을 받는) 매력적인 사람, 현실주의자, 승리자일 뿐이다!

야곱의 첫 몸짓이 어느 시기부터 이야기되었는지 단정하기 어렵다면(출발점은 이스라엘이라는 이름을 요청하는 씨족들 또는 지파들 첫 집단의 합착이다), 어림잡아 최소한 언제 기록되기 시작했는지 알고 있는가? 호세 12장의 시와 비교해볼 때, 8세기 말에 해당 일화들 거의 전체가 알려져 있었으며, 그런 사실이 일화들이 이야기된 방법을 밝혀주지 않는다 하더라도, 그 이유는 낱말들의 상당한 어법이나 유희는 문장 구성에 있어 강요된 몇몇 문구가 있었음이 틀림없다는 사실을 드러낸다. 예를 들어 야곱이 밤중에 싸워 "이겼다"하고 말할 때의 경우이다(호세 12,5; 참조. 창세 32,26.29).

그렇다고 해서 현재 야곱 기사군에 담겨 있는 모든 것이 동일하게 설명될 수 있다는 말은 아니다. 예를 들어 창세 29,15-30,24의 야곱 아들들의 탄생 기사는 이 일화의 후기 이본일 수 있으나 - 사실 이와 같은 기사가, 바라던 대로의 족보의 최후 상태에 주기적인 각색을 요청한다는 것은 당연한 일이다 –, 이러한 사실이 야곱 기사군이 야곱의 아들들 탄생을 보도하는 약술을 결코 그냥 지나칠 수 없었을 것이라는 확신을 지워 버리지 못한다. 그렇지 않다면, 이 기사군의 영웅은 성조일 수가 없기 때문이다! 야곱 기사군 최초의 지리적 배경에 관해서도 하나의 질문이 제기된다. 이 기사군의 분명한 중심 일화들이 길랏의 미츠파를 마하나임과 프누엘과 수콧을 거쳐 스켐에 연결하는 여정에 따라 배치되어 있는 반면, 남쪽으로는 베텔과(창세 28,10–22; 31,13; 35,1.3.7) 북쪽으로는 하란을(창세 27,43; 28,10; 29,4) 포함하는 현재의 기사군에서 시계는 분명 확대되어 있다. 1954년에 이미 아이스펠드트(O. Eissfeldt)는 창세 29–31장의 최초 지리적 배경이 하란 지대, 나아가 하란의 주요 성읍(터키 상–메소포타미아의 우르파)보다는, 시리아 하우란의 남동쪽에 위치한 – 창세 29,1이 "동방인들의 땅"(*'ereṣ benê qedem*)이라는 이름으로 지칭하는 것 같은 – 사파의 초원 지대와 일치한다는 사실을 지적했다. 야곱 아들들의 땅을 (아람 사람) 라반의 아들들의 땅과 분리하는 계약은 길랏의 곳에, 따라서 요르단 건너편의 북부에 경계선을 확정하며(창세 31,45–54), 이는 창세 31,20–23이 가정하는 것처럼 하란에 비해 걸어서 삼사일보다 더 가는 거리를 어림잡게 한다. 한편, 정확하게 말해서 하란은 아시리아 제국시대에 와서 매우 중요한 성읍으로 자리했으며, 위대한 엘(El) 신과 유사한 형상으로 팔레스티나에서 숭배되던 달의 신 신(Sîn) 예배가 모든 지방에 영향력을 행사했다는 사실을 상기한다면, 야곱의 '아람' 체류로부터 하란으로의 이동이, 크나우프(E.A. Knauf)가 강력하게 추정했던 대로, 바로 이 아시리아 시대의 결과가 아닌지 자문할 수 있다. 스켐 성소를 희생시키면서(창세 33,18–20; 35,1–7) 베텔 성소를 내세우는 현상은 동일한 각색 과정에 속한 것일 수 있다. 야곱의 꿈 기사에는(창세 28,10–22) 사실 – 밤, 비탈, '하늘 문', 서 있는 모습으로 구원 신탁을 선포하는 엘 신과 같은 – 우리가 아시리아 시대 종교의 성신화(星神化)에 대해서 알고 있는 바와 일치하는 비유가 새겨져 있다. 수정이 있었다면, 재현실화 몸짓은 (베텔이 5절과 7절에 언급되어 있기에) 이미 호세 12장에 전제되어 있었을 것이다. 결론적으로 우리는 (후대의 수정 또는 교정을 전제로 한) 'JE' 판에 야곱 기사가 기록된 것은 720년 이스라엘 왕국의 멸망을 뒤따랐던 해들로 거슬러 올라간다는 사실을 받아들일 수 있다. 학자들은 720년 – 아시리아 제국에 의한 파괴를 모면한 – 베텔 성소에서, 국가의 재난을 뒤따랐던 20년 동안, 훗날 성경 경전에 자리할 적당한 규모의 책들 가운데 몇 권이 – 신탁집 또는 예언 기사군, '구원자들의 책자'(이 책의 판관기 입문 참조) 또는 야곱의 몸짓 – 수집되고 기록으로 남겨지는 작업이 전개되었을 것으로 추정한다.

처음으로 기록에 옮겨진 순간과, 이 기록이 유배시대 이후 사제계 저자에 의해 전수된 큰 구조 속에 병합되는 상황 사이에서 야곱의 몸짓에는 어떤 변화가 일어났는가? 호세 12장의 시는, 대중적인 사회에서는 물론 지파의 지도층 사회에서 엄청난 대중성을 누렸을 야곱의 이 몸짓이 어떤 점에서 등한시되었는지, 나아가 북 왕국에 적대적이던 예언자 집단에 의해 증오와 저항의 대상이 되었는지 예측하게 한다. 이 거부의 이유는 무엇이었는가? 주인공의 행동 때문이었는가? 호세 12장에서 야곱은 거짓, 폭력(2절), 속임수(4절), 공격성(4절), 오만함(9절), 비겁함과(13ㄱ절) 불안함(2절)으로 고발되며, 이 고발 내용들 가운데 몇몇은 다른 예언 전승 속에도 울려 퍼지고 있다(참조. 예레 9,3; 이사 43,27; 말라 3,6). 또는 야곱 전승의 출처가 '야훼 이전' 시대로 거슬러 올라가고, 이 전승이 엄격한 야훼주의를 드러내지 못한다는 기억 때문이었는가? 호세아에게는 의심의 여지가 없는 것이었다(호세 12,10ㄱ 참조!). 예언 신학을 물려받은 신명기와 신명기계 문학이 탄생한 배경 속에서 야곱은 진정한 기억의 형벌 대상이었다. 야곱을 언급하는 신명기의 – 그것도 간접적인 방법으로 – 유일한 문구는, 각 이스라엘 백성이 "저희 조상은 이집트로 내려갈 때… 떠돌아다니는 아람인이었습니다."(신명 26,5-9)하고 말하도록 초대하는 유명한 신앙 고백이다. 이 고백은 경멸의 의미로 이해되어야 한다. 조상은 '이스라엘 사람'이 아니라 '아람 사람'이었고 (시조로서의 실체도 미래도 소유하지 못한) '떠돌아다니는 사람'이었으며, 특히 그의 이름으로 언급될 자격이 없었다! 신명기 저자들에게 참 이스라엘은 이스라엘에서 탄생한다! 이스라엘은 이집트에서 야훼에 의해 불러 세워지며, 야훼께서 이집트에서 끌어내 당신을 계시하신 순간부터만 존재한다.

P문헌이, 야곱이 이집트에서 탈출한 이스라엘 백성의 조상으로 인정되었다는 사실을 만들어낸 것은 분명 아니다. 북 왕국의 (그리고 훗날 유다의) 시조로서의 야곱은 유배시대 이전의 예언서에 지나치칠 정도로 뿌리 내리고 있어(McKenzie 참조), 신명 26,5-9와 마찬가지로 여기저기서 최초의 지파 선조로부터 시작하여 예언 전승(모세 전승)을 출범시키고, 그 결과 야곱의 이집트 향발을 가정하는 데 이미 어려움을 겪었다. 그러나 유배시대까지 이 전승들은 분명히 분리되어 있었고, 근본적으로 경쟁 관계에 있던 전승이었다. 야곱이 이스라엘 기원사의 경전적 구조의 위대한 '창시자'로 점차 두각을 드러냄에 따라, 사제계 저자는 야훼 백성의 기원사와 이 백성의 세상을 향한 사명을 제시하는 총괄적 기획 속에 지파 선조의 기사를 처음으로 삽입한 사람으로서의 행운을 누리게 된 것이다. 그러나 이 저자는, 우리가 살펴보았던 것처럼, 극도로 조심스러운 방법으로, 다시 말해서 예언 전승의 옹호자들에게 그토록 충격을 주었던 모든 내용을 비켜두고, 특히 야곱보다 훨씬 더 인상적이었던 한 인물, 곧 야훼께서 당신의 계약(*berît*)을 허락하셨던(창세 17,2!) 성조 아브라함의 그늘에 그를 자리하게 하면서 작업을 단행했다. P문헌에 의해 확립된 줄거리가 더욱 오래된 또는 더욱 최근의 자료들로 내용을 부풀리기 시작하면서, 야곱에 관한 옛 기사군이 막 탄생한 오경의 문맥 속에 다시 삽입될 수 있었던 것은 좀 더 후대의 일이다. 따라서 다음과 같은 점을 수용해야 한다. 사제계 저자의 주도로, 아무리 간결하다 하더라도, 야곱 기사군에 관한 하나의 보고서가 제공되지 않고, 그 결과 그 후계자들에 의해 보다 과감한 복원의 길이 열리지 않았다면, 오늘날 우리는 신

랄하면서 수수께끼 같은 호세아서의 암시를 통해서만 야곱의 기묘한 몸짓을 알고 있었을 것이다!

2.5. 아브라함 기사

사제계 저자는 아브라함 기사를 어떻게 제시하는가? 그리고 그에게 이 기사의 목적은 무엇인가? 사실 이 기사는 사제계 원전(P[g])에서 두 가지 확고한 점으로 제한된다. 첫째는 하느님이 아브라함과 그의 다민족 후손(특히 이스마엘)에게 내리신 계약이다. 하느님은 아브라함가의 모든 사람이 가나안 땅에 살고 할례 의식을 치르도록 초대하시며, 그들 모두에게 '그들의 하느님'이 되시리라는 약속을 주신다(17,8). 아브라함가의 사람들 한가운데서 한 분파가 '야훼 앞에서 사는' 특전과 책임이 자신에게 선언되는 것을 보며(17,18-19), 이는 예배적 의미로 이해되어야 한다. 사라에게서 태어날 아들로부터 유래하는 이 분파는 성전을 건설하는 사람들과 인류의 사제들로서의 소명을 지닌 이스라엘의 자녀들을 가리킨다(P[s], 탈출 19,2-6 참조). 둘째는 막펠라 동굴 매입에 관한 것이다(창세 23). 이 동굴은 사라만이 아니라 아브라함과 이사악과 야곱, 그리고 아마도 아브라함가의 모든 성조의 묘지가 될 것이다. 이어지는 기사에서 P문헌은 성조들의 - 또한 야곱의 - 유해를 안장해야 할 필요성을 힘주어 강조한다(25,9-10; 35,27-29; 49,29-33; 50,12-13).

특이한 것은 P문헌에게 아브라함은 동시에 '통합' 조상으로서의 지위를 확보하고 있는 존재라는 점이다. 창세 17장의 창립 장면에서 아브라함과 이스마엘은 하느님 앞에 홀로 서 있으며, 이사악은 아직 태어나지 않은 상태이다. 외적인 계약 당사자들, 특히 이스마엘과 에사우 역시 계약에 포함되며, 이들은 중요한 역할을 한다. 이 비-이스라엘 당사자들은 누구인가? 우리는 이스마엘 사람들을 아시리아 연보와 바빌론 비문을 통하여 알고 있다. 수무일(Shumu'il)이라는 이름으로 지칭된 아라비아 부족 연합이 기원전 8세기 중엽과 6세기 초기 사이 아라비아의 북부에서 확인된다. 창세 25,12-15에 열거된 이스마엘 자녀들의 이름들 가운데 여섯은 이 연합을 구성하는 부족의 이름들과 일치한다. 아시리아인들과 바빌론인들의 습격으로 인한 시리아 고원과 팔레스티나 산악지방 정착 왕국의 쇠퇴 또는 멸망은 요르단 건너편과 아라비아에서 온 부족들의 중대한 이주를 초래했으며, 이로써 페르시아 제국 초기에(기원전 539) 팔레스티나 남부는 이미 심각하게 아라비아화, 또는 이런 표현을 원한다면 '이스마엘화'와 '에돔(이두매아)화' 했다. 페르시아 제국에 의해 유프라테스강 동편이 짓밟혔을 때, 헤브론을 포함한 팔레스티나 남부는 예훗 속주와 구별되는 하나의 속주를 형성하며, 이 속주는 이두매아라는 이름을 지닌다. 따라서 - 먼 아라비아 지방에서가 아니라 - 헤브론 지방에서 사제계 저자와 동시대 유다인들은 '이스마엘의 아들들'과 '에돔의 아들들' 또는 '에사우의 아들들'과 만남을 가진다. 사제계 저자가, 공동의 조상과 헤브론에 있는 그의 무덤을 중심으로, 일종의 유다교 일치운동을 구상하는 데 전념했음을 확인한다는 것은 특기할만한 일이다. 한편, 이와 같은 기획이 페르시아 제국의 은밀한 지원 덕분이었음은 불가능한 것으로 보이지 않는다. 키루스 치세 말년에 이집트는 페르시아 세력 범위 밖의 유일한 강자로 머물렀으며 - 이집트 정복은 그의 후계자인 캄비세스 시대(529-522)에 비로소 단행된다 -, 이 팔레스티나 남부 지방은 민감한 국경 지방으로 남아 있었다.

이제 우리는 야곱 기사군에서 제기했던 문제를 올려놓는다. 아브라함 기사 판에서 사제계 저자는 무엇을 전제로 하고, 이전 전승에서 무엇을 따오며, 여전히 무엇을 모르고 있는가? 후-사제계 문헌으로부터 선-사제계 문헌을 어떻게 구별해야 하는가?

우선적인 검증 결과는 다음과 같다. P문헌은 아브라함 기사에 이주에 관한 하나의 형식을 부여하나, 이 점은 아브라함 본래의 전승에 속하지 않음이 거의 분명하다. 하란 출발과(P^g에 따른 11,31; 12,4ㄴ.5) 함께 스켐과(12,6) 베텔을(12,8; 13,3) 거치는 단계는 의심의 여지 없이 야곱 전승의 흔적들이다. 다만 칼데아의 우르만이(11,28.31 P^g; 후-사제계 언급으로는 창세 15,7과 느헤 9,7 참조) P문헌의 기여를 드러낸다. 이 저자는 인류의 시작을 메소포타미아로 잡고 있기에, 이 세상 지방의 이름난 중심지에서 아브라함이 나오게 하기를 원했던 것 같다.

현실적으로 아브라함은 이주민다운 모습을 보이지 않는다. 어떤 유형의 조상을 말하고 있는가? 아브라함과 야곱의 모습을 비교해보면, 이들은 서로 다른 지리적 시계에 속한 사람들이다. 야곱은 에프라임 산(스켐, 베텔)과 요르단 건너편과 하우란 사이에서 지속적으로 움직이는 사람인 반면, 아브라함은 팔레스티나 남부에, 정확하게는 헤브론(*'al-Khalîl*)과 마므레(*Râmat 'al-Khalîl*)에 확고하게 정착한, 거의 뿌리내린 사람이다. 야곱이 하느님과 만날 때, 그는 바로 베텔이든 프누엘이든 하느님이 '거하시는' 장소에 (거의 무의식적으로) 도착한다. 그러나 아브라함이 신현을 가질 때는, 하느님이 바로 그를 찾아오신다(특히 창세 18장과 함께 창세 17장과 15장 참조). 한편, 야곱과 아브라함은 동일한 모습으로서의 조상들이 아니다. 야곱은 그들 사이에 하나의 씨족, 지파 또는 민족을 이루는 상당한 수의 아들들의 아버지이며, 따라서 한 지파 연합의 원칙이기도 한 분할된 족보의 머리에 있다. 아브라함에게서는 유사한 현상을 전혀 찾아볼 수 없다. 학자들은 야곱이 이스라엘의 조상인 것처럼 그를 유다의 조상으로 보고자 했으나, 아브라함에게서는 어떤 분할된 족보도 찾지 못하며, 흔히 유다의 모자이크를 형성하는 집단들 - 칼렙족, 오트니엘족, 카인족, 크나즈족, 유다족(예를 들어 판관 1,10-20 참조) - 사이에 어떤 집단도 그의 자손들 가운데 모습을 드러내지 않는다. 아브라함의 두 아들 역시 서로 다른 집단, 나아가 적대적 집단에 속한다. 아마도 해결 방법은 다른 방향에서 찾아야 할 것이다.

아브라함 전승의 - 또한 그의 기능의 - 출발점은 아마도 '장소', '반석'(이사 51,1), 헤브론과/또는 마므레에 있는 아브라함의 '동굴'이나

'묘지'이다. 팔레스티나 남부 산악지방의 이론의 여지가 없는 '수도'인 헤브론은 다윗 기사와 관련된 전승 속에서 하나의 성채보다는, 네겝 지방과 저지대의 언덕들, 먼 이웃 지방을 생략하더라도 요르단 건너편과 아라비아와 시나이의 산악지방에 살고 있는 모든 집단(씨족, 지파, 제반 혈통의 무리)을 위한 하나의 집결 중심지로 등장한다. 성읍의 두 이름 곧 ('결합하다'/'연합하다'를 의미하는 어근 *ḥbr*에서 유래한) 헤브론과 ('넷의 성읍'을 의미하는) 키르얏 아르바는 이 성읍이 무엇보다도 서로 다른 집단 사이의 만남과 타협의 지점임을 암시한다. 6세기에 이스마엘족 역시 헤브론의 장터와 성소를 자주 찾아들던 집단에 속했다. 달리 말하면, 처음부터 그리고 '이스마엘인' 모습 훨씬 이전에 아브라함은, 헤브론 장터와 성소를 왕래하던 다양한 집단이 내세울 수 있고 결합하고자 애썼던 공동 조상으로 새겨졌음이 틀림없다. (정확하지는 않지만) 그 이름의 대중적 어원은 - 창세 17,5에서 "많은 민족들의 아버지"로 설명되는 아브라함 - 다민족적인 성격과 함께 이 조상의 '중재적' 소명의 표지일 수 있다.

유배시대의 두 증언, 그러나 아마도 P^g보다 조금 앞서는 이 증언은 아브라함이 헤브론 '지방의 수호신'(*genius loci*)처럼 민간전승 속의 인물이며 동시에 수호자로서의 모습을 띠고 있었다는 이러한 인상을 재확인한다. 에제 33,23-29에서 유배 중인 예언자는 땅의 소유를 요구할 목적으로 아브라함을 내세우는 잔류민들을 거슬러 격노한 다음, 이어서 이러한 상황에서 저질러진 부정(不淨)과 역겨움과 불륜을 신랄하게 질타한다. 아브라함의 땅은 유배지로 압송된 예루살렘의 지도층이 아니라, 그 땅에 살던 '수많은' 자신들(33,24 참조), 나아가 혼혈 민족이며 다민족인 자신들, 아마도 당시 혼혈 중에 있는 자신들의 것이라는 주장이 바로 이 잔류민들이 내세우는 바다. 그러나 에제키엘에게 헤브론의 아브라함계 다민족 성격은 혐오감과 불쾌감을 불러일으킬 뿐이다. 둘째 문구인 이사 51,1-2에서는 논쟁적인 분위기는 발견되지 않는다. 그러나 이 문구 역시, 자손들이 매여 있는 어머니가 언급되는 것이 필연적이기에, 아브라함의 자손은 '다수'만이 아니라 '다양'의 집단임을 밝혀준다. 따라서 P문헌이 대서문의 주인공으로 내세우기 위해 택한 인물은 잘 알려지지 않은 어떤 인물이 아님이 분명하다. 그러나 사제계 저자가, 에제키엘의 관점과 매우 가깝다 하더라도, 정확하게 이 혼합 조상, 다민족 공동체 조상을 택했다는 사실은 아무튼 모세만큼이나 야곱적인 이전 전승에 비추어 과감한 뒤집기를 증언한다!

우리가 이제 지금의 경전 상태대로의 아브라함 기사를 재생하여, 사제계 줄거리에 따라 '이전'과 '이후' 사이를 구별하고자 힘쓴다면, 과연 성경 기사의 발전 과정을 재구성할 수 있겠는가? 사실 선-사제계 문학 줄거리로 돌릴만한 작품은 거의 남아 있지 않다. 기껏해야 우리는, 창세 12-13; 18,1-15의 마므레 참나무 아래서 이루어진 세 사람의 방문 장면에 이르는 아브라함의 여정이, 궁켈 이후 통용되기 시작한 가설에 따라, P^g와 독립적인 보다 오래된 기사를 구성하는지 자문할 수 있다. 그러나 이러한 가정은 가능성이 없어 보인다. 12,1-3의 약속이("나는 너를 큰 민족이 되게 하리라") 이미 P문헌의 다민족 시계를 편협하게 만든 것으로 보이기 때문이나, 이 점은 고려해볼 만한 문제로 머문다. 이제 이 기사가 이미 야곱 기사군의 서문으로 기획되었는지, 아니면 그 자체로 만족하고 있는지를 살피는 일이 남아 있다. 다른 거의 모든 기사는 사제계 기사에 의해 제기된 질문들 덕분에 존재하게 되었으며, 따라서 그 이전에 존재하기 어려웠으리라는 사실이 입증되었다. P^g는, 예를 들어, 이스마엘의 추방도 에사우의 멀어짐도 알지 못한다. 이 두 사람 모두 자기들의 아버지를 막펠라 동굴에 안장할 때 현장에 있었으며(창세 25,9; 35,29), 이는 한편 P문헌 시대에 이 순례지는 이스마엘족과 에돔족과 유다인들이 서로 분담하여 수호했다는 사실을 밝혀준다. 아주 가까운 거리에 이스마엘이 살고 있었다는 것은 사제계 저자의 후계자들에게 견디기 힘든 현실임이 틀림없었으며, 따라서 이스마엘과 그의 어머니 추방을 정당화하고 공포하는 기사들을 서둘러 도입했던 것이다(창세 16과

21,1-21). 창세 15장의 계약 기사는 분명히 창세 17장에 종속되며(Römer, 1994 참조), 아브라함을 일종의 '세계 전쟁'에 끼어드는 사람으로 등장시키는 창세 14장의 표류성 기사는 틀림없이 상당히 후대의 작품으로 취급된다. 학자들은 또한 몇몇 서사체 삽화들, 예를 들어 '여성 성조의 위기'에 관한 삼중 기사(창세 12,10-20; 20; 26,6-14), 아브라함의 청원에 이은 롯의 구조와 소돔의 파괴에 관한 일화(창세 18,16-19,29), 롯과 그의 딸들의 외설적 기담(19,30-38), 필리스티아인들과의 경쟁 기사(21,22-34; 26,14ㄴ-33), 끝으로 아브라함의 종을 통하여 이사악의 아내를 구하는 매력적인 보도 기사(24) 등에 관하여 질문을 던진다. 이 기사들 가운데 몇몇은, 오래되었을지는 몰라도 아브라함이라는 인물과 필연적으로 결부되는 것은 아닌 자립적 기사나 일화, 설화로 거슬러 올라갈 수 있다. 아무튼, 최근에 다시금 브룸(E. Blum)과 피셔(I. Fischer)와 기타 학자들이 시도했던 것처럼, 이 기사들은 아브라함에 관한 선-사제계 또는 비-사제계 기사 줄거리를 재구성하도록 허락하지 않는다.

이어서 정도를 벗어난 끔찍한 기사로서 자기 아들을 제물로 바치라는 명을 받은 성조를 우리에게 보여주는 창세 22장이 다가온다. 이 기사는 이제 우리가 아브라함이라는 이름을 떠올릴 때마다, 우선 마음에 다가오는 그토록 강력한 기사가 되었다. 이 기사는 그러나 경전의 영웅담에 덧붙여진 최후 기사들 가운데 하나였던 것으로 보인다. 사실 P^g에 나오는 출발선으로부터 아브라함의 운명을 정리해본다면, 우리는 성조의 점진적인 '민족 시조화' 과정을 엿볼 수 있다. 사제계 저자에 의해 구상된 '일치운동'의 조상은 서서히 하나의 '민족' 또는 '종교'의 선조로 모습을 바꾸어 나간다. '합법적' 아들은 이사악이고, '비합법적' 아들은 이스마엘이다. 그러나 이러한 과정은 비극으로 이끈다. 창세 22장은 분명히 창세 21장에 대한 답변이다. 21,14에서 우리는 "아침 일찍 일어나" 하가르와 그의 아들을 광야로 떠나보내기에 앞서 빵과 물 한 가죽 부대를 주는, 마지못해 행동하면서 후회하는 아브라함을 본다. 그리고 다음

장에서 아브라함은 이제 둘째 아들인 이사악을 포기하도록 강요받는다. 이때도 그는 "아침 일찍 일어나…" 하느님께 '(이제) 유일하게 된 아들'을 넘겨드린다. 이는 마치, 지나치게 열려 있는 것처럼 보였던 것을 어느 정도 닫아 놓았던 전승의 전달자들이 그들 꿈의 내면적 폭발 앞에 갑자기, 그것도 무기력하게 서 있는 것과 같았다. 이는 마치, 타자를 저버림이 똑같은 것을 잃음, 곧 자기 자신을 잃음을 초래하는 것과 같았다. 선택된 자의 문제는, 배제된 자를 저버림이 그에게 결코 용서될 수 없다는 것이다. 몇 가지 점에서 아브라함의 제사는 야뽁에서의 야곱 싸움의 그것과 유사한 기능을 행사한다(창세 32,23-33). 야곱이 꾀에 빠진 형제 에사우 외에는 더 대적할 대상이 없다고 믿던 바로 그 순간 자기 자신의 하느님과 - 또는 자기 자신과, 심연과, 최후와 - 대적을 벌어야 했다. 이는 불확실한 추세로부터 성조 전승들을 구해내고, 경전 본문에 보편성을 돌려주는 기사들과 같은 것들이다.

3. 주제와 의도

요약해서 말하면, 창세 12-36장의 출처와 목적 문제는 아브라함 기사와 야곱 기사군과는 매우 다른 개념들로 제시된다.

1) 야곱 기사군은 본디 이스라엘 기원에 관한 자립적인 설화, 모세 기사와도 아무런 관련이 없고 오경의 최후 구조와도 독립적인 설화 역할을 했던 옛 구전 몸짓으로 거슬러 올라간다는 사실을 밝혀준다. 키루스 치하에 사제계 저자가 야곱의 몸짓에 관한 담백한 요약본을 인류와 이스라엘의 기원사에 삽입하기로 결심하지 않았다면, 예언자들과 신명기계 저자들에 의해 멸시되었던 이 몸짓은 우리에게까지 이르지 못했을 것이다. 한편, 아마도 손질 과정을 거친 옛 몸짓이 미래의 오경에 그대로 도입된 것은 훨씬 후대의 일이다.

2) 방금 살펴보았던 대로, 아브라함에 관한 성경 기사는 문학적 설계에 있어 출발점을 사제계 판에서 잡은 것 같다. P문헌이 바로 (노아에 이어서, 그리고 모세에 앞서서) 아브라함을 기사 구조의 세 중심인물 가운데 한 사람으로 만들기로 했기 때문이다. P문헌 이전에 아브라함은 헤브론에 뿌리내린 만민 공동체의 조상 모습이었다. 창세 12-25장의 비-사제계 기사 대부분은 사제계 판보다 후대의 부속물 정도로 설명될 수 있을 것이다.

3) 사제계 저자에 의해 (인류/아브라함/모세) 기사에 주어진 특별한 구조는 오경 전체가 구성될 때 마련된 것이며, 오경의 바탕 역할을 한다. 창세기/탈출기 분리는 따라서 본디 P문헌의 신학적 시각에 기초한다. 이 시각에 따르면, 이스라엘의 소명은 무엇보다도 먼저 사제계 성격을 띤다. 이 시각은 하늘과 땅의 창조주이신 유일하신 하느님을 '사실상' 이미 알아보는 인류와, 이 인류 한가운데서 '사실상' 이미 할례를 실시하고 자기들의 하느님으로 아브라함의 하느님을 알아보는 토착민 가족을 전제로 한다. 그러기에 우리는 P문헌에서 외국 신들과 맞서는 논쟁을 찾을 수 없다.

4) 아브라함과 야곱 기사가 제기하는 '가치'는 무엇인가? 성경 전파에 있어 성조 기사가 미친 공헌은 유다교와 동시에 그리스도교, 회교, 끝으로 이 세 종교 전승으로 일구어진 문화에 중차대하다. 그러나 여기서도 또 한 번 아브라함과 야곱을 가르는 문제가 있다. 아브라함은 유다교 개종자들과 동시에 첫 그리스도교도들, 이어서 아브라함을 첫 회교도로 여겼던 회교 창시자가 편애하는 성조가 된다. 아브라함에 관한 전승이 기록되기 시작한 순간부터 그의 인물 위에 새겨진 '일치운동' 소명은 따라서 세기의 흐름에 따라 강조되어만 갔다. 한편 야곱에 관해서는, 수용의 역사 속에서 그의 여정은 그렇게 평탄하지는 않았던 것 같다. 야곱은 예언자와 신명기계 저자의 전승으로부터 배척된 다음, 헬레니즘 시대부터 전개된 모든 유다교 문학 속에서, 그것이 '민족주의적'이든 '종

교적' 또는 '지혜문학적'이든 관계없이, 완전한 복권을 맛본다. 일반적으로 에사우의 악마화가 동반된 파급 효과라 말할 수 있다. 호교론에는 별 관심이 없고 기사들의 문학적인 차원에 더 민감한 현대의 독자에게 야곱의 몸짓은 대단히 신선하며, 곳곳에서 뜻밖의 깊이를 지닌 하나의 작은 서사시를 제공한다. 사울이나 다윗에 관한 다른 기사들에서처럼 야곱은 현실적으로 비중 있는 문학적 영웅, 때로는 매력적이면서도 때로는 거의 경멸할만한 복잡한 인물, 영웅이며 동시에 반-영웅적 인물, 그러나 특히 살아남은 인물, 역사가 그냥 지나쳐버린 인물들 가운데 하나가 된다.

5) 창세기가 오경의 서문일 뿐이라는 사실은 이미 밝힌 바 있다. 아브라함과 야곱의 기사는 서로 구별되면서 매우 특이한 두 목소리를, 화해를 이룬 인류를 보여주는 '모든 사람의 성조'로서의 목소리와, 현실에 깊이 뿌리를 내린 '지파 선조'로서의 목소리를 우리에게 들려준다. 이 목소리들 가운데 어떤 것도 오경의 수호자로서의 모습을 지닌 모세의 목소리가 아니다. 그러나 한편, 오늘날 아브라함과 야곱은 결국 무시할 수 없는 해방자이며 입법자 이상으로 이 경전 총체를 밝히는 데 기여하는 바가 적지 않다!

4. 참고문헌

4.1. 주석서

H. Gunkel, *Genesis*, Göttingen, 1910[3] = *Genesis* (Merser Library of Biblical Studies), Macon(GA), 1997. G. von Rad, *La Genèse* (Commentaires bibliques), Genève, 1968. W. Zimmerli, ZBK.AT 1,2, 1976. C. Westermann, BK.AT 1/2, 1981, 1989[2] = *Genesis: A Commentary*, Mineapolis(MN),

1984–1986. G.J. Wenham, WBC 1, 1987. H.J. Boecker, ZBK. AT 1,3, 1992. J.A. Soggin, *Das Buch Genesis*, Darmstadt, 1997. H. Seebass, *Genesis. 2: Vätergeschichte (11,27-36,43)*, 2 vol., Neukirchen–Vluyn, 1997–1999. L. Ruppert, *Genesis. Ein kritischer und theologischer Kommentar, Teilband 2, Gen 11,26-25,18* (Forschung zur Bibel 98), Würzburg, 2002.

4.2. 연구 현황

G. Coutourier (éd.), *Les Patriarches de l'histoire. Autour d'un article inédit du père M.-J. Lagrange, o.p.* (Lediv Hors série), Paris, 1998. H. Schmid, *Die Gestalt des Isaak: ihr Verhältnis zur Abraham – und Jakobtradition* (EdF 274), Darmstadt, 1991. C. Westermann, *Genesis 12-50* (EdF 48), Darmstadt, 1975.

4.3. 주요 저서 및 논문

E. Blum, *Die Komposition der Vätergeschichte* (WMANT 57), Neukirchen–Vluyn, 1984. D.M. Carr, *Reading the Fractures of Genesis: Historical and Literary Approches*, Louisville(KY), 1996. O. Eissfeldt, «Das Alte Testament im Licht der safatenischen Inschriften», *ZDMG* 104(1954), p. 88–118. I. Fischer, *Die Erzelten Israels. Feministisch-theologische Studien zu Genesis 12-36* (BZAW 222), Berlin/New York, 1994. J.P. Fokkelman, *Narrative Art in Genesis: Specimens of Stylistic and Structural Analysis* (BiSe 12), Sheffield, 1991. R.S. Hendel, *The Epic of the Patriarch: The Jacob Cycle and the Narrative Traditions of Canaan and Israel* (HSM 42), Atlanta(GA), 1987. Id., *Remembering Abraham: Culture.*

Memory, and History in the Hebrew Bible, Oxford, 2005. E.A. Knauf, «Towards an Archaeology of the Hexateuch», in J.C. Gertz *et al.* (éd.), *Abschied vom Jahwisten. Die Komposition des Hexateuch in der jüngsten Diskussion* (BZAW 315), Berlin/New York, 2002, p. 275-294. M. Köckert, «Die Geschichte der Abrahamüberlieferung», in A. Lemaire (éd.), *Congress Volume Leiden 2004* (VT.S 109), Leiden/Boston, 2006, p. 103-128. J.-D. Macchi/T. Römer (éd.), *Jacob. Commentaire à plusieurs voix de Gen 25-35. Mélanges offerts à Albert de Pury* (Le Monde de la Bible 44), Genève, 2001. S.L. Mckenzie, «Jacob in the Prophets», in J.-D. Macchi/T. Römer (éd.), *Jacob*, p. 339-356. T. Nauerth, *Untersuchungen zur Komposition der Jacoberzählungen. Auf der Suche nach der Endgestaldt des Genesisbuches* (BEAT 27), Frankfurt a.M., 1997. L. Ngangura Manyanya, *La fraternité de Jacob et d'Esaü dans le cycle de Jacob (Gn 25-36). Quel frère aîné pour Jacob?* (Actes et Recherches), Genève, 2009. A. de Pury, «Le cycle de Jacob comme légende autonome des origines d'Israel», in J.A. Emerton (éd.), *Congress Volume Leuven 1989* (VT.S 43), Leiden *et al.*, 1991, p. 78-96. Id., «Abraham, the Priestly Writer's "Ecumenical" Ancestor», in S.L. Mckenzie/T. Römer (éd.), *Rethinking the Foundations: Historiography in the Ancient World and in the Bible. Essays in Honour of John Van Seters* (BZAW 293), Berlin/New York, 2000, p. 163-181. Id., «Situer le cycle de Jacob. Quelques réflexions, vingt-cinq ans plus tard», in A. Wénin (éd.), *Studies in the Book of Genesis* (BEThL 155), Leuven 2001, p. 213-241. Id., «The Jacob Story and the Beginning of the Formation of the Pentateuch», in T.B. Dozeman/K. Schmid (éd.), *A Farewell to the Yahwist? The Composition of the Pentateuch in Recent European Interpretation* (Symposium Series 34), Atlanta, 2006, p. 51-72. Id., «Pg as the Absolute Beginning», in

T. Römer/K. Schmid (éd.), *Les dernières rédactions du Pentateuque, de l'Hexateuque et de l'Ennéateuque* (BEThL), Leuven, 2007, p. 99–128. T. Römer, «Genèse 15 et les tensions de la communauté juive postexilique dans le cycle d'Abraham», *Trans* 7(1994), p. 107–121. Id. (éd.), *Abraham. Nouvelle jeunesse d'un ancêtre* (Essais Bibliques 28), Genève, 1997. K. Schmid, *Erzväter und Exodus. Untersuchungen zur doppelten Begründung der Ursprünge Israels indderhalb der Geschichts-bücher des Alten Testaments* (WMANT 81), Neukirchen–Vluyn, 1999. J. Van Seters, *Abraham in History and Tradition*, New Haven(CT)/London, 1975. Id., *Prologue to History: The Yahwist as Historian in Genesis*, Louisville(KY), 1992. W. Vogels, *Abraham et sa légende. Genèse 12,1-25,11* (Lire la Bible 110), Paris, 1997. H.M. Wahl, *Die Jakobserzählungen. Studien zu ihrer mündlichen Überlieferung, Verschriftung und Historizität* (BZAW 258), Berlin/New York, 1997. A. Wénin (éd.), *Studies in the Book of Genesis: Literature, Redaction and History* (BEThL 155), Leuven, 2001. B. Ziemer, *Abrham – Abraham. Kompositionsgeschichtliche Untersuchungen zu Genesis 14, 15 und 17* (BZAW 350), Berlin/New York, 2005.

창세기 37-50장

윌링어(Christoph Uehlinger)

독일 작가 토마스 만(Thomas Mann)이 야곱과 요셉과 그 형제들의 모습 소재로 기념비적인 4부작 장편소설 '요셉과 그의 형제들'(*Joseph und seine Brüder*)을 저술했을 때, 다른 어떤 성경 기사도 이 열정적인 종교사와 심리학 저자가 19세기 말과 20세기 초 유럽 중산계급의 특징적인 문학유형을 이루는 가족 민담의 절정에 이르는 훈련을 쌓는 데 더 적합할 수가 없었다. 사실 야곱의 아들들 사이의 경쟁과 저버림과 연대를 골자로 하는 창세 37-50장은 매우 자연스럽게 하나의 가족 소설을 생각하게 한다. 이 단원을 지배하고 있는 특유의 분위기는 기이한 콩트와 사이코드라마 사이를 오가면서, 민족과 종교 역사의 서사시적 기사 한가운데서, 곧 성조 역사와 탈출 역사 사이에서 갑자기 찾아온 상대적 현대성 분위기를 발산하는 것으로 보인다. 하느님을 부르는 장면은 화자의 몇몇 핵심 연사 또는 잘 배치된 자리에 국한되어 있다. 하느님은 여기서 주도적인 역할을 담당하시기보다는 조심스럽게 섭리하시는 분으로 등장하며, 어떤 기도도 그분에게 올려지지 않는다. 이국에서의 의인 선택은 이 사람의 종교적 신심이 아니라, 무엇보다도 놀라운 사회적 성공, 해몽을 통해 미래를 내다보는 능력, 아랫사람들을 회유할 수는 있어도 전혀 폭력을 사용하지 않으면서 그들을 통솔하는 재능으로 말미암아 표면화된다. 이집트 땅에서의 (원-)헬레니즘의 복합적 현대성에 적응된 유다 정체성을 집약한 작품을 말함인가? 본질적인 것, 다시 말해서 미래와 인간관계와 이웃 강자의 국가 체제를 억제하면서, 저버림을 받은 자로서의 요셉은 가나안의 형제들, 예전에는 자신을 "꿈쟁이"로 취급했던 (창세 37,19) 바로 그 형제들을 위한 생존의 보증이 된다. 이것이 바로 탈출기가 이집트를 종살이의 집으로 바꾸어 언급하기에 앞서 영접의 땅으로 묘사하고 있는 기사를 위한 중대한 정체성 목적이다.

1. 설계와 내용

1.1. 이름, 문학유형과 작품의 단위

창세 37,1이 요셉 기사의 머리에 놓은 표제 '야곱의 계보'(*tôledôt ya'aqôb*)는, 37-50장의 중심인물이 그의 아버지가 아니라 (38장을 예외로 하면) 요셉이라는 점에서 잘 이해가 가지 않는다. 야곱은 39-41장에 빠져 있으며, 42-45장에서 이집트의 재상이 된 요셉과 그의 형제들 사이에 얽힌 사건에 직접 참여하지 않는다. 그리고 야곱은 결국 50장에서 죽음을 맞이한다. 그런데 창세 37,1은 이 단원의 목적이 요셉의 운명만이 아니라, 그와 그의 형제들 사이의 폭넓은 분쟁 관계와, 이 모든 자손이 아버지 야곱과 맺고 있는 관계에 있음을 밝힌다. 그러면서도 톨르돗((*tôledôt*)이라는 표제는 이 단원이 창세기에서 차지하고 있는 자리에서 우선 야곱 기사군 후속을 형성한다는 사실을 받아들이도록 한다. 창세 25-36장과 달리 요셉 기사는 이제 더는 영향력을 행사하지 못하는 운명 앞에 선 나이 많은 성조를 제시한다.

성경의 독자들 대부분과 함께 주석가들은 흔히 '기사', 아니면 '기사군', '소설', 나아가 '요셉 단편소설'이라는 표현을 사용한다. 이러한 표현의 다양성은 창세 37-50장의 문학유형에 적절한 정의를 내리는 데 주저하고 있음을 일러준다. (이 단원에서 상술되는 내용에서 끄집어낼 수 있는 역사적 핵심이 전혀 없기에) '기사'라는 표현은 혼란을 초래할 수 있고, '기사군'은 앞선 (아브라함, 야곱) 성조 기사군과 분명하게 식별되는 단원에 대한 독특한 문학적 특성을 강조하지 못한다는 점에서 우리는 '단편 소설' 또는 '소설'이라는 표현 사이를 오갈 것이다. 현대 문학의 기준에 따르면, '단편 소설'은 주인공을 중심으로 전개되는 하나 또는 여러 사건을 이야기하며, 사건의 진전은 분쟁이나 위기의 상황들로 점철된다. 이러한 정의는 '소설'에도 적용되나, 소설은 묘사되는 시기를 연장하는 한편 개성의 복합성을 폭넓게 한다는 차이가 있다. 이국에 종으로 팔림으로써 형제 살해를 모면했고, 그곳에서 훗날 재상이 되었을 때 원한을 삭힌 너그러움으로 비열했던 자기 가족에게 혜택을 받도록 했던 한 사내의 이야기는 한편, 고대근동의 여타 문학보다는 이집트에서 유행하던 것으로 보이는 유형으로서의 기이한 '콩트'를 보여주는 분명한 표지를 담고 있다. 따라서 궁켈(H. Gunkel)이 '콩트 단편소설'(*Märchennouvelle*)이라 정의한 데에는 충분한 이유가 있었다.

이와 같은 여러 정의는 분명 사회문화적인 틀과 페르시아와 헬레니즘 시대의 근동문학의 발생 상황에 적응되어야 한다. 449개의 구절을 담고 있는 창세 37-50장은(그 가운데 창세 38장의 30개 구절은 타마르에, 49장의 28개 구절은 야곱의 축복에 할애), 매우 제한된 주제를 다루어나가는 룻기와 토빗기 또는 유딧기의 작은 두루마리에서 찾아볼 수 있는 단편 소설의 범위를 훨씬 벗어난다. 창세 37-50장에서 다루어진 주제들 대부분과, 중심인물들의 몇십 년, 나아가 백여 년 동안 펼쳐진 생존 햇수와(참조. 37,2; 41,46-47.53-54; 47,28; 50,22.26) – 우리가 앞서 말했던 대로, 이는 가족 민담을 떠올린다 –, 첫머리에 인용한 토마스 만의 4부작에 이르기까지 이 구성의 최후 운명을 고려한다면, 히브리어 성경에서 유사한 작품을 찾아볼 수 없는 이 놀라운 문학 단위를 '소설'이라는 개념으로 분류하는 것은 지나친 일이 아닐 것이다.

소설로 선정한다는 것은 야곱 기사군과 탈출 기사와 뒤얽혀 있기에 그 자체로 자립적일 수 없는 작품의 문학 단위를 가정한다는 것을 의미한다. 여기서 우리는 다양한 독법의 정당성을 수용할 수 있다. 민족사의 '대(大)기사'라는 관점에서 멀리 내다볼 때, 요셉과 그의 형제들에 관한 단원은 약속과 실현 사이의 전이 일화의 총체, 아니면 '미장아빔' 기법의 총체일 뿐인 것으로 보일 수 있다. 다른 한편, 탈출기가 묘사할 억압에 관한 그림만큼이나 가나안 땅 약속에 부여된 대위법은 창세 37-50장을 하나의 독자적인 완전한 문학 실체로 다룰 수 있는 길을 열어준다. 이 실체는 길게 펼쳐진 하나의 편집사, 최소한 개략적으로 그 윤곽을 가설로 재구성할 수 있는 편집사를 겪었다. 계획된 관점과 문학적 시계에 따라 우리는 본래의 핵심을 '요셉의 단편 소설'(마인홀트[A. Meinhold]에 의해 확인되고 에스테르기, 다니 1-6장, 토빗기 등과 비교할 수 있는 '디아스포라 단편 소설'[*Diasporanovelle*] 유형의 기사)이라 부를 것이다. 형제의 갈등을 포함한 보다 완전한 작품으로서의 '요셉 소설'이며, 이어서 대규모의 역사편찬 기획, 곧 이스라엘의 역사와 기원 서사시를 위한 전이 요소로 만든 창세기의 이 마지막 부분의 최후 상태로는 '요셉 기사'이다.

1.2. 설계

최종판의 작품 설계는, 그것이 형식적 표지나 내용의 바탕에 관한 것이든 상관없이, 쉽게 파악되지 않는다. 이유는 편집 출처의 복잡성, 단편 소설 또는 소설에 국한된 서사체 줄거리와 이보다는 야곱 기사군 또는 나아가 대민족사에 결부된 줄거리 사이의 뒤얽힘 때문으로 보인다. 한편, (장소와 시간과 인물 선정과 같은) 극의 기준은 하나의 서문(서막)과 하나의 결문(종장)으로 둘러싸인 세 개의 주요 막으로 전개되는 극본을 식별하도록 이끈다. 가장 변화가 많은 막은 기사의 중심, 곧 42-45장에 자리하며, 이 장에서 펼쳐지는 사건의 변화는 형제들 상호 간의 알아봄과 화해를 이끈다. 요셉의 부상(浮上)을 묘사하는 앞선 막은 대조법을 통해 야곱과 그이 아들들이 이집트에 무사히 정착하는 사건을 준비한다. 38장과 49장만이 대칭을 이루는 이 설계와 비교적 이질적인 것으로 머물며, 49장은 그 정도가 덜한 편이다.

37,1 표제

서막: 요셉과 그의 형제들 I(창세 37,2-36)

37,2-11	형제들 사이에 총애를 받는 요셉
37,2-4	도입: 아버지에게 사랑받는 요셉
37,5-8	요셉의 첫째 꿈: 곡식 단
37,9-11	둘째 꿈: 천체의 경의
37,12-36	형제 살해 모면: 이집트로 팔려간 요셉
	(21-22.29-30절: 르우벤의 개입; 26-27절: 유다의 개입)
38	유다와 타마르

제1막: 이집트에서 요셉의 하느님 섭리 경력(창세 39-41)

39,1-20ㄱ	포티파르 집에서의 요셉
39,20-40,23	감옥에 갇힌 요셉: 두 개의 꿈과 해몽
41,1-36	왕궁으로 불림을 받은 요셉: 두 개의 꿈과 해몽
41,37-57	이집트의 재상 요셉
41,37-45	재상 임명과 재상직 수여
41,46-49	이집트의 풍요: 해몽 확증

41,50-52 요셉의 아들들

41,53-57 이집트의 흉년: 해몽 확증

제2막: 요셉과 그의 형제들 II**(창세 42-45)**

42 첫 번째 여행

(6절: 요셉의 발아래 엎드린 형제들; 요셉의 첫째 꿈 확증); 인질로 잡힌 시메온(21-24ㄱ.36-37: 르우벤의 개입)

43-45 두 번째 여행

(14-16절: 벤야민과 함께 요셉의 발아래에 선 형제들: 요셉의 첫째꿈에 대한 새로운 확증

44,17-34 유다의 변명

45,1-15 정체를 밝히는 요셉

45,1-8 알아봄과 용서

45,9-15 야곱이 이집트로 오도록 초청

45,16-20 파라오의 초청

제3막: 이집트의 야곱, 또는 야곱과 그의 아버지(창세 46-49)

46,1-47,26 이주와 이집트 정착

46,1-7 이집트로 이주

46,8-27 이주자 명단

46,28-30 요셉을 되찾은 야곱

46,31-47,12 파라오 알현

47,13-26 요셉의 토지 정책(이집트인들의 부채와 종살이)

47,27-49,33 야곱의 죽음

47,27-31 요셉은 죽음 앞에 선 야곱에게 조상의 묘지에 안장할 것을 다짐

48,1-49,33	야곱의 축복
48,1-22	야곱의 에프라임과 므나쎄 축복
49,1-28	야곱의 열두 아들 축복
	(22-26절: 둘째 꿈에 대한 반향으로서 요셉 축복)
49,29-33	조상 묘지 안장 요구; 야곱의 죽음

종장: 요셉과 야곱의 아들들 III(창세 50)

50,1-14	통곡과 야곱 안장
50,15-21	형제들의 두려움, 용서 구함과 요셉의 보증(둘째 꿈 주제에 초점: 요셉은 하느님의 자리에 있지 않다!)
50,22-26	요셉의 죽음

특이한 형식적 양상이 화자에 의해 분명하게 해석된다. 겉으로 읽기에는 단순한 이중어록으로 보일 수 있는 것이(요셉의 두 가지 꿈, 감옥에 갇힌 관리들의 두 가지 꿈, 파라오의 두 가지 꿈에 관련된 두 기사) 41,32에서 설명된다. "같은 꿈을 두 번이나 되풀이하여 꾸신 것은, 하느님께서 이 일을 이미 결정하셨고 지체없이 그대로 실행하시리라는 것을 뜻합니다." 문학비평은 그래서 더욱 엄격한 작업을 요구하며, 주석은 특히 의도적인 반복과 재개에 관한 그럼직한 의미에 관심을 기울여야 할 것이다. 반복과 재개는 흔히 확증의 기능을 지니며, 극화의 방법 역할을 하거나(두 번에 걸친 형제들의 여행, 두 번의 속임수, 이집트로 오도록 야곱을 두 번 초청), 기사가 요셉과 그의 형제들 사이에 설정하고자 하는 존경심의 균형에 관한 관심을 강조하기도 한다(Donner 참조).

2. 출처와 형성

통시적 분석에 의거하지 않고 요셉 소설을 읽을 수 있다 하더라도, 이 분석은 아무튼 적지 않은 긴장, 나아가 (몇몇 이중어록의 경우를 포함한) 모순에 관심을 쏟도록 한다. 요셉은 미디안인들에 의해 이집트로 가게 되는가, 아니면 이스마엘인들에 의해서인가(37,28.36과 37,25.27; 39,1 비교)? 또는 미드라시가 암시하는 것처럼 여러 사람의 손을 거치는가? 이 기사에서 책임자 역할을 맡은 형제는 맏아들 르우벤인가(참조. 37,21-22.29-30; 42,21 이하.37), 아니면 가장 담대한 유다인가(37,26-27; 43,3 이하; 44,17 이하; 46,28)? 형제들과의 갈등을 언급하는 37장이나, 파라오 주변에서 요셉이 부상하고 있음을 이야기하는 그다음 장들과는 달리, 화자가 요셉의 부당한 실추가 문제시되는 39장에서만 그에 대한 야훼의 호의를 강조하는 이유는 무엇인가? 요셉의 아버지가, ('이스라엘'이라는 이름이 조상에 관한 기사의 집단적 차원을 강조하는 역할을 한다 하더라도) 뒤따르는 문맥이 호칭의 변화에 대한 근거를 합당하게 제시하는 일 없이, 때로는 야곱으로, 때로는 이스라엘로 불리는 이유는 무엇인가(특히 37,2-3; 43,6.8.11; 45,25-26.27-28; 46,1 이하; 47,28-29.31; 48,1-3 참조)? 요셉의 첫 주인이었던 포티파르는 '헌작 시종', 나아가 파라오의 '내시'였는가(39,1), 아니면 요셉의 아내가 될 처녀의 아버지인 '멤피스/온의 사제'였는가(41,45.50)? 역사-비평 주석은, 문헌이론 차원에서 경쟁적인 서사체 줄거리를 꼼꼼히 선별하면서, 오랫동안 후대의 '엘로힘계' 또는 '야훼-엘로힘계' 문헌들로 보완 확대된 오래된 '야훼계' 계층 가설 편에 섰으나(Dietrich, Schmid 참조), 이 계층 또는 저 계층에서 야곱 또는 이스라엘, 르우벤 또는 유다가 모습을 드러내고 있음이 틀림없다는 공통의 의견에 이르지는 못했다.

다른 두 기사보다 앞서는 것으로 평가되는 사제계 기사가 요셉과 그의 형제에 관한 단원을 전적으로 모르고 있었다는 사실을 어떻게 설명할 수 있겠는가? 몇몇 주석가들은 하나의 사제계 기사, 야곱의 기사군에서 이집트의 종살이로 나아가는 단계에서 처음에는 요셉 기사가 들어 있지 않던 사제계 기사의 흔적들을 (창세 37,1[-2ㄱ?]; 41,54ㄴ; 46,6ㄴ-7; 47,[7ㄴ-10]28; 49,1ㄱ⌝.29-33; 50,12-13...탈출 1,1-5 등에서) 밝혀낼 수 있다고 생각한다. 역으로, 소설의 시작은 요셉의 어머니가 아직 죽지 않았던 것처럼(참조. 창세 35,18-20; 48,7) 그의 어머니를 언급한다(창세 37,10). 이는 창세 37-50장, 아니면 적어도 야곱의 형제들 사이의 갈등과 이집트에서의 요셉의 놀라운 경력을 이야기하는 서사체 핵심의 상대적 독립성을 시사한다. 따라서 오경의 탄생에 관한 총괄적 모든 예형과는 별도로 창세 37-50장의 생성과 편집적 증보에 대하여 질문을 던지는 것은 당연한 일이다. 사실 오경 편집사의 셋째 단계에 와서야 비로소 그때까지 독립적인 문학작품으로 읽혔던 요셉 소설을 역사편찬 서기관들이 성조사와 탈출기 사이의 결합을 위한 작품으로 만들고자 했던 것으로 보인다.

2.1. 서사체 줄거리와 편집사

요셉 소설은 최소한 세 가지 뚜렷한 서사체 줄거리를 담고 있으며, 각 줄거리는 주제적 지평과 상이한 문학을 내포한다. (47,13-26의 몇몇 보충 부분과 함께) 39-41장(제1막)에서 거의 요약되는 첫째 줄거리(요셉의 부상)는 부당하게 감옥에 갇힌 젊은 히브리인의 놀라운 경력을 이야기한다. 이 사람은 꿈을 풀이하는 능력으로 유명하게 되며(해몽가), 결국 자기를 받아들인 나라의 재상 자리에 오른다. 동일한 또는 유사한 동기가 에스테르기와 다니엘서뿐만 아니라, 페르시아와 헬레니즘 시대의 성경 외적 아람어 기사들에서도 발견된다. 어떤 외국인이 임금 주위에서 특권을 누리는 자리에 오른다는 주제는 이란이든 바빌론이든 아니면 이집트든 상관없이 디아스포라 저자의 상상력을 한층 꽃피게 했다(Meinhold,

Wahl 참조).

둘째 줄거리는 요셉과 그의 형제들 사이의 갈등으로 구성된다. 이 부분은 37장에서 삼중 도입으로 열리며(고자질하는 요셉은 아버지의 총애를 받는 아들이다; 두 개의 꿈), 곡식을 사기 위해 이집트에 온 형제들에 대한 단원으로 이어진다(제2막). 익명과 거의 절대적 권력을 지닌 주인으로 행동하면서 요셉은 형제들이 아버지의 품에서 그의 막내아들 벤야민을 빼내 오기를 강요한다. 익명의 주인에 대한 종속과 저지른 잘못에 대한 점진적 자인과 형제적 연대감의 상승은 45장의 화해를 향한 길을 열어준다(이 화해의 영속성은 50장의 재독에 의해 장엄하게 확증될 것이다). 이 둘째 줄거리의 주요 목적은 야곱의 아들들 공동체가 요셉에게 진 빚이 있고, 이 빚이 그동안 반-외국인이 된 형제와의 화해를 통해 극복되고 있음을 인지하는 데 있다. 이는 이집트에 사는 중요한 이스라엘 디아스포라 공동체의 실존을 고려한, 야곱 기사군에 대한 보충 부분으로 이해할 수 있다.

셋째 줄거리는 아버지와 아들 요셉의 재회를 기념하나, 특히 야곱/이스라엘의 이집트 북동의 고센 지방 정착에 관한 기사와, 야곱의 죽음 이전 가나안 땅 성조들의 묘지 안장을 확실히 하는 데 필요한 조치를 중심으로 전개된다(제3막). 47장부터 던져지고 소설의 종장에서 결말에 이르는 마지막 주제는 삼대 성조들을 총괄하는 성조사의 존재를 내포한다. 한편, 가족 묘지에 대한 기억은 이스라엘 자손들이 이집트에 정착할 때부터 시선을 가나안 땅에 두도록 한다. 이민자 요셉 대신에 에프라임과 므나쎄를 입양한 사건은(48장) 탈출의 역사와 연결하기 위한 장치를 설정하는 역할을 하는 것으로 보인다.

이렇게 구별되는 세 줄거리와 병행하여 기사가 연속적으로 확대되어 나갔다고 가정하더라도, 편집사의 세세한 부분들이 첨가에 의한 확대라는 유일한 예형에 늘 부합하는 것은 아니다. 사실 세 줄거리는 각각 확고한 중심과 이차적인 확대 부분을 소유하고 있기 때문이며, 그 가운데 몇몇은 변함이 없고 다른 몇몇은 문학적 개조에 결부되어 있다.

한 예로 소설 첫 부분의 전형적인 요소인 꿈과 풀이와 그 실현을 살펴보자. 서사체 첫 줄거리의 틀(요셉의 부상) 속에서 요셉의 해몽 능력은 감옥의 문에 이어 왕실의 문을 열어준다. 좀 더 자세히 들어가 보면, 40-41장에서 서로 다른 두 편집자가 손을 대고 있음을 확인할 수 있다. 하나는, 요셉의 재능을 꿈을 풀이하는 그의 고유 능력의 표현으로 취급하고(40,12.16.18; 41,12), 다른 하나는 꿈을 통하여 인간과 통교하시는 하느님만이 꿈의 궁극적 의미를 파악하시는 분으로 간주한다(40,8; 41,16.25.28.32). 하나의 미묘한 의미 차이를 넘어, 이는 재독이 선행되었음을 가정하며, 다른 관측을 통해서도 확인되는 추정이다. 요셉은 해몽가로부터 둘째 줄거리에서 몸소 꿈쟁이가 된다(37,19). 여기서도 우리는 기사의 확장에 주목한다. 모든 이의 눈에 그 의미가 분명하게 보이는 그의 첫 번째 꿈만이(35,5-8: 곡식 단) 진정 (그리고 한 번이 아니라 세 번: 42,6; 43,26.28; 44,14 참조) 현실화되었기 때문이다. 그러나 두 번째 꿈은 아직은 미완성 상태로 머물러 있다. 이 두 번째 꿈이 (나보니데스의 비문과 아키카르 잠언의 시리아 판과 같은) 아람-메소포타미아의 문학 속에서 병행기사를 만난다는 것이 우연한 일이겠는가? 학자들은 이 문학 주제와 친근했던 어떤 재독가가 이미 잘 정리된 역사의 흐름을 바꾸어놓기보다는 후에 이 기사에 두 번째 꿈을 덧붙여놓을 수 있었다고 쉽게 가정한다. 셋째 줄거리를 보면, 해몽에 관한 영역은 온전히 잊혀 있는 반면, 성조사와 탈출사에 관한 명시적 또는 묵시적 회상이 '사제계' 전승이 미리 알고 있었음을 시사하는 하나의 기사에 여러 번 등장한다(특히 성조들의 묘지에 부여된 중요성 참조).

결론적으로, 오늘날 문헌이론이 요셉 소설의 편집사를 해석하는 데 더 이상 결정적인 열쇠 역할을 하지 못한다는 사실이 분명하더라도, 우리는 여러 세대, 나아가 여러 세기에 펼쳐졌을 점진적이며 매우 복잡한 문학적 성장이 진행되었다는 사실은 받아들여야 한다.

2.2. 저술 연대

요셉 소설의 작성연대가 문제시될 때, 람세스 파라오들 시대(기원전 13세기와 12세기)부터 후기 헬레니즘 시대(2세기, Catastini 참조)에 이르기까지 극단적인 시기들이 제안될 만큼 주석가들 사이의 견해 차이는 대단하다. 방법론적인 차원에서 본다면, 오경의 생성에 관한 선험적 판단에 준하지 않는 가설들만이 받아들일 만하다. 성경비평을 벗어나 정립된 논거에 의존할 수 있겠는가? 소설의 이집트적 배경을 세심하게 검토한 결과, 이집트학자 레드포드(D.B. Redford)는 그러한 방향으로 향하는 상세한 관점들을 제시한다. 그의 분석에 따르면, 어디서도 26왕조(기원전 664-525년의 사이스 왕조) 이상을 거슬러 올라가는 연대를 추정할 근거를 찾을 수 없다. (특히 포티파르/포티 페라/*P3-dj-p3-r'*, '레(Re)가 주는 사람'과, 창세 41,45의 Çafnath-Paneah/*Ḏd-p3-nṯr-iw.f-'nḫ*, '신은 말하고, 그[사람]는 산다'와 같은) 해몽에 관한 요소들은 기사의 출처를 사이스 시대나 페르시아 시대로 가리킨다. 42,9 이하에 표현된 아시아 염탐꾼들에 관한 공포는 6세기 사이스 시대에 바빌론 제국과 겪은 갈등 상황 속에서 절 설명될 수 있을 것이다. 이와는 달리 다른 요소들은 사이스 시대에는 잘 이해되지 않는다. 예를 들어 노예의 사적 매매(39,1), 다량의 곡식 매입을 위한 화폐 지불(42,25.35 등), 외국인과 함께 식사하지 않는 이집트 관습(43,32) 등은 오히려 페르시아 시대, 그렇지 않다면 헬레니즘 시대를 겨냥한다. 파라오의 꿈속에서 암소들이(41,17 이하) '년'(年) 개념의 이집트 암호와 결부되어야 한다면, 우리는 다시금 프톨레마이오스 시대로 돌아가야 할 것이다.

우리는 이 예리한 고찰 목록이 편집비평 유형의 접근과 부합하기를 요구한다는 사실을 쉽게 인식한다. 한편, 레드포드의 고찰은 기원전 6세기와 3세기 사이의 문학적 성장에 관한 가설을 다져준다. 그럼 지금까지 확인한 구별을 간단하게 정리하여 요약하기로 하자.

1) 우리가 다루고 있는 역사의 기원에서, 추정컨대 사이스 시대(기원전 6세기)부터 하나의 '디아스포라 단편 소설'(*Diasporanovelle*)이, 훗날 꿈을 풀이하는 능력 덕분에 재상의 자리에 오른, 유배 중인 이스라엘 젊은이 하나가 이집트 땅에서 이룬 놀라운 부상을 서술한다.

2) 5세기에 '요셉 소설'(초판)은, 야곱의 아들들이 중심인물로 등장하는 가족 기사로 이 단편 소설을 확대하면서 보다 넓은 틀을 부여한다. 이 소설은 팔레스티나에 살고 있던 형제에 대한 디아스포라의 - 도덕적 못지않게 경제적인 - 상당한 패권을 인정하면서 이스라엘 디아스포라에 기원론과 정체성을 제공한다.

3) 아마도 팔레스티나에서 이루어졌을 후대의 소설 판은 시계에 추를 설치한다. 이 판은 특별히 페르시아 시대에 예훗 속주를 대표하던 두 지파의 시조인 유다와 벤야민을 높이 평가하면서 일정한 균형을 복원시킨다.

4) 4세기에 와서 소설은 '민족' 서사시에 통합되며, 이로써 우리가 알고 있는 대로의 '요셉 기사'가 된다. 이집트의 디아스포라가 기사의 배경으로 널리 알려지게 된 것은, 훗날 탈출의 서막이 될 '큰 민족'을 이루기 위해 야곱과 그의 모든 아들의 일시적 이집트 정착에 역점이 주어졌기 때문이다. 약속의 땅을 향한 귀환을 목적으로, 이집트에 이주한 시조이며 야곱의 아들 요셉은 입양된 그의 두 아들 에프라임과 므나쎄로 대체된다.

5) 후-사제계 편집자들은 끝으로 형제들과 요셉의 화해를 확고하게 하며(50,15-21), 이어서 사마리아를 향한 최후 운구를 목적으로 '디아스포라 성조' 자신의 유해에 관한 주제를 다시금 정리한다(50,25; 탈출 13,19; 여호 24,32). 이는 오경이, 유다와 사마리아 전승들 사이의 상호 존중 분위기와 일정한 균형 속에서, '최후 편집'에 이르기까지 발전을 거듭해왔다는 증거이다.

2.3. 최후 정리

후대에 삽입된 두 장은 요셉 기사와 직접적인 어떤 문학 관계도 유지하지 못하는 것으로 보인다. 요셉이 이집트에 팔리는 바로 그 순간, 유다와 타마르 기사가 소설의 맥을 끊고 형제지간의 황당한 사건을 전한다(창세 38; 37,36이 39,1에서 반복된다는 사실에 주목). 예훗의 선조는 가나안 여인과 결혼하나, 곧 후대를 잇는 데 어려움을 겪는다. 맏아들 에르는 자식을 낳기 전에 사망하며, 둘째 오난은 시동생의 책임을 다하기를 원치 않고, 셋째 셀라는 사건의 순간 아직 어렸다. 자식 없이 머물 위험에 처한 며느리 타마르는 꾀를 써서 시아버지로부터 자식을 얻기로 결심한다. 타마르는 쌍둥이를 출산하며, 그 가운데 하나가 다윗의 조상이 될 사람이다(룻 4,12). 자기 자신 속에 갇히고 자신의 고유한 영속성을 위협할 정도로 이국적인 것을 혐오하는 성향에 빠져 있던 유배시대 이후 유다교의 편협함에 빈정거림과 조롱으로 대응하면서, 이 예형적인 기사는 현 문맥 속에서 요셉의 형들 가운데 한 사람의 무리한 주장과 이중 유희와 위선을 강조한다.

(창세 37,7.9를 수정하는 49,8ㄴ을 제외하고) 분명 요셉의 소설을 모른 채 그보다 더 오래된 자료들을 담고 있었을 '야곱의 축복'은(창세 49) 처음에는 기원에 관한 독립적인 단편이었을 것이다(Macchi 참조). 우리는 이 시가 '이스라엘의 열두 지파'에게 건네졌다는 사실에 주목한다(49,28). 열두 지파 가운데는 요셉도 자리한다. 입양으로 에프라임과 므나쎄가 요셉을 대신하게 되었다는 사실을(48장) 모르고 있는 것 같다. 진정한 '야곱의 유훈'으로서 49장은 요셉 기사 독자에게 주요 배역들에 관한 일종의 최후 심판, 두 주요인물 곧 뉘우친 형제와(유다, 8-12절) 학대받던 영웅만이(요셉, 22-26절) 최고의 등급을 받는 심판을 청취하도록 한다.

2.4. 기사의 저술 배경, 논쟁 마당

2.4.1. 이집트 디아스포라와 '이스라엘' 사이의 관계를 다지는 기사

앞서 진술한 통시적 가설은 요셉 기사의 탄생과 연이은 성장에 기여할 수 있었던 저술 배경의 윤곽을 어림잡을 수 있도록 한다. 최초의 요셉 단편소설이 이집트에 살던 이스라엘 디아스포라 구성원의 작품이었다는 사실은 매우 가능성이 있어 보인다. 이 공동체는 엘레판틴의 아람어 문서들과 (Pap. Amherst 63과 같은) 여타 파피루스 원전들에 의해 알려졌다. 공동체의 기원은 8세기 말의 아시리아 정복까지, 그리고 7세기에 계속되었던 주민 이주와 용병 이동까지 거슬러 올라간다. 이스라엘의 식민지 또는 주둔 부대 가운데 몇몇은 6세기부터 유다 출신의 이민자들을 통합했다(예레 42–44 참조). 5세기 말의 엘레판틴 통신은 이집트 디아스포라의 (예루살렘과 사마리아에 대한) 이중 소속감을 고유한 방식으로 반영한다.

대제국 시대에 와서 '디아스포라의 단편소설' 문학 유형은, 다니엘서와 에스테르기와 토빗기가 입증하고 있듯이, 지식인 계층에서 특별한 대우를 받고 있었다. 그러나 다니엘서 등의 작품에서와는 달리, 요셉 소설에서 행위가 전개되고 있는 장소는 왕궁인 경우가 예외적일 뿐, 대개는 임금의 아량 아래 자립적으로 폭넓게 행동하던 높은 직급의 관리들과 행정관들 세계이다. 소설의 저자와 일차 독자들에게 요셉은 아마도 거주하는 나라에 통합되고 사회적으로 부상하는 하나의 본보기를 보여준 인물이었다. 독자들이 쉽게 확인할 가능성을 지닌 인물이었다. 팔레스티나의 '이스라엘인들'은 자신들을 이집트와 하나로 묶는 고리의 기원과 성격에 대하여 자문하도록 요청되었으며, 이집트 디아스포라의 구성원들은 그들 가운데 한 사람이 행정적인 천재성에 대한 표시를 남길 만큼 거주지에 통합될 줄 아는 방법을 향유할 수 있었다(이는 고위 행정직이 더는 본토인에게만 유보되지 않던 페르시아 시대부터 생각해볼 수 있는 현실이었다). 디아스포라에서의 삶을 다룬 다른 단편 소설들과는 달리, 요셉 소설에는 사회적인 성공과 이집트 사회의 주요인물로 완전히 통합되는 현실과 (특히 이집트식 이름과 멤피스/온 사제의 딸과의 결혼 참조, 41,45!) 종교적 신념 사이에 경쟁 관계가 보이지 않는다. 저자도 편집자도 요셉의 신앙심을 강조하는 데 급급하지 않다. 그들은 이집트인들과의 공존과 이집트 사제의 딸과의 결혼과 다신교적인 편재성 등이 그들의 영웅에게 제기할 수 있었던 우발적인 종교적 문제에 대해서도 별 관심이 없다.

2.4.2. 친-이집트 성향과 친-유다 성향 사이

요셉 소설에는 이스라엘인들과 이집트인들 사이의 적대감에 대한 어떤 흔적도 발견되지 않는다. 이를 전제로 우리는, 기사가 왜 그 출발점을 정확하게 페르시아 시대 후반기로 잡을 수 있는 지나치게 과중한 주제(이집트인들의 반-유다교)의 함정들을 피하려 하지 않았는지 의문시할 수 있다. 사실, 야곱의 아들들이 가축을 키우고 치는 사람들로 고센 지방에 정착하였음을 서술하는 45-47장은, 화자가 원칙적으로 "이집트 사람들은 목자라면 모두 역겨워한다."(46,34)라는 사실을 알고 있으면서도, 파라오의 초대와 동의를 지나칠 정도로 강조한다. 마네톤과 알렉산드리아의 다른 저자들이 기원전 4세기부터 힉소스 목자들과 – 델타 지역을 침략한 시리아-팔레스티나 출신의 주민들로서, 후기 전승에 따르면 그 어떤 오사르세프의 권위 아래 아메노피스라는 파라오에 의해 아바리스에 정착한 사람들이다 –, 아케나톤/아메노피스 4세에 의한 유일신 강요와 결부된 충격적인 경험과, 모세가 이끈 유다인들의 탈출 사건 사이를 뒤섞어 놓았다는 사실을 전제로, 우리는 요셉 기사가 어떤 이유로 멤피스와 알렉산드리아와 예루살렘의 관계와 이집트의 디아스포라를 위해 중차대했던 이 역사편찬 토론에 나름대로 참여하지 않게 되었는지 자문할 수 있다.

그러기에 요셉 소설이 몇몇 논쟁 마당을 내다보도록 내버려 둔다는 사실은 놀라운 일이 아니다. 가장 가까운 강력한 세력 이집트는 팔레스티나에 문화, 정치, 경제적 영향력을 자주 행사했으며, 동시에 팔레스티나의 수많은 이주민을 기꺼이 받아들이는 땅을 대표하는 나라였다. 팔레스티나의 형제들에게 문을 연 이집트의 '이스라엘' 디아스포라의 진정한 거울이었던 요셉의 운명은 때로는 버림으로(형제들에 의해 팔린 요셉 참조), 때로는 유배시대 이후 팔레스티나의 상당한 '이스라엘인들' 가운데 질투를 불러일으켰던 성공의 예로 감지되었다. 형제들 가운데 첫째가 되는 꿈을 꿨다는 요셉의 주장은 정당한 것이었는가? 소설은 '예'라고 답할 것이다. 형제들이 배고픔이라는 뜻밖의 위기에 놓였을 때 특히, 형제들 전체에게 도움이 되었던 이집트에 국한되었더라도 말이다!

소설의 상대적 친-이집트 성향은 토라의 현재 틀 속에서 놀라운 현상이며, 신명기계 흐름과 바빌론의 골라 공동체에 의해 굳게 보존되어온 탈출 전승의 핵심 주제인 '종살이의 집'으로서의 이집트에 대한 추억과는 대조적이다. 이 두 경향 사이에서 요셉 소설의 '제2판'은 하나의 진정한 조커로서의 – 막내이며 요셉과 가장 가까운 형제이고 유배시대 이후 유다와 연합한 – 벤야민을 활용하여 중재를 시도했다. 볼모로 잡힌 아이가 화해의 담보가 되며, 야곱 아들들의 잃었다가 되찾은 일치가 벤야민을 중심으로 회복된다. 잠재적 논쟁과 해피 엔드 사이에 어떤 것이 최후 승리자였는지 파악하는 일은 쉽지 않다. 이 가족 민담 속에서 다양한 새로운 전개의 역할 분배가 요셉을 위한 저자와 재독자들의 일차적인 연민에 의문을 불러일으키지 않는다면, 이 빛나는 형제는 거리를 두고서 제 갈 길을 간다는 사실을 인정해야 한다. 예전에 북 왕국의 핵심이었던 조상이 이제 야곱/이스라엘이 영원히 장례를 치르게 될 '이집트 디아스포라의 성조'로 등장한다. 팔레스티나의 유다인들을 위해서는, 부정직한 사람이었으나 회개한 유다가 앞으로 으뜸 역할을 하도록 불림을 받을 것이다.

2.4.3. 역사편찬 기획의 관점에서 본 창세 37-50장

창세기에서 열왕기에(나아가 그 이상?) 이르는 '대기사'의 틀 속에서 창세 37-50장은 성조사를 닫고(49장의 야곱 죽음과 50장의 요셉 죽음 참조), 야곱/이스라엘과 그의 아들들을 가나안 지방에서 이집트 땅으로 들어가게 하면서(창세 46-47) 탈출기를 연다(탈출 1,1-8의 언급 참조). 실추 이전의 이와 같은 기원사를 담고 있는 요셉의 기사는, 이집트가 야곱의 아들들을 억압하거나 착취하는 일 없이 그들을 받아들이고 그들에게 피신처를 제공했던 한 시대에, 이집트와 야곱의 아들들 사이에 유지되었던 평화로운 공존에 관한 향수를 간직하고 있다. 요셉 덕분에 파라오는 이스라엘 사람들에게 양곡을 제공하고(창세 45,18.20), 요셉의 아버지에게 축복을 받을 만큼 그 형제들과 아버지에게 알현의 기회를 마련하는 일을 서슴지 않는다(창세 47). 그러나 이는 "요셉을 알지 못하는 새 임금이 이집트에 군림하기"(탈출 1,8) 이전이었다. 이 거대한 역사편찬 작업에 삽입된 순간, 요셉 소설은 이집트의 디아스포라에게는 물론 팔레스티나에 자리잡은 이스라엘의 자손들에게 자기 정체성의 일부를 상실케 하는 작품으로 전락한다. 요셉 소설은, 탈출 전승에 의해 진술된 이집트 관계와 다른 관계를 고려하는 예형으로부터 탈출의 서막으로, 나아가 이스라엘 사람들이 예전에 왜 그리고 어떻게 고센 땅에 정착하게 되었는지를 해설하는 기사로 바뀐다. 야곱은 이집트로 이주해야 하고, 이스라엘은 야훼께서 수가 많아진 백성을 되찾으실 수 있도록 그곳에서 번성해야 하지 않겠는가(46,1-5의 약속 상기 참조)?

셈족 집단의 이집트 도착

3. 주제와 의도

이 장의 첫머리에서 우리는, 하느님은 요셉 기사에서 첫 자리에 등장하지 않으시고, 오히려 조심스럽게 섭리하시는 분으로 행동하신다고 언급한 바 있다. 화자는 오로지 한 장에서만 '야훼'라는 이름을 인용한다(포티파르의 아내에 관한 일화를 둘러싸는 39,2-5.21.23). '야훼'에 이어서 엘로힘이라는 표현 역시 신을 가리키기 위해 선호하는 호칭과는 거리가 있다. 이 표현은 요셉과(39,9; 40,8; 41,16.25.28.32.38-39.51-52 등) 그의 형제(42,28; 44,16) 또는 야곱(48,11.15.20-21)만이 아니라, 요셉에게서 "하느님의 영을 지닌 사람"을, 따라서 아무도 그의 식견과 지혜에 필적할 수 없음을 알아본(41,38-39) 파라오의 입에 올려질 정도로 그렇게 평범한 표현이다. 하나의 극찬 이상으로 파라오의 감탄은 요셉 기사 전체의 기초를 이루는 논리적 종교 사고 체계를 반영한다. 하느님은 전조적 꿈을 통하여 이스라엘인이든 이집트인이든 모든 사람에게 당신의 계획을 알게 하실 수 있다는 것이다. 이 꿈의 해석은 한편 요셉 기사에서 주요인물에게 유보된 특별한 영감을 필요로 한다. 동생의 꿈을 의문시함으로써 야곱의 아들들은 자신들이 받을 징벌을 재촉하기에 이른다. 세상을 보는 종교적 시각에서 인간은 선에서든 악에서든 자기 운명을 피하지 못할 것이다. 그런데 표면상 악으로 보이는 것이 – 또한 이 악이, 형제들이 요셉을 버린 것처럼 실지로 악한 행위를 초래한 경우에 더욱 – 하느님의 섭리 덕분에 궁극적으로 선을 잘 만들어 낼 수 있고 삶을 성하게 할 수 있다('증가하다'를 의미하는 어근 *ysp*에서 유래한 요셉이라는 이름 참조). 바로 이 신학적 가르침이 우리가 요셉이 형제에게 건넨 두 연사, 소설 전체를 읽기 위한 길잡이 이상으로 고백의 가치를 지니는 연사에서 끄집어낼 수 있는 가르침이다. "그러나 이제는 저를 이곳으로 팔아넘겼다고 해서 괴로워하지도, 자신에게 화를 내지도 마십시오. 우리 목숨을 살리시려고 하느님께서는 나를 여러분보다 앞서 보내신 것입니다"(45,5; 참조. 45,7-9). "형님들이 나에게 악을 꾸몄지만, 하느님께서는 그것을 선으로 바꾸셨습니다. 그것은 오늘 그분께서 이루신 것처럼, 큰 백성을 살리시려는 것이었습니다"(50,20).

이러한 각도에서 읽는다면, 창세 37-50장은 예전에 아브라함에게 내리시고, 이어서 이사악과 야곱에게 새롭게 하셨던 하느님 축복의 굴곡진 변증법적인 역사에 관한 매우 복잡한 일화 하나를 제시하는 셈이다. 야곱 기사군에서, 야곱은 속임수로, 형제와 화해를 이루기 전까지 상당한 기간의 유배를 감수하도록 했던 속임수로 장자권을 가로챘다. 요셉 기사에서, 이제는 야곱이 총애하는 자식을 두 번이나 잃고 죽음에 부치도록 내버려 둘만큼 자기 자식들의 악의로 말미암아 고통을 받는다. 요셉 기사를 야곱 기사와 함께 그 배경에서 다루는 사람은 누구나 하느님의 축복이 결국 야곱과 그 아들들의 비열한 행위, 곧 가나안 땅의 가뭄으로 징벌을 받을 행위 때문에 헤매리라고 생각할 수 있다. 그런데 야곱이 모든 희망을 내려놓은 바로 그 순간("자식을 잃어야 한다면 나로서는 잃을 수밖에 없지 않겠느냐?", 43,13), 성조들의 하느님 엘 샤다이는 버림받은 아이를 보호하는 데 - 한 번 더 - 주의를 기울인 다음 '자비의 프로그램'을(43,30 참조) 작동시키신다.

성조 기사군에 운율을 매기는 간결한 반복 문구들과 비교해 볼 때, 요셉 기사는 기사의 폭 때문에 토라의 나머지 부분에서 찾아볼 수 없는 심리적 밀도를 제시한다. 이 점들은 각본의 다양한 등장인물들의 성격을 규정하고 조명하며 그 심오한 동기들을 밝히는 역할을 하는 연사의 풍요로움으로 강조된다. 따라서 창세 37-50장이 종종 독자들에게 신학적 매력 이상으로 심리적 매력을 행사했던 것은 놀라운 일이 아니다. 요셉 기사는 사실 주요인물들이 서서히 변화되어 가는 모습을 따르도록 이끈다. 우선 자화자찬하다가 바로 져버린 별로서 형제들에게 버림받은 야곱의 아들 요셉은 "파라오의 아버지"(45,8)가 될 만큼 놀라운 부상을 경험한다 - 그러나 여전히 이 빛나는 경력은 온 이스라엘에 대한 하느님의 계획 속에 포함되어야만 했다. 이어서 속임수를 썼던 야곱은 창세 37-50장에서 일종의 정화 장례를 거친다. 끝으로 이 두 인물 사이에 형제들이 있다. 이들은 우선 요셉을 무시하고 증오하는 잘못을 저질렀고, 결심 부족으로 겨우 형제 살해를 모면했던 사람들이다. 계획적인 속임수와 진정한 참회를 뒤섞어 놓은 각본에서, 요셉은, 자기 형제들이 지은 잘못을 인지하게 할 목적으로 외국인의 처분에 자신들을 내맡기는 물리적 체험을 겪게 하고, 아버지에게서 둘째 아들을 빼어오는 의무감을 씌운다. 토라의 다른 어떤 기사도 이보다 더 화해에 대한 필요성과 약속을 떠오르게 하는 기사는 없다.

4. 참고문헌

4.1. 주석서

A. Catastini, *Storia di Giuseppe (Genesi 37-50)*, Venezia, 1994. G. von Rad, *La Genèse*, Genève, 1968. H. Seebass, *Genesis III. Josephgeschichte (37,1-50,26)*, Neukirchen-Vluyn, 2000. J.A. Soggin, *Das Buch Genesis. Kommentar*, Darmstadt, 1997, p. 424-454. G.J. Wenham, WBC 2, 1994. C. Westermann, BK.AT 1/3, 1982 = *Genesis: A Commentary*, Mineapolis(MN), 1986.

4.2. 연구 현황

C. Paap, *Die Josephsgeschichte Genesis 37-50. Bestimmungen ihrer literarischen Gattung in der zweiten Hälfte des 20. Jahrhunderts* (EHS.T 534), Frankfurt a.M., 1994.

4.3. 주요 저서 및 논문

G.W. Coats, *From Canaan to Egypt: Structural and Theological Context for the Joseph Story* (CBQ.MS 4), Washington(DC), 1976. B.J. Diebner, «Le roman de Joseph, ou Israël en Egypt. Un midrash postexilique de la Tora», in O. Abel/F. Smyth (éd.), *Le livre de traverse. De l'exégèse biblique à l'anthropologie* (Patrimoines), Paris, 1992. W. Dietrich, *Die Josephserzählung als Novelle und Geschichtsschreibung. Zugleich ein Beitrag zur Pentateuchfrage* (BThSt 14), Neukirchen-Vluyn, 1989. H. Donner, *Die literarische Gestalt der alttestamentlichen Josephsgeschichte*

(Sitzungs-berichte der Heidelberger Akademie der Wissenschaften, Philologisch-historische Klasse, Abh. 2), Heidelberg, 1976. B. Green, *What Profit for Us? Remembering the Story of Joseph*, Lanham, 1996. W.L. Humphreys, *Joseph and His Family: A Literary Study* (Studies on Personalities of the Old Testament), Colombia(SC), 1988. J. Kaltner, *Inquiring of Joseph: Getting to Know a Biblical Character through the Qur'an* (Interfaces), Collegeville(MN), 2003. N. Kebekus, *Die Joseferzählung. Literakritische und redaktionsgeschichtliche Untersuchungen zu Genesis 37-50* (Internationale Hochschulschriften), Münster/New York, 1990. A. Kunz, «Ägypten in der Perspektive Israels am Beispiel der Josephsgeschichte (Gen 37-50)», *BZ* 47(2003), p. 206-229. J. Lanckau, *Der Herr der Träume. Eine Studie zur Funktion des Traumes in der Josefsgeschichte der Hebräischen Bibel* (AThANT 85), Zürich, 2006. R. Lux, *Josef* (Biblische Gestalten 1), Leipzig, 2001. J.-D. Macchi, *Israël et ses tribus selon Genèse 49* (OBO 171), Fribourg(CH)/Götingen, 1999. A. Meinhold, «Die Gattung der Josephsgeschichte und des Estherbuches. Diasporanovelle I», *ZAW* 87(1975), p. 306-324. J.M. Modrzejewski, *Les juifs d'Egypte de Ramsès II à Hadrien* (Civilisations), Paris, 1991. Th. Naumann, «Der Vater in der biblischen Josefserzählung. Möglichkeiten der Charaktermodellierung in biblischem Erzählgut», *ThZ* 61(2005), p. 44-64. D. Nocqet, «Genèse 37 et l'épreuve d'Israel. L'intention du cycle de Joseph», *ETR* 77(2002), p. 13-35. R. Pierson, «The Sun, the Moon, and Eleven Stars: An Interpretation of Joseph's second Dream», in A. Wenin (éd.), *Studies in the Book of Genesis* (BEThL 155), Leuven, 2001, p. 561-568. D.B. Redford, *A Study of the Biblical Story of Joseph (Genesis 37-50)* (VT.S 20), Leiden *et al.*, 1970. T. Römer, «Le cycle de Joseph. Sources, corpus, unité», *FV* 86(1978), p. 3-15. Id., «Joseph approche:

sources du cycle, corpus, unité», in O. Abel/F. Smyth (éd.), *Le livre de traverse. De l'exégèse à l'anthropologie* (Patrimoines), Paris, 1992, p. 73–85. Id., «La narration, une subversion: l'histoire de Joseph (Gn 37–50) et les romans de la diaspora», in G.J. Brooke/J.-D. Kaestli (éd.), *Narrativity in Biblical and Related Textes. La narrativité dans la Bible et dans les textes apparentés* (BEThL 199), Leuven, 2000, p. 15–27. K. Schmid, «Die Josephsgeschichte im Pentateuch», in J.C. Gertz *et al.*, (éd.), *Abschied vom Jahwisten. Die Komposition des Hexateuch in der jüngsten Diskussion* (BZAW 315), Berlin, 2002, p. 83–118. H.-C. Schmitt, *Die nichtpriesterliche Josephsgeschichte. Ein Beitrag zur neuesten Pentateuchkritik* (BZAW 154), Berlin, 1980. A. da Silva, *La symbolique des rêves et des vêtements dans l'histoire de Joseph et de ses frères* (Héritage et projet 52), Montréal, 1994. C. Uehlinger, «Fratrie, filiations et paternités dans l'histoire de Joseph (Genèse 37–50)», in T. Römer/J.-D Macchi (éd.), *Jacob, Commentaire à plusieurs voix de Genèse 25-36. Mélanges offerts à Albert de Pury* (Le Monde de la Bible 44), Genève, 2001, p. 303–328. R.S. Wallace, *The Story of Joseph and Family of Jacob*, Grand Rapids(MI), 2000. P. Weimar, Studien zur Josefsgeschichte (SBAB.AT 44), Stuttgart, 2008. A. Wénin, *Joseph ou l'invention de la fraternité. Lecture narrative et anthropologique de Genèse 37-50* (Le livre et le rouleau 21), Bruxelles, 2005.

탈출기

마치(Jean-Daniel Macchi)

이스라엘인들의 이집트 땅 밖으로 나옴은 구약성경의 신학적 사고를 위한 중심 주제이다. 이 탈출은 이스라엘이 자신을 구원하시는 하느님과의 관계 속으로 온전히 들어감을 가리킨다. 이 순간부터 탈출기는 종종, 신약성경의 복음처럼, 이스라엘 신앙의 기초가 되는 구원의 기쁜 소식을 선포하기에(탈출 13,14 이하), '구약성경의 복음'으로 규정된다.

1. 설계와 내용

하나의 책이 그 책에 나오는 첫 단어들 가운데 하나로 지칭되기를 바라는 관례에 따르면, 토라의 두 번째 책은 히브리어 성경에서 '이름들'(*šemôt*)이다(탈출 1,1 참조). '탈출기'라는 명칭은 '탈출'(*exodos*)이라는 단어로 책의 내용을 요약하고자 했던 구약성경 그리스어 역자들로부터 유래한 것이다. 사실 탈출기는 – 적어도 첫 15장에서 – 이스라엘인들이 이집트 밖으로 나오는 사건을 기술한다.

창세기와 탈출기 사이의 중간 휴지는 분명하게 표시되어 있다. 야곱 씨족이 이집트에 도착한 다음, 오랜 시대가 흘러 이스라엘은 수많은 백성이 되고 탈출이 시작될 수 있는 상황에 이른다. 나아가 창세기에서는 하느님과의 관계가 (노아, 아브라함, 야곱 등) 사적인 현실이었으나, 탈출기에서 하느님이 접촉하는 대상은 원칙적으로 한 백성이다. 이런 의미에서 우리는 탈출기가 이스라엘 백성의 탄생을 나타낸다고 말할 수 있다.

한편 탈출기와 토라의 다음 책들 사이의 단절은 분명하지 않다. 성막에 구름이 내려앉음은 분명 중간 휴지를 가리키나(40,34-38), 탈출 19장에서 시작된 시나이 체류는 레위기 내내 이어지고 민수 10장에서야 마감된다. 또한, 탈출 15-18장(15,22-18,27)에서 첫발을 내딛는 광야에서의 이동 기사는 민수 10장부터 다시 계속된다. 탈출기는 이처럼, 이스라엘 사람들을 이집트 종살이에서 약속의 땅 입성 준비로 이끄는 사건들로 채워진 거대한 그림 속에서 큰 단절 없이 상호 연결되는 일화들로 구성된 보다 광범위한 문학 단위에 삽입되어 있다. 민수기의 끝부분에 가서야 비로소 독자는 중요한 중간 휴지를 만난다. 신명기는 앞선 단위와 분명하게 구별되는 특성을 보이는 논리적 문학 단위를 형성하기 때문이다.

탈출기에서 일화들은 서로 다른 세 장소에 자리한 세 주요 시기로 연결되는 하나의 기사를 이룬다. 우리는 이를 이집트의 이스라엘(탈출 1,1-15,21), 광야에서의 행진(탈출 15,22-18,27), 이스라엘의 시나이 체류로(탈출 19,1-40,38) 구분할 수 있다.

제1 시기: 이집트의 이스라엘(1,1-15,21)

1-2	출발 상황 : 백성의 증가와(1,1-7) 억압(1,8-22). 모세의 탄생과 어린시기와 도주(2)
3-4	광야에서의 하느님 개입. 모세의 소명, 할례(야훼의 공격), 모세의 이집트 귀환

5-14 이집트로부터 해방

5 모세와 아론은 파라오 앞에서 실패를 겪는다

6 모세 소명 '확증'

7-11 모세와 파라오 사이의 대결. 이집트를 덮친 연속된 재앙이 이집트인 맏배들의 죽음으로 마감된다: 이 일화는 파스카 제사를 끌어들인다

12,1-13,16 파스카 제정 기사

13,17-14,31 바다 건넘, 이집트 탈출

15 마감 찬가

제2 시기: 광야에서의 이동(15,22-18,27)

15,22-27 마라의 물

16 만나

17,1-7 마싸와 므리바의 물

17,8-16 아말렉족과 전투

18 이트로와 사법권

제3 시기: 시나이(19-40)

19-24 계약 체결

19 계약 예고

20,1-17 십계명

20,22-23,19 계약법

24 계약 체결

25-31 <u>성막 건립 기획</u>

32-34 계약 파기와 복구

32 금송아지

33-34 계약 복구

35-40 <u>성막 건립</u>

첫째 단원은 기사의 머리에 이스라엘이 언급되는 상황의 매우 어두운 묘사로 열린다(1-2장). 이집트 정착 이후(1,1-7) 이스라엘의 자손들은 억압을 당한다(1,8-22). 2장에서 모세의 어린 시절과 이집트 밖으로의 도주에 관한 기사는 이스라엘이 처해 있는 상황이 인간적인 시각으로 출구가 없어 보인다는 사실을 강조한다. 야훼께 올려진 이스라엘 자손들의 외침 언급은 작품의 첫 전환점을 이루며(2,23-25), 다음 장부터 백성의 구원에 이르기까지 이어질 하느님의 행위들을 끌어들인다. 3장과 4장은 불타는 떨기의 일화와 관련된 하느님의 첫 개입을 표시한다. 하느님은 모세에게 당신을 드러내시며, 이스라엘 백성을 구하러 가라는 명령을 내리신다. 모세의 이집트 귀환에 이르는 이 일화는 하느님이 모세에게 주신 약속 기사를 들은 다음 이스라엘이 "믿었다"(4,31)라는 확언으로 마감된다. 백성의 '신앙'에 관한 이 문구는 또한 바다 건넘의 일화를 종결하며(14,31), 이로써 이른바 이집트 해방이라 일컬을 수 있는 기사의 틀을 형성한다(5-14장). 탈출 5-14장의 기사는 야훼의 명에 따라 이스라엘을 이집트에서 떠나가게 내버려 두도록 요구하는 모세와 이러한 요구를 거절하는 파라오 사이의 하나의 긴 '팔씨름'으로 특징지어진다. 파라오를 향한 모세의 첫 개입 실패와 자기 소명에 대한 확언 이후 일련의 이집트 재앙이 뒤따르며, 이 재앙은 파라오의 연속적인 거절을 더욱 거세게 응징한다. 파스카 제사 설정은 이스라엘인들이 모든 맏배를 죽음으로 단죄하는 마지막 재앙을 피할 수 있도록 한다. 바다 건넘은 궁극적인 이집트 탈출과 파라오와 그의 군대에 대한 승리를 가리키며(13,17-14,31), 미르얌의 노래는(탈출 15) 이 책의 첫 부분을 닫는다.

광야에서의 이동을 서술하는 둘째 단원은 상대적으로 짧다(15,22-18,27). 이 단원은 유사한 문제를 발전시켜나가는 일련의 기사들로 채워진 민수 11장부터 계속된다. 이스라엘인들의 여정 단계는 (마라, 마싸와 므리바의) 물과 (만나와 같은) 음식에 대한 접근성 문제와 함께 아말렉족과의 전투에 따라 표기된다. 모세와 야훼를 거스른 백성의 중얼거림 주제는 이 단원에서 되풀이된다(탈출 16). 만나 일화는 이스라엘인들이 준수해야 하는 안식일 문제를 도입하는 역할을 하며, 아말렉족과의 전투는 모세를 하느님과 백성 사이의 중개자로 소개한다. 모세가 백성의 우두머리들과 판관들을 세우도록 권하는 장인 이트로를 만나는 18장은 독립적인 기사를 담고 있다.

이스라엘의 시나이 체류 기사는 둘씩 서로 화답하는 네 단락으로 짜여 있다. 계약 체결 기사는(19-24장) 금송아지 일화로 빚어진 이 동일한 계약의 단절에 이은 갱신 기사와(32-34장) 짝을 이룬다. 이 두 일화 사이에 이동 성막 건립과 예배 조직에 관련된 일련의 지침이 게재되어 있다(25-31장). 이 지침은 야훼께서 시나이산에 올라온 모세에게 주신 것이며, 35-40장(또한 레위 8장)에 가서야, 또는 계약 복구 이후에 현실화된다.

하느님이 사제들의 백성이 되리라 여겨지는(19,6) 당신 백성과 맺으신 계약과, 젊은이들이 사제처럼 제물을 바치는 제사를 통해 완성되는 이 계약(24,1-8) 사이에, 두 개의 법규집 곧 십계명과(탈출 20,1-17) 계약법이(탈출 20,22-23,33) 삽입되어 있다.

계약법은 종교적이며 예배적인 지침과 (종, 외국인, 과부 등) 사회적 약자 계급을 보호하기 위한 법규들이 실려 있는 법규집이다. 이 법규들은 다양한 법의 유형을 증언한다. 결의법(決疑法)은 판례에 기초하며, 하나의 경우를 소개하고 그 법적인 결과를 제시하기 위하여 '…때', '…라면'이라는 문형을 사용한다(예를 들어 탈출 22,28). 이와는 달리 필연법은 절대적인 방법으로 공포되며, 이를 공포하는 권위에 의해 합법화된다(예를 들어 탈출 22,17).

유명한 십계명은(탈출 20,1-17) 한편으로는 하느님과의 관계에 관련된 금기 사항들과, 다른 한편으로는 타인과의 관계에 관한 금기 사항들을 담고 있다. 이 금기 사항들 가운데 두 개의 긍정적 계명은 안식일과 부모 공경에 관한 것이다. 매우 일반적인 이 가르침들은 이스라엘 법의 기초를 설명하는 하나의 주해 부분으로 이해할 수 있다. 십계명의 이본 하나가 신명 5장에 나온다. 이 두 본문 사이의 주요 차이점은 안식일의 합법화에 관한 것이다. 탈출기에서 안식일을 합법화하는 요소는 창조 이후 야훼의 사제계 휴식인 반면(창세 2,1-3), 신명 5장에서는 이집트의 종살이에 대한 추억이다.

우리는 끝으로 탈출 34장의 계약 갱신이, 계약 체결이 시작되었을 때처럼, 십계명으로 마감된다는 사실을 지적할 것이다. 탈출 34,10-27의 예배적 십계명은 제사와 축제에 관한 계명들을 담고 있다.

2. 출처와 형성

2.1. 탈출기의 역사적 상황

이집트 탈출이라는 사건의 역사성에 관한 문제는 많은 논쟁을 불러일으켰으며 지금도 그러하다. 중대한 난제는 우리가 가지고 있는 자료의 주요 원전 편집이 – 탈출기가 – 사건들이 서술되고 난 다음 몇 세기가 지나서 이루어졌다는 데서 유래한다. 탈출 기사에 반영된 '지리' 역시 한참 후대에 와서 중요하게 취급된 장소에 접근시킬 수 있다. 비록 이러한 사실이 본문이 제공하는 자료의 정확성에 의문을 던지게 한다 하더라도, 기사가 어떤 역사적 사실에 근거한 것이 아니라고 예단할 수는 없다. 이집트 탈출에 관련된 사건만큼이나 중요한 사건들에 대한 회상은 궁극적인 문학 형태를 취하기 전에 백성들의 전승 안에서 오랫동안 지속하였다.

성경외적 문헌, 특히 이집트 문헌은 성경 기사를 확증해주거나 기사에 등장하는 이러저러한 인물을 정확하게 확인해주는 어떤 자료도 제공하지 않는다. 게다가 사건이 전개되었으리라 추정되는 시기에 주요 주민 집단이 시나이반도를 통과했다는 사실을 입증하는 어떤 고고학적 증거도 발견되지 않는다. 한편, 기원전 16세기와 11세기 사이의 이집트에 관하여 알고 있는 바에 따르면, 셈족 가운데 한 집단이 팔레스티나를 향하여 도주했고 그곳에 자리를 잡았다는 사실에 부합하는 틀이 제시된다. 이 시기 동안 이집트는 시리아-팔레스티나 대부분을 장악했고 종으로 전락한 셈족 노동력을 활용하는 것을 잊지 않았다.

탈출기의 역사적 핵심을 구성하는 사건들에 대하여 여러 상황을 고려해볼 수 있다. 셈족이었던 힉소스족의 이집트 추방은 기원전 1550년경에 일어난 사건으로, 역사가들이 성경 기사와 접근시키는 데 주저하는 편이다. 1열왕 6,1은 이집트 탈출이 솔로몬 성전 건립을 480년 앞선다고 언급하며, 이는 탈출 연대를 기원전 1450년경으로 잡게 한다. 한편, 480이라는 수는 분명 후대의 신학적 산술의 결과로(아론과 차독 사이의 12사제에 40년을 곱한 수) 그 역사적 기초는 의심스럽다. 학자들 대부분은 탈출을 13세기의 사건으로 보고자 한다. 사실 바로 이 시기에 이집트 제19왕조는 (람세스 2세 치하에) 나일강 삼각주에 수도를 세우며 그곳에 건축을 위한 대공사를 실시한다. 이 시기의 이집트 본문들은 피톰과 라메세스 성읍들을 확인해준다(탈출 1,11). 나아가 이 연대추정은, 가나안에 살던 '이스라엘'이라는 이름의 집단과 맞서 (기원전 1230년까지) 이집트의 군주 메르네프타 거둔 승리를 기념하는 비문의 언급과 일치한다. 끝으로, (기원전 1187년까지의) 제19왕조 말에 이집트 조정에서 전해진 일화를 기초로 이보다 뒤늦은 시대가 고려될 수 있다. 타우스렛 여왕의 비호 아래 권력을 장악하고 있던 베야라는 이름의 셈족 사람이 미래의 파라오 세트나케에 의해 권력에서 쫓겨나 이집트에서 도망칠 수밖에 없게 되었다. 베야를 모세와 동일시하는 근거는 광야로 도망하였다는 일화뿐만 아니라, '모세'라는 이름이 '…에 의해 태어난 자'를 뜻하는, 이집트어로는 흔한 접미사를 히브리어로 표기한 형태라는 사실에서도 찾을 수 있다(예를 들어 프타모시스는 '프타에 의해 태어난 자'를 의미한다).

우리는 위에서 고려한 여러 일자의 가능성 가운데 어느 한 가지를 택하는 것이 바람직한지 자문할 수 있다. 사실, 탈출기의 편집 작업에서 기초 역할을 했던 회상들은 훨씬 다양했을 것이다. 구약성경에 의해 묘사된 대로의 탈출이 특정한 한 사건이라기보다 오랜 전승 과정을 반영할 수 있기 때문이다.

셈족 재상 베야와 여왕 타우스렛(1180년경)
베야는 '역사적 모세'에 대한 가능성 있는 후보자들 가운데 한 사람이다.

2.2. 편집 과정

오경을 작성해나가는 편집 과정에 관계된 일반적인 질문들은 이 문제에 할애된 입문 부분에서 체계적으로 다루었다. 여기서 우리는 탈출기의 특수한 문제들에 대해 몇 가지 점을 부연하면서 독자들에게 입문 부분을 다시 참조하도록 권한다.

작품의 문학적 발전 측면에서 주석가들 대부분은 탈출기 한가운데서 다른 계층에서 유래한 본문으로부터 사제계(P) 본문을 식별해내는 데 의견을 모은다. 몇몇 저자들은 비-사제계 본문에서 고전적인 형태(Schmidt) 또는 몇 세기 뒤늦은 형태의 야훼계 문헌을 찾아내나(Van Seters,

Levin), 블룸(E. Blum)과 다른 저자들의 영향으로 오늘날 대다수 연구자는 수많은 비-사제계 본문을 '신명기계' 문헌으로 규정하고자 한다(아래 참조).

2.2.1. 사제계 본문

사제계 본문은 그것이 사제계 본문임을 쉽게 확인해주는 어휘는 물론 몇몇 문제 제기로 특징지어진다. 사제계 작품이 유배와 귀환 시대에 작성되었으니 단숨에 그렇게 된 것이 아니라는 사실은 폭넓게 받아들여진다. 기초 단계(P^g)가 다양한 출처의 이차 소재(P^s)와 구별된다. 최근의 작업에 따르면(K. Schmid 참조), 우선 자립적이고 독립적이던 사제계 작품(P^g)이 창세기의 성조 서사시와 탈출기의 '민족' 기사 사이를 문학적으로 연결했을 것으로 본다.

탈출기의 첫 14장에서 사제계 본문은 연속적이며 일관성 있는 이야기를 형성하며, 이는 기본적으로 P^g의 작품일 수 있다. 사제계 소재는 전체 단원에서는 물론, 다른 계층들 가운데 하나의 문학 계층만 드러내는 더 혼합적인 본문에도 등장한다. 사제계 주요 본문들 가운데 우리는 우선 탈출 1장의 족보들과 계약 상기 부분을(탈출 2,23-25) 만난다. 이어서 3-4장에 나오는 비-사제계 기사와 구별되는 모세의 사제계 소명과(P문헌에 속하는 탈출 6,2-7,7 가운데 6,2-12만이 일반적으로 P^g에 속한 것으로 본다) 재앙 기사 일부와 파스카 제정에 관한 주요 부분이(탈출 12) 뒤따른다. 바다를 건너는 기사는(탈출 13-14), 바닷물의 갈라섬을 창세 1장에 등장하는 그것과 유사한 현상으로 제시하는 사제계 본문과(P문헌에게 바다 건넘은 이스라엘을 야훼의 백성으로 창조하는 것과 같은 사건이다), 바다 건넘을 야훼의 투쟁 승리로 묘사하는 비-사제계 본문 사이를 조화롭게 만든 결과이다.

광야 행진 기사는, 이스라엘 백성의 이집트 출발 사건을 전하는 기사에서 찾을 수 있는 약술과 동일한(12,37; 13,20; 14,1-2), 사제계에 속하는 일련의 여정에 관한 약술로 구성되어 있다(15,22.27; 16,1; 17,1; 19,2). 이와는 달리 광야 행진 기사에 담긴 사제계 기법의 본문들은 이차적인 편집에서 유래한 것으로 보인다. 특히 만나와 안식일 기사의 경우가 분명 그러하다(탈출 16).

시나이 일화에서 성소 건립과 제사 규정 설정에 관한 장들은(탈출 25-31과 35-40) 비-사제계 문구들과 쉽게 식별되며(탈출 19,3-24,14와 32-34), 광야에서의 예배 제도 설정에 관한 본문들 대부분은 이차적인 사제계 소재(P^s)에 속한 것임이 분명하다. 이 본문들은 특히 최초의 이스라엘 예배와 제2 성전 공동체의 예배를 병행시키는 데 초점을 맞추고 있다. 이 장에서 P^g에 속한 소재를 확인하는 작업은 논쟁의 대상이다. 폴라(T. Pola)와 같은 몇몇 저자들은 24장, 25장, 29장과 40장에 분산된 열두 구절만을 선별하나, 이와 같은 최소론적인 견해는 모든 저자에게 공유되는 것은 아니며, 그 가운데 상당수는 25-40장의 어느 정도 비교적 논리적 일관성을 지닌 부분, 특히 25-26장을 P^g의 작품으로 취급한다(예를 들어 Weimar 참조).

모든 경우, (특히 탈출 1-14장의) 서사체 소재와 (특별히 파스카 제정과 성막 건립에 관한) 법규 소재가 조화를 이루는 현상은 일반적인 사제계 문학의 특징을 이룬다. 사제계 본문은 특히 자유로운 백성을 위한 제사 규정과 예배의 필연성을 강조하며, 또한 이스라엘의 하느님이, 사제계 개념에 따르면, 아직 야훼라는 고유한 이름으로가 아니라 '엘 샤다이'(전능하신 하느님)라는 이름으로 알려졌던 시기인(탈출 6,2 이하) 성조사와의 연결고리 역할도 한다. (P문헌에게는 오히려 야훼의 전능을 드러내는 기사인) '재앙'이라 불리는 기사에서 사제계 저자들은 야훼의 주권을 강조한다. 비-사제계 기사에서는 파라오 자신이 스스로 마음을 완고하게 하나, 사제계 기사에서는 야훼 바로 그분이 (세상의 하느님 앞에 온전한 자유의지를 소유하지 못한) 파라오의 마음을 완고하게 하신다.

2.2.2. 비-사제계 본문

탈출기의 비-사제계 본문 편집은 사제계 본문의 그것보다 더 긴 시대에 걸쳐 전개되었다. 비-사제계 본문 가운데 몇몇이 사제계 본문보다 앞서거나 동시대의 것이라면, 다른 것들은 분명히 후대의 것들이다.

탈출기의 가장 오래된 본문들 가운데, 사제계 세계에도 신명기계 세계에도 편입될 수 없으며 왕정시대에 작성된 것으로 추정되는 문학 단위를 재구성할 수 있다. 블룸과 오토는 모세의 생애에 할애된 기사 *Vita Mosis*를 생각하나, 최근의 다른 주석가들은 억압과 이집트 탈출 기사만을 담고 있는 두루마리를 떠올린다(Weimar, Knauf, Oswald). 우리는 특별히 모세의 탄생 기사가, 왕정제도 하의 이스라엘이 의거하려는 조상과 고대 메소포타미아의 통일을 이루어낸 군주를 동일 선상에 놓으려는 의지를 드러내기 위해, 아카드의 사르곤 대왕의 전기와 같은 방법으로 구성되었다는 사실에 주목한다. 또한, 비-사제계 본문의 재앙 묘사는 모세가 파라오와 맞서 재치있게 담판을 벌이는 사람으로 등장하는 생생한 기사를 생각하게 하는 반면, 바다 건넘에 관한 비-사제계 기사는 고대근동 임금들의 전쟁 기사를 연상하게 한다. 금송아지 일화에 있어서, 그 초판은 북 왕국의 예배에 대한 반향(1열왕 12,28 이하의 예로보암 금송아지 참조), 그 또한 왕정시대로 거슬러 올라갈 수 있는 반향을 이루는 것으로 보인다. 이 본문들 여러 곳에 산재해 있는 명백한 아시리아적 영향을 고려한다면, 이집트 탈출 기사는 이스라엘의 왕정시대(기원전 8세기)에 탄생했을 것이며, 이후 곧 북 왕국이 사라진 다음 요시야 조정의 유다인 서기관들의 손을 거쳐 다듬어졌을 것이다.

다른 본문들도 유배시대 이전의 자료에서 유래한다. (계약법을 신명기법을 재해석한 법규집으로 입증하려는 Van Seters의 최근의 시도에도 불구하고) '계약법'은(탈출 20,22-23,19) 8세기 말에 문학적으로 확정되었을 법규집을 형성한다. 예배의 중앙화가(신명 12) 빠져 있고 사회적 약자 계급, 특히 이스라엘계 이주자들에 대한 보호를 강조하고 있다는 사실은 사마리아 함락 이후 유다 왕국의 상황에 잘 부합한다. 아무튼, 최근의 여러 연구작업은 후-사제계 편집이 탈출기에 계약법을 삽입한 것으로 본다(Crüsemann, Levin, Otto). 그렇다면 페르시아 시대에 이 오래된 법규집이 복귀한 이유가 설명되어야 한다. 토라에 유다 백성의 모든 법규 전승을 규합하기 위함이었을까?

아무튼, 전승 또는 본문을 반복하고 편집하는 하나의 중요한 문학적 작업이 유배시대와 유배시대 이후에 이와 같은 비-사제계 세계에서 단행된 것은 분명하다. 이렇게 해서 (예를 들어 탈출 3장의 모세 소명과 같은) 탈출기의 여러 문구가 신명기계 세계의 그것과 가까운 신학 개념을 반영하게 되었다. 특이한 관용어법 이외에, 야훼와 그분의 계약에 대한 성실성 강조는 이 본문 유형을 특징짓는다. 블룸은 신명기계 본문들이 탈출 3장을 중심으로 펼쳐지는 하나의 '망'을 형성한다고 여긴다. 탈출 3장의 기사는 실지로 이어지는 기사에서 되풀이되는 신명기계 여러 주제를 준비한다. 야훼와 그분의 종에 대한 믿음 문제(4,31; 14,31), 교리교육의 전수 강조(3,8; 13,3-16), 이집트와 맞선 '야훼 전쟁' 예고(3,11-20; 14) 등이다. 블룸에게 이 본문 망은 더욱 오래된 소재에 접목되는 전반적인 신명기계 편집 또는 '구성'의 틀 속에서 이해된다.

신명기계 문학 작업이 부분적으로 사제계 문학 활동과 동시대에 펼쳐졌다면, 온전히 독립적인 방법으로 진행되지는 않았을 것이다. 문학 분석은 사실 상호 영향력을 행사했음과, 신명기계 흐름과 사제계 흐름을 조화시키려는 편집 의도가 있었음을 밝혀준다(이 점에 관하여, 예를 들어 탈출기의 최후 편집의 중요성을 강조하는 Gertz의 연구 참조).

끝으로, 탈출 19장과 24장과 32-34장의 계약 체결과 복구에 관한 문구들 가운데 적지 않은 부분은 P문헌보다 한참 늦게 진행된 후기 문학 발전의 결과이다(특히 Pola 참조). '십계명'도 마찬가지일 것이다. 시나이 법규 전체를 여는 십계명의 자리가, 이스라엘 법을 종합하고 (신명 5

장의 십계명 역시 모압에서의 모세의 율법 공포를 열어주는) 신명기의 그것과 유사하게 시나이 법규 공포를 자리하게 하려는 의도를 드러내기 때문이다. 십계명은 오늘날 더는 이스라엘 법규 전승의 출처로서가 아니라 그 종합으로 이해된다.

3. 주제와 의도

3.1. 유다 신앙의 기초인 탈출

탈출은 성경에서뿐만 아니라 유다교와 그리스도교에서 대단한 울림을 보여준다. 신명기계 역사에서 이집트 땅 밖으로 올라온다는 주제는 당신 백성을 위한 하느님의 업적을 상기시키는 하나의 진정한 후렴으로 자리한다. 유배시대 동안 제2 이사야는(이사 40-55) 새로운 탈출을 위한 때가 왔다는 이념을 발전시켜나간다. 탈출은 제2 성전 시대의 작품으로 추정되는 많은 본문, 특히 시편에서 중심 자리를 차지한다. 유다교에 있어 탈출은 유다교의 기초가 되는 체험으로 인식되며, 이 사건 상기는 전례에서 중요한 자리를 차지한다. 파스카 축제 규정들은 이집트 탈출 사건을 기억하고 해마다 이 사건을 유다 가정에서 현재화하는 데 목적이 있다. 그리스도교 역시 탈출이라는 주제를 활용하며, 신약성경의 저자들은 예수 그리스도에 의한 구원을 이스라엘의 탈출 완성으로 여긴다.

문학과 유다-그리스도교의 종교적 사고 안에서 탈출이라는 주제가 거둔 무한한 성과는 탈출기가 불러일으킨 근본적인 신학적 목적으로 설명될 수 있다. 신학적 관점에서 탈출은 하느님께서 당신 백성에게 계시하신 시점이다. 이 계시라는 주제는 기사에서 다양한 방법으로 표현된다. 하느님은 구원하시고 해방하시고 율법을 주시는 분이다. 나아가 야훼의 이름 계시라는 주제와(탈출 3,13-15; 6,3) 함께 하느님을 뵙는다는 것은 불가능하다는 주제는(33,18-23; 40,35) 야훼의 정체성과 특수성에 대한 기본적인 질문들을 불러일으킨다.

3.2. 종살이에서 섬김으로

탈출은 억압과 종살이의 희생자인 한 백성의 해방 기사이다. 탈출의 하느님은 따라서 무엇보다도 억압받는 사람들을 구원하시는 하느님으로 계시된다. 성경의 하느님은 온갖 종류의 악을 거슬러 투쟁하시며 거기서 인간을 해방하신다. 종종 매우 중대한 결과에 이르는 사회적 불평등으로 채색된 상황 속에서 탈출기를 읽으면서, 사회 투쟁에 나선 신학자들은 이집트에서 이스라엘의 자손들은 불의한 사회의 희생자들이었다는 사실을 강조한다. 또한, 이 신학자들은 당대 세상의 비참과 불의를 거슬러 교회가 투쟁할 근거를 탈출에서 찾는다.

탈출기에서 하느님의 개입은 야훼의 연민과, 그분이 이스라엘의 조상들인 성조들과 맺으신 계약을 기억하신다는 사실로 설명된다(창세 17장 이하 참조). 종살이 생활을 하던 이스라엘 자손들의 하소연은(탈출 2,23-25), 비록 이 외침이 그분에게 직접 올려지지 않았더라도, 야훼께서 개입하시도록 이끈다. 탈출은 성경의 하느님께서 베푸신 구원이 인간의 모든 행동 이전에, 그리고 어떤 특별한 공로 없이 다가온다는 사실을 표명한다. 탈출기의 이 신학적 중심 관점은 일화들의 체계화를 통해서도 분명하게 드러난다. 율법과 이스라엘의 예배 체계는 백성이 이집트 종살이에서 해방된 후 시나이에서 마련된다(19-40장). 이러한 이유로 탈출기의 여정은 종종 (이집트) 종살이에서 (하느님) 섬김으로 나아가는 길로 요약된다.

백성의 신앙과 맹세라는 주제 또한 작품의 내부에서 의미 있게 제시된다. 우리는 이 주제를 이집트 해방 기사 초두와 말미에서(4,31과

14,31), 그리고 계약에 대한 백성의 동의와(탈출 24,3) 성소 건립에 대한 열정에서(탈출 35) 찾는다. 한편, 이스라엘의 특별한 공로 결여 또한, 특히 중얼거림과 거역이라는 반복적인 주제로 말미암아 분명하게 제시된다. 이스라엘 백성은 파라오에 대한 일차 개입 실패 후(탈출 5,20-21), 바다를 건너기 전에(탈출 14,10-12), 광야에서의 여정 동안(탈출 15,24; 16,2-3; 17,3), 특히 금송아지 사건으로(탈출 32) 모세를 거슬러 거역한다. 이 다양한 거역은, 이스라엘 창립 시대가 하느님과 당신 백성 사이의 관계에 있어 황금 시기가 아니라, 좋은 시기와 나쁜 시기로 이루어진 굴곡이 심한 관계의 시작으로 이해되어야 함을 잘 드러낸다.

백성의 거역과 질문과 의심은 탈출의 순간 하느님의 개입을 특징짓는 (재앙, 바다 건넘, 만나, 구름 등과 같은) 경이로운 사건들을 그냥 그대로 읽고, 이 개입을 필연적으로 빛나는 사건 또는 구속하는 사건으로 받아들이지 못하게 한다. 기사에 의해 묘사된 '놀라운' 상황 속에서도 야훼께 대한 믿음은 도전으로 머문다.

바다에 잠긴 군대 묘사(탈출 15,1 참조)

3.3. 제사와 예배

탈출기 본문은 파스카와(탈출 12) 안식일(탈출 16; 31,12-17) 의례를 제도화한다. 나아가 우리는 탈출기에서 예배 제도에 대한 모든 숙고를 만난다. 25장에서 31장까지 전체는 이동 성소 건립과 성소에 관련된 제의 규정들과 사제 서품을 명하면서 예배를 체계화한다. 예루살렘 성전과 그 예배를 미리 보여주는 성소는 금송아지 사건과 계약 갱신 이후에야 비로소 건립되고 축성된다(35–40장). 이 장들은 새로 세워진 성전을 합법화하러 오시는 하느님의 현존인 성소에, 그때까지 무제한으로, 구름이 내려앉음으로 마감된다(탈출 40,34–38). 구름이라는 주제는 이렇듯 성소 건축을 둘러싼다. 24,18에서 모세는 구름 속으로 들어가 성소에 관계된 지침을 받기 때문이다. 이렇게 유다교 제의 규정 대부분은 탈출 사건과 결부되어 있다.

기본적으로 예배적인 이러한 관점 이외에, 19장에서 24장까지가 사회윤리 문제에 관한 일련의 모든 규정을 담고 있다는 사실은, 당신 백성과 맺으신 하느님의 계약을 제의적 개념보다는 율법에 대한 존중 개념으로 받아들이도록 초대한다(탈출 24,3). 이러한 신학 유형은 신명기에서 만나는 신학과 관련이 없지 않다.

3.4. 탁월한 중개자 모세

끝으로 백성의 해방자와 수장과 조직자(탈출 18), 하느님과 인간 사이의 중개자(탈출 20,18–21), 입법자(24,3.12), 첫 사제와 같은(40,16 이하) 모세의 편재적인 모습을 언급해야 할 것이다. 탈출기에서 모세는 이스라엘을 지도하기 위한 모든 기능을 수행하며, 고대근동에서 민족의 신과 백성 사이의 주요 중개자였던 임금의 전통적인 직무를 여러 각도에서 대행한다.

4. 참고문헌

4.1. 주석서

O. Artus/D. Noël, Commentaires, 1998. G. Auzou, *De la servitude au service* (Connaissance de la Bible), Paris, 1968^3. B.S. Childs, OTL, 1974. R.E. Clements, CNEB, 1972. G.W. Coats, FOTL, 1999. C. Dohmen, Exodus 19−40, HThK, 2004. J.I. Durham, WBC, 1987. G. Fischer/ D. Markl, NSK.AT 2, 2009. C. Houtman, HCOT, 1996−2000. J.P. Hyatt, NCBC, 1981. J.G. Janzen, Westminster Bible Companion, 1997. F. Michaeli, CAT, 1974. M. Noth, ATD, 1959 = OTL, 1962. N.M. Sarna, JPSTC, 1991. J. Scharbert, NEB.AT, 1989. W.H. Schmidt, BK.AT 2, 1999(Ex 1−11).

4.2. 연구 현황

W. Johnstone, Exodus (OTGu), Sheffield, 1990. G. Vanhomissen, *En commançant par Moïse. De l'Egypte à la Terre promise* (écritures 7), Bruxelles, 2002.

4.3. 주요 저서 및 논문

E. Blum, «Israël à la montagne de Dieu», in A. de Pury/T. Römer (éd.), *Le Pentateuque en question* (Le Monde de la Bible 19), Genève, 2003^3, p. 271−295. F. Crüsemann, *Die Tora. Theologie und Sozialgeschichte des alttestamentlichen Gesetzes*, München, 1992 = *The Torah: Theology and Social History of Old Testament Law*, Edinburgh, 1996. T.B.

Dozeman/K. Schmid, *A Farewell to the Yahwiste?*, Atlanta, 2006. J.C. Gertz, *Tradition und Redaktion in der Exoduserzählung* (FRLANT 186), Göttingen, 2000. E.A. Knauf, *Midian, Untersuchungen zur Geschichte Palästinas und Nordarabiens am Ende des 2 Jahrtausends v. Chr.* (ADPV), Wiesbaden, 1988. R. Krauss, *Moïse le Pharaon*, Paris, 2000. C. Levin, *Der Jahwist* (FRLANT 157), Göttingen, 1993. W. Oswald, *Israel am Gottesberg. Eine Untersuchungen zur Literaturgeschichte der vorderen Sinaiperikope Ex 19-24 und deren historischem Hintergrund* (OBO 159), Fribourg(CH)/Göttingen, 1998. E. Otto, «Forschungen zum nachpriesterschriftlichen Pentateuch», *ThR* 67(2002), p. 125–155. T. Pola, *Die ursprüngliche Preisterschrift: Beobachtungen zur Literakritik und Traditionsgeschichte von Pg* (WMANT 70), Neukirchen–Vluyn, 1995. K. Schmid, *Erväter und Exodus. Untersuchungen zur doppelten Begründung der Ursprünge Israels innerhalb der Geschichtsbücher des Alten Testaments* (WMANT 81), Neukirchen–Vluyn, 1999. J. Van Seters, *The Life of Moses: The Yahwist as Historian in Exodus-Numbers*, Lousville(KY), 1994. P. Weimar, «Sinai und Schöpfung. Komposition und Theologie der priesterschriftlichen Sinaigeschichte», *RB* 95/3 (1988), p. 337–385.

레위기

쉥커(Adrian Schenker)

오경에서 레위기는 분명 그리스도교 신자들이 가장 덜 읽는 나머지 관심을 가장 덜 받는 작품인 데 비해, 유다교에서는 특별한 자리를 차지한다(*tôrat kôhanîm* 곧 '사제들의 율법'이라고도 불리는 *Sifra*의 미드라시 또는 히브리어 성경 주해는 토라의 젊은 학도들을 양성하는 데 기초가 되는 책이다). 레위기는, 기사가 풍부하고 거기서 무한한 매력을 끌어내는 창세기와 탈출기와 민수기와는 달리 매우 적은 양의 기사를 담고 있다. 신명기에서도 서사체 부분보다 법규 부분이 더욱 중요하게 제시되나, 이 책은 그래도 열렬한 어조와 마음을 사로잡는 열정으로 독자들을 매혹한다. 그러나 레위기에는 이런 면이 전혀 없다. 언뜻 보기에 신약성경이 따로 떼어놓은 것처럼 보이는 소재들을 법제화는 데 노심초사하고 있는, 제의적이며 법적인 무미건조한 법규집이다.

한편, 이 책을 제외하고서 성경을 성경이라 말하기도 힘들 것이다. 예를 들어 여기서 이웃 사랑에 관한 계명(레위 19,18), 속죄일(*yom kippur*, 레위 16), 희년(레위 25), 생명 프로그램으로서의 성성(레위 11,44; 19,2) 등과 함께 성경 공동유산의 열쇠가 되는 여러 문구가 발견되기 때문이다.

또한, 레위기는 우리 시대에까지 영향을 주며 때로는 오늘날 문제를 불러일으키는 것으로 여겨지는 도덕적 방향의 기초에 자리하고 있는 작품이다. 예를 들어 동성(남성) 사이의 성관계 금지나(레위 18,22; 20,13) 사형의 대상이 되는 신성모독(레위 24,15-16), 공동체로부터의 추방을 초래하는 피부병에 의한 부정이나(레위 13,45-46), 출산 후 여인이 따라야 하는 정결의 기간(레위 12) 등이다. 한 마디로, 중요하나 접근이 쉽지 않은 책이다!

1. 설계와 내용

히브리어로 이 책의 이름은 '그분이(야훼께서) 부르셨다'(*wayyiqra'*)이나, 오늘날 흔히 사용하는 이름은 그리스말 성경과 (오리게네스 등) 교부들에게서 빌려온 것이며, 책의 내용을 '레위인의' 소재, 다시 말해서 레위인들, 그 가운데서도 특히 사제들의 책임성에 관련된 소재로 지정한다. 레위기가 단순히 모세의 세 번째 책으로 지칭되는 경우도 드물지 않다.

1.1. 개관

레위기는 네 개의 단락과 하나의 보충 부분으로 짜여 있다.

I.	1-7	제물 토라
II.	8-10	레위 사제직 제도와 광야 성소에서의 장엄한 예배 개시
III.	11-16	이스라엘 전례 모임의 정결 조건
IV.	17-26	'율법' 또는 '성결법'
V.	27	야훼께 봉헌된 물건이나 사람의 금전적 가치를 명시하는 부록

1.2. 문학적이며 구조적인 복잡성

이 일반적인 단순한 설계는 실상 정교하면서도 복합적인, 문학적 또는 구성적(편집적) 구조를 내포한다.

우선 레위기 전체가 이스라엘 백성에게 전하도록 모세에게 내리신 '하느님 말씀'임을 주목해야 한다. 그러기에 이 책의 가장 빈번한 문형은 (약간의 변이체와 함께) "야훼께서 모세에게 'X에게 일러라' 하고 말씀하시면서 이르셨다. 이렇게 말하여라"이다. 이 문형은 약 37번 등장하며, 이 책을 그렇게 많은 하느님 말씀으로 나눈다.

1.3. 지리 표기

야훼께서 모세에게 말씀하시는 장소는 탈출 40,34-35에(탈출 33,7-11도 참조) 맞추어 만남의 천막(*'ohēl mô'ēd*)이다(레위 1,1). 이 장소는 레위 1장에서 24장까지의 하느님 말씀이 통교되는 곳이다. 레위 25장부터 27장에서 야훼는 시나이산 꼭대기에서 모세에게 말씀하신다(레위 25,1; 26,46; 27,34). 따라서 레위기는 두 개의 큰 단원으로 구분된다.

I. 1-24장 만남의 천막에서 계시된 야훼의 말씀

II. 25-27장 시나이산에서 계시된 야훼의 말씀

계시의 장소는 둘째 단원의 계시가 첫째 단원의 그것보다 등급이나 중요성에서 우위에 있음을 시사하는 듯하다.

1.4. 구조와 내용

다루어지는 소재 관점에서 보면, 레위 1-7장과 8-10장은 사제가 임무를 맡는 제사에 관한 것이며, 레위 11-15장은 전례 집회 구성원들(사제와 평신도)을 위한 정결 지침을 상술한다. 레위 16장은, 허물과 부정을 동시에 제거함으로써 제사와 정결이 회복되는 속죄와(레위 16,11-17.21-22) 정결(레위 16,18-20) 예식 안에서 제사와 정결 두 차원을 요약한다.

이어서 레위 17-25장(과 26-27장)은 중심을 향해 삼중 구조를 가진 두 개의 단락으로 제시된다.

I

17 제사(피)

18 가족(친족 관계, 성적 관계)

19 예배와 시민 공동체

20 가족(친족 관계, 성적 관계)

21-22 제사(사제)

II

23 전례력(한 해의 신성한 시기)

24 야훼의 집(신성모독자를 축출하는 성소의 신성한 공간)

25 전례력(한 해를 넘어서는 신성한 시기)

1.5. 구분

소재를 중심으로 한 책의 구분은 다음과 같이 제시된다.

I.	1. 레위 1-10장	예배: 제물과 사제
	2. 레위 11-15장	예배: 예배 참여를 위한 (정결) 조건
	3. 레위 16장	속죄일: 속죄일(*yôm kippûrîm*)의 속죄와 전반적 정결로 예배의 정결성과 공동체의 무결을 복원하는 늘임표

II.	1. 레위 17–22장	공동체의 사회적이며 윤리적 조건
	2. 레위 23–24장	세속적 영역과 신성한 영역의 시간 체계: 전례력과 야훼의 집으로서의 성소
	3. 레위 25장	희년: 본래로 되돌아감으로써 붕괴된 사회 질서를 복구하는 늘임표
III.	레위 26장	축복과 저주: 야훼의 말씀을 받아들이거나 거부함에서 오는 생명에 관한 문제를 포함하는 장엄한 기원 형태로 레위 1–16장(I)과 17–25장(II) 전체를 끝맺음하는 일반적 결어

1.6. 다루어진 소재 세분

I. 제물(1–7장)

1,1–2	레위 1–7장 전체 단원에 대한 서언
1,3–17	번제물(*'olâ*)
2	곡식 제물(*minḥâ*)
3	친교 제물(*šᵉlāmîm*)
4	속죄 제물(*ḥaṭṭā't*)
4,1–2	이 제물이 요구되는 경우: 실수로(고의 없이) 금기 사항('…하지마라' 형태의 부정적 계명) 위반
4,3–12	대사제의 죄
4,13–21	공동체의 죄
4,22–26	수장의 죄
4,27–35	일반인의 죄

5	보상 제물(*'āšām*)
	이 제물은 실수나(레위 5,14-16) 고의로(레위 5,20-26) 성스러운 것을 모독한 잘못(신성모독)을 용서받기 위하여 요구된다[저자들 대부분은 레위 5,1-13을 속죄 제물 범주에 넣고자 하나, 레위 5,5의 경우와 5,1-4에 열거된 죄 때문에 레위 5,1-13을 보상 제물 단락에 규합하는 것이 합리적으로 보인다]
6-7	사제가 지켜야 할 상세한 제물 규정
7,37-38	레위 1-7장의 결어

II. 사제 임직식과 전례 개시(8-10장)

8	아론(대사제)과 그의 아들들(사제들) 임직식(탈출 29,1-37 참조)
9	첫 제물 봉헌과 야훼의 가납
10	사제의 의무 규정

III. 정결과 부정에 관한 규정(11-16장)

부정은, 부정한 짐승과 육체적 분비물과 악성 피부병과 시신이라는 네 가지 요소에서 유래한다.

11,1-23	사람이 섭취해서는 안 되는 부정한 짐승
11,24-38	짐승의 사체와 접촉
11,44-47	음식에 관한 정결 단락의 신학적 결어
12 + 15	육체적 유출
12	해산한 여자
15,1-18	남자의 유출

15,19–31	여자의 유출
15,32–33	육체적 유출로 발생한 부정 단락 결어
13–14	악성 피부병과 옷과 벽에 난 지워지지 않는 얼룩(시신과의 접촉에서 발생한 부정에 대해서는 다루어지지 않는다)
16	속죄일

IV. **성결법(17–25장)**

17	피 금기와 피의 속죄 역할
17,10–12	속죄를 위해 피를 주시는 야훼
18 + 20	친족, 혼인, 근친상간; 가족 사회에서 허용된 성관계와 금지된 성관계 사이의 구별
18,1–5	신법의 혜택에 관한 신학적 서언, 생명
18,6–18	친족과 인척 관계로 말미암아 혼인을 금지하는 스무 가지 규정
18,19–23	친족과 인척 관계 이외의 다른 이유로 금지된 네 가지 성관계(19–20절과 22–23절). 이는 성과 관계가 없는 대죄(몰록 숭배, 21 절) 단죄의 틀 역할을 한다.
18,24–25	첫째 결어
18,26–30	둘째 결어
20	친족, 혼인, 근친상간; 연루된 두 사람에게 가해지는 징벌이라는 측면에서 성적인 관계에서 배제된 사회 공간과 성적인 관계로 열린 사회 공간 사이의 구별
19	18장과 20장 사이에 삽입된 장: 예를 들어 이웃 사랑과 같은(레위 19,18) 관계에서 평화와 조화를 엮어내려는 문화, 윤리, 민사상의 초(超)가정적 사회생활에 관한 규정

21-22	예배 조항
22,31-33	레위 20-22장의 결어
23-25	시기의 성스러운 순서
23,1-2	서언: 축일(성스러운 시기)과 전례 집회(성스러운 공간)
23,3	축제의 초두에 자리한 안식일
23,4	축제 서언
23,5-44	일곱 축제
24,1-23	축제 거행 조건
25,1-7	안식년
25,8-55	마흔아홉 번째 해, 희년
25,23	이스라엘 집안 유산의 양도불가성
25,35-38	경제적 생존을 위해 대부받은 이스라엘인에 대한 이자 대부 금지
25,55	이스라엘인의 자유

V. 레위기의 결어와(26장) 부록(27장)

26	이스라엘을 생명(축복)과 죽음(저주) 사이의 선택 앞에 서게 하는 계명
26,1-2	서언: 기초가 되는 세 가지 계명
26,3-13	축복
26,14-39	저주
26,40-45	죄가 넘어서지 못할 최후 현실로서의 하느님의 용서에 관한 (종말론적!) 약속
26,46	레위 25-26장과 탈출 19-레위 26장의 결어
27	서원과 봉헌을 금전으로 대신함으로써, 서원을 쉽게 완수

	하고 이를 통해서 다짐한 맹세에 대해 성실함을 보여줄 수 있도록 야훼께서 무상으로 제공하신 가능성에 관한 부록.
27,34	레위 25-27장과 탈출 19-레위 27장의 결어

2. 출처와 형성

2.1. 책의 형성

복합적인 구조를 보여주는 이 광범위한 총체는 구성사 또는 편집사의 결과물이다.

레위 1-16장의 소재들은 흔히 '사제계 역사'(*priestliche Grundschrift*, 또는 P^g) 속에 삽입된 보충 부분으로 여겨진다. 그러기에 학자들은 이 부분을 ('이차적인 P'를 말하는) P^s라는 약자를 빌어 표기한다. 클로스테르만(A. Klostermann, 1877) 이래 레위 17-26장 전체는 일반적으로 '성결법'이라는 제명으로 불리며, 전문용어와 고유한 신학적 개념으로 인해 P^s의 법규들과 구별되는, 예배적이며 윤리적이며 법적인 규정들을 포괄하는 특수한 모음으로 이해된다. P^s의 레위기와 성결법 소재들의 출처는 다음과 같은 질문들을 불러일으키며, 이 질문들 앞에서 연구는 다양한 방법으로 응답한다.

1) 레위 1-16장의 법규집과 레위 17-26장의 성결법은 일관성 있는 문학 단위를 형성하는가, 아니면 이 두 법규집은 여러 단계에 걸친 문학적 발전을 겪었는가?

2) 한편으로 레위 1-16장과 레위 17-26장 사이의 관계는, 다른 한편으로 이 두 법규집과 신명기법 사이의 관계는 무엇인가? 특히 성결법과 신명기 사이의 관계는 종종 연구의 대상이 되었다(Cholewiński, Otto 참조).

3) 오경의 최후 편집사에서 성결법의 자리와 역할을 무엇인가?

(레위 1-16장의) P^s의 소재들은 일반적으로 6세기 말과 5세기 전반기로 연대 표기된다. 학자들은 이 소재들을 자립적인 문학작품 곧 (P^g와 P^s를 포함한) P문헌에 속한 것으로, 또는 사제계 편집(P)이라 불리는 선-사제계 오경의 최후 편집에 속한 것으로 간주한다. 사실 몇몇 학자들은 P문헌(P^g+P^s)에서 P문헌 그대로 존재했던 문학작품을 보는가 하면, 다른 학자들은 P문헌을 이미 존재하던 (야훼계, 예호비스트계, 신명기계 구성과 같은) 문학작품으로 취급한다.

한편, 성결법은(레위 17-26) P문헌과 동시대의 작품이거나, 이 보다 후대의 작품일 것이다. 후대의 경우는 오경의 최후 편집과 관련이 있다(Otto). 어떤 경우든 성결법은 전문용어와 내용과 신학적 개념을 통해 P^s와 구별된다. 이 모든 경우 레위기는 P^s와 성결법이 공동의 작품 속에 규합될 때 분명 지금의 구조를 취하게 되었다.

2.2. 집필 시기

레위기 본문의 집필 시기를 설정하는 작업이 쉬운 일이 아니라는 사실을 우리는 잘 알고 있다. 레위기의 집필 시기는, 한편으로는 (P^g와 P^s와 성결법과 같은) 오경의 다양한 구성 단계를 위해 설정한 연대에, 다른 한편으로는 레위기의 여러 단락 뒤에 숨어 있는 오래된 전승의 존재에 결부된 문제이다. 따라서 적어도 레위기의 몇몇 부분에서만큼은, 이 법규집에 규합된 전승들이 유래한 시기와 이 전승들이 기록된 시기 사이를 구별하는 것이 타당해 보인다. 예를 들어 정결에 관한 규정들(레위 11-12; 13-14; 15), 또는 근친상간에 관한 규정들은(레위 18; 20) 매우 오래된 전승들인 것 같다 하더라도, 글로 기록된 것은 (6세기와 5세기의) 성결법 저자들에 의한 것이다.

이와 같은 점에 유의하면서, 우리는 현재 형태대로의 레위기의 구성을, '이스라엘' 곧 예루살렘과 주변 지역이 대사제의 통치 아래에 있었으며(레위 4,3; 16; 21,10-15), 입법과정에서 그 땅에 정착한 거류 외국인들로서 경제적으로 능력이 있었고 모세법에 의한 강요로부터 부분적으로 자유로웠던 사람들을 고려해야 했던 시기로 잡을 수 있다(25,39-43과 비교하면서 25,47-54 참조). 이와 같은 고찰은 우리를 페르시아 시대, 좀 더 정확하게는 기원전 5세기로 이끈다.

제물 희생 장면. 제물의 피는 피뿌림 예식을 위하여 거두어진다.

2.3. 저자, 수신인, 문체, 전문용어

레위기는 사제를 위해 특화된 지식을 폭넓은 표본처럼, 그러나 단편적으로 기술하고 있는 작품이다. 주의 깊은 일독만으로도 제기할 수 있는 수많은 질문이 이 책 자체에서는 대답 없이 머물러 있기 때문이다. (기원후 2-3세기의) 미스나의 개론과 그 뒤를 이은 (5-6세기의) 예루살렘과 바빌론의 탈무드는 예배와 정결과 레위기에서 다루어진 다른 주제들에 관한 전문지식을 발전시켜 나간다. 따라서 이 작품의 수신자는 사제들과 나머지 예배 봉직자들(레위인들)만이 아니라, 평범한 유다인들 (또는 이스라엘인들)임에 틀림없다는 결론에 이른다. 레위기에서 이 사람들은 공동체적이며 개별적인 구체적 유다교 생활 중에 준수해야 할 주요 사항에 관한 '종교 교육'을 이수한다.

성결법처럼 P^s에서 유래한 부분들의 문체는 매우 전문적이다. 다시 말해서 준수하고 실천해야 하는 사항들을 정확하게 정의하고 구별하기 위하여 창안된 문체이다. 이 정확성은 불명확한 진술에서 비롯될 수 있는 모든 실수를 배제하는 데 목적이 있다. 실천을 권고하는 내용이 없는 것은 아니나, 대체로 각 단락의 결어나 간혹 서언에 자리한다(레위 11,44-45; 18,1-3.4-5.24-25.26-30; 19,1; 20,7.26; 22,31-33 참조). 물론 비교적 규모가 큰 권고가 교향곡의 최후 화음처럼 레위 26장에서 발견되기도 한다. 성결법에 고유한 권고는 무한히 반복되는 '나는 야훼 너희 하느님이다', 또는 간단하게 '나는 야훼다', 또는 레위 19장은 물론 레위 11,44-45; 18,1-5.30; 20,7-8.24.26 등에 언급되는 '나는 너희를 거룩하게 하는 야훼다'라는 문형이다. 한편 우리는 이미 '야훼께서 X에게 이르셨다'라는 선언이 레위기를 곳곳에서 갈라놓고 있다는 사실을 확인한 바 있다.

레위기는 물론 구약성경 전체에서 흔치 않은 문구로 말미암아 가장 주목받는, 저자들이 제의적 선물(피뿌림 예식)에 대한 의미를 설명하는 레위 17,10-12가 하나의 특별한 자리를 차지한다. 이처럼 이 문구는 레위기 한가운데 내걸려 있는 주요 문구이다.

전문용어는 특화된 어휘들, 곧 예배에 관한 어휘, 정결과 부정에 관한 다양한 영역의 어휘, 친족과 인척 관계에 관한 어휘, 건강에 관한 어휘(다양한 종류의 피부병, 육체적 유출) 등에 해당한다.

우리는 끝으로 레위기가 어떤 기사의 두 개의 초안 또는 서언만을(레위 10,1-7; 24,10-23) 담고 있다는 사실에 주목한다.

3. 주제와 의도

레위기는 언어의 전문성과 다루고 있는 소재로 인해 우선 매우 난해한 책으로 다가온다. 그러나 인류학적인 관점에서는 일반적으로, 종교 인류학적인 관점에서는 특별하게 높은 관심의 대상이 되는 작품이다. 사실 예배, 정결과 부정의 체계, 친족 관계, 전례력, 절기 체계와 축제와 거행은 모두 상징적 체계에 속한다. 이 상징적 체계는 기호로 짜여 있는 스크린 위에, 기호학의 도움으로 해독해야 하는 문제를 안고 있는 비유 넘치는 언어로, 세상과 인간과 사회와 하느님에 관한 모든 개념을 비춘다.

이렇게 예배는 공동체적이며 개별적인 차원에서 하느님과 이스라엘 사이의 관계, 비가시적이지만 현실적인 관계의 본질을 암시하는 목적을 지닌 몸짓과 기물과 장소와 시기를 아우르는 광범위한 총체를 가리킨다. 이 관계는 말씀과 주고받는 선물과 분리와 실재 단계라는 만져볼 수 있는 기호로 표현되며, 이로써 초월성과 내재성 사이의 접촉을 암시한다. 정결과 부정 사이의 구별은, 추하고 흉한 나머지 혐오감을 주는 거센 공격에 맞선 품위 있고 아름다운 사회 공간의 모든 인간 공동체의 생명유지에 필요한 요소에 해당한다. 정결은 이렇게 인간 공동체의 품위를 떨어뜨리고 끝내 망쳐버리는 천하고 추한 것의 공격적인 요소를 거슬러 사회적으로 아름다운 영역을 제한하고 보호한다. 이러한 구별 덕분에 친족 관계는 규모가 큰 전반적 사회 내부에서 친교의 공간을 그려주며, 성적인 유혹을 피해 유지되는 사회 공간과 성적인 합일이 실현될 수 있고 실현되어야 하는 사회 공간 사이를 구별한다. 또한, 특히 레위 19장에 제시된 윤리 규정 마당은, 이스라엘 백성이 그들의 행동 현실 속에서 드러내기를 바랐던 일차적인 가치들에 관한 몇몇 이념을 끌어낸다. 이 가치들은 하느님께는 소중한 것들이고, 인간에게는 필수적인 것들이기 때문이다.

레위기를 이렇게 읽는다면, 이 책은 이스라엘의 종교의식과 그 상징적 표현에 관한 경이로운 거울이다. 이러한 관점에서 레위기는, 신약성경이 명시한 적지 않은 규정의 물리적 폐기에도 불구하고(참조. 마르 7; 사도 15,6-29), 그 모든 가치를 지켜나간다.

4. 참고문헌

4.1. 주석서

P.J. Budd, NCBC, 1996. E.S. Gerstenberger, ATD 6, 1993 = *Leviticus: A Commentary*, Louisville(KY), 1996. B.A. Levine, JPSTC 3, 1989. J. Milgrom, AncB 3, 1991; 3A, 2000; 3B, 2001. R. Péter-Contesse, CAT 3a, 1993.

4.2. 연구 현황

J. Auneau, *Le sacerdoce dans la Bible* (CEv 70), 1990. H.-J. Fabry/H.-W. Jüngling (éd.), *Levitikus als Buch* (BBB 119), Berlin/Bodenheim b. Mainz, 1999. R. Rendtorff/R.A. Kugler (éd.), *The Book of Leviticus: Composition and Reception*, Leiden, 2003.

4.3. 주요 저서 및 논문

P. Buis, *Le Lévitique. La loi de sainteté* (CEv 116), Paris, 2001. A. Cholewiński, *Heiligkeitsgesetz und Deuteronomium* (AnBib 66), Rome, 1976. R.E. Gane, *Culte and Character. Purification Offerings, Day of Atonement and Theodicy*, Winona Lake(IN), 2005. K. Grünwaldt, *Das Heiligkeitsgesetz Leviticus 17-26. Ursprüngliche Gestalt, Tradition und Theologie* (BZAW 271), Berlin, 1999. J. Joosten, «L'imbrication des codes législatifs dans le récit du Pentateuque: le cas du "Code de Sainteté" (Lévitique 17–26)», in E. Lévy (éd.), *La codification des lois dans l'antiquité* (Travaux du centre de recherches sur le Proche–Orient et la Grèce antiques), Strasboug, 2000, p. 125–140. A. Klostermann, «Ezechiel und das Heiligkeitsgesetz», in Id., *Der Pentateuch*, Leipzig, (1877) 1893^{2}, p. 368–418. D. Luciani, *Sainteté et pardon, Tome 1 Structure littéraire du Lévitique; Tome 2 Guide technique* (BETL 185 A et B), Leuven, 2005. A. Marx, *Les sacrifices dans l'A.T.* (CEv 111), 2000. Id., *Les sytèmes sacrificiels de l'Ancient Testament. Formes et fonctions du culte sacrificiel à Yhwh* (VTS 105), Leiden, 2005. Ch. Nihan, *From priestly Torah to Pentateuch: a study in the composition of the book of Leviticus* (FAT. Reihe 2,25), Tübingen, 2007. E. Otto, «Das Heiligkeitsgesetz Leviticus 17–26 in der Pentateuchredakton», in P. Mommer/W. Thiel (éd.), *Altes Testament. Forschung und Wirkung. FS H.G. Reventlow*, Frankfurt a. M., 1994, p. 65–80. Id., «Forschungen zur Priesterschrift», *ThR* 62(1997), p. 1–50. A. Ruwe, *«Heiligkeitsgesetz» und «Priesterschrift». Literaturgeschichtliche und rechtssystematische Untersuchungen zu Leviticus 17,1-26,2* (FAT 26), Tübingen, 1999.

민수기

뢰머(Thomas Römer)

민수기는 전통적으로 주해의 대상에서 흔히 소외되고 현대 연구가들의 작업 대상에서 자주 경시된 나머지, 구약성경 주석에서 창세기와 탈출기 또는 신명기 옆에서 가난한 친척의 모습을 띠고 있다. 언뜻 보기에 책의 내용은 마음을 내키게 하지 않는 것이 사실이다. 학자들은 예배에 관한 규정과 목록과 이야기가 뒤섞인 이 책에서 하나의 이끎 줄을 찾아낼 수 있다고 생각한다. 창세기나 탈출기와는 달리 민수기는 무엇보다도 먼저 하나의 일관성 있는 기사로 제시되지 않는다. 그럼에도 불구하고 이 책은 오경과 그 해석학적 이해에 필요한 여러 중심 주제를 다룬다. (이 책의 히브리어 이름인) '광야에서'(*bemidbār*) 만나는, 따라서 (국가 구조 등) 정상적인 구조가 결여된 한 공동체의 신원과 조직 문제, 여러 기사의 중심에 있는 권위에 대한 갈등 문제(권위가 필요한가? 어떤 권위? 사제 권위, 아니면 예언자 권위?), 끝으로 민수기에서 더 오래된 서사체와 입법 전승의 지속적인 해석을 정리하는 문제이며 이는 이미, 여러 관점에서 볼 때, 미드라시 문학을 예고한다.

1. 설계와 내용

1.1. 책 이름

통상적인 책 이름은 칠십인역 성경에서 유래하며(*arithmoi*), 라틴어 전승에 의해 되풀이된다(*Numeri*). 이 이름은 '수' 또는 '수를 세기'를 의미할 수 있다. 이 용어는 아마도 책 전체를 가로지르면서 이 책에 특별한 외관을 선사한 숫자의 정확성에 대한 지대한 관심으로부터 영향을 받은 것이 아니라면, 앞부분에 나오는 대규모의 인구조사에서 비롯된 것일 수 있다(26장도 참조). 숫자의 정확성은 지파의 수장들이 가져온 예물의 총계(7장), 레위인들의 복무 기간(4,3; 8,24), 정화를 위해 요구되는 일수(19,12), 다양한 축제에 따라 바쳐야 할 짐승의 분량(28장과 29장), 전리품 분량(31,32-46) 등에서 발견된다. 히브리어 책 이름인 '광야에서'(*bemidbār*) 역시 책의 중요한 단면을, 다시 말해서 시나이반도에서 시작하여 요르단 건너편에 이르는 이집트와 약속의 땅 사이 이스라엘의 체류를 잘 보여준다.

1.2. 민수기 본문 상태

발라암의 신탁을 제외하면, 민수기의 마소라 본문은 중대한 난제를 제기하지 않으며, 매우 충실하게 전해진 것으로 보인다. 몇 년 전부터 학자들은 (몇몇 누락 부분과 함께) 민수 11-36장의 본문을 담고 있는 (기원전 30년경의 것으로 보이는) 4QNum^b 수사본을 활용할 수 있게 되었다. 이 쿰란 본문은 사마리아 오경과 칠십인역 성경에서 찾아볼 수 있는 여러 이본을 포함하고 있다. 이 본문을 출간한 자스트람(N.R. Jastram)의 견해에 따르면, 4QNum^{b}는 팔레스티나 본문 전승을 증언하고 있으며, 민수기의 칠십인역 성경 역시 이를 기초로 한 것이다. 아무튼 칠십인역 성경의 몇몇 이본들은 마소라본의 난제들을 제거함으로써 더욱 일관성 있는 본문을 엮고자 하는 경향을 보여준다. 칠십인역 성경은 또한, 사마리아 본문이 종종 다른 성경 문구에서 빌려온 첨가 부분들로 보충되고 있는 데 비해(예를 들어, 10,10과 10,11 사이에서 "나는 야훼 너희 하느님이다"로 마감하는 문구 다음에 사마리아 본문은 신명 1,6-8에서 직접적인 영향을 받아 하나의 긴 부분을 덧붙인다), 헬레니즘 사고방식에 따라 이 책을 해석하려는 경향을 증언하기도 한다.

1.3. 책의 구조와 설계

오경의 모든 책 가운데 민수기는 구조가 가장 불분명한 책이다. 대다수의 주석가는 대략 다음과 같은 세 부분에 해당하는 구분을 제안한다. 시나이 체류 끝맺음(민수 1-10), 광야 행진(민수 11-20), 요르단 건너편 정복 준비이다(민수 21-36). 그러나 이 구조는 민수기 자체에 의해 거의 주의를 끌지 못하며, 다양한 부분 사이의 중간 휴지에 관한 주석가들 간의 공통된 의견도 없다. 첫째 부분을 (시나이산 야훼의 마지막 말씀을 닫는) 10,10에서, 아니면 (11,1에서 백성의 불평 첫 기사가 시작되기에) 10,36에서, 그것도 아니면 (예배에 관한 규정을 마감하는) 9,14부터 마감해야 하는가? 몇몇 저자들은 둘째 부분을 (20,14에서 시작하는 요르단 건너편을 향한 행진에 앞서) 20,13에서, 다른 저자들은 (21,10의 요르단 건너편 정복 기사 전개에 앞서) 21,9 또는 (발라암 기사군을 여는) 22,1에서, 나아가 (두 번째 인구조사에 앞서) 25,18에서 마무리한다.

문제는 민수기가 일관성 있는 독립적인 기사를 제시하지 못하고, 오히려 오경의 '최후' (경전) 형태에서 보면 시나이 체류와(탈출 19-40; 레위; 민수 1-10) 요르단 건너편 모압 땅(민수 26-36; 신명) 입성 사이를 연결하는 기사를 이룬다는 사실에서 비롯된다. 게다가, 이 책에서 많은 요소가 다른 책들, 특히 탈출기와 신명기에 보도된 일화들을 되풀이하고 발전시키거나 때로는 앞지르는 것처럼 보이기도 한다. 이처럼 이 책의 첫 장들은 탈출 19장에서 시작된 시나이 체류를 뒤따르는 반면, 민수 11장부터 우리는 몇몇 기사가 동일한 주제를 되풀이하는 탈출 16-18장의 연속 기사들을 만난다. 민수 20,12에 예고된 모세의 죽음은 신명 34장에서 현실화되며, 민수 27,12-22에 기재된 모세의 후계자로서의 여호수아 임명은 신명 31장에서 반복된다. 모압 평원이라는 위치는 한편 이 책의 끝부분을 신명기와 연결한다.

이러한 의미에서, 민수기를 오경으로서의 토라 구성에 관한 총체적인 문맥 속에 다시 자리하게 하지 않고서 이 책의 형성과 구조 문제를 분석한다는 것은 불가능한 일이다. 유다교 토라를 다섯 권으로 분리한 것은 (쉽게 다룰 수 있는 다섯 두루마리로 나누어 놓았을 것이라는) 단순히 물리적 요구에 부응하고자 함이 아니라, 분명 편집자들의 전반적 기획의 결과일 것이다. 레위기와 민수기의 서언과 결어를 비교해보면, 오경의 편집자들이 민수기를 인식한 방법적인 면에서 일차적인 표지를 찾아낼 수 있다.

레위 1,1-2ㄱ	민수 1,1-2ㄱ
야훼께서 모세를 부르신 다음, 만남의 천막에서 그에게 말씀하셨다. "너는 이스라엘 자손들에게 일러라. 그들에게 이렇게 말하여라…	이스라엘 자손들이 이집트 땅에서 나온 그 이듬해 둘째 달 초하룻날, 야훼께서 시나이 광야에 있는 만남의 천막에서 모세에게 이르셨다. 너희는…이스라엘 자손들의 온 공동체의 수를 세어라…
레위 27,34	**민수 36,13**
이것이 야훼께서 이스라엘 자손들을 위하여 시나이산에서 모세에게 내리신 계명들이다.	이는 야훼께서 예리코 앞 요르단 강가의 모압 벌판에서 모세를 통하여 이스라엘 자손들에게 명령하신 계명과 법규들이다.

이 두 책의 서언과 결어 사이의 병행 현상은 명백하다. 레위기와 민수기는 둘 다 만남의 천막에서 야훼께서 모세에게 내리신 말씀으로 열리며, 야훼께서 모세를 통하여 이스라엘 백성에게 내리신 명령을 특기하는 최후 언급으로 마감된다. 이러한 관점은 이 두 책에 최후 형태를 제공한 편집자들이 동일한 사람들임을 시사한다. 레위 1,1-2ㄱ과 민수 1,1-2ㄱ의 문형 사이의 병행 현상은 이 두 책 사이의 일정한 연속성을 강조함과 동시에 하나의 진행 과정을 표기하려는 의지를 드러낸다. 레위기의 계명들이 여전히 '시나이산'에서 이스라엘 백성에게 주어지고 있음에 비해, 민수 1장 이하의 법규들은 이제 '광야'에서 통교된다. 위치상의 이러한 단절은 이미 이 계명들이 시나이 계시 속에 담긴 훈령들과(탈출 19-레위 27) 동일한 설계 위에 놓여 있지 않다는 사실을 암시한다. 곧 상세히 살펴보겠지만, 민수기에 담긴 훈령들은 오히려 앞선 법규들의 보충 부분 또는 현실화 부분으로 받아들여진다.

이것이 민수기에 규합된 소재의 상태에 관한 현실이다. 그렇다면 이 소재의 구분을 어떻게 고려해야 하는가? 시나이에서 모압까지 이스라엘의 여정과 다양한 야영에 관한 기술이 민수기를 가로지르고 있다 하더라도, 실질적으로 일관성 있는 구조 원칙을 제공하지는 않는다(예를 들어 33장은 하나의 기나긴 여정 목록일 뿐이나, 책의 나머지 부분이 제공하는 정보와 온전히 일치하는 것은 아니다). 사실 민수기 구조의 원칙은, 칠십인역 성경이 이 책에 *arithmoi*라는 이름을 부여하면서 이미 짐작했듯이, 이 책을 연결해주는 핵심 요소들 가운데 하나를 이루는 두 개의 인구조사 기사에서(민수 1과 26) 찾아보는 것이 타당해 보인다(Olson 참조).

민수 1장과 26장의 두 목록은 이스라엘의 열두 지파를 기준으로 작성되어 있으며, 창세 35장에서 찾아볼 수 있는 사제계 목록으로부터 직접적인 영향을 받은 것으로 보인다. 그야말로 과도한 숫자를 담고 있는 이 목록의 숫자의 의미가 어떠하든(탈출 12,37에서처럼 장정과 가장만 육십만 명이 넘으며, 전체 인구로 본다면 이는 2-3백만 명에 이르는 숫자이다), (아브라함의 후손들이 번성하리라는) 창세 17장의 하느님 약속이 완성을 향한 과정에 있음을 암시하고자 하는 것 같으며, 동시에 바빌론의 수학으로부터 영향을 받은 수비학적(數祕學的) 사변을 반영하는 듯하다. 여기서 우리의 관심을 끄는 핵심 요소는, 이 두 목록이 민수기의 두 중심 부분의(1-25장과 26-36장) 경계를 설정하고 있다는 사실이다. 민수 25장은 탈출 세대의 최후 반란 이야기이며, 아직 생존해 있던 이 세대를 대표하는 사람들 전체의 죽음으로 종결된다. 이렇게 해서 민수 14장의 정복 명령을 거부했던 백성에게 예고된 징벌이 완성된다. 야훼는 40년 동안 광야에서 떠돌아다니도록 이 세대를 단죄하셨기 때문이다. 우리는 한편 14,29의 심판이 민수 1장에서 인구조사를 받은 세대의 장정들("스무 살 이상이 되어 사열을 받은 너희 모두")에게 관련된 것이라는 사실에 주목한다. 민수 25장의 재앙은 바로 이 심판을 완성한 것이며, 두 번째 인구조사의 길을 열어주고, 이 조사는 정확하게 민수 26장의 세대가 더는 민수 1-25장의 세대가 아님을 선언하는 것으로 종결된다. "이들 가운데에서 모세와 아론이 시나이 광야에서 이스라엘 자손들을 사열할 때, 그 사열을 받은 사람은 하나도 없었다"(26,64). 민수 1장과 26장의 두 인구조사 실현은 이처럼 두 세대를 중심으로 이 책을 구조화한다. 한 세대는 광야에서 죽어야 하는 세대이며, 다른 한 세대는 약속의 땅에 들어가는 희망을 품을 수 있는 세대이다(Olson 참조). 이 구조화는 이 책을 가로지르는 주제들로 말미암아 보강되며, 이는 두 부분 사이의 일정한 연속성을 보장해준다. 두 세대 사이를 이어주는 여호수아와 칼렙이라는 인물과, 첫째 부분에 있는 여러 요소가 둘째 부분에서(26-36장) 반복되는 경우, 다시 말해서 열두 지파를 중심으로 한 두 목록 각각 레위인들의 인구조사가 뒤따르고, 민수 29장에서는 민수 7장과 15장과 18장에서처럼 예물 목록이 발견되며, 9장과 28장은 파스카 축제 거행에 관한 지침을 제공하고, 정찰대 이야기는(민수 13-14) 민수 32장에서 반복되는 경우 등이다. 둘째 세대는 따라서 첫째 세대의 경험을 부분적으로 되풀이한다. 이 세대는 한편 이상화한 세대와 거리가 있다 하더라도 – 심각한 경고가 이 세대에게 주어지는 경우도 있기 때문이다(32,14–15; 33,55–56 참조) –, 아무튼 이 세대는 백성의 미래를 책임진 세대이다. 이렇게 민수기의 편집자들은 신명기의 중심 신학 주제 하나를 준비하다. 이 책의 독자들에게 두 세대, 곧 신명 30장에서와 비슷하게 죽음의 세대('옛 세대')와 생명의 세대('새 세대')가 제시되며, 독자들은 이 세대들 가운데 영감 받기를 원하는 세대의 운명을 택해야 한다.

1.4. 민수기의 내용

우리는 이러한 구조에서 출발해서 책의 내용을 간략하게 기술할 수 있다.

가. 탈출 세대: 옛 세대의 죽음(민수 1,1–25,18)

I. 광야 행진 준비와 개시(1,1–10,36)

I.1. 예배 준비와 조직(1,1-8,26)

1,1–4,49	백성과 레위인들의 인구조사. 야영 순서는 만남의 천막을 중심으로 확정되며, 동쪽에 진을 친 유다 지파를 우두머리로 세 지파씩 네 그룹으로 편성됨(2장). 레위인들은 맏아들 대신에 야훼께 성별된 사람들이기에 별도로 인구조사를 받음
5,21–6,29	진영의 정결을 유지하기 위한 규정
5	부정한 이들의 추방과 간통 혐의를 받는 여자를 위한 신명심판

6,1-21 나지르인 서원과 특별 정결 규정

6,22-27 사제의 축복은 진영의 성성을 강조함

7-8 인구조사에 이은 반응

7 재앙을 예방하고(참조. 탈출 30; 2사무 24) 진영의 정결을 유지하기 위해 지파의 수장들이 바친 예물

8,1-4 야훼 현존의 상징인 등잔

8,5-23 레위인들의 봉헌과 복무 허가

I.2. 행진을 위한 마지막 채비와 개시(9-10장)

9,1-14 두 번째 파스카(탈출 12 참조); 파스카 거행시 부정이나 기타 모든 장애 요소에 관한 규정

9,15-23 구름과 그 기능: 구름은 행진단계마다 출발과 정지 신호를 줌(탈출 13,21-22; 14,19-20.24의 구름 기둥과 불기둥 전승을 치밀하게 구상하여 반복)

10,1-10 은 나팔 신호가 출발 규정 질서를 감시하며, 백성을 불러모으는 데 사용됨

10,11-13 파란 광야를 향한 시나이 출발

10,14-28 행진 순서; 유다 진영이 맨 앞자리에 섬

10,29-32 진영과 함께 머물기를 호밥에게 요구하는 모세의 청원(대답은 언급되지 않음)

10,33-36 행진 동안 계약 궤의 기능

II. 반역 기사군(11,1-25,18)

II.1. 모세와 아론 단죄에 이르기까지의 첫 반역 모음(11,1-20,13)

11,1-3 앞으로의 반역을 위한 요약 역할을 하는 머리말

11,4-35 만나에 대한 불평과 야훼께 대한 모세의 불평 - 야훼의

	두 가지 행위: 모세의 책무를 덜어주기 위하여 일흔 명의 원로들에게 모세의 영을 분배하여 백성의 대표들이 예언하도록 함; 야훼의 진노를 드러내듯 메추라기 떼 보내심
12,1-16	이방인 여인을 아내로 맞아들였다는 사실로 비방 받는 모세의 권위를 거슬러 미리암과 아론 시기. 모세의 예외적인 지위가 야훼로부터 입증되고 미리암은 악성 피부병으로 징벌
13-14	정찰대 이야기. 백성은 이집트로 돌아가고자 하나, 이에 대한 즉각적인 징벌: 광야 세대는 (여호수아와 칼렙을 제외하고) 땅을 보지 못할 것이며, 사십 년 동안 머물러야 하는 광야에서 죽으리라는 벌. 백성에 의한 헛된 정복 시도
15	간주곡. 땅에서 살기 위한 규정, 곡식 예물, 비고의적인 잘못을 벗기 위한 제물, 안식일을 어기는 경우, 옷자락에 다는 술.
16,1-17,5	모세의 권위와 (레위인들에 의한) 아론의 사제직을 거스른 코라와 다탄과 아비람의 반역. 야훼의 징벌
17,6-28	모세와 아론을 거스른 백성의 반역. 야훼는 만사천칠백 명의 희생을 초래한 재난을 내리심. 아론의 사제직이 (그의 지팡이에 싹이 돋음으로써) 입증됨.
18-19	레위인들의 지위와 수입을 규정하는 간주곡(18장). 붉은 암소의 피와 재로 정화 예식 준비(19장; 두 개의 간주곡이 사제의 권위를 다루는 본문의 틀을 형성한다는 사실에 주목)
20,1-13	물 부족을 이유로 백성들 푸념. 이 단락은 또 하나의 단절을 표기: 모세와 아론이 약속의 땅에 들어가는 것이 불허됨. 기사에 따르면 그들의 불신은 야훼의 명을 글자 그대로 실행하지 않았음에서 비롯됨

II.2. 요르단 건너편을 향한 행진. 외국 임금들과의 갈등과 첫 세대의 죽음(20,14-25,18)

20,14-20	에돔은 통과를 거절하고, 이스라엘은 물러남(이스라엘이 다른 백성들을 만나는 일련의 기사들 가운데 첫 기사)
20,21-29	첫 세대의 죽음을 예시하는 표징으로서의 아론의 죽음. 엘아자르가 후계자로 지명되며, 이는 둘째 세대의 도래를 상징.
21,1-3	아랏 임금과의 갈등과 승리
21,4-9	모세와 하느님을 거스른 백성의 새로운 반역. 불 뱀 보냄으로 징벌. 재난과 맞서 싸우기 위하여 구리 뱀 제작
21,10-20	요르단 건너편을 향한 여정
21,21-35	아모리 임금 시혼이 통과 거절; 이스라엘의 승리와 헤스본 점령. 바산 임금 옥과 싸워 승리. 이스라엘이 땅을 차지
22-24	발라암 이야기. 모압 임금 발락이 발라암에게 호소하나, 그는 이스라엘을 저주하는 대신 축복함
25	최후 반역으로서의 배교. 이스라엘은 프오르의 바알을 숭배하나, 엘아자르의 아들 피느하스는 야훼께 충실한 자로 머물며, 야훼는 그와 계약을 맺으심. 이만사천 명의 죽음이 첫 세대의 궁극적인 종말을 고함.

나. 둘째 세대와 정복 기대(민수 26-36장)

I. **정복에 앞서 둘째 세대 배치**(26,1-33,49)

26	지파들과 레위인들의 두 번째 인구조사. 첫 세대 전체의 죽음을 확인함으로써 인구조사 결론(26,63-65)
27,1-11	츨롭핫의 딸들: 남성 상속자가 없을 경우 여인들에게 상

	속권 부여
27,12-23	모세 계승; 둘째 세대의 수장으로 여호수아 임명
28-30	새 세대를 위한 상세한 예배 규정: 다양한 경우의 제물; 여인의 맹세
31	모세의 최후 군사 활동: 첫 세대의 배교를 초래한(민수 25 참조)백성을 거스른 야훼의 복수로 제시된 미디안과의 전쟁
32	르우벤 지파와 가드 지파와 므나쎄 반쪽 지파 요르단 건너편 정착. 잠재적 위기: 정찰대 일화에서 볼 수 있듯 백성의 불복종 상기시킴
33,1-49	요약: 탈출에서 모압 평원까지의 여정

II. 정복을 위한 최후 채비(33,50-36,13)

33,50-56	정복에 앞선 야훼의 훈시
34-35	약속의 땅 조직: 경계선; 레위 성읍과 도피 성읍
36,1-12	슬롭핫 계승 문제 연속(민수 27 참조): 그 지파의 남자들과 맺어야 하는 슬롭핫 딸들의 혼인
36,13	민수기 결어

2. 출처와 형성

오경의 다른 책들처럼 민수기는 일관성 있는 작품은 아니나, 서로 다른, 나아가 서로 대립하는 문체와 관심사를 분명히 반영한다. 이 책의 복잡한 형성사는 이 점에서 적지 않은 긴장 관계가 존재함을 설명한다. 특히 외국 백성과의 관계에서 차별이 존재하며(민수 12,1-5와 25장 비교), 광야 여정은 상당한 혼란을 제기한다(예를 들어, 민수 13-14장에 따르면 이스라엘은 이미 카데스에 와 있으나, 20,1은 백성이 카데스에 이르렀다고 말한다. 또한, 13,26에 의하면 카데스는 파란 광야에 자리하나, 20,1에서는 친 광야에 위치한다. 등). 우리는 또한 선견자 발라암에 관한 상반된 두 전승을 가지고 있다. 하나는 호의적인 전승이며(22-24장), 다른 하나는 비호의적인 전승이다(31,6에서 발라암은 백성의 우상숭배 선동자처럼 등장한다). 학자들은 다양한 문헌들이 합성되었다는 가정으로 오랫동안 이 긴장 관계를 설명해 왔다(문헌 가설, 최근의 Seebass 참조). 그러나 여러 저자는 이 설명 예형이 특히 민수기에서는 잘못 작용하고 있음을 확인해야만 했다(Noth 참조; 자기의 주해서에서, 민수기의 편집자들이 독립적인 'J'문헌과 'E'문헌, 이 두 문헌을 구별하기 어렵거나 아니면 불가능할 만큼 이들 원전에 깊이 개입했다는 사실을 인지한 Scharbert, 또는 페르시아 시대에 대규모의 편집 개입이 있었다는 사실을 수용한 Seebass 참조). 오늘날 문헌이론은 연구가들 대부분에 의해 포기되었으며(이 책의 오경 입문 참조), 따라서 우리는 (오경 전체의 형성과 마찬가지로) 민수기의 형성을 설명할 수 있는 새로운 이론을 검토해야 할 필요성 앞에 서게 되었다.

이 점에서 하나의 공통된 의견의 기초가 되는 유일한 측면은, 민수기에 사제계 문체의 본문들이 존재한다는 사실과 관련되어 있으며, 이는 그 문체와 관심사를 통하여 쉽게 확인할 수 있다. 바로 여기서부터 우리의 통시적 연구가 전개되어야 한다.

2.1. 사제계 소재

우리는 주로 민수 1-10,28; 15; 18-19; 20,22-29; 26; 27-31; 34-36장에서 사제계 소재를 발견하며, 정찰대와(13,1-17ㄱ.21.25-26.32-33; 14,1-3.5-10.26-38) 코라와(16,1ㄱ.2.11.16-24.27.35) 아론 선택과(민수 17) 므리바에 관한 기사에서도(20,2.3ㄴ.4.6-7.8.10.11ㄴ-12) 확인할 수 있다.

이 소재는 단 한 사람 저자의 작품이 아니라, 페르시아 시대에 자리하게 해야 하는 진정한 의미에서의 학파에 의한 것이다. 우리는 민수기에 규합된 상당수의 규정이 이미 탈출기와 레위기에 담긴 사제계 본문들을 전제로 한다는 사실을 주시함으로써 사제계 구성에서 이 책의 특수성을 이해할 수 있다. 여러 경우 민수기의 규정들은 앞선 법규들을 보충한다. 예를 들어, (사제에게 돌아가는 보상 제물 몫에 관한) 민수 5,5-10은 레위 5,20-26을 보완하고, (특히 '부정하게 된' 참석자들의 문제에 관한) 민수 9,1-14는 탈출 12장의 파스카 규정을 보충하며, 민수 28-29장은 레위 23장의 축제 달력을 풍요롭게 한다. 이러한 관점은 민수기의 'P'문헌 소재가 아마도 사제계 원전(또는 P^g, 오경 입문 참조)에 더는 속하지 않는다는 사실을 의미한다. 따라서 우리는 민수기의 사제계 편집 시대에 이미 탈출기와 레위기가 완성 단계에 있었다고 결론지을 수 있다. 사제계 저자들은 기존의 법규에 보충 부분을 삽입시키기 위하여 민수기를 활용했다. 사제계 이념에 따르면, 예배에 관한 모든 규정은 '처음'부터, 다시 말해서 광야 체류 때부터 야훼에 의해 모세에게 통교되었기에, 이 보충 부분들은 필히 약속의 땅 입성 전에 유입되어야만 했다. 달리 말하면, 민수기는 오경의 사제계 구성에 있어서 이전의 법규를 보완하고 현실화하기 위한 목적을 지닌 하나의 시도로 취급될 수 있다. 이 점에서 우리는 한편 민수기가, 27장을 발전적으로 되풀이하고 이전에 해결되지 않은 문제를 논의하는 36장으로 마감된다는 사실에 주목한다. 이렇게 해서 민수기는 자기 고유의 현실화 과정을 거친 후 끝맺음한다.

우리는 또한 페르시아 시대의 상황이 민수기에 인용된 어휘에서도 반영되어 있다는 사실을 지적할 수 있다. 민수 2장과 10장에서 '깃발'(*degel*)이라는 단어가 구약성경 전체에서 꼭 한 번 부대를 가리키는 군사적 용법으로 사용되는데, 이 용어는 페르시아 시대의 아람어 문헌에 자주 등장한다. 민수 30장은 법적인 용어로 '서원'(*issār*)을 언급하는데, 이는 다니 6장과 5-4세기에 기록된 와디 달리예(Wadi Daliye) 파피루스에서만 확인된다.

우리는 또한 민수기의 사제계 구성에서 레위인들의 지위 문제를 다루는 자리에 관하여 주목한다(3장, 4장, 8장, 16장, 18장, 35장 참조). 레위인들은 다른 지파들과는 별도로 야훼의 사적인 소유로 제시되며, 성소(운반과 유지)와 사제들을 위해 봉직하기 위하여 봉헌된 사람들이다. 사제계 소재는 이처럼 레위인들 지위의 중요성을 강조하면서도, 야훼에 의해 인준된 아론 혈통(대사제 혈통)의 특수성과 독점성을 분명하게 옹호한다. 여기서 또한 제2 성전 시대의 성직제도와 자주 갈등을 겪었던 레위인들의 상황과 그들의 관계에 관한 울림을 읽어보아야 한다.

2.2. 비-사제계 본문

특히 민수 11-25장에 담긴 (P편집을 제외한) 이야기들과 민수 33장의 목록에 관한 문제이다. 이 본문들 모두 동일한 세계에서 유래하지 않은 것은 거의 분명하다. 예를 들어 발라암 기사는(22-24장) 분명히 별도의 문학 단위를 형성하는 작품으로서 책의 나머지 부분과 거의 관련이 없으며, 오랫동안 독립적인 방법으로 전승되어 온 부분이다. 문제는, 흔히 J문헌과 E문헌 작품으로 취급되었으나, 몇몇 기사가 오히려 신명기 본문의 문체와 이념에 가까운 반역 기사에서 다른 방법으로 제기된다. 예를 들어, 우리는 (신명 1과 병행 관계에 있는) 민수 13-14장의 기사에서 그야말로 신명기적인 여러 주제를 만난다. 특히 표징에도 불구하고 야훼를 믿기를 거부하는 백성(민수 14,11), 백성을 흑사병으로 치시리라는 야훼의 위협(12절; 신명 28 참조), 야훼는 분노에 더디시다는 개념(18절; 탈출 34,6-7 참조), 야훼는 이집트에서부터 당신 백성에 관해 관심을 가지셨다는 확언(19절), 조상들에게 맹세한 땅 약속(23절) 등을 들 수 있다. 우리는 또한 이 기사 내내 적지 않은 신명기 신학의 특징적인 관심사를 지적할 수 있다. 잘못과 심판에 관한 반향, 야훼와 당신 백성 사이의 관계가 개시된 장소로서의 이집트 언급, 정당성을 탄원하기 위하여 모세가 맡은 역할 등이다. 이 표지들은 오경을 사제계 흐름과 '평신도'(비-사제계), 곧 신명기계 흐름 사이의 타협으로 설명하는 가설에 유리하게 다가서는 것 같다(Blum 참조). 민수기의 신명기계 편집은 신명기와 신명기계 역사서의 신명기계 편집자들의 활동을 전제로 한다.

그럼에도 불구하고, 민수기에서 비-사제계 본문 대부분은 탈출기의 신명기계 본문들과 구별된다. 예를 들어 (모세에게 맡겨진 야훼 영의 일부가 칠십 명의 원로들에게 통교되는) 민수 11장과 (모세의 비교 불가한 신원을 강조함으로써 민수 11장의 예언자적 요구 사항을 일부 수정하는) 12장의 경우는 D문헌에도 P문헌에도 속하지 않은 채 다른 세계 문헌의 관심사를 반영하는 듯하다(이 점에서 Römer 참조). 한편 우리는 (오경에서처럼) 민수기에서, 신명기계 문체로 다듬어진 (민수 13-14장의 정찰대 이야기의 사제계 판으로 추정되는 민수 32,7-15와 같은) P본문들이거나, ("그 땅의 주민들"과의 모든 접촉을 경계시키는 말씀으로서, 34-35장에서 미래의 국가 체제와 경계에 관한 사제계 묘사에 앞서 의도적으로 삽입된 민수 33,50-56의 하느님 말씀에서 볼 수 있는) 사제계와 신명기계 언어의 종합을 보여주는 여러 본문을 만난다. D와 P의 문체와 관심사를 뒤섞어 조화를 이루는 이 편집은 민수기와 오경의 최후 편집 가운데 하나에 해당하는 것 같다. 이러한 측면에서 오토에 이어 아헨바흐는 민수기를 육경의 편집 결과로 취급하면서 오경의 편집에 의해 곧바로 수정되었을 것으로 본다. 아헨바흐에 따르면, 민수기의 특수성은, 민수 1-10장과 26-36장에 담겨 있으며 민수기라는 '책'을 엮어낸 자료 대부분을 기초로, 세 번에 걸쳐 신학적 개정이 단행되었다는 사실에 있다. 이 편집자들은, 민수기에서 엘아자르라는 인물로 제시되는 대사제의 주도 아래 제2 성전 공동체의 성직제도 체제를 도입하도록 했던 사람들이다.

2.3. 원전 문제

민수기의 사제계 저자들과 평신도 저자들은 더 오래된 전승들을 활용했다. 예를 들어 호세 9,10은 민수 25장의 기사에 보도된 것과 같은 바알 프오르에 관한 전승을 이미 알고 있었던 것으로 보인다. 이 전승들 가운데 우리는 특히 다음과 같은 요소들을 지적할 수 있다.

1) 이스라엘의 광야 체류 전승. (호세아서와 예레미야서 등) 예언서와 여러 시편에서 확인되며, 이스라엘을 거슬러 본디 그리 부정적이지도, 그리 비판적이지도 않았던 전승이다.

2) 땅 정복과 정착에 관한 전승들. 몇몇은 여호수아기의 정복 기사와 가깝다. 요르단 건너편 지파들의 정착에 관한 전승들이(32,34-38.39ㄱ.41-42) 본래의 형태로는 평화로운 점유를 함축한다는 사실에 주목하자.

3) 군사 활동의 본거지로 등장하는 카데스 바르네아에 자리한 기사 전체. 이 기사들은 솔로몬 시대 또는 요시야 시대로 거슬러 올라간다. 그 지역('Ain Qudeirat)에 대한 고고학적 발굴작업은 바로 이 두 시대에 카데스가 전략적인 기능을 행사했음을 밝혀주기 때문이다(당시에 이 지역은 남부 경계와 네겝 지방을 통제하기 위한 일종의 요새 기능을 했다).

4) 발라암 이야기. 이 이야기는 민수기에 통합되기 이전에 독립적인 방법으로 존재했던 것이다(발라암은 8세기의 아람 비문에서 확인된다).

5) 끝으로 민수 13-14장과 신명 1장 사이의 병행 현상. 이 두 본문은, 샤르베르트(J. Scharbert)가 주장하고 있는 것처럼(같은 의미에서 Otto 참조), 크게 13,17-20.22.24.27-31; 14,11.24-25.39-45에서 찾아볼 수 있는 하나의 더 오래된 기사를 따르고 있는 것으로 보인다. 오래된 기사는 왕정시대로 거슬러 올라가는 것 같으며, 헤브론 주변 지방이 왜 칼렙 씨족에게 속하게 되었는지 설명하는 데 목적을 두고 있다.

여기서 제기된 이론은 따라서 민수기를 오경 가운데 마지막으로 형태를 갖춘 작품으로 취급한다. 이는 특히 노트가 이미 직시했던 이 책의 독자적인 성격을 설명한다.

3. 주제와 의도

1) 책의 내용은 물론 설계는 세대의 변화가 민수기에서 중심 역할을 한다는 사실을 밝혀준다. 첫 세대와 둘째 세대 사이의 교체에 관한 재고는 본질적인 신학적 문제를 불러일으킨다. 어떤 차원에서 현세대는 조상들의 잘못을 짊어지거나 연대해야 하는가? 우리는 여기서, "아버지가 신 포도를 먹었는데, 자식들의 이가 시다"라는 에제 18,2의 속담이 입증하고 있듯이, 유배를 살았던 세대의 후손들 사이에 만연했던 하나의 반성을 찾을 수 있다. 이 문제에서 민수기 저자들은 (에제키엘 저자들과 마찬가지로, 에제 18,3-4 참조) 부정문으로 응답한다. 새 세대는 분명 이상화한 세대는 아니나, 땅에 입성할 권리는 훼손되지 않고 온전히 보존된다.

2) 광야 체류는 민수기의 또 다른 중심 주제를 이룬다. 우선 광야가, 구약성경의 다른 곳에서와는 달리, 매우 부정적인 방법으로 평가되고 있다는 사실을 주시해야 한다. 특히 예언자들의 연사 대부분에서 광야는 긍정적이 아니라면 적어도 중립적인 장소로 등장한다. 광야는 야훼와 이스라엘 사이의 약혼 장소이다(예를 들어 예레 2,2; 호세 2,16-17 참조). 이와는 달리 민수기는 광야에서의 이스라엘 삶을 매우 어둡고 거의 절망적인 모습으로 묘사한다. 이 모습은 주로 민수기의 한가운데에 자리하며, 탈출기에 나오는 백성의 탄원과 불평이라는 주제를 강화하면서 되풀이하는(참조. 민수 11장 → 탈출 16장; 민수 20장 → 탈출 17장) 반역 기사군을(11-25장) 통해 설명된다. 그러나 탈출 16-17장과는 달리 민수기에서 백성이 제기하는 이의는 늘 야훼에 의해 엄하게 징벌되며, 이는 (아무튼, 오경의 최후 편집상) 율법이 그사이에 계시되었다는 사실로 확인된다(탈출 19-민수 10 참조). 민수기의 반역 기사들은 두 기사군 사이에 정리되어 있다. 첫 기사군에서(11-20장) 백성의 반역은 아직 야훼가 아니라 모세와 아론, 또는 광야 생활을 거슬러 행사되며, 이 기사군의 핵심은 땅의 정복 거부와 이집트로 돌아가려는 백성의 바람으로 이루어져 있다(13-14

장). 둘째 기사군에서(21,4-9와 25장) 반역은 이제 하느님과 모세를 거슬러 직접 단행되며, 25장에서 백성의 배교로 정점에 이른다. 이 배교는 구약성경 개념에 따르면 최악의 반역으로서 첫 세대의 전멸을 초래할 것이다.

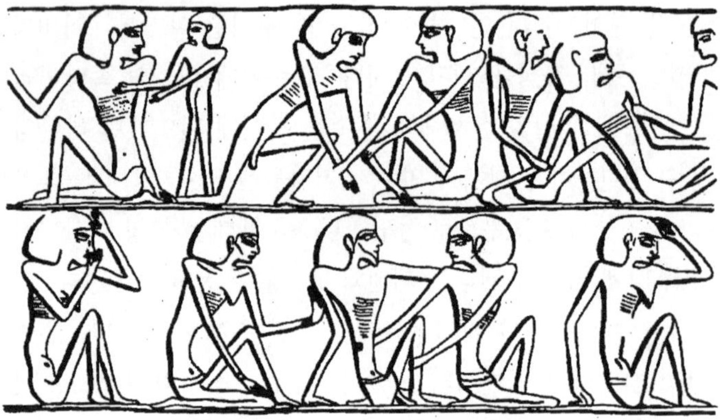

굶주린 광야 주민들을 형상화한 이집트 부조
광야는 모든 위험, 특히 굶주림과 목마름의 장소이다.

3) 민수기의 중요한 기타 주제들 가운데 우리는 특히 (신학적 현실화를 위한 끝없는 원전을 제공하는) '백성의 광야 행진', 사실 민수기에서의 이스라엘 여정이 혼란스럽고 복잡하기 그지없는 만큼 진정한 의미에서의 떠돌이 생활에 더 가까운 행진이라는 주제를 언급할 수 있다. 또한, 야훼와 백성 사이의 중개자 모습으로서의 모세의 중요성이라는 주제도 들 수 있다. 야훼와의 특혜적인 대면을 통하여 모세는 백성의 참된 수장으로 분명히 등장하며(한편 그의 역할은 이의의 대상이 될 것이다), 여섯 번에 걸친 중개를 통하여 야훼의 징벌을 경감시키거나 철회하도록 한다(11,2.12.13; 14,13-19; 16,22; 17,11; 21,7-8). 아론은 모세에 비해 일반적으로 하위 역할을 맡고 있었음에도 불구하고(그러나 민수 17 참조!), 사제의 권위를 대표하는 사람으로서 여러 특권을 누렸으며, 바로 그가 예배와 제사

를 조직하고 집전했다. 여기서 우리는 유배시대 이후 공동체의 대사제 모습으로부터 명백한 영향을 받고 있다는 점을 감지할 수 있다. 또한, 모세와 아론의 계승이 동일한 원칙을 따르지 않는다는 사실도 적시할만하다. 아론에게는 왕조-혈통의 원칙이(그의 아들 엘아자르에 관한 20,25-28과 손자 피느하스에 관한 25,7 참조), 모세에게는 카리스마적인 원칙이 적용되기 때문이다(민수 27,15-20에서 야훼께서 몸소 여호수아를 택하신다). 같은 맥락에서 민수 27,18-23가 정의하는 여호수아와 (아론의 후계자) 엘아자르 사이의 관계는 정치적 수장과 대사제 사이의 권한 분배에 관한 문제를 반영한다(에제 45-46 참조).

4) 민수기에서 다른 백성과의 관계를 설명하는 방법 역시 흥미롭다. 몇몇 본문은, 신명기 또는 탈출기의 몇몇 본문과 동일한 선상에서, 땅의 주민들과의 일체의 접촉을 금지하면서 철저한 배타주의를 권고한다(예를 들어 민수 33,52 참조; 민수 25장에서 이스라엘의 배교는 이스라엘이 모압족과 미디안족으로부터 유혹을 받았다는 사실로 설명된다). 그러나 또 다른 경향 역시 표출된다. 그 자신 외국 여인과 혼인한 모세는(민수 12) 미디안 사람 장인이 약속의 땅에서 자신을 동반하기를 초대하며(10,29 이하), 외국인 점장이 발라암은 야훼를 자신의 하느님으로 여긴다(23,12). 파스카와 제물에 관한 몇몇 법적인 규정들은 '토착민들'과 백성 한가운데 거주하는 외국인들을 통합한다(9,14; 15,13-16; 35,15). 여기서 또한 공동체의 통합을 보존하는 데 지대한 관심을 쏟는 엄격한 입장과 (유다교 개종주의를 부분적으로 예시하는) 개방적인 경향 사이의 충돌은 페르시아 시대의 주된 논쟁거리 가운데 하나를 반영한다.

4. 참고문헌

4.1. 주석서

M. Noth, ATD 7, 1977 = OTL, 1968. J. de Vaulx, SBi, 1972. P.J. Budd, WBC 5, 1984. J. Milgrom, JPSTC, 1990. J. Scharbert, NEB.AT 27, 1992. B.A. Levine, AncB 4, 1993; AncB 4A, 2000. D.T. Olson, Interp., 1996. H. Seebass, BK.AT 4/2, 2002; BK.AT 4/3, 2007. L. Schmidt, ATD 7/2, 2004.

4.2. 연구 현황

P. Buis, *Le livre des Nombres* (CEv 78), Paris, 1992. R.P. Knierim, «The Book of Numbers», in E. Blum/R. Blum (éd.), *Die Hebräische Bibel und ihre zweifache Nachgeschichte. FS R. Rendtorff*, Neukirchen-Vluyn, 1990, p. 155-163. E. Otto, «Forschungen zum nachpriesterschriftlichen Pentateuch», *ThR* 67(2002), p. 125-155. L. Schmidt, «Neue Literatur zum Buch Numeri (1996-2003)», *ThR* 70, 2005, p. 389-407. T. Römer (éd.), *The Books of Leviticus and Numbers* (BETL 215), Leuven, 2008.

4.3. 주요 저서 및 논문

R. Achenbach, *Die Vollendung der Tora. Studien zur Redaktionsgeschichte des Numeribuches im Kontext von Pentateuch und Hexateuch* (BZAR 2), 2003. O. Artus, «Les dernières rédactions du livre des Nombres et l'unité littéraire du livre», in T. Römer/K. Schmid (éd.), *Les dernières rédactions du Pentateuque, de l'Hexateuque et de l'Ennéateuque* (BETL 203), Leuven, 2007, p. 129–144. M. Barnouin, «Remarques sur les tableaux numériques du livre des Nombres», *RB* 76, 1969, p. 351–364. E. Blum, *Studien zur Komposition des Pentateuch* (BZAW 189), Berlin/New York, 1990. O. Artus, *Etudes sur le livre des Nombres. Récit, Histoire et Loi en Nombres 13,1-20,13* (OBO 157), Fribourg(CH)/Göttingen, 1997. N.R. Jastram, «The Text of 4QNum[b]», in J.T. Barrera/L.V. Montaner (éd.), *The Madrid Qumran Congress: Proceedings of the International Congress on the Dead Sea Scrolls. Madrid 18-21 March, 1991*, Leiden *et al.*, 1992, p. 177–198. W.W. Lee, *Punishment and Forgiveness in Israel's Migratory Campaign*, Grand Rapids(MI)/Cambridge, 2003. D.T. Olson, *The Death of the Old and the Birth of the New: The Framework of the Book of Numbers and the Pentateuch* (BJSt 71), Chico(CA), 1985. T. Römer, «Nombres 11–12 et la question d'une rédaction deutéronomique dans le Pentateuque», in M. Vervenne/J. Lust (éd.), *Deuteronomy and Deuteronomic Literature. Festschrift C.H.W. Brekelmans* (BEThL 133), Leuven, 1997, p. 481–498. A. Schart, *Mose und Israel im Konflikt: eine redaktionsgeschichtliche Studie zu den Wüstenerzählungen* (OBO 98), Freiburg(CH)/Göttingen, 1990. J. Van Seters, *The Life of Moses: The Yahwist as Historian in Exodus-Numbers*, Louisville(KY)/Kampen, 1994.

신명기

로제(Martin Rose)

다른 어떤 성경책보다도 신명기를 위한 해석은 우리가 전제하는 해석학적 맥락에 따라 좌우된다. 이 저술은 오경의 문맥 속에서 토라의 마지막 작품으로, 또는 신명기계 역사편찬을 여는 작품으로 읽힐 수 있다.

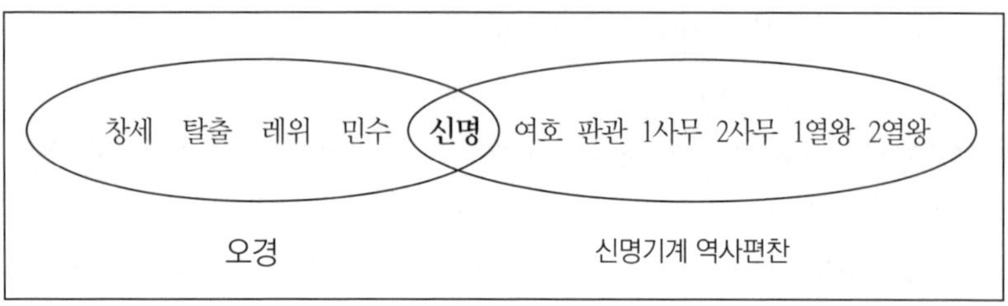

이처럼 주석가는 중대한, 아니면 원초적인 결정 앞에 선다. 신명기를 문맥에 따라 읽기 위하여, 유다교 전통에 의해 '토라'라 불리고 그리스도교 시대 이전에 이미 그렇게 확인되는(예를 들어 집회서의 머리말 νόμος 참조) 이 문학 총체에 우선권을 부여할 것인가, 아니면 출발점으로 하나의 학술적인 가설, 곧 20세기에 와서야 지금과 같은 완벽한 형태를 갖추게 된 신명기계 역사편찬 가설을 수용할 것인가(M. Noth)?

토라에서 오직 신명기가 차지하는 자리를 중심으로 이 책을 읽는다는 것은, "율법의 끝"이라는 (피상적인) 이해에 젖어 있는 (로마 10,4의 "그리스도는 율법의 끝이십니다." 참조) 그리스도교 독자로부터 금시 외면당할 위험을 안고 있다. 게다가 '신명기'(자의적으로는 '제2의 율법')라는 책 이름은 다분히 부정적인 의미를 내포할 수 있다. 율법이 필요하다면, 제1의 율법, 진정한 율법을 받아들이는 것이 바람직하지 않겠는가?

신명기계 역사편찬을 열어주는 기능을 전제로 신명기에 접근한다는 것 역시 문제가 없는 것은 아니다. 신명기에는 서사체 문구들이 상대적으로 적은 편이며, 그 내용은 현대의 '역사편찬' 요구에 잘 버티지 못할 것이다. 게다가 우리는 사해 동쪽의 평원에서 펼쳐진 이 '역사'와 공감대를 형성할 무엇인가를 가지고 있는가? 먼 역사이고 외국의 역사이기 때문이다.

따라서 신명기가 점점 더 읽히지 않는 책, 점점 더 경시되는 책이 되었다는 사실은 놀라운 일이 아니다. 한편, 초기 그리스도교 시대의 상황은 매우 달랐다. 신약성경에 문학적으로 인용된 문구들을 살펴보면, 신명기는 놀랍게도 시편(107번)과 이사야서(104번)에 이어 세 번째 자리를 차지한다(55번). 이 숫자들은 물론 참고적 가치를 지닐 뿐이기는 하나, 무엇인가를 말하고 있는 듯하다.

(기원전 2세기부터 기원후 68년까지의) 쿰란 공동체에서도 신명기는 매우 중요한 자리를 차지하고 있었던 것 같다. 사해 위로 불쑥 튀어나온 동굴에서 발견된 본문 단편들을 살펴보면, 신명기 두루마리가 25개나 있었던 것으로 추정된다. 시편 수사본만 이 숫자를 넘어설 뿐이다(31개).

예전에 신명기가 이렇게 큰 관심을 끈 이유는 무엇일까? 이 작품은 본질적으로 '설교된' 율법과 역사를 내용으로 하는 하나의 '설교'로 제시된다. 긴 작별의 연사를 마친 다음 느보산으로 올라가 죽음을 맞이할(34,1-7) 모세의 설교이다(1,1: "이것은 모세가... 온 이스라엘에게 한 말이다"). 설교의 문체론적 형태는 '너' 또는 '너희'를 청취 대상으로 하고, 권고와 경고를 규칙적으로 삽입시키며(학자들은 이를 '교훈' 문체라 말한다), 상투적인 언어를 사용함으로(이 점에 대해서는, M. Weinfeld의 저서 말미에 자리한 부록 320-365쪽 참조) 드러난다. 신명기의 특징 가운데 하나는 '오늘'(*hayyôm hazzēh*)이라는 표현을 자주 사용한다는 것이며, 이 표현은 율법은 물론 역사의 '현실화'에 대한 의지를 힘주어 강조한다. 오늘날의 설교가들 역시 이 위대한 설교로서의 신명기에 관심을 가질 필요가 있겠는가? 신명기계 설교와 현대의 설교를 묶어주는 공통점이 별로 발견되지 않는다는 점에서 장담할 수 없다.

그러나 해석학적인 각도에서 신명기에 특별한 중요성을 부여하는 요소는 전승을 해석하는 기능이다. 전승 자체의 내용 이상으로 여러 단계에 걸친 재독의 기준은 모든 주석 작업을 위한 하나의 주요 지표가 될 수 있다. 물려받은 전승은 언제나 인용과 해석 사이, 충실과 자유 사이에서 펼쳐지는 매우 민감한 '작용'으로 계승된다. 신명기는 분명 재독 과정이라는 흔적을 남긴 유일한 성경책은 아니나, 설교의 '오늘'을 강조함으로써 이 재독 과정을 근본적인 원칙으로 만든 유일한 책이다. 이처럼 해석 활동은 상당히 오랫동안 책을 증보시켜왔으며, 결국 두 곳에 "너는 무엇을 보태서도 안 되고 빼서도 안 된다"(4,2와 13,1)하는 소위 '경전' 문형을 과감하게 삽입시켜 편집에 의한 증편에 종지부를 찍고자 했다. 책 형성과정은 이렇게 마감되었으나, 그 해석 과정은 계속되었으며, 이러한 해석학적 요구를 따랐던 모든 주석가는 과거(전승된 본문)와 현재(동시대 독자와 그의 체험)를 향한 이중 책임성 앞에 서야만 했다.

1. 설계와 내용

경전 본문은 근본적인 자료이며, 모든 해석과 모든 주석 연구의 출발점을 이룬다. 따라서 이 책의 구조에 대하여 질문을 던지는 것은 당연한 일이다. 사실 우리가 하나의 본문에 부여하는 의미는 근본적으로 이 본문에서 밝혀낼 수 있는 편성에 좌우된다.

먼저 문장의 양식을 기준으로 시작해볼 수 있다. 신명기 독자는 ('나'와 '너/너희' 양식의) 모세 설교가 하나의 서언과(1,1-5) 하나의 결어로 (34,1-12) 둘러싸여 있을 뿐만 아니라, 모세에 대하여 3인칭으로 말하는 여타 '서사체' 요소들로(4,41-5,1ㄱ; 27,1ㄱ; 28,69-29,1; 이러한 요소는 특히 31-33장에 자주 등장한다) 말미암아 단절된다는 사실을 확인할 수 있다. 서사체에 속하는 편인 문구들의 문체를 살핌에 있어 우리는 한편 '역사' 부분에서 현저한 차이점에 주목한다. 4,41-5,1ㄱ을 예외로 한다면 첫 부분에서(1-11장) 기사는 전적으로 모세의 입에 자리하는 반면(예를 들어 5,28의 "야훼께서..... 나에게 말씀하셨다"), 마지막 부분에서 우리는 규칙적으로 어떤 '화자'의 도움을 받는다(예를 들어 31,14의 "야훼께서 모세에게 말씀하셨다"). 책의 마지막 부분을 향할수록 문학유형(연사)은 더 이상 처음과 같은 엄격함을 유지하지 않는다. 이와 같은 문체적 약화는 이 기준을 바탕으로 책을 구조화할 수 있다는 가능성에 중대한 이의를 제기한다.

또 다른 주장은 이 3인칭 문장에서 "이것은.....(말)이다"와 같은 표제 문형에(1,1; 4,44; 28,69; 33,1) 관심을 가질 뿐이다. 이 경우 신명기는 34장의 모세의 사망 기사로 보완된 네 개의 연사 모음집으로(1-4장, 5-28장, 29-32장, 33장) 취급된다(Blaulik, 1986). 이러한 주장 역시 "이것이.....법규들이다"라는 12,1의 표제가 신명기 전체의 구조에서 차지하는 중요성을 간과한다는 점에서 온전히 만족할만한 것은 되지 못한다. 따라서 엄격한 의미에서의 양식 기준은 그것만으로는 신명기를 위한 설득력 있는 구조를 분명하게 드러내지 못한다.

더욱 오래된 주장들은 주로 내용을 기준으로 제안된 것들이다. 폰 라트(G. von Rad, 1938, 23쪽 이하)가 처음 내세운 가설에 따르면, 신명기의 형태는 예배 집전, 특히 (이름하여) '계약 갱신 축제' 거행을 반영한다:

교훈: 신명 1-11장
율법 낭독: 신명 12,1-26,15
상호 맹세: 신명 26,16-19
축복과 저주: 신명 27장 이하

이어서 멘덴할(G.E. Mendenhall)과 발처(K. Baltzer)는 (특히 히타이트와 아시리아) 종속 조약과의 비교표를 작성했다. 여기서 신명기는 야훼와 이스라엘 사이에 체결된 계약을 말하기 위하여 동일한 도식을 취하는 것처럼 보인다.

1. 전문(소개, 임금의 직함): 신명 5,6 참조
2. 역사적 서언(조약의 역사적 기초 상기): 신명 1-4장 또는 1-11장? 참조
3. 기본 약정(조약으로 설정된 관계 정의): 신명 5장의 십계명
4. 특별 약정(연례 조공, 왕궁 방문 등): 신명 12-25장 또는 12-26장? 참조
5. 증인(신들과 신격화한 자연의 힘): 신명 30,19 참조
6. 상벌(저주와 축복): 신명 28장 또는 27-28장? 참조
7. 최후 조항(문서 보관): 신명 31,9 참조

계약(*berît*)이라는 주제는 이론의 여지 없이 신명기에서 중요한 자리를 차지한다(12번 확인). 그러나 어떤 '계약 문형'도 성경의 현재 형태(경전)의 모든 측면을 설명하기에 충분한 예형을 제공하지 못한다. 몇몇 요소에 대해서는 시도된 접근들이 지나치게 인위적이어서 오히려 의심스럽게 보일 정도이다.

신명기의 조직을 지시했을 하나의 일반적인 설계를 제시하고자 했던 모든 시도는 실패로 돌아갔다. 이 책의 형태는 편집사의 관점에서만, 따라서 기나긴 재독 과정의 결과로만 설명될 수 있다. 이와 같은 '통시적 구조'는 편집사의 재구성을 요구하며, 따라서 문학 비판과 역사 연구에 관한 모든 작업 조건들을 공유한다는 점은 분명하다. 제안된 가설들의 개연성은 언제나 끝없이 이어지는 토론의 대상으로 머문다.

가장 폭넓은 공감대는 신명기의 가장 오래된 핵심 문제에서 형성된다. 신명기법이라 불리는 12-25장에서 그 핵심을 찾아야 한다. 한편 이 책의 구조에 관해서 학자들은 전체로서의 신명기에 관해 이미 드러난 동일한 문제 앞에 선다. 어떤 분명한 설계도 이 법의 규정들 배치를 지배하는 것으로 보이지 않는다(Seitz의 도표 참조). 블라울릭(G. Blaulik, 1991)이 십계명 예형을 기초로 하나의 전반적인 구조에 관한 견해를 피력하고자 한다면, 그는 분명, 예를 들어 14,1-21에서 두 번째 계명의 반향을 감지하고 있는 것처럼, 때로 거의 사실과 먼 것들(몸에 맞지 않는 것들)을 연결해야 한다.

신명기법의 형태 역시 편집사에 의해서만 설명될 수 있다면, 계속되는 재독 과정의 출발점 역할을 했던 본래 '핵심'의 성격과 범위 문제가 새롭게 제기된다. 이 점에서 우리는 네 가지 근본적인 규범을 언급할 수 있으며, 이 규범들은 호세 4,2와 예레 7,9에 열거된 것들과 동일하고 십계명의 본래 핵심을 형성하는 것들이기도 하다(신명 5,17-20; 탈출 20,13-16; Rose, 1994, 107쪽 이하 참조). 구체적인 여러 적용 형태로 이 규범들은 19-25장의 법규 중심에 있다. 그러나 다른 법규집에 비해 신명기법에 특수성을 부여하는 것은 유일한 성소에 관한 법으로서 서언 부분에 자리하며(12장), 이 법에서 유래한 소위 '중앙화' 규정들이 뒤를 잇는다(특히 14,22-29; 15,19-23; 16,1-17 참조). 공통 전승이며 특별한 프로그램인 이 두 측면 역시 신명기를 특징짓는 근본적인 해석학적 상황, 곧 (받아들인 규범의) 전승과 (새로운 상황에 맞춘) 해석 사이의 관계를 밝혀준다.

그 자체로 하나의 해석인 신명기법은 독서의 새로운 열쇠 역할을 하는 하나의 틀 첨가를 통하여 해석되었다. 이 두 편집 차원(법규집 차원과 그 틀 차원) 사이를 구별하는 개념은 주석 연구를 통하여 폭넓게 수용되었다. 이 또 다른 재독의 주요 역점 역시 매우 일치된 방법으로 묘사된다. 성소의 유일성은(12장) 이제 "한 분이신 야훼" 고백을 통하여 하나의 신학적인 수준에서 해석된다(6,4: "이스라엘아 들어라[*šemā' yiśrā'ēl*]! 야훼 우리 하느님은 한 분이신 야훼이시다"). 주석가들은 그러나 특히 이 틀의 본문 범위 문제와 관련하여 (5장부터 30장에 이르기까지?) 심각한 의견의 차이를 보인다. 본문 범위에 대하여 비교적 인색한 편인 학자들과 함께 6,4-9; 7,1-11; 10,12-22; 26,1-15; 26,16-19를 헤아리는 것이 현명한 판단인 것으로 보인다(Rose, 1994 참조). 이들 본문에는 특히 하느님과 이스라엘 사이의 배타적인 관계가 주제로 떠오른다. 한편 이 틀 저자가 또한 경우에 따른 주석이나 전혀 새로운 문구들까지 덧붙이면서 법규집을 다시 손질했음은 당연한 일이다.

두 개의 도입 연사가 존재한다는 사실은 이론의 여지가 없으며, 이는 양식과 문체 기준과 내용 기준을 근거로 한다. 노트(M. Noth)의 연구 이래 일반적으로 첫째 연사는(1,6-4,40) 신명기가 땅의 정복부터 기원전 587년의 멸망에 이르기까지 이스라엘의 역사를 이야기하는 작품의 머리에 자리한 바로 그때 만들어졌다는 사실이 받아들여졌다('신명기계 역사편찬'). 여기서는 신명기의 편집적인 증보에 구두점을 찍은 결정적인 단계가 문제이다. 율법서가 문맥상 역사적인 사건으로 조명되었다는 것이다. 이 상이한 방향 전환을 표기하기 위하여 새로운 도입이 종종 서사체 양식으로 제시된다. 신명기계 역사편찬의 저자는 물론 나름대로 전승의 본문, 곧 신명기법과 그 첫 틀을 개정했다.

그런데도 (신명기법과 신명기 틀과 신명기계 도입이라는) 이 세 문학 차원에 관한 가설은 신명기에서 드러나는 문체적인 모든 불일치를 설명하기에는 부족한 것으로 확인되었다. 연구 과정에서 여러 이론이 제기되었

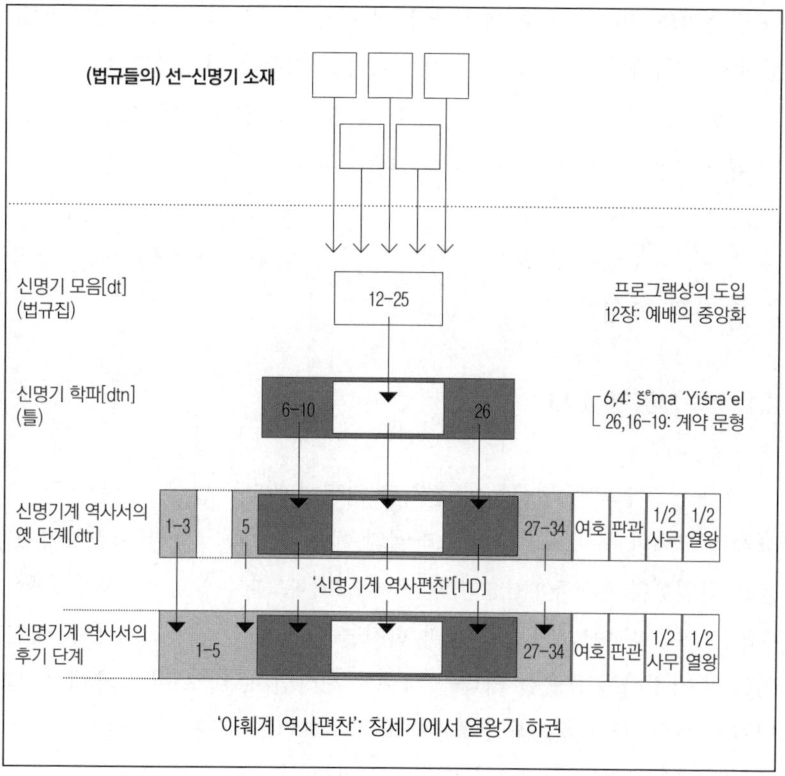

으나, 주석 논쟁은 오늘날에도 공통된 의견, 나아가 상대적인 공감대를 형성하는 데에도 어려움이 있다(이 책의 신명기계 역사 입문 참조). 몇몇 학자들은 신명기계 역사(HD: Histoire Deutéronomiste)에서 오경의 사제계 원전(P) 요소들은 찾고자 하나(예를 들어 신명 34,1ㄱㄱ.7-9), 다른 학자들은 (특히 신명 4장에서) 신명기 문체로 된 몇몇 주해들만이 HD의 유일무이한 출간에 덧붙여졌다고 생각하며, 또 다른 저자들은 HD 전체가 여러 출간을 겪었고 그 특징들은 신명기에서도 발견된다고 여긴다.

지금까지 제안된 이론들, 각 편집 단계가 특히 새로운 도입 문구(와 새로운 독서 실마리)를 통해 드러난다는 이론들을 따른다면, 우리는 창세기와 탈출기와 민수기의 '야훼계' 본문에 제시된 대로의 서사체 줄거리를, 정착지에서 체험한 역사의 기사에 선-유목 역사를 덧붙인 또 다른 개막으로 이해할 수 있다. '신명기계 역사편찬'은 이렇게 '야훼계 역사편찬'이 된다(Rose, *Deuteronomist und Jahwist*, 1981 참조).

2. 출처와 형성

2.1. 선-신명기 소재

('선-신명기 소재') 법규들의 출처는 정확하게 적시될 수 없다. 성경학자들은 그러나 북 왕국, 곧 이스라엘의 예언 전승과 상당한 관련성이 있음을 확인했다(예를 들어 신명 17,2와 호세 6,7을 참조할 수 있다; 이 관련성에 관한 완전한 목록은 Weifeld, 366-370 참조). 학자들은 또한 신명기 전체에서 '레위인들'이 차지하는 중요한 자리를 자주 주시하면서, 바로 이 세계에서 '신명기계 운동'의 기원을 찾아야 한다고 생각했다. 이 '레위인들'은 (734년부터 시작된) 아시리아의 침략과 (722년) 사마리아의 함락 때 도피를 시도하기 이전 북 왕국의 성소에서 예배 직무를 수행했던 일정한 단체(또는 일정한 사회계급)를 형성했던 사람들이다. 이때 이스라엘 왕국의 국가로서의 정체성은 완전히 파괴되나, 이 백성의 전통은 남 왕국, 곧 유다로 도피한 사람들과 함께 그리고 그들을 통해서 살아남을 수 있었다. 그때부터 북과 남의 전승들이 융합되기 시작했다. 잠언 25,1의 약술은 "히즈키야의 신하들"의 문학 활동을 연상케 하며, 이 활동은 잠언 25-29장의 수집에만 국한되었던 것이 아니라, 더욱 넓은 관점에서 다양한 구전과 문학 전승 보존에까지 확대되었던 것 같다. 히즈키야 임금(716-687[697?])의 이름은 또한 하나의 중대한 예배 개혁과도 결부되며(2열왕 18,4), 신명기 저자가 이 군주를 어떻게 예찬하고 있는지 살펴보아야 한다(2열왕 18,5).

함무라비 석비 상부
태양과 정의의 신 사마스가 임금을 법의 중재자로 세우다.

2.2. 신명기 모음

신명기의 역사에서 히즈키야 시대의 중요성은 성경학자들에 의해 자주 강조되었다(특히 Steuernagel, XIII쪽과 Cazelles 참조). 많은 주석가는 바로 이 시대에, 곧 8세기 말 또는 7세기 초엽에 (또는 히즈키야 치세 동안이나 직후에) 신명기 첫 법규집이 기록으로 고정된 것으로 본다(이를 Steuernagel은 'Grundsammlung', Cazelles은 'première collection'이라 부르며, 위 도표에는 '신명기 모음'으로 표기하였다).

이 법규집은 분명 성소에 관한 법(12장), 더 자세하게 말한다면 13-19절에 포함되어 있듯이 일반적으로 가장 오래된 것으로 취급되는 판에 속한 법을 담고 있었다. "야훼께서 선택하신 곳"(14절)에 관한 문제이다. 우리는 선-신명기 전승에서 '선택된' 성소로서의 자격이 본래 북 왕국 어떤 성전에 (특히 스켐 성소: 이 성읍 위로 불쑥 솟아오른 두 언덕, 곧 에발과 그리짐을 언급하는 27장 참조) 부여되었던 것이라는 가능성을 배제할 수 없다. 이 전승을 남 왕국의 상황에 적용하여 현실화시켜나간 해석 과정에서 예루살렘에 대한 '하느님의 선택'은 701년의 사건 속에서 확인될 수 있었다. 이때 예루살렘 성전 이외에 모든 성소는 아시리아인들에 의해 약탈당하였기 때문이다. 도성은 한 해 이상을 끌었던 포위에도 살아남았으며, 아시리아 군대는 도성을 점령하여 파괴하지 못한 채 물러났다. 이 경이로운 체험은 솔로몬 성전의 명성을 더욱 드높였을 것이다. 도성의 왕실 성전으로서의 입지에 아시리아의 침략을 모면한 유다의 유일 성소라는 독자성이 덧붙여졌다.

("야훼께서 선택하신 곳"에 관한) 북 왕국의 전승과 (상세한 역사적 상황에 적용하려는) 유다의 해석은 유다의 임금과 북에서 내려온 신학자들 사이의 상당한 '상호작용'을 연상케 한다. 히즈키야는 '레위기계' 전승들이 불러일으킨 자극들을 수용했던 것 같으며, 한편 신명기를 전달한 사람들은 701년에 예루살렘에서 겪은 체험들을 통합시켰다. 또는 이를 다른 말로 표현한다면, 임금의 개혁 정책은 '레위기계' 이념에 개방적임을 드러냈으며, '신명기 모음'의 저자들은 국가공동체에 전통의 윤리 규범들을 상기시켰던 그들의 신학적 프로그램이 임금의 지지를 받고 있다는 확신을 가지고 있었다.

그러나 정치적이며 종교적인 이 상황은 그리 오래 가지 못했다. 결국, 히즈키야는 아시리아의 속박에 굴복했으며, 그의 아들이며 후계자인 므나쎄([697?]687-642)는 아시리아에 무조건적인 종속 정책을 추구해

나갔다. 이러한 봉건제도는 군사적이며 경제적인 차원만이 아니라 예배적이며 종교적인 영역에서도 일정한 종속관계를 전제로 했다. 신명기 저자의 판단에 따르면(2열왕 21,2-16), 이 시기는 유다에서 자행된 모든 "악한 짓"(9절) 가운데 최악을 드러냈으며, 이는 이 왕국 최후 재앙의 전조로 해석되었다(12-16절). 아무튼, 우리는 므나쎄 치세에 대해 부정할 수 없는 두 가지 관점을 주시할 수 있다. 하나는, 봉건정책을 통하여 임금은 자기 왕권과 왕국에 예외적으로 기나긴 안전성을 보장받을 수 있었다는 사실이며, 다른 하나는, 그의 정책이 선왕의 경우 그토록 대단한 찬사의 대상이 되었던 개혁 정신에 의해 더는 유지될 수 없었다는 너무나 자명한 사실이다.

신명기 법규에 따른 이념에 거의 부합하지 못한 이러한 분위기 속에서 펼쳐진 40년 이상의 치세에서 우리는 신명기법에 대한 전반적인 망각과 율법 두루마리의 실종을 설명하는 이유를 쉽게 확인할 수 있다. 아무튼, 622년에 관한 사건으로 2열왕 22,8은 "율법서"(*sefer hattôrā*)의 "발견"(*māṣā'tî* 참조)을 언급한다. 발견된 이 두루마리는 무엇이며 그 내용은 어떠한 것이었는지 정확하면서도 상세하게 밝힐 수 없다는 것은 분명하나, 4세기의 희랍 교부 요한 크리소스토모(344-407)는 이를 신명기와 동일시했으며, 라틴 교부 예로니모(347-420)가 그 뒤를 따랐다. 이러한 견해는 드 베트(W.M.L. de Wette) 이후(1805) 역사비평 주석 세계에 당연한 것이 되었다.

학자들은 자주 하나의 '경건한 속임수'(*pia fraus*), 곧 예루살렘 사제들에 의한 속임수를 숨기려 했던 이 발견의 역사적 신빙성에 대하여 단호하게 이의를 제기했다. 실지로 이 두루마리를 '발견한' 것이 아니라, 중앙화 예배의 특전을 자신들에게 유리하게 돌려놓을 의도로 고안해낸 하나의 문서에 그 이상의 가치를 부여하기 위하여 '재발견'으로 위장했다는 것이다(예를 들어 H. Schmidt, 40쪽의 "... *mit Absicht der Täuschung*[속임수의 의도로]..." 참조). 2열왕 22장 기사에 관한 이와 같은 근본적인 의혹 제기는 최근의 연구로 포기되었다. 물론 이 본문이 후기 신명기 편집자들의 문체와 신학의 흔적을 담고 있다는 사실은 문제로 남으나, 본문의 진정한 역사적 핵심이 존재했다는 사실은 더는 논쟁의 대상이 되지 않는다 (Rose, 1977 참조).

630/626년부터 아시리아 제국은 약화일로에 접어든 더욱 분명한 조짐을 드러내기 시작했으며, 이때 유다의 임금 요시야(640-609)는 자립 정책의 첫발을 내디딜 수 있었다. 요시야가 므나쎄 시대에 아시리아 제국에 대한 정치적 종속을 종교적으로 떠받치기 위하여 설치해 놓은 아시리아 우상들로부터 예루살렘 성전을 정화하지 않은 채, 해방 정책을 단행했으리라 추정하기는 불가능한 일이다. 바로 이와 같은 성전 정화를 위한 쇄신의 틀 속에서 "율법서"의 발견을 연상해야 할 것이다. '개혁' 운동은 따라서 이 발견으로 전개된 것이 아니라, 이 발견이 바로 이미 개시된 복원 운동에 보충적이며 새로운 자극을 부여했던 것이다. (701년에 체험한) '역사적 현실'로서의 예배의 중앙화가 이제 '프로그램 상의' 배타성으로 변화한다. 제사는 이제 예루살렘 성전에서만 합법적으로 집전될 것이다(2열왕 23,5-20 참조).

2.3. '신명기 학파'

(이처럼 성전에서 발견된 "율법서"에 해당하는) '신명기 모음'은 이제 공적 생활에서 중요한 자리를 되찾는다. 예루살렘 사제들이 낭독하고 왕궁이 경청한 이 법규집은 아마도 '신명기 학파'라 불리는 하나의 새로운 전달 집단을 만났을 것이다.

다시 한번 우리는 문학 활동과 정치사 사이의 일정한 '상호작용'에 대하여 말할 수 있다. 성전에서 발견된 '신명기 모음'은 왕정에 대하여 상당한 영향력을 행사했고, 그 대신에 이 법규집은 새로운 발간을 맞이하게 되었던 것 같으며, 이때 당시의 구체적 체험을 반영한 틀에 의해 증보되었다.

그러나 요시야 시대는 갑작스럽게 마감된다. 609년 해결되지 않은 많은 문제를 남겨둔 상황 속에서 임금은 "파라오 느코와 맞서 싸우러 나갔으며, 그는 요시야를 보고 그를 죽여버렸다"(2열왕 23,29). 이는 또한 자립 정책의 갑작스러운 종말이었다. 유다 왕국은 다시금 이집트에 이어 바빌론의 봉건국가로 전락한다. 결과적으로 개혁 프로그램은 예전과 같이 엄격하게 추구될 수 없었다. 그러나 다른 한편 우리는 요시야에 의해 단행된 예루살렘 제사의 배타적인 중앙화라는 개혁 방식이 포기되었음을 시사하는 문학적이며 고고학적인 어떤 표지도 소유하고 있지 않다. '신명기계' 이념은 분명 왕정에 의해 공식적인 지지를 받지는 못했으나, 기억과 정신을 고무하는 역할을 이어나갔다.

그러나 이 기억과 정신은 바빌론 임금 네부카드네자르가 유다 왕국을 멸망시키고 도성을 완전히 파괴하며, 백성 특히 지도층과 지식층과 장인층의 대대적인 강제 이주를 단행한 587년에 치명적인 좌절을 맛본다. 그럼에도 불구하고 야훼께서 당신 민족을 구하시고 당신의 집 곧 성전을 보호하실 능력이 없다는 증거를 이 사건들 속에서 인지하거나, 그분을 포기하고 겉으로는 더욱 강력하게 보였던 바빌론의 신들을 향하여 기울기는커녕, '신명기계' 전승의 신학자들은 이 재앙을 하느님의 징벌 곧 율법을 준수하지 않은 결과로 설명했다.

2.4. 신명기계 역사편찬 속에서의 신명기

재앙적이며 근원적인 종말이라는 체험에 직면한 바빌론 유배의 신학자들은 종말에 이른 이 모든 역사에 감히 하나의 '의미'를 부여한다. '말씀'이 역사의 궁극적인 요인으로 선언되었다는 것이다(Rose, 1996 참조). 신명기계 저자들에게 이 역사는 이스라엘이 "야훼의 소리를 들었던"(5,4.5.22.23.24 등) 말씀의 산 호렙에서(1,2.6.19 등) 시작된다. 하느님의 말씀은 그 내용으로 윤리 규범들 이외에 어떤 것도 담고 있지 않다. 그러나 '신명기 모음'에 담겨 전승으로 전달된 법규들은 곧 바로 '하느님의 말씀'과 동일시되지 않는다. 이 법규들은 모세가 가르친 것들로서(5,31) 반향과 숙고 또는 반영의 방법을 통해서만 하느님의 말씀을 나타낼 뿐이다. 모세의 역할은 '예언자적'으로 묘사된다(18,15.18). 모세는 이제 신명기계 저자들이 작품에 (특히 사무엘기와 열왕기에) 그 모습을 드러내게 하는 모든 예언자의 선조가 되기에 이른다. 예전에는 마술가, 치유자 또는 카리스마적이었던 사람들이 이제 무엇보다도 먼저 '대변인' 특히 심판 선언의 전달자로 소개된다. 따라서 우리는 다시금 상호적응 문제 앞에 선다. 모세가 '예언자'가 되며, 이스라엘과 유다 역사의 예언자들이 모세의 모습으로, 다시 말해서 하느님의 말씀 해설자로 인식된다.

역사의 토대인 모든 윤리 전승은 인용 또는 해석이 되며, 이 전승은 모세의 입에 놓인다. 작별 연사(신명기)가 역사의 기사(여호수아기, 판관기, 사무엘기, 열왕기)를 앞선다. 그런데도 우리는 통교의 두 상황을 구별한다. 신명기 법의 규정들이 "요르단 건너편"에서 통교된 반면에(1,1; 4,46 등), 십계명은 호렙에서 백성이 직접 하느님의 입을 통하여 처음으로 들은 것으로 제시된다(5,4: "야훼께서 너희와 얼굴을 마주 보고 말씀하셨다"; 5,22: "야훼께서 산 위에서 너희 온 회중에게 이 말씀을 하셨다"). 왜 이러한 구별이? 자기 땅에서 살고(12,1) 성소를 향해 서 있으며(12,8-28; 16,1-16) 임금들에 의해 다스려지던(17,14-20) 하나의 민족공동체를 위해 구상된 신명기 법은 유배자들의 눈에 그 '현실적인' 영향력을 상실했다. 그러나 그들 역시 '땅 밖에' 사는 그들의 상황에 걸맞은 분명한 윤리 지침이 필요했다. 신명기계 저자들이 '신명기 학파'의 본문 앞에 배치한 십계명의 기능이 바로 여기에 있다. 십계명은 준수해야 할 법규의 절대적 최소한을, 땅에서 먼 광야에서 선포되었으나 하느님의 '직접적인 통교'에 의해 계승된 법이라는 지위로 지고의 자리를 차지한 흔들릴 수 없는 핵심을 요약하기 때문이다.

그야말로 모든 개연성을 넘어, 근동의 모든 지방에 흩어진 이 전멸된 '이스라엘'을 위해 아직 가능한 역사가 남아 있다면, 이는 다시금 그리고 언제나 율법의 순종에 달린 일이다. "보아라, 내가 오늘 너희 앞에 생명과 행복, 죽음과 불행을 내놓는다. 내가 오늘 너희에게 명령하는 것을 행하고 [...], 너희가 살 것이다..."(30,15-18).

2.5. 야훼계 역사편찬 속에서의 신명기

유배시대와 유배시대 이후에, 신명기에서 암시를 통해서만 회상되는 선-민족적이며 선-정착적인 역사는 서서히 그 중요성을 인정받는다. 예를 들어 '탈출'이라는 주제는 유배시대의 예언자인 제2이사야의 메시지에서 새로워진 용법을 만나며(참조. 이사 40,3; 51,10 등), 특히 야훼계 작품에 구두점을 찍는다(특히 창세 12,1과 탈출 3-15 참조). 더욱 폭넓은 이 역사편찬 작품에서 율법은 분명 작품의 첫머리에서 열쇠로서의 지위를 상실한다. 주제와 문체의 변화만이 아니라, 신학적 차원에서 근본적으로 상이한 방향을 반영하는 징조가 보인다. 율법은, 준수 또는 무시를 통해서, 역사에 더는 하나의 설명(하나의 '의미')을 가져다 주지 않는다. 율법과 역사 사이의 관계가 상대화한 이유는 무엇인가? 한편으로는 신명기계 저자들이 새로운 미래의 전제 조건으로 기대한 율법 순종으로의 대전환이 유배자들 사이에서도, 강제 이주되지 않은 사람들 사이에서도 전혀 이루어지지 않았으며, 다른 한편으로는 보다 '순종적인 사람들'도 늘 약속되고 예정된 행복을 살지 못했고, '고통받는 의인'은(예를 들어 이사 53,4-5 참조) 점점 더 미묘한 문제로 떠올랐다는 사실이 체험을 통하여 드러났기 때문이다.

진지하면서 지속적인 '순종' 실현에 대한 근본적인 환멸은, 신명기에 도입되고(9,6.13; 10,16; 31,27) 탈출기에서 폭넓게 개진된(32,9; 33,3.5; 34,9) '목이 뻣뻣함'이라는 주제 안에 잘 설명되어 있다. 이토록 부정적인 방법으로 규정된 백성은 더는 '산 위의' 하느님과의 직접적인 만남 자격이 없다. 더 오래된 이본(5장) 앞에 독서의 열쇠처럼 자리한 호렙 사건들에(4장) 관한 새로운 해석은 경의를 표하는 거리를 강조한다(4,11; 참조. 탈출 20,21). '직접적인 통교'라는 개념 역시 수정된다. 백성은 '말씀'은 듣지 못하고, 오직 소리 현상만 접했을 뿐이다(4,12; 참조. 탈출 19,16). 모세에 관해서는 그가 이제부터 '고통받는 의인'이라는(1,37; 4,21: "너희 때문에") 모습을 지닌다는 사실을 지적하자. 이 주제는 탈출기에서 이미 준비되어 온 것이다(15,24; 16,2; 17,4). 협의의 신학적 관점에서 우리는 하느님의 '자비'가 강조되고 있음에 주목한다(4,31; 참조. 탈출 33,19; 34,6). 하느님의 용서와 은총만이 그분과의 안정적이며 지속적인 관계, 곧 '계약'을 보장해줄 것이다.

3. 주제와 의도

신명기를 '구약성경의 중심'으로, 나아가 '성경 신학' 일반의 중심으로 취급한다는 것은 매우 야심 찬 일이다(예를 들어 Hermann). 이 주제에서 네 가지 관점이 더욱 깊이 있는 연구의 대상이 될 수 있다.

1) 해석학적인 관점에서 신명기는 전체로서의 구약성경을 위해서도 유익한 사항, 곧 수 세기 동안 작용해온 전승과 해석의 주목할 만한 과정을 매우 의미 있는 방법으로 설명한다. 우리는 (예를 들어 국가적 재앙이 뒤따랐던 요시야의 영광스러운 시대와 같은) 매우 다양한 체험들이 던진 도전을 언제나 새로워진 형태로 대처해나간 '열린 신학'을 말할 수 있을 것이다. 해석 작업은 이중적이다. 종교적이며 문학적인 전승을 새로운 체험에 발맞춘 재독 아래에 두어야 하며, 역으로 나날을 언제나 다시금 하느님의 빛 속에 자리하게 해야 한다.

한편 신명기는 연속적인 재독이라는 열린 과정에 대한 예외적인 예일 뿐만 아니라, 처음으로 공적인 인정을 획득한 문서이다(2열왕 23,3 참조). 이 공인 절차는 한 본문의 해석적인 수정을 점진적으로 제한한 '경전화' 개념을 위한 필수적인 조건이었다. 인용과 해석 사이에서 오는 차이로 말미암아 증폭된 민감성은 점차 두드러진다. 결국 인용된 본문은 닫히고, 해석은 그로부터 분리된다.

2) 신명기는, 아무튼 히브리어 성경 경전에 실을 목적으로 선택된 책들을 고려한다면, 후대 문학에 비교할 수 없는 영향력을 행사했다. 우리는 분명 여호수아기와 판관기와 사무엘기와 열왕기에서는 물론 창세기와 탈출기와 민수기에서 그 언어 흔적을 다시 만날 수 있다(이는 신명기계 운동 이전인 것으로 추정되는 '야훼계' 작품 가설 옹호론자들에게 엄청난 문제를 일으키는 현상이다). 학자들은 특별히 예레미야서와 함께 여러 시편에서도 확인할 수 있고 비교할 수 있는 문형들을 찾아냈다.

이러한 영향력은 신학적인 주요 주제에도 관계된다. 특히 '계약 신학'(Perlitt), '야훼 전쟁들'의 신학화(von Rad, 1951), 하느님의 '(고통받는) 종'으로서의 예언자상을(Steck) 언급하기로 하자.

3) 신명기는 법규집('신명기 모음')에 기록으로 고정된 윤리 규범 토론에서 탄생한 작품이다. 사람들은 이 규범들을 우선 복수형 용어들을 사용하여 가리켰으며(*hāḥuqqîm wehammišpāṭîm*[규정들과 법규들], 예를 들어 신명 12,1 참조), 후에는 그 고유한 명칭처럼('모세의 토라': 예를 들어 여호 8,31-32; 23,6; 2열왕 23,25) '토라'라는 단어도 사용되었다(단수로: 예를 들어 4,8.44 참조). 바로 이 '토라'라는 용어가 히브리어 성경의 첫 다섯 권, 다시 말해서 ('사마리아 오경'의 존재가 간접적이기는 하나 뚜렷하게 증명하고 있듯이) 유다교에 의해 처음으로 '경전화한' 부분 전체를 위한 책 이름이 될 것이다. 또한, 유다교의 근본적인 정신에 따르면, 구약성경 전체가 종종 '토라'를 형성하는 것으로 요약되기도 한다(참조. 로마 3,19; 1코린 14,21; Talmud *bShabbat* 88a).

의무 규정들의 수를 많게 함으로써 율법서의 분량을 계속해서 증가시키는 경향이 어디서나 나타나며, 이러한 경향은 늘 더욱 분화되고 복잡해지는 상황들을 설명하는 데 필요한 것일 수도 있다. 전문화는 법규들이 이제는 전문 교육을 받은 사람들에 의해서만 '올바르게' 해석될 수 있다는 현실을 가리키게 된다. 율법은 따라서 '거리가 있는' 것이 된다. 이 질문에 대한 신명 30,11-14의 숙고는 이러한 문제가 단순히 현대에 해당하는 것만이 아님을 밝혀준다. 이와 같은 불행한 진척에 대처하기 위하여 신명기가 제안한 해결안은 무엇인가? 이미 신명기 첫 틀의 저자들('신명기 학파')은 율법의 모든 규정을 중요성과 문학적 자리에서 으뜸가는 유일한 계명, 곧 "너희는 마음을 다하고 목숨을 다하고 힘을 다하여 야훼 너희 하느님을 사랑해야 한다"(6,5)하는 계명 안에 '집약하고자' 한다. 이 첫째 계명에 관한 근본적인 질문은, 율법이 인간 존재에게 윤리적 행동의 진정한 면모를 제공할 수 있도록 언제나 되풀이 된다(마르 12,28 참조). '하느님의 사랑' 안에 윤리 규범들을 집약하는 구체적 답변은 놀라움을 주면서도 동시에 주목할 만하다. 마치 진정한 인간의 행동이 타인에 대한 깊은 애정 안에서만 가능한 것처럼 보이기 때문이다(Rose, 2003 참조).

4) 일차적인 테 두르기를 통해 설정된 바로 이 해석학적 상황 속에서 신명기는 '야훼의 배타성'이라는 개념을 제시하며, 이는 히브리어로 네 개의 단어만을 내포하는 그야말로 간결하면서 프로그램적인 형태를 띤다(6,4). 야훼의 '유일성'은 아직은 유일신 고백은 아니나, 중요한 예비 요소에 해당한다. 신명기의 최후 편집은 한편 다른 신들의 존재를 명백하게 거부하면서 철저한 '유일신 사상'을 표명한다. "야훼께서 위로는 하늘에서, 아래로는 땅에서 하느님이시며, 다른 하느님이 없다"(4,39). 민족의 하느님이 궁극적으로 아담과 하와의 하느님, 온 인류의 하느님이 되기 위하여 '보편화한다'. 이러한 관점에서 신명기는 진정 '구약성경의 중심'과 유일신적인 성경의 두 종교를 위한 근본적인 문헌을 이룬다.

4. 참고문헌

4.1. 주석서

G. Braulik, NEB.AT, 1986–1992. P. Buis/J. Leclerq, SBi, 1963. H. Cazelles, SB(J), 1966[3]. D.L. Christensen, WBC 6, 1991–2002. J.G. McConville, *Deuteronomy* (Apollos Old Testament Commentary, vol.5), Leicester/Downers Grove(IL), 2002. R.D. Nelson, OTL, 2002. E. Nielsen, HAT 1/6, 1995. L. Perlitt, BK.AT 5, 1990ss. M. Rose, ZBK.AT 5/1–2, 1994. C. Steuernagel, HK 1/3, 1990. T. Veijola/R.G. Kratz, ATD 8,1 (Dt 1,1–16,17). M. Weinfeld, AncB 5, 1991.

4.2. 연구 현황

H.D. Preuss, *Deuteronomium*(EdF 164), Darmstadt, 1982. T. Römer, «Approches exégètiques du Deutéronome. Brève histoire de la recherche sur le Deutéronome depuis Martin Noth», *RHPhR* 75(1995), p. 153–175. T. Veijola, «Deuteronomismusforschung zwischen Tradition und Innovation», *TR* 67/3(2002), p. 273–327.

4.3. 주요 저서 및 논문

K. Baltzer, *Das Bundesformular* (WMANT 4), Neukirchen, (1960) 1964[2]. P. Barker, *The triumph of grace in Deuteronomy. Faithless Israel, Faithful Yahweh in Deuteronomy*, Bletchley, 2004. G. Braulik, *Die deuteronomischen Gesetze und der Dekalog: Studien zum Aufbau von Deuteronomium 12-26* (SB 145), Stuttgart, 1991. G. Braulik, *Studien zu den Methoden der Deuteronomiumsexegese*, Stuttgart, 2006. K. Finsterbusch, *Studien zu religiösem Lehren und Lernen im Deuteronomium und in seinem Umfeld*, Tübingen, 2005. S. Herrmann, «Die konstruktive Restauration. Das Deuteronomium als Mitte biblischer Theologie», in H.W. Wolff (éd.), *Probleme biblischer Theologie. Gerhard von Rad zum 70. Geburstag*, München, 1971, p. 155–170. C. Koch, *Vertrag, Treueid und Bund. Studien zur Rezeption des Altorientalischen Vertragsrechts im Deuteronomium und zur Ausbildung der Bundestheologie im Alten Testament*, Berlin, 2008. N. Lohfink (éd.), *Das Deuteronomium. Entstehung, Gestalt und Botschaft* (BEThL 68), Leuven, 1985. N. MacDonald, *Deuteronomy and the Meaning of «Monotheism»*, Tübingen, 2003. G.E. Mendenhall, *Law and Covenant in Israel and the Ancient Near East*, Pittsburgh(Pa), 1995. M.J.J. Menken/S. Moyise, *Deuteronomy in the New Testament*, London, 2008. P.D. Miller, «Deuteronomy and Psalms: Evoking a biblical conversation», *JBL* 118(1999), p. 3–18. M. Noth, *Überlieferungsgeschichtliche Studien. Die sammelnden und bearbeitenden Geschichtswerke im Alten Testament (1943)*, Darmstadt, 1967[3] = *The Deuteronomistic History* (JSOT.S 15), Sheffield, 1991[2]. E. Otto, *Das Deuteronomium. Politische Theologie und Rechtsreform in Juda und Assyrien* (BZAW 284), Berlin/New York, 1999. L. Perlitt, *Bundestheologie im Alten Testament* (WMANT 36), Neukirchen-Vluyn, 1969. S. Petry, *Die Entgrenzung JHWHs. Monolatrie, Bilderverbot und Monotheismus im Deuteronomium*, Tübingen, 2007. G. von Rad, *Das formgeschichtliche Problem des Hexateuchs* (BWANT 78), Stuttgart, 1938 = «The Form Critical Problem of the Hexateuch», in Id., *The Problem of the Hexateuch and Other Essays*, Edinburgh, 1966, p. 1–78. Id., *Der Heilige Kreig im alten Israel* (AThANT 20), Zürich,

1951. A. Rofe, *Deuteronomy. Issues and interpretations*, Edinburgh, 2002. M. Rose, «Bemerkungen zum historischen Fundament des Josia-Bilds in II Reg 22f.», *ZAW* 89(1977), p. 50-63. Id., *Deuteronomist und Jahwist: Untersuchungen zu den Berührungspunkten beider Literaturwerke* (AThANT 67), Zürich, 1981. Id., «Idéologie deutéronomiste et Théologie de l'Ancien Testament», in A. de Pury/T. Römer et J.-D. Macchi (éd.), *Israël construit son histoire. L'historiographie deutéronomiste à la lumière des recherches récentes* (Le Monde de la Bible 34), Genève, 1996, p. 445-476. Id., *Une herméneutique de l'Ancien Testament: comprendre, se comprendre, faire comprendre* (Le Monde de la Bible 46), Genève, 2003. H. Schmidt, *Die Geschichtsschreibung im Alten Testament*, 1911. G. Seitz, *Redaktionsgeschichtliche Studien zum Deuteronomium* (BWANT 93), Stuttgart *et al.*, 1971. J. Stackert, *Rewriting the Torah. Literary revision in Deuteronomy and the Holinsee legislation*, Tübingen, 2007. O.H. Steck, *Israel und das gewaltsame Geschick der Propheten. Untersuchungen zur Überliefferung des deuteronomitischen Geschichtsbildes im Alten Testament, Spätjudentum und Urchristentum* (WMANT 23), Neukirchen-Vluyn, 1967. J. Taschner, *Die Mosereden im Deuteronomium. Eine kanonorientierte Untersuchung*, Tübingen, 2008. T. Veijola (éd.), *Das Deuteronomium und seine Querbeziehungen* (SFEG 62), Helsinki/Göttingen, 1996. M. Vervenne/J. Lust (éd.), *Deuteronomy and Deuteronomic Literature*. Festschrift C.H.W. Brekelmans (BEThL 133), Leuven, 1997. P.T. Vogt, *Deuteronomic theology and the significance of Torah. A Reappraisal*, Winona Lake(ID), 2006. M. Weinfeld, *Deuteronomy and the Deuteronomic School*, Oxford, 1972, réimpr. 1983.

제2부 | 예언서

입 문

유다교 전승은 히브리어 성경의 둘째 부분을 '느비임'(*Nebiim*)이라는 제명으로 지칭하며, 이 부분은 한편 '느비임 리소님'(*Nebiim rishonim*, 전기 예언서)과 '느비임 아하로님'(*Nebiim āḥaronim*, 후기 예언서)으로 나뉜다.

전기 예언서는, 그리스도교 전승이 전통적으로 '역사서'라는 이름으로 가리키는 책들, 곧 여호수아기, 판관기, 사무엘기, 열왕기를 포함한다. 이 책들은 가나안 정복으로부터 (기원전 587년의) 예루살렘 멸망과 바빌론 유배시대까지의 이스라엘 역사를 다루면서 오경의 서사체 줄거리를 이어가는 작품이며, 땅과 이스라엘의 정치 체제 문제라는 두 주제가 지배적이다. 여호수아기에서 이스라엘은 전쟁을 치르는 방법으로 땅을 획득하기에 이르나, 이 땅은 이스라엘 왕국에는 아시리아 군대의 침입으로, 유다 왕국에는 바빌론 군대의 침입으로 상실된다. 왕정 문제가 판관기부터 제기되며, 사무엘기는 왕정제도의 기원을, 열왕기는 이 제도 영광의 시간과 쇠퇴를 이야기한다.

후기 예언서는 이사야서, 예레미야서, 에제키엘서, 열두 소예언서와 같은 문자 그대로의 예언서로 편성된다.

이 두 문학 총체가 공동으로 묶여 있는 현상이 우선 기이하게 다가

올지 몰라도, 실상 여러 가지 이유로 설명될 수 있다. 먼저 유다교 전승은 '역사서' 대부분을 예언자들의 작품으로 돌린다. 예언자 사무엘은 판관기와 함께 자기 이름을 지닌 책을 기술했을 것이며, 사무엘기는 사무엘의 사후에 예언자 가드에 의해 보완되었을 것이다. 예언자 예레미야는 한편 열왕기의 저자인 것처럼 취급된다(바빌론의 탈무드 *Baba Bathra* § 14b-15a). 자기 책의 저자로 여겨지는 여호수아는 집회서에 따르면(46,1) 예언자로도 소개된다. 나아가 역사서는 판관기부터(4,4: 여예언자 드보라; 6,8) 사무엘, 가드, 나탄, 엘리야, 엘리사, 이믈라의 아들 미카야, 이사야, 여예언자 훌다, 기타 예언자들의 수많은 개입을 담고 있다.

앞서 언급했던 대로 '전기 예언서'는, 정치적 자립과 함께 영토를 잃고 강제 이주를 체험하게 하는 재앙으로 마감되는 이스라엘과 유다 왕국의 역사를 기술한다. 이 책들을 편집한 사람들의 관점에서 이 사건들은 당신의 뜻을 따르지 않던 백성을 향한 야훼의 제재로 이해되었다. '후기 예언서'는 이 작품이 백성과 그 지도자들의 수많은 위반을 담고 있음을 심판 신탁들을 통하여 확인시켜준다. 그러나 2열왕 25장에 기술된 역사의 종말은 야훼의 백성에게 아직 일말의 미래가 남아 있는지 알아보아야 할 문제를 제기한다(바빌론 포로의 몸이 된 유다의 최후 임금의 상황 호전을 서술하는 마지막 일화는[2열왕 25,27-30 참조] 난해한 문제로 남는다). 후기 예언서에 퍼져 있는 구원 신탁들은, 이스라엘과 유다가 야훼의 구원 개입 덕분에 실로 하나의 미래를 가지고 있음을 분명하게 밝힌다. '느비임'의 둘째 부분을 여는 이사야서가 6장부터 미래의 이상적인 임금에 대한 예고들, 열왕기에 기술된 왕정 실패의 반향으로 보이는 예고들을 담고 있다는 사실은 분명 우연이 아닐 것이다.

또한, 전기 예언서와 후기 예언서의 일체성을 보강하는 문학적인 여러 연결점이 존재한다는 사실에 주목하자. 1열왕 18-20장은 (다소의 차이점들과 함께) 이사 36-39장에서 발견되며, 2열왕 24-25장은 예레미야서의 말미에(52장) 되풀이된다. 후기 예언서의 마지막 본문은 종말론적 시대를 위한 엘리야의 귀환을 예고하는데(말라 3), 이 기사군은 1열왕 17장-2열왕 2장에 게재되어 있다.

세 개의 '대'예언서(이사야서, 예레미야서, 에제키엘서)로 되어 있고, 그 뒤를 열두 소예언서(호세아서, 아모스서, 오바드야서, 요나서, 미카서, 나훔서, 하바쿡서, 스바니야서, 하까이서, 즈카르야서, 말라키서; 이 순서는 칠십인역 성경과 다소의 차이가 있다: 이 책의 열두 소예언서 입문 참조)가 뒤따르는 후기 예언서 편성은, 세 성조의 뒤를 이스라엘의 열두 아들이 따르는 오경의 도식을 상기시킨다. 이사야서가 이 부분의 첫머리에 자리하고 있다는 사실은 이 작품에 규합된 신탁들이 8세기부터 페르시아 시대까지 이른다는 사실로 설명된다. 이렇게 이사야서는, 호세아서로 열리고 – 호세아의 활동은 아시리아 지배 시대 아래서도 펼쳐진다 – 아케메니데스 임금들 시대의 세 예언자(하까이, 즈카르야, 말라키)에 의해 마감되는, 열두 소예언서 총서와 동일한 기간을 정확하게 감싼다.

끝으로 '느비임' 총서 전체가 토라를 참조하는 틀로 둘러싸여 있다는 사실을 주목해야 한다. 여호 1,8은 정복과 땅에서의 삶이 모세의 토라를 끊임없이 읽는 것에 달려 있음을 강조하며, '느비임'의 끝부분인 말라 3,22-24는 "너희는 나의 종 모세의 율법, 내가 호렙에서 온 이스라엘을 위하여 모세에게 내린 규정과 법규들을 기억하여라"(말라 3,22)라는 언급으로 열린다. 이러한 틀은 분명한 하나의 메시지를 내포한다. 예언집과 그 심판과 구원 논법을 잘 이해하기 위하여, 모세가 유일한 중개자로 등장하는 토라에 비추어 읽어야 한다는 것이다. 말라 3,23의 엘리야의 귀환 예고와, 이 엘리야와 모세의 상호관계는 '율법과 예언서'의 신학적 일체성을 강조한다. 이 일체성은 신약성경의 예수님 변모 기사의 내밀한 바탕에서 발견된다(마르 9,2-10과 병행문구). 이 기사에서 예수님은 모세와 엘리야에 둘러싸여 계시다. 이 두 인물은 율법과 예언서를 상징하며, 공관복음 저자들의 관점에서 보면 율법과 예언서는 나자렛 사람 예수님의 오심으로 완성된다.

히브리어 성경에서 '느비임'은 종말론적 희망으로 끝맺음한다. 야훼는 이스라엘이 토라를 기억하는 조건 속에서 더는 나라(또는 땅)를 금기('금기'를 의미하는 '헤렘'[ḥerem]은 여호수아기를 반영한다: 여호 6-7 참조)로 치러 오시지 않을 것이다.

신명기계 역사
(신명기 ~ 열왕기 하권)

뢰머 (Thomas Römer)

1. 연구사

1.1. 역사서에서의 신명기계 본문 발견(여호수아기, 판관기, 사무엘기, 열왕기)

신명기는 구약성경의 첫째 부분 곧 오경을 닫으며, 동시에 이 책은 '역사서'(여호수아기, 판관기, 사무엘기 상하권, 열왕기 상하권)라 불리는 책들의 서막과 출발점 역할을 하기도 한다. 사실 신명기는 이스라엘 백성의 임박한 약속의 땅 입성, 요르단강 건넘으로 전개되는 입성을 끊임없이 암시한다. 그런데 이 건넘과 땅 정복 기사를 만날 수 있는 곳은 정확하게 말해서 여호수아기이다. 신명기와 여호수아기의 이 밀접한 관련성 때문에 학자들은 종종 여호수아기를 구약성경 첫째 부분의 진정한 끝으로 취급했으며, 이로써 '오경' 대신에 '육경'을 말하게 되었다(이 책의 오경 입문 참조). 그러나 신명기는 여호수아의 정복 역사만이 아니라, 예를 들어 "너희를 이집트 땅, 종살이하던 집에서 끌어내신 야훼를 잊지 않도록 조심하여라... 너희는 너희 주위에 있는 민족들의 신들 가운데 그 어떤 신도 따라가서는 안 된다. 너희 가운데 계시는 야훼 너희 하느님은 질투하시는 하느님이시다. 야훼 너희 하느님의 진노가 너희를 거슬러 타올라, 너희를 저 땅에서 멸망시키는 일이 없게 하여라." 하는 신명 6,12-15의 권고가 보여주듯, 뒤따르는 역사도 준비하는 작품이다. 이 본문에서 고발된 거동은 바로 판관기에 묘사된 혼란 시대의 이스라엘 백성을 특징짓는 것들이다. "그들은 저희 조상들의 하느님이신 야훼, 저희 조상들을 이집트 땅에서 끌어내신 분을 저버리고, 주위의 민족들이 섬기는 다른 신들을 따르고 경배하여, 야훼의 화를 돋우었다..."(판관 2,12-14).

판관기 서막은 이처럼 신명기의 경고를 위반한 역사로 읽힌다. 아울러 신명 6,15와 28,63은 백성의 불순종에 대한 극도의 징벌로 약속의 땅으로부터의 강제 이주를 예고한다. 이 예고는 "이렇게 유다 백성은 고향을 떠나 유배를 갔다"(2열왕 25,21)라는 말씀을 접하는 열왕기 하권의 말미에서 현실로 다가온다. 이처럼 신명기와 역사서 사이에는 주제 상의 명백한 연결점이 존재한다. 이 연결점은 한편 신명기의 그것들을 상기시키는 문체와 어휘가 이 역사서에 현존한다는 사실로 더욱 분명해진다. 이러한 연결점들의 존재를 지적한 학자들 가운데 한 사람은 철학자 스피노자(B. Spinoza)였으며, 그는 '정치-신학적 개론'(1670)이라는 저서에 "이 모든 책의 맥락과 대상을 살펴나간다면, 이 책들이, 가장 멀리 떨어진 시간부터 예루살렘의 첫 번째 유린에 이르기까지 고대 유다교 기술을 목표로 삼았던 단 한 사람의 역사가의 작품임을 알아보는 것은 어려운 일이 아니다"(*Œuvres*, t. 2, 1861, p. 164)라고 기록해놓았다. 스피노자가 신명기를 앞서는 책들과 분리될 수 없는 책임을 확인한 것과 같이, 그는 또한 창세기에서 열왕기 하권의 끝부분에 이르는 대역사서에 관한 가설을 제안한 것이다.

19세기에 와서 에발트(H. Ewald)는, 이 책들 전체 안에 신명기계 주제와 문체가 자리하고 있음을 인정하면서도, '기원 대작'(창세기에서 여호수아기)과 '임금 대작'(룻기를 포함하여 판관기에서 열왕기 하권)을 구별한다. 후작은 적어도 신명기계 유형의 두 판을, 하나는 왕정시대 말기, 아마도 요시야 치하에, 그리고 다른 하나는 바빌론 유배 동안 발간된 판을 알고 있었을 것으로 추정한다. 여호수아기와 이어지는 책들 사이의 중간 휴지에 대한 강조는 벨하우젠(J. Welhausen)에 의해 대중화한 육경 개념으로 설명될 수 있다. 벨하우젠은 한편 판관기와 사무엘기와 열왕기가 바빌론 유배 동안만큼이나 유다 왕정시대의 마지막 세기 동안 펼쳐진 신명기계 편집을 알고 있었을 것이라는 에드발트의 개념을 공유한다. 그러나 벨하우젠은 이 책들 각각의 편집자들이 동일한 사람들인지 아니면 다른 사람들인지 알아보는 문제에 대하여 별 언급이 없었다. 그에게 이 점은 별로 중요하지 않았기 때문이다.

1.2. '신명기계 역사'에 관한 논제(Martin Noth)

역사서의 신명기계 본문들의 취지와 논리적 일관성에 관한 질문을 처음으로 불러일으킨 사람은 노트이다. (1938년에 출간된) 여호수아기 주해서를 준비하면서 노트는, 이 책에 담긴 기사와 목록이 야훼계와 엘로힘계 작품과 독립적인 출처와 형성을 지닌다는 스승 알트(A. Alt)의 주장을 확인한다. 따라서 노트가 볼 때, 오경에 들어 있는 문헌들은 여호수아기에는 없다. 이와 같은 고찰은 특히 육경 개념에 관한 거부를 내포한다. 그렇다면 신명기와 여호수아기, 나아가 역사서 전체 사이의 연관성을 어떻게 설명해야 하는가?

제2차 세계대전이 한참일 때, 노트는 구약성경 주석에 의미 있는 흔적을 남길 해답을 제안한다. 1941-42년에 그는 쾨닉스베르그에서 '전승사 연구'(*Überlieferungsgeschichtliche Studien*)라 이름 붙인 작은 책자를 집필하여 1943년에 발간한다. 이 책자에서 노트는 단 한 사람의 저자 곧 신명기계 저자(Dtr)의 작품으로 보는 '신명기계 역사편찬' 또는 '신명기계 역사'(노트는 독어로 *deuteronomitisches Geschichtswerk*라 언급한다)라는 개념을 창안한다. 노트는 누구도, 주제는 물론 문체에 있어, 신명기와의 긴밀한 유사성을 증언하는 문구들이 역사서에 존재한다는 사실에 이의를 제기하지 않음을 지적하면서 논리를 펼친다. 노트에게 특히 다음의 본문들이 중시된다.

여호수아기

1,1-6.[7-9].10-18; 2-11장 기사의 신명기계 개정 부분(예를 들어 3,2-8; 5,4.6.7; 6,6.8-9ㄱ.26; 8,30-35), **12**; **23**(13-22장은 신명기계 저자 직후 덧붙여짐).

판관기

2,6-11.14-16.18-19; **3**,7-11; 판관기 기사의 신명기계 개정 부분(예를 들어 3,12-15ㄱ; 4,1-5.31; 6,1.6ㄴ-10; 8,27-35), **10**,6-16; **13**,1(13-21장은 후대에 여러 단계에 걸쳐 덧붙여진 것 같음).

사무엘기 상하권

1사무 2,25-35; **7**,2-17; **8**,1-22; **10**,17-27ㄱ; **12**,1-25; 다윗의 부상과 계승 역사의신명기계 개정 부분(예를 들어 2사무 5,4-5; 7,11-13.22-24).

열왕기 상하권

1열왕 2,2-4.27ㄴ; **4**,1-5.8; **7**,47-51; **8**,1-4.9.14-66; **9**,1-9; **11**,1-13.38-43; 각 임금을 위해 신명기계 저자가 임금이 치세 도입과 결어 부분 창안; 신명기계 저자가 기초한 다른 주요 본문들: **1열왕 14**,14-24; **16**,1-4; **21**,21-26; **22**,38-47; **2열왕 10**,28-33; **13**,3-7.22-25; **17**,7-20.32-34ㄱ; **21**,1-18; **22**; **23**,16-30; **24**; **25**.

노트는 가장 중요한 신명기계 문구들이 주요 영웅들의 입에 올려진 연사의 형태(여호 1; 23; 1사무 12; 1열왕 8), 또는 적절한 인물이 없어 신명기계 역사가 음성해설로 표현한 도입 또는 결어 형태를(여호 12; 판관 2,6 이하; 2열왕 17) 취한다는 사실에 주목한다. 노트에 따르면, 이 본문들은 작품 전체를 구조화하고 이 작품의 일관성을 강화하는데 기여한다.

신명기계 역사의 구조

기원

신명 1-30장 모세의 연사

토라의 기초. 신명 28장과 유배 예고를 뒤따르는 역사를 위한 독서 격자

정복

여호 1장 여호수아를 향한 하느님의 말씀

정복 예고. 토라에 대한 순종의 필요성

여호 21,43-45 주해 : 정복은 완성되었다

여호 23장 여호수아의 연사

경청의 필요성, 유배 예고

판관들

판관 2,6 이하 주해 : 판관들의 시대 도입. 불순종, 심판, 해방

1사무 12장 최후의 판관 사무엘의 연사

탈출 이후의 역사 회상, 순종의 필요성

왕정제도 초기

1열왕 8장　　솔로몬의 연사 : 성전 개막

　　　　　　　경청의 필요성, 유배 예고

두 왕국

　　2열왕 17장　　이스라엘의 종말에 관한 주해

　　　　　　　　　북 왕국의 몰락은 불순종으로 초래되었다

　　　　　　　　　　유다를 향한 유배 예고

유다의 종말

2열왕 25장　　멸망과 유배

노트에게 신명기계 저자(Dtr: Deutéronomiste)는 하나의 편집자일 뿐만 아니라, 온전한 일관성을 보이는 역사 신학에 순응하는 이스라엘의 과거 역사를 구성한다는 의미에서, 진정한 저자이기도 하다. 이 역사를 치밀하게 구상하기 위하여 Dtr은, 자기가 알고 있는 사실과 다르다 하더라도, 충실하게 옮겨적은 수많은 옛 전승들을 분명 이용하고 있다(이 점에서 노트는 Dtr을 '진솔한 중개인'이라 부른다). 그러나 무엇보다도 그가 몸소 구성한 본문들 덕분에 본래의 일관성 있는 이스라엘과 유다의 역사를 구상할 수 있다. 이 역사의 중심 사상은 야훼의 뜻에 대한 이스라엘과 그 지도자들의 순종 또는 불순종이다. 불순종으로 말미암아 이스라엘과 유다는 왕국의 멸망과 유배를 체험한다. 노트에게 있어, 신명기계 역사가 2열왕 25장에서 결어를 만난다는 것은 의심의 여지가 없다. 바빌론 포로생활 중에 있던 여호야킨 임금의 복권을 이야기하는 최후 약술은(27-30절) 이스라엘과 유다 역사의 기본적인 관점의 변화를 제시하지 않는다. 노트에 따르면, 이는 오히려 Dtr이 알게 된 마지막 사건이었으며, 따라서 Dtr은 562년 직후에 작품을 구성했을 것이라는 결론에 이르게 된다. 한편 노트는 신명기계 역사의 시작을 간파하는 데 많은 어려움을 가졌다. 이 점에서 우리는 노트가 기본적으로 '부정 방식'(*via negationis*)으로 연구에 착수했다는 사실을 확인할 수 있다. 이렇게 노트는 오경의 형성에 있어 문헌이론을 수용했기에, 신명기계 역사의 시작이 창세기부터 민수기에 이르는 책에서는 발견되지 않는다고 결론지었다. 따라서 신명기만, 정확하게 말해서 신명 1-3장만 남으며, 노트는 이를 Dtr에 의해 기초된 신명기계 역사의 시작으로 확인했다. Dtr은, 그 기원을 기원전 8세기와 7세기에 두어야 할 본래의 신명기에(신명 5-30) 이 도입 부분을 구성하여 자리하게 했을 것이다. 다음 Dtr은 여호수아기의 정복을 끌어들이고, 신명기가 이어지는 역사를 위한 '독서 격자'가 되도록 신명 31장과 34장을 기초했을 것이다.

Dtr이 예루살렘 함락과 유배라는 재앙으로 마감되는 이 역사를 이야기하고자 한 이유는 무엇일까? 노트에게 그 대답은 의심의 여지가 없다. Dtr은 무엇보다도 먼저 예루살렘의 파괴와, 조정과 함께 유다 주민들 가운데 일부의 강제 이주를 설명하고자 했다. 이 사건들은, 야훼와 그분의 법을 줄곧 포기하고 이방 신들을 향해 서있던 백성과 임금의 불성실성에 대한 야훼의 징벌로 보였다. 유다의 몰락은 따라서 적국 바빌론의 신들에 의해 패한 야훼의 무기력의 증표가 아니라, 바로 그분이 당신 백성을 벌하시기로 택하신 결과였다. 이러한 의미에서 우리는 신명기계 역사를 하나의 변신론으로 간주할 수 있다.

노트에게 있어 Dtr은 팔레스티나 어디에선가, 추정컨대 (바빌론 제국이 유다의 행정 도읍으로 설치한) 미츠파에서 역사를 기초했다. 노트에게 Dtr은 고독한 지식인, 어떤 제도에도 좌우되지 않고 어떤 성직계급이나 고관 집단에도 속하지 않은 사람으로 보였다. 모든 제도에서 자유로웠던 개인 저자로서의 이 모습은, 제2차 세계대전 상황 속에 있던 노트 고유의 지적 맥락에 잘 부합하는 것 같으나, 역사적인 관점에서 현실성이 매우 떨어지는 것으로 보인다.

그러나 이 세부적인 사항은 1957년 저서의 재판 이후 특히 대단한 성공을 맛보았던 노트 가설의 나머지 부분에 거의 영향력을 행사하지 못했다. 수많은 주석가가 그대로의 가설을 받아들였으나, 다른 주석가들은 약간의 수정을 제안했다. Dtr을 팔레스티나에 자리하게 하는 것이 급격하게 문제시되었다. Dtr을 바빌론에 유배된 지식인들 사이에서 찾는 것이 더 개연성이 있지 않은가? 또한 신명기계 역사(HD)를 한 개인 저자의 작품으로 보아야 하는가, 아니면 오히려 한 학파의 작품으로 보아야하는가? 한편 처음부터 비평가들, 그 가운데 특히 아이스펠드트(O. Eissfeldt)와 바이저(A. Weiser)의 반대 소리가 있었다. 아이스펠드트는 신명기계 본문들의 대부분을 단 한 사람의 편집자의 작품으로 취급하는 가능성에 대하여 이의를 제기했다. 이 본문들은 사실 본문들 사이의 문학적 일관성 차원에서 많은 긴장 관계를 보여준다(예를 들어 여호 1,1은 3,2와 일치하지 않는다). 한편 바이저는 역사서 각권의 신명기계 편집의 상이한 성격을 강조했다. 바이저가 볼 때, 신명기계 세계는 존재했으나, 전반적인 편집 기획의 결과로서의 신명기계 역사는 없었다. 이와는 달리 각권은 고유한 역사를 지니고 있었으며, 신명기에서 열왕기 하권에 이르는 책 전체는 노트가 가정했던 대로의 역사편찬 작품으로 거의 취급될 수 없다. 이러한 이의 제기들은 그러나 1960년대에는 부차적인 것들로 머물러 있었으며, 최근에 와서야 다시 두각을 드러내기 시작했다(아래 참조).

노트의 가설 표명은 아무튼 많은 문제를 열어놓았다. 특히 신명기계 역사(HD)의 몇몇 본문들은 왕정에 대하여 비교적 낙관적인 관점을 반영하는 것 같으며, 따라서 노트가 제안한 바빌론 시대의 집필연대와 부합하지 않는 것 같다. 노트 자신도 HD 본문에 첨가 부분이 있었다는 사실은 인정했으나, 이 첨가 부분이 분리될 수 있고 따라서 일관성 있는 편집에 속할 수 있다는 가능성에 대하여 전혀 의심해 본 적이 없다. 이 문제들은 특히 노트가 표명한 그대로의 HD 가설에 제안되었던 중대한 두 가지 수정이 바탕을 이룬다.

1.3. 노트 이론의 중대한 수정

1.3.1. 크로스(F.M. Cross) 학파와 신명기계 이중 편집 논제('두 블록' 이론)

앞서 살펴본 대로, 노트에게 Dtr은 기본적으로 바빌론 유배의 정당성에 사로잡혀 있던 사람이다. 이를 근거로 노트는, 예를 들어 (다윗에게 영원한 왕조를 약속하는) 2사무 7장, 또는 어떻게 보면 신명기계 역사서 전체의 결어처럼 울려 퍼지는 요시야 치세에 대한 2열왕 23,25("요시야처럼 모세의 모든 율법에 따라, 마음을 다하고 목숨을 다하고 힘을 다하여 야훼께 돌아온 임금은, 그 앞에도 없었고 그 뒤에도 다시 나오지 않았다.")의 열광적인 찬사처럼, 유다의 임금들에 대해 긍정적인 신명기계 본문들에 거의 관심을 두지 않았다. 여기서 요시야는 신명기의 바탕에 있는 계명, 곧 "이스라엘아, 들어라! 야훼 우리 하느님은 한 분이신 야훼이시다. 너희는 마음을 다하고 목숨을 다하고 힘을 다하여 야훼 너희 하느님을 사랑해야 한다"(신명 6,4-5)하는 계명을 성실하게 수행한 모범적인 임금으로 소개된다. 이 두 본문은 이처럼 하나의 괄호를 이루며, 본디 유배시대 이전 요시야 시대에 발행된 신명기계 역사의 서막과 결말을 제시한다고 당연히 생각할 수 있다. 이것이 바로 역사서의 신명기계 이중 편집을 옹호하면서 에발트와 벨하우젠의 견해에 다시 다가서는 크로스(F.M. Cross)의 논제이다. 크로스는 사무엘기와 열왕기가 특히, (예루살렘 이외의 지역에, 특히 베텔에 야훼를 위한 예배를 설치한) 예로보암의 죄와 영원한 다윗 왕조 약속(2사무 7)이라는 두 개의 대주제로 특징지어졌다는 관점에서 출발했다. 이 두 주제는 요시야 치세의 기사에서 결국 수렴된다. 사실 베텔의 제단을 궁극적으로 허묾으로써 예로보암의 죄를 지워버린(2열왕 23,15) 사람이 요시야이며, 다윗 왕조의 본보기가 되는 후손도 바로 요시야이기 때문이다(참조. 2열왕 22,2; 23,25). 크로스에게 있어 신명기계 역사의 초판은 요시야 치하에 기초되었으며, 요시야 치세의 정치적이며 종교적인 개혁을 단행하기 위한 홍보 기사로 구상되었을 것이다. 나아가 크로스는, 전형적인 신명기계 표현들이나 Dtr에게 소중한 신학적 반성을 별로 찾아볼 수 없다는 점에서, 2열왕 24장과 25장의 본문들이 앞선 장들과 구별된다는 사실을 적시했다. 여기서 크로스는 제2 신명기계 저자(=Dtr²)가 이 본문들을 덧붙여 가능한 범위 내에서 유다 왕국의 멸망을 고려했으리라는 결론을 도출했다. 크로스 자신은 다른 개입들을 Dtr²의 작품으로 돌리지 않았으나, 그의 제자들은 유배에 대한 암시들이 HD 내에 너무 많은 나머지 신명 4장, 여호 23장, 1열왕 8장, 2열왕 17장 등과 같은 본문에 Dtr²의 대규모 개입이 있었음을 전제할 필요가 있다고 주장했다(Nelson, Mays 참조).

크로스 학파의 논제는 노트의 가설이 설명하기 힘들어했던 역사서 내부의 현상들을 정당한 것으로 인정했다. 신명기계 역사의 이중 편집 이론은 미국과 영어권에서 폭넓게 수용되었던 반면, 독어권 주석에서는 추종자가 별로 없었다. 독어권 주석은 오히려 HD 이론의 대폭적인 개정은 인지하고 있었으나, 전혀 다른 방향에서였다.

1.3.2. 괴팅엔 학파와 연속적인 신명기계 단계 이론

노트 자신은 '신명기계'로 특징지을 수 있는 많은 본문이 뒤늦게 HD에 첨가되었을 것이라는 사실을 주시했다. 여호 1장의 여호수아를 향한 야훼의 말씀은 처음에는 6절의 "힘과 용기를 내어라. 내가 이 백성의 조상들에게 주기로 맹세한 땅을 이 백성에게 상속 재산으로 나누어 줄 사람은 바로 너다"라는 권고로 마감되었을 것이다. 여호 1,1-6에서 여호수아는 뒤따르는 정복 기사에 맞게 이처럼 군사적인 우두머리로 임명된다. 그런데 7-8절은 다음과 같은 표현으로 이어진다. "오직 너는 더욱더 힘과 용기를 내어, 나의 종 모세가 너에게 명령한 모든 것을(칠십인역성경; 마소라본에 따르면 '모든 율법을')... 실천해야 한다. 이 율법의 말씀이 네 입에서 떠나지 않도록 그것을 밤낮으로 되뇌라...". 이 덧붙임을 통하여 여호수아는 토라에 순종하는 모범적인 신앙인이며 종으로 모습을 바꾼다. 또한, 신명기계 표현으로 가득 찬 판관 2-3장은 특히 이스라엘의 모든 적이 가나안에서 전멸되거나 추방되지 않은 사실에 대한 하나의 반성을 담고 있다. 3,2에 따르면, 이는 이스라엘 백성에게 전쟁 비법을 가르쳐주기 위함이었으나, 2,20-21과 3,4는 이 목적에 수정을 제기하는 것으로 보인다. "이 민족들을 통하여 이스라엘을 시험해 보시려는 것이었다. 곧 이스라엘 사람들이 야훼께서 모세를 통하여 그 조상들에게 명령하신 계명에 순종하는지를 알아보시려는 것이었다"(3,4). 스멘트(R. Smend)가 1971년의 한 연구에서 관심을 가졌던 부분이 바로 이 HD의 이차적 전개에 관한 것이다. 그는 특히 이 첨가 부분들이 무엇보다도 먼저 율법에 대한 이스라엘 백성의 순종 여부에 집착하고 있음을 확인했다. 그러기에 스멘트는 새로운 이론을 제안하여 이러한 집착 동기를 설명했다. 대체로 노트의 Dtr과 부합하며 DtrH(Deutéronomiste Historien, '신명기계 역사가')라는 약어를 부여받은 신명기계 역사의 초판은, DtrH를 더욱 율법 중심으로 이끌었을 '율법주의적' 신명기계 저자(=DtrN: Deutéronomiste Nomiste)에 의해 유배시대 말기 또는 직후에 보완되었을 것이다. 스멘트의 제자 가운데 한 사람인 디트리히(W. Dietrich)는 '예언자적' 신명기계 저자(DtrP: Deutéronomiste Prophétique)의 개입을 추정했다. 이 두 신명기계 저자의 활동 가운데 후자가 특히 매번 완성에 관한 약술이 뒤따르는 일련의 열왕기 심판 신탁들의(예를 들어 1열왕 14,7-13과 1열왕 15,29; 1열왕 16,1-4와 1열왕 16,11-12; 2열왕 21,10-14와 2열왕 24,2) 책임자들일 것이다. 이 본문들은 이처럼, 디트리히에 따르면, 주로 예언자들에 관해 관심을 보이고, 예언자의 말씀은 예외 없이 완성된다는 사실을 강조하는 특징을 지닌 별도의 신명기계 단계를 형성한다. 또한, 바로 이 DtrP가 엘리야와 엘리사에 관한 전승들과 예언자들에 관한 다른 기사들을 HD에 삽입시켰을 것이다. 디트리히에게 이 편집자의 활동은 사무엘기와(예를 들어 2사무 12) 열왕기에 국한된다.

스멘트의 다른 제자인 페이욜라(T. Veijola)는, 스멘트가 여호수아기와 판관기에 분석 작업을 한정했음에도 불구하고, 특별히 사무엘기(와 일정 범위까지는 열왕기)의 DtrN의 활동 연구에 전념했다. 페이욜라에게 DtrH는 노트의 Dtr보다 더 축소된 상태이다. DtrP와 DtrN은 이처럼 사무엘기와 열왕기 형성에서 중요한 부분을 차지한다. 페이욜라에 따르면, 1사무 8-12장의 왕정제도에 호의적인 본문들은 유배에도 불구하고 다윗 혈통의 유지를 기대한 DtrH에서 유래하며, 반대로 DtrP는 왕정에 대하여 부정적 시각을 가진 첫 작품으로서 특히 죄의 지배를 받는 다윗의 어두운 면모를 그려냈다. 한편 DtrN 역시 왕정에 대한 비판적 시각을 보여주기는 하나(1사무 8,6-22; 12), 창설자 임금 곧 다윗과 솔로몬에 대해서는 누명을 벗기고자 애쓰는 것 같다(참조. 1열왕 1,35-37.46-48; 2,3-4).

독어권 주석에서 중요하게 울려 퍼졌던 괴팅엔 학파의 주장은 신명기계 역사 형성에서 세 가지 기본적인 단계(DtrH, DtrP, DtrN)를 구별한다. 우리는 이 세 단계가 '역사-예언-율법'이라는 연대적 순서에 부합하며, 기이하게도 육경 형성에 관한 벨하우젠의 개념과 흡사하다는 사실에 주목한다(오경 입문 참조). 비록 DtrN의 집필 시기를 페르시아 시대 초기로 잡을 수 있다 하더라도, 괴팅엔 학파는 이 신명기계 편집자들의 활동을 유배시대 동안의 팔레스티나에 자리하게 하며, 이 점에서 노트의 이론에 충실하게 머문다.

불어권에서 괴팅엔의 이론은 계승되기는 하나, 베르멜렝(J. Vermeylen)의 작업에서 보듯 수정된 방법을 통해서이다. 베르멜렝은 세명, 나아가 네 명의 신명기계 저자들을 판별하며, 그들을 그들이 작업했을 연대에 따라, 다시 말해서 (어렵게 확인되는) Dtr585, Dtr575, Dtr560, Dtr525 등으로 지칭한다. 노트와 그의 후계자들이 옹호한 이론과는 달리, 이 신명기계 저자들은, 베르멜렝에 따르면, 역사서에서처럼 오경에도 개입했을 것이며(Dtr575는 예를 들어 창세 3장에서 2열왕 25,21까지 펼쳐진다), 따라서 그들은 하나의 '신명기계 역사'보다는 '구경'(九經, 창세기-열왕기)의 장본인들일 것이다. 최근의 간행물에서 베르멜렝은 한편 괴팅엔 학파의 전문용어를 수용했다.

1.4. '신명기계 역사' 존재에 대한 이의 제기

1975년에 미트만(S. Mittmann)은 신명 1-3장에서 신명기계 역사의 도입 부분을 보았던 노트의 가설에 이의를 제기했다. 미트만에 따르면, 이 장들은 열왕기 끝부분까지 이어지는 한 작품의 적절한 도입 부분을 이루지 못하며, 이러한 역사는 탈출의 사건들로 시작하는 것이 더욱 합리적일 것이다(최근에 K. Schmid에 의해 계승된 개념으로서 오경 입문 참조). 이러한 비평과 함께 미트만은, 최근에 신명기-열왕기 하권의 일관성 있는 작품에 대한 노트의 가설을 문제 삼은, 예를 들어 뷔르트바인(E. Würthwein)과 아울트(A.G. Auld)와 놀(K. Noll)과 같은 상당수 연구가의 선구자로 등장한다. 이 저자들에게 소위 신명기계 역사는 오히려 헤아릴 수 없는 연속적 편집으로 이루어진 혼합품이다. 이 신명기계 저자들의 활동 핵심은, 아울트에 따르면, '역대기 저자'처럼 '신명기계 저자'에게 바탕 역할을 했을 왕정제도 역사의 유배시대 판에서 발견된다. 특별히 베스터만(C. Westermann)과 크나우프(E.A. Knauf)가 옹호하고 있는, 노트의 주장에 대한 비판적인 또 다른 견해는 바이저(Weiser)의 견해와 하나로 묶인다. 바이저는 이미 전기 예언서를 구성하는 책들(여호수아기-열왕기 하권)이 각각 고유한 신명기계 특성을 간직한 채 편집상 본래 독립성을 지니고 있었음을 강조한다. 크나우프는 여기에, 신명기와 여호수아기와 판관기와 사무엘기와 열왕기에 담긴 사건들을 포괄하는 하나의 신명기계 역사가 존재했다는 사실이 히브리어 성경 어디에서도 확인되지 않으며, (특히 칠십인역 성경에서 확인되는) 다양한 본문 이본들이 오경에서보다 역사서에서 훨씬 중요한 자리를 차지하고 있다는 사실을 덧붙인다. 크나우프에 따르면, 통일된 본문 부재는 하나의 신명기계 역사의 존재에 관한 가설 자체를 부정하는 근거가 된다. 이렇게 우리는, 이 저자들의 주장에 머물다 보면, 전기 예언서에 신명기계 문체의 다양한 편집이 있었음을 고찰하는 것으로 만족했던 벨하우젠 유형의 견해로 회귀하게 된다. 그러나 이 학자들이 제시한 많은 비평적 지적들이 적절한 것들이고 고려의 대상이 되어야 한다고 하더라도, 이 견해로 만족해야 하는지 자문할 수밖에 없다.

2. 토론 현황

현재의 토론에서 신명기계 역사의 가설에 관한 다수의 입장을 확인한다는 것은 어려운 일이거나 아니면 불가능한 일이다(견해의 다양성은 한편 이 책의 역사서 소개에서도 반영되어 있다). 그러함에도 대략 네 가지 주요 입장을 정리하는 것은 가능하다.

2.1. 오늘날 옹호되는 입장

1) '신(新)-노트'의 입장. 반 세터스(J. Van Seters)와 맥켄지(S.L. McKenzie)는 노트 이론의 근원적인 진술에 관한 가장 빛나는 옹호론자들이다. 이들은 신명기부터 열왕기에 이르는 역사적 작품의 책임자인 유일한 신명기계 저자(Dtr)의 존재에 대한 가설을 유지한다. 그러나 반 세터스는, 노

트가 이미 시도했던 대로, Dtr와 그리스 역사가들 사이의 비교를 보강할 뿐만 아니라, Dtr의 개념을 용어 그대로의 '저자'로, 곧 신명기계 역사(HD) 본문 대부분을 편집한 책임자로 진지하게 발전시켜 나간다. 그 결과 노트가 주장했던 바에 반해 반 세터스는, 그 존재를 부정하지는 않아도, Dtr의 원전들을 체계적으로 재구성할 수 있다는 가능성을 더는 받아들이지 않는다. Dtr의 신학과 명백히 모순되는 본문들은 종종 후대에 첨가된 것들로 취급되었다. 반 세터스의 주장에 따르면, 특히 2사무 9-20장(+ 1열왕 1-2장)의 '다윗 왕권 계승사'의 경우이다. 이 계승사는 다윗의 부정적인 모습을 제시하며, 흔히 그렇게 말하고 있는 것처럼, 이스라엘의 첫 역사편찬 작품이 아니라, Dtr 이후의 반-왕정제도 편집자로부터 유래한 작품일 것이기 때문이다. 그러나 HD에 첨가된 본문들의 기원과 일관성은 반 세터스의 주장 속에 지나치게 모호한 상태로 머물러 있다. 어디에서 유래하는지 설명하지 못한다 하더라도, (특히 열왕기의 예언자 기사들이 속한) 'Dtr^2'의 본문 전체를 식별해낸 맥켄지의 열왕기에 관한 뛰어난 분석에 대해서도 동일한 평가가 가능하다.

2) '크로스'의 입장. 요시야 시대에 신명기에서 열왕기 하권까지의 초판이 있었으며, 그 뒤를 유배시대의 판이 따랐다는 주장은 앵글로색슨 세계에서 폭넓게 수용되었다. 그러나 이 주장을 받아들인 몇몇 학자들은 크로스의 최초 입장을 수정한다. 예를 들어 프로반(I.W. Provan)은 사무엘기와 열왕기에 국한되었을 요시야 시대의 신명기계 역사의 존재를 주장하고, 캠벨(A.F. Campbell)과 오브리엔(M. O'Brien)은 요시야 시대의 판 이외에 괴팅엔 학파의 DtrP와 DtrN 편집과 매우 흡사한 신명기계 역사의 두 가지 주요 개정본을 확인한다.

3) 유배시대(와 유배시대 이후)의 연속적인 편집 이론. 많은 연구가는 괴팅엔 학파의 전문용어를 되풀이하기는 하나, 종종 상당한 자유를 기초로 한다. 예를 들어 파칼라(J. Pakala)는 '율법주의적' 편집들을 다수화하며, 게다가 신명기에 대해서는 페이욜라의 뒤를 이어 (계약[독어로 *Bund*]

신학을 강조하는 후대의 편집자인) DtrB 편집을 제안한다. 1사무 1장-2사무 25장만을 감싸는 한 명의 DtrH을 제안하는 크라츠(R.G. Kratz)와 아우렐리우스(E. Aurelius) 주장의 경우처럼, 신명기계 역사가(DtrH)는 후대의 수많은 첨가 부분을 개의치 않고 단순화시켜 나간다. 일반적으로 우리는 신명기계 단계의 다수화가 편집적이며 신학적인 설계에서 일관성을 보이는 신명기계 역사에 대한 가설을 문제 삼도록 이끈다는 사실에 주목할 수 있다.

4) 노트의 가설 거부. 노트의 이론 포기 편에 선 어떤 주석가도 전기 예언서에 신명기계 본문들이 존재한다는 사실까지 부정하지는 않는다. 그러나 이 본문들은 상호간 매우 이질적인 것들로 취급된 나머지, 그 안에서 어떤 논리적인 편집 원칙을 찾아내고자 하는 시도는 부질없는 일로 보인다. 이 주석가들은 또한, 용어의 (원전들을 인용하는 저자가 이끄는 경험에 의한 '조사'라는) 그리스 의미에서 볼 때, 신명기계 역사편찬은 존재하지 않는다는 사실을 애써 강조한다. 이러한 지적은 적절해 보이나, 정당한 이론을, 또는 오히려 (특히 반 세터스처럼) 그리스 역사가들 사이에서 신명기계 저자들을 찾을 수 있다는 조건으로 노트의 논제를 결코 비난하지 않는다. 노트 자신은 *Geschichtsschreibung*(역사 편찬)이 아니라 *Geschichtswerk*(역사 작품)를 말했으며, 그의 가설은 상이한 시대의 연속이라는 원칙에 따라 과거를 구성하고 체계화하는 하나의 문학, 메소포타미아 문학에서 이미 입증된 하나의 현상을 보고할 목적이 있었을 뿐이다. 이 점에서 우리는 신명기계 저자들의 작업이 오로지 모든 종류의 역사를 수집하는 일에만 국한되었었다는 주장이(Knauf 참조), 모세를 시작으로 해서 예루살렘의 멸망에 이르기까지 펼쳐진 대규모 기사의 논리적 일관성을 설명하기에 현실적으로 적합한 것인지 자문할 수 있다.

토론 현황에 대한 소개는, 성경 연구에 있어 주요 문제에 대해서는 공통된 의견이 거의 존재하지 않는다는 인상을 한 번 더 심어주는 것 같다. 그러나 좀 더 들어가 보면, 전기 예언서(여호수아기-열왕기 하권) 형성과 신명기와의 관계를 설명하는 가설적인 이론 구성을 가능하게 하는 바탕에 관한 공통점들을 상당수 적시할 수 있다.

2.2. 신(新)-아시리아 시대 신명기계 학파의 기원

신명기계 문체와 신학이 아시리아의 조약들로부터 상당한 영향을 받았다는 사실은 더 이상 의심의 여지가 없다. 신명기는 사실 이 조약들과 적지 않은 병행현상을 드러낸다(Otto, Steymans 참조). 예를 들어 신명 28장의 저주들은 에사르 하똔 임금이 봉건 제후들에게 강요했던 조약과 너무나 흡사한 점들을 담고 있다. "이 조약 서판에 이름을 올린 신들은 네 땅을 벽돌처럼 비좁게 만들리라... 또한, 비가 구리 하늘에서 내리지 않을 것이며... 이슬 대신에 불타는 숯이 네 땅에 내릴 것이다... 신들의 으뜸 니누르타가 무자비한 화살로 너를 치고, 벌판을 네 피로 가득 채우며, 네 살로 수리와 독수리를 키우리라"(기원전 672년 에사르 하똔의 조약). "너희 머리 위에 있는 하늘은 구리가 되고 아래에 있는 땅은 쇠가 될 것이다. 야훼께서는 너희 땅의 비를 재와 먼지로 만드셔서, 너희가 망할 때까지 그것들이... 내리게 하실 것이다... 너희 주검이 하늘의 모든 새와 땅의 모든 짐승의 먹이가 될 것이다..."(신명 28,23-26). 이러한 고찰에서 출발하여, 첫 신명기계 저자들을 예루살렘 조정의 대신들 가운데서 찾아볼 수 있을 것이다. 대신들은 조정에 비치된 아시리아 봉건 군주들의 문서들을 알고 있었기 때문이다. 이러한 결론은, 일명 '요시야의 개혁'을 상술하고 신명기계 학파의 창립 신화처럼 보이는 2열왕 22-23장의 성경 기사를 통해 확증될 수 있다(N. Lofink와 함께 '신명기계 운동'이라는 표현은 피하는 것이 좋다). 이 기사가 역사적 요소를 소수 담고 있다 하더라도, 요시야 치하에서 '신명기계' 본문들이 글로 기록되기 시작했다는 사실은 분명하게 반영한다.

그러나 크로스 학파가 주장하는 것처럼, 신명기계 역사(HD) 전체 초판이 이 시기에 이루어졌다는 사실은 받아들이기 힘들다. 실상 모든 대연사와, 노트에 의하면, 신명기계 역사의 골격을 이루는 반성의 장들이 유다의 멸망을 전제로 하고 있어 7세기에 집필되었다는 것은 거의 불가능하게 보이기 때문이다. 따라서 유배시대 이전으로 거슬러 올라갈 수 있는, 신명기에서 열왕기 하권에 이르는 신명기계 기사를 재구성한다는 것은 불가능한 일이다. 그렇다고 해서, 앞서 살펴보았던 대로, 다수의 본문이 유배시대보다는 유배시대 이전 문맥 속에서 더 잘 이해될 수 있다는 사실을 부정하는 것은 아니다. 특히 여호 2-11장에 기술된 정복 기사와, 추정컨대 2사무 7장의 영원한 왕조에 대해 다윗에게 내려진 (이 약속이 유배시대의 문맥 속에서 설명될 수 있다 하더라도) 약속의 경우이다. 따라서 예루살렘 성전에 신명기계 본문들을 담은 다양한 두루마리들을 모아놓은 신명기계 '서고'가 존재했으리라고 상상해 보아야 할 것이다. 1981년부터 로핑크는 (독어로 *Landnahme*, 곧 '정복'을 기술한 신명기계 저자를 가르치는) DtrL의 존재를 주창했다. 이 저자는 신명기와 여호수아기의 핵심을 담은 두루마리를 요시야 시대에 발간했을 것이며, 이는 요시야의 군사적 팽창 정책을 합법화할 기획에서였다. 또 다른 두루마리는, 고대근동의 예형에 따라, 치세 중의 임금을 왕조 창립자의 품위를 지닌 후계자로 소개하며 기리는 왕정 역사(사무엘기-열왕기)를 담고 있었다. 최근에 여러 저자는 사무엘기-열왕기의 문학적이며 주제적인 독립성을 역설한다. 요시야 대신들의 서고는 또한 다른 두루마리들, 예를 들어 '모세의 생애'와 같은 두루마리를 소장하고 있었다(오경 입문 참조). 이 책들 가운데 상당수를 하나의 대역사로 묶는 작업은 한편 597/587년의 사건들을 전제로 했다.

2.3. 바빌론 시대의 신명기계 역사 구성

신명기와 역사서에서 발견되는 신명기계 표현 양식 본문들을 위한 바빌론 유배의 중요성에 관해서는 공통된 견해가 존재한다. 이는 노트의 기본 개념을 다져주며(그러나 이미 Spinoza 참조), 이 개념에 따르면 신명기계 역사의 의도는 유배에 대한 설명에 있다. 유배에 대한 이러한 강조는 한편 신명기계 역사를, 사경(四經: 창세기-민수기)을 배제하고, 신명기에서 시작하게 하는 근거가 되기도 한다. 사경의 몇몇 책이 실상 신명기계 유형의 본문들을 담고 있기는 하나, 창세기-민수기에는, 매우 후대의 본문인 레위 26,27-33을 제외하면, 바빌론 유배에 대한 분명한 암시가 없다. 사경에 관한 신명기의 독립성은 언어 설계에서도 분명히 드러난다. 신명기-열왕기 하권에 자주 등장하는, (사경에서 탈출 20,3; 23,13; 34,14에서만 단수로 나오는) '다른 신들', 또는 (사경에서는 창세 34,30; 레위 26,30; 민수 33,52에만 나오는) 어근 *šāmād*(근절하다)와 같은, 상당수 신명기계 표현은 사경에 거의 언급되지 않는다. 또한 모세의 작별 연사로 구상된 신명기 전체는 이어지는 연사들의 원형으로 이해될 수 있는 반면에, 창세기-민수기에는 여호 23장; 1사무 12장 등에서 확인할 수 있는 연사들과 비교할만한 것들이 거의 포함되어 있지 않다. 신명기에서 열왕기 하권을 감싸는 신명기계 작품이라는 개념은 따라서 중요한 논거에 따른다. 이 역사의 저자-편집자들은, 노트와 그의 뒤를 이어 괴팅엔 학파가 제시하는 대로 유다에 머물러 있던 지식인들 세계보다는 바빌론의 *Golah*, 곧 유다 공동체에 자리하고 있던 사람들이다. 사실 유배 동안 모든 주민이 텅 비어 있던 나라라는 신화를 만들어낸 2열왕 25,21의 결어는("이렇게 유다 백성은 고향을 떠나 유배를 갔다") 팔레스티나에 남아 있던 어떤 잔류민보다는 어떤 유배자라는 관점에서 더 잘 이해된다. 또한, 예루살렘과 성전을 향하여 기도해야 한다는 솔로몬의 기도 속에 표현된 개념은(1열왕 8,48) 유배, 나아가 디아스포라라는 관점을 전제로 하는 것 같다. 키루스의 칙령과 복구라는 관점으로 마감되는 역대기와는 달리 신명기-열왕기 하권에는 페르시아 시대가 아직 직접 등장하지 않는다. 이는 유배라는 문제 제기를 향한 신명기계 역사의 편집 또는 편집들이 페르시아인들이 도래하기 이전 바빌론 시대에 이루어졌다는 전통적 가설을 입증해줄 수 있다. 따라서 이스라엘과 유다의 역사가 처음으로 구성되어 탄생한 때는 바빌론 유배시대임이 분명하나, 그렇다고 해서 페르시아 시대에도 편집자들이 활동했다는 사실을 결코 배제하는 것은 아니다. 유배지로 압송된 고관들과 그들의 후손들은 실상 물질적으로 안정된 상황 속에 있었다. 우리는, 물론 사변적으로 머물러 있기는 하나, 이들이 궁전과 성전 서고의 두루마리 일부를 유배지로 가지고 올 수 있었을 것이라고 상상할 수도 있다. 알베르츠(R. Albertz)는 나아가 2열왕 22장과 예레 36장에 언급된 사판과 힐키야의 후손들 가운데서 신명기계 저자들을 찾을 수 있다고 생각하나, 이는 근거가 없는 가설일 뿐이다. 아무튼, 바빌론에서의 신명기계 역사 구성은 유배자들이 직면했던 정체성 위기에 대한 해답, 바빌론에 유배된 유다의 지도층을 가르치기 위한 목적에서 창안되었을 해답으로 이해될 수 있다. 재앙 설명은 이 재앙을 '이해 가능한' 것으로 만들었으며, 독서 격자로서의 모세의 토라 강조는 이 역사의 수취인들에게 지리적, 이념적으로 뿌리 뽑힌 상황 속에서도 자신들의 정체성을 확고히 할 수 있도록 이끌었다.

2.4. 페르시아 시대의 신명기계 역사 재독

신명기-열왕기 하권의 몇몇 본문은 신명기계 역사가 페르시아 시대에 개정되었다는 사실을 밝혀준다(이 주제에 대해서는 특히 R. Person의 견해 참조). 신명 7; 12,2-7; 판관 3,1-6과 같은 본문들과 이민족과의 결혼을 금지하는 다른 본문들은 종교적이며 정치적인 고정관념(공동체의 민족적 순수성)을 드러내며, 이러한 관념은 한편 에즈라기와 느헤미야기에서 다시 확인된다. 토라를 성전 위에 자리하게 하거나 성전을 기도 또는 율법 독서의 장소로 변경시켜 놓은 (예를 들어 신명 6,6-9; 30,1-10; 여호 8,30-35; 2열왕 23,1-3과 같은) '율법주의적' 몇몇 본문은, 유다 공동체가 궁극적으로 디아스포라에 정착하고 토라 독서를 통해 회당 예배가 제물 예배를 대체한 페르시아 시대의 상황 속에서 더 잘 이해되는 것 같다. 이 본문들 가운데 몇몇은 사경에 게재된 신명기계 본문들의 일부와 같은 시대에 기초되었을 것이다. 신명기계 저자들이 토라 발간에 대한 유다 지도층의 토론에서 중대한 역할을 했음은 의심의 여지가 없다(오경 입문 참조).

역사서 내의 편집 작업은 헬레니즘 시대까지 이어졌다. 이 책에서 칠십인역 성경은 마소라본에 보존된 본문보다 더 오래된 히브리어 본문을 종종 증언하는 것 같다. 마소라본에는 있으나 칠십인역 성경 대본에는 없었던 수많은 첨가 부분들은 신명기계 언어를 드러낸다.

3. 신명기계 역사의 원전들

앞서 살펴보았던 대로, 신명기계 저자들이 모세 시대부터 왕정시대 말기까지 이르는 웅대한 역사적 묘사를 완전히 창안해낸 것은 아니다. 이들은 경우에 따라 조금씩 손질을 가하면서 더 오래된 문헌들을 자기들의 작품 속에 통합해 나갔다는 의미에서 편집자들, 나아가 발행인들이었다(좀 더 상세히 알아보기 위해서는 각 권의 소개 참조).

그러나 정복 역사에 있어 이들에게는, 예리코에 관한 몇몇 구전 전승들을 제외하고는, 자유롭게 인용할 수 있는 문헌들이 거의 없었다. 이스라엘 백성의 땅의 정착을 일종의 '전격전'(*Blitzkriege*)의 결과로 묘사하는 장면은, 분명 아시리아 정복 기사들로부터 영향을 받은 요시야 서기관들의 창작일 수 있다.

(다양한 지파 출신의 카리스마적인 우두머리들로서의) '판관들'의 시대에 관해서, 신명기계 저자들은 북 왕국에서, 중앙집권적 왕정제도에 대해 적대적이던 세계에서 탄생한 일종의 '구원자들의 책자'를 자기들의 책에 통합시킨 사람들이다. 사실 판관 3-12장의 모든 일화는 유다가 아니라

이스라엘 왕국의 지리적 시계에 자리한다.

사무엘기에서 신명기계 저자들은 너무나 분명하게, 다윗이 유다와 이스라엘의 임금으로 즉위하고 다윗 왕조의 수도로 예루살렘을 점령함으로써 정점에 이르는 하나의 '다윗의 부상(浮上) 기사'(1사무 16-2사무 5)를 활용했다. 한편 오늘날에도 여러 저자가 생각하는 바와는 달리, 이 기사는 이스라엘의 왕정시대 초기, 나아가 다윗 자신의 시대로 거슬러 올라간다는 사실에는 의혹을 제기할 수 있다. 기원전 8세기 유다 서기관들의 수완에 대하여 우리가 알고 있는 내용을 고려해볼 때 그러하다. 2사무 9-20장의 '다윗 왕권 계승 기사'가 오래된 전승에 의한 것인지, 아니면 오히려 후기 곧 후-신명기계 창작품인지(Van Seters) 간파하는 일은 규명하기 어려운 문제로 남는다(사무엘기 입문 참조).

열왕기의 다양한 통치 소개를 위해서 신명기계 저자들은 이스라엘과 유다의 실록에 접근했다. 임금들의 실록 작성은 모든 고대근동 지방에서 일반화되어 있었으며, 따라서 이러한 실록들이 사마리아의 조정은 물론 예루살렘 조정에도 비치되어 있었음은 충분히 가능한 일이다. 열왕기의 편집자들은 자주 이 실록을 언급한다(예를 들어 "아하즈가 한 나머지 행적은 유다 임금들의 실록에 쓰여 있지 않은가?" 하는 2열왕 16,19 참조). 아시리아의 지방 성읍으로 편입된 사마리아를 떠나면서 피난민들은 조정과 성소에서 유래한 문헌들을 유다로 옮겨왔을 것으로 볼 수 있다. 또한, 이는 엘리야와 엘리사에 관한 기록과 함께 열왕기에서 찾아볼 수 있는 다른 예언 기사에도 해당하는 경우일 것이다.

이처럼 간략한 정리를 통해서 우리는 신명기계 역사의 기원에 자리한 원전들의 다양성을 확인할 수 있었다. 현대의 역사가들처럼 신명기계 서기관들은 그들이 확보한 원전들 앞에서 다양한 태도를 보였다. 이 원전들을 온전히 재생산하거나 요약하거나 그 발췌 부분을 인용하거나 나아가 비평할 수 있었다.

4. 참고문헌

4.1. 참고 도서

F.M. Cross, «The Themes of the Book of Kings and the Structure of the Deuteronomistic History», in Id., *Canaanite Myth and Hebrew Epic: Essays in the History of the Religion of Israel*, Cambridge(MA), 1973, p. 274–289. M. Noth, *Überlieferungsgeschichtliche Studien. Die sammelnden und bearbeitenden Geschichtswerke im Alten Testament*(1943), Darmstadt, 1967[3] = *The Deuteronomic History* (JSOT.S 15), Sheffield, 1991[2]. R. Smend, «Das Gesetz und die Völker. Ein Beitrag zur deuteronomistischen Redaktionsgeschichte», in H.W. Wolff (éd.), *Probleme Biblischer Theologie. FS G. von Rad*, München, 1971, p. 494–509 = «The Law and the Nations: A Contribution to Deuteronomistic Tradition History», in G.N. Knoppers/J.G. Conville (éd.), *Reconsidering Israel and Juda: Recent Studies on the Deuteronomistic History* (Sources for Biblical and Theological Study 8), Winona Lake(IN), 2000, p. 95–110.

4.2. 연구 현황

A. de Pury/T. Römer & J.-D. Macchi (éd.), *Israël construit son histoire. L'historiographie deutéronomiste à la lumière des recherches récentes* (Le Monde de la Bible 34), Genève, 1996. L. Laberge, «Le Deutéronomiste», in L. Laberge/M. Gourgues (éd.), *«De bien des manières», La recherche biblique aux abords du XXIe siècle. Actes du Cinquantenaire de l'ACEBAC* (LeDiv 163), Montréal/Paris, 1995, p. 47–77. S.L. Mackenzie/P. Graham (éd.), *The History of Israel's Tradition: The Heritage of Marin Noth*

(JSOT.S 182), Sheffield, 1994.
[N.B.: de Pury와 Römer와 Macchi에 의해 발간된 공저에 실린 연구사는, 이 항목에 언급되었으나 참고 문헌에서 찾아볼 수 없는 모든 저자를 담고 있다].

4.3. 토론 현황

R. Albertz, *Die Exilzeit. 6. Jahrhundert v. Chr.* (Biblische Enzyklopädie 7), Stuttgart/Berlin/Köln, 2001 = *Israel in Exile: The History and Literature of the sixth Century B.C.E* (Studies in Biblical Literature), Atlanta(GA), 2003. E. Aurelius, *Zukunft jenseits des Gerichts. Eine redaktionsgeschichtliche Studie zum Enneateuch* (BZAW 319), Berlin/New York, 2003. A.F. Campbell/M. O'Brien, *Unfolding the Deuteronomistic History: Origiens, Upgrades, Present Text*, Mineapolis(MN), 2000. N. Lofink, «Y a-t-il eu un mouvement deutéronomiste?», in Id., *Les traditions du Pentateuque autour de l'exil*(CEv 97), Paris, 1996, p. 41-63. E.A. Knauf, «L'historiographie deutéronomiste(DtrG) existe-elle?», in de Pury/Römer와 Macchi (éd.), *Israël construit son histoire*, p. 408-418. K.L. Noll, «Deuteronomistic History or Deuteromistic Debate? (A Tought Experience», *JSOT* 31, p. 311-345. J. Pakkala, *Intolerant Monolatry in the Deuteronomistic History* (Publications of the Finnish Exegetical Society 76), Helsinki/Göttingen, 1999. R.F. Person, Jr., *The Deuteronomic School: History, Social Setting, and Literature* (Studies in Biblical Literature 2), Atlanta(GA), 2002. T. Römer (éd.), *The Future of the Deuteronomistic History* (BEThL 147), Leuven, 2000. Id., *La première histoire d'Israël. L'école deutéronomiste à l'oeuvre* (Le Monde de la Bible 56), Genève, 2007. L.S. Schearing/S.L. Mckenzie (éd.), *Those Elusive Deuteronomistes: The Phenomenon of Pan-Deuteronomism* (JSOT.

S 268), Sheffield, 1999. M. Witte *et al.* (éd.), *Die deuteronomistischen Geschichtswerke. Redaktions-und religionsgeschichtliche Perspecktiven zur «Deuteronomismus» - Diskussion in Tora und Vorderen Propheten* (BZAW 365), Berlin/New York, 2006.

여호수아기

뢰머 (Thomas Römer)

현대의 독자들에게 문제를 제기하는 성경책들 가운데 여호수아기는 제일 앞자리를 차지하는 작품 중 하나이다. 사실 이스라엘 백성과 특히 그 하느님은 여호수아기에서 군국주의와 상식을 벗어난 잔혹함을 드러낸다. 성읍 전체를 학살하고 지역 주민들의 전멸을 강요하는 하느님의 계명이 문제로 떠오른다. 이러한 문제 때문에 아베 피에르(Abbé Pierre)는 여호수아가 이끈 가나안 정복에서 첫 인종 말살 사건을 보면서 이 책의 참을 수 없는 폭력을 고발할 수 있었다. 이 책을 단죄하거나 변호하기에 앞서 책의 생성 과정을 이해하고, 정복과 땅의 분배 역사를 탄생시킨 역사적 상황을 파악하기 위해 노력해야 할 것이다.

1. 설계와 내용

우리는 이 책을 쉽게 두 부분으로 나누어 볼 수 있다. 여호 2-12장은 땅의 정복과 그 예비 과정을 상술하는 기사 전체를 담고 있으며, 여호 13-22장은 특히 땅을 이스라엘 지파의 수에 따라 열두 지역으로 분배하는 목록을 제시한다. 이 두 단원은 (여호수아의 법적 지위 인정을 위한 야훼의 연사와 백성을 향한 여호수아의 연사를 담고 있는) 여호 1장과 (여호수아의 두 작별 연사를 소개하는) 여호 23-24장의 연사로 둘러싸여 있다.

도입(1장)

1장	취임 연사
1,1-9	여호수아를 향한 야훼의 연사 : (모세의 후계자) 확언
1,10-26	백성을 향한 여호수아의 연사 : 맹세(16절 : 긍정적 답변)

정복 기사(2-12장)

2-5장	서막
2	예리코의 정탐꾼들. 라합의 모범적인 거동
3-4	요르단강 건넘, 열두 개의 돌 세움, 교리교육적 적용
5,1-12	길갈에서의 첫 예식 : 할례와(1-9절) 파스카 축제(10-12절)
5,13-15	결어와 전이 과정 : 야훼 군대의 장수가 여호수아에게 나타남
6,1-10,27	범례적인 세 정복 기사
6	예리코 '정복'. 1-21절 : 성읍 점령; 22-25절 : 목숨을 구한 라합 씨족; 26절 : 저주(1열왕 16,34 참조); 27절 : 결어
7,1-8,2	아이 정복. 2-5절 : 정탐꾼들의 부정적인 거동; 6-9절 : 여호수아의 하소연; 1,10-26절: 실패 설명(아칸의 불충); 8,1-29: (2절의 원인론과 함께) 아이 정복

8,30-35	막간 : 스켐에서의 예식(신명 11장과 27장 참조) : 번제물, 율법, 축복/저주
9,1-10,27	이스라엘과 기브온. 9,1-27 : 기브온 사람들의 계략과 계약; 10,1-27 : 기브온과 맞선 다섯 임금 연합; 여호수아 덕분에 성읍 구조
10,28-12,24	정복 '확대'와 결말
10,28-43	남부 원정
11,1-15	북부 원정
11,16-23	결어 : 16절과 23절의 "이렇게 여호수아는 모든 땅을 정복하였다"
12,1-24	패배한 임금들 목록

땅의 분배(13-22장)

13장	도입 : 요르단 건너편에서 모세가 이룬 활동 회상(르우벤, 가드, 므나쎄 반쪽 지파)
14-19장	목록 : 여호수아가 (제비를 뽑아) 분배한 땅
14	길갈에서의 칼렙(업적 상기, 헤브론 땅 분배받음)
15	유다(13-18절 : 칼렙 유다에 통합)
16-17	(요셉 자손들인) 에프라임과 므나쎄 반쪽 지파
18,1-8	막간 : (긍정적인) 정탐꾼들 실로에서 새로이 파견
18,11-28	벤야민
19,1-9	시메온
19,10-16	즈불룬
19,17-23	이사카르
19,24-31	아세르
19,32-39	납탈리

19,40-48	단
19,49-50	여호수아(에프라임 성읍 하나 분배받음)
19,51	여호 18-19장의 결어
20,1-21,42	도피 성읍(20장)과 레위인들 성읍(21,1-42)
21,43-45	결어(와 여호 23장 도입) : "다 이루어졌다"
22	부록. 1-8절 : 요르단 건너편 지파들 돌아감 : 르우벤, 가드, 므나쎄 반쪽 지파; 9-34 절: 제단을 둘러싼 논쟁

결어(23-24장)

23-24장	작별 연사
23	여호수아의 유언 : 완성 확언과 획득한 것을 잃을 수 있는 가능성에 관한 경고
24	1-28절 : 스켐에서의 여호수아 연사; 역사 요약과 백성의 맹세(24절 : 긍정적 답변). 29-33절 : 여호수아의 죽음과 에프라임 성읍에 묻힘; 요셉의 유해 안장(창세 50,24 참조)

우리는 여호 1장이 오경과 전기 예언서 사이의 전이 역할을 한다는 사실에 주목한다. 1-7절의 하느님 말씀은 특히 여호수아와 모세 사이의 병행 관계를 강조한다(신명 3,28과 31,1-8 참조). 시편 1,1-3의 토라 언급이 '크투빔'을 여는 것과 마찬가지로, 경전 '느비임'을 여는 여호 1,8의 토라 언급은 성문서처럼 예언서가 모세 율법에 비추어 비로소 이해될 수 있다는 사실을 강조한다. 정복의 준비 과정을 상술하는 2-5장은 오경의 많은 일화 또한 상기시킨다. 1장과 3-4장 사이의 시간적 연속

을 단절시키는, 라합 집에 몸을 숨긴 정탐꾼 기사는 민수 13-14장의 정탐꾼 병행 이야기를 '수정한다'. 여호수아기에서는 모든 것이 한 이민족 여인의 개입으로 마감되기 때문이다. 요르단강 건넘 기사는 탈출 14장의 바다 통과에 관한 여러 암시를 담고 있으며, 여호 5장에서 만나의 종식 동기는 우리를 탈출 16장으로 분명하게 돌려보낸다. 또한, 5,13-15에서 여호수아가 체험한 현시는 탈출 3장의 모세의 소명과 병행하여 구성되었다.

여호 6-12장 역시 배열에 있어 일정한 논리를 보여준다. 여호 6-10장의 상세한 정복 기사들은 모두 예리코, 베텔-아이, 기브온과 같이 벤야민의 전통적인 영토였던, 유다에 인접한 구역에 자리한다. 이와는 달리 11장과 12장은 정복을 (두 시기에 걸쳐 이루어진 것으로 보이며, 1,1-7을 상기시키는 11,23의 결어 참조) 북부와 남부로 확장한다. 여호 13장은 여호수아가 나이가 들었다는 확인과 함께(1절) 앞선 열두 장들과 뚜렷한 중간 휴지를 보여주며, 이 책의 둘째 부분을 끌어들인다. 13-19장은 다양한 영토 목록과 문헌들을 포함하며, 제비뽑기의 결과로 요르단 건너편 지파들의 정착을 제시한다. 소재는, 한편은 (길갈에서 영토가 분배되는[여호 15-17]) 유다와 에프라임과 므나쎄 반쪽 지파, 다른 한편은 (영토 분배를 위하여 실로에서 제비뽑기가 시행되는[여호 18-19]) 나머지 지파들 사이의 구별을 분명히 하는 18,1-8의 중간 휴지로 말미암아 둘로 나뉜다. 이 목록은 광야에서 살아남은 첫 세대들 가운데 두 사람, 곧 (유다의 헤브론 땅을 부여받는[여호 14 참조]) 칼렙과 (에프라임의 팀낫 세라 땅을 분배받는[여호 19,49-50 참조]) 여호수아에게 땅이 배당되는 기사로 틀을 이룬다. 여호 20-21장은 도피 성읍들과 (레위 지파는 별도의 영토를 분배받지 못했기에) 레위인들의 성읍을 열거하며, 21,43-45는 하느님의 모든 약속이 이제 완성되었다는 사실을 강조하는 첫 결어를 제시하는 것 같다. 여호 22장은 요르단 건너편 지파들을 다룬다. 이 지파들은 하나의 기념물로만 여기고 거기서 제물을 바치지 않는다는 조건 속에서 제단을 쌓을 수 있었다. 여호 23장과 24장의 두 결론적 연사는 서로 다른 관점을 보여준다. 여호 23장은 백성의 불순종 경우 땅을 상실할 수 있음을 예고하는 반면, 여호 24장은 성조시대부터 정복시대까지의 역사를 요약하며, 이로써 이어지는 시대와의 중간 휴지를 표기한다. 신명기와 병행하여 여호수아기는 중심인물의 죽음으로 마감된다.

2. 출처와 형성

2.1. 통시적 이론

라삐 전승에서 이 책의 저자는 주요 영웅인 여호수아이다. 다만 이 책의 결말만은 여호수아의 죽음을 보도했을 누군가 다른 사람에 의해 보완되었을 것으로 추정했다. 그러나 여호수아를 저자로 여기는 이러한 전승에 일찍부터 이의를 제기하는 소리가 높았다. 16세기에 종교개혁자 마시우스(A. Masius)는 여호수아기가 다양한 자료에서 유래한 작품으로서 에즈라 시대에 편집되었을 것으로 추정했다. 역사 비평적 주석 방법이 대학에 일반화된 다음, 여호수아기는 벨하우젠의 뒤를 이어 육경의 최후 작품으로 간주되었다(이 책의 오경 입문 참조). 학자들은 여호수아기가 야훼계(J)와 엘로힘계(E)와 사제계(P) 문헌 편집으로 이루어진 토라의 다섯 책과 마찬가지로 형성되었다고 설명했으며, 아울러 종종 신명기계 유형의 편집에 의한 첨가 부분도 인정했다.

알트(A. Alt)와 노트(M. Noth)는 연구를 통해 육경 개념에 반론을 제기하면서 이러한 학자들의 공통 견해를 수정했다. 여호 2–9장의 기사들이 벤야민 지역에 자리한다는 점에서, 알트와 노트는 이 기사들을 벤야민 지파의 구전 전승으로 거슬러 올라가는 것으로 여겼다. 따라서 '기원을 설명하는' 기사들, 다시 말해서 벤야민 지파의 영토 정착을 설명하는 기사들로 다가온다. 본디 이 전승들은 길갈 성소에 보존되고 암송되었을 것이며, 이어서 기원전 900년경 한 유다인 전승 수집자가 온 이스라엘의 정복에 관한 기사로 만들기 위해 이 원전들을 재생했을 것이다. 벤야민 사람이 아니라 에프라임 사람인 여호수아의 모습은 여호 24장에 상술된 사건들과의 관련 속에서 뒤늦게야 삽입되었을 것이다. 노트는 사실 여호 24장이 열두 지파의 선(先)-국가 조직, 이를테면 '암픽티온' 형태를 갖춘 조직에 대한 추억을 간직하고 있다고 가정했다. 13-21장에 관해서 알트와 노트는 특별히 두 문헌을 구별한다. 하나는 왕정제도 이전 시대에 유래한 지파들의 경계 목록들이며, 다른 하나는 요시야 시대의 정치적 갈망을 반영하는 열두 지역 목록이다. 노트의 입장에서 서사체 전승들은(여호 2-12), 더 후기의 단계에서 비로소 여호수아기에 편입되었을 여호 13장 이하에 담긴 자료들과는 달리, 신명기계 저자에 의해 재생되고 재해석되었을 것이다. 여호 13장 이하에 담긴 자료들에 대하여, 아울트(A.G. Auld)는 다른 저자들과 함께, 21,43-45이 보여주는 여호수아기 신명기계 초판의 결어가 이미 이 목록들 가운데 일부를 전제로 하는 것 같다고 주장한다.

알트와 노트가 옹호하는 개념은 이후의 연구에서 폭넓게 수용되었으나, 여호 2-12장 기사들의 고대성 문제는 한편 많은 주석가에 의하여 점차 의심의 대상이 되었다. 이렇게 로제(M. Rose)는 이 본문들이, 아시리아가 위협을 가해온 상황 속에서 몇몇 서기관들이 야훼께서 땅을 이스라엘에 주셨음을 재확언하고자 했던 요시야 시대와 관련하여 더 잘 설명될 수 있다는 가능성을 제기했다. 영거(K.L. Younger)와 반 세터스(J. Van Seters)의 연구는 여호수아기의 초판 발행 일자를 7세기 또는 6세기로 잡는 데에 동의한다. 이 학자들은 여호 1-12장의 서술이 아시리아와 신-바빌론 제국의 군사적 홍보 기사로부터 폭넓게 영향을 받고 있다는 사실을 밝힌다. 그렇다면, 여호수아에게 건네진 구원 신탁은(1,2-6; 10,8) 진군에 앞서 아시리아 임금에게 건네진 신탁 언어를 직접 인용한 것이

된다. 또한, 야훼의 개입 덕분에 여호수아가 거둔 기적적인 승리들 역시 아시리아와 바빌론 본문에서 병행 문구들을 만나게 된다.

여호 1-12장과 아시리아-바빌론 홍보 기사들 사이의 병행 현상의 예들

에사르 하똔에게 건네진 구원 신탁 : "두려워하지 마라!... 나는 네 적들을 네 발 아래 놓는 아르벨라의 이스타르이다".
여호수아에게 건네진 신탁 : "두려워하지 마라! 내가 그들을 네 손에 넘겨 주었다. 그들 가운데 아무도 너에게 맞서지 못할 것이다"(여호 10,8).

('신에게 쓴 편지'에 묘사된) 사르곤 2세의 승리 : "나머지 백성은 목숨을 보전하기 위하여 도망쳤다... 하닷은 그들을 거슬러 큰 소리를 토해냈다. 억수로 쏟아진 비와 하늘의 우박 덕분에 그는 남아 있던 자들을 전멸시켰다."
여호수아의 승리 : "그들이 이스라엘을 피하여 도망칠 때, 야훼께서는 하늘에서 큰 우박을 쏟아부어 그들을 죽게 하셨다. 우박으로 사자가 이스라엘 자손들의 칼에 맞아 죽은 자보다 더 많았다."(여호 10,11).

우리는 따라서 여호 1-12장의 초판이, 신-아시리아와 신-바빌론 문헌에서 찾아볼 수 있는 군사적 언어를 유다에게 맞게 적응시켰다고 결론지을 수 있으며, 이 초판 완성을 요시야 치하(639-609)로 추정할 수 있다. 요시야는 아시리아 제국의 쇠퇴 덕을 볼 수 있었으며, 몸소 기원전 722년부터 아시리아의 행정구역으로 편입된 옛 북 왕국의 일부를 군사적 행동으로 탈환하고자 했던 것 같다. 결국, 예리코에서 베텔에 이르는 옛 북 왕국의 남부 국경 지대를 수년 안에 차지하는 데 성공한다. 이 지역이 바로 여호 6-8장에 나오는 상세한 정복 기사의 현장 역할을 한 장소이다. 이 장들은 요시야에 의한 예리코와 베텔의 점령을, 아니면 최소한 그 땅에 대한 권리를 정당화하는 본문으로 읽힐 수 있으며, 이어지는 장들은 '온 이스라엘'의 군사적 정착에 대한 유토피아적 프로그램을 진행해나가는 작품이다. 여기서 우리는 여호 1-12장의 여호수아가 분명 임금의 특징을 지닌 인물로 묘사되고, 이 점에서, 이미 넬슨(R.D. Nelson)이 살펴보았던 대로, 요시야를 넌지시 암시하고 있다는 사실에 주목한다. 이렇게 전쟁 마당으로 진군하는 고대근동의 모든 임금처럼 요시야는 신의 원조에 관한 신탁을 받으며, 전쟁 기사에서 적군의 임금들과 대등한 인물로 등장한다. 한편 여호수아는 에프라임 사람, 다시 말해서 북 왕국의 사람으로 소개되며, 이는 여호수아와 요시야, 이 두 사람을 이스라엘과 유다 '통일 왕국'을 상징하는 인물로 만든다.

유다 왕정시대 말기에 기록된 여호 1-12장에 관한 초판 가설은 오늘날 많은 저자에 의해서 수용되며, 597/587년에 유다 왕국이 사라진 다음에 상당 부분이 첨가되고 재해석되었다는 사실도 분명하다. 신-바빌론과 페르시아 시대의 신명기계 편집자들의 관심은, 예를 들어 여호 23장의 경우와 마찬가지로, 왕국의 파멸을 설명하는 일이다. 한편 책의 편집은 5세기에 종료되었던 것이 아니라, 본문사가 입증해주듯이(아래 참조), 이 책은 후대에 이르기까지 첨가와 수정의 대상이 되었던 것이 분명하다. 그렇다고 해서 책 전체가 하나의 '하스몬 왕조의 선언문'으로 취급될 수 있음을 의미하는 것은 아니다(Strange 참조).

프리츠(V. Fritz)는 자신의 주석서에서 다음과 같은 두 단계를 식별한다. 첫 단계는, (요시야 시대 또는 유배시대의) '신명기계'(Dtr) 초판으로서 전승 자료들, 신명기계 편집자(괴팅엔 학파의 '율법주의적' 신명기계 저자[DtrN]에 해당하는 RedD)와 사제계 편집자(오경의 사제계 문헌[P]를 전제로 하는 RedP)의 작품을 통합한 단계이며, 둘째 단계는 칠십인역 성경 시대까지 계속된 다양한 첨가의 단계이다. 비베르슈타인(K. Bieberstein)은 여호 1-6장을 상세하게 분석하는 과정에서 더욱 복잡한 논제를 제안하나, 대체로 신명기계와 사제계 편집의 계승 이론에 합류한다. 비베르슈타인은 여호 1-6장에서 요르단강 건넘과 예리코 점령과 라합 이야기를 비-신명기계 전승으로 확인한다(라합 이야기는 신명기계 초판 이후의 것일 수 있다, Van Seters 참조). 그는 또한 다음과 같은 신명기계 편집을 구별한다. (왕정시대 말기의 편집으로서 로핑크의 DtrL에 해당할 수 있는) DtrA, (요르단 건너편의 지파들을 삽입시키는[1,12-15; 4,12 참조]) DtrR, ('예언자적' 신명기계 편집을 말하는[6,26-27 참조]) DtrP, ('율법주의적' 신명기계 편집을 가리키는[1,3-4.7-9 참조]) DtrN 등이다. 이어서 사제계 문체의 편집자인 'RedP'와(5,10-12 참조) 규정하기 힘든 다른 편집적 개입들을 제시한다.

여호 13-21장에 수집된 자료들의 출처 문제는 더욱 논쟁적이다. 반 세터스는 본디 모빙켈(S. Miwinkel)에 의해 옹호되었던 입장으로 돌아가 목록 전체를 사제계 저자들에게서 유래한 개입으로 간주한다. 연구가 대부분에게 여호 13장 이하의 사제계 본문들은 최초의 사제계 문헌(P^g) 이후의 것들이다. 로핑크(N. Lofink)와 크나우프(E.A. Knauf)와 몇몇 다른 학자들은 한편 여호 18,1이나 19,51에서 P^g의 종결을 찾으나, 이 해결안은 가능성이 엷어 보인다(이 책의 오경 입문 참조). 이 목록에 대한 사제계 영향력은 의심의 여지가 없지만(Cortese 참조), 경계선과 영토에 관한 서술 전체가 순수 허구적이라는 상상은 불가능해 보인다. 따라서 이 문헌들 가운데 몇몇은, 비록 정확한 작성 연대를 밝히기는 힘들더라도, 예루살렘의 관공서에서 유래한 것으로 여기는 편이 바람직해 보인다(Fritz 참조).

여호 23장은, 이 책이 유배시대에 발행되었다는 사실을 전제로 하고, 추정컨대 이 시대의 신명기계 역사서 발행과의 관련 속에서 여호수아기의 신명기계 결어로 당연하게 받아들여졌다. 여호 24장은, 몇몇 저자들이 이 본문에서 더 오래된 판을 찾고자 함에도(Koopmans), 오늘날에는 페르시아 시대의 본문처럼 취급된다(Anbar 참조). 이 장은, 기원전 5세기에, 오경 대신에 육경을 받아들이게 하려던 시도를 반영하는 것 같다(오경 입문 참조).

요약해서 우리는 여호수아기 형성을 설명하기 위하여 다음과 같은 통시적 이론을 제안할 수 있다.

1) 7세기 요시야 치하에서, 여호 1-12장의 다양한 정복 기사와 13장 이하의 몇몇 행정적 문헌들을 담고 있는 '요시야 두루마리' 초판이 발간되었으며, 이 초판의 결어는 21,43-45에서 찾아야 할 것 같다. 한편 목록이 없는 여호수아기의 초판을 지지한다면, 그 결어는 11,23에 자리할 수 있다.

2) 6-5세기에, 다양한 신명기계 편집이 있었으며, 이때 '신명기계 역사' 안에 여호수아기가 통합되었다. 연속적인 이 판의 결어는 여호 23장에서 발견된다.

3) 5-4세기에, 후-신명기계 편집이 있었으며, 대부분 사제계 세계와 관련되어 있다. 목록 수정을 통해서 20-22장에 첨가 작업이 이루어졌고, 이어서 3-5장에, 그리고 아마도 (라합 이야기가 신명기계 연대순을 단절시키는) 2장에도 동일한 작업이 진행되었을 것이다. 결어는 여호 24장에 게재되어 있다.

4) 3-2세기에 와서, 여러 가지 첨가 작업이 있었으며, 그 가운데 상당수는 신명기계 문체로 되어 있다.

2.2. 여호수아기 본문사

여호수아기 본문사는 매우 복잡한 성격을 지닌다. 칠십인역 성경은 마소라본보다 대략 4-5% 정도 짧다. 그러나 몇몇 단락에서는 그 비율이 20%까지 올라간다(여호 20장 참조). 마소라본의 몇몇 '더하기' 부분에서 우리는 (야훼 다음에 '너희 하느님' 표현이나 모세 다음에 '야훼의 종' 표현 첨가와 같은) 신명기계 어휘의 판에 박은 어법을 발견한다. (특히 여호 6장과 같은) 몇몇 기사는 칠십인역 성경과 마소라본에서 너무나 큰 차이를 보이기도 한다. 아울트에 따르면(1998), 본문의 우선권은 거의 모든 경우 마소라본보다 칠십인역 성경에 돌아간다. 한편, 수사본의 다양성이 입증해주듯이, 칠십인역 성경의 교정사 역시 매우 복잡하다(이 점에서 Bieberstein 참조). 여기에 쿰란에서 발견된 여호수아기의 몇몇 단편들이 마소라본을 지지하는 것처럼 보이는 반면, 다른 단편들은 칠십인역 성경을 확인시켜준다는 사실이 덧붙여진다. 몇몇 단편들은 또한 칠십인역 성경처럼 마소라본에 의해서 확인되는 본문들과 다른 본문을 반영하는 것으로 보인다. 이렇게 4Q47(=4QJos[a])은 종교 의식을 여호 5,2 이하에 앞서 마소라본 8,34ㄴ.35의 에발 산에 자리하게 하며, 이 장소는 플라비우스 요세푸스의 '유다 고대사'에 의해서도 확인된다. 상당수 저자는 여기서 본래의 배치를 보고자 하며(Ulrich), 다른 저자들은 이차적인 해석을 찾고자 한다(Noort의 저서에 소개된 토론 55-59쪽 참조). 따라서 여호수아기의 가장 오래된 형태와 체계적으로 동일시될 수 있는 유일한 증거 본문을 규정한다는 것은 거의 불가능해 보인다. 마소라본과 칠십인역 성경과 쿰란 사본 사이의 차이는 오히려 여호수아기의 편집사가 매우 후대에 이르기까지 이어졌다는 사실을 확인시켜준다.

2.3. 여호수아기 정복 기사들의 역사성 문제

학자들은 오랫동안 여호수아기의 정복 기사들이 이스라엘의 가나안 정착에 관한 역사적 기억을 간직한다고 여겨왔다(특히 앵글로색슨 주석에 폭넓은 영향력을 행사했던 W.F. Albright 학파). 1950년에 케뇬(K. Kenyon) 여사가 시행한 예리코 발굴 작업은 여호 6장을 역사적 기사로 읽는 것이 불가능함을 드러냈다. 전통적으로 가나안 정복시대로 잡는 후기 청동기 말과 철기I 초에(1400-1200), 성읍은, 발굴 작업이 밝혀냈듯이, 요새화되어 있지 않았다. 동일한 공증이 히브리어로 '돌무더기'를 의미하는, 성읍 '아이'에도 유효하다(Bieberstein과 Curtis의 저서에서 고고학적 기록 요약을 볼 수 있다).

최근에 와서 핑켈슈타인(I. Finkelstein)과 다른 고고학자들은 이스라엘의 가나안 정착이 전격적인 방법으로 이루어진 것이 아니라는 사실을 밝혔다. 기원전 13-12세기경에 팔레스티나에 어떤 민족의 침입이 있었음을 증언하는 고고학적 표지가 전혀 발견되지 않았기 때문이다. 고고학적인 측면에서 학자들은 외국 주민에 의한 팔레스티나 지방 정복이 있었다면 생활에 필요한 집기(토기) 제조나 장식 차원에서 마땅히 중대한 변화가 초래되었을 것이나, 오히려 '물리적인 문화'의 연속성을 지적한다.

수호신이 아시리아 임금에게 자기 무기를 건네 그에게 승리를 보증한다
(여호 5,13-15 참조)

일반적으로 후기 청동기와 철기 사이의 전이 시점은 도시 밀집의 감소로 빚어지는 일종의 경제 위기를 하나의 특징으로 드러낸다. 이 현실은 또한 팔레스티나 중앙 산악지방의, 제한적인 것은 사실이나, 전원 지역 식민지화를 동반한다. 이러한 이주 현상은 주민들 가운데 하위층에 관련된 것이었다(빚을 진 농부들과 기타 열외 계층들로서 이집트 문헌에 등장하는 '하피루'['*apiru*]일 수 있다). 산악지방에 정착함으로써 이 무리는 (그 역시 이집트의 지배 아래에 있던) 가나안 성읍 국가의 속박에서 벗어나고자 했다. 고원지대의 이스라엘 정착 역시 이러한 현상의 한 예가 될 수 있다. 이와 같은 결론은 특히, 메르네프타 기념비에 의해 13세기 말에 그 존재가 확인된 미래의 이스라엘이 대부분 가나안 원주민으로 이루어졌다는 사실을 함축한다. 이 형성은 아마도 오랜 과정의 결과이며, 이 과정에서 다른 가나안 민족과의 몇몇 군사적 충돌이 일어났을 수도 있었을 것이다(예를 들어 판관 5장의 '드보라의 노래' 참조). 한편 여호 1-12장에 기술된 사건들은 12세기 이스라엘 역사의 재구성을 위해 별 도움이 되지 않는다.

3. 주제와 의도

3.1. 여호수아와 전쟁

국가주의적 관점에서 기록된 아시리아-바빌론 홍보 문서들의 언어와 이념을 받아들여 여호수아기 초판 저자들, 곧 요시야 조정의 관리들이었을 이들은 논쟁적인 목적을 지향한다. 야훼는 아시리아의 모든 신보다 강력한 존재임을 밝히는 일이다. 또한, 여호수아기가 다른 백성들이 가나안 점령에 대한 권한이 전혀 없다는 사실을 강조하는 가운데, 이 확신은 우선 땅을 점령한 아시리아 사람들에게 적용되었던 것 같다. 이러한 시각에서 가나안족에 대한 승리를 여호 1-12장에 기록한 사실은 무엇보다 먼저 아시리아 사람들을 겨냥한다. 아시리아와 그들의 신들에 대한 야훼의 우월성을 확언하면서, 여호 1-12장 요시야 판의 저자들은 동시에 야훼의 모습을 아시리아의 민족신 아수르보다 더 호전적이며 군국주의적인 하느님으로 변형시킨다. 한편 사람들이 이스라엘의 땅 정착을 군사적인 정복의 결과로 처음으로 인식했던 것은 요시야 시대일 것이다. 사실 신명기계 본문들과 여호수아기를 알고 있었던 것 같은 몇몇 시편에서 출발해서, 히브리어 성경의 다른 전승들은 이스라엘의 가나안 정착을 군사적 정복의 결과인 것으로 여기는 것 같지 않다. 예를 들어 예언자들은 야훼께서 이스라엘을 '찾았을' 이집트나 광야를 참조하면서 백성의 기원을 상기시킨다. 이 전승에 따르면, 땅 입성은 다른 백성의 전멸을 암시하지 않고 이루어진다(참조. 호세 9,10; 11,1-3; 예레 2,2). 아무튼, 여호 1-12장은 역사성을 띤 작품임을 주장하는 문헌으로서가 아니라, 이념적인 본문으로 읽어야 한다. 이는, 예를 들어, 정복된 성읍 전체는 근절되어야 한다는 헤렘(*ḥerem*, 금지) 관습은(특히 여호 6장과 7장 참조) 현실적으로 전혀 적용되어 본 적이 없었다는 사실을 의미한다. 이는 하나의 신학적 개념이었을 뿐이다. 승리를 주신 분은 하느님이시기에 전리품 전체가 그분에게 돌아간다는 것이다. 따라서 여호 1-12장의 본문들은 아시리아와 바빌론 시대를 배경으로 이해되어야 한다. 최악의 착각은 이 역사적 상황을 도외시하고서 이 본문들을 신학적으로 정당화하고자 하는 일일 것이다.

3.2. 전쟁에서 율법으로 : 여호수아기의 유배시대와 유배시대 이후와 율법주의적 재독

그럼에도 우리는 여호수아기의 승리중심적 관점이 책 자체 내부에서 이미 상대화되었다는 사실에 주목한다. 예루살렘 파괴와 유다인들의 바빌론 분산 이후, 여호수아기는 '율법중심'으로 규정할 수 있는 하나 또는 다수의 신명기계 편집을 겪었다. 이처럼 특히 1장에서, 야훼께서 여호수아에게 내리신 1,1-7 말씀의 말미에 8절이 첨가됨으로써, 이제 여호수아는 토라의 존경받는 라삐로 모습을 바꾼다. "이 율법서의 말씀이 네 입에서 떠나지 않도록 그것을 밤낮으로 되뇌어라". 땅의 정복은 이렇게 토라의 영적이며 지적인 탐구로 전환된다. 여호 23장의 작별 연사 또한 정복 이념에 관한 유배시대의 재독을 증언한다. 이 유훈에서 여호수아는 모세의 율법에 따라 살아가야 하는 절대적 필요성을 강조한다(23,6). 모든 땅이 정복되었다는 승리중심적 개념은 이렇게 수정된다. 이 책의 수신인들은 신명 7장에서와 같이 그 한가운데에 사는 다른 민족들과 뒤섞여서는 안 된다는 권고를 받는다(23,7). 또한, 연사 말미에서 유배 상황이 명시된다. "그러므로 야훼 너희 하느님께서 명령하신 계약을 너희가 어기고... 야훼의 분노가 너희에게 타올라, 너희는 그분이 주신 이 좋은 땅에서 바로 멸망하게 될 것이다"(23,16). 여호수아기의 유배시대 (이후) 판에서 땅의 소유는 이제 야훼와 여호수아의 군사적 위업이 아니라, 신명기에 법제화되어 있는 대로의 토라에 대한 존중에 달린 문제이다.

3.3. 땅과 땅 밖의 새 생활을 위한 관점

신명기계 편집들은 이스라엘과 다른 백성의 분리를 강조함에 그 특징이 있다. 이와는 달리, 여호 1장과 3장의 신명기계 본문들 사이에 삽입된 라합 이야기는 자기 민족중심 신학을 고발하는 데 목적이 있다(Sicre 참조). 이 이야기에서 이민족 창녀는 야훼를 하늘과 땅의 하느님으로 고백하고, 그녀의 집에 묵으러 갔던 정탐꾼들에게 야훼께서 이스라엘에 땅을 주셨다고 확언한다(2,7-11). (땅을 정탐한 적이 전혀 없던) 이 정탐꾼들은 돌아와서 라합의 말을 여호수아에게 전하는 것으로 만족한다(2,24). 여호 2장은, 이민족의 지원 없이 땅의 약속은 절대 성취되지 않았을 것이라는 사실을 밝히면서, 이처럼 이스라엘의 기원을 지나치게 자기중심적이며 승리중심적으로 읽는 현실을 타개하기에 이른다. 동시에 여기서 다른 사람들 곧 이민족을 이스라엘에 통합해야 할 필요성이 도출된다(여호 6,25 참조).

온통 땅 문제를 향해 열려 있는 여호수아기와 같은 책에서 신학이 특히 지리적 관점에서 설명된다는 것은 당연한 일이다. 가장 명백한 경우는 여호 13-19장의 목록의 경우로서, 앞서 살펴본 대로, 페르시아 시대에 사제계 출신의 편집자들에 의해 재발간되었고, 그 목적은 경전의 형태상 다소 에제 40-48장을 따라 (그러나 종말론적인 관점에서 보면 이 본문보다는 분명히 떨어지는) 이상적인 이스라엘의 국경선을 연상하게 하는 데 있다. 자기 국경선을 통하여 표명된 이스라엘의 정체성에 대한 반성은 현실적으로 여호 1-12장의 신명기계 판에서, 특별히 국경선으로서의 요르단강 개념 속에서 이미 발견된다. 약속의 땅은 오로지 요르단강 서편뿐이었다(여호 3-4장의 요르단강 건넘의 중요성 참조). 신명기계 서기관들이 창안했을 이 개념은 아마도 요르단 건너편의 이스라엘이 아시리아의 행정구역으로 편입되었음을 전제로 하는 것 같다(Bieberstein 참조). 그러나 이 개념은, 요르단강 건너편에 살고 있던 지파들의 존재가 부정할 수 없는 역사적 사실이었다는 점에서 문제를 제기한다. 신명기계 서기관들의 해결안은 따라서 요르단 건너편 지파들을 다른 지파들과 함께 건너오게 했다가 다시 그들의 영토로 돌아가게 하는 것이었다. 확인 가능한 경계선으로서의 요르단강 개념은 또한 르우벤과 가드와 므나쎄 반쪽 지파의 돌아감을 상술하고 디아스포라에 대한 깊은 관심을 반영하는 여호 22장의 본문에서 발견된다. 요르단 건너편 지파들이 세운 하나의 제단 이야기를 전하는 가운데, 여호 22장의 저자는 예루살렘 성전 이외의 장소에서 야훼를 경배할 수 있는지 살피는 문제를 제기하면서, 다음과 같은 해결안을 제시한다. 제물 예배는 예루살렘에서만 가능하며, 땅 밖에서는 율법에 대한 가르침과 준수를 통해서만 야훼를 경배할 수 있다는 것이다. 이렇게 우리는 여호 22장의 기념 제단에서 유다교 회당의 선구자를 만날 수 있다.

4. 참고문헌

4.1. 주석서

A.G. Auld, Daily Study Bible, 1984. G. Auzou, Connaissance de la Bible 4, 1963. R.G. Boling, AncB 8, 1982. T.C. Butler, WBC 7, 1983. V. Fritz, HAT I/7, 1994. M. Görg, NEB.AT 26, 1991. R.S. Hess, TOTC 6, 1996. E.A. Knauf, ZBK, 2008. R.D. Nelson, OTL, 1997. M. Noth, HAT I/7, 1953². J.L. Sicre, *Josué*, Estella, 2002. J.A. Soggin, CAT 5a, 1970.

4.2. 연구 현황

A.H.W. Curtis, *Joshua* (OTGuide), Sheffield, 1994. E. Noort, *Das Buch Josua. Forschungsgeschichte und Problemfelder* (EdF 292), Darmstadt, 1998.

4.3. 주요 저서 및 논문

Ph. Abadie, *Le livre de Josué, critique historique* (CEv 134), Paris, 2005. R. Albertz, «The Canonical Alignment of the Book of Joshua», in O. Lipschits *et al.*, (éd.), *Judah and Judeans in the Fourth Century B.C.E.*, Winona Lake, 2007, p. 287–303. A. Alt, «Die Landnahme der

Israeliten in Palästina (1925)», in Id., *Kleine Schriften zur Geschichte des Volkes Israel. I*, München, 1953, p. 89–125 = «The Settlement of the Israelites in Palestine», in *Essays on Old Testament History and Religion*, Oxford, 1966, p. 133–169. Id., «Das System der Stammesgrenzen im Buche Josua», in *Kleine Schriften zur Geschichte des Volkes Israel. I*, München, 1953, p. 193–202. M. Anbar, *Josué et l'alliance de Sichem (Josué 24:1-28)* (BET 25), Frankfurt a.M. *et al.*, 1992. A.G. Auld, *Joshua, Moses and the Land: Tetrateuch-Pentateuch-Hexateuch in a Generation Since 1938*, Edinburgh, 1980. Id., *Joshua Retold: Synoptic Perspectives* (OTSt), Edinburgh, 1988. K. Bieberstein, *Joshua-Jordan-Jericho. Archäologie, Geschichte und Theologie der Landnahmeerzälungen Josua 1-6* (OBO 143), Freiburg(CH)/Göttingen, 1995. J. Briend, «Les sources de l'histoire deutéronomique. Recherches sur Jos 1–12», in A. de Pury/T. Römer et J.-D. Macchi (éd.), *Israël construit son histoire. L'historiographie deutéronomiste à la lumière des recherches récentes* (Le Monde de la Bible 34), Genève, 1996, p. 343–374. E. Cortese, *Josua 13-21. Ein priesterschriftlicher Abschnitt im deuteronomitischen Geschichtswerk* (OBO 94), Freiburg(CH)/Göttingen, 1990. I. Finkelstein/N.A. Silberman, *La Bible dévoilée. Les nouvelles révélations de l'archéologie*, Paris, 2002. P. Guillaume, «Une traversée qui n'en finit pas (Josué 3–4)», *CBFV* 37(1998), p. 21–32. E.A. Knauf, «Die Preisterschrift und die Geschichten der Deuteronomisten», in T. Römer (éd.), *The Future of the Deuteronomistic History* (BEThL 147), Leuven, 2000, p. 101–118. W.T. Koopmans, *Joshua 24 as Poetic Narrative* (JSOT.S 93), Sheffield, 1990. N. Lofink, «L'écrit sacerdotal et l'histoire», in Id., *Les traditions du Pentateuque autour de l'exil* (CEv 97), Paris, 1996, p. 9–25. S. Mowinckel, *Zur Frage nach dokumentarischen Quellen in Josua 13-19*,

Oslo, 1946. M. Rose, *Deuteronomist und Jahwiste: Untersuchungen zu den Berührungspunkten beider Literaturwerke* (ATANT 67), Zürich, 1981. M. Rösel, «The Septuagint-Version of the Book of Joshua», *SJOT* 16(2002), p. 44-51. J. Van Seters, *In Search of History: History in the Ancient World and the Origin of Biblical History*, New Haven(CT)/London, 1983. K.L. Younger, Jr., *Ancient Conquest Accounts: A. Study in Ancient Near Eastern and Biblical History Writing* (JSOT.S 98), Sheffield, 1990.

판관기

라누아르 (Corinne Lanoir)

구약성경의 연대순에 따르면, 판관기는 여호수아의 정복과, 사무엘과 사울을 중심으로 한 왕정제도 초기 사이의 중간 시점에 위치한다. 여러 가지 제목으로 우리는 판관기를 '통과', 곧 정복한 땅에서 거주할 땅을 향한 '통과', "저마다 제 눈에 옳게 보이는 대로 하던"(판관 21,24) 시기에서 왕정제도 시기를 향한 '통과'의 책으로 간주할 수 있다. 양자 사이의 공간, 곧 여호수아와 사무엘, 정복과 왕국 창립 사이의 공간이다. 그렇다면 이 책을 일종의 '무인지대'로 여기고 하나의 괄호로 취급해야 하는가? 이스라엘 역사 가운데 희미하기 그지없는 시기를 상기시키기 위하여 신명기계 이념으로 채색된 신학적 틀 안에 몇몇 대중 전승들을 모아놓은 헛간과 같은 책으로 보아야 하는가?

일독만으로 우리가 가질 수 있는 혼란과 폭력이라는 인상은 책 전체의 체계적인 구성 결핍으로 더욱 분명해진다. 이 책에서 우리는 영토 문제로 이웃 민족과 일시적으로 충돌하는 전쟁 인물들과 카리스마적인 우두머리들에 관한 일정하지 않은 규모의 약술들을 접한다. 여러 무리, 씨족 또는 지파들은 땅을 차지하기 위하여 시도하거나, 상호간 그리 큰 지리적 또는 시기적 관련이 없는 일련의 일화 속에서 압박을 가해 오는

적으로부터 해방되기 위하여 노력하나, 책 전체를 지배하는 인물에서는 벗어나 있다. 성조도 임금도 예언자도 없으며, 중심 지역도 없고, 주요 사건을 중심으로 한 시간 체계도 없다.

판관기는 무엇을 말하며, 논리적 일관성은 무엇인가? 승자 또는 패자로서의 영웅과 생명을 지키거나 죽음에 맞선 여인들과 같은 다양한 인물들을 통하여, 이 책은 종종 풍자적인 방법으로 그 위험과 기회를 드러나게 하면서 사회 체계가 어떻게 구성되고 파괴되는지 밝힌다. 그러나 이 책이 유래하고 주요 목적을 반영하는 역사적 상황 문제에서는, 관련이 있어 보이는 왕정제도 이전의 이스라엘보다는 유배시대 이후의 이스라엘을 살피는 것이 바람직해 보인다.

1. 설계와 내용

1.1. 책 이름

'판관기'라는 서명은, '판결하다' 또는 '다스리다'를 의미하는 히브리어 동사적 어근 *špṭ*에서 유래한 단어를 번역한 것이다. 그러나 드보라를 예외로 하면(4,4), 회상된 어떤 다른 인물도 사법적인 의미에서의 판관 기능을 수행하지 않는다. 게다가 판관 2,16-18("야훼께서는 판관들을 세우셨다")의 요약을 벗어나면, 우연이겠지만 이 책의 중심인 11,27에 의미 있게 자리한 판관으로서의 야훼 이외에, 누구도 '판관'이라는 직함을 지니지 않는다. 한편 몇몇 인물이, '판결하는'(*špṭ*) 또는 땅을 '구원하는'(*yšr*) 존재로 회상된다. 따라서 우리는 두 부류의 사람들이 등장함을 본다. 첫째 부류는 자기의 지파를 억압의 시기에 구출하는 '구원자들'로 구성된다. 에훗과 마찬가지로(3,15) '구원자'로 지칭되는 오트니엘의 경우나(3,9), 그들 역시 '구원한' 사람들로 소개되는 삼가르(3,31), 기드온

(6,14.37; 8,22), 톨라와(10,1) 삼손도(13,5) 거명될 수 있다. 둘째 부류는 그들의 활동이 '판결하다' 동사로 정의되는 인물들로 구성되며, 오트니엘(3,10), 드보라(4,4), 톨라(10,2), 야이르(10,3), 입타(12,7), 입찬(12,8-9), 엘론(12,11), 압돈(12,13-14)과 삼손을(15,20; 16,31) 포함한다. 학자들은 일반적으로, 노트(M. Noth)의 뒤를 이어, (오트니엘, 에훗, 드보라/바락, 기드온, 입타, 삼손과 같은) '대판관' 일체와 10,1-5와 12,7-15의 '소판관' 목록을 구별한다. 이 목록은 입타에 관한 기사로(10,6-12,6) 분리되며, 각각 일화적인 간략한 요지와 정확한 연대적 언급을 동반한다. 몇몇 학자들은 이 목록이 왕실 고관의 목록을 본보기로 작성되었을 것으로 여긴다.

판관 기능의 정확한 성격은 그의 영토 범위와 마찬가지로 모호한 상태로 머문다. *špt* 동사는 경우에 따라 여타 행정 업무와 함께 재판하는 일을 시사한다. 리히터(R. Richter)와 다른 학자들은 이 직함을, 플라비우스 요세푸스에 따르면(*Contre Apion* 1) 카르타고의 고관을 지칭하는(Van Seters 참조), 페니키아의 '최고집정관' 직함과 접근시킨다.

두 목록을 통합함으로써 우리는 일련의 열두 이름을 확보하며, 그 가운데 몇몇은 판관과 구원자 두 기능을 겸하나(Boling의 저서 7쪽 목록 참조), 야엘과(4-5장) 아비멜렉같은(9장) 판결도 구원도 하지 않는 다른 인물들이 이 책에 등장하기도 한다. 또한, 이러한 활동 가운데 어떤 것도 판관 17-21장에는 언급되어 있지 않지만, 판관 기능이 사무엘기에서 엘리와(1사무 4,18) 사무엘에게(1사무 7,15는 "사무엘은 살아 있는 동안 내내 이스라엘을 위하여 판관으로 일하였다." 하고 밝히며, 1사무 12,11은 사무엘을 여루빠알과 누군지 모르는 브단과 입타와 함께 해방자로 언급한다) 다시금 부여된다. 이는 전기 예언서 '연대기'에서 사무엘이 아직 판관시대에 속한 인물로 여겨지고 있음을 일러준다.

1.2. 유형

판관기 기사들은 몇몇 학자들이 '역사소설'로 정의하는(Boling 참조) 하나의 유형과 결부된다. 이 유형은 대중 전승에서 끌어온 '본보기' 인물들을 해학적이며 풍자적인 기법으로 다룸으로써, 독자 스스로 비판적인 감각과 분별 정신을 펼치도록 이끈다. 따라서 혼란스러운 시대의 모호한 상황 속에서 모든 이념과 제도를 비판적인 시각으로 재검하도록 초대하는 셈이다(Polzin). 우리는 판관기에서 또한 우화(9,8-15), 승전가(5장), 수수께끼(14,14) 등 시적인 몇몇 형태를 발견한다.

1.3. 설계

I. 도입 : 땅의 정복과 정착에 대한 새로운 시각(1,1-3,6)

1,1-2,5	여호수아기의 경우와 달리 불완전하게 머물러 있는 정복의 성공과 실패
1,1-21	남부의 세 지파 : 유다, 시메온, 벤야민
1,22-36	북부의 여섯 지파 : 므나쎄, 에프라임, 즈불룬, 아세르, 납탈리, 단
2,1-5	야훼 천사의 발현; 이스라엘을 거스른 심판 신탁 : 땅의 주민들과 그들의 신들은 쫓겨나나, 이스라엘 주위에 하나의 올가미처럼 머문다
2,6-3,6	판관기 전체 도입
2,6-10	여호수아의 죽음
2,11-19	야훼를 알지 못하는 새 세대, 판관들

2,20–3,6	야훼께서 땅에 남겨 이스라엘을 시험할 민족들의 존재에 대한 하느님의 새로운 설명; 이민족과의 혼인 관습

II. 판관들(3,7–16,31)

3,7–11	유다의 오트니엘: 범례 기사
3,12–30	모압의 에글론과 맞선 벤야민의 에훗
3,31	필리스티아와 맞서는 아낫의 아들 삼가르
4,1–5,31	드보라와 납탈리의 바락: 가나안과 맞서 승리(5장, 승전시 드보라의 노래)
6,1–8,35	미디안과 맞선 기드온과 왕권 문제
6,11–24	소명
6,25–32	바알 제단 파괴(기드온 = 여루빠알)
6,33–8,3	미디안과 맞선 전투
8,4–21	기드온이 미디안의 임금 제바와 찰문나를 추격하여 살해
8,22–27	기드온의 왕권 거부
8,28–35	기드온의 죽음과 아비멜렉 이야기를 향한 전이 단계
9,1–57	스켐의 아비멜렉: 실패한 왕권을 세우기 위한 시도(왕권의 무용성에 관한 요탐 우화)
10,1–5	목록
10,1–2	이사카르의 톨라
10,3–5	길앗의 야이르
10,6–17	종교적 관점에서의 주해 : 계약 실패(2,1–3,6 참조)

11,1-12,7	암몬족과 맞서는 길앗의 입타; 딸을 희생제물로 바침
12,6-15	목록
12,8-10	베틀레헴의 입찬
12,11-12	즈불룬의 엘론
12,13-15	에프라임의 압돈
13,1-16,31	단의 삼손 : 필리스티아인들과 충돌
13,1-25	삼손의 탄생 신탁 기사와 탄생
14,1-20	필리스티아 여인과 혼인, 수수께끼와 이혼
15,1-19	필리스티아인들 복수
15,20	간략한 결어
16,1-3	삼손과 가자의 창녀
16,4-30	삼손과 들릴라
16,31	결어: 매장과 판관에 관한 약술

III. 책의 연장과 결어, 레위인들 이야기(17,1-21,25)

17,1-13	미카와 우상과 레위인
18,1-31	레위인과 단 지파
19,1-30	레위인과 소실과 벤야민 지파
20,1-21,24	벤야민을 맞선 지파들의 전쟁
21,25	결어 : "그 시대에는 이스라엘에 임금이 없었다..." (참조. 17,6; 18,1; 19,1)

1장은 유다에서 단까지의 (곧 남부에서 북부를 향한) 지리적 배열을 제시하며, 이 배열은 또한 3,7-16,31에서 반복되는 주기의 향방을 가

름하고, 야훼와의 관계에서 이스라엘의 윤리적 쇠퇴 과정을 동반한다(Younger, Webb). 보다 일반적인 방법으로, 하나의 (이중적) 도입과(1,1-3,6) 주요 기사군과(3,7-16,31) 흔히 부록으로 간주되는 하나의 (이중적) 결어를(17-21장) 구분하는데 폭넓은 공감대가 형성되어 있다. 학자들은 또한 반복적인 도식을 식별하는 데 동의하며, 그 첫 경우를 2,11-19에서 찾는다. 이 도식에 따르면, 이스라엘의 자손들은 야훼께서 보시기에 나쁜 짓을 하며, 야훼를 저버리고 다른 신들을 섬긴다. 따라서 그들을 거슬러 야훼의 진노가 타올라 이웃 적들의 손에 넘긴다. 이어서 하느님은 자신을 억압하는 자들 앞에서 당신 백성이 올리는 외침에 마음이 움직여, 적들에게서 당신 백성을 구할 구원자를 일으키신다. 땅은 상당 기간 평온한 상태에 놓이나, 판관이 죽으면 이러한 주기는 다시 반복된다(누락과 변체와 함께 이 책에서 열두 번에 걸쳐 주기가 반복되는 방법을 좀 더 자세히 분석하기 위해서는 O'Connell, p. 20-25 참조). 그러나 이러한 주기가 항상 동일한 방법으로 펼쳐지는 것은 아니다. 책 전체가 이 도식에 들어서는 것은 아니며, 모든 판관이 동일한 모습을 보이는 것도 아니다.

책의 중심은 입타 이야기가 차지하며, 이 이야기는 한편 양분된 대판관 목록과 동시에 소판관 목록에 속하다. 웹(B.G. Webb)은 이 책을, "판관이신 야훼"(11,27)라는 고백을 중심으로 그 또한 구심적인 방법으로 구성된, 입타 이야기가(10,6-12,7) 중심 일화를 이루는, 일종의 교향시처럼 구성된 문학 작품으로 여긴다. 입타 이야기는, 이스라엘에 땅을 주시리라는 야훼의 약속이 아직 완성되지 않았다는 근본적인 문제와 이 약속에 결부된 주제들을 다룬다. 이스라엘의 변함없는 불충실과 함께, 하느님을 자기들의 목적에 이용할 가능성 앞에서 이스라엘의 오만에 대립하시는 야훼의 행동 자유가 그 답이다. 우리는 또한, 입타 이전에 언급된 인물들이 비교적 승자들로 등장하지만, 그 이후의 인물들은 비교적 패자들로 소개된다는 사실에 주목할 수 있으며, 이는 입타의 이야기가 책 한가운데서 전환점을 이룬다는 점을 확인시켜주는 것 같다.

이 책 전체의 구조적이며 주제적인 일관성을 식별할 수 있도록 이끄는 열쇠에 관한 연구를 강조하는 주석가들 가운데, 여러 학자는 이스라엘과 하느님의 관계 약화라는 일종의 태엽 현상을 강조한다. 이 도식을 간직하고서, 이 책을 읽어가면 갈수록 독자는 혼란 속으로 빠져들며, 불가능하게 보이는 성격의 판관 역을 지닌 후보자들을 만난다. 이 학자들은 이러한 문맥 속에서 특히 반어법을 강조한다. 이 반어법은, 아무리 읽어보아도 백성 가운데 더는 우두머리도 판관이나 판결도 없는 그야말로 완전한 무질서를 판관기에 드러나게 함으로써, 결국 독자 스스로 판단하도록 이끈다(Klein). 여성주의적 관점에서 본다면, 특히 여성 인물들과 그들 관계의 체계와 파기에 방점이 찍히며, 이는 이스라엘과 야훼의 관계 악화를 반영하는 범례를 형성한다(Fewell). 사실 우리는 판관기 기사에서 여인들의 위치와 대우가 점차 악화의 길로 나아감을 목격한다. 악사의 강력한 현존과 그녀가 표명하는 요청으로부터(판관 1,12-15), 또는 드보라의 권위와 야엘의 영웅적 행위로부터(판관 4-5), 이야기는 연이어 희생제물로서의 입타의 딸(판관 11), 삼손의 아내 살해(판관 14), 레위인의 소실 강간과 살해로(판관 19) 넘어가며, 끝내 벤야민과 야베스 길앗과 실로 여인들에 대한 전반적 강간 또는 학살 사건에 이른다(판관 20-21; 특히 Exum 참조).

2. 출처와 형성

2.1. 판관기와 '신명기계 역사' 가설 틀 안에서의 형성

판관기에 관한 주석 연구가 대부분은, 노트의 작업에 이어 신명기계 역사 가설의 틀 속에 오랫동안 이름을 올려놓았다(신명기계 역사 입문 참조). 노트에 따르면, 판관 2,6-11.14-16.18-19는 판관시대, 곧 사무엘을 마지막 판관으로 소개하는 1사무 12장의 사무엘 연사로 마감되는 시대의 신명기계 도입 부분으로 이해된다. 이 도입 부분에 이어, 두 유형의 전승 자료를 담고 있는 3,7에서 13,1까지로 이루어진 문학 단위가 뒤따른다. 두 전승 자료는, 서로 다른 지파에 속한 지역 해방 영웅들의 이야기와, 행정 기능을 수행하는 인물들 곧 10,1-5와 12,7-15의 '소판관들' 목록으로서 입타의 이야기를 삽입한 신명기계 저자에 의해 둘로 나뉜 것이다. 영웅들의 기사와 판관들의 목록에 공통으로 유일하게 등장하는 입타의 모습은 신명기계 저자의 최초 구성을 보여주는 것 같다. 판관 2,6 이하의 전체 도입에서 우선, 이어서 각 이야기의 틀 속에서, 신명기계 편집자는 신학적인 해석을 내린다. 판관시대는 따라서 우상숭배의 시기로 등장한다. 백성은 야훼를 저버리고 다른 신들을 섬기러 간다. 여호 24장과 판관 2,1-5는, 신명기계 저자의 이념에 가까운 발행인에 의한 여호 23장에 이어, 둘째 단계에서 삽입되었을 것이다. 보다 후기에 와서, 그러나 신명기계 개정과는 관련 없이, 노트가 '현재의 판관기 1장을 구성하는 오래된 전승 단편 묶음'이라 부르는 자료가 자리한다. 마지막으로 판관 2장의 도입 문구가 연이은 다양한 덧붙임으로 확장되었을 것이다.

노트는 삼손 이야기를(판관 13-16) 최초의 신명기계 역사에 귀속시키는 문제에 대하여 주저한다. 이를 전적으로 배제하지 않으면서도, 그는 이 이야기에서 신명기계 저자의 작업 흔적을 찾지 못한다. 이와는 달리, 노트가 볼 때, 마지막 17-21장은 신명기계 작품에 속하지 않으며 후대에 첨가된 것이다.

코르테즈(E. Cortese)는 주요 신명기계 편집 작업 개념을 공유하나, 노트와는 달리 크로스(F.M. Cross)를 따라 이 작업의 기원을 요시야 치하로 둔다. 코르테즈에게 판관기 형성사의 큰 줄거리는 다음과 같이 요약될 수 있다:

1) 신명기계 첫 편집 Dtr1은 요시야 시대에 자리하며, (13절과 16-17

절을 제외한) 판관 2,10-19를 포함한다. 반복적인 주기는 (에훗과 드보라와 기드온에 관한) 세 중심 기사를 시작으로 넷 또는 여섯 장면(죄 - 징벌 - 뉘우침 - 판관)으로 제시된다. 이 주기는 이스라엘의 타락을 묘사하면서도 긍정적인 최후를 제안하며, 낙관적인 방법으로 여기는 왕정제도의 필요성을 강조한다(판관 17-21 참조).

2) 2,1-5의 오래된 참회 예절은 유배시대 편집자 Dtr2의 작품으로 돌려야 할 것이며, 이 구절은 그 또한 Dtr2의 손길에 의한 10,10-16의 입타 이야기에서 병행구를 만날 수 있다. 이 편집자는 전체 도입 부분에 몇몇 회의적인 주해를 삽입하며(2,13.16-17과 아마도 20-23절), 특히 우상숭배의 위험과 죄에 대한 인간의 성향을 강조한다. 그는 또한 남부 출신의 유일한 대판관 오트니엘에 관한 일화와, 끝으로 이미 구성되어 있던 길앗의 입타 이야기를(10,6-12,6) 판관집에 첨부한다.

3) 코르테즈가 에즈라 세계에 자리하게 하는 최후 편집자는 판관 5,6에 인용된 삼가르에 관한 약술을(3,31) 첨가한다. 필리스티아인들과 맞서 거둔 첫 승리였기 때문이며, 열두 판관이라는 전체 숫자를 확보하기 위함이었다. 바로 이 편집자가 여호 24,1-27과, (코르테즈에 따르면) 오래된 자료들인 여호 24,32-33과 판관 1장을 삽입한다. 이 편집자는 또한 사무엘기와 열왕기 기사를 향해 열려 있는 3,1-6을 구성하고, 추정컨대 삼손 이야기를 판관 13-16장에 삽입한 책임자일 것이다.

2.2. 신명기계 편집을 기초로 한 문헌으로서의 '구원자들의 책자'(*Retterbuch*)에 관한 논제

리히터(W. Richter, 1994)의 연구는 판관기를 이해하는 방식에 있어 하나의 실마리 단계를 적시한다. 리히터는 판관기의 조직적 작업을 책임진 신명기계 편집자의 존재에 관한 노트의 가설들을 받아들인다. 그러나, 노트와는 달리, 그는 신명기계 편집 단계에 들어서기에 앞서 훨씬 더 중요한 구성 작업이 있었음을 주장하며, 이 점에서 다음 가설을 제안한다.

판관기의 출처는 지역 지파 영웅들의 이야기 총서(에훗 이야기: 3,15-26; 야엘 이야기: 4,17.18-22; 몇몇 기드온 이야기: 7,11ㄴ.13-21; 8,5-9.14-21ㄱ), 곧 왕정제도를 강요하고자 했던 아비멜렉의 실패로 9,56에서 마감되는 총서에서 찾아야 할 것이다. 본디 독립적이던 다양한 문학 단위들로 구성된 이 선-신명기계 총서가 하나의 *Retterbuch*(구원자들의 책자)를 형성했을 것이다. 상당히 반-왕정제도적인 표현양식을 담고 있는 이 두루마리는 (기원전 9세기의) 예후 시대에 작성되었을 것이며, 북 왕국에서 구성되었을 것이다.

한 편집자가 이어서 '야훼의 전쟁들' 틀 안에서 영웅들의 업적을 소개하면서 이 작업을 발전시켜 나갔을 것이며, 그런 다음 북 왕국 출신 신명기계 저자의 초판(Rdt1)이 발행되었을 것이다. Rdt1은 3장부터 8장의 영웅들 한 사람 한 사람을 위해 (예를 들어 3,12.14.15ㄱ.30과 같은) '구원자들의 예형'으로서의 판에 박힌 편집 틀을 첨가했을 것이다. 이 편집자가 활동한 사회-역사적인 상황은 요시야 시대의 국민 군대 복원이었을 수 있다. 얼마 지나지 않아, 신명기계 둘째 판(Rdt2)이 (칼렙 출신의 편집자일 수도 있는) 유다인 신명기계 저자의 손에 의해 이루어졌으며, 이때 저자는 3,7-11의 오트니엘 본보기 기사를 첨가했을 것이고, 북 왕국 인물들의 우월함을 축소시키고 그 함축적인 보상 신학을 설명하면서 선임자의 틀을 확대해 나갔을 것이다. 야훼 예배가 승리를 보장하는 대신, 이방 신들 숭배는 패배만 가져올 뿐이다. 이는 요시야 개혁 정신과 일치하는 신학적 관점이다.

이어서 책 전체는, 리히터가 'DtrG 편집자'라 부르고 노트의 신명기계 저자에 해당하는 편집자에 의해, 신명기계 역사편찬 속에 삽입된다. 이 편집자는 '소판관들'을(10,1-5와 12,7-15) 첨가하고, 10,6-16과 2,6-3,6의 도입 문구를 기초하며, 판관 13-16장의 삼손 기사군을 통합한다.

신명기계 역사의 발행인은 이 책에 연대적인 틀을 마련해주며, 유배의 참극을 반영하는 이스라엘의 매우 어두운 면모를 드러내면서 책 전체를 수정한다. 이 새로운 책은 후 – 신명기계 덧붙임으로 후대에 와서 보완된다.

판관기에 대한 역사 – 비평적 연구 대부분은 이 제안들의 범위 내에 들어선다. 학자들은 일반적으로 북에서 유래한 오래된 문헌의 존재를 인정한다. 이 문헌은 하나 또는 여러 신명기계 편집자에 의해 개정되었을 것이며, 이 편집자들의 활동은 왕정시대 말기 또는 바빌론 유배시대에 자리할 것이다.

그러나 '구원자들의 책자' 존재 여부는 최근의 여러 연구로 논쟁의 대상이 되었다. 반 세터스(J. Van Seters)는, 단 한 사람의 신명기계 저자를 옹호하면서, 노트의 그것과 가까운 관점으로 돌아간다. 그는 신명기계 저자의 작품에서 선–신명기계 전승 자료를 판별하고, 신명기계 역사(HD)에 삽입되기 이전에 존재했을 하나의 중간 보고서, '구원자들의 책자' 또는 하나의 총서를 확인한다는 것이 불가능하다고 생각한다. 신명기계 역사가가 몸소 자료를 수집하고, 신학적이며 연대적인 틀을 부여하면서 이 자료를 체계화했다는 것이다. 반 세터스는 한편 책의 서막과 결말에서 사제계 편집자의 개입을 찾아낸다. 판관 1장에서 확인할 수 있는 고고학과 마지막 지리적 탈선에 관한 정보들은 사제계 저자의 전형적인 관심사이며, 판관 2,1–5 역시 신명기에는 전혀 등장하지 않는 야훼의 천사가 언급된다는 점에서 사제계 작품에 속한다. 끝으로 판관 2,22–3,4 또한, 신명기계 작품에 이 마지막 부분을 첨가하면서 지파에 분배된 몫과 약속의 땅의 이상적인 국경선 내에 이민족들이 현존한다는 문제를 다루는 사제계 작업의 결과일 것이다. 10,1–5와 12,8–15의 소판관 목록은 신명기계 저자에게 속한 것이 아니라 아마도 사제계 저자의 작품일 것이며, 17–21장은 후대의 첨가 부분으로서 이 역시 신명기계 개입의 틀을 벗어난다.

베커(U. Becker)는 하나의 오래된 '구원자들의 책자'를 거부하면서 반 세터스와 합류한다. 그러나 반 세터스와 다르게, 괴팅엔 학파의 전문 용어를 빌어 식별해낸 신명기계 편집의 다수성을 지지한다. 그는 드보라의 노래(판관 5), 기드온과(판관 6-9) 입타와(판관 11) 삼손의(판관 13-16) 이야기와 같은 오래된 몇몇 전승들을 인정한다. 그러나 특히 판관 2,8-18; 3,7-15; 4; 6,1-6.25-32; 9,1-7; 10,6-9.17-18의 도움으로 판관시대를 창안한 신명기계 역사가(DtrH)의 개입 이전에 이 오래된 전승들이 공동의 자료가 된 적은 없었다. DtrH는 대중 영웅들을 '판관들'로 모습을 바꾸어놓으면서, 비판적 입장에 서 있던 왕정제도에 하나의 기로를 제시한다. 임금과 달리 판관은 왕조 출신의 인물이 아니며, 당신이 원하시는 사람을 택하시는 분은 바로 야훼이시다. 베커는 이어서 판관기에서 '율법주의적' 신명기계 저자(DtrN)의 여러 재독을 밝혀낸다. DtrN은 땅이 완전히 정복된 것이 아니라는, 여호 23장에서 이미 다루어진 바 있는 사실을 강조했을 것이다(판관 1,21.27-36; 2,1-5; 2,20-3,6은 DtrN의 손에서 유래한 것이며, 판관 17-18장도 마찬가지이다). 끝으로, 판관기는 4세기경에 활동한 (오경의 편집자들과 가까운 편집자를 가리키는) R^{pt}에 의해 발행되었다. 이 최후 편집자는 특히 1,1-20.22-26과 19-21장, 왕정제도에 호의적인 후렴("그 시대에는 이스라엘에 임금이 없었다. 그래서 사람들은 저마다 제 눈에 옳게 보이는 대로 하였다")을 덧붙인다. 판관시대는 이렇게 무정부 시대가 된다.

2.3. 토론 현황

오늘날 학자들 사이에는, 판관시대는 신학적인 구성이지 역사적 현실이 아니라는 사실에 대한 일정한 합의가 형성되어 있다. 토론은 그 대신에 전기 예언서 내에 판관기가 차지하고 있는 자리에 쏠려 있다. 슈밋(K. Schmid)에 따르면, 판관기는 후대에 (기원전 4세기경의 여호 24장과 같은 시대에) 와서야 신명기-여호수아기와 사무엘기-열왕기 사이에 삽입되었을 것이며, 이는 이 책에 하나의 기나긴 독립적 역사가 선행했음을 인정해준다. 사실 우리는 1사무 1장을 여호수아기의 이어지는 부분으로 읽을 수 있다. 페르시아 시대, 나아가 그보다 더 후대에 이르러서야(Guillaume 참조), 편집자들은 판관시대를 백성의 기원 시대(모세와 정복)와 왕국 시대 사이의 전이 단계로 엮어냈을 것이다.

'신명기계 역사편찬' 가설을 거부하는 크나우프(E.A. Knauf)는 한편 에훗, 드보라, 기드온과 입타 이야기를 알고 있었을 '구원자들의 책자' 가설을 수용한다. 이 모든 기사는, 이스라엘의 어떤 임금도 연루시키지 않으면서, 북 왕국 영토에 가해진 억압으로부터의 해방 기사들이다. 크나우프는 이 전승들이 기원전 720년 이후 베텔에서 구성되었다는 주장을 펼치면서, 서로 다른 신명기계 세 단체 또는 학파가 첨가 부분들의 책임자들일 것으로 가정한다. 왕정주의 학파가 끝부분을(판관 17-21) 첨가했을 것이고, 반왕정주의 학파가 판관 9장을 삽입했을 것이며, 그가 '제2 성전 학파의 역사 교수'라 부르는 셋째 학파가 사제계 연대기와 열왕기의 연대기를 조합한 하나의 연대기를 덧붙였을 것이다. 이 학파가 '신명기계 역사편찬'이 아니라 '창세기에서 열왕기 하권에 이르는 역사 도서 전체' 안에 이 책을 끼워 넣었을 것이다.

토론의 장은 이렇게 폭넓게 열려 있다. 우리는 가설을 전제로 다음과 같은 지표들을 제안할 수 있다.

판관기는 하나의 기나긴 편집적 생성 과정을 거친 작품이다. 기초가 되는 일차적 자료는 대중 기사들로 구성되었을 것이며, 리히터가 되풀이하는 본래의 핵심을 탄생시켰을 것이다. 신명기계 편집자들은 훗날 여호수아기와 사무엘기 사이에 펼쳐진 이스라엘 역사 시대로 '판관시대'를 창안한다. 이 시대는 날로 점증하는 무질서로 묘사되며, 이로써 사무엘기에서 시작되는 왕정제도의 필요성을 끌어들인다. 신명기계 편집은 또한 대중적인 영웅들의 모습을, 이들에게 신명기계 특징들을 부여하고

'온 이스라엘'이 관계되는 범-이스라엘 시각 속에 이들을 통합하면서, '탈신화'하고자 노력한다. 후대, 추정컨대 페르시아 시대 초기에 와서 또 다른 편집자들이 새로운 문제들 앞에서 미드라시 형태로, 특히 마지막 부분에서(판관 19-21), 새로운 연속 장면을 삽입하기에 이른다. 그러나 이보다 더 후기, 헬레니즘 시대의 개입으로 추정해도 그리 큰 문제가 될 것은 없다(특히 입타의 딸에 관한 일화 삽입의 경우가 그러하며, 이 점에서 Römer를 참조할 수 있다. 또한, 헤라클레스에 관한 신화를 연상케 하기도 하는 삼손에 관한 기사들의 헬레니즘적인 특징과, C. Briffard가 강조하는 요탐 우화의 그리스 병행현상을 눈여겨볼 수 있다).

판관기를 경전 포함의 길로 이끈 것은 바로 신명기계 관점이다. 판관기는 일반적으로, 마소라본에 따라, 사무엘기에 앞서 읽히며, 왕정제도를 앞섰던 - 나아가 그 필요성을 역설했던 - 쇠퇴기의 증인이 되었기 때문이다. 칠십인역 성경이 제시하는 다른 선택은 판관기와 사무엘기 사이에 룻기를 삽입하는 방법이며, 이로써 또 다른 독서의 관점이 도입된다. 룻기의 기사는, 신명기계 역사에 꼭 필요한 단계로 제시되는, 판관시대의 무질서로부터 왕정제도로 나아가는 길을 끊어버리기 때문이다. 한편 "판관들이 다스리던 시대에"(룻 1,1) 펼쳐진 것으로 전해지는 이 기사는 이 시대에 대해서 무질서 상태가 훨씬 덜한 것으로 소개한다. 끝으로, 판관 19-21장과 룻기의 네 개의 장 사이의 병치현상은 이 두 문학 단위 사이의 공통점을 강조하면서, 아마도 창세 19장의 유배시대 이후 재독처럼 함께 묶어 이해하도록 이끈다.

3. 주제와 의도

3.1. 왕정제도 이전 시대의 증인 또는 문학적 허구로서의 판관기?

몇몇 학자들이 판관기에 오래된 요소들이 있음을 강조한다 하더라도(판관 5장 '드보라의 노래'는 흔히 구약성경에서 가장 오래된 시로 간주된다), 그렇다고 이를 유배시대 이전의 이스라엘에 대한 역사적 정보의 원전으로 취급해야 하는가? 노트는 여기서 '암픽티온', 곧 지파들의 성스러운 연맹의 존재를 재구성하기 위한 요소들을 얻어낸다. 그런데 오늘날 판관기에 서술된 대로의 판관시대가 하나의 이념적인 구성에 지나지 않음을 인식하는 상당한 공감대가 형성되어 있는 것 같다. 그러나 판관기의 편집사가 지나치게 길고 복잡해서 이 책을 통해 이스라엘의 유배시대 이전 역사를 재구성할 수 없다 하더라도, 북 왕국에서 유래했으나 곧 다른 틀 속에 삽입된 대중 전승들에 대한 증언은 찾아낼 수는 있다(예를 들어, 일차적인 문학형태로는 9세기의 바알 숭배를 거슬러 싸우는 상황을 반영하는 기드온의 기습에 대한 de Pury의 견해 참조).

3.2. 왕정제도 지지자들의 옹호 또는 풍자를 통한 권력의 위험성 고발?

우리는 왕정제도 앞에서의 입장 표명에 있어, 편집 단계에 대한 탐구를 통해서든, 아니면 (유다 왕정제도의 정당성을 독자에게 고취하기 위해 영웅들에 관한 전승사를 재조정하고 있다고 생각하는) 오코넬(R.H. O'Connell)의 수사학적 분석과 같은 다른 방법을 통해서든, 이 책의 중요한 목적을 확인할 수 있다. 그렇다면 이 책을 기본적으로 왕정제도를 지지하는 본문으로 읽어야 하는가? 아니면 이스라엘의 '가나안화'를 질책하고 야훼께 대한 불순종의 결과를 설명하는 데서 판관기의 중심 주제를 보아야 하는가?

이 질문에 대한 대답은, 신명기계 흔적을 거의 찾아볼 수 없는 판관기의 첫 장들과 마지막 장들에 부여하는 기원과 역할에 따라서, 그리고 이 장들과 책 전체의 관계를 고려하는 방법에 따라서 매우 다르게 제시된다. 이 대답은 또한, 예를 들어 페르시아 시대 동안에도 중요한 역할을 담당한 베텔 또는 벤야민에 관한 언급을 중심으로 한 독서에 따라서도 달라질 수 있다.

신명기계 독법을 따른다면, 우리는 판관기를 기본적으로 정치적, 윤리적, 종교적 혼란의 시기에 왕정제도 질서를 세우기 위한 하나의 옹호 책자로 읽을 수 있다. 그러나 우리는 또한 판관기를, 새로운 사회 건설에 대한 가능성을, 카리스마적이든 군사적이든 지파 집단적이든 종교적이든 임금에 관한 것이든 상관없이 권력의 위험성에 대한 냉정한 분석을 통하여 위기의 순간 한가운데서도 솟아오를 수 있는 가능성을 품도록 하는 하나의 격려 책자로 읽을 수도 있다. 이러한 독서 관점에서 (판관기를 여호수아기와 접근시키는) 해학과 빈정거림과 풍자의 중요성과 함께, 남성과 여성 인물의 매우 풍요로우면서도 함축적인 조합을 토론의 도구로 삼아야 할 것이다.

4. 참고 문헌

4.1. 주석서

R.G. Boling, AncB 6A, 1975. T.C. Bulter, WBC, 2009. J. Gray, NCBC, 1986. W. Gross, HThK.AT, 2009. H.W. Hertzberg, ATD 9, 1953. B. Lindars, *Judges 1-5*, Edinburgh, 1995. S. Niditch, OTL, 2008. C. Pressler, Westminster Bible Companion, 2002. J.A. Soggin, CAT 5b, 1987.

4.2. 연구 현황

P. Abadie, *Le livre des Juges* (CEv 125), Paris, 2003. E. Cortese, *The Deuteronomistic Work* (SBFA47), Jerusalem, 1999. K.M. Craig, Jr., «Judges in Recent Research», *CBR* 1(2003), p. 159–185. A.D.H. Mayes, *Judges* (OTGu), Sheffield, 1989. M. O'Brien, «Judges and the Deuteronomistic History», in S.L. McKenzie/M.P. Graham (éd.), *The History of Israel's Tradition: The Heritage of Martin Noth* (JSOT.S 182), Sheffield, 1994, p. 235–259. T. Veijola, «Deuteronomismusforschung zwischen Tradition und Innovation (II)», *ThR* 67(2002), p. 391–424.

4.3. 주요 저서 및 논문

Y. Amit, *The Book of Judges: The Art of Editing*, Leiden, 1999. M. Bal, *Death and Dissymetry*, Chicago(IL), 1988. U. Becker, *Richterzeit und Königtum. Redaktionsgeschichtliche Studien zum Richterbuch* (BZAW 192), Berlin/New York, 1990. A. Brenner (éd.), *A Feminist Companion to Judges* (The Feminist Companion to the Bible 4), Sheffield, 1993. C. Briffard, «Grammes sur l'acte de traduire», *CBFV* 41(2002), p. 12–18. J.C. Exum, «The Center Cannot Hold: Thematic and Textual Instabilities in Judges», *CBQ* 52, 1990, p. 410–431. D.N. Fewell, «Achsah and the (E)razed City of Writing», in G.A. Yee (éd.), *Judges and Method*, Minneapolis(MN), 1995, p. 119–145. P. Guillaume, *Saviours, Judges, Losers and Rogues: The Formation of the Book of Judges in Historical Perspective*, Thèse de doctorat, Genève, 2002. R. Jost, *Gender, Sexualität und Match in der Anthropologie des Richterbuches* (BWANT 164), Stuttgart, 2006. L.R. Klein, *The Triumph of Irony in the Book of Judges* (JSOT.S 68), Sheffiel,

1988. E.A. Knauf, «L'"historiographie deutéronomiste"(DtrG) existe-t-elle?», in A. de Pury/T. Römer et J.-D. Macchi (éd.), *Israël construit son histoire. L'historiographie deutéronomiste à la lumière des recherches récentes* (Le Monde de la Bible 34), Genève, 1996, p. 409-418. R.D. Nelson, «Ideology, Geography and the List of Minor Judges», *JSPOT* 31/3, p. 347-364. R.H. O'Connel, *The Rhetoric of the Book of Judges* (VT.S 63), Leiden *et al.*, 1996. R. Polzin, *Moses and Deuteronomist: A Literary Study of the Deuteronomic History. Part One*, New York, 1980. A. de Pury, «Le raid de Gédéon (Juges 6,25-32) et l'histoire de l'exclusivisme yahwiste», in T. Römer (éd.), *Lectio difficilio probabilior? L'exégèse comme expérience de décloisonnement. Mélanges offerts à Françoise Smyth-Florentin* (B.DBAT 12), Heidelberg, 1991, p. 173-205. W. Richter, *Die Bearbeitungen des «Retterbuches» in der deuteronomistischen Epoche* (BBB 21), Bonn, 1964. Id., *Traditionsgeschichtliche Untersuchungen zum Richterbuch* (BBB), Bonn, 1966. T. Römer, «La fille de Jephté entre Jérusalem et Athènes. Réflexions à partir d'une triple intertextualité en Juges 11», in D. Marguerat/A. Curtis (éd.), *Intertextualités. La Bible en échos* (Le Monde de la Bible 40), Genève, 2000, p. 30-42. B.G. Webb, *The Book of the Judges: An Intergrated Reading* (JSOT.S 46), Sheffiled, 1987. K. Schmid, *Erzvälter und Exodus. Untersuchungen zur doppelten Begründung der Ursprünge Israels innerhab der Geschichtsbücher des Alten Testaments* (WMANT 81), Neukirchen-Vluyen, 1999. J. Van Seters, *In Search of History: History in the Ancient World and the Origin of Biblical History*, New Haven(CT)/London, 1983. G.A. Yee (éd.), *Judges and Method. New Approches in Biblical Studies*, Mineapolis, 2007^2. K.L. Younger, Jr., «Judges 1 in Its Near Eastern Literary Context», in A.R. Millard/J.K. Hoffmeier et D.W. Baker (éd.), *Faith, Tradition, and*

History: Old Testament Historiography in Its Near Easters Context, Winona Lake(IN), 1994, p. 207-227.

사무엘기 상하권

니한(Christophe Nihan)과 노께 (Dany Nocquet)

사무엘기는 세 주요 인물, 곧 예언자 사무엘과 사울과, 특히 성경 전승에 따르면 이스라엘의 진정한 첫 임금인 다윗을 등장시키면서 판관들의 시대에서 임금들의 시대로 넘어가는 전이 과정을 서술한다. 이 책은 인상적인 서사체, 오래전부터 비평가들에 의해 인지되어 온 문체로 작성되었다(예를 들어 Fokkelmann, Bar Efrat 참조). 독자에게 (콩트, 전쟁 기사, 조정의 음모, 연가, 애가 등) 놀라울 정도로 다양한 유형들을 제공하며, 중심 인물들의 모습은 치밀하게 구상되었고, 이들은 독자에게 종종 대조되는 감정들, 나아가 상호 대립하는 감정들을 불러일으킨다. 이러한 의미에서, 특히 사울과 다윗 모습의 복잡성은 이스라엘의 첫 두 임금에 관한 성서 전승들의 풍요로움을 반영한다.

1. 설계와 내용

1.1. 책 이름과 최초의 형성

칠십인역 성경은 사무엘기 상하권을 열왕기 상하권과 함께 하나의 문집(= 1-4 왕국기)으로 규합하는 해석 전승을 보존하고 있으며, 이로써 왕정의 역사를 다루는 네 권의 책을 통합하는 뿌리 깊은 연속성을 강조한다. 사무엘을 이 책의 저자로 여기는 것은 라삐 전승에서 유래하며, 왕정의 시작 단계에서 예언자가 수행하는 역할의 중요성을 일깨운다(사무엘이 사울과 다윗을 이스라엘을 다스리는 임금으로 도유한다). 이러한 저자 색인은 또한 예언제도가 왕정제도보다 중요한 것임을 시사하며, 이는 분명 왕정제도가 사라진 지 이미 오래된 시대에 의미를 지니게 된 개념이었다.

1.2. 사무엘기의 구조와 내용

경전 형태로서의 사무엘기 상하권 기사들은, 판관시대의 종말과 왕정시대의 시작을 상술하면서, 판관기와 열왕기 사이의 전이 단계를 형성한다. 판관기에서 사무엘기를 향한 전이 단계는 한편 판관기 17-21장의 "그 시대에는 이스라엘에 임금이 없었다. 그래서 사람들은 저마다 제 눈에 옳게 보이는 대로 하였다"(17,6; 21,25; 참조. 18,1; 19,1) 하는 반복적인 문형으로 준비된다. 또한, 다윗의 죽음 기사는, 우리가 예상하는 것처럼, 사무엘기 하권의 끝이 아니라(상권이 마감되는 1사무 31장의 사울의 죽음과 비교하시오), 1열왕 1-2장의 열왕기 상권 제일 앞자리에 실려 있다. 여기서도 우리는 사무엘기와 열왕기의 분리가, 논리성을 전제로 할 때, 전혀 자연스럽지 못한 것임을 일러주는 표지를 읽을 수 있으며, 이는 이미 칠십인역 성경의 전승이 암시한 바이다. 사무엘기 상하권의 기사들은 기본적으로 이스라엘의 수장 자리에 연이어 오르는 세 주요 인물, 곧 이스라엘의 최후 판관이며 동시에 예언자인 사무엘과 사울과 다윗을 중심으로 짜여 있다. 이스라엘의 진정한 첫 임금인 다윗의 모습 도입은 새로운 서사체 문학 단위의 시작을 알린다. 따라서 우리는 사무엘기 전체를 묶어 합리적으로 두 주요 단원, 곧 1사무 1-15장과 1사무 16-2사무 24장으로 나눌 수 있다. 한 단원으로부터 다른 단원으로의 전이 과정은, 대립 관계를 따라 분명하게 구별되는 두 기사, 곧 1사무 15장과 16,1-13 사이의 대조를 통해 더욱 다져진다. 1사무 15장은 야훼에 의한 사울의 궁극적 버림(어근 *m's*)으로 마감되는 반면, 16,1-3은 하느님께서 사울을 대체하시기 위하여 어떻게 다윗을 택하셨는지 이야기하면서 다윗에 관한 단원을 끌어들인다. 이처럼 사무엘기의 구조는 벤야민 사람 사울과 유다 사람 다윗, 이 두 임금 사이의 대립으로 이루어지며, 우리는 이 두 인물이 대체로 서로 다른 두 왕정 유형을 의인화한다고 말할 수 있을 것이다. 여기서 독자는 이 근본적인 대립에 비추어 그들 각각의 통치 전체를 주해하도록 초대받는다. 주제와 형식에 관한 표지를 바탕으로 우리는 이 두 규모가 큰 단원에서 여러 작은 단락을 쉽게 구별할 수 있다. 특히 '다윗의 부상(浮上) 기사'(1사무 16-2사무 8), '다윗 계승 기사'(2사무 9-20), 2사무 21-24장의 다윗 치세에 관한 다양한 부록들 등이다(우리는 2사무 22장[//시편 18]에서 다윗의 작품으로 소개된 시편이 1사무 2,1-10의 한나의 노래를 반향하고, 이 노래와 함께 메시아적인 상당한 음색을 부여하는 사무엘기의 테두리를 형성한다는 사실에 주목한다). 이 주요 단원들과 단락들 안에서도, 특히 장소와 주제의 변화와 같은 표지들을 바탕으로, 여러 작은 서사체 문학 단위들이 한정되기도 한다. 예를 들어, 1사무 1,1-4는 오직 실로 성소에서만 펼쳐지며, 4,1ㄴ-7,1은 필리스티아 사람들이 이스라엘과 맞서 전쟁을 벌일 때 야훼의 궤를 탈취한 사건과 이 궤가 기적적으로 돌아온 사건을 이야기한다.

I. 제1부 : 사무엘, 사울과 이스라엘 왕정의 시작(1사무 1-15)

1,1-4,1ㄱ 실로 예배의 종말과 사무엘 소명 기사

1,1-28 실로 성소에서 어머니에 의해 봉헌된 사무엘의 기적적 탄생

2,1-11 한나의 찬미가

2,12-26 엘리 아들들의 범죄와 젊은 사무엘의 신심

2,27-36 익명의 '하느님의 사람'에 의한 엘리 집안의 첫 단죄

3,1-4,1ㄱ 하느님에 의한 엘리 집안의 궁극적 단죄와 온 이스라엘을 위한 예언자로서의 사무엘 임명(3,19-4,1ㄱ 참조)

4,1ㄴ-7,1 야훼의 궤 탈취당함과 기적적인 귀환 기사

4,1ㄴ-21 필리스티아인들과 맞선 이스라엘 패배와 궤 빼앗김 : 엘리와 그의 아들들의 죽음

5,1-12 사로잡힘 상태에서의 야훼의 복수 : 필리스티아인들에게 궤가 일으킨 참화

6,1-7,1 궤의 귀환과 키르얏 여아림 안치

7,2-12,25 최후 판관으로부터 첫 임금을 향하여

7,2-17 이스라엘을 위하여 중개하여 필리스티아인들에게서 구하는 사무엘; 최후 판관 사무엘의 판관직 수행(7,15-17)

8 아버지에 의해 판관으로 임명된 사무엘 아들들의 범죄(8,1-3); 임금을 요구하는 백성

9-10 사무엘이 비공개적으로 사울을 이스라엘의 '우두머리'(*nāgîd*)로 기름부음(9,1-10,16); 공개적으로 사울을 임금으로 지명(10,17-27)

11	암몬족에 대한 사울의 승리와 길갈에서 왕정 '갱신'
12	사무엘의 최후 연사; 왕정제도를 거슬러 백성에게 경계심 고취
13,1-15,35	사울의 왕정으로부터 하느님의 후회를 향하여
13	필리스티아인들과 맞선 사울의 반란. 사울의 첫 불복종(13,7ㄴ-15ㄱ)
14,1-46	이스라엘에 승리를 안겨주고 아버지가 명한 금령에 도전하는 요나탄의 수훈
14,47-52	사울의 치세 약술
15	아말렉족과 맞서 거둔 전투 승리. 사울의 새로운 불순종과 야훼에 의한 저버림

Ⅱ. 제2부 : 다윗의 왕정(1사무 16-2사무 24)

1. '다윗 부상(浮上) 기사'(1사무 16-2사무 8)

16-18	사울 궁전의 다윗
16,1-13	사무엘의 의한 다윗의 비공개 기름부음
16,14-23	사울을 섬기기 시작하는 다윗
17	골리앗의 도전과 다윗의 승리
18,1-5	다윗을 향한 요나탄의 우정. 다윗과 요나탄 사이의 첫 계약(마소라본 18,3)
18,6-30	다윗의 군사적 성공과 다윗을 제거하려는 사울의 점증적인 질투. 사울의 맏딸 미칼과 다윗 혼인
19-26	도피 중의 다윗
19	다윗을 향한 사울의 새로운 기습 : 미칼의 도움으

	로 도피하여 라마의 사무엘 곁으로 피신하는 다윗
20	사울이 살해하기로 결심했음을 다윗에게 일러주는 요나탄. 결국 사울의 궁전을 떠나는 다윗
21	우선 놉의 사제들 집에, 이어서 미친 척 할 수밖에 없었던 필리스티아인들에게 피신하는 다윗
22,1-5	400인 무리의 우두머리가 된 다윗
22,6-23	다윗의 도피 중 그를 도와주었다는 이유로 복수 차원에서 놉의 사제들을 학살하게 하는 사울
23	사울을 피해 우선 크일라로(1-13절), 다음 예루살렘 남쪽 사막으로 간 다윗(14-28절). 다윗과 요나탄 사이의 새로운 계약(16-18절)
24	<u>처음으로 사울의 목숨을 살려두는 다윗</u>
25	사무엘의 죽음(1절). 다윗에게서 미래의 이스라엘 임금을 알아보는 나발의 아내 아비가일
26	<u>두 번째로 사울을 살려두는 다윗</u>
27-31	**치클락 무리의 우두머리 다윗. 사울 치세의 종말**
27,1-28,2	사울을 피하기 위해 무리와 함께 필리스티나인들에게 망명
28,3-25	필리스티아인들에 의해 궁지에 빠진 나머지 사무엘의 혼백을 불러내고자 여자 영매에게 도움을 청하는 사울. 사울에게 그의 임박한 죽음과 왕조의 종말을 알리는 사무엘 혼백
29	다윗이 사울의 군대와 싸우기 위하여 자신들을 따라나서기를 금하는 필리스티아인들
30	아말렉족을 응벌하기 위한 다윗과 그의 부하들의 급습

31	필리스티아인들과 맞선 길보아 전투; 사울과 그의 아들들의 죽음
2사무 1-5	유다와 이스라엘의 임금 다윗
1	요나탄의 죽음을 접한 다윗. 요나탄을 위한 다윗의 애가
2,1-11	헤브론에서 유다의 임금으로 기름부음받는 다윗(1-4ㄱ절); 이스라엘에서는 사울의 아들 이스 보셋, 유다에서는 다윗의 병행 통치에 대한 약술
2,12-3,1	다윗과 이스 보셋 부하들 사이의 싸움
3,2-5	헤브론에서 태어난 다윗의 아들들에 관한 약술
3,6-39	이스 보셋 집안의 장수 아브네르와 다윗 사이의 협상. 임금의 반대에도 불구하고 아브네르를 죽인 다윗의 장수 요압
4	사울의 마지막 아들 이스 보셋의 죽음으로 이스라엘의 왕좌 공석
5,1-5	이스라엘의 임금으로 즉위하는 다윗(1-3절). 유다와 이스라엘에 대한 다윗의 통치 약술(4-5절)
5,6-12	예루살렘을 점령하여 사적 수도로 만드는 다윗
5,13-16	예루살렘에서 태어난 다윗의 아들들에 대한 약술(3,2-5 보충 부분)
5,17-25	다윗과 맞선 필리스티아인들의 전투; 다윗의 압도적 승리와 이를 통한 왕권 확립
6-8장	'다윗의 부상 기사' 종결 : 예배와 왕조와 제국의 창립자로서의 다윗

6	궤의 예루살렘 귀환(1사무 4,1ㄴ-7,1 참조)
7	나탄의 신탁; 영원한 왕조를 약속받는 다윗
8	다윗의 치세에 관한 긴 약술. 군사적 승리와(1-14절) 다윗 왕국의 범위와 왕실 행정(15-18절)

2. 다윗 '계승 기사'(2사무 9-20)

9	요나탄에게 행한 약속에 따라(1사무 20,12-17 참조), 사울 집안의 최후 인물인 요나탄의 장애 아들 므피보셋을 부양하는 다윗
10-12	암몬족과의 전쟁
10	암몬족과 맞선 첫 전투
11	두 번째 전투. 밧 세바와 잠자리에 들고 그의 남편 우리야를 죽이는 다윗
12	비유 양식의 나탄 신탁. 다윗에 대한 하느님 응벌: 밧 세바가 낳아준 아들의 죽음. 다윗의 순종과 솔로몬(여디드야)의 탄생
13-20	압살롬의 반역과 다윗의 도피와 예루살렘 귀환
13	다윗의 딸 타마르를 성폭행한 그녀의 형제 암논. 다른 형제 가운데 하나인 압살롬이 암논을 살해하여 복수하고 도주
14	다윗이 압살롬의 추방에 종지부를 찍게 할 목적으로 술책을 쓰는 다윗의 신하 요압. 예루살렘으로 귀환하나 다윗 알현이 금지된 압살롬
15	예루살렘에서 다윗을 거슬러 반란을 일으키고 난 다음 헤브론에서 임금으로 즉위하는 압살롬. 급히

	예루살렘을 떠나야 했던 다윗
16,1–14	다윗의 예루살렘 출발; 사울 씨족의 여러 구성원, 곧 므피보 셋, 치바, 시므이를 만나는 다윗
16,15–17,23	압살롬은 잘못된 조언으로 아버지에게 손대는 일에 실패. 요르단강을 건너는 다윗과 부하들
17,24–29	마하나임에 이른 다윗. 다윗과 그의 군대에게 식량을 공급하는 요르단 건너편 민족의 수장들
18,1–18	압살롬의 전투와 죽음
18,19–19,9	다윗의 애도
19,10–44	예루살렘으로 귀환하는 길에 시므이와 (배반에도 불구하고 용서를 베풀어주는) 므피보셋과 바르질리아를 만나는 다윗. 유다와 이스라엘과의 만남으로 귀환 종료(41ㄴ–44절)
20,1–22	이스라엘이 다윗을 저버리도록 고무하는 세바의 반란. 다윗에게 충실하게 머무는 유다. 아비사이와 요압이 세바를 추격하러 떠나며, 요압이 그를 죽음에 부침
20,23–26	다윗의 핵심 관리들에 대한 약술

3. 부록 : 다윗의 치세에 관한 보충 부분(2사무 21–24)

(이 부분은 구심적인 방법으로 어울리지 않는 자료 규합)

A. 21,1–14	사울에 의한 기브온 사람들 살해에 대한 응벌로 야훼께서 내리신 기근. 기브온 사람들은 사울의 자손들 가운데 일곱 명을 죽음에 부치는 인가 획득
B. 21,15–22	필리스티아인들과의 전쟁시 다윗 군대의 영웅 명단

C. 22 다윗의 시편(= 시편 18)
C'. 23,1-7 하느님에 의해 영감을 받은 신탁 형태의 다윗의 마지막 말
B'. 23,8-39 군사적 업적으로 빛난 다윗 용사 명단
A'. 24 하느님의 새로운 응벌: 다윗에 의한 인구조사가 흑사병을 초래하고, 미래의 성전 부지 발견으로 귀착됨

1.3. 사무엘기 본문 상태

사무엘기는 분명 하나의 복잡한 전이 과정을 거친 작품이다. 바티칸 고사본(Codex Vaticanus= LXX[B])이 주로 대표하는 오래된 칠십인역 성경 본문은 마소라본에 보존된 전승과 적지 않은 차이점을 보여준다(특히 1사무 5; 17; 2사무 7 참조). 쿰란의 증언은 오래된 칠십인역 성경 전승이 마소라본에 담긴 것과 다른 히브리어 원문에 기초한다는 사실을 확증한다. 쿰란에서 발견된 사무엘기 사본 세 개는(= 4QSam[a,b,c]) 마소라본과 견주어 칠십인역 성경과 더 잘 어울리는 많은 이본을 보여준다(특히 Ulrich, Tov 참조). 칠십인역 성경과 쿰란 사본이 마소라본과 다른 이본을 보여주는 경우엔 대부분, 이 이본들이 마소라본보다 더 바람직한 것임이 틀림없다. 그러나 쿰란에서 발견된 사무엘기 본문은(4QSam[a], 4QSam[b], 4QSam[b]은 몇몇 단편만을 담고 있다) 불완전하며, 여러 문구 읽기가 불확실하다는 점에서 이러한 원칙이 절대적인 규범으로 자리할 수는 없다. 따라서 본문이 서로 차이를 보일 때, 다시 말해서 마소라본과 칠십인역 성경과 경우에 따라 쿰란 사본이 서로 다른 이본을 보일 때, 그때마다 상황 판단을 내릴 수 있어야 한다. 모든 경우, 사무엘기의 마소라본과 칠십인역 성경과 쿰란 사본 사이 차이의 중요성은, 이 책에 대한 문학비평 작업이 본문비평

과의 밀접한 관계에서만 이루어질 수 있다는 사실을 함축한다. 한편 뤼스트(J. Lust)는 최근에, 특히 2사무 7장의 경우, 사무엘기의 루치아노 개정본(LXX[L]) 증언의 중요성에 관심을 쏟았다. 이 특별한 경우에 관한 뤼스트의 논증의 적절성 여부를 떠나, 사무엘기의 몇몇 부분에서 루치아노 본문이 헥사플라(Hexapla) 이전의 개정본을 보존하고 있다는 사실은 개연성이 매우 높으며, 이는 열왕기의 몇몇 단원에서도 마찬가지 경우에 해당한다(Hugo의 최근 종합 참조). 우리는 또한, 역대기 저자가 마소라본에 보존된 그것과 다른 사무엘기 상태를 알고 있었던 것 같다는 점에서, 역대기의 증언에도 주의를 기울일 필요가 있다. 그러나 역대기 활용은 본문비평상 미묘한 문제를 안고 있으며, 특히 사무엘기 상하권에 대해서는 역대기 저자가 이용한 원전으로 거슬러 올라갈 수 있는 이본들로부터 역대기 저자의 편집 활동을 반영하는 이본들을 조심스럽게 구별해야 한다는 사실을 전제로 한다.

2. 출처와 형성

2.1. 간략한 연구 현황

사무엘기 형성사는 많은 가설의 대상이 되었으며, 여전히 열린 문제로 남아 있다(연구 현황을 살피기 위해 특히 Dietrich–Naumann 참조). 다른 전기 예언서와 마찬가지로, '신명기계 역사'(HD)의 존재에 관한 노트(M. Noth)의 가설은, 그때까지 특히 이 책의 선-신명기계 윤곽 재구성에 관심을 가졌던 사무엘기 상하권 연구사에 전환점을 이루었다. 문헌이론의 기준을 바탕으로 해서 몇몇 저자들은, 예를 들어 사무엘기의 구성이 본디 독립적이던 문헌들 위에 담긴 둘 또는 여러 병행 이야기의 조합을 통해 이루어진 것으로 여겼다. 한편 1926년부터 로스트(L. Rost)는, 특히 1

사무 4-6장(4,1ㄴ-7,1)과 2사무 6장('계약 궤 기사'), 1사무 16-2사무 5장('다위의 부상 기사'), 2사무 9-20장 + 1열왕 1-2장('계승 기사')에서 본디 독립적인 기사를 형성하는(흔히 '단편 이론'이라 부르는 가설), 논리적으로 일관성이 있고 상대적으로 자립적인 다양한 서사체 문학 단위들을 확인했다. 이러한 고찰을 받아들이면서 노트는, 신명기계 저자(Dtr)가 몇몇 열쇠 문구들, 특히 판관시대에서 왕정제도로 넘어가는 전이 과정을 주제로 삼거나(여호 23장과 1열왕 8장과 2열왕 17장과 함께 신명기계 역사(HD)를 구조화하는 주요 '숙고의 장들' 가운데 하나인 1사무 12장), 또는, 노트에 따르면, 유배시대의 상황 속에서 Dtr의 반-왕정제도적인 관점을 반영하는(1사무 8) 몇몇 본문들의 도움으로 이 다양한 서사체 단위들(과 함께 여러 고립된 전승)을 조직하고 연결하면서 사무엘기를 구성했다고 가정했다.

반세기 전부터 사무엘기의 형성에 관한 이 견해는 폭넓게 수용되었으나, 신명기계 학파의 편집과 발간 작업은 언제나 논쟁의 대상이 되었다. 한편 1970년 이후 여러 저자는, 이 책에서 예언자들에게 부여된 역할을 근거로 일반적으로 기원전 9/8세기 예언자 집단의 작업으로 취급되는 사무엘기의 선-신명기계 편집을 옹호하면서, 노트의 이론을 부분적으로 문제시했다. 이 저자들에게 Dtr는, 노트가 생각했던 것처럼, 사무엘기의 일차적인 편집자가 아닐 것이다. 오히려 Dtr은 유배시대 이전 선-신명기계 첫 '예언적' 구성을 개정하고 각색하기만 했을 것이다. 이 주장은 오늘날까지 여전히 한결같이 옹호되고 있다(특히 McCarter, Dietrich, Mommer와 최근의 Shalom Brooks와 Lehnart 참조). 사무엘기 상하권을 형성하는 기사 모음의 일부가 Dtr 이전에 수집되었다는 가설은 전적으로 배제될 수는 없다. 그러나 이 가설은 근거가 매우 빈약하기만 하다. 예언자들을 등장시키는 본문들이 예언자 집단에 속한 서기관들에 의해 기초되어야 한다는 견해는 이론의 여지가 있다. 한편, 사무엘기의 논리적인 선-신명기계 판을 재구성한다는 것은 대체로 어려운 작업으로 평가되며, (예를 들어 Dietrich와 Mommer와 같은) 몇몇 저자들은 현실적으로 이미 신명기계 문체와 이념에 젖어 있던 것으로 보이는 본문들을 그들의 '예언자적' 편집 결과로 보아야만 했다. 예리한 연구를 통하여 맥켄지(S.L. McKenzie)는, 1사무 7-15장의 왕정제도 설립에 관한 기사들의 경우 사울에 관한 다양한 전승들을 조직하고 구조화하는 편집과 발간 작업은 명백하게 Dtr의 흔적을 간직하고 있다는 사실을 밝혔다. 사무엘기의 선-신명기계 발행 가설은 따라서 포기해야 하는 것이 바람직해 보인다. 이 경우 노트의 가설을 견지해야 하며, 신명기계 학파가 기존의 다양한 문학 총체를 논리적 일관성이 있는 하나의 이야기로 체계화하면서 이 책을 구성했다고 간주해야 한다. 이 가설은 한편 현재의 연구에서 지배적인 이론으로 머문다(예를 들어 Adam 참조). 그러나 노트의 이론이 지나치게 단순하게 보인다고 주장하는 새로운 질문이 대두되었다. 특히 (Noth, van Seters, Mckenzie가 가정하는 것처럼) 단 하나의 신명기계 편집이 아니라 여러 편집을 감안해야 함을 시사하는 적지 않은 표지들이 있다. 한편, 전형적인 이론인 '신명기계 역사'에 대한 최근의 문제 제기는 사무엘기에서 이루어진 신명기계 학파의 작업 개념을 위한 중요한 논리적 귀결을 보유하고 있다. 이 문제를 다루기에 앞서, 사무엘기 상하권이 구성될 때 신명기계 학파가 원전으로 사용했던 서사체 주요 전승들을 분석할 필요가 있다.

2.2. 사무엘기의 주요 서사체 단위

1) '계약 궤 기사'(1사무 4-6; 2사무 6 = RA[*Récit de l'Arche*]). 로스트 이후 학자들은 일반적으로 이 장들에서, 필리스티아인들에 의한 (추정컨대 하느님을 위한 일종의 옥좌로서 주로 종교적 행렬 때에 사용되던) 계약 궤 빼앗김과 이스라엘로의 귀환과 예루살렘으로의 궤 이송을 이야기하는 본디 독립적이던 기사를 식별해왔다. 그러나 본래의 RA 한계 설정은 여전히 논쟁의 대상으로 남아 있다. 1사무 4장에 엘리와 그의 아들들이 처음부터 등

장했었는지, 아니면 1사무 1-3장의 실로의 사무엘의 어린 시절에 관한 전기에 RA를 결부시키기 위하여 신명기계 저자(Dtr)가 덧붙인 것이었는지 분간하기 어렵다(Eynikel의 최근 논조 참조). 첫째 경우라면, 적어도 1-3장의 엘리의 아들들의 범죄 기사 가운데 일부는 신명기계 이전의 것이 되나(2,12-17.22-25; Dietrich 참조), 문제는 기사의 시작이 결여되어 있다는 점이다. 둘째 경우라면, 최초의 RA는 대략 1사무 4장의 1ㄴ-4ㄱ.5-11ㄱ절을 포함했을 것이다. RA의 끝부분 역시 2사무 6장이 처음부터 1사무 7,1을 바로 뒤따랐다고 상상하기 힘들다는 점에서 문제를 제기한다. 다윗의 모습은 2사무 6장에 도입된 것이 아니며, 현 상태대로의 이 본문은 적어도 다윗에 관한 앞선 기사들의 일부를 전제로 한다. 한편, 학자들은 1사무 6장 끝에 묘사된 상황과 2사무 6장에 가정된 상황 사이의 세부적인 여러 긴장 관계를 주목한다. 특히 궤는 여전히 아비나답의 집에 있으나(1사무 7,1ㄴ 참조), 엘아자르가 아니라 아비나답의 다른 두 아들이 궤를 돌보며(2 사무 6,3 이하), 궤는 더 이상 키르얏 여아림이 아니라(1사무 7,1ㄱ) 유다 바알라에 모셔져 있다(2사무 6,2). 이러한 차이점에도 불구하고, 2사무 6장의 본문이 신명기계 저자의 순수 창작에 속한다거나, 키르얏 여아림(= 드이르 엘 아자르)의 궤 당도가 이스라엘의 궤 귀환 과정에서 과도기적인 단계에 불과하게 보이기에 최초의 RA가 1사무 6장(7,1)에서 마감된다고 상상하기 어렵다. 따라서 RA는 처음부터 다윗의 주도 아래 진행된 예루살렘의 궤 당도로 마감되었을 것이며, 현 상태대로의 2사무 6장의 본문에서 적어도 일부는 최초 RA 본문의 결말 역할을 했을 것으로 보인다. RA의 작성연대와 출처 역시 논쟁거리이다. 여러 저자는 매우 이른 시기(10세기)를 고려하며, 나아가 RA 뒤에서 중요한 역사적 핵심을 찾아내기도 하나(Campbell, Roberts-Miller 참조), 거의 가능성이 없어 보인다. 예를 들어, RA는 정복한 백성의 신상들을 임시로 이송하여 정복자의 신전에 잠시 안치하는 고대 관습을 전제로 하기 때문이며(1사무 5 참조), 이 관습은 신-아시리아 제국 시대에 조직적으로 시행되었다. 이러한 상황 속에서, 예루살렘을 향한 궤 이송이 이미 본래의 기사에 속한다면, RA 편집은 친(親)-시온 신학을 반영한다고 말할 수 있다. 이 신학은 히즈키야 시대부터, 그리고 701년 (가능성은 없어 보이지만) 아시리아 군대가 예루살렘에서 퇴각한(2열왕 18-20 참조) 7세기 내내 예루살렘에서 발전되어 나갔다. 북 왕국의 주요 성소(실로)의 궤가 예루살렘으로 이송되었다는 것은 사마리아 파괴 이후 야훼 예배의 새로운 중심으로서의 유다 도읍의 야망을 반영하는 것 같다. RA는 이제 예루살렘의 이러한 자격을 다윗 왕조의 기원으로 거슬러 올라가게 한다. 궤와 예루살렘의 통치 왕조 사이의 밀접한 관계는 이 기사의 저자들이 조정의 서기관들임을 분명하게 시사한다. 다윗 왕조에 대한 변론, 전투하는 신으로서의 야훼 소개, 외국 신들에 대한 논쟁적이며 무관용적인 태도(여기서는 필리스티아 신들, 1사무 5,2-5와 6,5 참조) 등은 - 조금 더 올라가는 히즈키야(716-687) 시대가 완전히 배제되는 것은 아니지만 - 요시야(기원전 640-609) 시대의 상황 속에서 더 잘 이해된다. 몇몇 저자는 좀 더 후대의 집필을 가정한다. 그 가운데 특히 판 세터스(J. Van Seters)와 스멜릭(K.A.D. Smelik)은 RA에서 유배시대의 신명기계 구성을 보나, 이 해결안은 가능성이 없어 보인다. 이 장들에는 신명기계 언어와 이념이 거의 나타나지 않으며, RA가 본디 독립적이었으나(사무엘의 부재 참조) 현재의 문학 문맥에 인위적으로 결부된 문학 단위를 형성한다는 사실은(7,1과 7,2 이하 참조) 분명히 이러한 결론을 거슬러 작용한다.

2) '다윗 부상(浮上) 기사'(1사무 16-2사무 5 = RAD[*Récit de l'Ascension de David*]). 학자들은 일반적으로, 그 역시 처음에는 독립적이던 이 기사에서 다윗과 그의 왕조에 대한 신적 합법화를 읽는 데 동의하며, 분명히 예루살렘 조정에서 구성되었을 것으로 본다. 이 기사의 구성사 관련 문맥 속에서 학자들은 특히 다윗 왕조의 개막을 앞당겨, 다윗 치하(Vermeylen 참조) 또는 솔로몬 치하(Weiser, Mommer) 또는 분단 직후의 르호보암 치하로 잡았다(Grønbaek). 이 이른 시기는 그러나 고고학적이며 역

사적인 관점에서, 예루살렘의 행정력이 8세기 이전에 대규모 사업을 펼칠만큼 사회적-경제적 수단을 보유하지 못했던 것 같다는 점에서 현실과는 거리가 있다. 또한, 그 시기를 10세기로 잡는 가설은, 시간의 흐름 속에 오랜 기간 발전을 거듭해 왔을 RAD에 규합된 전승들의 엄청난 풍요성과 복잡성을 감안하지 못한다. 또 다른 정보 역시 이러한 시기에 불리하게 작용한다. 1사무 17,5-7에 등장하는 거인 골리앗의 장비에 대한 묘사는, 예를 들어 그리스 용병들의 그것을 상기시키나, 이 용병들이 8세기 또는 7세기 이전에 지중해 동부 연안의 남쪽에 출현했다는 사실이 확인되지 않는다. 다른 저자들은 RAD에서 사마리아 함락 직후(722년) 북 왕국의 유배자들에 의해 구성된 작품을 확인한다(예를 들어 Dietrich). 시기가 추정된다는 것은 이미 역사적인 가능성을 더해 주지만, 다윗 왕조 변론 속에서 북 왕국 서기관들의 작품을 본다는 것은 어려운 일이며, 사마리아의 함락이 RAD 어디에서 반영되고 있는지도 거의 확인할 수 없다. 이보다는 오히려, 아무리 일러도 8세기 말에, 또는 예루살렘이 점차 진정한 행정력을 갖추고 북 왕국의 소멸 이후 더욱 의미 있는 경제적 역할을 하기 시작하게 되었을 때, 예루살렘의 조정에서 다윗 왕조의 군주들을 찬양하기 위하여 구성된 하나의 문헌을 고려해야 할 것이다. RAD가 아시리아 제국에 대하여 충직한 종속 정책을 펼쳤던 므나쎄 치하에 별 의미를 지니지 못한다는 점에서, 우리는 히즈키야 시대, 또는 요시야 시대에 국가를 홍보하기 위한 하나의 문서로 이 기사가 편집되었다고 생각할 수 있다. 몇몇 학자들이 '부활한 다윗'으로 소개하는 요시야 시대가, 북 왕국의 영토, 특히 (사울의 출신지인) 벤야민 지파의 영토을 향한 이 임금의 군사적 팽창 정책을 합법화하는 데 일조한 RAD 편집에 가장 적절한 시기로 보인다. 이러한 상황 속에서 RAD의 의미와 궁극적 목적은 뚜렷하다. 다윗의 혈통은 (사울이 상징하는) 벤야민의, 나아가 더욱 폭넓게는 옛날 북 왕국의 합법적인 상속자이다(2사무 5,1-5에서 '온 이스라엘'의 임금으로 즉위하는 다윗 참조). 또한 RAD가 2사무 5장에서 다윗이 수도로 삼을 예루살렘을 점령하는 기사로 마감된다는 사실 역시 이러한 관점에서 의미를 지닌다. 요시야 정권은 이 도시를 유다 왕국의 경제와 행정과 나아가 종교의 중심지로 삼고자 했기 때문이다. 7세기라는 이와 같은 시기 설정은 이제, 2사무 1–5장의 첫 편집과 관련하여, 피셔(A. Fischer)에 의해 상세하게 논증되었다(7세기의 RAD 초판 시기에 관해서는 Adam도 참조). 이러한 결론이 물론, RAD가 그저 7세기에 단편으로만 작성되었으리라는 것을 의미하는 것은 아니다. 오히려 전체적 구성으로서의 RAD가 보다 오래된 일련의 전승들 – 기본적으로 다윗에 관한 전기적인 기사들과 왕실 고문서들 –, 이어서 일관성 있는 구성 안에 규합된 전승들을 기초로 하고 있다는 여러 표지가 있다(아래에 적시된 RAD의 기초가 된 전승들 참조).

최초의 (다시 말해서 선–신명기계) RAD 한계 설정 또한 논쟁의 대상이다. 이 기사의 결론은 분명히 2사무 5장에 자리하고 있다. 몇몇 저자들은 2사무 6–8장까지 포함시킬 것을 제안하나, 가능성이 없어 보인다. 2사무 7장의 본문은 RA를 전제로 하면서, 앞서 살펴보았던 대로, 본디 RAD와 뚜렷하게 구분되는 기사인 6장 없이 거의 이해되지 않으며, 신명기계 학파에 의한 사무엘기 상하권의 발간 시점에야 비로소 RA와 RAD가 조합되었기 때문이다. 다만 2사무 5장에 이어 의미를 지닐 수 있는 8장에 대해서는 주저할 수 있다. 그러나 (그야말로 근거 없는 숫자를 부여하는) 이 장은 신명기계 저자들의 '치세 약술'로 특징지어져 있으며, 사무엘기와 열왕기의 신명기계 기사에 담긴 명확한 기능을 수행한다. 다윗은 통치 기간 동안 전쟁에 지나치게 몰두한 나머지 그의 아들 솔로몬에게 돌아갈 과업인 성전 건축에 착수할 수 없음을 시사하고 있기 때문이다(1열왕 5–8장과, 이보다 앞서 2사무 7,12–13 참조). 또한, 2사무 8장은 더불어 매우 의미 있는 점진적 단계를 형성하는 6장과 7장 다음에 제대로 이해된다. 다윗은 우선 예배의 창시자로(2사무 6), 다음 왕조의 창립자로(7장), 이어서 제국의 창건자로(8장) 소개되기 때문이다. 따라서 6–8장 발행 전체를 신명기계 학파의 업적으로 돌리고, RAD의 끝을 2사무 5장에 두는 것이 바람직해 보인다. 신명기계 저자는 '계약 궤 기사'의 끝 부분(= 2사무 6), 다윗에게 주어진 영원한 왕조 약속에 관한 오래된 전승과(= 2사무 7, 아래 참조) 함께 다윗 치세에 관한 다양한 고문서를(= 2사무 8) 조합하여 2사무 6-8장을 구성했다. RAD의 시작 부분 역시 심각한 문제를 제기한다. 몇몇 학자들은 1사무 16,1-13에서 찾으나, 이 본문은 반대명제로 인식되는 15장을 전제로 한다. 1사무 15장은 앞서의 사울에 관한 기사들과 분리될 수 없으며, 따라서 (Grønbaek의 주장과는 달리) RAD의 시작 부분을 형성할 수 없다. 최근에 와서 하나의 창의적인 해결안이 1사무 11장에서 '사울과 다윗 이야기'의 시작 부분을 보는 베르멜렝(J. Vermeylen)에 의해 개진되었으나, 쿰란 사본인 (1사무 11장 기사의 선택적이며 상세한 도입 부분을 보존하고 있는) 4QSam보다 마소라본을 따른다면, 이 도입 부분은 다소 거칠어 보인다. 대부분의 저자들은 1사무 16,14-23에 동의하나, 이 본문 역시 RAD의 만족스러운 도입 부분을 이루지 못하며, 사울에게서 떠나 '악령'으로 대체된 '야훼의 영'이라는 언급 또한 앞서는 기사들의 일부를 전제로 하는 것 같다. RAD의 본래 도입 부분이 소실되었다는 사실을 받아들이지 않고자 한다면, (현재까지 거의 검토되지 않았던) 하나의 해결안은 이 기사를 마소라본의 1사무 17장, 필리스티아인들과 이스라엘인들 사이의 전쟁으로 열리는(17,1) 장면에서 시작하게 하는 것이다. 이 경우, 12-31절의 다윗 도입 부분이 생략되어 상대적으로 짧은 이본을 제시하는 칠십인역 성경은 16,1-13과 16,14-23의 다윗에 관한 새로운 두 도입 부분 첨가에 이어 본문을 수정한 흔적을 보이며, 이로써 마소라본의 17,12-31을 잉여 본문으로 만들어버린다.

학자들은 종종 RAD에서 연이은 여러 편집단계를 확인하고자 한다. 그러나 제안된 재구성은 설득력과는 거리가 있으며, RAD는 일반적으로 상당한 문학적 일관성이라는 특징을 지니고 있다. 따라서 상대적으로 통일된 구성을 고려해야 하며, 이 구성에 이어 몇몇 신명기계 덧붙임, 나아가 후-신명기계 덧붙임도 뒤따랐을 것이다(1사무 19,18-24; 28,3-25). 한편 이 구성이 구전 또는 기록으로 소전승군에 이미 규합되어 있었을 중요한 전승 자료를 기초로 했음은 분명하다. 이렇게 우리는 특히 다윗의 광야 도주와 무리의 우두머리 경력에 관한 전승군과(1사무 21-26), 다윗의 필리스티아인들 섬김에 관한 또 다른 전승군을(1사무 27-30) 식별할 수 있다. 그러나 이 전승군들의 범위를 정확하게 규명한다는 것은 어려운 일이다. 현재의 형태 안에서 사울의 조정에서의 다윗에 관한 기사는(1사무 18-20), 비록 더 오래된 전승들에 기초한다 하더라도, RAD 저자의 창작인 것처럼 보인다. 예를 들어 1사무 20장의 다윗과 요나탄의 만남 기사는 1사무 18-20장에 보존되어 있지 않던 몇몇 전승들을 전제로 하는 것 같기 때문이다(예를 들어 Caqyot - de Robert 참조).

3) '계승 기사'(2사무 2,12-4,12; 9-20 [+ 1열왕 1-2] = RS[*Récit de la Succession*]). 이 문학 단위의 출처와 작성 연대 역시 대단한 논쟁거리로 남아 있다(Pury - Römer가 최근 발간한 총서와 Dietrich - Nauman, p. 169-227에서 연구 현황 참조). 전통적으로 학자들은 이 기사에서 솔로몬 조정에서 구성된 작품을 보았으나, 이 작품의 성격은 논쟁의 대상이 되어 왔다. 여러 저자에게 이 기사는 기본적으로 태조 다윗의 사후 솔로몬 왕권의 합법화를 목적으로 한 하나의 홍보 작품으로 인식되었다(Rost 참조). RS의 이야기를 특징짓고 사무엘기의 나머지 기사들과 구별하는 사실주의적 경향은 그러나, 다른 저자들이 목격 증인에 의하여 구성된 다윗의 치세 말기에 전반적으로 충실한 보고서를 보도록 이끈다(특히 독일 역사가 E. Meyer의 논제를 받아들이는 von Rad 참조). RS는 따라서, '솔로몬의 계몽주의' 상황 속에서, 그리스의 헤로도토스와 투키디데스 훨씬 이전에 구성된 인류의 진정한 첫 역사편찬(*Geschichtswerk*) 작품으로 자리했을 것이다. 솔로몬 시대로 보는 작성 시기는 한편, 전통적인 가설에 따라 솔로몬의 조정에서 조성되었을 것으로 보는 두 문학, 곧 전통적인 지혜문학과 오경의 'J' 원전과 함께 RS에서 포착되는 병행현상으로 더욱 확실해진다.

오늘날에도 적어도 RS의 일부를 솔로몬 시대에 작성된 것으로 보는 추세는 많은 주석가 세계에 일반화되어 있다(최근의 Seiler 참조; 보다 최소론자의 관점에서는 역시 최근의 Rudnig와 Vermeylen 참조). 그러나, RAD의 경우와 마찬가지로, 이 가설은 10-9세기의 유다 역사로부터 재구성할 수 있는 바와 조화를 이루지 못하며, RS만큼 야심적이며 공을 들인 작품이 기원전 8세기에 예루살렘 조정에서 작성될 수 있었다는 것은 매우 의심스럽다. RS의 이른바 '서사체 사실주의' 역시 역사성에 대한 근거가 될 수 없다(에스테르기 참조!). 솔로몬 시대 작성의 전적인 근거가 된 '솔로몬의 계몽주의'라는 전통적인 개념은 오늘날 거의 포기되었으며, RS가 아무튼 자기 고유 이름으로 말하는 저자가 단행하는 독립적이며 경험에 의한 '조사'로 제시되는 헬레니즘 역사편찬과 아무런 관련이 없다는 사실은 분명하다. RA의 경우와 마찬가지로, RS가 8세기 말 또는 7세기 이전에 예루살렘 조정에서 기초될 수 있었다는 사실은 가능성이 엷어 보인다(예를 들어 Fischer 참조). 그렇다고 해서 그 무엇도 RS에 담긴 몇몇 전승들이 더욱 오래된 것이며 솔로몬 시대까지 거슬러 올라갈 수 있다는 가정을 가로막지는 않는다(예를 들어 최근의 Rudnig 참조). 이와는 달리 다른 저자들은 종종 조정에 적대적인 세계에서 구성되었을 반-왕정제도적인 작품으로 여겼다(특히 Delekat, Würthwein 참조). 그러나 RS가 다윗을 허약한 임금, 나아가 조정에서 벌어지는 권력 투쟁 앞에 무력한 임금으로 소개한다 하더라도(1열왕 1 참조!), 물론 2사무 11-12장의 밧 세바에 관한 일화의 경우를 제외하면, 왕정에 대한 '명확한' 비판을 지적하기는 불가능해 보인다. 나아가 밧 세바 일화의 경우에도 다윗은 이어지는 기사에서(12,16 이하) 모범적인 회개자의 모습을 보인다. 또한, 예루살렘의 행정권 밖에서 또 다른 유다인 세계가 유배시대 이전에 필요한 자료를 활용하여 RS와 같은 규모가 큰 작품을 생산하고 발행할 수 있었다는 것은 역사적으로 거의 불가능한 일로 보인다. 끝으로, 늘 주시했던 대로, RS의 성격은 왕실과 그 정사와 정신에 친숙했던 한 저자를 가리키는 듯하다.

이 마지막 지적은, RS에서 유배시대 이후 다윗 왕조의 메시아사상에 반감을 품고 있던, 6세기 말의 후-신명기계 작품을 보는 판 세터스(Van Seters)의 논제에 유리하게 작용한다. 판 세터스는, 예전의 몇몇 저자들이 이미 시사했던 대로(예를 들어 Budde 참조), RS의 사무엘기 삽입이 이차적인 신명기계, 나아가 후-신명기계 단계에서 이루어졌음을 입증하기 위하여 설득력 있는 논거를 내세운다. 판 세터스가 밝히고 있는 것처럼, RS가 부여하는 다윗의 모습은 열왕기 상하권에 등장하는 유다의 모든 임금의 모범으로 다윗을 소개하는 신명기계 개념과 조화를 이루지 못한다. 또한, 1열왕 2,(1-4?).10-12의 다윗의 죽음과 계승에 대한 (신명기계) 최후 약술은 2사무 8장 다음에서야 직접적인 의미를 지닌다. 그러나 그렇다고 해서, 판 세터스가 바랐던 대로, RS 전체가 후기인 6세기의 구성이라고 상상하기는 어렵다. 사실 RAD의 경우와 마찬가지로, 선-신명기계 주요 전승 자료를 염두에 두어야 할 것이다. 여러 저자와 함께 특히 우리는, 주제상의 일관성으로 RS의 나머지 부분과 구별되며 이어서 2사무 9; 10; 11-12와 1열왕 1-2로 보완된, 2사무 13-20장의 압살롬과 그의 아버지 사이의 충돌에 관한 전승군을 재구성할 수 있다(Flanagan 참조; 또 다른 저자들은 RS의 최초 핵심을 15-20장으로 축소시킨다). 바탕기사인 2사무 13-20장은 예루살렘 왕조의 창립자가 직면한 불운과 문제에 대한 하나의 전기를 제시하는 것 같다. 이 전기는 분명 전기가 귀족계급을 위한 오락과 동시에 교육 기능을 하던 예루살렘 조정에서 회자되었으며(이와 흡사한 Gunn, 62쪽의 "진지한 연예를 목적으로 회자되는 이야기"라는 표현 참조), 이는 또한 히즈키야 치하에 예루살렘 조정이 이와 같은 문학의 발전을 고무했음이 틀림없기에(잠언 25,1 참조) 지혜문학과의 병행현상을 설명해주기도 한다.

4) 사무엘기 '부록'(2사무 21-24). 이는 분명 다른 데서 제 자리를 찾지 못한 다윗에 관한 다양한 전승 문제이다. 이 부록은 아마도, 본디 2사무 8장에서 마감되고 1열왕 2장의 약술로 이어졌던(위 참조), 사무엘기

의 신명기계 판에는 없었을 것이다. 또한, 이 본문들이 교차배어법 형태로 잘 짜인 구조에 따라 정리되었다는 사실은(위 도식 참조), 동일한 후-신명기계 발행인에 의해 동시에 삽입되었다는 점을 시사한다. 2사무 21-24장에 규합된 모든 전승은 그러나 동일한 출처와 동일한 고대성을 보여주지 않는다. 다윗 전사들의 명단은(2사무 21,15-22; 23,8-39) 추정컨대 예루살렘 왕실 고문서고에서 유래한 것 같으며, '다윗의 시편'과 그의 마지막 기도는(2사무 22; 23,1-7) 유배시대 이후의 신심을 반영하는 후기 구성으로 보인다.

5) 1사무 1-15장의 '사무엘과 사울 전승'. 이제 1사무 1-15장의 사무엘과 사울에 관한 다양한 전승 문제가 남아 있다. 우리는 1사무 9,1-10,16; 11; 13-14(과 함께 몇몇 저자들이 주장하고는 있으나 이론의 여지가 있는 10,20-27)에서 사울에 관한 선-신명기계 다양한 전기를 쉽게 확인할 수 있다. (예를 들어 Miller, 그리고 최근에도 Lehnart와 같은) 몇몇 저자들이 확언했던 바와 달리, 이 전승들을 일관성 있는 연이은 하나의 기사 속에 체계화한다는 것은 거의 불가능한 일이다. 이보다는 오히려 벤야민 지파에, 아마도 미츠파에 보존되어 있었을 사울과 그의 즉위와 군사적 업적에 관한 별개의 소전승군의 존재를 검토해야 할 것이다. 사무엘에 관한 전승 재구성은 훨씬 더 어렵게 보인다(그러나 Mommer와 Dietrich, 그리고 이들보다 앞서 Weiser 참조). 분명 1사무 1-3장 뒤에는 하나의 선-신명기계 전승이 있었으나(Hüzli의 자세한 연구 참조), 몇몇 저자들이 주장했던 대로(예를 들어 McCarter 참조), 본디 사무엘보다는 사울에 관련된 전승이 아니었는지 되물을 수 있다. *š'l*(요구하다)에 관한 언어유희와, 1장의 후반부에(17절 이하) 자주 등장하는 아이의 이름은 사무엘의 경우에 어떤 의미도 지니지 못하나(1,20 참조), 사울에게는 매우 잘 어울린다. 아무튼, 사무엘이 '온 이스라엘'에서 야훼의 신뢰를 받은 유일한 예언자로(3,19-4,1ㄱ), 그리고 최후의 판관-구원자로(1사무 7) 소개되는 부분은 어떤 전승의 바탕도 없이 분명 신명기계 저자가 창안해낸 것이다(Veijola, McKenzie 참조). 또한,

바로 그 신명기계 저자가 1사무 13,7ㄴ-15ㄱ과 9,1-10,16에서 사울의 기사 속에 사무엘의 모습을 삽입시켰던 것 같다. 따라서 몇몇 저자가 옹호하듯이(예를 들어 Mommer 참조), 1사무 1-15장에서 사무엘기의 선-신명기계 판의 시작을 재구성한다는 것은 난해한 일이다.

2.3. 신명기계 학파에 의한 사무엘기 구성

앞서 제안된 이론에 따라, 신명기계 학파가 논리적이며 잘 짜인 하나의 이야기 속에 이미 구성되어 있던 다양한 문학 단위들, 그러나 본디 서로 독립적이던 작품들을 모아 놓았다. RA(1사무 4-6[4,1ㄴ-7,1]), RAD(1사무 16/17-2사무 5), 사울에 관한 다양한 전승들(1사무 9,1-10,16; 11; 13-14), 또한 아마도 이스라엘 성소에 봉헌된 아이(사울?)의 기적적인 탄생에 관한 전기로서 본래의 윤곽을 재구성하기 정말 어려운 기사(1사무 1-3) 등이다. 따라서 신명기계 학파는 사무엘기 일차 구성의(1사무 1-2사무 8) 진정한 책임자로 여겨질 수 있다. 이 일차적 구성은 2사무 9-20장(RS)과 21-24장으로 보완되었으며, 이 장들은, 비록 더 오래된 총체로 거슬러 올라갈 수 있다 하더라도, 후-신명기계 단계에서 삽입된 것으로 보인다. 페르시아 시대 흐름 속에서의 RS 삽입은, 판 세터스가 가정했던 대로 페르시아 시대 초기의 상당한 메시아 운동에 대한 반응으로, RAD와 열왕기가 부여하는 다윗의 모습에 미묘한 변화를 주려는 의지를 반영하는 것으로 보인다. 이와 유사한 관점에서 루드니히(T.A. Ludnig)는 2사무 9-20장에서 다윗 왕조에 적대적인 후-신명기계 개정을 확인한다.

신명기계 학파는 대체로 물려받은 서사체 문학 단위 안에 거의 개입하지 않았으며, 따라서 이 문학 단위는 신명기계 학파의 문체와 언어를 경우에 따라서만 반영한다. 신명기계 편집과 발간 작업은 신명기계 학파가 사무엘기의 서사체 주요 문학 단위들 사이의 전이 과정을 체계화할 목적으로 구성했던 장들에서는 뚜렷하게 드러난다. 이 본문들은 매우 기본적인 기사의 구조화와 체계화 기능을 지니며, 사무엘기 상하권의 신명기계 구성의 지향점을 이해하고 분석하도록 잘 이끌어준다. 특히 1사무 3장, 7장, 8장, 12장과 함께 2사무 7장이 이에 해당한다.

1사무 3장은 사무엘을 이스라엘을 위한 야훼의 유일한 예언자로 공인하며(특히 3,19-4,1ㄱ 참조), 이로써 사무엘기 상권 이하에서 이 인물이 수행할 중심 역할을 준비한다. 나아가, 1사무 3장은 유다와 이스라엘 임금들의 이야기에서 신명기계 개념의 특징에 속하며 사무엘기와 열왕기 내내 발견되는 짝 개념으로서의 '예언자/임금' 도식을 보다 보편적으로 끌어들이기도 한다(나탄과 다윗 등도 참조). 1사무 7장, 8장, 12장은 이스라엘 역사에서 두 시기 곧 '판관들'의 시기와(판관기 참조) '임금들'의 시기 사이의 전이를 확고하게 한다. 사무엘은 신명기계 저자에 의해 이스라엘의 마지막 '판관-구원자'로 묘사되나(7,2-14), 타락한 그의 아들들의 판관직 실패는(8,1-3) 사무엘에게 임금을 요구하도록 백성을 이끈다(이미 신명 17,14-15에 예고된 바에 따른 8,4-5). 8장 이하와(6-22절) 10,17-27과(신명기계 본문일 수도 있다: Veijola, McKenzie, 나아가 최근의 Müller 참조) 1사무 12장에서 왕정은 야훼의 배서를 받은 하나의 제도로 제시되나, 그럼에도 하나의 커다란 불신으로 비쳐진다(특히 8,10-18 참조). 인간 임금으로서의 존재는 분명, 8,7에 명백하게 표현된 대로, 야훼의 왕정과 긴장 관계에 있으며, 야훼의 왕정에 대한 '배척'(어근 *m's*)을 의미하는 것으로 평가된다(10,19 참조). 결국, 인간적 왕정이 허용된다면, 그것은 오로지 임금이 야훼에 의해 몸소 선택되고(참조. 신명 17,14-15; 1사무 10,17-27), 백성이 그러하듯 야훼께 전적으로 순종함을 전제로 한다(12,14-15). 같은 의미에서, 역시 신명기계 저자의 작품으로 돌려야 하는 1사무 15장과 16,1-13은(McKenzie, Nihan 참조) 사울이라는 인물을 통하여 '배척된' 임금과 다윗이라는 인물을 통하여 '야훼의 마음에 따른'(16,7) 임금, 상호 대조적인 두 유형의 왕정을 대립시킨다. 다시 말해서 하나는 하느님의 뜻에 전적으로 순종하는 왕정이며(다윗), 다른 하나는 하느님을 배척하는(15,23) 왕정

(사울)이다. 끝으로 2사무 7장은(7,1-17; 7,18-29의 다윗 기도는 후대의 첨가 부분으로 추정된다) 신명기계 역사(HD)의 중심 본문들 가운데 하나이며, 매우 기본적인 편집 기능을 담당하기도 한다. 다윗의 예루살렘 성전 건축 계획에 대한 하느님의 금령은, 2사무 7,12-14가 명백하게 강조하고 있는 것처럼, 솔로몬의 왕정과 그의 건축 활동에 관한 기사를 준비한다(1열왕 5-8장 참조). 아울러 영원한 왕조에 대한 약속은 다윗 치세의 정점을 나타내며, (2사무 8장과 함께) RAD의 신명기계 발행에 하나의 탁월한 결론을 제공한다. 이 주제는 또한 이어지는 열왕기 상하권의 왕정사에서 근본적인 역할을 맡는다.

사무엘기의 신명기계 편집 연대와 지향과 역사 역시 지금도 논쟁의 대상으로 남아 있다. 미국의 크로스(F.-M. Cross) 학파는, 신명기계 역사에 관한 전반적 이론에 따라, 사무엘기의 신명기계 편집 대부분을 요시야 시대로 둔다(특히 McCarter 참조). 2사무 7장의 본문은, 특히 다윗을 위한 영원한 왕조 약속과 함께, '부활한 다윗'이며 이 약속의 상속자인 요시야의 왕정 이념을 분명히 반영한다. 그러나 왕정에 대한 사무엘기 본문 대부분의 불신적인, 나아가 그야말로 적대적인 음조는(참조. 1사무 7; 8; 10,17-27; 12) 왕정시대 이후 또는 유배시대 이후의 사회적 맥락 속에서만 의미를 가진다. 2사무 7장의 본문은 한편, 여기서 상세하게 논의할 수는 없지만, 하나의 문제를 제기한다. 신명기계 학파가 다윗을 위한 영원한 왕조 약속이라는 주제를 창안해낸 것이 아니라, 물론 본문의 현 상태에서 정확하게 재구성한다는 것은 힘든 일이지만, 유배시대 이전(요시야 시대?)의 전승에 기초하고 있는 것이 분명해 보인다. 독일의 괴팅엔 학파는(사무엘기에 대해서는 특히 Veijola, Dietrich 참조) 사무엘기에서 DtrH, DtrN과, 디트리히에게는 아무튼 DtrP 편집자들의 활약을 확인하고자 힘썼다. 이 주장은 그러나 지금에 와서 폭넓은 반론의 대상이 되고 있으며, 무엇보다도 사무엘기의 신명기계 자료를 이 세 편집자에게 체계적으로 분배한다는 것은 어려운 일이다. DtrP와 DtrN의 작품으로 보는 자료는 일반적으로 몇몇 구절에 국한되어 있기 때문이다.

이 두 이론 이외에는, 사무엘기의 신명기계 편집의 기원에 대하여 공통된 의견이 거의 없는 편이다. (Mommer, Van Seters, McKenzie와 같은) 몇몇 저자들은 노트가 주장하는 단 한 사람의 신명기계 저자로 돌아간다. 반대로 다른 주석가들은 계속된 신명기계 여러 편집을 식별하나(예를 들어 Kratz), 그 분석 방법은 종종 이론의 여지가 있는 기준에 기초하며, 사무엘기의 신명기계 편집의 일관성에 거의 응하지 못한다(위 참조). 그럼에도 불구하고, 신명기계 저자에 의해 대량으로 발행된 문구(1사무 7-12) 연구는 왕정에 대한 시각에 있어 상당한 복잡성을 시사한다. 9,1-10,16; 11; 13-14의 신명기계 발행은 왕정에 대한 우호적인 시각을 분명히 표현한다. 사울은 야훼에 의해 '군대의 장수'로 임명되며, 필리스티아인들로부터 이스라엘을 구할 책무를 맡는다(9,16-17 참조). 그러나 14,47-52의 사울 치세에 대한 약술이 명백하게 설명하고 있듯이, 전장에서의 용맹성에도 불구하고 필리스티아인들을 물리치지는 못한다. 따라서 그는 다윗으로 대체되며, 다윗은 궁극적으로 필리스티아인들을 물리치기에 이른다(본디 RAD를 결론지었던 2사무 5,17-25와, 뚜렷한 예변법적인 성격을 지니는 다윗의 골리앗 승리 기사 1사무 17장 참조). 한편, 1사무 9-11장의 사울 즉위에 관한 신명기계 초판의 테두리를 이루는 1사무 7; 8; 10,17-27; 12의 신명기계 본문들은 사울만이 아니라 특히 전반적인 왕정제도에 대하여 훨씬 더한 비판적 자세를 취한다. 왕정을 대하는 시각에 따른 이러한 뚜렷한 차이는 오랫동안 지적되어 왔으나(이미 Welhausen 참조), 학자들은 일반적으로 (반-왕정제도적인) 신명기계 저자와 (친-왕정제도적인: 노트의 전형적인 주장이다) 그의 원전들 사이의 관점 차이에서 비롯된 것으로 보았다. 이러한 설명은, 사울에 우호적인 본문들인 1사무 9,1-10,16과 11장도 전형적인 신명기계 편집의 부정할 수 없는 흔적을 보여준다는 사실을 확인하는 순간(특히 칠십인역 성경 9,15-17; 10,1; 이에 관한 논증을 위해서는 특히 Veijola와 McKenzie 참조), 부정될 수밖에 없다. 한편 필리스티아인들이 여전히 이스라엘을 지배하고 있음을 전제로 하는 9,15–17이 (사무엘이 이미 필리스티아인들로부터 이스라엘을 구한 탓에 사울의 선택을 필요 없게 만드는) 1사무 7장과 분명한 대립 관계에 있다는 점에서, 아마도 1사무 7장, 8장, 10,17–27(?), 12장, 15,1–16,13에서 신명기계 둘째 판을 찾아내야 할 것이다. 이 판은 기본적으로 왕정제도 자체가 제기하는 문제를 다루는 데 목적을 두고 있고, 이를 위해 사울이 왕정의 가장 부정적인 면을 상징하는 인물로 등장한다. 노트와 그를 따르는 여러 저자를 거슬러, 이 신명기계 편집은 그저 단순한 '반–왕정제도적'이 아니다. 왕정제도는 이스라엘 역사에서 불가결한 역할을 했던 제도이며(특히 다윗 혈통 참조), 야훼의 추인 없이는 그렇게 오랫동안 존속할 수 없었던 제도이다(2사무 7장 참조!). 그럼에도 불구하고, 왕정의 역사는 (1사무 12,25에서 분명하게 암시되고 있듯이) 유배와 예루살렘 파괴로 귀착된다. 이러한 문맥 속에서 신명기계 편집자들은 무엇보다도 먼저, 12,14–15와 함께 12,19–25의 양자택일 가르침이 분명히 예고하고 있듯이, 왕정제도 자체가 아니라 이스라엘을 후견하는 신 곧 야훼와 (사무엘, 나탄 등과 같은) 그분의 예언자들에 대한 '전적인 순종'만이 '이스라엘' 공동체에 미래를 보장한다는 사실을 강조한다.

신명기계 둘째 편집 결과로 간주되는 본문들은 후기의 언어를 보여주며(특히 1사무 7,3–4; 8,8; 12,7–25 등과 같이 전통적으로 DtrN의 작품으로 취급되는 문구들 참조), 추정컨대 페르시아 시대 초기에 작성된 것으로 본다. 이 편집을 특징짓는 왕정에 대한 비판적 시각은 (6세기 말 – 5세기 초) 페르시아 시대 초기의 상황 속에서 잘 이해될 수 있으며, 이는 왕정에 대해 비판적인 DtrN 편집을 이 시대에 두고 있는 몇몇 저자들(Veijola, Dietrich)의 결론과 어떤 면에서 부합한다. 예루살렘의 몇몇 집단은 분명, 예훗 행정 구역의 집정관이었고 유배시대 이후 다윗 가문 군주들의 왕좌를 요청했을 즈루빠벨이라는 인물 안에 자리한 희망이 피력하고 있듯이, 다윗 왕조의 복원을 검토했다. 1사무 7; 8; 10,17–27; 12; 15,1–16,13에서 확인할 수 있는 후기 신명기계 편집은 따라서 유배로부터의 귀환 이후 다윗 왕정의 복원에 관하여 토론을 펼친 신명기계 학파의 공헌을 보여주는 셈이다. 다윗 왕조의 메시아사상은 (다른 작품 세계의 경우와는 달리) 페르시아 시대 초기의 신명기계 저자들에 의해 완전히 단죄된 것은 아니며, 이는 신명기계 전승 속의 다윗이라는 인물의 중요성 때문이었을 것이다. 그러나 새로운 군주는 신명기법에 온전히 순종해야 할 것이다. 이는 또한, 1사무 8장과 12장의 후기 신명기계 편집과 분리될 수 없는(신명 17,14-15 = 1사무 8,4-5 참조), 신명 17,14-20의 왕직에 대한 규정에서 명확하게 확언된 관점이기도 하다. 앞서 시사했던 것처럼, RS의 사무엘기 하권 삽입이 또한 다윗 왕조의 메시아사상에 대한 비판을 나타낸다면, 우리는 후-신명기계 단계에 속한 9-20장 발행에서 둘째 신명기계 편집으로 열린 왕정에 관한 토론의 연장을 볼 수 있다.

한편, 사무엘기 상하권의 신명기계 첫째 편집은, 추정컨대 1사무 1-3; 4-6(7,1); 9,1-10,16; 11; 13-14와 함께 1사무 16(17)-2사무 8장은 유배시대 초기(6세기 전반기)에 이루어졌음이 틀림없다. 왕정에 대하여 상대적으로 우호적이라는 점에서, 이론적으로 요시야 시대를 고려할 수도 있다. 그러나 우리는 또한 이 초판에 속하는 1사무 4-6장이 예루살렘 성전 파괴로 확인되는 궤 소실이라는 유배의 경험을 이미 반영한다고 생각할 수 있다. 1사무 4장의 궤 소실 기사는 자의적으로 '(더는) 영광이 없다'를 뜻하는 이카봇의 탄생으로 마감되며, 이 이름은 하느님의 영광이 이스라엘 밖으로 사라졌다는 주해를 동반한다(4,19-22). 이 일화는 한편 에제 8-11장의 예루살렘 성전의 영광 떠남이라는 주제를 상기시키기도 한다. 어떤 면에서 1사무 1-6장의 궤 빼앗김과 실로 예배 사라짐은 예변법적인 방법으로 열왕기의 끝부분과 예루살렘 성전의 파괴를 예고한다. 이미 1사무 1-6장과 마찬가지로, 예루살렘 파괴와 지도층의 강제 이주 이후 남아 있는 것은 신명기계 학파가 수탁한 예언자들의 말씀뿐이다. 그러기에 신명기계 저자는 사무엘이 '온 이스라엘'의 예언자가 되었음을 알리는 약술을 RA(1사무 4-6)를 앞서게 했으며, 이는 또 한 궤의 소실 이전이기도 하다(1사무 3,19-4,1ㄱ)! 한편, 사무엘기의 이 신명기계 초판이 (이 초판이 신명기법[신명 12-26] 초판과 여호 1-12장의 정복 기사들을 분명 알고 있었음에도 불구하고), 최근의 여러 저자가 제안하고 있듯이(특히 Kratz 참조), 아직 신명기계 역사(HD)에 통합되지는 않은 채 사무엘기와 열왕기 전체에 한정되어 있었다는 사실을 주목하는 것은 관심을 끄는 일이다. 신명기계 둘째 판에 속하는 1사무 7장과 8장과 12장 이외에, 사무엘기와 열왕기는 '판관들의 시대'에 대하여 전혀 모르고 있으며(2열왕 17,7-23의 역사 요약 부분 참조), 1사무 1,1은 독립적인 역사의 훌륭한 출발을 제공한다. 이 경우 사무엘기와 열왕기 신명기계 초판의 HD 통합은 아마도, 1사무 7-12장에서 판관들의 시대에서 임금들의 시대로 넘어가는 주제를 분명하게 다루고 있고 이를 통해서 판관기와 사무엘기-열왕기 사이의 관계를 설정하고 있듯이, 신명기계 둘째 판에서 이루어졌을 것이다. 이는, 점증하는 많은 저자가 추정하고 있듯이, HD의 구성을 유배시대보다는 페르시아 시대 초기에 통합된 하나의 총서로 취급해야 한다는 사실을 암시한다. 한편 우리는 이러한 맥락 속에서, 판관기의 기사와 완전하게 부합하지 않는(마소라본은 특히 판관기에서 확인되지 않는 '브단'을 언급한다) 1사무 12,11의 판관시대 요약이, 판관기의 구성과 발행이 1사무 7-12장의 신명기계 편집의 순간 아직 온전히 확정되지 않았을 것임을 시사한다는 사실에 주목한다. 다른 저자들은 이제 사무엘기 상권에서 왕정에 대해 비판적 시각을 보이는 문구들이(특히 7,3-4; 8,7-9; 10,18-19; 12,16-25) 실은 '구경'(九經), 다시 말해서 신명기-열왕기가 아니라 창세기-열왕기 또는 탈출기-열왕기에 속한다는 사실에 관심을 쏟는다. 이 가설은 좀 더 면밀히 검토할 필요가 있으나, 1사무 7장과 8장과 12장과, 그 자체로 창세기에서 여호수아기까지를 중점적으로 요약하는 여호 24장 사이의 많은 병행구가 매우 인상적인 것은 사실이다. 특별히 '야훼를 섬기다'와 '다른 신들을 섬기다' 사이의 양자택일과(1사무 7,3-4; 12,14-

15) 함께 임금을 요구함이 이방 신들을 섬김과 동일시되는 현상은(1사무 8,7-8!; 12,14-15) 양자택일이 이미 처음으로 개진되었던 여호 24,14-27의 후반부를 전제로 하는 것 같다. 이 경우 사무엘기 상하권의 신명기계 둘째 편집은 이 상하권을 판관기와 함께 육경(창세기-여호수아기)의 보완 부분으로 통합시키는 역할을 했을 것이다.

3. 주제와 의도

현재의 경전 상태에서 사무엘기는 근본적이며 매우 구조적인 긴장을 중심으로 짜여 있다. 한편으로, 그 안에 담긴 기사들은 '위대한 선조'이며 예루살렘 왕조의 창립 임금인 다윗을 높이 평가하며, 많은 본문이 그의 입장을 변호한다. 이 점에서 이 책은, 적어도 일정한 부분까지는, 독자를 유다 왕조의 황금기로 향하게 하면서 서사시 고유의 차원을 보여준다. 다른 한편으로, 여러 본문은 이미 왕정제도에 대한 비판적 반성을 발전시켜 나가면서, 유배의 사건들을 극복하지 못한 이 제도의 한계를 여러 관점에서 예고한다.

3.1. 예루살렘 왕조의 창립 선조 다윗에 대한 변론

사무엘기 상하권의 기사 대부분은 다윗이라는 인물에게 할애되어 있으며, 왕위에 오름(1사무 16-2사무 5), 치세 중 주요 건국 행위들(2사무 6-8), 자녀들 특히 압살롬과의 분쟁(2사무 9-20) 등이다. 사무엘기 상권에서도 몇몇 요소들은 이미 다윗의 왕권을 향해 점철되어 있으며, 사울의 왕권은 부정적인 것으로 등장한다(1사무 13,14 참조). 다윗은 이스라엘 왕정의 태조로 분명하게 제시된다. 성경 기사에 따르면, 그는 하느님의 궤를 입성하게 한 예루살렘의 야훼 예배의 창시자(2사무 6), 왕조의 창건

파라오가 호루스 신 오른쪽에 앉아 있다(시편 110 참조). 왕정 이념을 보여주는 이 모습은 임금이 신과 유지하는 친자 관계를 강조한다(2사무 7 참조).

자(2사무 7), 중앙집권적인 행정을 갖춘 제국의 건국자이다(2사무 8). 더 나아가, 열왕기에서 다윗은 유다 모든 임금의 본보기로 체계적으로 소개된다.

최근의 고고학 연구가들은 어떤 점에서 이러한 소개가 허구였는지 밝혀냈다. 사마리아가 점령되고 북 왕국이 사라지고 난 다음인 8세기 말에서야 비로소 유다에 중앙집권적인 진정한 국가가 출현했음을 확인할 수 있었다. 다윗은, 인근의 비옥한 평원을 규칙적으로 약탈하면서 유다의 광야와 같은 고원에 자리 잡은 씨족의 수장 이상의 존재였던 것 같다. 한편 이 모습은, 이러한 어렴풋한 역사적 기억을 간직하고 있던 – 또는 지울 수 없었던 – 것으로 보이는 1사무 16–2사무 5장의 '다윗 부상 기사'가 부여하는 모습이기도 하다(특히 1사무 22,1–5; 24,1; 25,2 이하; 26,1 참조). 왕정의 창립 선조로서의 다윗 묘사는, 적어도 *byt dwd*라는 비문을 '다윗의 집안'을 의미하는 것으로 받아들인다면, (기원전 9/8세기의) 텔 단의 석비에서 입증된다고 말할 수 있다. 그러나 앞서 살펴보았던 대로, '다윗의 부상 기사'와 같은 기사는 우선 그리고 무엇보다도 먼저 신–아시리아 시대(8–7세기)의 문학적 구성일 뿐이다. 이 구성이 더 오래된 다양한 전승에서 빌려온 것이라 하더라도 말이다.

다윗에 관한 기사들, 특히 1사무 16–2사무 8장의 기사들은 '온 이스라엘'의 임금으로 다윗을 묘사하는 데 온 힘을 기울이고 있다. 다윗은 유다 출신임에도 불구하고 유다인들은 물론(2사무 2,1–4ㄱ) 이스라엘인들에 의해(2사무 5,1–5) 임금으로 선택된다. 그는 따라서 북 왕국과 동시에 남 왕국의 합법적인 임금이다. 그뿐만 아니라 다윗은, 에프라임 사람이며 그 자신 북 왕국의 예언 전승을 대표하는 존재인 예언자 사무엘에 의해 기름부음 받는다. 실로의 궤가(1사무 4–6) 예루살렘으로 이송됨은(2사무 6) 결국 예루살렘이 남 왕국을 위해서는 물론 북 왕국을 위한 야훼 예배의 합법적인 중심지임을 강조하는 데 목적이 있다. 여기서 다시금 이 주제는 사마리아 파괴 이후 의미를 지니는 상황 속에 그 기원을 둔다. 유다가 옛 북 왕국의 경제적이며 정치적인 특전의 일부를 되찾게 되었을 때를 말한다. 우리는 또한 다윗에 관한 기사들이 다윗을 사울의 합법적인 후계자로 힘주어 소개하고 있음이 놀랍다는 사실에 주목한다. 다윗은 사울의 딸들 가운데 하나인 미칼과 혼인하며, 사울의 아들 요나탄과 특별한 우정을 나눈다. 요나탄만큼 미칼도 아버지와 맞서 다윗을 구할 태세에 있으며(1사무 19,11–17; 20), 요나탄은 몸소, 그들의 마지막 만남의 때에, 다윗이 바로 사울의 합법적인 계승자임을 그에게 알린다(1

사무 23,17). 이러한 현상은 아무런 근거 없이 빚어진 것은 아니다. 7세기 내내, 특히 요시야 치하에서, 유다와 이웃하고 있었고 신-바빌론 제국 시대에 유다와 함께 유일한 행정 실체를 이루게 될 벤야민의 영토는 분명 유다 소왕국을 위한 일차적인 정복 대상으로 인식되었다. 이러한 점에서 다윗을 사울의 필연적인 후계자, 하느님에 의해 선택된 사람으로 소개하는 기사들은, 가장 가까운 이웃에 대한 유다의 야심을 정당화하는 데 목적이 있었던 것 같다(요시야가 베텔을 병합한 사건을 약술한 2열왕 23,15 이하 참조).

3.2. 지나가버린 왕정, 또는 왕정제도에 대한 신정적(神政的) 비판

현재의 형태 안에서 사무엘과 사울과 이스라엘의 왕정 설립에 관한 기사들은(1사무 1-16), 히브리어 성경을 통틀어, 왕정제도의 기원과 성격과 함께 예언과 왕권 사이의 관계에 대한 가장 성공적인 반성을 보여준다. 사울이 왕정제도 최악의 측면을 드러낸 반면, 사무엘은 야훼에 의해 선택되고 영감을 받은 예언자이며 동시에 판관, 장수, 종교적 지도자로서 카리스마적 수장의 이상을 구현하며, 히브리어 성경 전체를 통해 모세의 역할 이외의 어디에도 견줄 수 없는 역할을 수행하면서 인간적 제도에 좌우되지 않는 인물로 묘사된다(후기의 몇몇 본문에서 사무엘은 탁월한 중개자의 모습으로 모세와 맺어진다; 참조. 예레 15,1; 시편 99,6). 사무엘을 통해 드러난 이 카리스마적 이상 이면에서 우리는, 예루살렘 공동체는 그 바탕을 특정한 제도가 아니라 하느님께 대한 순종에만 두어야 한다고 확신하는, 유배로부터 귀환한 신명기계 세계의 신학적이며 정치적인 프로그램을 확인할 수 있다. 탁월한 왕조의 제도인 왕정제도 설립은, 백성의 임금 요구가 이스라엘에 대한 자신의 왕정 거부를 내포하는 것으로 야훼에 의해 몸소 해석되는 1사무 8장의 일화가 강조하고 있듯이, 이 이상을 거슬러 나아간다. 이러한 갈등은 이어지는 장들에서 해결되며(특히 1사무 12장 참조), 왕정제도가 오직 카리스마적인 예언자의 말씀에 순종함을 전제로 한다. 임금은 예언자(사무엘)에 의해 임명되며, 언제든 그에 의해 해임될 수 있다(1사무 15,1–16,13 참조). 임금은 어떤 면에서 지상에서 늘 신을 대표하는 존재, 그의 '부관'으로 제시되는 고대근동의 전통적 신학과는 달리, 신명기계 학파는 왕정이 우선 인간에게서 나온 제도, 백성이 원한 제도이며(1사무 8,4–5; 참조. 신명 17,4), 임금이 야훼로부터 친히 선택된다는 조건과(신명 17,15), 그리고 그 임금이 백성처럼 하느님의 율법(신명기계 저자들에게는 신명기법)에 순종한다는 조건에서만 합법적이라고 단언한다. 이렇게 드러난 왕정에 대한 신정적 이상은 병행 본문인 신명 17,14–20에서 분명하게 확언되며, 이 본문은 하느님의 율법을 읽고 묵상하는 것을 야훼에 의해 선택된 임금의 기본 임무로 제시한다(18–20절).

사무엘기의 경전 형태 안에 왕정에 관한 두 모습이 공존한다. 사무엘기의 신명기계 초판에서 아직은 부분적으로만 반영된 하나는 다윗을 변론하는 모습이며, 유배로부터의 귀환 이후인 후기 신명기계 본문에 드러난 다른 하나는 왕정제도에 대한 비판적 시각을 발전시켜 나가면서, 허용될 수 있는 유일한 왕정은 신명기법에 전적으로 순종하는 왕정임을 밝히는 모습이다. 사무엘기에 규합된 전승들의 다양성을 예증하는 이 양면성은 그 자체로서 587년의 파국으로 빚어진 단절을 증언한다. 신명기계 사무엘기에 최후 형태를 부여한 신명기계와 후–신명기계 지식인들은, 다윗 왕조의 복원에 대한 가능성을 배제하지는 않았다 하더라도, 전통적인 왕정제도의 질서 회복을 더 이상 믿지 않았다. 동시에 이 발행인들은 다윗이라는 인물을 통해 의인화한 예루살렘의 영광스러운 과거에 대한 기억을 온전히 잊을 수도 없었고, 잊기를 원하지도 않았다. 이들은 따라서, 왕정제도에 담긴 위험성을 언급함으로써 그들 고유의 현재와 관련이 있고, 이를 통해서 예루살렘 공동체의 앞날에 대한 그들 시대의 정치적이며 종교적인 반성에 일조하게 되기를 바라는 일련의 성찰로 테두리를 치면서, 다윗과 왕정제도의 초기에 대한 전승들을 발행하기로 결심했다. 이와 같은 방법으로 또한 사무엘기 상하권의 신명기계 발행인들은 종교적이며 상징적인 측면에서 놀라울 만한 결실을 내게 될 하나의 긴장 관계를 열어놓았다. 예루살렘의 다윗 왕정에 대한 임박한 복원 기대는 (6세기 말에서 5세기 초의) 페르시아 시대 동안 빠르게 포기되었으며, 이후 점진적으로 종말론적인 진정한 메시아사상을 취하게 된다. 이 메시아의 모습 속에서 왕정에 관한 근본적인 두 모습은 끝내 화해의 길을 찾는다. 다윗의 후손으로서의 메시아는 예루살렘에서 다윗의 혈통을 복원할 것이나, 메시아는 또한 토라의 계명 전체에 대한 순종을 낳을 것이며, 그는 이 토라와 하나를 이룰 것이다. 이러한 점에서, 헬레니즘과 로마 시대에, 특히 쿰란과 신약성경에서 다양한 형태로 전환한 다윗의 메시아사상은 어떻게 보면 예루살렘의 전통적인 제도들의 붕괴 이후 6세기에 열린 왕정에 관한 토론의 정점을 이룬다.

4. 참고 문헌

4.1. 주석서

A.A. Anderson, WBC 11, 1989. K. Budde, KHC 8, 1902. A. Caquot/P. de Robert, CAT 6, 1994. R.P. Gordon, OTGu, 1987. H.W. Hertzberg, ATD 10, 1986[7] = OTL, 1982[6]. R.W. Klein, WBC 10, 1983. P.K. McCarter, AncB 8, 1980; AncB 9, 1984. H.-J. Stoebe, KAT 8/1, 1973; KAT 8/2, 1994. F. Stolz, ZBK.AT 9, 1981.

4.2. 연구 현황

W. Dietrich/T. Naumann. *Die Samuelbücher* (EdF 287), Darmstadt, 1995. P.K. McCarter, «The Book of Samuel», in S.L. McKenzie/ P.M. Graham (éd.), *The History of Israel's Traditions. The Heritage of Martin Noth* (JSOT.S 182), Sgeffield, 1994, p. 260–280. T. Veijola, «Deuteronomismusforschung zwischen Tradition und Innovation (II)», *ThR* 67/4(2002), p. 391–424.

4.3. 주요 저서 및 논문

S. Bar–Efrat, *Das Erste Samuel. Ein narratologisch-philologischer Kommentar* (BWANT 176), Stuttgart, 2007. Id., *Das Zweite Buch Samuel. Ein narratologisch-philologischer Kommentar* (BWANT 181), Stuttgart, 2009. S.S. Brooks, *Saul and the Monarchy: A New Look* (SOTS Monographs), Aldershot/Burlington, 2005. A.F. Campbell, *The Ark Narrative (1Sam 4-6; 2Sam 6): A Form-Critical and Traditio-Historical Study* (SBL.DS 16), Missoula, 1975. L. Delekat, «Tendenz und Theologie der David–Salomo–Erzählung», in F. Maass (éd.), *Das ferne und das nahe Wort. FS L. Rost* (BZAW 105), Berlin, 1967, p. 26–36. L. Dersrousseaux/J. Vermeylen (éd.), *Figures de David à travers la Bible* (LeDiv 177), Paris, 1999. W. Dietrich, *David, Saul und die Propheten. Das Verhältnis von Religion und Politik nach den prophetischen Überlieferungen vom frühesten Königtum in Israël* (BWANT 122), Stuttgart *et al.*, (1987) 1992[2]. E. Eynikel, «The Relation between the Eli Narratives (1 Sam. 1–4 and the Ark Narrative (1 Sam. 1–6; 2 Sam. 6:1–19)», in J.C. de Moor/H.F. van Rooy (éd.), *Past, Present, Future. The Deuteronomistic History and the Prophets* (OTS 44), Leiden, 2000, p. 88–106. A.A. Fischer, *Von Hebron nach Jerusalem. Eine redaktionsgeschichtliche Studie zur Erzählung von König David in II Sam 1-5* (BZAW 335), Berlin/New York, 2003. J.W. Flanagan, «Court History or Succession Document? A Study of 2 Samuel 9–20 and 1 Kings 1–2», *JBL* 91(1972), P. 172–181. J.H. Gronbaek, *Die Geschichte vom Aufstieg Davids (1. Sam. 15 – 2. Sam. 5). Tradition und Komposition* (Acta Theologica Danica 10), Kobenhavn, 1971. D.M. Gunn, *The Story of King David: Genre and Interpretation* (JSOT.S 6), Sheffield, 1978. P. Hugo, «Le Grec ancien des livres des Règnes. Une histoire et un bilan de la recherche», in Y.A.P. Goldman *et al.*, (éd.), *Sôfer Mahîr. Essays in Honour of Adrian Schenker Offered by Editors of Biblica Quinta* (VTSup 110), Leiden/Boston, 2006, p. 113–141. R.G. Kratz, *Die Komposition der erzählenden Bücher des Alten Testaments. Grundwissen der Bibelkritik* (UTB 2157), Göttingen, 2000. B. Lehnart, *Prophet und König im Nordreich Israel. Studien zur sogenannten vorklassischen Prophetie im Nordreich Israel anhand der Samuel-, Elija- und Elischa-Überlieferungen* (VTSup 96), Leiden/Boston, 2003. S.L. McKenzie, «Cette royauté qui fait problème», in A. de Pury/T. Römer et J.-D. Macchi (éd.), *Israël construit son histoire. L'historiographie deutéronomiste à la lumière des recherches récentes* (Le Monde de la Bible 34), Genève, 1996, p. 267–295. J.M. Miller, «Saul's Rise to Power: Some Observations Concerning 1 S 9,1–10,16; 10,26–11,15 an 13,2–14,46», *CBQ* 36(1974), p. 157–174. P.D. Miller/J.J.M. Roberts, *The Hand of the Lord: A Reassessment of the «Ark Narrative» of 1 Samuel*, Baltimore(MA)/London, 1977. P. Mommer, *Samuel. Geschichte und Überlieferungen* (WMANT 65), Neukirchen-Vluyn, 1991. R. Müller, *Königtum und Gottesherrschaft Untersuchungen zur alttestamentlichen Monarchiekritik* (FAT II/3), Tübingen, 2004. C.

Nihan, «Le(s) récit(s) dtr de l'instauration de la monarchie en 1 Samuel», in T. Römer (éd.), *The Future of Deuteronomistic History* (BEThL 147), Leuven, 2000, p. 147–177. S. Pisano, *Additions or Omissions in the Books of Samuel: The Significant Pluses and Minuses in the Massoretic, LXX and Qumran Texts* (OBO 57), Fribourg(CH)/Göttingen, 1984. A. de Pury/T. Römer (éd.), *Die sogenannte Thronfolgegeschichte Davids. Neue Einsichten und Anfragen* (OBO 176), Fribourg(CH)/Göttingen, 2000. G. von Rad, «Der Anfang der Geschichtschreibung im alten Israel»(1994), in Id., *Gesammelte Studien zum Alten Testament* (TB 8), Munich, 1965, p. 148–188. L. Rost, *Die Überlieferung von der Thronnachfolge Davids* (BWANT 42), Stuttgart, 1926 = *The Succession to the Throne of David* (Historic Texts and Interpreters in Biblical Scholarship 1), Sheffield, 1982. T.A. Rudnig, *Davids Thron. Redaktionskritische Studien zur Geschichte von der Thronnachfolge Davids* (BZAW 358), Berlin/New York, 2006. S. Seiler, *Die Geschichte von der Thronfolge Davids (2 Sam 9-10; 1 Kön 1-2)* (BZAW 267), Berlin/New York, 1998. K.A.D. Smelik, «The Ark Narrative Reconsideres», in A.S. Van der Woude (éd.), *New Avenues in the Study of Old Testament* (OTS 25), Leiden *et al.*, 1989, p. 128–144. E. Tov, *The Hebrew and Greek Texts of Samuel* (IDOSCS), Jérusalem, 1980. E.C. Ulrich, *The Qumran Text of Samuel and Josephus* (HSM 19), Chico(CA), 1978. J. Van Seters, *In Search of History: Historiography in the Ancient World and the Origins of Biblical Historiography*, New Haven(CT)/London, 1983. T. Veijola, *Die ewige Dynastie. David und die Entstehung seiner Dynastie nach der deuteronomistischen Darstellung* (AASF.B 193), Helsinki, 1975. Id., *Das Königtum in der Beurteilung der deuteronomistischen Historiographie. Eine redaktionsgeschichtliche Untersuchung* (AASF.B 198), Helsinki, 1977. J. Vermeylen, *La loi du plus fort. Histoire de la rédaction des récits davidiques de 1 Samuel 8 à 1 Rois 2* (BEThL 154), Leuven, 2000. J. Wellhausen, *Der Text der Bücher Samuelis untersucht*, Göttingen, 1871. E. Würthwein, «Die Erzählung von der Thronfolge Davids – Theologische oder politische Geschichtsschreibung?», in Id., *Studien zum Deuteronomistischen Geschichtswerk* (BZAW 227), Berlin/New York, 1994, p. 29–79.

열왕기 상하권

크나우프 (Ernst Axel Knauf)

열왕기 상하권의 경전 문맥에 따르면, 이 책은 임금들과 예언자들에 관한 작품이다. '느비임'의 책들 가운데 가장 신명기계적이며, '훌륭한' 임금과 '참' 예언자에 관한 유다교-그리스도교 개념 생성에 폭넓게 이바지한 작품이기도 하다.

1. 설계와 내용

열왕기 양분은 칠십인역 성경에서 유래하며, 15세기부터 히브리어 수사본에 도입되었다. 열왕기는 전기 예언서의 마지막 작품으로서, 예루살렘의 영원한 왕좌를 창설한 다윗을 계승한 솔로몬 통치부터(2사무 7; 시편 2; 89) 예루살렘 파괴까지의 이스라엘과 유다 왕정제도의 전 역사를 다룬다.

1열왕 1-2장은, 다윗(과 그의 계승) 역사가 여기서 마무리되기에, 사무엘기와 열왕기 사이의 전이 기능을 한다. 2열왕 25장에서 열왕기는 네부카드네자르에 의한 예루살렘 파괴와(2열왕 25,8-17) 바빌론(2열왕

25,18-21) 또는 이집트를 향한 유배 기사로(2열왕 25,22-26) 마감된다. 최후의 약술은(2열왕 25,27-30) 성전과 국가의 종말이 그러나 왕실의 끝이 아님을 알려준다. 이렇게 독자는 이사 4,2; 9,1-6; 11,1-5, 그리고 에즈 1,8; 3,2(1역대 3,17-18 참조)를 향하게 된다.

열왕기 상하권은 3부로 나뉠 수 있다:

가. 솔로몬 치하의 통일 왕국(1열왕 1-11)

1-2	예루살렘에서의 계승
3,4-15	하느님의 임명을 통한 기브온에서의 계승. 지혜 선물
3,16-28	지혜 실행 : 솔로몬의 판결
4,1-5,5	왕국의 대신들, 조정, 전반적 번영
5,6-14	지혜 실행 : 지혜 문학
5,15-32	성전 건축을 목적으로 한 국제적 접촉
6	성전 건축
7	왕궁 건축과 성전 기물 비치
8	성전 개관
9,1-9	하느님의 두 번째 임명 : 지혜 선물 대신에 순종 요구
9,10-14	봉사료를 지불한 티로 임금 히람이 받은 성읍들
10,1-10	지혜 실행: 스바 여왕
10,11-29	기타 부와 상업적 관계
11	솔로몬의 실추

나. 사마리아 정복까지의 이스라엘과 유다 역사(1열왕 12-2열왕 17)

1열왕 12-16	실록 : 통일 왕국의 분열에서 오므리까지

1열왕 17-2열왕 2,18 예언 역사 : 엘리야

2열왕 2,19-8,29 예언 역사 : 엘리사

2열왕 9-17 실록 : 예후 혁명으로부터 사마리아의 아시리아 속주 설정까지

다. 함락까지의 유다 역사(2열왕 18-25)

18-20 히즈키야 : 개혁 → "야훼의 눈에 드는 옳은 일을 하였다"

21 므나쎄, 암몬 : 배반 → "야훼의 눈에 거슬리는 악한 일을 하였다"

22-23,30 요시야 : 개혁 → "야훼의 눈에 드는 옳은 일을 하였다"

23,31-25,30 최후의 임금들 : 배반 → "야훼의 눈에 거슬리는 악한 일을 하였다"

세 부분 각각은 그 틀과 열쇠 주제로 구별된다.

1부(가)	2부(나)	3부(다)
솔로몬과 통일 왕국 : 1열왕 1-11	이스라엘과 유다 : 1열왕 12-2열왕 17	유다 : 2열왕 18-25
틀	**틀**	**틀**
1열왕 1,1 : 늙고 신체가 부자유한 다윗 1열왕 11,43 : 솔로몬의 죽음	1열왕 12,1 : 이스라엘의 임금 르하브암 2열왕 17,41 : 줄곧 죄짓는 사마리아인들	2열왕 18,1 : 임금이 된 히즈키야 2열왕 25,30 : 복권된 여호야킨

1부(가)	2부(나)	3부(다)
열쇠 주제(가)	열쇠 주제(나)	열쇠 주제(다)
지혜, 감정, 술책 : 1열왕 2,6.9; 3,12.28; 5,9-11.14.21.26; 7,14; 10,4.6-8.23-24; 11,41	예로보암의 죄 : 1열왕 12,28-30; 13,33-34; 15,26.30.34; 16,2...	야훼의 눈에 드는 옳은 일 함 : 2열왕 18,3; 22,2
왕권 확립 : 1열왕 2,12.46; 9,5	산당 : 1열왕 12,31; 14,23; 15,14...	야훼의 눈에 거슬리는 악한 일을 함 : 2열왕 21,2.20; 23,32.37; 24,19

2부와 3부에서 이스라엘과 유다의 다양한 임금들의 치세는 상투적인 틀과 함께 소개되며, 몇몇 임금에 대해서는 통치 약술 속에 담긴 자료 외에 아무런 정보도 없다(2열왕 14,23-29; 15,1-7.8-12.13-16.17-22.23-26.27-31.32-38...). 한편 북 왕국 임금들을 위한 틀은 유다 임금들의 그것에 비교해 상세하지 않다.

유다 임금	이스라엘 임금
도입	도입
동시대 이스라엘 임금	동시대 유다 임금
즉위 연령	–
통치 기간	통치 기간
어머니 이름	–
심판	심판
최후 약술	최후 약술
원전	원전
죽음	죽음
매장	–
후계자	후계자

치밀하게 구상된 기사로 대체되는 경우, 도입 부분이 생략될 수 있다(1열왕 1-2; 12-14; 2열왕 9-10). 최후 약술은 임금이 강제 이주되는 경우 생략되며(2열왕 17,4; 23,24; 25,30), 아탈야의 경우는 비합법적인 임금으로 간주되어 틀이 전혀 발견되지 않는다(2열왕 11).

군주의 승계는 예언자들의 개입으로 점철되나, 예언자 대부분은, 이사야와(2열왕 18-20 = 이사 36-38) 2열왕 14,25의 아미타이의 아들 요나(이 이름은 요나서의 저자에 의해 재생된다) 이외에는, 후기 예언서에 알려져 있지 않다. 실로의 아히야(1열왕 11,29-40; 14,1-18), 이믈라의 아들 미카야(1열왕 22,5-28), 엘리야(1열왕 17-19; 21; 2열왕 1-2), 엘리사(1열왕 19,19-21; 2열왕 2-9; 13,14-21), 훌다(2열왕 22,14-20) 등이다. 이들은 대부분 왕정의 부분적인(1열왕 11,29-40) 또는 전적인 파멸을 예고하면서 이스라엘과 유다의 함락을 준비한다.

2. 출처와 형성

판관기와 사무엘기와는 달리 열왕기 상하권은 하나의 더 폭넓은 이야기가 별도로 존재해 본 적이 없던 것 같다. 학자들은 오랫동안 이 이야기를 신명기계 역사(HD), 곧 신명기-열왕기 하권을 포함한다고 가정하는 역사편찬 작품과 동일시했다. 이 가설의 추종자들은, 열왕기에 관해서는, 연이은 단원 이론으로 연구하는 사람들과(요시야 시대에 작성된 것으로 추정되는 첫 '단원'은 586년의 사건 이후 둘째 단원인 2열왕 24-25장 첨가로 보완되었을 것이다; Cross와 Weippert 참조), 이 책 전체를 통해 주요 세 단계를 적시하는 사람들로(DtrH, DtrP, DtrN; Smend, Veijola, Dietrich 참조) 나뉜다. 첫 이론을 우선시하는 사람들 가운데 몇몇 저자는 히즈키야 치세와 함께 열왕기 상하권 초판의 끝을 내다보며(Provan), 병행 단계 이론 추종자들 가운데 몇몇은 종종 통제 불가능한 수의 추가 단계로 세분하기도 한다

(DtrN[1], DtrN[2] 등, 또는 후대[독어로 *spät*]의 Dtr을 가리키는 'DtrS'). 신명기계 역사의 초판에 관한 최근의 재구성은 매우 간결한 본문을 등장시켰으며(예를 들어 O'Brien 참조), 이 점에서 주석 마당에서 사라지기 이전인 1970-80년대의 소위 '야훼계' 재구성을 상기시키기도 했다.

'신명기계 역사' 가설을 더 이상 수용하지 않는 학자들을 위한, 열왕기의 존재 이유에 관한 최적의 설명은 슈밋(K. Schmid)이 제안한 것이다. 모세와 여호수아 시대를 포함하는 유배시대 이전의 기사 하나가 유배시대 동안 사무엘기와 열왕기를(그러나 아직 판관기는 제외) 첨가하면서 모세-임금들 총체로 확대되었을 것이다. 586-582년 이후, 이스라엘과 유다에 의한 땅 점유에 관한 하나의 원인론이(여호수아기) 땅 유실에 관한 원인론으로 대체되었음이 분명하다. 모세라는 인물을 중심으로 한 오경 구성 이후, 여호수아기-열왕기 총체는 점진적으로 '전기 예언서' 총서가 된다. 칠십인역 성경 본문은, 우리가 어떤 경우에도 열왕기의 '최후 편집'을 기원전 7세기나 6세기 동안으로 둘 수 없다는 사실을 밝혀준다. 따라서 열왕기에는 서로 다른 두 개의 개정본이 있었던 것 같으며(Volggers 참조), 열왕기의 마소라본 최후 편집은 (문학적이며 신학적인 상세한 관점을 보여주는 판을 제시하는, 칠십인역 성경의 대본 역할을 했던 본문 형태 이후) 기원전 200년경에 자리할 수 있다.

2.1. 원전과 편집

열왕기의 일차적 바탕에는 뚜렷한 세 가지 원전, 곧 (예로보암 1세부터 호세아까지의) '이스라엘 임금 실록'과 (르하브암부터 치드키야와 그달야까지의) '유다 임금 실록'과 (사울/다윗으로부터 예후까지의) '옛 임금들의 전기'가 자리하고 있었다(Na'aman, Knauf 참조). 임금의 실록들은 각 군주에 관한 (이름, 치세 등) 사실만의 정보를 제공한다. 이 정보들과는 별도로 이 원전에서 유래할 수 있는 문구들은 드물다(참조. 1열왕 14,30; 15,16-17.20-22; 2열왕 3,4–5; 11,1–4ㄱ.19–20). '옛 임금들의 전기'에서(Na'aman, Knauf 참조) 1열왕 1–4; 11,26–28.40; 12–16; 2열왕 9–10이 유래한다(동일한 전기가 또한 사무엘기 상하권의 핵심을 제공하기도 한다: 사무엘기 상하권과 열왕기 상하권을 포괄하는 최초 신명기계 역사를 다룬 Kratz와 다른 저자들 참조). 이 전기는 아마도, 아시리아 시대 동안 독립적인 기사로 구성되었을(Särkiö 참조), 솔로몬의 상세한 전기는 담지 않았던 것 같다. 솔로몬의 전기 삽입은 임금들의 전기 내에서 하나의 긴장 관계를 초래한다(1열왕 11,28; 12,4–11을 [성전 건축에만 배속된 이스라엘의 부역을 말하는] 5,27–32와 [비이스라엘인들만이 부역에 종속됨을 말하는] 9,15–23과 비교하시오). 열왕기의 일차 편집이 586년 이전 (예를 들어 요시야 치하에) 예루살렘에서 기획되었는지 살피기는 어려우나, 아무튼 이는 하나의 가능성 있는 가설로는 남는다. 최근에 비스만(B. Wissmann)은 이 이론에 반대 입장을 표명했다. 그의 주장에 따르면, 바못(*bamôt*, 높은 곳들/산당들)이라는 주제는 예루살렘의 예배를 전제로 한다. 바못은 신명기계 편집자들에게, 유다 왕국이 이스라엘 왕국보다 더 오래 존속했던 것은 이 예배의 장소들을 억제한 유다의 훌륭한 임금들 덕분이었다는 사실을 설명하는 역할을 한다. 이 임금의 실록들이 상당 기간 미츠파, 베텔, 나아가 바빌론의 유배자들 사회에 보존되어 있었는지, 또는 바빌론 유배자들의 후손들이 이 기록의 원전들을 인용했었는지 살피는 일 역시 어렵다. 이 모든 경우, 열왕기 상하권 전체의 일차 편집은 596년 재앙의 책임자였던 정치인들의 작업, 또는 다윗 집안을 국가적으로 복원함으로써 다시 권세에 오르고자 시도한 그들 후손의 (그러나 520/519년에 좌절을 맛본) 작업 결과이다.

2.2. 다양한 편집 단계

우리로서 마소라본의 최후 판에 이르도록 이끈 편집 활동의 성격과 범위 문제는 대충 어림잡을 수밖에 없다. 신명기계 역사(HD) 가설의 틀 안에서 DtrH, DtrP, DtrN, DtrS(Nentel) 등의 약어로 정의되는 것과 같은 포괄적인 편집들은 전반적인 목적을 지니지 않는 세밀한 재독과 공존한다(예를 들어 2열왕 3,4-5를 '해설하는' 2열왕 3,6-27의 미드라시 참조).

2.2.1. 열왕기 초판은 히즈키야 치하 또는 요시야 치하?

각 임금의 통치와 평가 양식의 틀을 분석하면서, 바이페르트(H. Weippert)는 열왕기 상하권 초판이 히즈키야 치세와 함께 멈췄을 것이며, 요시야 조정에서 마무리되었을 것으로 가정했다(요시야는 여기서 히즈키야가 주도했던 개혁을 완성한 인물로 평가된다). 바이페르트가 통시적인 방법으로가 아니라 공시적인 방법으로 고찰한 차이점들을 해석한다는 것은 그러나 가능한 일이다. 이 차이점들은 책의 증보에 있어 뚜렷한 단계를 가리키기보다는 편집자들이 원한 하나의 시기 설정을 반영하기 때문이다.

'솔로몬 편집'이 '솔로몬 전기'를 '옛 임금들 전기' 속에 삽입했다는 사실은, 요시야 시대, 나아가 보다 후기에 '옛 임금들 전기'를 두 개의 두루마리(사무엘기와 열왕기)로 분리하는 결과를 초래할 수 있었을 것이다. '솔로몬 실록'이 삽입될 때, 이 실록은 역사적인 자료들과(1열왕 9,16-18) 비역사적인 자료들(1열왕 5,6-14; 9,15.19; 10,1-10.13)로 보완되었다.

2.2.2. 책의 결말(2열왕 25,27-30) 문제와 열왕기 상하권 전체 초판

여호야킨의 복권 이야기는 분명 바빌론 임금의 짧은 통치 이전에(562/561) 기록될 수 없었을 것이다. 이 복권 사건이 이스라엘과 유다 임금들의 전기 초판을 기초하도록 이끌었을 임박한 복원 희망을 불러일으켰다고 생각하기는 어렵다. 2열왕 25,27-30은 다윗 집안의 복원, 520년경 기대감을 높였을 복원 희망을(참조. 하까 2; 즈카 1-8) 더욱 가능성 있게 표현한다. 따라서 예루살렘 함락에 이르기까지의 솔로몬에 관한 모든 서사체 줄거리를 포괄하는 초판이 유배시대 자체보다는 유배시대 직후에 작성되었으리라는 가능성이 배제되지 않는다. 또 다른 가능성은 2열왕 25,27-30을, 디아스포라의 소설 주제들을 취하고(창세 37-50장, 다니 1-6장, 에스테르기) 유배 상황으로부터 디아스포라 상황으로의 전환을 정당화하기 위한 차원에서 페르시아 시대에 첨가된 부분으로 취급하는 일이다(Römer).

2.2.3. 예언 편집

'역사' 기사로서의 열왕기로부터 '전기 예언서' 일부로의 전환에 있어 중요한 단계는 예언자 기사들, 특히 엘리야와 엘리사의 기사들을(1열왕 11,29-40; 14,1-18; 22,5-28; 17-19; 2열왕 1-9; 13,14-21) 삽입하는 일이었다. 솔로몬에 관한 자료를 위해서처럼, 엘리야와 엘리사의 전기는(이 주제에 대하여 Nocquet 참조) (마치 1열왕 11장의 실로의 아히야 이야기처럼) 독립적인 원전에서 유래할 수 있다.

열왕기를 이사야서에 연결하고 예언서 경전에 확고히 자리 잡게 한 편집은 추정 가능한 전반적인 최후 편집이다. 이 편집은 이사 36-39장을 축약하여 2열왕 18-20장에 삽입했다. 이렇게 해서 열왕기에 들어선 첫 경전 예언자로서의 이사야는 예언자 전체를 대표하는 인물이 된다(Knauf 참조).

3. 주제와 의도

3.1. 열왕기 상하권과 역사

열왕기는 용어상 (원전을 주해하는 저자의 '조사'를 뜻하는) 그리스 의미로서의 역사편찬은 아니다. 이 점에서 현대의 역사가는 이 책에 언급된 '이스라엘과 유다의 실록'에 접근하기를 선호할 것이다. 열왕기는 오히려 이스라엘과 유다 왕정의 역사를 잘 해석하여 이 왕국의 소멸을 설명하고자 하며, 이를 위해 역사에 윤리적인 관점을 드리운다.

(예로보암 1세, 오므리, 아합, 예로보암 2세와 같은) 이스라엘과 (므나쎄와 같은) 유다 대왕들의 성공적인 업적에 대하여 열왕기는 우리에게 아무것도 알려주지 않으며, 아니면 이들이 ('신명기계') 편집자들의 종교적이며 윤리적인 척도에 따라 악한 임금들이었다고 전한다. 그러나 우리는 고고학과 아시리아의 자료들 덕분에 이들이 그들 왕국을 위해 이룬 영화와 부를 새롭게 살필 수 있게 되었다. 반면에, 오늘날 우리가 무책임하다고 판단하고 그들 왕국을 수렁으로 몰고 간 정책을 펼친 (예후, 히즈키야, 요시야와 같은) 임금들은 호의적으로 평가된다. 열왕기 상하권의 편집자들은 아시리아와 바빌론의 패권주의 아래 '통일 고대근동'을 중심으로 한 유다의 경제적이며 정치적인 통합을 수용하지 않는다. 예레미야와 그의 일파는 받아들였음에도 말이다(참조. 예레 26-29; 45).

아시리아 군대의 적대국 성읍 점령

3.2. 열왕기의 이념

열왕기에 따르면, 이스라엘과 유다의 역사는 임금들이 신명기법에 밀착하지 않았기에 재앙으로 귀착된다. 이 이론은, 열왕기 상하권의 문학적 논리에 따른다 하더라도, 연대상의 착오를 불러일으킨다. 신명기는 요시야 시대에 비로소 발견되었기에(2열왕 22,3-8), 예로보암 2세부터 아몬에 이르기까지의 이전 임금들은 신명기를 따를 수 없었다. 열왕기에 의하면, 신명기의 중심 주제는 야훼 성전의 유일성이며, 야훼 성전은 예루살렘 이외에 어디서도 찾을 수 없다(2사무 7; 1열왕 6-8. 그러나 오경에서 신명기는 야훼의 성전이 위치한 자리를 특정하지 않는다는 사실을 주목하자. 이러한 신중성은 사마리아인들이 오경을 받아들일 수 있었다는 사실을 설명해준다). 베텔이나 단에서의 야훼 숭배는 '예로보암의 죄'를 이룬다(2열왕 10,30 등등). 다른 '높은 곳들'에서의 예배와, 바알과 아세라와 다른 신들에게 더불어 올리는 숭배는 '조상들의 죄'(다시 말해서 앞선 임금들의 죄: 1열왕 15,3)를 특징짓는다. 열왕기의 이념은 따라서 반-다신주의적이며 배타주의적, 반-사마리아적이다. 야훼께 대한 배타적 숭배를 강요할 목적으로 예후가 단행한 학살은 편집자들에 의해 용서되며 수용되기까지 한다.

열왕기의 이념은 - 유일하신 하느님과 유일한 성전 - 유배시대 이후의 신학적 연사 속에 삽입되며, 토라의 그것보다 더욱 엄격하고 더욱 민족중심적인 신학 개념을 배태한다. 이 이념은 기원전 2세기 말경 발생한 사마리아와의 분단시 결실을 본다. 열왕기는 또한 프랑스에서는 16세기, 영국에서는 17세기의 혁명파에게 영감을 주었다. 여호수아기가 북아메리카와 남아프리카의 백인 개척자들이 자행한 학살에 정당성을 부여하는 역할을 했던 것과 같다. 이러한 관점에서, 이 예들은 열왕기가 오늘날 온갖 종류의 민족중심적이며 편집광적인 욕망을 거슬러 예방제 역할을 해야 함을 밝혀준다.

역사를 이루고 적절한 예배와 윤리를 요구하는 신들 개념은 (예를 들어 메사의 석비와 에사르 하똔의 비문이 보여주듯이) 전 고대근동 지방에 공통적이다. 유일신에 의해 이끌리는 것으로 이해되는 역사 개념은 그 신봉자들에게 종교 예배를 통해서 역사의 흐름을 조절할 수 있다는 인상을 제공할 수 있다.

3.3. 열왕기와 히브리어 성경 한가운데서의 신학적 논쟁

열왕기 상하권은 다른 무엇보다도 이스라엘과 유다의 정치적 자립 상실에 대한 설명들 가운데 하나이다. 이사야서 편집자들은 이스라엘과 유다의 쇠퇴 근거를 사악한 정책 결정과 그 지도자들의 무책임한 거동에서 찾으며(이사 5; 8,6-18; 28-31), 예레미야서에 따르면, 예레미야는 동시대인들이 바빌론의 통치 수용을 원하지 않았다고 지탄한다(예레 26-29). 에제키엘은 열왕기의 저자들을 이방인들과 흡사하게 만들어버릴 예배의 순수성 표준을 정립한다. 열왕기, 이사야서, 예레미야서와 에제키엘서는 이처럼 복원을 위한 개념을 앞당기면서도 유다의 재앙 이유를 분석하려 시도하는 경쟁적인 분파를 구성한다. '대예언자들'의 책들 사이의 이와 같은 차이점들과 대립관계는 후기 예언자들에 대한 열왕기의 침묵을 설명해준다. 우리는 유다교 역사의 흐름 속에서 예언자들의 다양한 선택과 함께 열왕기의 입장을 다시 확인할 수 있다.

열왕기의 이념은 또한 시편 44장과(참 하느님을 믿음에도 불구하고 좌절을 맛볼 수도 있다) 요나서에 의해 비평의 대상이 된다. 이 책에서, 2열왕 14,25에 언급된 민족적인 한 예언자는 민족주의 신학을 옹호함으로써 조롱거리가 되고 있다.

3.4. 경전 문맥 속에서의 열왕기 신학

열왕기의 신학적 독서는 열왕기가 사무엘기와 이사야서 사이의 다리 역할을 한다는 사실에 기초해야 한다. 영광스러운 출발에도 불구하고 다윗 왕조는 이스라엘과 유다의 재난만이 아닌 재난으로 마감된다. 이 재난은 민족주의적 신 개념의 종말을 가리킨다. 열왕기가 보도하는 역사의 종점에서 이 민족주의적 신은 자기 나라와 백성과 성전을 잃기 때문이다. 이는 이사야의 메시지, 곧 죄인의 의인화와 복권으로서의 하느님의 심판 메시지(이사 1,18–26), 임금도 국가도 성전도 없는 하느님의 통치로서의 참된 신정이(이사 60,14–22; 61,6–8; 65,17–66,23) 그 모든 영향력을 펼칠 수 있었던 반–구원사와 대립하는 것이다.

4. 참고 문헌

4.1. 주석서

M. Cogan/H. Tadmor, AncB 11, 1988. J.A. Montgomery/H.S. Gehmann, ICC, 1951. M.J. Mulder, HCOT, 1988–. M. Sweeney, OTL, 2007. J. Werlitz, NSK.AT 8, 2002. E. Würthwein, ATD 11/1, (1977) 1985[2]; 11/2, 1984.

4.2. 연구 현황

M. Avioz, «The Book of King in Current research (Part I – Part II)», *CBR* 4.1(2005), p. 11–55; *CBR* 5.1(2006), p. 11–57. S.R. McKenzie, «The Book of Kings in the Deuteronomistic History», in S.L. McKenzie/ P. Graham (éd.), *The History of Israel's Tradition: The Heritage of Martin Noth* (JSOT.S 182), Sheffield, 1984, p. 281–307. T. Veijola, (éd.), «Deuteronomismusforschung zwischen Tradition und Innovation», *ThR*

67(2002), p. 391–424; *ThR* 68(2003), p. 1–44.

4.3. 주요 저서 및 논문

R. Albertz, «Le milieu des Deutéronomistes», in A. de Pury/T. Römer et J.-D. Macchi (éd.), *Israël construit son histoire. L'historiographie deutéronomiste à la lumière des recherches récentes* (Le Monde de la Bible 34), Genève, 1996, p. 377–407. F. Blanco Wissmann, *«Er tat das Rechte», Beurteilungskriterien und Deuteronomismus in Kön 12 - 2 Kön 25* (AThANT 93), Zürich, 2008. F.M. Cross, *The Themes of the Book of Kings and the Structure of the Deuteronomistic History*, Cambridge(MA), 1973. B. Halpern/D. Vanderhooft, «The Editions of Kings in the 7th–6th Centuries B.C.E», *HUCA* 62(1991), p. 179–244. E.A. Knauf, «The Queens' Story: Bathscheba, Maacah, Athaliah and the "Historia of Early Kings», *Lectio difficilior* 2(2002) (www.lectio.unibe.ch). Id., «Vom Prophetinnen-Wort zum Prophenten-Buch», *Lectio difficilior* 2(2002) (www.lectio.unibe.ch). R.G. Gratz, *Die Komposition der erzählenden Bücher des Alten Testaments. Grundwissen der Bibelkritik* (UTB 2157), Göttingen, 2000(영역: *The Composition of the Narrative Books of the Old Testament*, London/New York, 2005). A. Lemaire, «Ver l'histoire de la rédaction des livres des Rois», *ZAW* 98(1986), p. 221–236. N. Na'aman, «The Contribution of Royal Inscriptions for a Re-Evaluation of the Book of Kings as Historical Source», *JSOT* 82(1999), p. 3–17. J. Nentel, *Trägerschaft und Intentionen des deuteronomistischen Geschichtswerks. Untersuchungen zu den Reflexionsreden Jos 1;23;24; 1Sam 12 und 1Kön 8* (BZAW 297), Berlin/New York, 2000. D. Nocquet, *Le «livret noir de Baal». La polémique contre le dieu Baal dans la Bible hébraïque et l'ancien Israël* (Actes et

Recherches), Genève, 2004. M.A. O'Brien, *The Deuteronomistic History Hypothesis: A Reassessment* (OBO 92), Freiburg(CH)/Göttingen, 1989. J. Pakkala, *Intolerant Monolatry in the Deuteronomistic History* (SESJ 76), Göttingen, 1999. I.W. Provan, *Hezekiah and the Book of Kings. A Contribution to the Debate about the Composition of the Deuteronomistic History* (BZAW 172), Berlin/New York, 1988. T. Römer, *La première histoire d'Israël. L'Ecole deuteronomiste à l'oeuvre* (Le Monde de la Bible 56), Genève, 2007. H.N. Rösel, *Von Josua bis Joachin. Untersuchungen zu den deuteronomistischen Geschichtsbüchern des Alten Testaments* (VT.S 75), Leiden *et al.*, 1999. P. Särkö, *Die Weisheit und Macht Salomos in der israelitischen Historiographie. Eine traditionsgeschichtliche Untersuchung über 1. Kön 3-5 und 9-11* (Schriften der Finnischen Exegetischen Gesellschaft 60), Göttingen, 1994. K. Schmid, *Erzväter und Exodus. Untersuchungen zur doppelten Begründung der Ursprünge Israels innerhalb der Geschichtsbücher des Alten Testaments* (WMANT 81), Neukirchen-Vluyn, 1999. R. Smend, *Die Entstehung des Alten Testaments*, Stuttgart *et al.*, 1978. D. Volgger, *Verbindliche Tora am einzigen Tempel. Zu Motiv und Ort der Komposition von 1.2 Kön.* (Arbeiten zu Text und Sprache im Alten Testament 61), St. Ottilien, 1998. H. Weippert, «Die "deuteronomistischen" Beurteilungen der Könige von Israel und Juda und das Problem der Redaktion der Königsbücher», *Bib* 53(1952), p. 301-339.

예언문학 유형

베르멜렌 (Jacques Vermeylen)

첫째 성경 곧 구약성경의 예언서는 모든 종류의 표현 방법을 사용한다. 수많은 본문 안에 담긴 그 종류를 정리한다는 것은 그리 쉬운 일이 아니다! 우리는 후기 예언서에서 몇몇 기사를 발견하기는 하나, 그보다도 특히 때로는 희망적인, 때로는 위협적인 어조를 띤 연사(演辭)가 대부분이다. 세 가지 측면을 하나씩 차례로 살피는 가운데 기사에 관한 부분으로 마치기로 하자.

1. 구원 예언

고대근동 지방의 거의 모든 문화는 신에게서 유래한 말씀을 임금과 백성에게 전할 수 있는 능력의 소유자인 예언자들을 알고 있었다. 매우 오래된 시대부터 이스라엘에는 탈혼적인 예언자 무리와 동시에 (현시, 기적, 효력 있는 중개 등) 기이한 능력을 부여받은 개인들이 있었다. 우리는, 후기 기사들을 활용하지 않고서는, 이들 예언자의 말에 거의 접근하지 못한다. 예언제도의 이 첫 형태는 곧이어 왕궁 예언제도와(나탄, 가드 등),

추정컨대 성전에 결부된 예배 예언제도의 탄생을 선사했다. '거짓 예언자들'을 거스른 예레미야의 논쟁은(예레 27-29), 이 인물들이 보통 낙천적인 말을 소유하고 있었다고 생각하게 한다. 다윗을 향한 나탄의 유명한 신탁은 기본 내용으로 왕조의 영속에 대한 약속을 담고 있었다(2사무 7,1-17). 우리는 여러 예언집에서, 특히 일반적으로 유배시대 이후의 것으로 취급되는 문구에서 구원 예언을 만날 수 있으나, 가장 특징적인 예는 이사 40-45장의 문구이다. 몇몇 찬미가와(40,12-26.27-31; 42,10-13; 44,23; 45,8; 48,20-21; 49,13; 51,3; 52,9-10) 이스라엘을 거스른 논쟁(40,12-31; 44,24-28; 45,9-13; 46,5-11; 48,1-11.12-15; 55,8-13) 이외에 우리는 다음과 같은 문학 유형을 식별한다.

1) 구원 신탁. 이는 개별적인 하소연에 대한 답변(청허)으로 사제가 부여하는 구원 신탁을 모방한 것이다. 이사 40-55장에서 이 문학 유형은 이스라엘에 적용되게 하려고 그 본래의 장소로부터 분리되어 있으며, 이사 41,8-13.14-16; 43,1-4.5-7; 44,1-5에서 확인할 수 있다. 제2 이사야의 구원 신탁은 다음과 같은 구조로 짜여 있다:

1. 도입(예; 43,1ㄱ);
2. 구원 예고 : '두려워하지 마라!'(43,1ㄴ^{ㄱ});
3. 동기(43,1ㄴ^{ㄴ}-4ㄱ):
   - **명사구문** : '나는 너와 함께', '나는 너의 하느님', 등
   - **동사구문** : '나는 너를 돕는다', '나는 너를 강하게 한다' 등
4. 하느님 개입의 결과(43,4ㄴ)
5. 종종 신탁은 구원 목적, 곧 하느님의 영광에 관한 명백한 언급으로 마감된다.

2) 구원 선포. 이 역시 사제가 전례적 틀 안에서 탄원에 부여한 응답을 모방한 것이다. 두 가지 점에서 구원 신탁과 구별된다. 하나는 현재가 아니라 미래를 언급한다는 것이며, 다른 하나는 개별적인 탄원이 아니라 집단적인 하소연에 응답한다는 것이다. 이사 41,17-20; 42,14-17; 43,16-21; 46,12-13; 48,1-11.12-17; 49,7-12 등에서 만날 수 있다. 이 단락들은 아래와 같은 도식으로 짜여 있다:

1. 국가적 비탄 회고;
2. 구원 예고 :
   - 하느님의 선물 예고;
   - 하느님의 개입 예고 : 백성의 해방 등
3. 야훼께서 추구하시는 목적

3) 다른 백성들을 거스른 소송 연사(41,1-5; 41,21-29; 43,8-15; 44,6-8; 45,20-25). 이 연사들은 다음과 같은 요소를 포함한다 :

1. 소환(예: 41,1);
2. 신문 : 궁극적으로 누가 참된 하느님이냐?(41,2-4);
3. 결론(41,5)

이 연사의 주요 논거는 세상 창조 이래 하느님 행위의 지속성에 머문다. 야훼는 언제나 말씀하셨던 것을 실행하신다. 하느님은 당신의 행동을 온 땅에 펼치시며, 당신 백성에게 봉사하도록 외국인 임금인 당신의 종 키루스도 이용하신다.

이 문학 유형들은 특별한 삶의 상황에 응답하는 것으로 보이지 않으며, 오히려 모방처럼 보인다는 사실에 주목하자. 예언자는 – 또는 자기 이름으로 표현하는 저술가는 – 이스라엘의 비탄 상황에 응답하나, 어떤 예배적 문맥도 상상해서는 안 된다.

2. 불행 예언

베스터만(C. Westermann)의 고전적인 연구에 따르면, 왕정시대의 예언 연사는 유일한 근본적인 문학 유형 곧 심판 연사만을 알고 있으며, 이 유형은 ('야훼께서 이렇게 말씀하신다' 하는) 전언 문형으로 열리고, 기본적인 두 부분 곧 질책 진술과, 종종 *lakkēn*(그러므로) 또는 동등한 문형으로 도입되는 심판 예고를 포함한다. 그러나 현실은 훨씬 더 복잡하다. (760년경) '비판적' 예언자들 가운데 첫 인물인 아모스의 연사는 이러한 문학적 틀에 가까스로 들어설 뿐이다. 반면에 우리는 아모스서에서 후대의 예언자들이 다시 취할 여러 문학 유형을 발견한다. 아모스는 새로운 연사 화법을 만들어내지 않고, 전통적인 다양한 표현 양식을 활용하여 새로운 메시지를 전달하는 데 이용한다. 모방에 기대는 이러한 화법은 그에 상응하는 장면 연출을 동반한다. '예언자의 말'과 '상징적 행위' 사이의 경계는 따라서 명확하지 않은 경우가 많다. 이렇게 아모스는 왕실 전언자, 공적으로 외치는 자, 직업적인 여자 곡꾼들, 나비(*nābî'*) 또는 전통적인 예언자를 연이어 흉내 낸다.

2.1. 왕실 전언자의 연사

아모스는 민족들과 이스라엘에 관한 일련의 신탁(1–2장) 속에서 이 임무를 수행한다. 각 소절은 전언 문형으로('야훼께서 이렇게 말씀하신다') 열리며, 이에 상응하는 문형으로('야훼께서 말씀하신다'; 2,16에서 이 문형은 '야훼의 신탁'으로 대체된다) 마감된다. 이 문학적 틀 안에서 예언자는 하느님의 개입 원인이 된 죄를 간략하게 진술한 다음, 그에 마땅한 징벌을 예고한다. 우리는 아모 3,12와 5,16에서 전언 문형을 다시 만나며, 각 문형은 신탁의 둘째 부분(응벌 예고)을 도입하는 역할을 한다. 아모스가 영감을 받은 이 예형은, 예언자가 권위에 찬 말씀, 해당 인물에게 하느님의 결의를 넘겨준다는 사실을 일러주는 것 같다. 이 문학 유형은 호세아, 이사야, 미카와 예레미야에 의해 반복되며, 결국 불행 신탁의 가장 관용적인 문형이 된다.

2.2. 공적으로 외치는 자의 연설

'들어라'라는 명령으로 조율되는 말씀들을 통하여(3,1-12; 3,13-15; 4,1-3; 5,1-2도 참조), 아모스는 하느님의 결의를 전하는 사명을 지닌 전령의 역할을 담당한다. 예외적인 경우를 제외하고(4,1-3), 이 신탁들은 전형적인 이중 구조를 보이지 않는다. 아마도 4,6-5,2의 규모가 큰 연사는, 대중 앞에서 공적으로 외치는 자의 직무에 대한 하나의 새로운 모방으로 이해해야 할 것 같다(고발자 '너희' 반복). 신탁의 초두에 빠져 있는 '이 말을 들어라'라는 표제어는 마지막 소절을 끌어들인다는 사실에 주목하자.

2.3. 장례 애가

아모스의 여러 신탁은 장례식을 상기시킨다(5,7-17; 5,18-20; 6,1-8; 6,13-14). 신탁을 상중 외침 *hôy*(아이고!: 5,18; 6,1; 5,7과 6,13에도 *hôy*를 삽입하여 바로 잡아야 할 것이다) 연사로 열면서, 예언자는 이 외침을 듣는 사람들의 사망을 슬퍼한다(5,16-17 참조). 이 신탁들은 (후반부에서가 아니라면) 전언 문형도, 공적으로 외치는 자의 표제어도 내포하지 않는다. 이 문학 유형도 왕정시대의 비판적인 다른 예언자들에 의해 되풀이된다.

2.4. 예언 현시 기사

아모 1-6장의 연사에서 연출된 역할은 7장에서 9장까지의 다섯 현시 기능을 밝혀준다. 여기서도 우리는 모방이라는 기법 앞에 선다. 자신을 이렇게 정의하지 않지만(7,14 참조), 아모스는 나비(*nābî'*) 또는 흔히 현시가였던 전통적인 예언자 역할을 한다. 우리는 엘리사에 관해서 '야훼께서 나에게 보게 해주셨다'라는 동일한 문형을 발견한다(2열왕 8,10.13; 참조. 예레 24,1; 38,21; 에제 11,25). 현시들은 이렇게 하나의 문학적인 기법으로 등장한다. 한편 이는 현시의 틀에 박힌 겉모습과 동시에 다섯 장면의 행렬이 시사하는 바이기도 하다. 아모스는, 다른 역할을 하는 것과 마찬가지로, 현시를 보고 자기 '의뢰인들'을 위해 중개하는 예언자 역을 담당한다. 이사야(6장의 예언 소명 현시), 예레미야(1,11-16), 특히 에제키엘(1,4-3,11 등) 등 다른 예언자들도 그들의 현시를 보고한다.

2.5. 예언 연사의 다른 형태들

양식론적인 관점에서 왕실 전령의 관례 모방으로 특징되는 아모 1,3-2,3의 연사들은 다양한 이방 민족들의 불행을 예고한다. 이와 같은 신탁들은 또한, 언제나 예언집의 중심부에 등장하는 제1 이사야서와(13-27장) 예레미야서와(아마도 본래의 순서였을 칠십인역 성경의 순서에 따라 46-51장) 에제키엘서에서(25-32장) 중요한 자리를 차지한다(참조. 요엘 4,1-17; 스바 2,2-15 또는 오바드야서). 이 연사들이 모두 몇몇 백성들 또는 일반적인 이방 세계의 불행을 말하기는 하나, 그 양식이 다양하다는 점에서 독자적인 '문학 유형'을 이루지는 못한다. 그 기능 또한 동일하지 않다는 사실도 첨가해야 할 것이다. 예를 들어 아모스서에서 이웃 민족의 불행이 이스라엘을 기다리는 운명을 밝혀주지만, 이 불행은 한편 다른 곳에서 이방 세계에 종속된 이스라엘의 구원을 예고할 수도 있다.

아모스에게서 그의 수많은 연사 요소를 빌리고 있는 예언자 호세아 역시 새로운 문학 유형, 곧 법적 소송(*rîb*) 연사를 만들어낸다. 여기서 예언자는 상대방 고발과 응벌 선언과 함께 펼쳐지는 법적 논쟁 절차로부터 영감을 받는다(호세 2,4-15). ***rîb***이라는 문학 유형은 이사야서와(1,2-20) 예레미야서와(2장) 미카서에서도(6,1-6) 확인된다.

예레미야서가, 예언자가 야훼께 자기의 하소연과 비난만이 아니라 새로워진 신뢰를 올리는, 다섯 개의 연사를 담고 있다는 사실을 덧붙이자(11,18-12,6; 15,10-21; 17,14-18; 18,18-23; 20,7-18). 이 단편들은 아우구스티노의 그것과 비교하여 전통적으로 '예레미야의 고백록'으로 불리며, 개별적인 탄원 시편들과 적지 않은 공통점을 보여준다.

3. 기사

예언집은 또한 기사들을 내포한다. 기사들 가운데 상당수는, 701년의 위기 상황에서 이사야가 개입한 기사나(2열왕 18-20과 병행하는 이사 36-39) 예레미야의 박해 기사처럼(예레 19,1-20,6; 26; 36-44) 3인칭으로 기초되어 있으며, 다른 몇몇은 자서전적이다. 이 가운데서 특히 우리는 이사야와(이사 6) 예레미야의(예레 1,4-10) 사명 파견 기사만이 아니라, 에제키엘서 전체를 묶어주는 이야기 줄거리를 언급할 수 있다.

우리는 흔히 '예언자의 소명 기사'라는 문학 유형을 언급한다. 이 유형은 특히 모세(탈출 3-4와 6), 기드온(판관 6), 이사야(이사 6), 예레미야(예레 1), 에제키엘과(에제 1-3) 관련되어 있으며, 다음과 같은 구조로 특징된다.

1) 하느님 만남
2) 도입 말씀
3) 사명 파견
4) 파견된 자의 이의 제기
5) 협조 약속
6) 사명을 확증하는 표지

사실 이 도식은 예언 사명을 위해 몸소 나서는 이사야에게는 적용될 수 없다. 그의 증언은, 이미 설정되어 있던 제도적 또는 문학적 도식에 속하지 않는, 강렬하게 살아온 개인적인 체험에서 비롯된 것으로 보인다. 동일 선상에서 에제키엘은 야훼께서 그에게 맡기신 사명에 어떤 이의도 제기하지 않는다. 또한, 모세와 기드온은 예언자가 아니라, 이보다는 오히려 백성의 해방자로 파견된다. 그렇다면 예레미야만 남아 있으나, 그의 증언은 이 도식에 가까스로 들어설 뿐이며, 특히 다른 본문들을 인용하거나 암시하면서 짜깁기한 탓에, 말씀 때문에 박해를 받은 예언자와 동일시된 어떤 독자가 후대에 작성한 문학 표현이 아닌가 자문하게 된다. 간단히 말해서, 예언소명 문학 유형은 포기하는 것이 바람직하다.

4. 참고 문헌

A. Behrens, *Prophetische Visionsschilderungen im Alten Testament*.

Sprachliche Eigenarten, Funktionen und Geschichte einer Gattung, Münster, 2002. J. Blenkinsopp, *Une histoire de la prophétie en Israël. Depuis le temps de l'installation en Canaan jusqu'à la période hellénistique* (LeDiv 152), Paris, 1993. P. Bovati, *Ristabilire la Giustizia. Procedure, vocabolario, orientamenti* (AnBib 110), Roma, 1986. D.R. Daniels, «Is There a "Prophetic Lawsuit" Genre?», *ZAW* 99(1987), p. 339–360. R. David, «Du but initial au but subjectif: la réponse des appelés dans les textes de la Première Alliance», in *Studies in Religion/Sciences Religieuses* 34(2005), p. 197–211. J. Ferry, «Les récits de vocation prophétique», *EstB* 60(2002), p. 211–224. J. Harvey, *Le plaidoyer prophétique contre Israël après la rupture de l'Alliance* (Studia 22), Bruges *et al*., 1967. J. Jeremias, *Kultprophetie und Gerichtsankündigung in der späten Königszeit Israel* (WMANT 35), Neukirchen-Vluyn, 1970. L. Markert, *Strukturen und Bezeichnung des Scheltworts* (BZAW 140), Berlin/New York, 1977. L. Ramlot, «Prophétisme. II. La prophétie biblique. 3. Les moyens d'expression des prophètes», in *DBS* 8(1972), col. 943–973. K.A. Tängberg, *Die prophetische Mahnrede* (FRLANT 143), Göttingen, 1987. A. Wagner, *Prophetie als Theologie. Die so spricht Jahwe-Formeln und das Grundverständnis alttestamentlicher Prophetie* (FRLANT 207), Göttingen, 2004. C. Westermann, *Grundformen prophetischer Rede*, Münich, 1968^3(1960) = *Basic Form of Prophetic Speech*, Philadelphia(PA), 1967. Id., *Prophetische Heilsworte im Alten Testament* (FRLANT 145), Göttingen, 1987 = *Prophetic Oracles of Salvation in the Old Testament*, Louisville(KY), 1991.

후기 예언서 형성(편집사)

슈밋 (Konrad Schmid)

1. 연구사

얼마 되지 않는 구약성경 연구 결과만이 지나친 변형을 감수하지 않고 교회와 학구적인 세계에 수용되었을 뿐이다. 무엇보다도 19세기의 역사-비평적 연구가 묘사하고 있는 대로의 구약성경 예언 상(像)이 이러한 상황에 속한다. 오늘날 우리가 일반적으로 '예언자들'이라고 말하는 곳에는, 구약성경 주석이 구약성경에서 출발하여 윤곽을 잡아 온 대로의 예언자들 상이 숨어 있다. 그때부터 예언자들은 말을 전하는 사람들을 대상으로 자신들에게 통교된 하느님의 뜻을 타협과 조건 없이 구현해나간 특출하고 영적이며 천재적인 인물이 되었다. 이 예언자 상을 그리기 위해서, 구약성경 연구는 본래의 예언 어록(語錄)을 후대의 첨가 부분으로부터 떼어놓았다. 예언자를 말하는 이 종교적 천재의 상을 되찾기 위해서, 주석은 이처럼 동일한 본문 한가운데서 기본적으로 진위가 '분명한' 부분과 '불분명한' 부분을 구별하고자 했다.

종교적 천재로서의 이 고전적인 예언자 상은 우선 이상주의와 낭만주의로부터 영감을 받은 것이다(Schmid 참조). 이 상은 19세기 전체를 지배했으며, 예언자들을 율법 해석 의무로부터 '해방시키면서' 율법을 예언서보다 후기의 작품으로 본(*lex post prophetas*) 벨하우젠(J. Welhausen)의 주장 때문에 더욱더 보강되었다. 이러한 세계에서 유래하지 않았을 예언 메시지의 근본적인 상은 변증법적인 신학의 대두로 시의적절하게 더욱 강력해졌으며, 이어서 20세기 내내 이어져 나갔다. 예언의 불연속성은 당대의 대표적인 서적이었던 폰 라트(G. von Rad)의 '구약성경 신학'의 시금석을 이루었다. 폰 라트에 따르면, 이 예언을 이스라엘의 기타 종교적 표현에 결부시킬 수 없다. 그러기에 폰 라트는 제2권에서 예언이 다른 모든 전승으로부터 분리되어 있었던 것처럼 다루었다.

그러나 지금까지의 연구로 다듬어진 전형적인 이러한 상 곁에서, 조화를 이루지 못하는 몇몇 목소리가, 예를 들어 헤르츠베르그(H.W. Hertzberg) 또는 즐렝(A. Gelin)의 목소리가 이미 20세기 전반기에 울려 퍼지기 시작했다. 이 학자들은 예언자들과 그들의 '진위가 분명한' 말씀에만 관심을 쏟았던 것이 아니라, 첨가 부분에도 주의를 기울였으며, 이 첨가 부분을 성경집의 전반적인 해석의 틀에서 이해하고자 힘썼다. 편집사(*Redaktionsgeschichte*라는 표현은 W. Marxsen으로 거슬러 올라간다)에 관심을 가지면서 이 문제를 검토하는 방법은 구약성경 연구에서, 특히 1969년 침멀리(W. Zimmerli)의 에제키엘서 주해에 힘입어, 이후 무시할 수 없는 방법이 되었다. 오늘날 이 방법은 예언서 연구에서 지배적인 작업 기법 가운데 하나로 자리한다(예를 들어 B. Gosse, J. Vermeylen, O.H. Steck과 일반적으로 M. Fishbane 참조). '편집사'는 이처럼 궁극적인 방법으로 예언자들의 본래 선포만이 아니라, 무엇보다도 예언자들의 작품으로 취급되는 책들 한가운데에 등장하고 글로 기록된 예언자의 말씀들 이후의 문학사와 관련된 사고 경향과 다양한 역점에 관하여 관심을 가진다.

우리는 하나의 지속적인 과정으로 19세기 말과 20세기에 전개된 예언서에 관한 연구사를 기술할 수 있다. 이제 학자들은 각 본문의 제목들이, 본문들이 내세우는 역사적인 예언자들에게 돌아간다는 사실을 인정했으며, 이어서 비평적인 방법으로 진위가 분명한 증언의 실체가 훼손되지 않은 채 남아 있는 확고한 문학 단위로 예언 본문들을 축소하고자 했다. 이렇게 해서 이사야서는 '이사야'에게서, 예레미야서는 '예레미야'에게서 등등 유래한다고 보았다. 오늘날, 관심은 이제 예언자들에게서 예언서로, 그들의 말씀에서 본문으로 자리를 옮겨잡았다. 학자들은 이제 예언서가 그 전체 안에서 의미를 전달하는 작품이며, 문학적이며 신학적으로 독립된 '작은 문학 단위들'로 부르는 것들이 더는 우연히 규합된 작품이 아니라는 사실을 터득하게 되었다. 이 점에서 우리는, 비록 본래의 어록에 관련된 질문이 여전히 상당한 정당성을 유지하고 있다 하더라도, 연구에 있어 범례가 되었던 방법이 변화를 맞이했다고 말할 수 있을 것이다.

주석이 전통적으로 진위가 불분명한 작품으로 취급하는 예언서들의 배열에 쏟는 관심은, 점차 명백한 방법으로, 이 작품이 본문 주해나 오류에 국한된 것이 아니라, 기존의 자료에 삽입된 의미 전달의 재해석에서 비롯된 것임을 밝혀준다. 연이은 편집자들은 따라서 어설픈 주해가들이 아니라, 서기 활동을 통하여 자신들의 창의적인 놀라운 능력을 증언하고, 책에 이름을 부여한 인물 뒤에 익명으로 숨어서 몸소 자신들의 개입의 의미를 예언 질서에 속하는 것으로 이해하고 있다는 점에서, '예언서'라는 제목을 요구할 수 있는 서기관들이다.

이렇게 우리는 예언이 한정된 역사의 한가운데서 활동한 천재적인 인물과 더는 결부되지 않으며, 오랜 기간 형성된 집단적인 현상으로 보고 서기관의 예언으로 다시금 진지하게 다루어야 한다는 사실을 확인한다. 모든 예언은 우선 구전으로 전달된 것이 아니었으며, 예언서 대부분은 기록의 형태 이외에 어떤 방법으로도 존재한 적이 없었다(예를 들어 이사 56-66 또는 예레 30-33 참조). 추정컨대 요나서나 말라키서와 같은 몇몇 예언서의 경우, 우리는 전체를 서기관들의 작품으로 돌려야 한다고 가정할 수 있다. 이 작품들 뒤에 예언자로서의 어떤 인물도 발견되지 않으며, 글로 기록된 다음 선포 내용은 이어서 이후 편집사의 바탕 역할을 했을 것이다. 나아가, 이 책들은 서기관들에 의해 통합적으로 기록되고 계승된 예언 전승의 결과물인 것 같다.

2. 서기관들에 의해 기록되고 계승된 예언

계승된 예언 본문들에 관한 서기관들의 해석 작업은 다양한 방법으로 평가될 수 있다(Kratz 참조). 다음과 같은 점들을 구별해야 한다.

2.1. 기존의 본문 수집과 첫 문서화

해석 작업은 주로 구전 어록의 첫 문서화와 함께 시작되며, 이 문서화는 그대로 이미 하나의 해석 행위를 형성한다. 이러한 행위를 통하여 구전 말씀은 본래의 상황을 벗어나며, 보기에 고립되어 있던, 어떤 편집자에 의해서도 문서화되어 본 적이 없던, 다른 말씀들 수집으로 덧붙임의 대상이 되었기 때문이다. 본문을 정리하는 과정에서, 예레미아스(J. Jeremias)가 특히 호세아서와 아모스서의 경우 이를 적시할 수 있었던 것처럼, 의미 있는 몇 가지 점들이 발생할 수 있다. 이러한 기법은 이미, 수집된 예언서를 담고 있는 신-아시리아의 서판에 고유한 것이었다(Nissinen 참조). 호세 4-14장에서 중간에 별도의 중개 기호가 발견되지 않는다는 점은 이 본문들이 하나하나씩이 아니라 전체로 읽혔으리라는 사실을 일러준다. 다소 선동적이기는 하나, 구전 어록의 첫 문서화 과정 곧 다양한 작은 문학 단위들을 선택하여 구성하는 과정이, 미리 그 길을 트는 일이 어렵다 하더라도, 이미 해석 행위에 해당한다는 점에서, 구약 성경에는 진위가 분명한 예언서가 어디에도 존재하지 않는다고 말할 수도 있다.

2.2. 작은 문학 단위 첨가

바로 뒤따르는 문맥에만 결부될 수 있는 작은 첨가 부분들을 밝혀내는 일 또한 가능하다. 예를 들어 예레미야서에서, 특히 예레 4-10장에서 우리는 재난과 재앙 예고를 확대하는 보충 부분들을 찾을 수 있다. 이 예고는 일반적으로 하나의 인격(예루살렘)에게 건네지며, 여성 단수 2인칭으로 문서화된다. 이 첨가 부분으로 말미암아 엄청난 재앙 예고는 단순히 불행의 도래에만 해당하는 것이 아니라, 하나의 잘못을 위한 응벌이 된다. 이 잘못은 은유적으로 예루살렘의 불륜, 이른바 일종의 정치적 거짓 계약을 구성하는 불륜에서 비롯된다. 예루살렘은 야훼를 믿기보다 다른 '정부들'을 찾아 나선다.

> 예레 4,13-15: 그(백성의 파괴자)가 구름처럼 올라오니 그의 병거들은 폭풍과 같고 그의 말들은 독수리보다 날래다. 우리는 불행하구나! 우리는 망하였다. **예루살렘아, 네가 구원을 받을 수 있도록 네 마음에서 악을 깨끗이 씻어 내어라. 언제까지 네 안에 악한 생각을 품어 두려느냐?** 정녕 단에서 소식이 전해지고 에프라임 산에서 재난이 선포된다.

레핀(C. Levin)과 맥케인(W. McKane)과 같은 연구가, 그러나 이미 둠(B. Duhm)도 예언서에 대한 서기관들의 해석 작업은, 보다 큰 규모의 편집 층들을 식별해낼 수 없다는 원칙에서 출발하여, 오직 이와 같은 세부적인 보충 부분들로만 구성된다는 견해를 피력했다. 이 학자들에게 있어, 예언서의 문학적 증보는 이제 하나의 '통제할 수 없는 숲'(Duhm), 또는 점점 커지는 눈사태에 비교된다. 그러나 이 학자들의 주장과 달리, 우리는 예언서에서도 책의 몇몇 단원들, 나아가 책 전체(와 아마도 뒤따르는 여러 책)의 골격을 형성하고 책의 모든 부분에 새로운 의미를 부여하는 문학적 첨가 부분들을 규명할 수 있다는 사실을 강조해야 한다. 편집 작업은 이 같은 경우 바로 이어지는 문맥에만 관계되는 것이 아니라, 더욱 폭넓은 논리적 일관성, 하나의 책 또는 하나의 모음의 질서에 속한다. 이러한 방법으로 책을 살펴야 한다는 사실을 논증하기 위해서, 우리는 이사 1-39장과 예레미야서 그리스어본과 또는 에제키엘서에서 책의 '구성 원칙'이라 부르는 바를 참고할 수 있다. 이 원칙은, 이스라엘에 대한 구원 말씀들로 끝맺음하기에 앞서, 우선 민족들을 향한 재앙 말씀들이 뒤따르는 이스라엘에 대한 재앙 말씀들을 문서화하는 데 있다(Bogaert). 이 구성 원칙은 눈에 드러나게 책의 구조를 보여주며, 이로써 전체에 구원사와 관련된 의미를 부여한다.

2.3. 하나의 책 전체를 위한 편집 가치를 지니는 본문들

이사 35장은 하나의 책 전체를 위한 편집 가치를 지닌 본문의 좋은 예이다. 역사적으로 (4세기 말에서 3세기 초) 알렉산드로스 대왕의 후계자 시대 초기에 작성되었을 이 접합 본문은, 그때까지 독립적이던 제1 - 그리고 제2 - 이사야서의 전승들을 처음으로 '대 이사야서'에 규합했으며, 예언집 각각에 첨가된 다른 부분들과 관련하여 새로운 방향의 구조를 선사했다. 이사 35장은, 정확하게 밝힐 수 있는 것처럼, 제1 이사야서에서 제2 이사야서로 넘어가게 하는 이사 24장과 40장 이하의 결과물이다(Steck 참조).

또 다른 예가 예레 24장에서 발견된다. 좋은 무화과들과 나쁜 무화과들에 관한 현시는, 예루살렘과 유다가 멸망한 다음 본국에 그대로 남아 있던 사람들과 이집트로 피신한 사람들('나쁜 무화과들')과 견주어, 첫 골라(Golah, '좋은 무화과들')에게 호의를 보여주는 작품이다. 예레 24장 삽입은 책의 나머지 부분과 아무런 관련이 없는 고립된 삽입이 아니라, 양자택일에 따른 구조를 가능하게 한다는 점에서 전체로서의 예레미야서에 관련된 문학 작업이다.

예레 24장의 시작은, 현시 양식을 취하고 '너는 무엇을 보느냐?'라는 질문을 도입하면서, 책의 시작과 예레 1,11 이하의 두 개의 현시와 하나의 관계를 형성한다.

> 예레 24,1-3 : 야훼께서 나에게 야훼의 성전 앞에 놓인 무화과 두 광주리를 보여주셨다. 그것은 바빌론 임금 네부카드네자르가 유다 임금 여호야킴의 아들 여콘야와 유다의 제후들과 장인들과 대장장이들을 예루살렘에서 바빌론으로 끌고 간 뒤였다. 한 광주리에는 맏물 무화과처럼 매우 좋은 무화과가 담겨 있었으나, 다른 광주리에는 너무 나빠 먹을 수 없는 나쁜 무화과가 담겨 있었다. 야훼께서 나에게 말씀하셨다. "예레미야야, 무엇을 보느냐?" 내가 대답하였다. "무화과입니다. 좋은 무화과는 매우 좋은 것이고, 나쁜 무화과는 너무 나빠 먹을 수 없는 것입니다".

이 기사를 통하여 예레 1-23의 심판 예고가 요약되며, 여호야킨 시대의 첫 골라 유배와 관련된다. 예레 24장의 관점에서 보면, 이는 587년의 예루살렘 파괴가 아니라, 이스라엘 역사에서 결정적인 중간 휴지를 형성하는 기원전 597년의 사건이다. (2열왕 24,14에 따라 예루살렘의 귀족계급을 구성하는 '일만 명'의) 첫 골라 유배자들이 이스라엘의 합법적인 상속자로 여겨졌기 때문이다.

예레 1장의 현시가 실현된 다음, 야훼의 역사 설계의 전개를 예고하고 첫 골라 공동체를 배려하는 예레 24장의 새로운 현시가 뒤따른다.

예레 24,4-7 : 그러자 야훼의 말씀이 나에게 내렸다. 야훼 이스라엘의 하느님께서 이렇게 말씀하신다. "내가 이곳에서 칼데아인들의 땅으로 내쫓은 유다의 유배자들을 이 좋은 무화과처럼 좋게 보아 주겠다. 나는 그들이 잘 되게 눈길을 주고, 그들을 이 땅으로 돌아오게 하겠다. 내가 그들을 세우고, 부수지 않겠으며, 그들을 심고, 뽑지 않겠다. 나는 그들에게 내가 야훼임을 알아보는 마음을 주겠다. 그리하여 그들은 내 백성이 되고, 나는 그들의 하느님이 될 것이다. 그들이 온전한 마음으로 나에게 돌아올 것이기 때문이다".

이제 예레 29-33장의 구원 약속들은 일부분 문학적으로 이해될 수 있으며, 어떤 편집자에 의해 첫 골라 공동체에 엄격하게 제한될 수 있을 것이다. 동시에 예레 24,8-10은, 예레 37-44장에 앞서, 예레 24장의 관점에서 이 구원 약속들을 무화과 광주리의 부정적인 부분의 완성으로 해석할 것이다. 여기서도 우리는 필요한 경우의 독자적인 재문서화 단계를 인지할 수 있다.

예레 24,8-10 : "- 야훼께서 이렇게 말씀하신다.- 그러나 유다 임금 치드키야와 그의 제후들, 이 땅에 남아 있는 예루살렘의 남은 자들과 이집트 땅에서 사는 자들은 너무 나빠 먹을 수 없는, 나쁜 무화과처럼 다루겠다. 내가 들들을 세상의 모든 나라에 공포의 대상으로 만들고, 내가 그리로 몰아낸 모든 곳에서 수치와 속담 거리와 비웃음거리와 저주의 대상이 되게 하겠다. 또한, 그들에게 칼과 굶주림과 흑사병을 보내어, 내가 그들과 그 조상들에게 준 땅에서 그들을 완전히 멸망시키겠다."

이사 35장과 예레 24장은 이처럼, 한편으로는 문자 이외에 다른 어떤 형태로도 존재해 본 적이 없고, 다른 한편으로는 각각의 책에서 그들 고유의 자리를 위해 특별히 기록된 편집 본문들의 예에 속한다.

2.4. 여러 책을 포괄하는 편집 고리

이 마지막 자리에서 우리는 또한 책들 사이의 편집 연결 고리, 예언집(이사야서-말라키서)을 선명하게 한정하는, 나아가 경전의 느비임(Nebiim) 부분을 창제하는 역할을 하는 연결 고리를 확인할 수 있다(여호 1,7.13-15와 말라 3,22-24 사이의 관계 참조). 이렇게 보스하르트(E. Bosshard)와 슈텍(O.H. Steck)은 이사야서와 열두 소예언집에서 상응하는 편집 관점을 확인했다. 이러한 관점에서 우리는 이사 2,2-5와 미카 4,1-5에서, 또는 예레 49,7-22와 오바드야서에서 발견되는 것과 같은 이중 어록의 의미에 대해서 살펴볼 수도 있다.

2.5. 토라를 주해하는 예언 본문들

예언서의 첨가 본문들 가운데 몇몇은 다른 문서집의 본문들, 예를 들어 토라의 본문들과 관련이 있을 수 있다.

이처럼 이사 65-66장의 새 하늘과 새 땅에 관한 약속은 (코헬 3장이 – '태양 아래에 새로운 것은 하나도 없다' – 역으로 이사 65-66장을 거슬러 논쟁적으로 개진되고 있는 반면) 분명히 창세 1-3장의 수용을 전제로 하며, 예레 31,31-34의 새 계약 약속은 미래의 구원 시대와 관련된 조건들을 뒤집으면서 신명 6,4-9의 *Shema Israel*('이스라엘아, 들어라!')을 참조한다. 이스라엘은 마음속에 율법을 받아들일 것이며, 누구도 더는 다른 사람들에게 율법을 가르치지 않을 것이다.

3. 문학적 첨가 기법

문학적 첨가 과정을 구체적으로 어떻게 표현하는 것이 적합한지 묻는다면, 구약성경 시대에 책들은 매우 제한적인 수로만 회람되었고, 문학적인 생산 환경은, 아무튼 유배시대 이후에, 유일한 장소 곧 예루살렘에 집중되었던 것 같다는 사실을 고려해야 한다. 사람들은 책의 존속 기간을 보장하기 위해서만 구약성경을 필사했다. 전승 보존은, 본문에 대한 순수한 관심과 함께, 전달된 본문의 문학적 연속성을 보장할 목적을 지녔던 의미에 관한 관심을 전제로 했다. 이러한 방법으로 우리는 문학적 첨가 과정을 기존의 본문 내용을 새롭게 문서화하는 과정으로 이해할 수 있다. 그러기에 새로운 발전은 있는 그대로 제시되지 않고, 책의 저자로 취급되는 예언자의 입에 자리한 하나의 예언 형태로, 다시 말해서 가명의 방법으로 편집되어 있다.

예언서의 편집사 한가운데서 이사야서는 '지도적인 소리' 역할을 담당했던 것 같다. 이사야는 아시리아인들의 통치부터 새 하늘과 새 땅의 도래까지 예언 활동을 했으며(집회 48,24-25 참조), 다른 예언자들은 각자 자기 고유의 시대에 보충 예언들을 전달했다. 이 보충 예언들은 그러나, 이미 이사야의 예언으로 예고된, 역사에 대한 일반적인 동일한 개념에 자리한다.

> 집회 48,24-25 : 이사야는 위대한 영의 힘으로 마지막 때를 내다보고 시온에서 통곡하는 이들을 위로하였다. 그는 영원에까지 일어날 일들을 보여 주었고, 숨겨진 것들을 미리 알려 주었다.

4. 신학적 의미

예언서를 해석 문학, 또는 전승된 본문들의 문학적 연속으로 여기는 역사적 이유는 단 한 가지뿐이며, 이 과정 또한 신학적 의미를 지닌다.

4.1. 기존의 전승에 대한 생산적 해석

말러(G. Mahler)는 "전승은 재를 숭상함이 아니라 불을 보존함이다"라고 언급한 바 있다. 구약성경 내의 예언 전승에 대해 취해야 하는 자세도 이러하다. 예언 전승의 전달자들은 그들이 물려받은 문학적 내용만을 '역사적 신앙'(*fides historica*) 차원에서 보존했던 사람들이 아니다. 이들은 또한 예언 메시지의 현실성에 관하여 질문을 던지고 힘써 새롭게 해석해 나간 사람들이다.

예언 전승에 관해 성경 안에서 활용된 이 방법의 역동성을 고려한다면, 예언 말씀에 대한 자의주의적이며 성경주의적 이해는 불가능하다는 사실은 분명하다. 예언서에 신학적으로 궁극적인 것이 있다면 그것은 예언자들의 특별한 확언들이 아니다. 이 확언들이 역사의 제약을 받고 있고 재해석이 필요하다는 사실은 구약성경이 이미 알고 있었다. 성경 내부에서 지속해서 펼쳐진 재해석 운동은 훨씬 더 중요한 일이었다.

처음부터 해석을 추구해온, 그 자체로 예언적인 예언 전승의 해석은 오늘날 구약성경의 예언을 고찰하는 방법을 위한 본보기 역할을 할 수 있을 것이다. 아무튼, 이 해석은 예언서에 대한 고지식한 성경주의적 이해가 구약성경의 독자들과 전달자들을 위해서도 발언권이 없다는 사실을 밝혀준다.

4.2. 이스라엘 예언의 독자성

우리는 오래전부터 예언이 고대근동 세계에서 이스라엘의 독자성을 이루지 못한다는 사실을 알고 있었다. 예언은 무엇보다 먼저 (기원전 2000년대 전반기) 마리(Mari)와 (기원전 7세기) 아슈르바니팔 도서관의 문헌으로 알려져 있다. 예언 현상만이 아니라, 이스라엘에 전혀 고유하지 않은 내용도 마찬가지이다. 구원과 재앙, 잘못과 징벌은 고대근동에서도 예언의 주제로 등장한다. 이스라엘 예언의 독자성을 구성하는 요소는 바로, 예레미아스(J. Jeremias)에 따르면, 이러한 확신 외에 아무것도 표명하지 않는 문학적인 계승 현상이다. 이스라엘의 예언 말씀들은 그 유일한 역사적 배경 속에서 고갈되지 않고, 다가올 세대를 위한 의미를 지닌다. 그러기에 사람들은 이 말씀들을 글로 옮겼으며, 줄곧 재현실화했다. 구약성경의 예언이 오늘날까지 보존되어 온 것은 오직 지속적인 이 과정이라는 이유 때문이다. 계승의 과정이 없었다면, 예언서는 본래의 두루마리들과 함께 해체되었을 것이며, 오늘날 잊혔을 것이다.

4.3. 신약성경을 예언서에 결부시키는 이론의 종식

예언자를 종교적 천재로 여기는 고전적인 해석에 이어, 구약성경과 신약성경 사이를 접목시키려는 현상이 일반적이며, 코흐(K. Koch)는 논쟁적으로 이를 '신약성경의 예언서 결합'이라 표현했다. 이 관점에 따르면, 나자렛 예수는 보잘것없는 아류 시대로 규정된 다섯 세기 동안의 쇠퇴기가 지난 다음 오신 분, 예레미야 또는 (이미 그 익명성으로 의심스러운) 제2 이사야와 함께 소실된 대예언자들의 전승을 취하신 분이 된다. 이 최후의 대예언자들 이후, 본디 그렇게 활력 있던 이스라엘의 종교는 유다교의 율법주의 속에서 힘을 잃어갔으며, 나자렛 예수는 바로 이러한 율법주의로부터 자신을 새롭게 해방하신 분이다. 유다교가 예수를 버렸다는 사실은 한편 역으로 이스라엘에서의 예언 상실과 결부될 수 있다.

예언서의 편집 특징을 일견함으로써 우리는, 통속적인 주해자들과 독특하며 천재적인 인물들 사이의 터무니없는 차별이 예언서의 역사를 만족할만한 방법으로 설명할 수 없다는 사실을 확인했다. 책의 문학적인 증보는 예언적 삽입들로 부분마다 스며들어 있다. 어떤 면에서 예언서들은 우선 책의 구성들이며, 비판적으로 고찰해야 하는 부분은 바로 이 구성들이다. 이제 비판적인 탐구는, 예레미야 또는 제2 이사야를 예수로부터 갈라놓은 500년 동안의 소위 '계시 구멍'이 역사적인 표지도 신학적인 개연성도 없는 하나의 연구 구성이라는 사실을 밝혀준다. 이 구성이 한편으로는 유배시대 이전의 히브리어 어법과 다른 한편으로는 유배시대 이후의 율법주의적 유다교 사이를 잘못 분리하고 있기 때문이다.

실체 자체에 이르기까지 예언서에 스며든, 문학적으로 생산적인 재해석을 고찰한다는 것은, 두 성경의 부분적이 아닌 통합적인 이해를 가능하게 하는 일이다. 구약성경은 이제 조심스러운 발광(發光)의 증거, 하느님과의 놀라운 접촉에 관한 귀한 표지가 아니라, 문자와 체험을 바탕으로 한 하나의 '해석 보고'의 보고(寶庫)를 이룬다. 이러한 재해석 운동은, 그 역시 (라삐 전승과 같은) 다른 것들 가운데 구약성경의 연속인 신약성경에서 끊임없이 되풀이된다.

5. 참고 문헌

U. Becker, «Die Wiederentdeckung des Prophetenbuches. Tendenzen und Aufgaben der gegenwärtigen prophetenforschung», *BThZ* 21(2004), p. 30-60. E. Ben Zvi, «The Prophetic Book: A Key Form of Prophetic Literature», in M.A. Sweeney/E. Ben Zvi (éd.), *The Changing Face of Form Criticism for the Twenty-First Century*, Grand Rapids(MI)/

Cambridge, 2003, p. 276–297. P.–M. Bogaert, «Le livre de Jérémie en perspective: les deux rédactions antiques selon les travaux en cours», *RB* 101(1994), p. 363–403. Id., «L'organisation des grandes recueils prophétiques», in J. Vermeylen (éd.), *The Book of Isaiah. Le livre d'Esaïe. Les oracles et leurs relectures. Unité et complexité de l'ouvrage* (BEThL 81), Leuven, 1989, p. 147–153. E. Bosshard–Nepustil, *Rezeptionen von Jesaja 1-39 im Zwölf-prophetenbuch. Untersuchungen zur literarischen Verbindung von Prophetenbüchern in babylonischer und persischer Zeit* (OBO 154), Fribourg(CH)/Göttingen, 1997. B. Duhm, *Das Buch Jeremia* (KHC 11), Tübingen/Leipzig, 1901. M. Fishbane, *Biblical Interpretation in Ancient Israel*, Oxford, 1985. A. Gelin, «La question des "relectures" bibliques à l'intérieur d'une tradition vivante», in *Sacra Pagina*. Miscellanea Biblica (BEThL 12/13), Leuven, 1959, p. 303–315. B. Gosse, *Structuration des grands ensembles bibliques et intertextualité à l'époque perse* (BZAW 246), Berlin/New York, 1997. J.–G. Heintz (éd.), *Oracles et prophéties dans l'antiquité: Actes du colloque de Strasbourg 15-17 juin 1995* (Travaux du Centre de Recherche sur le Proche–Orient et la Genèse Antique), Paris, 1997. H.W. Hertzberg, «Nachgeschichte alttestamentlicher Texte innerhalb des Alten Testaments (1936)», in Id., *Beiträge zur Traditionsgeschichte und Theologie des Alten Testaments*, Göttingen, 1962, p. 69–80. J. Jeremias, «Das Proprium der alttestamentlichen Prophetie», *ThLZ* 119(1994), p. 483–494. Id., *Hosea und Amos. Studien zu den Anfängen des Dodekapropheton* (FAT 1), Tübingen, 1995. Id., «Das Wesen der alttestamentlichen Prophetie», *ThLZ* 131(2006), p. 3–14. R.G. Kratz, «Redaktionsgeschichte I. Altes Testament», *TRE* 28(1997), p. 367–387. Id., *Die Propheten Israels*, München, 2003. K. Koch, *Ratlos vor der Apokalyptik. Eine Streitschrift über ein vernachlässigtes*

Gebiet der Bibelwissenschaft und die schädlichen Auswirkungen auf Theologie und Philosophie, Gütersloh, 1970. C. Levin, *Die Verheissung des neuen Bundes in ihren theologiegeschichtlichen Zusmmenhang ausgelegt* (FRLANT 137), Göttingen, 1985. W. Marxsen, *Der Evangelist Markus. Studien zur Redaktionsgeschichte des Evangeliums* (FRALANT 49), Göttingen, 1959. W. McKane, *A Critical and Exegetical Commentary on Jeremiah: Volume I*(ICC), Edinburgh, 1986. M. Nissinen, «Die Relevanz der neuassyrischen Prophetie für die alttestamentliche Forschung», in M. Dietrich/O. Loretz (éd.), Mesopotamica – Ugaritica – Biblica. FS K. Bergerhof (AOAT 232), Kevelaer/Neukirchen–Vluyn, 1993, p. 217–258. J.D. Nogalski/M.A. Sweeney (éd.), *Reading and Hearing the Book of the Twelve* (SBL.SS 15), Atlanta(GA), 2000. A. Schart, *Die Entstehung des Zwölfprophetenbuches: Neubearbeitungen von Amos im Rahmen schriftenübergreifender Redaktionsprozesse* (BZAW 206), Berlin/New York, 1998. K. Schmid, *Buchgestalten des Jeremiabuches. Untersuchungen zur Redaktions – und Rezeptionsgeschichte von Jer 30-33 im Kontext des Buches* (WMANT 72), Neukirchen–Vluyn, 1996. Id., «Klassische und nachklassische Deutungen der alttestamentlichen Prophetie», *Zeitschrift für Neuere Theologiegeschichte* 3(1996), p. 225–250. O.H. Steck, *Der Abschluß der Prophtie im Alten Testament. Ein Versuch zur Vorgeschichte des Kanons* (BThSt 17), München, 1991. Id., *Bereitete Heimkehr. Jes 35 als redaktionelle Brücke zwischen dem Ersten und Zweiten Jesaja* (SBS 121), Stuttgart, 1985. Id., *Die Prophetenbücher und ihr theologisches Zeugnis. Wege der Nachfragen und Fährten zur Antwort, Tübingen, 1996 = The Prophetic Books and Their Theological Witness*, St. Louis(LA), 2000. J. Vermeylen, *Du prophète Isaïe à l'apocalyptique. Isaïe, I-XXXV, miroir d'un demi-millénaire d'expérience religieuse en Israël* (EtB), Paris, 1977–

1978. W. Zimmerli, *Ezechiel* (BK.AT 13/1+2), Neukirchen-Vluyn, 1969 = *Ezekiel: A Commentary on the Book of the Prophet Ezekiel* (Hermeneia), 2 vols., Philadelphia(PA), 1979; 1983.

이사야서

베르멜렝 (Jacques Vermeylen)

'후기 예언서'의 첫 권인 이사야서는 가장 길기도 하면서(66개 장) 신약성경에 가장 자주 인용되는 작품이다. 이사야(*yeshayahou*, '야훼께서 구하신다')는 유다의 임금들이 이집트와 아시리아 제국 사이에서 꼼짝 못 하던 735-700년의 혼란한 상황 속에서 예루살렘에서 설교했다.

1. 설계와 내용

이사야서는, 18세기 말 이래(Eichhorn), 종종 구별된 작품으로 취급되어 온 서로 다른 두 부분을 포함한다. 1892년 둠(B. Duhm)의 위대한 주석서가 발간된 이후, 둘째 부분 또한 일반적으로 두 단원으로 분리되었다. 1980년경 이래 학자들이 다시 확인했던 것처럼, 이사야서 전체는 8세기 예언자의 작품으로 보는 유일한 책으로 제시되기 위해서 논리적 일관성을 띠어야 한다!

1.1. 이사야서 1–39장 또는 '제1 이사야서'

책의 첫 부분은(1-39장) 흔히 8세기의 예언자의 작품으로 보는 신탁들을 담고 있다. 우리는 이 긴 단원을, 죄와 불행으로부터 점진적으로 밝은 미래로 향하는 동력 안에서 서로 연결되는 네 개의 발전 단계로 나눌 수 있다:

1) 유다와 예루살렘의 죄와 불행(1–12장). 사실을 말하자면, 이 단원은 일관성을 띠지 않는다. 예언자가 유다 지도자들의 유죄성을 고발하고 국가의 재앙을 예고하는 연사와 함께, 우리는 메시아에 관한 작품으로 취급되는 본문 대부분을 만나며, 그 가운데는 유명한 '임마누엘 신탁'도 있다(이사 7,10–17). 쥥글링(Jüngling)과 함께 우리는 이 첫 발전 단계에서 각각 구심적인 구조를 보이는 세 개의 단락을 구별할 수 있다.

표제(1,1)

I. **이스라엘에 대한 야훼의 소송**(1,2–5,7)

ㄱ 충족하나 신실하지 못한 백성, 내려진 응벌, 불륜, 법과 정의(1,2–31)

ㄴ 시온에 관한 약속(2,1–5)

ㄷ 인간의 자만(2,6–22)

X 고발 연사(3,1–15)

ㄷ' 여인들의 자만(3,16–4,1)

ㄴ' 시온에 관한 약속(4,2–6)

ㄱ' 가장 사랑받으나 신실하지 못한 포도밭, 내려진 응벌, 법과 정의(5,1–7)

II. **애도와 탄생**(5,8–10,19)

ㄱ 애도 신탁(5,8–24)

ㄴ 야훼의 분노에 관한 반복 연사(5,25–30)

X 임마누엘 책자(6,1–9,6)

예언자의 사명 파견에 관한 '나' 기사(6장)

임마누엘의 탄생 예고를 동반한 '그' 기사(7장)

예언자의 사명에 관한 '나' 기사(8장)

한 임금의 탄생에 관한 결어(9,1–6)

ㄴ' 야훼의 분노에 관한 반복 연사(9,7–20)

ㄱ' 애도 신탁(10,1–9)

III. **이스라엘의 남은 자**(10,20–11,16)

ㄱ 이스라엘의 남은 자(10,20–27)

X 예루살렘을 거스른 아시리아의 공격이 야훼에 의해 멈춤(10,28–34)

ㄱ' 이사이 뿌리의 줄기(11,1–6)

찬미가(12,1–6)

2) 이방 세계의 불행(13–27장). 이 단원도 역시 세 개의 단락을 포함하며, 그 테두리는 각 개별 국가를 넘어 반–예루살렘인 수도 바빌론과 함께 단죄받는 대상이 이방 세계임을 밝힌다:

I. 이방 세계의 수도 바빌론의 종말(13,1-14,23)

II. 다양한 국가에 대한 불행 신탁(14,24-23,18)

14,24-27	아시리아
14,28-32	필리스티아 성읍들
15-16	모압
17	다마스쿠스와 이스라엘
18-20	이집트
21,1-10	바빌론
21,11-17	에돔
22	'현시의 계곡', 곧 예루살렘(22,1-14), 엘야킴으로 대체된 궁궐 관리자 세부나에 관한 신탁(15-25절)
23	티로

III. 수도와 함께 이방 세계 전체의 종말(24장)

찬미가와 이스라엘에 대한 약속(25-27장); 24-27장은 종종 '이사야의 묵시록'으로 불리는 별개의 단원으로 취급된다.

3) 애도에 이어 이스라엘, 유다와 예루살렘의 승리(28-35장). 여기서 우리는 다시금 약속과 갈마드는 많은 불행 신탁을 만난다. 여러 신탁은 유다가 이집트의 지원을 받은 반-아시리아 동맹의 선장에 섰던 705-701년에 연관되는 것으로 보인다. 이 단원은 흔히 상중에 발설되는 '불행하여라'(*hôy*)로 열리는 일련의 애도 신탁으로 특징된다.

I. **에프라임의 불행과 복구**(28,1-6)
II. **예루살렘의 불행과 복구**(28,7-32,20)
III. **파괴자의 불행과 예루살렘의 승리**(33,1-24)
결어 : 민족들의 불행과 예루살렘의 승리('이사야의 소 묵시록'이라는 표제로 알려진 34-35장)

4) 36-39장은 끝으로, 701년 산헤립이 예루살렘을 포위했을 때 이사야가 개입한 사실을 전하는 2열왕 18-20장의 기사와 - 핵심에 있어 - 동일한 기사를 형성한다. 예루살렘의 해방을 말하고 바빌론의 사절단 언급으로 마감되는 이 단원은 이사야서의 제2부로 넘어가는 전이 단계처럼 제시된다.

1.2. 이사야서 40-55장 또는 '제2 이사야서'

이사야서의 둘째 부분은, "위로하여라, 위로하여라, 나의 백성을"(40,1)이라는 초대로 열린다는 점에서 '이스라엘의 위로 책자'라는 이름을 부여받았다. 제2부 장들의 어조는 제1부와 확연히 다르다. 여전히 이스라엘의 죄가 문제시된다 하더라도, 상세함이 엷어지고 끈질김이 떨어지며, 이미 내려진 응벌이 아니라 당신 백성에 대한 야훼의 변함없는 애착에 역점을 두고 있다. 전체로 본다면, 행복 약속에 대한 표징 아래에 있다. 전통적으로 '종의 시들 (또는 노래들)'로 불리는 네 개의 단편은 (42,1-9; 49,1-7; 50,4-11; 52,13-53,12), 다른 이들을 구하기 위하여 고통과 죽음까지 받아들이기에 이르는 감탄할 만한 사람의 모습을 그린다. 이사야서 제2부의 구조는 그리 뚜렷하지 않다.

서언 : 야훼께서 당신 백성을 위로하신다(40,1-11; 1-5절은 1,2-20의 최초의 연사에 응답한다)

I. 창조주는 키루스 파견을 통해 이스라엘을 위로하신다(40,12-48,22)

40,12-31 도입 : 야훼는 전능하신 분이다
41,1-42,9 I. 민족들과 그들의 신들은 키루스를 보내시는 야훼께 버티지 못한다
42,10-13 찬미가
42,14-44,22 II. 오랫동안 귀먹고 눈먼 상태에서 이스라엘은 우상들을 쳐부스시는 야훼의 구원 능력을 의식한다
44,23 찬미가
44,24-48,19 III. 야훼는 키루스를 파견하시고 바빌론을 뒤엎으신다
48,20-21(22) 찬미가

II. 야훼께서 시온을 위로하신다(49,1-55,8)

49,1-12 도입 : 종의 사명과 귀환 기쁨
49,13 찬미가
41,1-42,9 I. 저버림을 받았다고 믿던 시온이 '네 하느님이 다스리신다'라고 말씀하시는 메시지를 접한다.
52,9-12 (40,1-11에 대한 울림으로서의) 찬미가

52,13-53,12　II. 야훼의 종은 죽고 부활하여 많은 이들을 의롭게 한다.
54,1-55,8　III. 야훼께서 영원히 사랑하시는 시온의 복구

결어 : 하느님 말씀의 효력(40,6-8의 울림으로서의 55,9-13)

1.3. 이사야서 56-66장 또는 '제3 이사야서'

이사야서의 마지막 부분은 민족들의 순례 중심지로 시온을 상기시키는 데(60-62장) 초점을 맞추고 있으며, 동일한 범세계적 관점이 56,1-8과 66,18-24로 이루어진 이 단원의 틀 속에 담겨 있다. 앞선 단락들, 특히 1,1-2,5와 40-55장에서 이미 제시된 적지 않은 주제들이 예루살렘의 최후 승리라는 관점에서 새로운 역점들과 함께 재생되고 확대된다. 상호 대응하는 부분들이 명확하지는 않아도, 우리는 이 단원 전체에서 하나의 구심적 양식 구조를 찾아낼 수 있다:

가 모든 백성을 위한 기도의 집인 성전(56,1-8)
　나 의인은 사라지나 평화 속으로 들어선다; 우상들은 심판받을 것이다(56,9-57,13)
　　다 야훼의 거처는 들어 올려지나, 그분은 겸손한 사람과 함께 하신다(57,14-21)
　　　라 야훼는 당신 백성의 기도에 응답하지 않으신다(58,13)
　　　　마 야곱 집안의 죄: 형제애가 없는 예배(58,4-14)
　　　　　바 참회 전례 : 고발과 죄 고백(59,1-15ㄱ)

사 적대자들를 거스른 야훼의 팔(59,15ㄴ-20)

아 시온으로 백성 쇄도(60장)

자 백성들 한가운데 시온의 복구(61장)

아' 시온으로 백성 쇄도(62장)

사' 적대자들를 거스른 야훼의 팔(63,1-6)

바' 참회 전례 : 하소연, 고백과 중개(63,7-64,17)

마' 빗나간 예배로 반항하는 백성에 대한 징벌 (65,1-7)

라' 야훼께서 당신 종들의 기도에 응답하시나, 불경한 이들은 벌하신다(65,8-16)

다' 하늘은 야훼의 옥좌이나 그분은 가난한 이를 옹호하신다 (66,1-6)

나' 시온은 온 민족의 어머니가 된다; 우상들은 심판받을 것이다 (66,7-17)

가' 야훼의 영광을 보러 오는 모든 민족의 모임(66,18-24)

일독으로도 우리는 이사야서가 긴장 관계에 있는 단편들, 아니면 서로 대립 관계에 있는 단편들을 나란히 배치한 하나의 미로처럼 보이면서도, 적어도 주요 윤곽이 분명히 드러나는 하나의 여정을 펼쳐나가는 작품임을 확인할 수 있다. 시작 단계에서 예언자는 백성의 짙은 죄를 보며, 이스라엘의 거룩하신 분이 과하시지 않을 리 없는 징벌을 내다본다(1장). 이때부터 예언자는 정화에 이어(1,24-28), 토라를 받으러 오는 민족들의 집결지인 시온의 미래 영광을 예견한다(2,2-4). 나선형 형태의 전개를 제안하면서(왕정시대, 키루스 시대, 이후 시대), 책 전체는 반역에서 성실로, 귀먹음에서 경청으로, 어둠에서 빛으로 넘어감을 말한다. 평화를 회복한 인류 한가운데서(60-62; 66,18-24) 새 백성이 탄생하도록 하기 위해서는 해산의 진통을 거쳐야 할 것이다(66,7-13 참조).

2. 출처와 형성

예전처럼 오늘날에도 몇몇 주석가는(Oswalt) 여전히 책 전체를 그 이름을 담고 있는 예언자의 작품으로 돌린다. 그러나 본문이 보여 주는 뚜렷한 무질서와 대조적인 문체들은, 단계 단계가 매우 논쟁적인 상태로 남아 있기는 하나, 길고 복잡한 문학사를 증언한다.

'임금의 아들 엘사마' 소유 8세기의 유다 인장
날개 달린 뱀은 이사 6장 이사야 현시의 사랍들을 상기시킨다.

2.1. 이사야서 핵심

'아모츠의 아들' 예언자 이사야는(1,1; 철자는 예언자 '아모스'의 이름과 일치하지 않는다) 우찌야 임금 말년부터(740년과 734년 사이에서 논쟁 중인 연대; 6,1 참조) 701년 산헤립에 의한 도성 포위 시점까지 예루살렘에서 활동을 펼쳤다. 그는, 왕실 정치에 밝았고 임금과 세브나와(22,15-18) 같은 그의 협력자들 앞에서 비판적인 입장을 취했음에도 불구하고 처벌되지 않았다는 사실이 입증하듯이, 영향력 있는 인물이었다. 몇몇 반론의 목소리에도 불구하고(Becker, de Jong), 학자들은 이사야가 아모스의 사회적 설교와 주요 문학유형을 취한다는 점에서 그의 정신적 후계자로 여긴다. 그는 친히 사명 파견을 이야기한다(6장). 이스라엘의 거룩하신 분의 거처인 성전에 선 그는 예언직에 예정되어 있던 인물이 아니었으나, 몸소 자원자로 나선다. 그의 선임자 아모스와 동시대의 미카처럼, 이사야는 힘있는 자들의 불의와 오만한 주장을 고발한다. 그의 가장 유명한 신탁들은 한편 국제 정치의 맥락 속에 자리한다.

이사야로 거슬러 올라가는 공적인 첫 개입은, 아하즈 임금이 시리아와 에프라임 연합군의 공격을 물리치기 위하여 아시리아에 원병을 요청하고자 했을 때인, 시리아-에프라임에 의한 위기의 상황 속에서 734년에 펼쳐진다. 예언자는 이 기회에 적어도 세 개의 신탁을 발설하며(7,5-8ㄱ; 7,13-20; 8,6-8ㄱ) 연합국의 파멸을 상징하는 행위를 보인다(8,1-4). 이렇게 그는 임금이 강대국들의 위험한 놀이에 뛰어드는 것을 견제하면서, 야훼만이 참 능력을 보유하고 계시기에 그분께 믿음을 두도록 초대한다.

중대한 위기는 8세기 말까지 연이어 펼쳐진다. 위기가 도래할 때마다(727년, 720년, 714년, 705년), 시리아-팔레스티나 지방의 소왕국들은 아시리아의 보호에서 벗어나고자 하며, 그때마다 아시리아 군대는 이집트의 다소 능동적인 지원에도 불구하고 반역자들을 진압하러 온다. 그

때마다 또한 이사야는 현실적이며 동시에 야훼께 대한 신앙에 부응하는 철수 정책으로 초대하기 위하여 개입한다. 구체적으로 야훼께 기댄다는 것은 강대국들의 정책으로부터 거리를 둠을 의미했다.

이사야 설교의 정확한 내용은 활발한 토론의 대상이 되고 있다. 예루살렘의 정치적 지도자들에게 발설된 강렬한 질책과 나라에 대한 무시무시한 위협들과 함께 위에 언급된 정치적이며 사회적인 연사들과 민족들에 대한 다양한 신탁들을 예언자의 작품으로 돌리는 폭넓은 의견의 일치가 있지만, 1,21-26과 같이 희망의 관점으로 귀착하는 본문들에 대해서는 의견이 갈라진다. 아무튼, 1장에서 39장까지에 관련된 것이라 하더라도, 예언자 이후 편집자들의 기여는 매우 중요하다.

2.2. 페르시아 시대까지의 제1 이사야서 판들

예언자 이사야는 저술가가 아니라 무엇보다도 먼저 설교가였다. 그러함에도 학자들은 사명 파견 기사와 시리아-에프라임 위기와 관련한 설교를 담고 있는 '임마누엘서' 판을(6,1-9,6) 예언자의 작업으로 돌린다. 이 판은 이후의 위기의 순간 자기 말을 신뢰하게 할 목적으로 기획되었을 수 있다. 그 외 다른 신탁 총서는 제자들에 의해 수집되었을 것이다. 그러나 페르시아 시대까지 활동을 펼쳤을, 하나의 가설적인 '이사야 학파'에 의해 책 전체가 기록되었던 것으로 자주 옹호하던 이론은 포기되어야 한다. 사실, 후대의 몇몇 편집자들에 의해 도입된 메시지는 예언자 자신의 것으로 돌릴 수 있는 사고와 대척점에 있다.

1970년경까지, 이사야의 말씀들이 페르시아 시대까지 의미 있는 변형 없이 계승됐다는 사실이 받아들여 졌다. 보다 최근의 연구는 므나쎄 시대와(나) 요시야 시대의 재기록이라는 중요한 작업을 언급한다(Barth, Clements). 이 마지막 제안은 폭넓은 울림의 대상이 되었으며, 이때부터 예언자에 의해 발설된 위협들은 다윗 왕정과 시온 보호에 관련된 약속들로 균형을 이루게 되었다. 논쟁이 심한 대상은, 예레미야서나 아모스서에 분명하게 영향을 끼쳤던 신명기계 판과 유사한 바빌론 유배시대의 판에 관한 가설이다(Vermeylen, Kaiser). 어찌 되었든, 예언자의 말씀들은 왕정 시대부터 여러 차례 현실에 적용되었으며, 매번 새로운 신학적 종합 안에 통합되었다.

제1 이사야서는 페르시아 시대 전반기에 앞서 개진되었던 네 부분으로 된 도식에 따라 재구성되었던 것 같다. 이 경우 예언자가 말하는 불행은 편집자의 시대에 이스라엘이 체험한 불행이 된다. 잠정적인 승리를 맛본 이방 세계의 불행이 곧 다가올 것이며, 시온의 승리 시기가 그 뒤를 따를 것이다. 이사야서는 이처럼 종말론적인 관점에서 재독되었다.

2.3. '제2 이사야서'

최근에 이르기까지 학자들은 40-55장 거의 전체를 550년과 539년 사이에 활동을 펼친 익명의 예언자의 설교를 복사한 것으로 여겼다. 공통된 견해에 따르면, '제2 이사야'는 유배자들에게 구원, 곧 예루살렘을 향한 귀환이 임박했음을 설득하고자 힘썼다. 이 메시지 전달을 위해 예언자는 창조와 새로운 탈출과 이스라엘의 선택이라는 주제를 사용한다. 이스라엘의 구원은 분명, 전능한 영광이 이방 우상들이 아니라 야훼 한 분께만 속한다는 사실을 세상에 드러낸다. 따라서 제2 이사야는 한 분이신 참된 하느님으로 야훼의 유일성을 강조한다(43,10; 48,6-8). 끝으로 예언자는 하나의 이의 제기에 응답하고자 한다. 바빌론을 향하여 나아가는 인물은 이방인 키루스가 아닌가? 일련의 연사 속에서(41,1-5.21-29; 42,5-9; 44,24-28; 45,1-13; 46,9-11; 48,12-15) 예언자는 키루스는 야훼께서 이스라엘을 구하기 위하여 활용하신 도구일 뿐임을 설득하기 위하여 유다인들에게 말을 건넨다. 야훼는 키루스를 '나의 목자'라 부르시며

(44,28) 당신의 '기름부음받은이'로 여기신다(45,1).

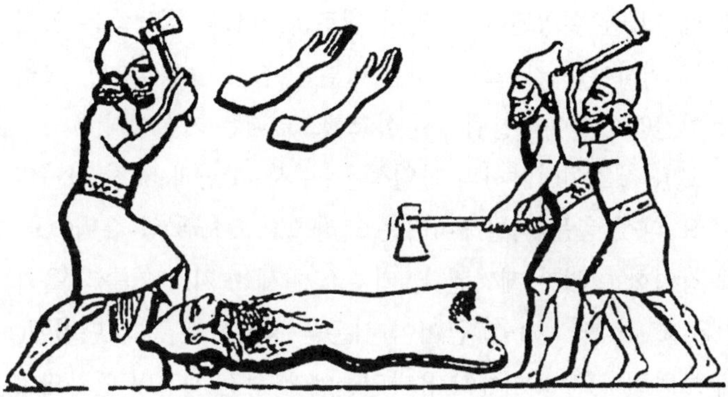

신상 파괴.
이사 40-55장의 우상들을 거스른 논쟁은
사람들이 우상들을 쉽게 파괴할 수 있다는 사실을 강조한다.

몇 년 전부터 이 고전적인 설명은 여러 반론의 대상이 되었다. 바스타드(H.M. Barstad)와 다른 학자들에게 바빌론을 향한 제2 이사야의 설교 '신조'는 온 유다 백성이 587년에 유배되었다는 견해를 바탕으로 통용되었다. 그러나 실상 다수의 주민은 분명 본국에 그대로 남아 있었다. 선험적 입장을 배제하고 이사 40-55장을 읽어본다면, 이 작품은 오히려 예루살렘에 자리를 두고 있음이 분명하다. 다른 한편, 예언자가 설교한 시점이 키루스가 바빌론에 입성하기 이전인지 아니면 이후인지 자문해야 한다. 고전적인 견해를 옹호하기 위해서 학자들은 피상적으로 결정적인 논거를 내세운다. 제2 이사야는 바빌론의 참혹한 점령을 예고하며, 동시에 도성은 키루스에게 동조하여 아무런 피해도 받지 않으리라는 것이다. 이 경우 예언자는 사건 이전에 설교한 셈이 된다. 이 논거는 제2 이사야가 바빌론에 거주하고 있을 때 가치가 있으나, 예루살렘에서 예언직을 수행할 경우는 그렇지 않다. 나아가 '키루스의 노래들'은 논쟁적인 방법으로 페르시아 임금의 합법성을 강조하며, 이 사실은 저자가 새로운 정치 체제에 동조하기를 거부하는 이스라엘인들을 대상으로 설교할 때 더 잘 설명된다. 따라서 새로운 가설을 설정하는 일이 가능하다. 제2 이사야는 키루스에 의한 바빌론 점령 이후(539년), 그러나 그의 사망 이전(530년) 예루살렘에서 설교했으리라는 가설이다.

또한, 제2 이사야서의 단일성은, 이사 40장과 55장 사이의 문학적인 주요 다섯 층을 식별해내려는 크라츠(R.G. Kratz)와 슈텍(O.H. Steck)에 의해 강력한 이의가 제기된다. 키루스 치세 초기로 거슬러 올라가는 첫 문헌은(40–48장과 52,1–7) 곧이어 시온을 강조하는 문학 단위에(49–54장) 의해 보완된다. (520년 이후) 유다인들에게 성전 재건이 인가되었던 시대에, 키루스를 하느님이 원하신 페르시아 패권의 원형으로 만든 문학 층이 덧붙여졌을 것이다. 이러한 문맥 속에서 키루스는 처음으로 '야훼의 종의 시들'이 말하는 인물이 될 것이다. 따라서 야훼의 종이 이스라엘 공동체와 동일시되었던 것은 훨씬 후기, 곧 5세기 전반기 동안일 것이다. 한편 우상들을 거스른 논쟁은 다리우스 치세 말에, 바빌론 예배가 주는 매력이 아직 유다인들 사이에 강렬했던 상황 속에 자리함이 틀림없는 것 같다.

제2 이사야서의 메시지는 무엇이었는가? 오래전부터 '종의 시들'과 우상 제작을 상기시키는 문구들은(40,19–20; 41,6–7; 44,9–20; 46,5–8) 여러 저자에 의해 예언집의 본래 본문과 이질적인 요소들로 여겨졌다. 오늘날 토론은 본문의 수많은 기타 요소들을 중심으로 펼쳐진다(Hermisson, van Oorschot). 키루스의 노래들과 그 논쟁적인 어조는 페르시아의 새로운 세력을 정치적, 종교적으로 지지하는 메시지를 향하여 방향을 돌린다. 저자는 다윗과 솔로몬 임금을 모시던 나탄 예언자로 거슬러 올라가는 전승과 다시 관계를 맺는다.

2.4. 이사야의 '대작' 구성

(슈텍이 제안하듯이 6세기보다는) 아마도 5세기에 제1 이사야서와 제2 이사야서는 시온에 대한 위로의 표지 아래 단 하나의 책을 형성할 목적으로 규합되었던 것 같다. 이 두 작품 사이의 연결점은, '야훼의 입이 말씀하셨다'하는 동일한 맺음 문구와 함께 시작 연사에(1,2-20) 응답하는 40,1-5의 야훼의 연사로 이루어진다. 첫째 연사는 질책으로 가득 찼으며, 죽음에 관한 위협으로 마감되었다. 둘째 연사는 죗값이 치러졌음을 선언하고 야훼께서 당신 백성 곁에 돌아오심을 예고한다. 1-39장에서 예언자에 의해 예고된 불행들은 이제 "예전의 일들"(43,18)이 되었으며, "앞으로 올 일들"(41,22), "새로 일어날 일들"(42,9; 43,19)로 새로운 시대가 열린다. 이렇게 이사야서의 제2부가 이사야서의 중심을 이루는 작품으로 자리하게 된다.

편집자는 기존의 두 문집을 통합하는 것으로 만족하지 않고, 이 문집들을 새로운 상황에 맞게 해석한 많은 자료를 첨가하여 풍요롭게 만들었다. 아마도 이러한 분위기 속에서 56-66장의 기초가 되는 요소들이 덧붙여졌던 것 같다. 사실 예루살렘 위로라는 특징적인 주제는(40,1) 49,13; 51,3.12; 52,9; 54,11에서 되풀이되며, 여전히 도성과 성벽 복구 또는 주민 복원이라는 관점에서 61,2와 66,13에서도 발견된다. 시온의 경신은 바로 제3 이사야서의 중심 주제이며(특히 60장과 62장 참조), 이는 시온의 성벽을 다시 세우고 새 주민 입주를 가능하게 한 느헤미야의 업적과 일치하는 것 같다.

2.5. 책의 후기 편집

책의 근본적인 구조는 따라서 5세기에 설정되었다. 다양한 보충 부분들이, 우선 에즈라의 종교개혁 정신에 발맞추어(예를 들어 에즈 44,9-

20), 이어서 반-사마리아적인 논쟁과 디아스포라 유다인들의 대집회에 대한 희망과 함께 헬레니즘 시대에, 끝으로 묵시론에 가까운 관점에서 계속해서 공급되었다.

3. 주제와 의도

작품의 많은 주제 가운데 세 가지가 오늘의 독자들을 위해 매우 중요한 주제로 다가온다. 신앙과 정치 사이의 관계, 메시아사상, 야훼의 종이라는 주제이다.

3.1. 신앙과 정치

이 문제는 8세기의 상황을 살아간 역사의 이사야만이 아니라, - 위에서 제안한 가설 안에서 - 통상 제2 이사야라 부르는 익명의 예언자에게 관련된다. 이 두 경우는 그러나 서로 매우 다르다.

이사야는 당대의 가장 중요한 정치적 인물들 가운데 한 사람이었다. 예배에 관한 문제가 그 자체로 다루어지고 있는 것이 분명하다 하더라도, 예언자가 이 문제에 그리 큰 관심을 보이지 않는 대신, 유다의 미래가 관심의 대상이 되고 국제적인 정치와 관련하여 중대한 결정이 내려져야 할 경우, 그의 목소리는 매번 울려 퍼진다. 735-734년의 시리아-에프라임 위협의 순간, 이사야는 아시리아에 도움을 청하려 했던 아하즈의 정책에 반대한다. 훗날 그는 아시리아에 맞선 저항과 이집트와의 군사적 협약을 단죄한다. 상반되는 것으로 보이는 이러한 입장 선택에 의미와 일관성을 부여하는 것이 있다면 그것은 현존하는 세력들의 진정한 관계에 대한 그의 인식이다. 예언자에게 역사의 주인은 야훼, 사명 파견시에 만나 뵈었던 세 번 거룩하신 하느님이다(6장). 두려워해야 할 분은 야훼이지(8,13), 파라오도 아시리아의 제왕도 아니다. 살아남기를 원한다면, 유다는 따라서 야훼께 믿음을 두어야 하며 외교술이나 호전적인 힘에 전적으로 기대기를 포기해야 한다. 목적은 명료하다. "너희가 믿지 않으면, 정녕 서 있지 못하리라"(7,9). 이사야의 목소리는 734년에도, 714년에도, 705년에도 받아들여 지지 않았다. 이와는 달리, 그의 논거는 727년의 위기의 순간과(유다는 움직이지 않았다), 712년 히즈키야가 너무 늦기 전에 사르곤 2세에게 항복을 제안했던 때는 상당한 영향력을 행사했던 것 같다.

필요에 따라 예언자는 국내 정치에도 개입한다. 니네베와 맞선 저항에 호의적이던 '궁궐 관리인' 세브나의 파멸을 예고한다(22,15-18). 다른 한편 그는 부동산의 지나친 확대(5,8), 귀족의 오만과 사치와 무위(3,16; 5,11-12.22), 판관들의 타락(5,23; 10,1-2), 가장 약한 사람들을 희생시키며 저지르는 불의(3,12ㄱ.15; 10,2) 등을 고발한다. 사회적 측면에서 이사야는 혁명가가 아니라 개혁가이다. 그는 부자들의 '양심의 거리낌' 역할을 하나, 그의 설교가 현실적인 변화를 이끌었다고 보기 힘들다. 아마도 막대한 액수 지불을 강요했던 아시리아의 압력이 훨씬 효과적이었던 것 같다. 이 때문에 지배 계급은 자기 오만의 일부를 잃어버렸을 것이기 때문이다.

8세기의 이사야가 왕정 세력과 대립 관계에 있었다면, 6세기의 익명의 예언자는 반대로 고대근동의 새 주인인 키루스 편에 서서 말씀을 전한다. 이 예언자의 입장에서 볼 때, 페르시아 임금의 권위를 수용해야 한다. 키루스는 창조의 질서 속에 등록된 사람이고(44,24-28; 45,12-13; 48,13-15), 그의 예외적인 성공이 증언하는 바와 같이 야훼께서 그를 파견하셨기 때문이다(41,1-4.25; 46,11). 한편 그는 다윗 혈통의 군주들처럼 야훼의 '기름부음받은이'라는 직함을 받는다(45,1). 종교적인 근거가, 고대근동의 문학에서 빈번했던 것처럼, 정치적 홍보 목적으로 사용된다. 익명의 이 예언자에게도 야훼는 역사의 주인임이 분명하나, 이 예언자는 이러한 확신으로부터 선임자와 매우 다른 결론을 끌어낸 셈이다.

이사야서의 후대 편집자들이 신학적이며 정치적인 이 이중 설교에 의거하여 믿음의 공동체 내부의 문제에 훨씬 더 초점을 맞춘 메시지를 전하고 있다는 사실을 첨언하기로 하자.

3.2. 메시아사상과 종말론

이사야서는 신약성경과 그리스도교 전승에 의해 메시아에 관한 예고 말씀으로 해석된 유명한 여러 본문을 담고 있다. 이사야는 따라서 '메시아에 관한 신탁들'을 선포한 예언자로 명성이 높다. 그러나 마시아흐(*māšiaḥ*: 기름부음받은이)라는 단어가 작품에서 단 한 번만 언급되며, 그것도 키루스에게 적용되고 있다는 사실에 주목해야 한다(45,1). 그렇다면 다른 본문들은 어떠한가?

임마누엘 신탁의(7,10-17) 영향력은 논쟁의 대상이 되고 있다. 가장 그럼직한 견해에 따르면, 예언자가 제시하는 표징은 먼 미래의 세대들이 아니라 당대의 사람들을 위해 의미가 있으며, 이러한 이유로 주석가들은 임마누엘을 자주 히즈키야(그러나 그는 734년에 이미 태어났음이 틀림없다!) 또는 이사야 자신의 아들과 동일시한다. 이사야의 아들 '마헤르 살랄 하스 바즈'의 탄생과 묶어 보는 것은(8,1-4) 나아가 표징의 의미가 '...전에'라는(7,16; 8,4) 유예기간을 전제로 하며 본문이 무거워 보인다는 사실을 드러낸다. 그러기에 여러 주석가는 이 연사를 위협 연사로 취급한다. 임금이 하느님의 능력을 확인시켜 주고 그의 고유 정책을 변경하도록 요구하는 표징들을 거부하기에, 아이가 철드는 나이에 이르기 전에 그의 나라는 아시리아인들에 의해 파괴될 것이다. 이 위협 신탁은 (여전히 왕정시대에 이루어진) 15절과 ("네가 혐오하는 저 두 임금"이라는) 16절 말미의 첨가 부분을 통해서 비로소 약속의 의미를 지니게 되었을 것이다. 현재의 내용 속에서 본문은, ('우리와 함께 계신 하느님'을 의미하는 임마누엘이라는) 이름이 하나의 약속을 반향하는 새 임금의 탄생을 예고할 수 있으나, 이와 같은 메시지를 8세기 이사야의 것으로 돌리기에는 어려움이 있어 보인다.

'메시아적'이라 평가되는 다른 연사들은 예언자에 의해 몸소 발설된 것들인가? 이 견해에 이의를 제기하는 주석가들이 적지 않다. 외국 압력의 종식과 한 왕자의 탄생을 기념하는 9장(1-6절)의 시는 시편 2장의 선상에서 임금의 대관식 노래일 수 있으며, 11장(1-5절)은 요시야 임금을 기념하는 편집 단편일 수 있다(Sweeney). 추정컨대 왕정시대의 한 편집자가 - 그러나 이사야 이후 - 당대 임금들의 죄를 단죄하는 예언자의 신탁들을 이상적인 임금의 도래를 예고하는 신탁들로 연장해 놓은 것 같다.

그렇다고 해서, 책 전체가 넓은 의미에서 메시아적인 가치를 지닌다는 사실을 부정할 이유는 하나도 없다. 현재의 내용 속에서, 이사야서는 이의 없이 이상적인 시대의 도래를 예고하며, 이 시대는 하나의 새로운 세계를 중심으로(65,17-25) 백성 사이의 평화와(2,2-4) 시온의 영광으로(60장과 62장) 특징된다.

3.3. 야훼의 종

이사 40-55장은 여러 차례에 걸쳐 야훼의 하나 또는 여러 '종'을 반복하며, 이 칭호는 자주 이스라엘 또는 엄격한 공동체를 가리킨다. 한편, 동일한 단어 에벳(*'ebed*, 종)은 더는 이스라엘에 결부되지 않으며, 그 신원이 신비스러운 한 개인을 지칭하는 것 같다. 1892년에 둠(B. Duhm)은 네 개의 '종의 노래'에 관한 고전적인 이론을 제안했다. '종'을 유일한 개인으로 보게 하는 단락들로서의 42,1-4; 49,1-6; 50,4-9와 52,13-53,12는 책의 맥락을 흐트러뜨리기에, 제2 이사야 모음에 후에 도입된 독립적인 단위로 평가해야 한다는 이론이다. 이 주제는 시의 외연과 수효와 저자는 물론 종의 신원에 관련된 많은 반응을 불러일으켰다.

40-55장 전체에서 '종의 노래들'을 갈라놓는 원칙이 여러 저자에 의해 이의 제기되었다. 이 저자들은 동일한 인물을 겨냥하지 않을 수 있는 본문의 다양성에 가치를 부여한다. 이들은 이 네 개의 단편을 종에 관한 책의 다른 언급들과 분리한다는 것이 어렵다는 사실과 함께, 성경의 다른 문구에서도 종에 대해 말하고 있다는 사실에 주목하도록 한다(예레 30,10-11 = 46,27-28; 에제 28,25 = 37,25; 시편 19,12.14; 27,9 등). 종의 시들을 담고 있는 독자적인 문학 단위를 따로 떼어놓는 것은, 이사 40-55장을 거의 동질적인 단원으로 보는 한편, 여러 책 또는 문학 총체를 기초로 부분적인 문헌들을 구별하는 주석 맥락에서 이해될 수 있을 것이다(오경의 문헌 이론, 예레미야서의 '원전' 등). 성경책들을 기존의 문헌 모음으로 보는 이러한 방법은 그 신빙성을 잃어버렸다. 현재의 책을 탄생시키기 위하여 여러 차례 발간된 제2 이사야의 신탁들이 규합되었다는 가설에서, 종의 시들을 하나의 고립된 원전으로 분리하기보다는 하나 또는 여러 편집자의 작품으로 보는 것이 훨씬 자연스럽다.

시들의 저자 문제 역시 격렬한 토론의 대상이다. 오늘날 다수의 주석가는 제2 이사야의 친저성을 옹호하나, 오직 넷째 시만은 종종 후대의 작품으로 취급된다. 사실 이 해결안은 지지하기 어렵다. 시들이 분명 6세기 예언자의 작품으로 볼 수 있는 키루스의 노래들과 어떤 공통점도 거의 보여 주지 않기 때문이다. 네 개의 시 가운데 첫째는(42,1-9) 정확하게 키루스에 관한 신탁들 가운데 하나를 기초로 하며(5-7절), 종의 모습은 이 신탁의 이차적인 보충 부분을(1-4절) 통해서 비로소 도입된 것으로 보인다. 확실하게 표명해야 한다. 종의 시들은 제2 이사야 자신의 신탁들을 해석한 익명의 편집자들 작품이다. 그 어떤 것도 이 저자들을 이사야서의 다른 단원에 담겨 있는 작품의 편집자들과 구별하도록 허용하지 않는다.

논쟁이 가장 심한 문제는 종의 신원에 관한 것이다. 학자들은 종에게서 예언자이며 동시에 임금의 모습을 찾아내나, 이는 여러 해결안을 가능케 하며, 응답은 매우 다양하다. 어떤 학자들에게는, 메시아, 제2 이사야 자신, 역사의 다른 인물(모세, 다윗, 예레미야, 여호야킴 임금, 치드키야 임금, 세스바차르, 즈루빠벨, 키루스 등), 또는 가상의 인물과 같은 한 개인의 문제이다. 다른 학자들에게, 종은 이스라엘(49,3 참조; 그러나 5절에서 종은 이스라엘을 위한 사명을 지닌다), 이스라엘 안에서 하나의 집단 또는 이상적인 이스라엘과 같은 하나의 집합체이다. 클라인즈(D.J.A Clines)가 볼 때, 시들의 저자는 의도적으로 종을 명명하기를 거부한다. 클라인은 이렇게 다양한 의미 전개를 위한 문을 열어놓는다. 몇몇 저자들은 결국 종이 종을 문제시하는 모든 시에서 동일한 인물이 아니라는 결론에 이른다. 아무튼, 주석사가 잘 입증하고 있듯이, 시들은 다양한 신원 확인의 문을 열어준다.

출처와 그 첫 의미를 넘어, 종의 시들은 신약성경으로 계승된다. 바오로가 앞선 전승을 취하고 있는 1코린 15,3-4는 이미 이사 53장을 암시하며, 사복음서는 예수의 수난과 부활에서 이 본문의 완성을 본다.

4. 참고 문헌

4.1. 주석서

1-66장 : J. Blenkinsopp, AncB 19-19B, 2000-2003. W. Brueggemann, WBC, 1998. B. Duhm, (HAT III/1), 1892(1968). B.S. Childs, OTL, 2001. J.N. Oswalt, NICOT, 1986-1998.

1-39장 : P. Auvray, SBi, 1972. W.A.M. Beuken, HCOT, 2000 = HThK.AT, 2003-2007. R. Clements, NCBC, 1980. P. Höffken, NSKAT 18/1, 1993. E. Jacob, CAT 8a, 1987. O. Kaiser, ATD

17, 1981[5]; ATD 18(Es 13-39), 1983. C. Seitz, Interpretation, 1993. M.A. Sweeney, FOTL, 1996. J.D.W. Watts, WBC 24, 1985. H. Wildberger, BK.AT 10, 1972-1982. H.G.M. Williamson, ICC, 2006.

40-66장 : K. Baltzer, KAT 10/2, 1999 = Hermeneia, 2001. U. Berges, HThK.AT, 2008. W.A.M. Beuken, PredOT, 1979-1989. J. Blenkinsopp, AncB 19B, 2003. P.-E. Bonnard, EtB, 1972. B.S. Childs, OTL, 2001. K. Ellinger/H.-J. Hermisson, BK.AT 11, 1978ss. J. Goldingay, *The Message of Isaiah 40-55*, London/New York, 2005. J. Goldingay/D. Payne, ICC, 2006. P.D. Hanson, Interpretation, 1995. J.L. Koole, COT, 1985-1995 = HCOT, 1998-2001.

4.2. 연구 현황

U. Berges, «Das Jesajabuch als Jesajas Buch. Zu neuesten Entwicklungen in der Prophetenforschung», in *Theologische Revue* 104(2008), p. 3-14. E. Cortese, «Isaia oggi. Tappe della ricerca. Bilanci e teologia», in *Lateranum* 70(2004), p. 279-291. P. Höffken, *Jesaja. Der Stand der theologischen Diskussion*, Darmstadt, 2004. R. Kilian, *Jesaja 1-39* (EdF 200), Darmstadt, 1983. M. Leroy *et al.*, in *Lumière et Vie* 278(2008), p. 21-98. C.M. McGinnis/P.K. Tull, «Remembering the Former Things: The History of Interpretation and Critical Scholarship», in C.M. McGinnis/P.K. Tull (éd.), *«As Those Who Are Taught»,. The Interpretation of Isaiah from the LXX to the SBL* (Symposium 27), Atlanta(GA), 2006, p. 1-27. R.F. Melugin/M.A. Sweeney (éd.), *New Visions of Isaiah* (JSOT.S 214), Sheffield, 1996. C.R. Seitz, «Isaiah and the Search of a New Paradigm», in Id., *Word without End*, Cambridge, 1998, p. 113-129.

M.E. Tate, «The Book of Isaiah in Recent Study», J.W. Watts/P.R. House (éd.), *Forming Prophetic Literature* (JSOT.S 235), Sheffield, 1996, p. 22–56. J. Vermeylen (éd.), *The Book of Isaiah. Le livre d'Isaïe* (BEThL 81), Leuven, 1989.

4.3. 주요 저서 및 논문

J.W. Adams, *The Performative Nature and Function of Isaiah 40-55* (LHBOTS 448), New York/London, 2006. J. Asurmendi, *Isaïe 1-39* (CEv 23), Paris, 1978. J. Asurmendi *et al.*, *Isaïe face aux invasions assyriennes* (Le Monde de la Bible 49), Paris, 1987. H.M. Barstad, *A Way in the Wilderness: the «Second Exodus» in the Message of Second Isaiah* (Journal of Semitic Studies Monographs 12), Manchester, 1989. Id., *The Babylonian Captivity of the Book of Isaiah: «Exilic» Judah and the Provenance of Isaiah 40-55*, Oslo, 1997. H. Barth, *Die Jesaja-Worte in der Josiazeit. Israel und Assur als Thema einer produktiven Neuinterpretation der Jesajaüberlieferung* (WMANT 48), Neukirchen–Vluyn, 1977. E. Beaucamp, *Le livre de la consolation d'Israël* (LiBi 93), Paris, 1991. U. Becker, *Jesaja von der Botschaft zum Buch* (FRLANT 178), Göttingen, 1997. U. Berges, *Das Buch Jesaja. Komposition und Endgestalt* (HBS 16), Freiburg i. Br., 1998. D.J.A. Clines, *He, We and They: A Literary Approach to Isaiah 53* (JSOT.S 1), Sheffield, 1976. M.J. de Jong, *Isaiah among the Ancient Near Eastern Prophets* (VT.S 117), Leiden/Boston, 2007. J. Ferry, *Isaïe. «Comme les mots d'un livre scellé...» (Is 29,11)* (LeDiv 221), Paris, 2008. I. Fischer, *Tora für Israel – Tora für die Völker. Das Konzept des Jesajabuches* (SBS 164), Stuttgart, 1995. H.–W. Jüngling, «Der Heilige Israels. Der erste Jesaja zum Thema Gott», in G. Braulik *et al.*, *Gott der einzige.*

Zur Entstehung des Monotheismus in Israel, Freiburg i.B., 1985, p. 91–114. A.S. Kapelrud, *Et folk på hjemferd: trøsteprofeten, den annen Jesaja, og hans budskap* (Scandinavian University Books), Oslo, 1964. K. Koenen, *Ethik und Eschatologie im Tritojesajabuch. Eine literarkritische und redaktionsgeschichtliche Studie* (WMANT 62), Neukirchen-Vluyn, 1990. R.G. Kratz, *Kyros im Deuteojesaja-Buch* (FAT 1), Tübingen, 1991. Id., «Cyrus, Messie de Dieu», *CBFV* 33(1994), p. 51–65. J. van Oorschot, *Von Babel zum Zion. Eine literarkritische und redaktionsgeschichtliche Untersuchung* (BZAW 206), Berlin/New York, 1993. J. van Ruiten/M. Vervenne (éd.), *Studies in the Book of Isaiah* (BEThL 132), Leuven 1997. L. Ruszkowski, *Volk und Gemeinde im Wandel. Eine Untersuchungen zu Jesaja 56-66* (FRLANT 191), Göttingen, 2000. Ch.R. Seitz, *Zion's Final Destiny. The Development of the Book of Isaiah. A Reassessment of Isaiah 36-39*, Minneapolis(MN), 1991. O.H. Steck, *Gottesknecht und Zion* (FAT 4), Tübingen, 1992. Id., *Studien zu Tritojesaja* (BZAW 203), Berlin/New York, 1991. J. Vermeylen, *Du prophète Isaïe à l'apocalyptique* (EtB), Paris, 2 vol., 1977–1978. J. Werlitz, *Redaktion und Komposition. Zur Rückfrage hinter die Endgestalt von Jesaja 40-55* (BBB 122), Berlin/Bodenheim, 1999. C. Wiener, *Le Deuxième Isaïe* (CEv 20), Paris, 1977. H.G.M. Williamson, *The Book Calles Isaiah*, Oxford, 1994. B.M. Zapff, *Schriftgelehrte Prophetie – Jes 13 und die Komposition des Jesajabuches. Ein Beitrag zur Erforschung der Redaktionsgeschichte des Jesajabuches* (FzB 74), Würzburg, 1995.

예레미야서

뢰머 (Thomas Römer)

이 책은 예언자 예레미야의 이름을 지니나, 그 의미는 명확하지 않다(아마도 '야훼께서 들어 높이시기를'). 불어는 '예레미야'라는 이름에서 특히 *jérémiade*(하소연, 푸념)이라는 표현을 취하며, 실상 이 작품에서 우리는 예언자가 자기의 직무와 관련하여 토해내는 적지 않은 하소연을 만난다. 욥의 하소연과 흡사한 이 비탄의 소리는 예언서에서 하나의 독자성을 이룬다. 더욱 폭넓게 보면, 이 현상은 책의 뚜렷한 다른 특징, 곧 예언자의 삶과 예루살렘 파괴와 바빌론에 의한 유다 점령에 관한 동시대 사건들을 상세히 보도하는 '전기(傳記)' 유형에 속하는 다수의 본문과 묶어 보아야 한다.

1. 설계와 내용

1.1. 마소라본

(칠십인역 성경의 이본에 견주어: 아래 참조) 예레미야서의 마소라본은 다

음과 같은 방법으로 편성되어 있다.

표제(1,1-3)

소명(1,4-19)

이스라엘과 유다에 대한 신탁(2-6장)

2,1-4,4 야훼의 신실성/백성의 불신실성

4,5-6,30 심판 선언 : 북쪽의 적

예레미야의 신탁과 행위(7-24장)

7,1-8,3 성전 연사 I

8,4-10,25 심판 선언, 우상들을 거스른 논쟁

11 단절된 계약에 관한 연사

  11,18-12,6 탄원

12,7-17 황폐해진 나라

13 상징적 행위 : 망가진 허리띠

14 탄원 전례 : 가뭄

15,1-9 심판 선언

  15,10-21 탄원

16,1-13 상징적 행위 : 독신

17,1-13 고발과 기도

  17,14-18 탄원

17,19-27 안식일에 관한 연사

18,1-17 옹기장이 집

  18,18-23 탄원

19	상징적 행위 : 깨진 질그릇
20,1-6	예레미야와 파스후르
<u>20,7-18</u>	<u>탄원</u>
21-23	임금과 예언자에 관한 신탁
24	현시와 연사 : 좋은 무화과와 나쁜 무화과 → 작은 무리를 위한 구원

연결부(25장)

25,1-14	연사. 요약과 전망
25,15-38	이민족들에 관한 신탁의 도입

'전기' 단원(26-45장)

26	<u>성전 연사 II</u>
27-28	상징적 행위와 이야기 : 멍에와 하난야와의 대립
29	유배자들에게 보낸 편지
30-33	구원 예고
30-31	특히 31,31-34에 '새 계약' 예고를 담고 있는 '위로의 책자'
32	전답 매입과 기도
33	복원 예고
34	계약 단절
35	율법 존중과 레캅인들 → 작은 무리를 위한 구원
36	불태워진 두루마리 : 여호야킴의 반-개혁
37-43	'예레미야의 수난' : 치드키야와의 대립, 예루살렘 함락, 예언자의 이집트 강제 이주

44	이집트의 디아스포라 공동체를 거스른 연사
45	바룩을 위한 구원

이민족들에 관한 신탁(46–51장)

46–51	이집트, 필리스티아, 모압, 암몬, 에돔, 다마스쿠스, 케다르, 엘람, 바빌론

역사적 부록(52장; 참조. 2열왕 24,18–25,30)

이 설계는 예언서가 여러 큰 문학 단위를 포함하고 있음을 보여준다. 도입에 이어(예레 1: 일자, 소명 및 현시), 예레 2–6장은 북쪽의 적을 예고하고 수신자들에게 행동 변화를 촉구하는 운문체 신탁 모음을 담고 있다. (성전에 관한 연사) 7장은 예레 24장까지 이르는 하나의 단원을 끌어들이며, 이 단원에서 하소연 연사들, 표징 행위들과 함께 예언자의 '탄원들'을 만난다. 좋은 무화과와 나쁜 무화과 현시는 (597년에 유배된) 작은 무리를 위한 구원 예고로 이 단원을 닫는다. 예레 25장은 7–24장의 주제를 다시 취하고 다음 부분을 준비하면서 연결점 기능을 한다. 예레 26–35장은 성전에 관한 연사의 둘째 판으로 도입되며(예레 26), 구원 예고가 장 전체를 지배한다. 예레 35장의 결어는 예레 24장과 비교할 수 있으며, 다시금 작은 무리(레캅인들)에게 주어진 약속이 관건이다. (불태워진 두루마리에 관한) 예레 36장은 이 책의 서사체 부분을 끌어들이며(예레 37–43), 이 문학 단위는 바룩이라는 한 개인에게 발설된 구원 예고로 마감된다. 이어서 이민족들에 대한 신탁과 역사적 부록이 뒤따른다(예레 52; 참조. 2열왕 24,18–25,30).

1.2. 그리스어본

예레미야서는 그리스어판(LXX 또는 *G*)과 마소라본(TM)에서 매우 다른 방법으로 제시된다. 한편으로 책의 소재가 서로 다르게 배열되며, 다른 한편으로 특히 그리스어판이 마소라본보다 1/8배나 짧다. 마소라본의 예레 33,14-26; 39,4-13; 51,44ㄴ-49ㄱ; 52,27ㄴ-30이 칠십인역 성경에 통째로 빠져 있으며, 아울러 야훼의 속성을 수식하는 부가어 대부분, 편집적인 여러 도입 문구들, '야훼께서 이렇게 말씀하셨다'하는 문형 가운데 대략 50여 번, 그리고 예레미야와 동격으로 붙어나오는 '예언자'라는 거의 모든 직함도 누락되어 있다.

마소라본 예레미야서와 칠십인역 성경 예레미야서 구성 공관(共觀)

칠십인역 성경	마소라본	마소라본	칠십인역 성경
1,1-25,13	1,1-25,13	1,1-25,13	1,1-25,13
25,14-26,1	49,34-39	25,15-38	32,1-24
26	46	26-43	33-50
27	50	44,1-30	51,1-30
28	51	45,1-5	51,31-35
29,1-7	47,1-7	46	26
29,8-32	49,7-22	47,1-7	29,1-7
30,1-5	49,1-6	48	31
30,6-11	49,28-33	49,1-6	30,1-5
30,12-16	49,23-27	49,7-22	29,8-33
31	48	49,23-27	30,12-16
32,1-24	25,15-38	49,28-33	30,6-11
33-50	26-43	49,34-39	25,14-26,1
51,1-30	44,1-30	50	27
51,31-35	45,1-5	51	28
52	52	52	52

가장 뚜렷한 차이점은 '이민족들에 관한 신탁'의 자리와 관련이 있다. 칠십인역 성경에서 이 신탁들은 책의 둘째 부분을 형성하며, 이는 이사 1-39장과 에제키엘서, 그리고 어떤 면에서 스바니야서에서(이 점에 대해서는 스바니야서 입문 참조) 입증되는 구성 도식과 부합한다. 오늘날, 칠십인역 성경의 예레미야서는 현재 마소라본의 바탕을 이룬 그것과 매우 다른 히브리어 본문을 기초로 했다는 사실이 분명해 보인다. 이는 한편 쿰란에서 발견된 예레미야서 단편들에 의해서도 확인되었다. 이 단편들 가운데 몇몇은(2QJer, 4QJer[a], 4QJer[c], 4QJer[d]) 현재의 마소라본과 가까우며, 4QJer[b]는 칠십인역 성경 예레미야서의 히브리어 원문과 일치하는 것 같다.

토브(E. Tov)와 여러 다른 저자에 따르면, 마소라본(TM = JrB)의 기초를 이루는 히브리어 본문은 칠십인역 성경(LXX = JrA)의 바탕 역할을 했던 히브리어 원문을 개정하고 확대한 결과로 이해해야 한다. JrB의 작성 시기는 논쟁의 대상이 되고 있다. 골드만(Y. Goldman)은 페르시아 시대 초기를 제안하나, 보가에르트(P.-M. Bogaert)와 피오바넬리(P. Piovanelli)와 쉥커(A. Schenker)는 설득력 있는 논거를 내세워 JrB를 하스몬 시대에 둔다.

칠십인역 성경의 예레미야서가 예레미야서의 이전 단계를 제시한다 하더라도, 우리는 편리성을 이유로 마소라본의 예레미야에 따라 언급하기로 한다.

2. 출처와 형성

예레미야서의 형성사가 매우 복잡한 것은 분명하다. 예를 들어 우리는 이 책에서 몇몇 이중 어록을 만나며(예레 6,12-15 = 8,10-12; 10,12-16 = 51,15-19; Macchi 참조), 연대를 가리키는 표지들에 논리적 일관성이 없다. 불태워진 두루마리 이야기가(예레 36) 605년에 자리하는 반면, 24장의 현시는 597년 이후의 상황을 암시한다. 이 밖에도, 21,1-10은 587년의 두 번째 예루살렘 포위를 시사한다는 점 등이다. 여기에 책 내부에서 발견되는 문체상의 중대한 차이점이 덧붙여진다. 예를 들어 적지 않은 산문체 연사들이 전통적인 예언자 신탁 유형과 대조를 이룬다.

2.1. '최초 두루마리' 문제

예레 36장은 어떻게 해서 여호야킴 임금이 예레미야에 의해 전달된 하느님의 신탁들을 담고 있는 두루마리를 불태우게 되었는지 보도한다. 이 기사를 기점으로 많은 주석가는 예레미야서의 핵심은 605년에 이미 존재했을 이 최초의 두루마리에서 찾아야 한다는 가설을 내세웠다. 이 두루마리의 내용에 관한 여러 견해가 제안되었으며, 특히 다음 부분들을 검토했다 :

1) 예레 2-6장의 본래 모음;
2) (예레 36장과 동일한 문체로 기록된) 산문체 연사; 또는
3) 특히 심판 선언과 반-왕정제도 신탁을 담고 있는 (예레 36장에 따르면, 이 두루마리는 같은 날에 세 번 읽혔기에) 더욱 간결한 두루마리.

이 다양한 시도들은 모두, 예레 36장이 역사적 사건을 반향한다는 사실을 가정하면서 이 본문을 읽어나가는 것을 기초로 한다. 이 가정은 그러나 매우 의심스럽다. 예레 36장의 본문은 요시야 치하에 성전에서 발견된 율법 두루마리 기사와(2열왕 22-23) 대조를 이루기 위해서 구성되었던 것 같기 때문이다(M. de Tillesse 참조). 예레 36장은 이처럼 요시야 개혁 기사와 대칭을 이루는 본문이다. 요시야와 달리 여호야킴은 두루마리에 기록된 예언자의 말씀을 경시하며, 이로써 유다에 하느님의 심판을 끌어들인다.

2.2. 책의 형성에 관한 가설

2.2.1. 신명기계 구성 연구에 관한 토론

둠(B. Duhm, 1847-1928)은 자신의 예레미야 주석서에서, 1-25장에서 60여 개의 간결한 시들만을 '역사적 예레미야'의 작품으로 돌리면서, 중요한 편집 작업 이론을 개진했다. 책 대부분은 따라서, 둠에 따르면, 문체와 반복과 신학적 단조로움으로 특징되며, 이는 유배시대부터 기원전 1세기까지 펼쳐진 신명기계 문체의 편집 결과이다. 둠에 따르면, 책의 편집적인 증보 뒤에는 어떤 문학적인 또는 신학적인 의도도 없었다. "책은 관리되지 않는 숲처럼 서서히 뻗어 나갔다(...). 그러기에 구성 방법에 대해서 말할 수 없다".

2.2.2. 예레미야서를 위한 '문헌' 이론 구상

모빙켈(S. Mowinkel)은 후기 연구에 지대한 영향력을 행사한 하나의 이론을 제안하기에 이른다. 이 이론은 오경 연구에서 큰 성과를 거둔 문헌 이론에 의해 많은 영감을 받은 것이다. 이 노르웨이 학자는 결국 예레미야서에서 네 가지 원전을 식별해내며, 이를 토대로 형태를 잡아나갔을 것으로 본다:

'A' 원전 : 예레 1-25장에 담겨 있고 이집트에서 R^A 편집자에 의해 기초된 예레미야의 신탁 모음.

'B' 원전 : 예레 19-20장과 26-44장에 담겨 있고 580-480년 사이에 R^B 편집자에 의해 기초된 예레미야의 전기.

'C' 원전 : 신명기계 문체로 기록된 산문체 연사로서 400년경 바빌론(또는 경우에 따라 팔레스티나)에서 R^C 편집자에 의해 기초됨(예레 7; 11; 18; 21; 24; 25; 32; 34; 35; 44).

'D' 원전 : 예레 30-31장의 구원 신탁 모음으로서 모빙켈은 그 출처도 작성 일자도 밝히지 않음. (책의 최후 덧붙임은 예레 46-52장의 이민족들에 관한 신탁에서 찾아야 할 것이다).

모빙켈은 복음서 형성에 관한 편집 이론을 활용하여 이 세 원전 사이의 관계를 설명한다. B와 A 사이의 관계는 마르코 복음서와 'Q' 자료 사이의 그것과 비교되며, C와 A-B 사이의 관계는 한편 요한복음서와 공관 복음서 사이의 관계와 부합한다.

2.2.3. 예레미야서의 신명기계 편집 이론

모빙켈의 이론은 다음 단계에서 변화를 맛보았다. 학자들은 특히 신명기계 문체가 산문체 연사에만 국한되지 않고, 신탁 내에서(예를 들어 23,1 이하에서), 그리고 서사체 단락에서(예를 들어 예레 36장에서) 발견된다는 사실을 고찰했다. 이러한 고찰은 'D' 원전을 하나의 원전보다는 하나의 편집으로 변형하도록 이끌며, 이는 하얏트(J.P. Hyatt)와 루돌프(W. Rudolph)의 작업 영향이었다. 이어서 책의 하나 또는 여러 신명기계 편집 개념이 예레미야서 연구에 적용되었으며, 이는 니콜슨(E.W. Nichoson)과, 특히 예레미야서에서의 신명기계 편집의 범위와 중요성을 자세하게 정립하기 위해 노력했던 티엘(W. Thiel)의 작업 덕분이었다. (예레 1-45장에 들어 있는) 이 편집은, 티엘에 따르면, 신명기계 역사(HD)를 전제로 한다. HD처럼 '신명기계 예레미야서'는 유다 함락 설명과 계약 백성의 미래에 관한 질문에 전념하고 있다. 이 미래는 백성이 야훼와 맺은 관계의 기초로 (다시 말해서 신명기의 토라로) 돌아갈 때만 가능한 일이다. '신명기계 예레미야서'에 담긴 '양자택일 설교'는 이러한 차원에서 이해해야 한다 (예레 7,1-15; 22,1-5; 17,19-27). 티엘은 예레미야서의 신명기계 편집 연대를 여호야킨의 죽음 이후와(예레 22,25-27) 유배시대 말기 이전으로(550년경) 잡으며, 장소는 유다로 본다. 그러나 예레미야서의 신명기계 편집은 마지막 편집 개입이 아니었다. 전형적인 신명기계 편집에 해당하는 16,10-13의 심판 선언은 예레미야서의 현재 본문에서 14-15절을 통하여 '개정'되었으며, 이는 후-신명기계 편집 또는 신명기계 둘째 판의 존재를 가정케 한다. 예레미야서 형성에 관한 이와 같은 시각은 적지 않은 주석서에 반영되어 있으나(최근의 W.H. Schmid 참조), 모든 학자가 공유하는 것은 아니다.

2.2.4. 예레미야서의 신명기계 편집 문제

예레미야서의 신명기계 편집의 존재에 대한 첫 반론은, 몇몇 본문의 이른바 신명기계 편집 특징이 실은 기원전 7/6세기에 유다에 널리 퍼져있던 문체인 '미적 산문'에 해당하며, 따라서 이를 예레미야서의 특수한 편집으로 보는 것은 가능성이 없어 보인다고 주장하는 주석가들에 의해 제기되었다(H. Weippert, W.L. Lolladay). 그러나 이 이론은 문제를 안고 있다. 예레미야서 내부의 문체와 개념의 다양성을 거의 해결하지 못하며, 예레미야서의 몇몇 본문들과 HD의 본문들 사이의 병행현상이 너무나 뚜렷한 나머지, 한순간 유다에서 유행하던 동일한 문체에 의거하는 것만으로는 설명될 수 없는 일이기 때문이다.

또 다른 문제는, 이사야와는 달리 예레미야가 신명기계 작품인 열왕기 하권에 언급되지 않는다는 사실에 기인한다. 몇몇 저자들은 신명기계 학파가 두 개의 큰 부류, 곧 HD를 발간한 부류와 예레미야서에 전념했던 부류로 나뉘어 있었다는 가설을 내세워 이를 설명한다. 알베르츠(R. Albertz)에 따르면, 열왕기를 발간한 신명기계 저자들은 성전의 신성불가침 사상에 젖어 '시온주의'와 왕정주의 유형의 이념을 지지했으며, 이는 재앙 이후에도 마찬가지였다. 유배시대에 이들은 예레미야서와 열두 소예언서 일부의 신명기계 발행인들이었던 사파니데스 가문의 친-바빌론 정책에 반대 입장을 표명했을 것이다. 그러나 과연 예레미야서의 신명기계 본문들을 HD 본문들과 그토록 분명하게 대립시킬 수 있겠는가? 예레미야서가 몇 가지 점에서 열왕기의 그것과 다른 관점을 제시하는 것은 사실이다. 특히 37장 이하에서 본국에 그대로 남아 있던 주민들을 위한 하느님의 축복과 관련하여 그러하다. 그러나 이 장들은 거의 신명기계 표현양식을 보여주지 않으며, 그달야 총독과 함께 본국에 그대로 남아 있던 관리들의 작품임이 분명해 보인다(Seitz).

2.2.5. 토론 현황

신명기계 어법만이 책의 한가운데서 일관성 있고 포괄적인 유일한 신명기계 편집의 존재를 지지하는 것은 아니다. 칠십인역 성경의 히브리어 대본에 견주어 마소라본에 '덧붙여 있는 부분들'은 종종 신명기계 문체의 표현들로 구성되어 있으며, 이 표현들은 예레미야서의 신명기계 본문들이 필연적으로 HD 구성과 동시대이어야 한다는 사실을 조금도 내비치지 않는다. 폴만(K.-F. Pohlmann)은 예레미야서에서 바빌론 골라 공동체에 우호적인 이념을 간직하고 있던 하나의 편집을 찾아낸다(특히 예레 24장의 나쁜 무화과와 좋은 무화과 현시 참조). 이 본문에 드리워진 인종 분리주의적 경향은 이 본문들이 역대기 상하권과 에즈라-느헤미야기와 동시대의 작품임을 암시하며, (기원전 400년경) 페르시아 시대에 작성된 것으로 추정케 한다. 피셔(G. Fischer)는 한편 책의 구성 시기를 좀 더 후대로 잡으며, 그 안에서 편집 단계들을 식별해내는 것은 불가능하다고 주장한다. 예레미야서는 이미 오경 전승 대부분을 알고서 이 책을 기록한 신학자 서기관에 의해 구성된 것으로 보아야 할 것이다.

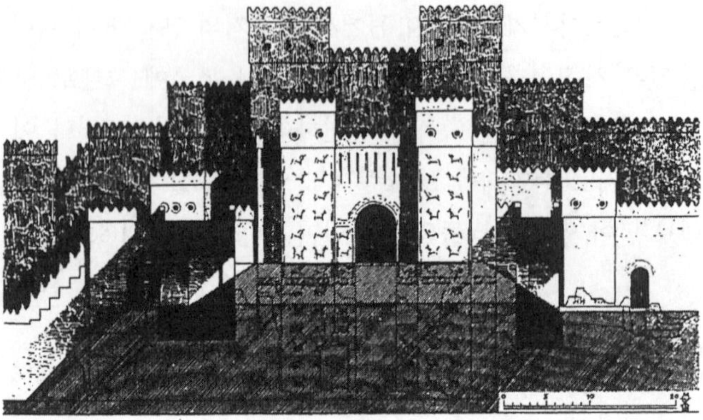

행진로의 다양한 높이를 보여주는 바빌론 이스타르의 이중 성문 구조 단면도
(예레 50-51장의 바빌론을 향한 신탁 참조)

일관성 있는 신명기계 편집 이론에 대한 문제가, 어느 정도 둠(B. Duhm)의 주장을 받아들인 맥케인(W. McKane)의 주석서에서 다른 방법으로 제기된다. 맥케인은 예레미야서가 연이어 줄곧 첨가되었던 부분들 덕분에 탄생하였으며, 그 마지막 단계가 마소라본에 의해 성립된 작품이라고 결론지었다. 맥케인은 이처럼 예레미야서의 형성을 '회전 문집'(*rolling corpus*) 개념으로 요약했다. (반드시 예레미야의 작품만은 아닌) 시적인 핵심이 운문체 다른 본문 구성을 고무하거나, 편집자들을 산문체 본문 창작으로 이끌었을 것이다. 이러한 진행 과정들이 책 전체 또는 주요 부분들의 발간을 기획했던 것은 아니더라도 말이다. 책의 형성에 관한 매우 복잡한 이론을 제안한 슈밋(K. Schmid)의 논문도 같은 맥락에 놓인다. 예레미야서의 핵심은 605년의 사건으로 거슬러 올라가며, 4-8장과 46-49장에서 만날 수 있다. 본문 대부분은 유다인들과 이집트의 디아스포라를 희생시켜 가면서 바빌론의 골라 공동체를 신학적으로 합법화하기 위하여 책이 발간되었던 유배시대 이후에 작성되었을 것이다

(Pohlmann, Sharp의 유사한 견해 참조). 슈밋은 특히 '범-신명기계주의' 시도 또는 예레미야서에서 신명기계 단계를 증가시키려는 시도를 경계한다. 그렇다고 해서 이러한 지적이 예레미야서 한가운데에 신명기계 문체로 된 부정할 수 없는 편집이 존재한다는 사실을 설명하지 않아도 된다는 말은 아니다.

알베르츠(R. Albertz, 2001)는 예레미야서의 연이은 세 단계 신명기계 판을 지지한다. 예레 1-25장을 담고 있는 '신명기계 예레미야서 제1판'(JrD[1])은 550년경 기초되었을 것이며 기존의 모음들을(특히 예레 2-6) 규합했다. 545-540년 사이에 동일한 편집자들이 JrD[1]보다 복구에 대한 가능성을 더욱 강조하면서(예레 29,10-14ㄱㄱ; 42,10-12) 예레 26-45장(= JrD[2])을 덧붙였다. (525-520년 사이에 형성된) JrD[3]은 앞선 판을 대폭 개정한 것으로 이해해야 할 것이다. 이 판은 특히 구원에 대한 관점을 보강하면서 예레 30-31장과 이민족들에 관한 신탁을 도입했다. 끝으로 5세기에서 3세기까지 몇몇 후-신명기계 편집이 끼어들었다(예를 들어 3,16-18; 10,1-16). 뢰머(T. Römer)는 7장과 25장과 35장을 연결하는 문체적이며 신학적인 고리에서 출발하여, 예레 7-35장을 포함했을 예레미야서의 신명기계 초판의 존재를 지지한다. 예레 2-6장 모음이 신명기계 편집을 특징짓는 흔적을 보이지 않고, 예레 37장 이하의 기사들은 오히려 신명기계 역사의 이념과 상반된다는 점에서, 뢰머는 예레 1-44(45)장 전체가(= 알베르츠에 따르면 JrD[2]) 하나 또는 여러 후-신명기계 편집 결과인 것으로 결론짓는다. 마이어(C. Maier) 역시 예레 7-44장에서 신명기계 문체 편집들을 인정하면서도, 이 신명기계 본문들을 일관성 있는 하나 또는 두 편집 결과로 보는 데는 어려움이 있음을 강조한다. 세이츠(C.R. Seitz)는 한편 예레 37-42장(과 몇몇 본문들)의 핵심이, 본국에 남아 있던 공동체의 일원이 기록하고 '토착민'의 관점에서 597/587년의 사건을 기술한 '서기관의 연대기'를 형성할 수 있다고 주장한다. 비유배자들의 상황이 예레미야라는 인물을 통해서 정당성을 찾는 것이다. (세이츠에 따르면, 본래 이 연대기를 마감하는) 43,7의 이집트로 내려감이 유다에서 계속 살기를 원하시는(42,12) 하느님의 뜻을 거역하는 행위로 묘사되고 있기 때문이다. 582년의 최후 압송 후에야 비로소 이 본문이 바빌론에 당도하며, 이곳에서 바빌론의 (신명기계) 골라 공동체의 관점에서 번안되었을 것이다. 예레 1장에서 우리는 이미 신명기계 문체와 유배시대 이후 예언의 혼합을 살펴볼 수 있다. 다른 한쪽 끝에 자리하고 있는 43-44장은 잘 정착한 어떤 이집트의 디아스포라 공동체의 상황을 반영하는 것 같으며, 이는 이 본문들이 페르시아 시대의 상황을 반영한다는 논제에 개연성을 부여한다(Pohlmann, Schmid).

요약하면, 토론 현황은 예레미야서 형성에서 다음과 같은 단계를 식별할 수 있도록 한다:

1) 예언자의 작품으로 볼 수 있는 독립적인 모음과 전승들로서 특히 2-6장, 21-22장, 37-43장;
2) 6세기와 5세기에 신명기계 저자들이 손을 댄 최소한 두 개의 편집물로서 이 자료들을 통합하여 예언자 예레미야서 작성;
3) 이어서 적어도 헬레니즘 시대 말기까지 책의 편집 과정이 뒤따르며(이민족들을 향한 신탁, 고백록 등 통합), 이는 특히 칠십인역 성경과 마소라본 사이의 차이점이 밝혀주는 내용이다.

3. 주제와 의도

3.1. 심판에서 구원으로

마소라본 형태로서의 예레미야서는 심판 예고, 현실화한 심판 기사들, 미래의 구원을 선포하는 신탁들, 본국에 남아 살아갈 수 있는 가능성에 관한 기사들이 교차하는 복잡한 여정으로 독자를 초대한다. 그러나 책의 끝은(예레 52) 예루살렘의 파괴와 바빌론 유배로 다시 돌아감으로써 열왕기의 끝과(2열왕 24-25) 명백한 병행 관계를 형성한다. 이 돌아감은 예레미야서의 신명기계 편집자들로서는 이 책이 신명기계 역사에 대한 예언자적 해석으로 이해되기를 바란다는 점을 적시한다. 마소라본이 칠십인역 성경 예레미야서의 바탕이 되었던 히브리어 본문보다 훨씬 후대의 본문을 제시한다 하더라도(위의 1.2 참조), 이민족들을 향한 신탁에서만큼은 본래의 자리를 고수하고 있었을 것이다. 칠십인역 성경에 의해 확인되고 있듯이, 이 신탁들이 책의 둘째 부분으로 자리를 옮긴 것은 페르시아 시대의 종말론적 예언의 영향과, 이 책의 구조를 이사 1-39장과 에제키엘서의 삼중 구조와 조화를 이루게 하려는 의지로 설명될 수 있다. 이러한 구성은 특히 (마소라본의) 예레 30-33장에 실린 구원 신탁들의 영향력을 보강한다.

예레미야서의 구원 예고들 가운데 삼분의 이 이상이 30-33장에 자리한다. 둠 이후 학자들은 이 모음의 첫 부분인 예레 30-31장을 '위로의 책자'라는 이름으로 지칭한다. 이 모음은 예레미야서에 삽입되기 이전에 독립적인 방법으로 존재했다. 전통적으로 학자들은 이 모음의 핵심에서, 익명의 예언자에 의해(Fohrer) 또는 젊은 시절의 예레미야에 의해(Lohfink) 옛 북 왕국에 건네졌던 호소를 보았다. 그러나 최근에 슈밋은 이 가설을 문제시하면서, 이 본문들을 유배시대부터 정리되기 시작한 서기관들의 강력한 활동 결과물로 여기도록 제안한다. 예레 30-33장에 끼어든 다양한 편집은 모두 이스라엘의 희망적인 복구 문제를 제기한다는 공통점을 지닌다.

3.2. 충돌하는 신학들

이스라엘의 복구 문제는 그러나, 예레미야서에서, 매우 상이한 대답을 듣는다. 몇몇 본문은(예레 24), 이집트의 골라 공동체를 단호히 단죄하면서(예레 43-44), 바빌론의 디아스포라 공동체를 위한 구원에만 관심을 둔다. 이와는 달리 다른 본문들은 바빌론인들의 지배 동안 유다 땅의 축복을 강조하며, 이로써 '참 이스라엘'이 바빌론에 강제 이주되었다는 신명기계 이념과 대립한다. 서로 충돌하는 이러한 시각들이, 편집자들의 작업으로 말미암아, 같은 책 안에 공존함으로써 '참 이스라엘'을 정의하는데 긴장을 불러일으키며, 이 긴장은 유다교 역사 내내 지속되었다.

3.3. 예언자와 예언서

다른 어떤 예언서도 예언자라는 인물에 대하여 이처럼 큰 관심을 보인 적이 없다. 37-43장은, 예루살렘 포위에서 시작하여 그달야 총독 암살 이후 이집트로 피신한 유다인들에 의해 납치되기까지, 예레미야의 삶을 상세하게 묘사한다. 이 점에서 예레미야서는 훗날 유다교와 그리스도교에서 대중적 명성을 얻게 될 대예언자들에 관한 전기를 예시한다고 말할 수 있다.

예레미야서의 또 다른 독자성은 자기의 직무 앞에서 예언자가 토해낸 하소연을 기술한 시적인 본문 통합에 있다. 예레미야의 '고백록' 또는 '탄원'이라 불리는 이 본문들은(11,18-12,6; 15,10-21; 17,12-18; 18,18-23; 20,7-18) 예언자의 모습을 해석하는 데 중요한 역할을 했으며, 주석은 종종 이 시들을 전기로 받아들이는 독서법을 택했다. 그러나 이 시들은 탄원 시편들과 욥기에서 매우 가까운 병행구들을 만난다(예레 20,7-18과 욥 3장 참조). 학자들은 오늘날 예레미야의 '고백록'을 페르시아 시대의 익명의 본문들로 여기려는 소리를 높이고 있다. 이 본문들은 예언자의 운명을, 제2 성전 시대의 경건한 유다인 공동체가 동일시되는 고통받는 의인의 운명으로 해석한다.

그러나 예언자라는 인물에 관한 관심은 기이하게도 예언자의 말씀과 그 수신인들 사이의 중간 매체로 책의 필요성을 강조하는 본문들을 동반한다. 예레 36장의 불태워진 두루마리 이야기에서 예레미야의 신탁들은 생생한 목소리가 아니라 두루마리라는 수단을 통해 임금에게 통교되며, 기사 대부분에서 예레미야는 모습을 보이지 않는다. 예레미야가 서기관 바룩에게 책을 받아 쓰게 하자마자 그는 곧 '장애물'을 만나며 모습을 감춘다. 또한, 기사의 마무리 부분은 예레미야의 운명이 아니라 책의 새로운 판에 일차적인 관심을 보인다. 책 앞에서 예언자가 사라지는 현상은 훗날 유다교에서 확인할 수 있는 개념을 이미 반영하며, 이 개념에 따르면 페르시아 시대는 이스라엘에서 예언의 종말을 가리킨다. 신명기계 경향은, 구전 예언에서 기록된 가르침으로 넘어가는 궁극적인 현상을 고무하면서, 이렇게 그 진정한 정당성을 찾는다.

4. 참고 문헌

4.1. 주석서

R.P. Carroll, OTL, 1986. B. Duhm, KHC 11, 1901. G. Fischer, HThK.AT, 2005. W.L. Holladay, Hermeneia, 1986; 1989. J.P. Hyatt, «The Book of Jeremiah», in G.A. Buttrick, *The Interpreter's Bible*, New York/Nashville, 1956, p. 775–1142. J.R. Lundbom, AB 21A(1–20), 1999; AB 21B(21–36), 2004; AB 21C(37–52), 2004. W. McKane, ICC, 1986; 1996. W. Rudolph, HAK I/12, Tübingen, 1947(3e éd. 1968). W.H. Schmid, ATD 20, 2008. G. Wanke, ZBK.AT 20, 1995; 2003. W. Werner, NSK.AT 19, 1997; 2003.

4.2. 연구 현황

G. Fischer, *Jeremia. Der Stand der theologischen Diskussion*, Darmstadt, 2007. S. Hermann, *Jeremia. Der Prophet und das Buch* (EdF 271), Darmstadt, 1990. A.H.W. Curtis/T. Römer (éd.), *The Book of Jeremiah and Its Reception – Le livre de Jérémie et sa réception* (BEThL 128), Leuven, 1997.

4.3. 주요 저서 및 논문

R. Albertz, «Le milieu des Deutéronomistes», in A. de Pury/T. Römer et J.-D. Macchi (éd.), *Israël construit son histoire. L'historiographie deutéronomiste à la lumière des recherches récentes* (Le Monde de la Bible 34), Genève, 1996, p. 377-407. Id., *Die Exilszeit* (Biblische Enzyklopädie 7), Stuttgart/Berlin/Köln, 2001, p. 231-260 = *Israel in Exil: The History and Literature of the Sixth B.C.E* (Studies in Biblical Literature), Atlanta(GA), 2003. P.-M. Bogaert, «Le livre de Jérémie en perspective: les deux rédactions antiques selon les travaux en cours», *RB* 101(1994), p. 363-403. H. Cazelles, «La production du livre de Jérémie dans l'histoire ancienne d'Israël», *Masses ouvrières* 343(1978), p. 9-31. G. Fohrer, «Der Israel-Prophet in Jeremia 30-31», in A. Caquot/M. Delcor (éd.), *Mélanges bibliques et orientaux en l'honneur de H. Cazelles* (AOAT 212), Kevelaer/Neukirchen-Vluyn, 1981, p. 135-148. Y. Goldman, «Juda et son roi au milieu des nations. La dernière rédaction du livre de Jérémie», in A.H.W. Curtis/T. Römer (éd.), *The Book of Jeremiah and its Reception*, p. 151-182. N. Lofink, «Der junge Jeremia als Propagandist und Poet. Zum Grundstock von Jer 30-31», in P.-M. Bogaert (éd.), *Le livre de*

Jérémie. Le prophète et son milieu. Les oracles et leur trnasmission (BEThL 54), Leuven 1981, p. 351–368. Id., «Y a–t–il eu un mouvement deutéronomiste?», in Id., *Les traditions du Pentateuque autour de l'exil* (CEv), Paris 1996, p. 41–63. J.–D. Macchi, «Les doublets dans le livre de Jérémie», in A.H.W. Curtis/T. Römer (éd.), *The Book of Jeremiah and its Reception*, p. 119–150. C. Maier, *Jeremia als Lehrer der Tora. Soziale Gebote des Deuteronomiums in Fortschreibungen des Jeremiabuches* (FRLANT 196), Göttingen, 2002. C. Minette de Tillesse, «Joiaqim, repoussoir du "Pieux" Josias: Parallélismes entre II Reg 22 et Jer 36», *ZAW* 105(1993), p. 352–376. S. Mowinckel, *Zur Komposition des Buches Jeremia*, Kristiana, 1914. E.W. Nicholson, *Preaching to the Exiles: A Study of the Prose Tradition in the Book of Jeremiah*, Oxford, 1970. P. Piovanelli, «JrB 33,14–26 ou la continuité des institutions à l'époque maccabéenne», in A.H.W. Curtis/T. Römer (éd.), *The Book of Jeremiah and its Reception*, p. 255–276. K.–F. Pohlmann, *Studien zum Jeremiabuch. Ein Beitrag zur Frage nach der Entstehung des Jeremiabuches* (FRLANT 118), Göttingen, 1978. T. Römer, «La conversion du prophète Jérémie à la théologie deutéronomiste. Quelques enquêtes sur le problème d'une rédaction deutéronomiste du livre de Jérémie», in A.H.W. Curtis/T. Römer (éd.), *The Book of Jeremiah and its Reception*, p. 27–50. Id., *Jérémie. Du prophète au livre*, Poliez–le–Grand(CH), 2003. A. Schenker, «La rédaction longue du livre de Jérémie doit–elle être datée au temps des premiers Hasmonéens?», *EThL* 70(1994), p. 281–293. K. Schmid, *Buchgestalten des Jeremiabuches. Untersuchungen zur Redaktions- und Rezeptionsgeschichte von Jer 30-33 im Kontext des Buches* (WMANT 72), Neukirchen–Vluyn, 1996. C.R. Seitz, *Theology in Conflit: Reactions to the Exile in the Book of Jeremiah* (BZAW 176), Berlin/New

York, 1989. C.J. Sharp, *Prophecy and Ideology in Jeremiah: Struggle for Authority in the Deutero-Jeremianic Prose* (OTSt), London/New York, 2003. W. Thiel, *Die deuteronomistische Redaktion von Jeremia 1-25* (WMANT 41), Neukirchen-Vluyn, 1973. Id., *Die deuteronomistische Redaktion von Jeremia 26-45* (WMANT 52), Neukirchen-Vluyn, 1981. E. Tov, «L'incidence de la critique textuelle sur la critique littéraire dans le livre de Jérémie», *RB* 79(1972), p. 189-199. H. Weippert, *Die Prosareden des Jeremiabuches* (BZAW 132), Berlin/New York, 1972.

에제키엘서

니한 (Christophe Nihan)

에제키엘서는 경전의 둘째 부분 예언서에서 별도의 자리를 차지한다. 책의 형성이 이미 독자적이다. 단순한 신탁 모음이 아니라 정성스럽게 다듬어진 자서전적 가상의 모음이기 때문이다. 예언자는 비유와 우의(寓意)를 통하여 의도적으로 신비스럽고 간접적인 방법으로 표현하며, 여기서 하느님의 현시는, 마치 샤머니즘의 황홀경에 비교할 수 있는 일련의 탈혼 현상 묘사처럼, 중심 역할을 한다. 여러 측면에서 에제키엘서는 이렇게 묵시 전승을 앞당기며, 이 전승에 결국 지대한 영향력을 행사할 것이다. 오랫동안 우리를 혼란스럽게 한 다음, 나아가 예언자의 개성과 그가 직접 발설한 말씀(*ipsissima verba*) 재구성에 집착하게 한 다음, 에제키엘서 연구는 책의 형성사와 탄생 배경에 진지한 관심을 두게 되었다. 이러한 관점에서 예언서 전체는 이제 서서히, 예루살렘 점령의 의미와 이스라엘 정체성과 관련성, 하느님의 정의 개념, 유배시대 이후 공동체 복원에 관한 가장 독창적이며 성공적인 반성들 가운데 하나로 자리하게 되었다.

1. 설계와 내용

1.1. 책 이름과 내용과 구조

매우 드문 경우를 제외하고(1,3과 24,24) 책 전체는 단수 1인칭으로 기초되어 있으며, 예언자 에제키엘의 기억처럼 소개된다. 예언자의 이름은 히브리어로 '하느님께서 강하게 해주시기를'을 의미하는 것 같다. 에제키엘은 이 책에서 기원전 587년 바빌론 군대에 의한 예루살렘 점령 이전과 이후 얼마 안 돼 하느님에게서 받은 계시들을 상술한다. 책의 연대 표기에 따르면, 이 계시들은 593년 또는 여호야킨의 압송 제5년에 주어지기 시작하여(1,2), 에제키엘의 최후 계시 일자인 573년(40,1) 또는 571년까지(29,17) 이어진다.

에제키엘에 의해 보고된 신탁들 가운데 일부는 하느님과 그분 천상 궁전의 웅장한 현시(1-3; 8-11; 37,1-14; 43,1-9), 또는 예언자의 물리적 이동을 함축하는 탈혼체험의 틀 속에 자리한다(3,12-15; 8,1-3.7.14.16; 11,1.24; 37,1-2). 몇몇 신탁은 '야훼의 손이 나에게 내렸다'라는 문형으로 도입되며, 이 문형 역시 탈혼 상태를 암시하는 것으로 보인다. 다른 모든 신탁은 '야훼의 말씀이 나에게 내렸다'라는 문형으로 시작하며, 이는 에제키엘서에 고유한 특징이다. 신탁 대부분은 한편 '주 야훼가 이렇게 말한다' 또는 '주 야훼의 신탁'이라는 문형으로 도입되며, 일반적으로 '주 야훼의 신탁', '나 야훼', '나 야훼가 말했다', 또는 에제키엘서에 고유한 '너희는 내가 야훼임을 알게 될 것이다'라는 독특한 문형으로 끝맺음한다.

다른 예언집에서 에제키엘서를 구별해주는 이 주목할만한 일관성은 그러나 이 책이 의거하는 하느님 연사의 형태에 관한 중대한 다양성을 결코 숨기지 않는다. 수많은 신탁이 다소 발전된 양상의 '우의'를 통하여 제시되며(15; 16; 17; 19; 21,1-10; 22,17-22; 23; 24,1-14; 26,15-21; 27;

28,11-19; 31; 32), 그 은유적 언어는 종종 동물이나 식물 세계에서 빌려온다. 이 우의 가운데 몇몇은 매우 독특한 문학 유형에 속하며, 예언 문학에서는 거의 찾아볼 수 없다. 수수께끼(*ḥigdâ*, 17,2 참조), 비유(*māšāl*, 17,2; 24,3; 21,5에도 주목!), 또는 애가(*qînâ*, 19,1.14; 26,17; 27,2.32; 28,12; 32,2) 등이다. 여러 신탁은 또한 몇몇 대중 신앙을 거스른 '논쟁' 문맥 속에 자리하며, 이 주제는 한편 에제키엘서에서 중요한 자리를 차지한다. 하느님의 신탁은 언제나 백성의 말을 인용하는 것으로 시작하며, 이어서 이 말을 체계적으로 반복하고 수정하는 가르침을 전한다(11,2-12.14-21; 12,21-25.26-28; 18,1-4.19-20.25-32; 20,32-38; 33,10-11.17-20.23-29.30-33; 37,1-14). 끝으로 많은 신탁은 예언자가 수행해야 하고 하느님이 이어서 그 의미를 선사하는 '상징적 행위' 형태로 건네진다(3,24-27; 4,1-5,4; 6,11; 12,1-20; 21,11-12.[17].23-28; 24,15-23; 33,10-11.17-20; 37,15-20). 우리는 현시 기사가 종종 이러한 상징적 행위로 이어진다는 사실에 주목할 수 있다(에제 1-3 → 3,24-27과 4,1-5,4; 8-11 → 12,1-20; 37,1-14 → 37,15-20 비교).

예언서의 전체 구조는 쉽게 파악된다. 책은 에제 1-32장과 33-48장, 이렇게 두 개의 큰 부분으로 짜여 있다. 첫 부분은 (6,8-10; 11,14-21; 16,59-63; 17,22-24; 20,32-44와 같은 몇몇 예외와 함께) 기본적으로 이스라엘과 이민족들을 향한 심판 신탁으로 구성되어 있는 반면, 바빌론의 유배자들에게 예루살렘의 함락을 알리고 이로써 이스라엘을 향한 신탁의 완성을 확인시켜준 생존자 한 사람의 당도가(33,21-22) 하나의 전환점을 이룬다. 하느님의 분노는 이제 예루살렘 멸망으로 진정되며, 예루살렘 함락 이후에 에제키엘의 예언은 주로 생존한 공동체를 위한 '복구' 예언이 된다(34-48장). 33장부터 우리는 이렇게 심판에서 복구로 단계적으로 넘어가는 과정을 주시한다. 좀 더 정확하게는, 33,21-22 이후 심판은 오로지 '참' 이스라엘, 다시 말해서 바빌론에서 귀환한 첫 골라 공동체의 복구를 반대하는 사람들, 곧 본국에 남아 있던 비유배자들(33,23-29),

이스라엘의 악한 '목자들'(34), 또는 에돔을(35) 거슬러 행사된다.

책의 근본적인 구조를 이루는 이 이중 구성은 한편 1-32장과 33-48장을 묶어주는 수많은 대응 문구로 강화된다. 40-48장의 복구된 성전과 이 성소를 향한 하느님 영광의 귀환(43,1-7ㄱ) 현시는, 하느님의 영광이 이스라엘 백성의 죄로 오염된 성소를 저버리는 장면을 묘사한 에제 8-11장의 현시에 대한 울림이다. 에제 6장의 이스라엘 산들을 향한 신탁은 35장(세이르 산을 향한 신탁)과 36,1-15(이스라엘 산들의 복구 예고)에서 병행구를 만난다. 이스라엘을 향한 20,5-26의 심판은 36,16-23(언어와 주제의 유사성 주목)에서 되풀이되며 복구 예언으로 보완된다. 다윗 왕조를 거스른 신탁들은(17장과 19장), 에제 34-39장(34,23-24와 37,24-25)에 표현되어 있는, 이스라엘 집안의 복구를 다윗 왕정의 복원에 접목시키는 다윗의 메시아사상에서 그 상응 문구를 찾는다. 끝으로, 이스라엘에 의해 단절된 계약이라는 주제는(에제 16; 17; 20) 34-39장에 언급된 야훼에 의한 계약 복원의 핵심 주제 안에서 대응 문구를 만난다(34,25와 37,26, 또한 이미 16,59-63과 20,37 참조). 이 밖에도 더욱 제한적이기는 하나 책의 이중 구조를 비춰주는 다른 병행 문구들도 언급될 수 있다.

앞서 살펴보았듯이, 병행 문구들은 특히 1-24장과(이스라엘을 향한 심판 신탁들) 33-48장(이스라엘을 위한 복구 신탁들), 예언집에서 별도의 자리를 차지하고 있는 이민족들을 향한 신탁들에 관련된다. 다른 요소들은 한편 책의 삼중 구조화의 현실을 전제로 한다. 특히 에제 1-24장을 결론짓고(24,26-27 참조) 에제 33-48을 도입하는(33,21-22 참조) 예루살렘 생존자의 바빌론 당도 주제는 25-32장을 둘러싸는 괄호를 형성하면서 이민족들을 향한 신탁들을 예언서 별도의 모음으로 한정한다. 25-32장은 한편 책의 나머지 부분과 구별되는 연대 표기를 간직하고 있다(아래의 상자 글 참조). 종종 '종말론적인 삼중 도식'이라 불리는 이러한 삼중 구조는(1-24; 25-32; 33-48) 제1 이사야서와(이사 1-39) 예레미야서와 스비니야서에서도 발견된다. 이 구조는 이스라엘을 향한 하느님의 심판이(에제 1-24) 이민족 전체로(25-32장) 방향 전환함으로써 이스라엘의 최후 복원이(에제 33-48) 가능할 것임을 함축하는 것 같다. 에제키엘서의 이중과 삼중 구조 사이의 관계는 흥미 있는 문제를 불러일으킨다. 공시적 관점에서 우리는 1-24장과 25-32장 사이의 구별이, (1-24장의 예루살렘을 향한, 이어서 그것을 둘러싸는 25-32장의 이민족들을 향한) '하느님의 심판'이라는 표지 아래 놓인 책의 첫 부분을(1-32장) 세분하는 것이라고 말할 수 있다. 그러나 통시적 관점에서 보면, 이 두 구조화가 현실적으로 책의 형성에 있어 서로 다른 두 단계에 해당한다는 가능성이 매우 높아 보인다(아래 참조). 아무튼, 예언서의 주된 구분은 예루살렘 함락으로 성립된다는 사실은 분명하다. 이 사건을 전환점으로 심판 예언이 복구 예언으로 넘어가기 때문이다. 이러한 관점은 이미 책 전체가 587년의 재앙이라는 주제와 그 원인과 거기서 빚어진 공동체의 미래를 위한 결과를 지대한 공을 들여 엮어나간 작품으로 인식될 수 있음을 시사한다.

책 전체의 구조가 비교적 명확한 반면, 주요 부분들을 세분하는 작업은 훨씬 복잡한 나머지 학자들은 종종 책의 몇몇 단위들을 무질서한 작품으로 취급한다. 그러나 이는 지나친 판단이다.

한편으로, 각 부분의 구조화에 기여하는 양식 설계에 관한 수많은 요소를 식별해야 한다. 하느님의 신탁을 도입하는, 앞서 언급했던 대로 책에서 52번 반복되는 틀에 박힌 문형 외에, 책에 널리 퍼져 있으며, 예언자의 활동 시기 전체를 감싸고 전반적인 상당한 논리적 일관성을 부여함으로써(1,1-2와 40,1 참조) 진정한 연대 '체계'를 형성하는 일자 문형들에 주목한다. 이 문형들은, 유감스럽게도 여기서 논할 수는 없지만, 본문의 순서와 주석에 관한 여러 문제를 제기한다. 예를 들어 1,1-2에서 본문은 분명 가필된 것 같으며, 1절에 언급된 '제 삼십 년'이 무엇을 가리키는지 알기 힘들다(오리게네스로 거슬러 올라가는 옛 전승 하나는 이를 예언 활동 초기 예언자의 나이를 가리키는 것으로 본다). 그러나 이 몇몇 문제를 별도로 하면, 에제키엘서의 연대 표기는 논리적인 진행을 제시하고 부정할 수 없는 일관성을 증언하며, 특히 1-24장과 33-38장에서 그러하다.

> 1,2 : 제5년; 8,1: 제6년; 20,1: 제7년; 24,1: 제9년; 33,21: 제12년; 40,1: 제25년. 이와는 달리 25-32장의 일자는 늘 논리적 순서를 따르는 것은 아니다(26,1; 29,1.17; 30,20; 31,1; 32,1.17). 특히 29,17(제27년)과 32,1.17(제12년 열두째 달)은 33,21(제12년 열째 달)의 연대 표기와 순서상 일치하지 않으며, 29,17의 제27년은 분명 에제키엘 신탁의 마지막 부분을(40-48장) 이끌어 들이는 역할을 하는 40,1(제25년)의 표기와도 긴장 관계에 있다. 이처럼 이민족들을 향한 신탁 모음은 별도의 일자 체계를 활용하는 것 같다. 이 체계는 1-24장과 33-48장의 일자 체계로부터 영향을 받기는 하나, 그 체계와 전적으로 양립하거나 상통하지 못하며, 이는 이 신탁 모음의 상대적인 독자성과 독립성을 재확인한다.

이 연대 표기의 구조화 기능은 특히 책의 주요 단원의 한계를 설정하는 데서 잘 드러난다. 에제 1-24장에서 이 표기들은 현시들과 함께 가장 중요한 신탁들을 돋보이게 하는 역할을 한다. 1,1-2는 에제 1-3장의 최초의 현시를, 8,1은 8-11장의 영광의 출발 현시를, 20,1은 이집트 체류부터 시작된 이스라엘의 배반 역사 회상을, 24,1은 도성 멸망 이전의 최후 예언을 끌어들인다. 에제 33-48장에서 이 표기들은 복구 신탁 모음을 크게 양분하고 한정한다(33,21 → 33-39; 40,1 → 40-48). 끝으로 에제 25-32장에서 이 표기들은 26-28장의 티로를 향한 예언 모음을 도입하며(26,1), 29-32장의 이집트를 향한 다양한 신탁들을 구조화한다(참조. 29,1.17; 30,20; 31,1; 32,1.17).

다른 한편으로, 책에 널리 퍼져 있는 구조화의 양식 표지들 외에,

주요 부분들의 조직에 관한 예리한 분석은 종종 주제와 언어상의 상당한 일관성을 분명하게 드러내고, 비교적 뚜렷한 문학 단위들을 식별해준다. 이렇게, 예를 들어 예언서의 첫 부분을(에제 1-24) 마감하는 20-24장은 표면상 이질적인 본문들을 규합한 것 같으나, 이 본문들은 이스라엘 땅과 도성 예루살렘을 오염시킨 흠과 신성모독이라는 주제를 공유한다. 이 주제는, 도성의 흠은 오직 파괴만이 정화할 수 있는 그런 종류의 것임을 야훼께서 확언하는 21,1-14에서 정점에 이른다.

1.2. 책의 설계

가. 예루살렘과 이민족 심판(에제 1-32)

I. 예루살렘을 향한 심판 신탁(1-24장)

1-3	도입(1,1-3), 최초 현시와(1,4-28) 사명 파견(2,1-3,27), 백성을 경고하는 사명을 지닌 예언자(3,16-21; 참조. 33,1-9)
4-7	예루살렘 주민들을 향한 첫 예언
4,1-5,4	도성 파괴를 예고하는 다양한 상징적 행위들
5,5-17	예루살렘을 향한 신탁
6,1-14	이스라엘 산들과 높은 곳들과 땅의 성읍들을 향한 신탁
7,1-27	임박한 종말 예고
8-11	새로운 현시 : 하느님의 영광이 예루살렘 성소를 떠나다
8,1-3	개막 현시 : 바빌론에 거주하는 예언자가 하느님에 의해 예루살렘 성전으로 인도되다
8,4-18	예루살렘 성전에서 자행된 다양한 예배적 혐오 묘사

9,1-10,22	도성 징벌과 성소를 떠나시는 하느님의 출발
11,1-13	도성의 우두머리들을 향한 신탁
11,14-21	이스라엘의 최후 소집
11,22-25	하느님의 영광이 도성 예루살렘을 떠나 바빌론에 당도하다
12-24	예루살렘 주민들과 그 임금들을 향한 심판 신탁 모음과, 우의 형태로 이스라엘/예루살렘의 배반에 관한 역사적 회고
12,1-20	두 개의 상징적 행위로(12,1-7과 12,17-20) 둘러싸인 백성의 유배와 이민족 사이로의 분산을 예고하는 신탁(12,8-16)
12,21-14,11	참 예언과 거짓 예언에 관한 일련의 신탁
14,12-23	하느님의 정의와 개별 책임성에 관한 가르침
15	예루살렘 주민들 파괴에 관한 비유
16	예루살렘의 우상숭배 역사에 관한 우의
17	예루살렘 임금들에 대한 비유
18	하느님의 정의와 개별 책임성에 관한 새로운 가르침
19	예루살렘 임금들에 관한 애가
20	이집트 탈출 시대부터 이스라엘의 우상숭배에 관한 역사적 회고와(20,1-31) 땅에서의 이스라엘의 미래 복구 예고(20,32-44)
21	네겝(21,1-5), 이스라엘 땅(6-10절), 백성과 그 우두머리(13-22절), 예루살렘(23-32절), 암몬인들에게(33-37절) 칼의 도래 예고 신탁모음
22	예루살렘의 죄와 도성의 오염을 향한 하느님의 신탁

23	16장의 우의와 병행하는 사마리아와 예루살렘의 우상숭배 역사에 관한 새로운 우의
24,1-14	예루살렘을 향한 최후 신탁과 도성의 완전 파괴에 관한 새로운 예고
24,15-23	예언자의 상징적 행위: 예루살렘의 파괴를 위한 애도 부재
24,24-27	도성의 파괴를 예언하는 신탁의 임박한 실현 예고

II. 이민족들을 향한 심판 신탁(25-32장)

25	유다의 인접 민족들, 암몬, 모압, 에돔, 필리스티아인들을 향한 신탁
26-28	페니키아의 성읍들, 티로와 시돈을 향한 신탁
26	티로 성읍을 향한 신탁
27	티로 성읍을 향한 애가
28,1-19	티로의 제후를 향한 신탁
28,20-26	시돈을 향한 신탁
29-32	이집트를 향한 신탁
29,1-16	파라오를 향한 예언
29,17-21	이집트를 향한 신탁: 바빌론 임금의 군대에 의한 나라 약탈
30,1-19	야훼의 날 : 이집트의 완전 파괴 예고
30,20-26	바빌론 임금과 맞선 파라오의 패전 예고
31	큰 향백나무 비유 : 파라오의 실추
32,1-16	파라오를 위한 애가

32,17-32	이집트를 위한 애가

나. 예루살렘과 유다/이스라엘의 복구에 관한 신탁(에제 33-48)

I. 백성과 땅의 복구에 관한 신탁(33-39장)

33,1-20	백성을 경고하는 사명을 위임받은 예언자(3,16-21 참조); 하느님의 정의와 개별 책임성에 관한 새로운 가르침
33,21-22	예루살렘 함락을 알리는 생존자의 도착
33,23-29	땅을 향한 신탁: 주민들의 전멸
33,30-33	말을 듣지 않는 백성을 향한 신탁
34,1-16	이스라엘의 우두머리들(=목자들)을 향한 신탁 : 야훼는 이제 몸소 당신 양떼를 이끄실 것이다
34,17-31	양떼 심판과 이스라엘 땅 복구
35	세이르(에돔) 산들을 향한 신탁
36,1-15	이스라엘 산들을 향한 신탁 : 땅의 비옥 회복
36,16-38	민족들 사이로 흩어진 백성 소집; 민족 복구와 영적 회귀
37,1-1	새로운 현시 : 되살아 난 뼈들
37,15-28	다윗 왕국 복원 : 하나의 임금, 하나의 땅, 하나의 성소
38,1-39,22	마곡의 제후 곡에 대한 야훼의 최후 승리 예고
39,23-29	하느님에 의한 이스라엘 심판과 복구 : 최후 종합

II. 최후 현시: 성전과 제후와 땅의 복구(에제 40-48)

40,1-4	도입

40,5–42,20	새 성전 묘사
43,1–12	성전으로 영광 회귀와(11,22–25 참조) 성소의 성성
43,13–27	제단 묘사
44	새 성소를 위한 규정 : 제후와 레위인들과 사제들
45,1–8	성소, 사제들, 레위인들, 도성(예루살렘), 제후에게 예정된 구역
45,9–46,18	제후의 권리와 의무
46,19–24	성전의 부엌
47,1–12	성전의 샘물
47,13–20	땅의 새 경계선 묘사
47,21–48,29	이스라엘 지파들 사이의 땅 분배
48,30–35	예루살렘 성문 묘사

2. 출처와 형성

2.1. 에제키엘서 본문의 계승사

에제키엘서 본문은 아마도 책의 구성사에 있어 중요한 목적을 지닌 복잡한 계승 과정을 겪었던 것 같다. 특히 그리스어 전승은 마소라 전승과 견주어 볼 때 다양한 차이점을 제시한다. 예제키엘서 그리스어 본문은 19세기 이래 그 중요성이 인지되었으며, 세부적으로 수많은 연구의 대상이 되었다. 택커리(H.S.J. Thackeray) 이래 학자들은 일반적으로 그리스어본이 최소한 역자 두 사람의 작품이었을 것으로 추정한다(특히 McGregor 참조). 나아가 그리스어 본문의 몇몇 구절은, 특히 36,23ㄷ–38

은 특이한 언어와 문체를 반영하며, 언뜻 보아 독립적인 방법으로 번역된 작품이다.

에제키엘서의 옛 칠십인역 성경(LXX)은 특히 꼬덱스 바띠까누스(Codex Vaticanus[B])와 파피루스 967(Chester Beatty)과 988에 제시되어 있다. 고대 라틴어본은 대체로 바띠까누스 본문과 매우 가까우며, 그리스어 본문의 이 교정본이 오래된 것임을 확인해준다. 파피루스 967의 증언은 특별히 중요하며, 이 수사본은 오늘날 에제키엘서 그리스어 본문의 가장 오래된 헥사플라(Hexapla) 이전 증언으로 취급된다(Ziegler 참조). 파피루스 초판은 1938년으로 거슬러 올라가며(Johnson, Gehmann, Kase), 1971년과(Galiano) 1972년에(Jahn) 두 개의 보충 단원 출간으로 보완되어, 오늘날 우리는 에제 11,25-48,35를 위한 이 파피루스 본문 거의 전체를 보유하게 되었다(열한 개의 첫 장들은 빠진 상태이다). 파피루스 967의 본문은 마소라본에 보존된 본문 전승과 중대한 차이가 있음을 증언하며, 그 주요 차이는 36-40장에 관한 것이다. 파피루스 967은 36,23ㄷ-38을 완전히 제외된 상태이며, 36-40장 본문의 다른 조직화를 선보인다. 38-39장이 36,1-23ㄴ과 37,1-14(뼈들에 관한 현시) 사이에 자리하고 있기 때문이다. 보가에르트(P.-M. Bogaert)가 밝혔던 것처럼, 에제 36-40장의 배열을 위한 967의 증언은 비르체부르겐시스(*Wirceburgensis*, 쓰여 있던 글자를 지우고 그 위에 다시 글자를 쓴 양피지)인 고대 라틴어본의 가장 오래된 증언으로, 비록 이 라틴어본이 본문의 또 다른 전승에 속한 것이라 하더라도, 확증된다. 따라서 에제 36-40장을 위한 967의 이본이 고대 칠십인역 성경을 나타낸다는 것은 거의 확실한 일이다. 게다가 36,23ㄷ-38은 그 역시 고대 칠십인역 성경에 누락되어 있는 마소라본의 다른 구절들과 상당한 유사성을 보여주며, 36-37장 사이를 연결할 목적으로 후대에 에제키엘서에 첨가된 부분인 것 같다(Lust, 1981 참조). 이 경우 이 장들의 마소라본이 더 후기의 판과 일치하는 반면, 파피루스 967과 고대 라틴어본에서 찾아볼 수 있는 헥사플라 이전의 칠십인역 성경의 본문 순서가 에제 36-40장을 위한 가장 오래된 증언을 간직하고 있는 것으로 보인다. 이러한 결론은 크레인(A.S. Krane, 2008)의 최근 연구를 통하여 재확인되었다. 이 결론은 에제키엘서가 매우 후대에 이르기까지, 추정컨대 하스몬 왕조 시대까지 수정되고 발간되었다는 사실을 함축한다는 점에서, 책의 형성사에 있어 매우 중요하다(아래 참조).

쿰란에서는 에제키엘서의 몇몇 단편들만이 발견되었으며, 이 단편들은 에제키엘서 본문의 계승사에 있어 매우 제한된 관심만을 제공한다. 이 본문들의 완본판에 있어 우리는 1986년 러스트(J. Lust)에 의해 출간된 연구를 참조할 수 있다. 이 단편 대부분은, 특히 4QEz a와 b는 소수의 이본만을 제시하는 마소라본에 보존된 본문 전승에 견주어, 대체로 이 전승과 매우 가깝다.

2.2. 간략한 연구 현황

에제키엘서에 관한 역사 - 비평 연구는 일반적으로 근본적인 난제에 직면한다. 한편으로 에제키엘서는 주요 단원들을 한정하는 작업이 어렵지 않다는 사실이 이미 강조하고 있듯이, 전반적 일관성을 분명히 보여주는 작품이기는 하나, 다른 한편으로 문체와 주제에 관한 여러 긴장이 확인되기 때문이다. 문제는 특히 예언자의 공간적인 위치에서 뚜렷이 드러난다. 예언자가 텔 아비브의 유다 유배자들 곁에 거주하고 있음에도 불구하고(에제 1,3; 3,15; 11,24), 에제 4-24장(과 33,23-29)에서 적지 않은 신탁이 예루살렘의 주민들에게 분명히 건네진다. 여기서부터 모든 난제는 에제키엘서의 편집 예형을 구상하는 작업으로 이끌어가며, 다음과 같은 두 가지 고찰 유형에 정당성을 선사할 수 있다.

책의 친저성에 관한 가설은 연구에 있어 오랫동안 지배적이었으며, 헤르만(J. Hermann, 1908)의 연구와 함께 20세기 초에야 비로소 주석가들은 에제키엘서가 복합적이라는 사실을 암시하는 긴장과 이중 어록을 진지하게 다루기 시작했다. 오늘날도 책의 친저성은 앵글로 색슨계의 여러 저자에 의해 옹호된다(특히 Greenberg, Block 등 참조). 게르만계의 연구는 20세기 후반기 초에 포러(G. Fohrer)와 아이히롯(W. Eichrodt)과 특히 침멀리(W. Zimmerli)가 내세운 이론에 의해 오랫동안 지배되어 왔다. 이 저자들은 주로 책의 구성에서 예언자의 손에 의한 일차 편집과, 에제키엘의 가르침을 계승한 하나의 서기관 '학파'에게서 비롯된, 때로 매우 중요한 후대의 첨가 부분들 사이를 구별한다. 오늘날 대중화한 이 이론은(예를 들어 Boyd와 Allen의 주석서 참조), 중요한 출간 작업의 현실을 인정하면서도, 특히 책의 각 주요 부분에서 에제키엘의 '핵심'을 집어낼 수 있도록 이끈다. 그럼에도 불구하고 후기 편집자들의 활동은 주로 예언자가 남긴 작품을 발전시키고 주해하는 일에 머물렀다. 침멀리 이래 여러 학자는 아무튼 책에서 예언자의 설교와 독립적인 별개의 여러 편집을 확인하는 작업이 실지로 가능하다는 사실을 입증한다(특히 Hossfeld, Garscha, Pohlmann 참조). 이 연구는 책의 편집상의 복잡성을 역설하며, 또한 에제키엘서와 예언 문학과 토라(신명기와 사제계 문헌과 '성결법'[레위 17-26]) 사이의 문학적인 여러 병행 현상과, 에제키엘서의 최후 편집에 있어 후대(아무리 빨라도 페르시아 시대)를 시사하는 병행 현상을 더욱 진지하게 다룬다. '친저 자료'와, 침멀리가 내세우는 제자들의 손에 의한 이차적인 작업 사이의 구별은 이제는 너무나 간단하게 확인되며, 책의 구성은 에제키엘과 그 제자들의 편집 활동으로만 설명될 수 없다. 이와는 달리, 여러 저자가 강조하고 있듯이(특히 Garscha, Pohlman, Krüger 참조), 에제키엘서의 다양한 본문은 유배에서 귀환한 바빌론 골라 공동체의 고정 관념과 관심사를 반영하는 것 같다. 이러한 결론은 20세기 전반기에 (예를 들어 Herntrich와 같은) 몇몇 저자가 이미 내세웠던 견해와 맥을 함께 한다. 이 저자들은 에제키엘의 예언 활동이 예루살렘의 심판을 예고하는 데 한정되어 있었으며, 예언서 둘째 부분에 담긴 복구 신탁들은(33-48장) 바빌론에 유배되었던 후대 편집자들의 작품이라고 주장했다.

에제키엘서의 친-골라적인 편집에 관한 가장 성공적이며 설득력 있는 연구는 폴만(K.-F. Pohlmann)이 제안한 것이다. 그에 따르면, 이 편집은 페르시아 시대 초에 이루어졌을 것이며, 597년에 여호야킨 임금과 함께 바빌론으로 압송되었다가 귀환한 예루살렘 귀족들의 후손으로 구성된 '첫' 골라 공동체의 관심사와 고정 관념을 표현하는 것으로 보인다. 이 정예 구성원들은 자기들만이 유배시대 이전의 전통적인 참 이스라엘의 상속자라고 자처한다. 이러한 관점에서 친-골라 공동체 편집 서기관들은 에제키엘의 작품으로 취급되는 옛 예언 책자, 주로 예루살렘의 심판을 예고하는 책자를(에제 1-24) 개정하고 출간한다. 이들은 특히 이 책자에, - 바빌론의 첫 유배자들에게 예루살렘 주민들의 불경과 도성의 파괴 필요성을 증언하기 위해 하느님께서 기적적으로 남겨 놓은 소수의 '남은 자'로 소개되는(14,21-23!) - 587년에 유배된 사람들과, 땅을 차지할 어떤 합법성도 소유하지 못한(33,23-29) 본국에 남아 있던 비유배자들을 단죄하는 신탁들을 덧붙인다. 이 단죄 신탁들 다음에 에제 34-39장의 초판에서 오로지 597년의 유배자들에게만 발설된 복구 신탁들이 뒤따르며, 이 신탁들은 587년에 바빌론으로 피신한 사람이 597년의 유배자들에게 바빌론 군대에 의한 예루살렘의 함락을 알리기 위해 도착한다는 일화의 뒤를 잇는다(에제 33,21-22의 "나는 더 이상 벙어리가 아니었다" 참조). 따라서 친-골라 공동체의 편집이, 이민족들을 향한 신탁들이(25-32장) 삽입되기 이전, 위에서 확인한 이중 도식의(에제 1-24와 33-48) 주도 역할을 했던 것 같다. 이처럼, 특히 에제 37,1-14의 뼈들에 관한 현시가 암시하듯이, 이스라엘의 복구는 오로지 첫 골라에 의해 형성된 소공동체를 기초로 한다. 우리는 또한 이 가설이, 에제키엘서의 연대 표기가 597년의 여호야킨 임금의 유배를 기점으로 체계적으로 정리되고 있음을 잘 설명한다는 사실에 주목한다. 후대에 곧 4세기 동안 친-골라 편집은 다시 손질되며, 이 복구를 이제 종말론적 관점에 자리하게 하고 디아스포라 공동체 전체를 향해 확대하면서, 다윗 왕정의 복구 실패 후 첫 골라 공동체의 배타주의와 요구에 저항하는 '친-디아스포라' 편집으로 보완된다.

폴만에 의해 제안된 이론은 이후, 이 이론을 - 비교적 성공적으로 - 에제 40-48장에 적용한 루드니히(T.A. Rudnig)에 의해 수용된다. 더욱 설득력 있는 연구는 에제 34-39장에 몰두한 클라인(A. Klein, 2008)의 최근 연구이다. 이 연구에서 클라인은, 비록 그의 에제키엘서의 '덧붙여 이어 쓰기'(*Fortschreibung*) 과정 분석이 상당히 복잡하기는 하나, 34-39장에 친-골라적이며 친-디아스포라적 편집이 공존한다는 사실을 지적했다. 폴만이 제안한 이론의 주요 단점 가운데 하나는, 친-골라와 친-디아스포라 편집에 고유한 언어와 문체의 다양성보다는, 정치-종교적 프로그램의 다양성 사이의 긴장 관계에 기초했다. 많은 문구를 하나의 편집 또는 다른 하나의 편집 결과로 보는 것은 이처럼 종종 매우 가설적인 차원에 머문다. 이러한 문제에도 불구하고, 비교적 오래된 예언집을 발간한 친-골라 편집과 보다 후대의 친-디아스포라 편집을 확인하기 위하여 제안된 논거들은 매우 설득력이 있으며, 연이은 이러한 구성들이 실지로 책 형성의 세 주요 단계와 부합하는 것으로 보인다.

2.3. 에제키엘서 두루마리 형성

위에 진술한 연구와 이론의 최근 발전 과정을 참작하여 우리는 책 구성에 관한 다음 가설을 내세울 수 있다.

1) 초판은 예언자 에제키엘의 작품으로 보는, 예루살렘을 향한 예언 신탁 두루마리로 구성된다(에제 4-24). 이 책자는 팔레스티나에서 비롯된 것이며, 6세기 전반기에 여러 단계에 걸쳐 구성된 것임이 틀림없다. 이는 2,9-10이 "앞뒤로 글이 적혀 있었고, 거기에는 비탄과 탄식과 한숨이 적혀 있던" 두루마리를 문제시할 때 암시된 것으로 보인다. 이 두루마리의 범위는 이 저자 저 저자에 따라 매우 다양하다(예를 들어

Krüger와 Pohlmann 비교). 4-7장과 21-24장의 몇몇 심판 신탁 이외에, 에제 15; 17,1-10; 19,1-9와 19,10-14의 시적인 본문들은 특히 예언자의 작품으로 돌려야 할 것이다. 이 본문들은 언어와 문체와 주제에서 분명한 유사성을 보여주며(특히 포도밭 은유 참조), 가장 오래된 모음을 이루는 것 같다. 여호야킨 임금의 강제 이주와(19,9) 다윗 왕조의 종말에 관한 언급과(19,14) 함께 예루살렘의 임박한 파괴 암시는(15; 17,1-10) 597년과 587년 사이의 일자를 떠올리게 한다. 이 시적 본문들이 에제키엘로부터 직접 유래한다면, 동시대의 예레미야처럼 예언자 에제키엘이 궁극적으로 친-바빌론자였음을 일러준다. 여러 저자는 팔레스티나 두루마리가 이민족들을 향한 신탁들(25-32장) 또는 복구 예언들을(33-39장) 이미 포함하고 있었을 것이라는 견해를 지지한다. 그러나 25-32장은 별도의 모음을 형성하며(아래 참조), 33-39장의 친-골라와 친-디아스포라 편집 이전의 신탁들을 재구성하는 일은 쉽지 않다. 2,9-10의 두루마리 묘사는 한편 에제키엘서 최초 두루마리가 오로지 예루살렘을 향한 심판 신탁들만을 담고 있었음을 시사한다.

2) '친-골라 편집'은 유배로부터 귀환한 다음 발견했을 팔레스티나 두루마리를 개정하여 발간한다. 이 편집에서 예언자는 더 이상 예루살렘이 아니라 597년의 유배자들과 함께 바빌론에 자리 잡은 인물로 묘사되며, 이는 예언자의 지리적 위치 선정에 있어 차이점들을 잘 설명한다. 친-골라 편집의 주요 특징은, 597년의 유배자들로 이루어진 공동체를 합법적인 유일한 이스라엘로 소개하는 데 있다. 따라서 친-골라 편집의 관점에서 비유배자들은, 에제 33,23-29가 강조하고 있듯이, 땅을 소유할 어떤 합법성도 보유하지 못한다. 587년의 유배자들에게 쏠린 시각은 비교적 복잡하다. 특히 에제 14,21-23은 이들을 아무튼 이스라엘에 속한 사람들로 소개하나, 이들은 분명 첫 골라 공동체의 후손들과 동일한 합법성을 지니지 못했다. 이 편집 속에 숨어 있는 이념은 분명 정예 귀족계급의 그것이다. 597년의 강제 이주를 모면하기는 했으나 자포자

기한 삶을 살아가던 백성은 자기들이 범한 죄와 흠으로 말미암아, 597년에 바빌론으로 유배된 사람들을 만나러 가신 하느님의 떠남과(11,22-25) 도성 파괴의 책임자로 인식된다(에제 8-11). 역으로 597년에 바빌론으로 떠난 골라 공동체의 귀환은 땅의 풍요 회귀와 명백하게 동일시되고(35,1-36,15), 전통적인 질서, 다시 말해서 다윗 왕정제도 복구와 일치한다(37,25-28). 실상 에제 37,15-28의 신탁은 북 왕국과 남 왕국의 통합과, 다윗 가문 '제후'(*nasî*)의 후견 아래 다윗 제국의 재창설을 검토하기까지 이른다. 이 점에서 친-골라 편집은, 예루살렘의 몇몇 부류의 사람들이 새로운 유다 임금의 모습을 찾아볼 수 있었던 집정관 즈루빠벨이라는 인물에게 건 기대와 매우 뚜렷한 관련을 맺고 있음이 분명하다(즈카 1-8장도 참조). 동시에 텔 아비브 골짜기의 뼈들에 관한 에제 37,1-10의 현시와 이 현시에 대한 설명은(에제 37,11-14), 친-골라 편집의 입장에서 볼 때, 유배로부터 귀환한 사람들에게 던진 훈계로 이해되어야 할 것이며, 이는 제2 이사야서의 몇몇 문구에서 확인할 수 있는 내용과 견줄 만하다(예를 들어 이사 52,11-12 참조). 그들의 땅과 성소에서 멀리 떨어져 있던 유배자들이 바로 말라빠진 뼈들이다. 귀환의 가능성은 재창조의 위대한 행위이며, 이를 통해 야훼는 당신 백성에게 생명을 주실 것이다.

3) 연이은 여러 단계를 거쳐 발전을 거듭해 왔을 '친-디아스포라 편집'은, 특히 유다 주민들의 이민족 사이로의 분산과 이스라엘 땅을 향한 최후 소집을 예고하는 문구들의 주도자이다(특히 6,8-10; 11,16-21; 12,15-16; 20,32-44; 28,25-26; 34,1-15; 36,16-23ㄴ; 37,21; 39,27-28 참조). 여기서 이스라엘의 복구는 이제 '범세계적인' 차원을 취하며, 땅의 이민족들에 대한 이스라엘 하느님의 권능과 '그분 이름의 성성'을 밝히는 데 목적이 있다(특히 20,41; 28,25-26; 36,16-23; 37,28 등 참조). 추정컨대 첫 골라 공동체의 배타적 지위를 상대화하려는 목적을 지닌 모든 문구, 특히 이 공동체를 '반역의 집안'과 동일시하거나(특히 2,1-3,9 참조), 또는 이스라엘의 지도자들을 거슬러 논쟁하는 문구들은(34,1-16) 친-디아스포라

편집 결과로 보아야 할 것이다. 우리는 또한 친-디아스포라 편집의 언어와 문체가 종종 성결법의(레위 17-26) 그것들과 가깝다는 사실을 주목한다. 특히 야훼 이름의 성성에 대한 언급, 안식일 모독이라는 주제와 '나의 안식일들'이라는 표현, *ḥll*(죽이다)의 피엘형 활용, 하느님의 규정과 법규(*ḥoq, ḥuqqâ, mišpāṭ*) 준수 강조 등을 지적할 수 있다. 비록 친-디아스포라 편집이 성결법에서 찾아볼 수 없는 중요한 종말론적 관점을 증언하고 있다 하더라도, 에제키엘서의 친-디아스포라 편집 저자들과 성결법 저자들은 5세기 말이나 4세기 초의 유사한 환경 속에 자리했던 사람들로 보아야 한다.

4) 이민족들을 향한 신탁 모음은(에제 25-32) 본래의 예언집에 속하지 않고, 후기 단계에서, 아마도 유배 이후의 복구라는 관점에서 삽입된 것 같다(Fechter의 최근 연구 참조; 보다 구조적이며 공시적인 관점에 대해서는 Premstaller도 참조). 책의 나머지 부부에서 이차적인 몇몇 문구들은 친-디아스포라 편집과 부정할 수 없는 유사성을 증언한다(참조. 28,20-26; 29,10-16; 30,23.26). 우주의 하느님은 이스라엘의 땅을 파괴하신 것처럼 이민족들의 땅을 파괴하시면서 당신의 권능을 드러내시며, 29,10-16과 30,23.26에 따르면 야훼는 이스라엘을 흩으셨던 것처럼 이집트인들을 민족들 사이로 흩으실 것이다. 이민족들을 향한 신탁 단원 삽입은 에제키엘서의 삼중 구조 창안에 상응한다. 이스라엘의 복구는(에제 33-48) 이제 이민족 심판을(에제 25-32) 거쳐 간다. 몇몇 문구는 또한 묵시 전승과 명백한 관련성을 보여주며(예를 들어 30,3과 38,1-39,22도 참조), 이는 에제 25-32장 편집이 후대까지, 아마도 헬레니즘 시대 초기까지 펼쳐졌던 것으로 암시한다. 여러 주석가가 가정하는 것처럼(Zimmerli, Fechter 등 참조), 이 장들의 저자들은 본래 독립적인 신탁들로부터 영향을 받은 것 같으며, 특히 (티로를 향한) 에제 26-28장과 (이집트를 향한) 29-31장에서 그러하다. 또한 페이터(F. Fechter)와 함께, 25-32장의 첫 편집이 25-29장만을 담고 있었다고 가정하는 것은 관심을 끄는 가설이다. 이

때 29,21은 33-39(40-48)장의 복구 신탁 모음을 도입하는 에제 33,21-22과 함께 탁월한 전이 단계를 형성한다. 이 경우 29,21의 언어는("그날에 나는 이스라엘 집안에 뿔[= 힘?]이 돋게 하고…"), 1-24장과 33-39(40-48)장 사이에 이민족들을 향한 신탁 모음을 삽입한 목적이 범세계적 심판을 예고하는 데 있음을 확인해준다. 이 심판이 펼쳐지는 동안 이스라엘 집안은 민족들 가운데서 복구될 것이다. 25-29장 삽입은 분명, 아마도 아직 (이스라엘의 심판과 구원으로 된) 이중 예언서만을 알고 있던(위 참조) 친-골라 편집 이후의 일이다. 이와는 달리 위에서 확인한 친-디아스포라 편집과의 병행 현상은 이민족들을 향한 신탁의 초판 삽입이 친-디아스포라 편집과 동시대의 일이었음을 시사한다.

5) 40-48장의 경우는 더욱 복잡하다. 이 장들은 분명 에제키엘서에서 별도의 모음을 형성하며, 이 역시 이차적인 단계에서 삽입된 것이다. 루드니히가 잘 살펴보았듯이, 40-48장의 삼대 주제는(새 성전과 하느님의 귀환, 제후의 역할, 땅 분배) 37,25-28에 진술된 복구 약속, 곧 에제 33-37장의 친-골라 편집이 마감되는 약속과 부합한다. 파피루스 967의 증언이 에제 40-48장이 본디 에제 37장을 바로 뒤따랐다는 사실을 암시한다면, 40-48장이 37,25-28의 약속 완성으로 인식되었던 것은 분명하다. 이 경우, 특히 게제(H. Gese)가 시사했던 대로, 성전과 제후와 땅에 관한 세 주제가 40-48장의 뚜렷한 세 편집 단계와 일치한다고 생각할 이유는 더 이상 없다. 이 세 주제는, 정치적이며 민족적인 일치의 바탕을 이루는 요소들이기에, 고대근동 전체에서처럼 히브리어 성경에도 밀접하게 연결되어 있다는 것이다. 루드니히가 친-골라 편집이 40-48장의 초판을 포함하고 있었을 것이라고 가정했던 것은 타당한 일이다. 에제 8-11장의 하느님의 예루살렘 성전 떠나심에 관한 대현시는 에제 43,1-9의 하느님 영광의 성전 귀환 현시에서 대응 현시를 만나며, 같은 맥락에서 '제후'(*nasî'*)에게 정치적이며 예배적인 역할을 배정하는 40-48장의 많은 문구는(참조. 에제 44,3; 45,7-9; 45,9-25; 46,16-18; 48,21-

22) 친-골라 편집의 특징인 에제 37,24-27의 약술에 담긴 다윗 가문의 '제후' 언급들로 준비되었기 때문이다. 여기서부터 루드니히는 40-48장의 형성에 대해, 친-골라 편집 이후 적어도 십여 차례에 이르는 개정을 가정하는, 매우 복잡한 예형을 제안한다.

루드니히의 재구성은 그러나 지나치게 가설적이어서 설득력이 떨어진다. 분명해 보이는 사실은 40-48장이 최소한, 5세기나 4세기 예루살렘의 '차독계' 사제들의 관심사를 반영하는, 적지 않은 개정의 대상이 되었다는 점이다. 에제 40-48장을 면밀하게 연구한 콘켈(M. Konkel)이 잘 밝혀낸 이 친-차독계 편집은 특히 에제 44,6-31과 에제 40-48장의 여러 다른 문구에 나타난다. 이 편집은 체계적으로 차독계 사제들을 성전과 예배 제도의 순수성을 지키는 유일한 참 수호자와(44,6-15와 43,18 이하와 48,11 이하 참조) 모세 토라의 참 해석자로 소개한다(44,16-31). 콘켈이 강조했던 대로, 할라카(*halakhah*, 율법 주석)와 이방 문화 혐오는 에제 40-48장의 친-차독계 편집의 특성이다. 에제 40-48장에 담긴 다른 가필 부분들도 염두에 두어야 할 것 같으나, 이 모음 전체, 나아가 에제키엘서 전체의 실질적인 편집에 꼭 해당하는 것은 아니다. 이보다는 점점이 덧붙여진 제한된 첨언에 불과하며, 특히 40-42장의 성소 묘사 장면에서 그러하다(예를 들어 Rudnig 참조).

6) 에제키엘서의 친-디아스포라 편집이 5세기 말부터 4세기 전반기까지 펼쳐졌음을 인정한다 하더라도, 후기에 첨가된 많은 부분도 고려해야 한다. 38,1-39,22의 마곡의 제후 곡에 관한 이야기는 헬레니즘 시대의 묵시 전승 영향을 이미 반영하는 것 같다. 앞서 살펴보았던 대로, 36,23ㄷ-38은 매우 후기의 첨가 부분으로서 본래의 칠십인역 성경에서는 발견되지 않는다. 일반적으로 칠십인역 성경, 특히 파피루스 967의 증언은 마소라본에 보존된 교정본이 헬레니즘 시대에 계속해서 개정되고 보완되었다는 사실을 암시한다. 11,19-20과 16,59-63과 36,23ㄷ-38(37,7-10.12-13?)에 언급된 이스라엘의 영적 쇄신이라는 주

제는 아마도 이 시대에 도입되었을 것이다. 에제 3,16-21과 33,1-20에서 백성을 경고할 책무를 받은 '파수꾼'으로서의 예언자라는 주제 역시 분명 후대의 추가 부분이다. 본래 3,15 다음에 3,22가 바로 뒤따랐으며, 3,16-21의 설명 부분이 이 전이 과정을 단절시키고 있음이 분명하다. 3,16-21과 33,1-20의 첨가 부분은 하느님의 정의와 개별 보상 문제를 토론하는 과정에서 예언자 사명의 의미에 관한 재고를 반영하는 듯하다. 개별 보상에 관한 강조는 이미 에제키엘서의 다른 여러 문구에서 발견되나(에제 14,1-20과 18장), '파수꾼'으로서의 예언자 주제와는 관련이 없다. 3,16-21과 33,1-20에서 이 두 주제 사이에 설정된 관계는 지혜문학 전승으로부터 영향을 받아 예언서가 재독 되었음을 반영할 수 있다. 이 관계는 예언자의 사명 목적이 예언 전승의 고전적인 개념에 따른 모든 백성의 회개가 아니라, 백성 각자에게 정의의 길을 따를 것인지 아니면 불경의 길을 따를 것인지 스스로 결정하도록 이끌어주는 데 있다는 사실을 강조한다. 에제 3,16-21과 33,1-20 첨가 부분의 작성 연대를 정확하게 잡는다는 것은 어려운 일이다. 이 부분은 아무튼, 본래 33,21-22가 24,24-27을 뒤따랐을 것이기에(위 참조), 친-골라 이후에 덧붙여진 것이다. (예를 들어 Garscha와 같은) 몇몇 저자들에게, 3,16-21과 33,1-20에서 주시할 수 있는 예언 사명에 대한 '지혜 문학적' 재독은 이미 (3세기) 헬레니즘 시대를 반영한다.

7) 끝으로, 우리는 또한 에제키엘서, 특히 40-48의 토라에서 점점이 덧붙여진 여러 첨가 부분을 만난다. 여기서 침멀리가 제안한 가설, 예언서가 '덧붙여 이어 쓰기' 절차, 곧 책 전체의 실질적 편집보다는 별도의 첨가 부분 책임자들인 서기관들에 의해 지속적인 개정 절차를 거쳤다는 가설은 상당한 타당성을 보장받을 수 있다. 비록 이 절차의 기원을 침멀리가 제안한 시기보다 훨씬 후에, 에제키엘의 작품으로 보는 예언서의 주요 부분들이 이미 구성되었던 시기, 다시 말해서 아무리 빨라도 5세기경에 두어야 하더라도 말이다.

신화적인 네 짐승이 선두에 선, 옥좌 역할을 하는 수레 위에 좌정한 신
(에제 1장의 현시 참조)

3. 주제와 의도

부정할 수 없는 복잡한 성격을 넘어 에제키엘서는 한편 주제와 구조에 있어 상당한 일관성을 드러낸다. 책 전체는, 앞서 살펴보았듯이, 예루살렘 성전을 중심으로 모인 소공동체를 향한 심판과 복권을 주제로 짜여 있다. 이 점에서 히브리어 성경 에제키엘서는 유배의 이유와, 과거의 잘못을 되풀이하지 않도록 초대된 유배시대 이후 참 공동체의 정체성에 관한 가장 성숙한 반성 가운데 하나로 취급될 수 있다. 만일, 우리가 가정했던 대로, 에제키엘서가 기본적으로 유배 말기와 헬레니즘 시대 초기 사이에 기초된 구성이라면, 우리는 이제 예언자의 영감 또는 환시의 반영으로 이 책을 대할 것이 아니라, 특히 페르시아 시대와 그 이후 시대 내내 직면했던 (정치적이며 종교적인 조직, 존재 이유, 운명과 같은) 공동체의 다양한 개념에 관심을 쏟는 하나의 증언으로 읽어야 한다. 예언서의 대구적인 구조는, 특히 과거 공동체, 곧 하느님 심판의 대상이 되며 그 죄 목록이(에제 6장, 20,1-32, 22장 이하 등) 반대 본보기 기능을 하는

공동체와, 미래의 이상적 공동체, 곧 정화되어 하느님과 회복된 관계의 수혜자가 되고 유배시대 이후 공동체의 본보기로 분명히 소개되는 공동체 사이의 체계적인 대립을 보여준다. 이는 예언자 에제키엘의 작품으로 인정된 예언 부분 전체가, 페르시아와 헬레니즘 시대 예루살렘의 상당한 서기관들 세계의 사회적이며 정치적인 프로그램, 특히 종교적 프로그램으로 우선 읽혀야 한다는 사실을 의미한다.

6세기 말경 친-골라 편집이 펴낸 에제키엘서의 전반적인 첫 구성에서, 이 프로그램은 전통적인 (다윗) 왕정 질서에 관한 주요 구조의 복원, 임박한 것으로 감지된 복원 개념 속에 온전히 담겨 있었다. 이 프로그램의 실패와 점진적인 포기 이후, 우리는 제2 성전 공동체의 지도 계급이 전적으로 종말론적인 관점을 향해 예언집을 점차 증보해 갔다는 사실에 주목한다. 매우 관심을 끄는 대목은, 이 관점이 5세기와 그 시대 이후 (또는 친-골라 편집의 실패 이후) 에제키엘서 두루마리를 발전시키고 펴낸 편집 전체에 의해 공유되었다는 사실이다. 공동체의 복원은 이제, 야훼가 이민족 전체의 주님이심을 드러내는 보다 폭넓은 틀 속에서 체계적으로 구상되어 나갔다. 특히 '종말론적인 삼중 도식'을 주도한 편집의 틀 속에서 이스라엘의 복원을 이웃 민족들 전체에 대한 심판과 결부시키기 위하여 에제 25-32장이 삽입된 것은 분명한 사실이다(에돔의 경우는 에제 35장도 참조). 이스라엘의 복구가 백성 전체에게 이스라엘의 하느님 야훼의 권능을 보여주는 에제 33-38장의 '친-디아스포라' 편집의 틀 속에서 동일한 현상이 발견된다(참조. 에제 20,32-44; 36,16-23 등). 에제 38-39장에서 이스라엘의 구원은, 묵시 전승을 앞서는 개념들 속에서, 야훼께서 불가사의한 민족('마곡의 제후 곡', 아마도 바빌론/바벨에 대한 숫자 또는 알렉산드로스 대제를 암시하는 것 같다), 그러나 유다/이스라엘의 적대자 전체를 상징하는 민족과 맞서 싸우신 우주 전쟁의 결과로 분명하게 제시된다. 끝으로, 유배로부터의 귀환과 헬레니즘 시대 초기 사이에서, 에제 40-48장의 성전에 관한 토라 구성 역시 성전과 예배의 종말론적 개념을 반영한다(이 개념이 아마도 보다 오래된 몇몇 전승에 의거한다 하더라도 말이다). 이 개념은, 각 지파가 오경의 경우와는 달리(예를 들어 민수 26,52-56 참조) 실질적인 사회-경제적 크기와 무게와 상관없이 균등하게 땅을 받는, 48장의 땅 분배 묘사에서 매우 선명하게 드러난다. 지파들의 배치 역시 매우 임의적이며 지리적 현실과 관련성이 없으나(북 지파들 가운데 일부가 유다 남쪽에 자리한다!), 복잡한 신학적 사유를 반영하는 것 같다. 우리가 살펴보았던 대로, 최후 판이 차독계 사제들의 주도 아래 이루어진 40-48장의 토라는 특히 신정 형태의 한 공동체의 윤곽을 묘사한다. (제후까지 포함한) 조직 전체가 성전의 규정과(44-46장 참조) 차독계 사제들의 사법권에 복종하는(소송의 경우에는 유일한 판관들로 지칭!, 44,24 참조) 이 공동체는 헬레니즘 시대에 빛을 보았을 것이다. 40-48장에 소묘된 '신정법'에서 성전이 맡은 큰 역할은 성전이 땅 한가운데에 자리한 위치 묘사에서 특별하게 부각된다(48,8-22와 앞선 45,1-8 참조).

에제키엘서 구성에서 빛을 보고 '최후' 형성(경전)에서 이 예언서에 뿌리 깊게 스며든 종말론적 개념은, 5세기부터 (다시 말해서 친-골라 편집 이후) 시작된 예언서 편집에 기여한 주요 서기관 학파들이 관점의 다양성에도 불구하고 동일한 사회적 환경을 공유했음을 암시하며, 이는 특히 두루마리의 계승 조건을 설명한다. 예배 주제의 중요성과 오경 특히 성결법과의 인접성은 아마도 제2 성전의 서고에 접근할 수 있었던 사제계 서기관들의 세계를 연상하게 한다. 또한, 40-48장의 토라는 이 세계 속에 차독계 사제들이 존재한다는 사실을 분명하게 시사한다. 아울러 (탈혼, 현시 등과 같은) 영적 소유의 다양한 현상들에 대한 현저한 관심은, 이 세계가 예루살렘 제2 성전의 공동체 한가운데에 자리한 여러 예언자 모임 안에 유지되어 온 카리스마 전승과 밀접한 관련 속에 있었음을 암시한다. 종말론은 또한, 페르시아 시대 후반기 (민수 11장과 같은 소수의 본문을 제외하고) 토라가 구성될 때 조심스럽게 격리되었었으나, 이 세계에서 생산된 문학적 특징이다(특히 이사 56-66장과 즈카 9-14장과 요엘서 참조). 추정컨대 왕정 복원 실패 후 토라를 펴낸 세계에서 권위를 상실한 에제키엘서 첫 두루마리는 이렇게 5세기부터 점차 제2 성전의 몇몇 단체를 위한 특권적인 표현 공간이 되었던 것 같다. 이 단체들은 토라의 저자들에 의해 제안된 이스라엘 전승들의 법적이며 정치적, 종교적인 종합에 만족하지 않고서, 하느님께서 참 신정을 펼치실 때(40-48장) 이 민족들을 향한 우주적 심판과의(25-32장과 33-39장) 관련 속에 공동체의 종말론적 복원을 기대했던 단체들이다.

4. 참고 문헌

4.1. 주석서

L.C. Allen, WBC 28, 1994; WBC 29, 1990. A. Bertholet, HAT 13, 1936. D.I. Block, NICOT, 1997; 1998. W.H. Brownlee, WBC 28, 1986. W. Eichrodt, ATD 22, 1959-1966 = OTL, 1970. G. Fohrer/K. Galling, HAT 13, 1955[2]. M. Greenberg, AncB 22, 1983; AncB 22A, 1997. J. Herrmann, KAT 11, 1924. K.-F. Pohlmann, ATD 22, 1996; 2001. W. Zimmerli, BK.AT 13/1, 1979[2]; 13/2, 1979[2] = Hermeneia, 1979; 1983.

4.2. 연구 현황

B. Lang, *Ezechiel. Der Prophet und das Buch* (EdF 153), Darmstadt, 1981.
H. McKeating, *Ezekiel* (OTGu), Sheffield, 1993.

4.3. 주요 저서 및 논문

P.-M. Bogaert, «Le témoignage de la Vetus Latina dans l'étude de la tradition des Septante. Ezéchiel et Daniel dans le Papyrus 967», *Bib.* 59(1978), p. 384-395. A.S. Crane, *Israel's Restoration. A Textual-Comparative Exploration of Ezekiel 36-39* (VTSup 122), Leiden/Boston, 2008. F. Fechter, *Bewältigung der Katastrophe. Untersuchungen zu ausgewählten Fremdvölkersprüchen im Ezechielbuch* (BZAW 208), Berlin/New York, 1992. G. Fohrer, *Die Hauptprobleme des Buches Ezechiel* (BZAW 72), Berlin, 1952. M.F. Gallino, «Nuevas páginas del códice 967 del A.T. griego (Ez 28,19-43,9)», *Studi et testi di papirologia* 10(1971), p. 5-77. J. Garscha, *Studien zum Ezechielbuch. Eine redaktionskritische Untersuchungen von Ez 1-39* (EHS.T 23), Bern, 1974. H. Gese, *Der Verfassungsentwurf des Ezechiel (Kap. 40-48) traditionsgeschichtlich untersucht* (Beiträge zur historischen Theologie 25), Tübingen, 1957. V. Herntrich, *Ezekielprobleme* (BZAW 61), Giessen, 1933. F. Hossfeld, *Untersuchungen zu Komposition und Theologie des Ezechielbuches* (fzb 20), Würzbug, 1977. L.G. Jahn, *Der griechische Text des Buches Ezechiel, nach dem Kölner Teil des Papyrus 967* (PAT 15), Bonn, 1972. A.C. Johnson/H.S. Gehman and E.H. Kase, *The John H. Scheide Biblical Papyri: Ezekiel* (Princeton University Studies in Papyrology 3), Princeton, 1938. A. Klein, *Schriftauslegung im Ezechielbuch. Redaktionsgeschichtliche Untersuchungen zu 34-39* (BZAW 391), Berlin/New York, 2008. M. Konkel, *Architektonik des Heiligen. Studien zur zweiten Tempelvision Ezechiels (Ez 40-48)* (BBB 129), Berlin/Wien, 2001. T. Krüger, *Geschichtskonzepte im Ezechielbuch* (BZAW 180), Berlin/New York, 1989. J. Lust, «Ezekiel 36-40 in the Oldest Greek Manuscript», *CBQ* 43(1981),

p. 517–533. Id., «Ezekiel Manuscripts in Qumran: Preliminary Edition of 4Q Ez a and b», in J. Lust (éd.), *Ezekiel and His Book: Textual and Literary Critism and Their Interrelation* (BEThL 74), Leuven, 1986, p. 90–100. Id., «Exile and Diaspora: Gathering Form Dispersion in Ezekiel», in J.–M. Auwers/A. Wénin (éd.), *Lectures et relectures de la Bible. Festschrift P.-M. Bogaert* (BEThL 144), Leuven, 1999, p. 99–122. L.J. McGregor, *The Greek Text of Ezekiel: An Examination of its Homogeneity* (SBL Septuagint and Cognate Studies Series 18), Atlanta(GA), 1985. K.–F. Pohlmann, *Ezechielstudien. Zur Redaktionsgeschichte des Buches und zur Frage nach den ältesten Texten* (BZAW 202), Berlin/New York, 1992. V. Premstaller, *Fremdvölkersprüche des Ezechielbuches* (fzb 104), Würzburg, 2005. T.A. Rudnig, *Heilig und Profan. Redaktionskritische Studien zu Ez 40-48* (BZAW 287), Berlin/New York, 2000. J. Ziegler, «Die Bedeutung des Chester Beatty–Scheide Papyrus 967 für die Textüberlieferung der Ezechiel–Septuaginta», *ZAW* 61(1945–1948), p. 76–94.

열두 소예언서

마치 (Jean-Daniel Macchi)

유다교 경전은 후기 네 예언서를 알고 있다. 사실 이사야서와 예레미야서와 에제키엘서에 이어, 열두 소예언서는 유다교 전승에 따라 앞선 세 예언서와 비슷한 규모의 네 번째 예언서를 이룬다(*Baba Bartha* 13-14). 유다교의 가장 오래된 전승들은 열두 소예언서(또는 XII)를 이미 한 권의 책으로 취급한다. 특히 열두 소예언서 규합을 전제로 하는 4에즈 14,44와 요세푸스의 저서 *Contra Apionem* 1,38-42에서 확인할 수 있는 24(또는 22)권의 거룩한 책이라는 전통적인 셈이 이를 증언하며, 집회 49,10 역시 열두 소예언서를 일관성 있는 하나의 작품으로 여긴다.

몇몇 문학 표기들은 이미 열두 소예언서가 완성된 책들을 단순히 수집한 것이 아님을 생각하게 한다. 사실 우리는 예언서 전체 또는 일부와 관련된 하나 또는 여러 편집 활동을 보여줄 수 있는 요소들이 존재한다는 사실에 주목한다. 예를 들어 종종 매우 가까운 다양한 책들의 표제들의 경우가 이를 증명한다(호세 1,1을 요엘 1,1; 아모 1,1; 미카 1,1; 스바 1,1과, 나훔 1,1을 하바 1,1과, 하까 1,1; 즈카 1,1과 비교하시오). 또한, 우리는 요엘 2,13; 요나 4,2; 미카 7,18; 나훔 1,2-3에서 탈출 34,6-7에 관한 언급을 일종의 후렴처럼 찾을 수 있다. 나아가 연결고리 단어들 또는 주제들이 다양한 책들 사이를 이어주는 역할을 한다(Nogalski). 예를 들어, 요엘 4,16의 야훼의 호령은 아모 1,2의 그것을 반향하며, 우주의 모든 곳에서 도주자들을 찾는 아모 9,2-4의 야훼라는 주제는 이 책을 오바드야서의 주제와(4절 참조) 연결해 준다. 스바 3,19의 다가온 또는 아직 다가오지 않은 때라는 주제는 스바니야서를 하까이서와(1,2) 묶어준다.

1. 열두 소예언서의 전통적 순서

그리스도교 이전 히브리어 전승 보유자들은 예언자들의 활동 시기로 추정한 연대순에 따라 열두 소예언서를 '대강' 정리해 놓은 것 같다. 역사비평 연구 이전에 이미, 예언서의 절반이(요엘, 오바, 요나, 나훔, 하바, 말라) 연대에 관한 표기를 담고 있지 않다는 사실에서 여러 작성 일자는 불확실한 것으로 판명되었다.

연대 표기 암시된 또는 언급된 민족	마소라본	칠십인역 성경
호세 1,1 : 유다의 우찌야, 요탐, 아하즈, 히즈키야 시대와 이스라엘의 예로보암 시대에 북 왕국에 관하여	호세아서	호세아서
요엘 2,1 : 시온(예루살렘)에 관하여	요엘서	아모스서
아모 1,1 : 유다의 우찌야와 이스라엘의 예로보암 시대에 아모 3-9장 : 북 왕국을 향한 신탁들	아모스서	미카서
오바 1,1 : 에돔에 관하여	오바드야서	요엘서
요나 1,2 : 니네베에 관하여	요나서	오바드야서
미카 1, 1: 유다의 요탐과 아하즈와 히즈키야 시대에 미카 1,1 : 사마리아와 예루살렘에 관하여	미카서	요나서

연대 표기 암시된 또는 언급된 민족	마소라본	칠십인역 성경
나훔 1,1 : 니네베에 관하여	나훔서	나훔서
하바 1,6 : 바빌론인들의 도착	하바쿡서	하바쿡서
스바 1,1 : 유다의 요시야 시대에	스바니야서	스바니야서
하까 1,1 : 페르시아의 다리우스 임금 제2년 여섯째 달 초하룻날	하까이서	하까이서
즈카 1,1 : 페르시아의 다리우스 임금 제2년 여덟째 달 초하룻날	즈카르야서	즈카르야서
	말라키서	말라키서

위의 명부는, 마소라본의 경우 일자 표기된 여섯 권의 책이 연대순으로 정리되어 있음을 일러준다. 나아가 예언집은 8세기에 북 왕국에서 설교한 대예언자들의 책으로 시작하여(호세아서, 아모스서), 유배시대 이후 성전의 공동체와 결부된 세 예언서로 마감된다(하까이서, 즈카르야서, 말라키서). 이 두 총체 사이에 외국 왕국들, 곧 에돔(오바드야서)과 아시리아(요나서, 나훔서)에 관한 본문들이 등장하며, 이어서 다른 책들은 유다 왕국의 최후 시대로 거슬러 올라간다(하바쿡서, 스바니야서). 끝으로 우리는 열두 소예언서의 순서와 대예언서(특히 이사야서와 칠십인역 성경의 예레미야서)의 순서 사이의 유사성에 주목한다. 이렇게 예언집은 이스라엘을 향한 심판 말씀들로 열리고, 이민족들을 향한 신탁들이 뒤를 이으며, 구원을 알리는 희망의 예언들로 끝맺음한다.

처음 여섯 소예언서의 경우, 칠십인역 성경의 그리스어 역본은 마소라본의 그것과 다른 순서를 증언한다. 미카서가 요나서와 나훔서 사이에 자리하지 않고 아모스서 다음에 실려 있으며, 요나서가 북 왕국을 향한 두 대예언자의 책 사이가 아니라 미카서 다음에 나온다. 칠십인역 성경의 순서가 더욱 논리적인 것으로 보인다. 한편으로는 첫 네 권의 예언서가 남과 북을 대상으로 말을 건넴으로써 중개 자리를 차지하는 미카서를 통하여 북에서(호세아서, 아모스서) 남으로(요엘서) 향하는 지리적 체계를 따르기 때문이며, 다른 한편으로는 이민족을 향한 세 예언서의(오바드야서, 요나서, 나훔서) 연속성이 손상되지 않기 때문이다. 따라서 칠십인역 성경의 순서가 마소라본의 순서보다 더 오래된 것 같다. 사실 마소라본이 보여주는 변화는, 니네베의 구원과(요나서) 파괴(나훔서) 사이의 휴지 시기를 표기하고, 호세아서와 아모스서 사이에 유다에 대한 배타적인 관점을 보여주는 요엘서를 삽입함으로써 북 왕국을 향해 지나치게 쏠려 있는 상태로 예언집을 여는 것을 피하고자 하는 신학적 의도로 설명될 수 있다. 나아가 칠십인역 성경과 마소라본의 순서와 다른 열두 소예언서(XII)의 순서는 요나서가 나훔서 다음에 나오는 쿰란의 증언으로(4QXIIa) 확인된다.

2. 예언집의 증보

열두 소예언서의 배치는 분명 단 한 번의 과정으로 이루어진 것이 아니며, 여러 작은 '모음'이 이미 존재했었다. 주석가 대부분은 신명기계 문체로 된 최초의 소예언서 모음이 있었을 것을 지지한다. 호세아서와 아모스서와 미카서와 함께 아마도 스바니야서를 규합한 이 신명기계 모음은 매우 유사한 방법으로 작성된 표제, 곧 '이스라엘(또는 유다)의 임금(들) Y(와 Z) 시대에 X에게 내리신 야훼의 말씀들'로 특징된다. 성전의 재건을 다루는 하까이서와 즈카 1-8장에 의해 형성된 총체는 아마도 처음에는 독립적인 모음을 이루고 있었을 것이다. 문체와 표제가 매우 비슷한 두 권의 책 나훔서와 하바쿡서도 마찬가지이다.

이러한 비평은 일반적으로 열두 소예언서의 증보라는 문제를 불러일으키며, 이러한 현상을 설명하기 위하여 여러 이론이 제안되었다.

신명기계 모음은 흔히 가장 오래된 것으로 받아들여 졌다. 샤르트(A. Schart)에 따르면, 이 모음은 두 단계로 발전되어 나갔을 것이며, 첫 단계는 북 이스라엘을 향해 심판의 말씀을 던지는 두 예언서, 곧 호세아서와 아모스서만을 포함하고 있었을 것이다. 신명기계 모음이 완성된 다음, 샤르트는 연이은 세 단계가 먼저 나훔서와 하바쿡서를, 다음 하까이서와 즈카르야서를, 끝으로 요엘서와 오바드야서를 덧붙여 나가게 했을 것이라 가정한다. 후기에 와서야 비로소 요나서와 말라키서가 이 총체 안에 삽입되었을 것이다.

노갈스키(J. Nogalski)는 한편, 열두 소예언서의 '편집적' 일관성을 강조한다. 그는 특히 요엘서의 구성과 관련된 편집 단계가 존재했을 것임을 주장한다. 노갈스키는 요엘서가 요엘서를 다른 소예언서와 묶어주는 상당수의 '연결고리'를 포함하고 있음을 강조한다. 이러한 관점에서 볼 때, 요엘서 편집은 총서로서의 열두 소예언서 형성에 있어 둥근 천장의 열쇠 역할을 한다고 말할 수 있다. 요엘서 이외에도 이 편집은 열두 소예언서의 나머지 부분에도 개입하여 신명기계 예언집(호세아서, 아모스서, 미카서, 스바니야서)과 하까이서와 즈카 1-8장의 예언집 사이를 연결해 주었을 것이다. 노갈스키는 나아가 요엘서를 책임진 편집이 나훔서와 하바쿡서와 오바드야서를 예언집 전체에 연대순으로 삽입시키면서 첨가했을 것으로 추정한다. 요나서와 즈카 9-14장만이 더욱 후기에, 그리스 시대에 삽입되었을 것이다.

3. 주제와 의도

단 한 권의 책에 수록된 히브리어 성경의 열두 소예언서는 서로 다른 '저자들'이 저술한 조화롭지 못한 작품으로 남아 있는 것은 여전히 사실이며, 열두 소예언서 전체를 산만한 문학 단위를 형성하는 책으로 취급한다는 것은 문제가 될 수 없는 일이다. 따라서 열두 예언서 각각은 당연히 그 자체로, 다시 말해서 다른 열한 예언서와는 독립적으로 읽히고 해석되어야 한다. 한편, 열두 소예언서의 상당한 문학적 일치를 강조하는 연구 역시 관심을 끈다. 이러한 연구는 경전화의 과정을 잘 이해하도록 이끌어 줄 뿐만 아니라, 여러 경우 수수께끼 같은 몇몇 구절을 새롭게 해석하도록 도움을 준다. 예를 들어, 나훔 1,2-8의 준-알파벳 찬미가가 2ㄴ-3ㄱ의 탈출 34,6-7 인용으로 - 이러한 인용은 예언 총서에서 여러 차례 반복된다 - 갑작스럽게 단절되는 현상은, 오로지 나훔서에만 초점을 맞춘 편집의 틀보다는 열두 소예언서 형성과 관련된 편집 개입으로 잘 설명될 수 있다. 또한, 말라 1,9는 이 책을 열면서 즈카 8,21-22와 반대 명제를 이루도록 의도적으로 배치해 놓은 것으로 보인다. 이 마지막 관점은 즈카 9-14장이, 저자 대부분이 추정하는 대로, 후에 삽입되었다는 사실이 확실할 경우 더욱 주목할 만하다.

4. 참고 문헌

4.1. 주석서

[각 예언서의 참고 문헌 참조]

4.2. 연구 현황

P.L. Redditt, «Recent Research on the Book of the Twelve as One Book», *CR:BS* 9, 2001, p. 47-80.

4.3. 주요 저서 및 논문

E. Ben Zni, «Twelve Prophetic Books or "The Twelve". A few Preliminary Consideration», in J.W. Watts/P.R. House (éd.), *Forming Prophetic Literature. Essays on Isaiah and the Twelve in Honor of John D.W. Watts* (JSOT.SS 235), Sheffield, 1996, p. 125–156. B.A. Jones, *The Formation of the Book of the Twelve. A Study in Text and Canon* (SBL.DS 149), Atlanta(GA), 1995. J. Nogalski, *Literary Precursors to the Book of the Twelve* (BZAW 217), Berlin, 1993. Id., *Redactional Processes in the Book of the Twelve* (BZAW 218), Berlin, 1993. Id./M.A. Sweeney (éd.), *Reading and Hearing the Book of the Twelve* (SBL.SS 15), Atlanta(GA), 2000. A. Schart, *Die Entstehung des Zwölfprophetenbuchs* (BZAW 260), Berlin, 1998.

호세아서

뢰머 (Thomas Römer)

호세아 예언자의 책은 열두 소예언서 총서의 머리에 자리한다. 이 책은, 예언자의 이름이 책 이름이 된 예언자들 가운데 호세아를 가장 오래된 예언자로 만든 호세 1,1에 담긴 연대 표기를 근거로 이 자리에 놓였다. 그러나 책 자체는 우리에게, '야훼께서 구원하러 오셨다'라는 의미의 호세아 예언자의 생애에 관한 자료를 거의 제공하지 않는다. 사실 이 책은 무엇보다도 여러 단계를 거쳐 빛을 본 하나의 문학적 구조체이다. 이스라엘의 빗나간 예배를 힐책하고 백성의 전멸을 예고하면서도, 당신 백성을 향한 사랑 때문에 결국 이 백성이 구원될 것임을 야훼께서 약속하시는 작품이다. 야훼와 당신 백성 사이의 관계는 두 가지 은유를 통하여 호세아서에 표현되어 있다. 야훼는 이 작품에서 때로는 아버지로, 때로는 이스라엘의 남편으로 묘사된다. 여성 주석가들은 특히 야훼-이스라엘의 부부 모습을 기초로 하는 남존여비 이념을 내세웠다. 여기서 아내(이스라엘)는 지속적인 불륜 성향으로 말미암아 그녀에게 내리닥칠 모든 불행을 받아 마땅한 존재로 등장하기 때문이다.

1. 설계와 내용

호세아서는 동일한 구조를 드러내는 세 주요 부분으로 쉽게 나뉠 수 있다(1,2-3,5; 4,1-11,11; 12,1-14,9). 각 부분은 하나의 소송(*rîb*)과 그에 상응하는 심판 선언으로 열리나, 심판이 마지막 낱말은 아니다. 이 세 문학 단위는 이스라엘의 복구를 예고하는 말씀으로 마감되기 때문이다.

우리는 이 세 부분을 각각 세 작은 단락으로 세분할 수 있다. 제1부 1,2-3,5에서는 심판에서 구원으로 향하는 세 병행 움직임을 주시한다(1,2-2,3; 2,4-25; 3,1-5). 제2부 4,1-11,11에서는, 각각 하나의 명령으로 도입되어 여섯 개의 장면으로 바뀌어 가는 4,1-9,9에서 첫째 단락을 식별할 수 있다. 그 가운데 네 개의 장면은 하나의 도입과(4,1-3) 하나의 결어로(9,1-9) 둘러싸여 있으며, 병행으로 짜여 있다(4,4-19//5,1-7; 5,8-7,16//8,1-14; 이 두 경우 둘째 부분은 첫째 부분의 주요 주제를 반복하고 따른다). 둘째 단락인 호세 9,10-11,7에서, 야훼 앞에 선 이스라엘의 악한 거동을 묘사하는 '역사적 회고'가 지배적인 반면, 셋째 단락은(호세 11,8-11) 복구를 예고한다. 마지막 부부인 호세 12,1-14,9는 야곱 전승과 탈출 전승 사이의 대립으로 특징되며(12,1-5), 종말 예고에 이어(13,1-14,1) 끝내 풍요와 재건 약속이 뒤따른다(14,2-9).

1,1 표제

제1부 : 예언자의 '창녀' 아내와 그 자녀들, 야훼와 이스라엘 사이의 어려운 관계 상징(호세 1,2-3,5)

1,2-2,3 심판과 구원

1,2-8	호세아는 하느님의 명으로 고메르와 세 자녀를 낳으며, 이 자녀들에게 이즈르엘, 로-루하마('자비를 받지 못한 여자'), 로-암미('나의 백성이 아닌 자')라는 이름이 주어진다.
2,1-3	구원 예고. 마지막 두 자녀 이름 변경 : 암미('나의 백성')와 루하마('자비를 받은 여자')
2,4-25	소송(rîb)과 복구
2,4-15	바알을 추종하는 창녀 어머니/이스라엘을 거스른 소송
2,16-25	쇄신 예고. 야훼는 광야에서 유혹하고 그녀의 참 바알(주인)이 될 것이다. 2,25는 야훼께서 자녀들의 부정적인 이름들을 지우시리라는 약속을 통하여 1,2-8로 돌아감
3,1-5	저버림과 돌아옴
3,1-4	(1인칭 기사) 호세아는 야훼의 명으로 창녀 아내를 사랑해야 한다. 이 여인은 야훼께 대한 이스라엘의 거동을 상징한다.
3,5	야훼를 향한 이스라엘의 귀환 예고

제2부 : 에프라임(이스라엘)의 헛된 예배와 헛된 정치(4,1-11,11)

4,1-9,9	특히 사제들과 왕실을 향한 비난
4,1-3	도입 : '하느님 앎'이 없는 당신 백성을 거스른 소송(*rîb*)
4,4-19	백성과 그 사제들의 불륜
5,1-7	사제들과 이스라엘과 왕실을 향한 심판 선언
5,8-7,16	에프라임이 아시리아와 이집트와 맺은 계약 비판과, 야훼와 맺은 계약 파기 비판

8,1–14	사마리아 송아지 비판과 복구 예고; 복구 예고는 사마리아의 완전 파괴와 이집트로의 이스라엘 회귀를 뒤따를 것이다.
9,1–9	결어 : 심판의 때가 다가왔고 이스라엘은 예언자를 저버렸다.
9,10–11,7	역사 내내 펼쳐진 이스라엘의 불신실성
9,10–17	바알 프오르와 길갈에서 펼쳐진 이스라엘의 불신실성
10,1–8	베텔 송아지의 강제 이송과 높은 곳들의 파괴 예고
10,9–15	"기브아 시절" 이후 이스라엘의 불신실성
11,1–7	어린 시절부터 아버지 야훼께 신실하지 못한 이스라엘; 심판 선언 : 이집트로의 회귀 없이 아시리아에 의한 파괴
11,8–11	야훼는 "사람이 아니라 하느님이시기에" 에프라임의 복구 예고

제3부 : 에프라임의 잘못과 죽음과 복구(12,1–14,9)

12,1–15	야훼와 유다의 소송(*rîb*). 조상 야곱 비판. 야훼는 이집트 땅 이후 하느님이시다
13,1–14,1	에프라임의 죽음 예고. 그는 이집트 땅 이후 하느님이신 야훼를 저버렸다
14,2–9	회귀 호소, 이스라엘의 복구 예고
14,10	지혜문학적 결어

칠십인역 성경은 1–2장과 11–12에서 마소라본의 그것과 약간 다른 셈법으로 구절을 나열한다.

마소라본	칠십인역 성경
1,1-9; 2,1-2	1,1-11
2,3-25	2,1-23
11,1-11; 12,1	11,1-12
12,2-15	12,1-14

한편, 그리스어 역자들의 히브리어 대본이 마소라본의 그것과 다소 차이점이 있을 수 있다 하더라도, 칠십인역 성경의 본문은 마소라본과 그렇게 다르지 않다. 칠십인역 성경의 몇몇 단락이 제기하는 이해하기 어려운 문제들은 언뜻 보아 역자들이 히브리어 본문을 이해하는 데 어려움을 겪었다는 사실로 설명될 수 있다. 사실 히브리어 본문 여러 곳에는 모호한 부분들이 적지 않다.

호세아서는 나아가 예언 신탁의 전통적인 도입 부분과 결어 부분이 거의 발견되지 않는다는 사실로 특징된다. 이처럼, '야훼께서 이렇게 말씀하신다'(*kōh 'āmar jhwh*)라는 표현은 전혀 등장하지 않으며, '야훼의 신탁'(*ne'um yhwh*)이라는 문형은 2,15.18.23과 11,11에서만 확인된다. 이러한 관점은, 예를 들어 예레 4-6장에서 추정할 수 있는 것처럼, 호세아서가 독립적인 신탁 모음으로 시작해서 이루어진 것이 아님을 밝혀준다. 반대로 이 책은 열쇠 단어들(예를 들어 책의 첫 장들을 엮어주는 어근 *znh*['불륜을 저지르다'], 참조. 1,2; 2,4.6.7; 3,3; 4,10-15.18; 5,3.4; 6,10; 9,1), 고리 단어들(예를 들어 6,7과 8,1의 '계약 어김'), 또는 동일한 모습과 동일한 주제의 반복으로(예를 들어 9,10과 10,1에서 이스라엘이 포도나무에 비유) 서로 연결된 보다 중요한 문학 단위들의 묶음으로 특징된다. 예언서가, 야훼께서 이스라엘 왕정을 종식시키실 예고로 열리고(1,4) 이 종식이 13,11에서 확인된다는 사실도 주목하자(Landy).

아시리아 군대에 의해 패한 백성의 신들 강제 이송
(호세 8-9장 참조)

다른 중요한 주제는 '하느님 앎'의 부재에 대한 질책이며, 이 부재는 야훼의 백성과 그 지도자들의 특징을 이룬다(4,1-6). 야훼의 앎 결여는 상호 구별되는 세 차원, 곧 정치와 예배와 이스라엘의 역사 전통 차원에서 고발된다(Kratz). 정치 차원에서, 호세아는 아시리아인들과 동시에 이집트인들의 인정을 받는 봉신이 되고자 하는 시도를 질타한다(호세 7,11-12; 8,9.13). 독자는 사마리아 멸망이 아시리아인들의 업적이 아니라, 당신 백성을 징벌하기 위해서 아시리아 제국을 이용하시는 야훼의 업적임을 터득한다(야훼의 바람과 동일시되는 동쪽 바람이 아시리아 군대를 상징하는 호세 13,15 참조). 예배 차원에서, 비판은 주로 세 영역 곧 제사와 베텔에서 숭배되는 황소와 바알 숭배와 관련된다. 제물들은 그것들을 바치는 사람들이 자신들을 야훼와 맺어주는 절대적 신의(*hesed*은 흔히 '사랑, 선성'으로 번역되지만 '신의'이라는 의미를 지닌다)를 준수하지 않기에 거론되고 있다. "정녕 내가 바라는 것은 희생 제물이 아니라 신의다. 번제물이 아니라 하느님을 아는 예지다"(6,6; 마태 9,13과 12,7에서 되풀이). 8,4-7; 10,5-

6; 13,2에는 '베텔의 송아지'를 거슬러 신랄한 비판이 자리한다(몇몇 저자는 8,5가 이스라엘 수도에 자리했을 황소상을 상기시킨다고 추정하나, 베텔의 황소를 말하는 것 같다. 이 구절에서 사마리아는 전체로서의 북 왕국을 가리킨다; 13,2는 '송아지'에게 바쳐진 인간 제물을 암시할 수 있다. Pfeiffer 참조). 이 본문들은 베텔과 단에서(단 성소는 아무튼 호세아서에는 언급되지 않는다; 아시리아인들에 의해 이미 파괴되었던 것 같다) 야훼를 황소로 형상화한 – 이러한 형상은 고대근동 천둥의 신들을 위해 일반적이었다 – 이스라엘의 국가 예배를 힐난한다(1열왕 12 참조). 황소 예배는 인간이 만든 '우상', 야훼를 형상화할 수 없는 우상으로 고발된다. 언뜻 보기에 예언자는 청중에게 야훼와 바알을 혼동하고 있다고 질책한다(바알은 종종 황소로 지칭되고 형상화되었다). 호세 2,10–19; 11,2; 13,1에서 발견되는 바알 숭배 비판은, 다른 어떤 신에게 올리던 예배가 아니라 이스라엘에서 하나의 바알처럼('바알'이 고유명사가 아니라, 많은 풍요의 신을 수식하던 용어임을 되새기자) 숭배되던 야훼께 대한 '헛된' 예배를 대상으로 하는 것 같다. 9–12장에 자리한 '역사적 회고'는, 광야 시대부터(9,10–14; 11,1–8), 나아가 선조 야곱의 집안에 이미 이스라엘에는 야훼께 대한 앎이 없었다는 사실을 지적하고자 한다(호세 12). 야훼께 대한 앎 또는 무지라는 주제의 중요성은 어근 *yd'*('알다'; 이 동사는 친밀과 성[性]이라는 의미를 내포한다)의 잦은 사용으로 강조된다. 이 어근은 책 전체에서 줄곧 발견되며(호세 2,10.22; 5,3–4.9; 6,3; 7,9; 8,2.4; 9,7; 11,3; 13,4–5; 14,10), 책에 틀을 제공하기도 한다. 2,10에서 야훼는 아내 이스라엘이 당신을 알지 못했다고 확인하며, 끄트머리에서 당신은 이스라엘을 광야에서 알았고 그때부터 이스라엘은 다른 신들을 알아서는 안 되었다고 천명하면서, 책을 끝맺음하는 구원 선언을 끌어들인다. 책의 마지막 구절은(14,10) 독자에게 책의 말씀 전체를 이해하는('아는') 일이 어렵다는 사실과, 그러기에 무엇보다도 먼저 야훼의 길을 따라 걷는 '의인들'에 속해야 한다는 사실을 밝힌다.

2. 출처와 형성

호세 14,10의 다소 절망적인 문구는("이 일들을 이해할 만큼 누가 지혜로운가?") 책과 그 형성사의 복잡성을 넌지시 일러준다. 여러 관점은 분명히 이 책이 단 한 번에 기초되지 않았음을 시사한다. 나아가 735-720년의 역사적 맥락이 종종 전제되는 것처럼 보인다 하더라도, 책 전체가 기원전 8세기에 기록되었다고 볼 수 없다(아래 참조). 사실 비난 내용의 대부분은 아시리아인들의 침입으로 사라지기 직전의 이스라엘 왕국을 겨냥한다. 4,17부터 수신인들은 자주 '에프라임'이라 불리며(열두 소예언서에서 거의 예외적인 특징이다), 이는 북 왕국의 그들의 상황을 분명히 가리킨다. 에프라임이라는 용어는 733/732년에 아시리아와 맞선 저항 이후 지중해 연안과 므기또 지방과 길랏이 잘려나간 북 이스라엘 왕국을 지칭하는 것 같다(Jeremias). 북 왕국을 자주 상기시키는 현실 이외에, 다른 문구들은 유다에 대해 말하면서 이스라엘보다 유다에게 특권을 부여하거나(참조. 1,7; 4,15; 12,1과 함께 유다의 임금들을 강조하는 표제 1,1), 반대로 에프라임처럼 심판과 파괴를 예고하거나(참조. 5,5.10.12-14; 6,4.11; 8,14; 10,11; 12,3), 새로운 다윗 아래 '통일된 왕국'을 상기시킨다(2,2; 참조. 3,5). 현 상태에서 호세아서는 8세기 후반기의 더 오래된 일자를 가리키는 많은 문구를 담고 있으면서도(Schütte), 이처럼 분명히 유다 왕국의 종말과 페르시아 시대의 종말론적 희망을 전제로 한다(Trotter).

또한, 한편으로는 호세 1-3장과 다른 한편으로는 4-14장 사이에 존재하는 문체와 내용의 상이점을 언급해야 한다. 우리는 호세 4-14장의 몇몇 본문에서 신명기계 문체와 신학과의 유사성을 만날 수 있다(예를 들어 *berît*[계약]이라는 주제, 이스라엘의 창립 전승으로서의 탈출, 높은 곳(산당)들을 거스른 논쟁, 백성에 의해 버림받는 예언자 개념). 신명기계 역사에 대한 이 본문들의 종속 문제인가, 아니면, 학자들이 종종 주장했던 것처럼, 호세아서에서 신명기계 저자들의 선구자를 찾아야 하는가? 또 다른 문제가, 결정적인 어조로 발설된 전멸에 대한 공지와 긴장 관계에 있는 복구 예고들이 종종 예기치 않은 방법으로 갑자기 등장한다는 데서 빚어진다. 분명 이러한 관점과 문제 전체는 책의 형성에 관한 통시적 가설에 의거하는 설명을 필요로 한다.

2.1. 연구사

20세기 초에 예언서 전체에 대해서처럼 호세아서에 관한 연구는 특히, 후대의 본문들이 존재한다는 사실을 원칙적으로 인정하면서도, 예언자가 직접 발설한 말씀을 확인하는 데 관심을 가졌다. 둠(B. Duhm)에 따르면, 호세 1,7; 2,1-3.16-23; 3,5; 4,15; 8,4ㄴ.5-6.14; 10,12-13; 11,10-11; 12,4-7.13-14; 14,1ㄴ-10과 같은 본문들은 마카베오 시대의 격동 속에 살고 있던 유다인들에게 용기를 주기 위하여 기원전 2세기에 삽입되었을 것이다. 그러나 둠은 책의 형성이라는 차원에서 전반적인 가설을 내세우는 데 관심을 두지 않고서, 이 문구들을 후대의 첨가 부분으로 확인하는 데 만족했다.

볼프(H.W. Wolf)는 1950년대부터 호세아서 거의 전체가 호세아의 예언 활동 기간 또는 직후 작성되었다는 이론을 발전시켰다. 볼프의 입장은 아무튼 1980년대까지, 나아가 오늘날까지 호세아서 연구에 영향을 미쳤다. 한편 볼프는 호세 1-3장과 4-14장 사이의 문체상의 차이를 인정하나, 이를 다음과 같이 설명한다. 호세 1-3장은 일부분, 특히 2,4-17과 3,1-5는 예언자 호세아에 의해 몸소 기록되었을 것이며, 호세아의 '제자' 한 사람이 1,2-6.8-9; 2,1-3.18-25를 덧붙여 이 핵심을 보완함으로써 예언자의 생애와 설교에 관한 첫 문건을 만들어냈을 것이다. 호세 4-11장을 위해서는 사정이 매우 다르게 제시된다. 예언 문형의 부재는, 예언자의 활동 직후 그의 추종자들에 의해 기초된 호세아 설교의 '구술-소송'(*Auftrittsskizzen*) 앞에 서 있다는 사실로 설명될 수 있다. 볼프는 이 추종자들이 호세아 자신처럼 북 왕국의 레위계 출신이라고 가정한다. 이러한 가설에서 호세 4장 이하의 배열은 그저 단순하게 다양한 연사의 연대순을 반영할 뿐이다. 호세 12–14장은 또한 4–11장에 비해 몇몇 차이점을 드러냄에도 불구하고, 구술–소송에서 그 출처를 찾는다. 이 차이점들은 북 왕국의 최후 시기로 거슬러 올라가는 12–14장 전체의 전례적 활용으로 설명될 수 있다(12,6의 찬영가 참조). 볼프에 따르면, 구술–소송의 저자들은 약간의 덧붙임만 허용하면서 예언 말씀을 거의 그대로 보존했다. 볼프는 나아가 유다를 상기시키는 구절들의 첨가를 주도한 두 개의 유다 편집을 밝혀낸다. 신명기계 영감을 받은 '최후 편집' 하나는 6세기에 1–3장과 4–11장과 12–14장으로 이루어진 세 단원을 하나로 묶고, 1,1의 표제와 14,10의 결어를 만들어냈을 것이다.

예레미아스(J. Jeremias)의 접근은, 책 한가운데 예언자가 몸소 발설한 말씀이 존재한다는 주장에 대하여 크게 망설임으로써 볼프의 입장과 차이를 보인다. 예레미아스는 호세아의 '제자들'이 722년 사마리아 멸망 이후 유다로 피신했을 것이라 가정한다. 따라서 유다에서 이들은, 호세아의 신탁들을 정돈하고 간추리고 개정하면서, 이 신탁들을 수집하고 기초했을 것이다. 이렇게 이들은 호세 4–11장 모음을 만들어냈다. 특히 4,1–9,9에는 (기원전 734–732년) 유다를 거스른 아람 국가들과 이스라엘의 전쟁 상황을 반영하는 신탁들이, 호세 9,10–11,11에는 사마리아 파괴 직전으로 거슬러 올라가는 말씀들이 담겨 있다. 1–3장과 12–14장의 모음에 대해서 예레미아스는 대체로 볼프의 분석을 따르면서도, 대부분의 경우 예언자의 구두 개입을 재구성한다는 것은 불가하다는 사실을 강조한다. 예레미아스는 한편 호세아서가 (720년과 620년 사이에) 매우 빠르게 아모스서 두루마리와 함께 발간되었다고 추정한다. 이 발행인들은 아모 4,4; 5,5; 8,14에서 영감을 받은 호세 4,15와, 아모 3,9–11; 6,8로부터 영감을 받은 호세 8,14를 덧붙이면서 이 두 예언서의 메시지를 조화롭게 했을 것이다.

볼프와 예레미아스의 관점에서 보면, 호세아서는 예언자의 활동 직후에 거의 완성되었을 것이다. 그러나 학자들은 이들이 작품의 복잡성을 충분히 고려하지 않았다는 사실로 이러한 입장에 대하여 반론을 제기한다. 문제는, 세 단원 곧 호세 1-3장과 4-11장과 12-14장의 통합에 관한 가설들을 분석할 때, 이미 하나의 예로 떠오른다. 볼프와 예레미아스와 다른 학자들은 이 단원들이 오랫동안 별도로 계승됐을 것이며, 아울러 요시야의 개혁 시기에 책이 이미 세 부분으로 나뉘어 있었으리라 주장한다. 나아가 호세아서의 몇몇 본문은 7세기 이후의 일자를 필요로 하는 것 같다. 예를 들어 우상들을 거스른 제2 이사야의 논쟁을 상기시키는 호세 8,2-6의 경우이다.

볼프와 예레미아스가 심혈을 기울인 고전적인 이론에서 비롯된 문제들은, 1980년대부터 보다 길고 복잡한 편집사 가설을 지지하는 호세아서에 관한 연구가 서서히 윤곽을 드러냈음을 대변한다.

특히 1987년에 출간된 이(G.A. Yee)의 저서의 경우이다. 이 저자에 따르면, 신명기계 기법의 본문들은 예언자나 그의 제자들의 작품으로 돌려서는 안 되며, 오히려 중대한 편집 개입을 증언할 뿐이다. 이(Yee)는 책 형성에 관한 주요 네 단계를 식별한다. 예언자의 친저 신탁 핵심과 히즈키야 시대의 수집가(C)와 두 개의 신명기계 편집(R1과 R2)이다. 8세기로 거슬러 올라가는 책의 핵심은 오십여 개의 구절만을 담고 있다(호세 2,4.5.7ㄴ.12; 4,4.5ㄴ.12.18.19ㄱ; 5,1-2ㄱ.3.5.8-13ㄱ.14; 6,8-10; 7,1.2-3.5-9.11-12.13-15; 8,8-10; 9,11-13.16; 10,11.13ㄱ; 12,1ㄱ.2-4.8-9.13.15; 13,12-13.15-14,1). 이 호세아서 본문의 주요 주제는 14,1의 죽음 예고에서 절정에 이르는 에프라임의 불신실성이다. 한 수집가가, 소명 기사 대신에 호세 1장을 첨가하고 호세 2장의 어머니를 예언자의 아내인 것처럼 해석하면서, 히즈키야 시대에 예루살렘에서 이 핵심을 출간했다.

이어서 이(Yee)가 크로스(F.M. Cross)의 이론에 따라 신명기계 역사의 두 개의 편집과 동일시한 두 개의 신명기계 편집이 삽입된다(이 점에 대해서는 이 책의 신명기계 역사 참조). R1은 요시야 시대에 이스라엘을 향한 비난을 주로 예배 질서에 관한 비난으로 해석한다(호세 2,10ㄱ.11.13-15ㄱ; 4,1-2.4.5ㄱ.6ㄴ.13ㄴ.15-16ㄱ.17ㄱ.18.19ㄴ; 5,5-7; 6,4.6-7.11; 8,1-4ㄱ.5.6.11-12; 9,1.5.7.10.15; 10,1-8.15). 신명기계 역사에서처럼, R1은 사마리아의 함락이 야훼께 대한 참된 예배의 일탈로 설명된다고 밝히고자 한다. (1,1과 14,10을 기초한) 책의 최후 편집자이기도 한 R2는, 587년의 예루살렘 파괴 이후 바빌론의 지배하에 살던 유다인들을 일차적 대상으로 한 구원 예고를 삽입하며, 이로써 책에 삼중 구조를 부여한다. 이(Yee)에 따르면, R2는 다음 소재의 저자이다: 1,1.5.6-7; 2,1-3.8-9.10ㄴ.15ㄴ-18.19-20.22ㄴ-25; 3,1-5; 4,3.6ㄱ.7.12.13ㄱ.14.16ㄴ.17ㄴ; 5,2ㄴ.4.13ㄴ.15-6,3; 6,5.6.11ㄴ-7,1; 7,4.10.12.15.16; 8,4ㄴ-5.6-7.13-14; 9,2-4.6.8-9.14.17; 10,9-10.12.13ㄴ-14; 11,1-11; 12,1ㄴ.5-7.10-12.14; 13,1-11.14; 14,2-10. 호세 1-3장의 신실하지 못한 아내는 이후 호세 4-11장의 순종하지 않는 아이와 병행 관계에 놓인다. 호세 12-14장에서 야곱은 회개를 필요로 하는 상징이 되며, 탈출은 바빌론 유배로부터의 해방의 표상으로 등장한다.

이(Yee)는 당연히 호세아서에 전개된 편집 작업의 중요성과, 많은 본문이 유다 왕국의 종말을 전제로 하는 것 같다는 사실을 강조한다. 그러나 학자들은 크로스와 다른 저자들이 신명기와 열왕기 하권을 위해 옹호했던 두 신명기계 편집을 체계적으로 재정리하는 시도에 대해 의구심을 표명한다. 이러한 가설을 논증하기 위해서는 문체와 어휘의 병행 관계가 보다 중요하게 취급되어야 할 것이다. 학자들은 또한 모든 첨가 부분이 책 전체를 아우르는 편집에 속하는지, 아니면 몇몇 경우, 에제키엘서의 경우 침멀리가 가정했던 대로, '덧붙여 이어 쓰기'(*Fortschreibung*, 책 전체의 편집과 필연적인 관련이 없는 별도의 첨가 부분) 현상을 감안해야 하지 않는지 자문한다.

이는 한편 니씨넨(M. Nissinen)이 호세 4장과 11장을 분석하면서 펼친 논제이다. 그에 따르면 책의 형성을 다음과 같이 설명할 수 있다. 책의 핵심은 8세기 말에 전개된 사마리아 함락에 대한 애가 편집으로 이루어졌을 것이다(4,1ㄱ.2ㄴ.3ㄱ; 11,1-6.11: 4,1의 '야훼의 말씀[*dābār*]'과 11,11의 '야훼의 신탁[*ne'ûm*]'이 틀을 이룬다. 5,12-6,3; 7,3-12; 8,7-10; 9,3-6; 9,11-14; 10,5-8을 이 핵심으로 돌려야 할 것이다). 계약에 관한 신명기계 신학에서 영감을 받은 편집 하나가 페르시아 시대 초에 개입하며, 호세 2-13장 전체를 펴내고 이를 소송(*rîb*, 참조. 2,4; 4,1; 12,3) 주제의 보호 아래 둔다. 4,1ㄴ.2ㄱ.3-4 이외에, 우리는 이 문학 층에 6,4-7; 8,1ㄴ.4; 12,1-3; 13,4-8 구절을 포함시킬 수 있으며, 이 편집은 아시리아 세계의 조약 언어와의 인접성으로 특징된다. 이 편집이 사제들에 대하여 문서화한 신랄한 비난은, 신명기계 저자들과 아케메네니데스 시대 초의 사제계 세계 사이의 갈등을 반영할 수 있다. 니씨넨은 이어서 그 역시 유배시대 이후 초에 두는, '신명기 사상 가장자리'의 또 다른 편집을 확인한다(4,6ㄱ.7-8.11-14; 11,2.3ㄴ.4.5ㄴ.7). 11,8-11에서 니씨넨은 1,7; 2,1-3.16-25; 3,1-5; 14,2-9에서 찾을 수 있는 종말론적 편집을 받아들인다. (예배의 중앙화에 대한) 4,15와 (창립 전승을 반영하는) 4,16-19와 12,4-13,2는 점점이 덧붙여진 가필로 이해해야 할 것이며, 책 형성의 최후 단계에 대해서는 맥케인이 예레미야서에 적용했던 '회전 문집'(*rolling corpus*) 개념을 다시 취할 만하다(이 점에 대해서는 이 책의 예레미야서 입문 참조).

호세아서의 베텔 성소에 전념한 파이퍼(H. Pfeiffer)의 연구는 니씨넨과 동일한 방향으로 나아간다. 파이퍼는 사마리아 함락 이후에 이루어진 선-신명기계 모음을 식별한다. 신명기계 문체의 편집은 예루살렘 성전 파괴 이후 베텔 성소를 복원하고자 하고(12,3-5.7-11.13-14), 이차적인 신명기계 편집 곧 후-신명기계 편집은 북 왕국의 예배를 야훼께 대한 저버림과 잡신들 숭배로 특징되는 것으로 해석하며(참조. 2,4-15; 4,1-19; 5,1-8; 8,1ㄴ; 9,1ㄴ.11), 끝으로 유배시대 이후의 편집은 우상을 거스른 논쟁 관점에서 베텔에 관한 본문들을 개정한다(8,6ㄱ; 13,2). 니씨넨처럼 파이퍼는 한편 페르시아 시대 내내 별도의 많은 부분이 덧붙여졌음을 주장한다. 루드니히-첼트(S. Rudnig-Zelt)와 피엘하우어(R. Vielhauer)의 최근 연구 역시 호세아서를 기원전 8세기부터 쿰란 시대까지 펼쳐진 기나긴 편집 과정의 결과로 이해해야 한다는 입장에 선다.

비록 이 연구들이 매우 상이한 결과에 이름에도 불구하고, 호세아 전승의 기록은 사마리아 함락 이후에야 비로소 시작된다는 점에서는 일치한다. 니씨넨과 파이퍼와 루드니히-첼트의 연구는(호세 1-3장에서는 Wacker도 참조) 나아가, 예언서 문서화의 최후 단계가 점점으로 이루어진 일련의 편집 개입으로 특징된다는 사실을 밝힌, 예레미야서에 관한 슈밋과 에제키엘서에 관한 폴만의 연구와 동일 선상에 자리한다. 따라서 우리는, 호세아의 경우 역사적 인물로 파악하는 데 어려움으로 남아 있는 예언자가 직접 발설한 말씀보다는, 편집자에게 더욱 큰 관심을 쏟는 연구 진척을 주시할 수 있다. 그럼에도 불구하고, 호세아서에 관한 수많은 최근 연구는 이러한 접근 방식에 망설임을 보이며, 계속해서 볼프와 예레미아스의 전통적 이론 편에 서 있다(Bos, Naumann, Macintosh 참조).

2.2. 책의 형성

앞서 살펴본 관점에서 본다면, 우리는 호세아서의 형성에 관한 공통된 견해가 마련되어 있다고 말할 수 없을 것이다. 그러나 다음의 관점을 고려하면서 책의 문서화에 관한 주요 단계들을 정리할 수 있을 것이다. 한편으로(ㄱ), 호세 4-9장의 몇몇 본문은 733-722년의 상황 속에서 가장 잘 설명될 수 있다. 니씨넨은 종속관계를 체결하는 아시리아 조약의 언어와 이념과 병행하는 많은 본문을 학술적으로 집어냈다. 이러한 본문들은 유배시대 이후보다는 (기원전 8-7세기의) 아시리아 시대에 작성된 것으로 보는 것이 더 논리적일 것이다. 다른 한편으로(ㄴ), 유다인들의 편집 흔적이 분명히 존재한다. 이러한 관점은 호세아서가 유다에서도 관심의 대상이 되었으며, 어떤 경우에도 북 왕국의 결과물로만 인식되지 않았음을 함축한다. 끝으로(ㄷ), 호세아서에 표현된 종말론적 몇몇 기대는 페르시아 시대의 예언서에서 가장 탁월한 병행 현상을 보유한다.

1) '책의 핵심'은 아마도 4,1-9,9 사이에서 발견되는 것 같다(Ktatz, Vielhauer). 이 본문들 가운데 몇몇은, 734-733년에 이스라엘의 임금 페카와 다마스쿠스의 임금이 반-아시리아 동맹에 가입하기를 거부한 유다의 아하즈를 응징할 목적으로 단행한 일명 '시리아-에프라임' 전쟁 상황을 반영한다. 아하즈는 아시리아 임금 티글랏 필에세르에게 도움을 청하며, 이 임금은 아람과 이스라엘을 거슬러 개입한다. 티글랏 필에세르는 이스라엘로부터 특히 갈릴래아와 요르단 건너편을 빼앗고 주민들 가운데 주요 부분을 강제 이주시키며, 정복한 지역을 재편한다. 아마도 페카가 암살당하고 호세아라 불리는 임금이 즉위함으로써 사마리아가 일시적으로 멸망을 모면한 것 같다. 5,8-11은 전쟁 당시 에프라임과 유다 사이의 영토 갈등을 회상시키는 것 같으며, 5,12는 티글랏 필에세르의 개입을, 5,13은 우선 호세아 임금의 친-아시리아 정책을 암시하는 것 같다. 이 단원에서 몇몇 본문은, 사마리아가 732년, 또는 이집트에 의존할 수 있다고 생각했던(호세 7,11-12.16 참조) 호세아 임금의 반란에 이어 아시리아인들에 의해 파괴된 시점인 722년의 멸망과 강제 이주를 상기시킬 수 있다(6,4-5; 9,7-9). 이 신탁들 뒤에서 만날 수 있는 예언자 호세아는 따라서, 이사 6-9장의 '회고'가 관련된 같은 시대의 유다 예언자 이사야와 대등한 북 왕국 인물이 된다. 이사야처럼, 호세 4-9장 뒤에서 가늠할 수 있는 호세아는 조정에 접근할 수 있는 인물이었을 것이다(Landy). 비록 호세아가 귀족계급을 비판하고 레위인 집단에 말을 건네다 하더라도(Schütte), 그는 분명 '주변 시골의 레위인'이 아니었다.

이처럼 호세 4-9장의 첫 문서화 단계를 8세기 말로 어림잡을 수 있는 반면, 누구에 의해 어디서인지는 규명해야 할 문제로 남는다. 예언자가 제자들을 거느리고 있었을 것이라는 견해는(Wolff, Jeremias) 다소 시대착오적인 문제를 안고 있다. 마리(Mari) 또는 아시리아에서 입증된 관습과 유사하게 조정이나 성소의 직원이 관리하는 문서보관을 연상해야 하는가(성경의 생산 환경에 관한 이 책의 Knauf 논문 참조). 크나우프에 따르면, (아모스서 두루마리에 이미 결합되어 있었을, Jeremias 참조)? 호세아서 초판은 베텔이 620년경 요시야에 의해 병합되기까지 이 성소에 보존되어 있었을 것이다. 호세 1-3장과 12-14장이 이미 여기에 속했었는지는 단언하기 쉽지 않다. 크라츠(R.G. Kratz)와 베르멜렝(J. Vermeylen)에 따르면, 호세 1장은 여러 단계에 걸친 문학 작업의 결과이다. 이 장 핵심의 저자는 아모 7-9장과 이사 7-8장으로부터 영감을 받았으며, 7-6세기경에 자리할 것이다. 2,10-17에서 남편이 불륜을 저지른 아내를 다시 맞아들인다는 선언이 제2 이사야의 묘사를 전제로 하는 것이 사실이라면, 호세 2-3장은 더 후대의 작품일 수 있다(Wacker, Pfeiffer). 호세 12-13장의 야곱 이야기 요약은, 최근의 여러 연구 작업 결과에 따르면 바빌론시대로 거슬러 올라가며(Yee, Nissinen, Pfeiffer, Vielhauser), 다른 학자들에 따르면 이 책 초판에 속할 수 있다(de Pury).

2) 요시야 시대에 호세아서는 (아모스서처럼) '유다 편집'을 거쳤을 것이다. 이 편집은 에프라임과 유다 사이의 차이점을 강조하는 본문들을 덧붙이며(위 참조), 이 책을, 요시야 시대의 유다와는 달리 야훼께 대한 참된 예배가 무엇인지를 알지 못했던, 북 왕국이 받아 마땅한 재앙을 정당화하는 자료로 해석한다(Yee).

3) 예루살렘의 파괴는 '6세기 책의 전적인 개정'을 야기했다. 호세아서에 예고된 재앙들은 597/587년의 사건에 비추어 재해석되었다(Yee, Pfeiffer). 아마도 '신명기계 세계'가 당대에 예레미야서와 '네 권의 책'(호세아서, 아모스서, 미카서, 스바니야서)을 발간하여 예언서 소-경전을 만들어낸 것 같다. 그러나 이 판이 이미 구원 예고를 포함하고 있었는지 단정하기는 어려우며, 오히려 하나의 특별한 편집을 지지해야 할 것 같다.

4) 페르시아 시대 초에 '종말론적 편집'은 이스라엘의 소집과 귀환을 말하는 본문들을 덧붙였으며(Nissinen, Pfeiffer), 그 가운데 몇몇은 제2이사야서와 병행 관계를 드러낸다.

5) 수많은 '점점으로 이어진 첨가 부분' 다음에 '최후 편집'은 열두 소예언서 총서 출간의 틀 속에서 호세아서를 개정했다. 호세아서의 심판과 구원 교차는 열두 소예언서 전체를 위한 격자가 되며, 호세 1-3장은 말라키서와 함께 열두 소예언서를 위한 틀을 형성하도록 배치된다(Watts).

3. 주제와 의도

3.1. 야훼와 예언자와 여인들

호세 1-3장은 야훼께 대한 이스라엘의 거동을 상징하는 신실하지 못한 여인이라는 주제로 지배된다. 학자들은 오랫동안 예언자가 하나, 나아가 두 명의 신실하지 못한 여인과 결혼했다고 여기면서(이 마지막 해결안은 우리가 호세 1-3장을 단 하나의 기사로 읽을 경우 적용될 수 있다. 그러나, 특히 호세 1장의 단수 3인칭과 호세 3장의 1인칭 활용이 암시하는 것처럼, 동일한 사건에 관한 두 개의 보고일 수도 있다), 전기적 관점에서 이 장들을 해석했다. 학자들은 이처럼 호세아가 (예배적) 창녀와 결혼했는지, 아니면 상징적 행위를 완수하기 위하여 이와 같은 여인의 직분을 매수하기만 한 것인지 알고자 노력했다. 한때 매우 열정적이던 이 논쟁은 이제 가라앉았다. 최근의 많은 연구는 호세 1-3장을 무엇보다도 먼저 책 전체의 틈 속에 끼워 넣은 일종의 이야기와 같은 문학 창작으로 이해한다(Wacker, Vielhauser). 문제시되는 '연정 놀이'는 호세 4-14장을 특징짓는 위기의 신탁과 용서 사이의 교차를 일정한 방법으로 요약한다.

하나의 나무 안에 묘사된 풍요의 여신(호세 14,9 참조)

이스라엘을 야훼의 신실하지 못한 아내로 묘사하는 기법은 특히 예레미야서와(예를 들어 예레 2-3) 에제키엘서에서(예를 들어 에제 16) 다시 발견된다. 이러한 기법 활용은 고대근동 사회의 족장 개념을 반영한다(Yee). 아내는 그녀에 대해 모든 권한을 가지고 있던 남편('남편'으로 번역되는 *baal*은 동시에 주인, 남편, 소유주를 뜻한다)의 소유물로 여겨졌다. 여성 주석가들은 호세 1-3장의 이 은유법 사용을 비판한다. 우리는 사실 호세 2,4-15와 같은 본문을 불륜을 저지른 여인을 발가벗기는 학대 음란적이며 남존여비적 하나의 환상으로 읽을 수 있다(Landy). 그러나 호세 4장부터 불륜을 저지른 여인에 관한 비유는 자식에 관한 은유를 통하여 희석되기 시작하며, 책의 둘째 부분 끝으로 향하면서 야훼는 이제 하나의 아버지처럼 하나의 어머니로 등장한다(호세 11,3-4). 14,9의 최후 은유는, 이스라엘의 하느님이 그 기능을 취한 풍요의 여신을 상징하는 싱싱한 방백 나무로 야훼를 묘사한다.

3.2. 호세아와 이스라엘의 역사 전승

열두 소예언서 가운데 어떤 책도 호세아서만큼 창립 전승에 관한 암시를 담고 있는 작품은 없다. 호세 9,9-13,9의 본문은, 광야 시기(9,10; 13,5; 2,16도 참조), 바알 프오르(9,10; 참조. 민수 25), 기브아의 날(9,9; 10,9; 참조. 판관 19-20), 이집트 탈출(11,1; 12,14; 13,4), 야곱의 서사시(12,3-13; 참조. 창세 25-36), 땅 입성(13,6; 이 구절은 정복에 관한 암시를 담고 있지 않으나, 2,17의 아코르 골짜기 언급은 여호 7장을 돌이킬 수 있다)과 같은 주제들을 상기시킨다.

오랫동안 호세아의 작품으로 취급되어 온 이 본문들은 오늘날에는 종종 편집에 의한 작품으로 여겨진다(Pfeiffer, Rudnig-Zelt, Vielhauser 참조). 이 본문들이 이미 오경과 판관기의 본문들을 전제로 하고 있는지 확인하기 어렵다. 암시하는 내용들이 지나치게 간략해서 문제 해결이 쉽지 않기 때문이다. 도즈만(T. Dozeman)에 따라, 호세아서는 이전의 '구원사'에 속한 작품이 아니라 구원사를 창안한 작품이다. 오경의 저자들이 훗날 그들 나름대로 재생하고 해석한 광야 체류라는 개념의 기원에 호세아서가 있는 것 같다.

이스라엘의 창립 전승 가운데 호세아서에서 가장 길게 회상되는 부분은 야곱의 이야기이다. 몇몇 저자에 따르면, 호세 12장은 창세 25-36장의 선-사제계 기사를 기초로 하는 작품으로 취급되나, 다른 저자들은 오히려 창세기의 기사에 견주어 상당한 차이점을 보여주는 구전 전승을 가정한다. 아무튼, 호세 12장은 이스라엘의 선조에 대하여 매우 비판적인 판단을 지녔던 것 같다. 야곱의 전승은 이스라엘의 창립 '참' 전승으로 등장하는 탈출 전승과 대립한다(de Pury). 이 두 기원 이야기 사이의 갈등은 8세기에 자리하는가, 아니면 바빌론 유배시기인가? 기이하게도 이 두 전승은 베텔 성소와 결부되어 있다(창세 28장과 1열왕 12장 참조). 호세 12장은 따라서 722년의 사마리아 멸망 이후 야곱 전승의 가치를 절하하고, 베텔의 옛 황소 숭배를 예언 전승에 기초한 예배로 변형하려는 시도로 설명될 수 있다(12,14 참조).

3.3. 야훼의 참된 예배 : 신명기계 학파의 영적 아버지 호세아?

호세 4-11장은 야훼의 예배를 왜곡했다고 이스라엘을 고발한다. 계약 존중으로, 제물보다 가치 있는 율법 준수로(4,12-13) 실현되고, '바알화한' 야훼 숭배 거부를 강요하는 야훼의 참 예배 묘사는 신명기계 이념과 매우 가깝다. 따라서, 흔히 말하고 있듯이, 7세기의 호세아서 판이 예루살렘 조정의 신명기계 학파에게 영향을 미쳤다는 점은 충분히 가능한 일이다. 그렇다면 (계약, 배타적인 야훼 경배와 같은) 신명기계 몇몇 개념 역시, 신명기계 저자들처럼 호세아서 편집자들에게 영감을 주었을 아시리아 이념에서 직접 도입된 것으로 설명할 수 있다(Nissinen). 호세아서와 신명기에서 열왕기 하권에 이르는 신명기계 역사 사이의 병행 관계 또한, 호세아서가 요시야 시대와 바빌론 유배시대의 신명기계 판을 알고 있었을 것이라는 사실로 설명될 수 있다(위 참조).

3.4. 심판과 구원. 이스라엘을 위한 야훼의 사랑

호세아서는 722년과 587년의 양대 재앙을 '설명하기' 위하여 노력한다. 이러한 맥락 속에서 심판 신탁들은 이중으로 실현되었으며, 이스라엘을 위한 미래가 가능한지 하는 질문이 제기된다. 바로 이러한 질문에 대해 복구 예고가 해답을 시도한다. 이스라엘을 위한 미래가 존재한다면, 그것은 백성의 개선 때문이 아니라 이 백성을 위한 야훼의 사랑 덕분이다. "나는 타오르는 내 분노대로 행동하지 않고 에프라임을 다시는 멸망시키지 않으리라. 나는 사람이 아니라 하느님이다. 나는 네 가운데에 있는 '거룩한 이', 분노를 터뜨리며 너에게 다가가지 않으리라"(11,9; 참조. 14,5). 홍수 이후처럼 하느님은 다시 한번 당신 백성을 멸망시키기를 몸소 금하심으로써 백성에게 새로운 삶의 가능성을 부여하신다. 이러한 가능성은 그러나 야훼를 향한 이스라엘의 '회귀'(*šub*)를 전제로 한다(3,5; 14,2-3). 진정한 회귀 없이 심판 예고는 그 모든 현실성을 유지한다. 이 점에서 호세아서는 탁월한 방법으로 예언서의 기능을 드러낸다. 심판 신탁들은 과거를 이해하도록 이끌면서 동시에 청중의 현재를 위한 지침을 제공한다. 이 청중은 새로운 재앙을 예방하고 호세아서에 예고된 구원의 실현을 촉진할 거동을 취하도록 초대된다.

4. 참고 문헌

4.1. 주석서

F.I. Andersen/D.N. Freedman, AncB 24, 1980. E. Bons, NSK.AT 23/1, 1996. G.I. Davies, NCBC, 1992. E. Jacob, CAT XIa, 1992(1965). J. Jeremias, ATD 24/1, 1983. F. Landy, *Hosea* (Readings), Sheffield, 1995. A.A. Macintosh, ICC, 1997. J.L. Mays, OTL, 1969. H.W. Wolff, BK.AT 14/1, 1965 = Hermeneia, 1974. G.A. Yee, «Hosea», in *The New Interpreter's Bible, Vol. 7*, Nashville 1994, p. 197-297.

4.2. 연구 현황

G.I. Davies, *Hosea* (OTGu), Sheffield, 1993. J.-G. Heintz/L. Millot, *Le livre prophétique d'Osée. Texto-Bibliographie du XXème siècle*, Wiesbaden, 1999. S. Rudnig-Zelt, «Die Genese des Hoseabuches. Ein Forschungsbericht», in K. Kiesow/T. Meurer (éd.), *Textarbeit. Studien zu Texten und ihrer Rezeption aus dem Alten Testament und der Umwelt Israels. Festschrift für Peter Weimar zur Vollendung seines 60. Lebensjahres* (AOAT 294), Münster, 2003, p. 351-386.

4.3. 주요 저서 및 논문

B. Duhm, *Die Zwölf Propheten. In den Versmaßen der Urschrift*, Tübingen, 1910. T.B. Dozeman, «Hosea and the Wilderness Wandering Tradition», in S.L. Mckenzie/T. Römer (éd.), *Rethinking the Foundations: Historiography in the Ancient World and in the Bible. Essays in Honour of John Van Seters* (BZAW 294), Berlin/New York, 2000, p. 55-70. J. Jeremias, *Hosea und Amos. Studien zu den Anfängen des Dodekapropheton* (FAT 13), Tübingen, 1996. R.G. Kratz, «Erkenntnis Gottes im Hoseabuch», *ZThK* 94(1997), p. 1-24. T. Naumann, *Hosea Erben. Strukturen der Nachinterpretation im Buch Hosea* (BWANT 131), Stuttgart/Köln, 1991. H. Pfeiffer, *Das Heiligtum von Bethel im Spiegel des Hoseabuches* (FRLANT 183), Göttingen, 1999. A. de Pury, «Osée 12 et ses implications pour le débet actuel sur le Pentateuque», in P. Haudebert (éd.), *Le pentateuque. Débets et recherches* (LeDiv 151), Paris, 1992, p. 175-207. S. Rudnig-Zelt, *Hoseastudien. Redaktionskritische Untersuchungen zur Genese des Hoseabuches* (FRLANT 213), Göttingen,

2006. W. Schütte, «*Säet euch Gerechtigkeit!*». *Adressaten und Anliegen der Hoseaschrift* (BWANT 179), Stuttgart, 2008. J.M. Trotter, *Reading Hosea in Achaemenid Yehud* (JSOT.S 328), Sheffield, 2001. J. Vermeylen, «Osée 1 et les prophètes du VIIIe siècle», in R.G. Kratz/T. Krüger et K. Schmid (éd.), *Schriftauslegung in der Schrift. Festschrift für Odil Hannes Steck zu seinem 65. Geburtstag* (BZAW 300), Berlin/New York, 2000, p. 193-206. R. Vielhauser, *Das Werden des Buches Hosea. Eine redaktionsgeschichtliche Untersuchungen* (BZAW 349), Berlin/New York, 2007. M.-T. Wacker, *Figurationen des Weiblichen im Hosea-Buch* (HBS 8), Freiburg I.B./Basel/Wien, 1996. J.W. Watts, «A Frame for the Book of the Twelve: Hosea 1-3», in J.D. Nogalski/M.A. Sweeney (éd.), *Reading and Hearing the Book of the Twelve* (SBL.SS 15), Atlanta(GA), 2000, p. 209-217. G.A. Yee, *Composition and Tradition in the Book of Hosea: A Redaction Critical Investigation* (SBL.DS 102), Atlanta(GA), 1987.

요엘서

마치 (Jean-Daniel Macchi)

요엘서는 유다 땅에 엄습한 가공할 재앙으로 열리며, 낙원 같은 미래 예고로 마감된다. 이러한 관점의 변화는 이 예언 작품의 신학을 드러낸다. 구원으로 이끌기에 앞서 하느님의 행위는 세상을 뒤흔든다. 이렇게 우리는 요엘서에서 묵시문학에서 주요한 자리를 차지할 주제, 곧 마지막 때의 종말론적인 비극이라는 주제의 발단을 인지한다.

1. 설계와 내용

요엘서는 시온의 심판이라는 주제를 구원이라는 주제와 함께 연결해 나가며, 그 전환점은 당신 백성을 위한 야훼의 열정과 불쌍히 여기심이 확언되는 2,18에서 발견된다.

1,1-3 **표제는**(1,1) 작품의 예언적 성격과 "프투엘의 아들 요엘"이

라는 예언자의 이름을 간략하게 알리며, 미래의 세대들이 귀를 기울이고 이들을 가르치도록 권고하는 말씀이 뒤따른다.

시온에 내리 닥친 불행과 참회(1,4-2,17)

1,4-12	메뚜기 떼의 습격으로 빚어진 재앙과 땅의 농산물 참해
1,13-14	거룩한 집회의 틀 속에서 단식과 탄원 호소
1,15-20	농업 재앙에 관한 탄원과 애원
2,1-11	(메뚜기 떼의?) 거대한 군대의 종말론적 쇄도로 야훼의 날 묘사
2,12-17	마음으로 야훼께 돌아오기를 호소. 1,13-14에서처럼 이 돌아옴은 단식과 탄원과 예배로 표현됨

시온을 위한 구원과 적대자들 심판(2,18-4,21)

2,18-27	재앙의 종말 예고와 야훼 백성의 농업 번성 회복
3,1-5	영 발산과 종말론적 전복과 시온의 생존자 구원
4,1-17	유다의 복구와 민족들의 종말론적 심판
4,18-21	유다 땅의 낙원 같은 풍요

라삐 성경의 장은 네 개의 장으로 구분되지만, 대중라틴말 성경 번역은 세 개의 장만을 포함한다. 이에 따라 몇몇 성경은 상이한 장과 절을 표기하는 가운데 3,1-5를 2,28-32로, 4,1-21을 3,1-21로 적는다.

불행 묘사와 탄원과 참회 호소가 구원 예고를 앞서는 작품의 이중 구조는, 예배적이며 예언적인 성경 문학에서 일반적인 도식과 부합한다. 한편 종말론적 유형의 여러 문형이 이 책에 존재한다는 사실을 주목해야 한다. 특히, 하느님의 개입 묘사처럼 실존 조건으로 고찰되는 전복 묘사가 분명한 우주적 차원을 취하는 2,1-11과 3장과 4장의 경우이다.

주의 깊은 독자는 성경의 다른 본문들이 여러 인용 또는 울림으로 존재한다는 사실을 인지할 것이다(Bergler 참조). 특히, 요엘 1,15 = 에제 30,2-3; 이사 13,6, 요엘 2,2 = 스바 1,14-15; 아모 5,18-20, 요엘 2,3 = 이사 51,3; 에제 36,35, 요엘 2,13 = 요나 4,2, 요엘 2,14 = 요나 3,9, 요엘 2,17 = 시편 79,10, 요엘 2,27 = 이사 45,5.6, 요엘 3,1 = 에제 39,29, 요엘 3,4 = 말라 3,23, 요엘 3,5 = 오바 17, 요엘 4,1 = 예레 33,15, 요엘 4,2 = 이사 66,18, 요엘 4,16 = 아모 1,2, 요엘 4,18 = 아모 9,13을 예로 들 수 있다.

2. 출처와 형성

책의 표제는 예언자의 신원과, 예언자가 결부된 역사적 시대에 대한 정보를 거의 제공하지 못한다. 요엘이라는 – 아마도 '야훼는 하느님(El)이시다'를 의미하는 – 이름은 유배시대 이후의 본문에 매우 일반적이다(역대기, 에즈라기, 느헤미야기).

이 책에 야훼의 성전에 관한 암시가 적지 않다는 사실(1,9.14; 2,17; 4,18), 참회 예절에 관한 조회(1,13-14; 2,15-17), 첫째 부분의 전례의 다양한 특징적 요소 언급 등은, 요엘이 예배와 관련이 있는 공적 인물이었을 수 있음을 가정하도록 이끌었으며, 몇몇 저자는 따라서 책 전체가 성전에서 실제로 거행되던 전례였다고 주장한다(Kapelrud, Rudolph, Ahlström). 작품의 둘째 부분에 표기된 종말론적 측면은, 요엘을 에제 38-39; 이사 24-27; 즈카 1-8장과 같은 본문들의 주도 세계인 묵시문학의 선구

세계에 자리하게 하도록 다른 주석가들을 이끌었다(Barton, Cook, Wolff).

2.1. 편집 과정

책의 첫째 부분과 둘째 부분 사이에 비교적 중요한 신학적 차이점들은, 최소한 두 개의 편집 단계를 구별하도록 다른 저자들을 이끌었다. 예언적이며 예배적인 첫째 문학 층이 종말론적인 단원에 의해 보완되었을 것이다. 이 두 층 사이의 중간 휴지는 2,27과 3,1 사이에 자리한다. 둠(B. Duhm)과 플뢰거(O. Plöger)와 히베르트(T. Hiebert)와 같은 저자들은 특히 첫째 부분이 – 예배적 참회로 이끄는 – 유다에 내리 닥친 재앙을 고려하는 반면, 둘째 부분에서는 우주적 심판이 이민족들을 치고 구원 약속이 시온과 디아스포라에 울려 퍼진다는 사실을 강조한다.

이러한 차이점에도 불구하고 주해자 대부분은 책의 단일성을 강조하면서(Ahlström, Crenshaw, Kapelrud, Keller, Prinsloo, Stuart, Wolff 참조), 이차적인 첨가 부분으로 취급하는 별도의 몇몇 구절만을 예외로 한다(특히 4,4-8). 책의 단일성을 위해 여러 논증이 제시된다. 무엇보다도 심판 예고와 구원 예고 사이의 교차는 성경 문학에서 고전적이며, 이 문학 현상이 다른 편집 층의 존재를 가리키는 것은 아니라는 점이다. 나아가 구체적인 농업 재앙 묘사와(1,4-20; 2,21-27의 메뚜기 떼) 그 해결은 책의 나머지 부분에 예고된 종말론적인 장면을 준비하거나 그려주는 역할을 할 수 있다. 책의 형태에서는 구조적 일관성이 종종 강조되었다. 특히 여러 주제가 책 전체를 가로지른다. 야훼의 날과, 황폐화 묘사와 마찬가지로 약속된 '낙원' 묘사에 등장하는 농업에 관한 문제 제기의 경우이다(1; 2,19 이하; 4,13.18 이하). 끝으로 유사한 표현들이 작품의 모든 부분에서 다시 발견된다.

위에서 전개된 논증에도 불구하고, 작품의 단일성은 가능성이 별로 없어 보인다. 뚜렷한 문학 단층 옹호자들이 예언적이며 예배적인 주제들과 종말론적 요소들 사이의 단절을 잘못 보았다면, 작품의 단일성 지지자들의 논증은 한편 전례 차원의 이전 본문이 사용되었다는 사실을 배제하도록 다잡지 못한다. 사실 책 전체를 책임진 저자가, 동시에 종말론적인 성격을 부여하고자 힘썼던 '생태학적' 재앙에 관한 문학 원전을 기초로 했다면, 책의 조직과 구조와 어휘 관점에서 일관성 있는 작품을 구상했다는 것이 논리적이다. 여기서 우리는 예언적이며 예배적인 영감을 지닌 하나의 원전이 존재했다는 사실을 정당하게 주장할 수 있다. 이 원전은 탄원 호소가 뒤따르는(1,13-20; 2,12-17) 재앙 묘사를(1,4-12) 포함하고 있었을 것이며, 구원 예고로 끝맺음했을 것이다(2,18-27). 바로 이러한 원전이 또한 최후 본문을 주도한 원-묵시문학 편집자에게 바탕 역할을 했을 것이다.

2.2. 일자와 역사적 상황

책 표제도 이 책에 묘사된 요소들도 정확한 편집 일자를 제안하도록 허락하지 않는다.

히브리어 경전에서 호세아서와 아모스서 사이에 놓인 이 책의 자리는, 유다교 전승이 이 책을 8세기 예언자들과 동시대의 예언자 작품으로 취급했다는 사실에서 비롯되지 않으나, 이 책의 끝부분과 아모스서의 첫머리 사이의 유사성으로 설명될 수 있다(요엘 4,16 = 아모 1,2).

메뚜기 떼의 엄습 언급도, 이러한 유형의 사건은 매우 일반적이었던 탓에, 그리 큰 도움을 주지 못한다. 스튜어트(D. Stuart)의 견해와는 달리, 메뚜기 떼라는 주제가 적대국 군대의 기습에 관한 하나의 은유일 뿐이라는 사실은 가능성이 엷어 보인다.

유배시대 이전의 일자가 옹호된다 하더라도(Stuart, Keller, Rudolph), 주석가 대부분은 논리적 근거를 내세워 기원전 5세기와 3세기 사이의 편집 일자를 택한다. 원-묵시문학과의 대조는, 마치 (전혀 언급된 적이 없는 왕이 아니라) 사제들이 집회를 소집하는 신정적인 사회 제시, 유배에 관한 언급(4,2-3), 피난민들의 귀환과 예루살렘의 영광 복원에 담긴 희망처럼, 후대의 일자로 향하도록 한다. 여기에 언어와 함께 요엘서에 수많은 성경 인용이 있음을 근거로 한 논거가 첨가된다. 우가릿 문학을 통해 알게 된 표현과 주제의 희미한 인용 역시 유배시대 이후의 일자를 거부하지 않으며(Loretz 참조), 나아가 성전 재건 이전의 일자는 '야훼의 집'에 관한 많은 언급과, 그 자리에서의 예배 거행을 전제하는 이 책에 담긴 전례 요소들의 관점에서 마땅히 배제되어야 한다.

종말론적인 측면을 포함하는 요엘서가 전례 본문을 (또는 그렇게 알려진 본문을) 기초로 페르시아 시대의 유다에서 구상되었으리라는 사실은 묵시문학의 기원에 유익한 자료를 제공할 수 있다. 쿡(S.L. Cook)의 뒤를 이어 우리는 이러한 움직임이, 흔히 말하듯 부차적인 환경이 아니라 유배시대 이후 예배라는 틀 속에서, 서서히 빛을 보게 되었다고 생각할 수 있다.

3. 주제와 의도

'야훼의 날' 주제는 책에 다섯 번 등장하며(1,15; 2,1.11; 3,4; 4,14), 일정 부분 책의 길잡이 역할을 한다(Müller). 이날에 대한 묘사와 예고는 인간의 실존 조건에 대한 하느님의 절대적 주권을 강조하도록 이끈다. 그러나 이 주제의 신학적 귀결은 모호하다. 유다에게 '재앙일 수도(1,15) 승리나 구원일 수도 있다(3,4; 4,14). 이 점에서 요엘서는 전환점 역할을 한다. 우리가 몇몇 예언서에서 찾을 수 있는 것에 이어(아모 5,18 이하), 하느님의 주권은 이스라엘을 내리치는 징벌로 표현되나, (적대 세력을 상징하는) 이민족들에 대한 하느님의 승리가 존재한다는 사실과(4장) 더 좋은 세상에 대한 예고는 묵시문학을 준비한다.

전사의 자세를 취한 천둥의 신
요엘 2장에서 '야훼의 날'은 야훼의 전사로서의 개입으로 묘사된다.

요엘서의 종말론에서 이민족들에게 구원이 열리는 흔적은 전혀 발견되지 않는다. 순종 호소와 구원 기대는 오직 이스라엘에만 관련된다. 나아가 종말론적 희망은 평화와 번영의 삶과 관계된다. 후기의 묵시문학에서 만날 수 있는 그대로의 근원적인 새로운 시대 개념은 아직 등장하지 않는다. 이러한 맥락에서 모든 사람에게 발산되는 하느님의 영이라는 주제는(3,1-2) 특기할 만하며, 오순절에 관한 신약성경 기사에서 재생될 것이다.

이스라엘을 내리치는 재앙의 이유에 대하여(1-2장) 요엘서는 침묵한다. 책을 통해 유추할 수 있는 해답은 예배에 관련된 것으로서, 종교 집회의 틀 속에서 찾아볼 수 있다. 나아가 탄원과 단식과 기도와 마음의 회귀라는 주제는 유다교 회당의 예배에서 확인할 수 있는 바와 매우 가까운 신심이라는 차원을 제시한다.

4. 참고 문헌

4.1. 주석서

E. Achtemeier, NIBC 17, 1996. J. Barton, OTL, 2001. J.L. Crenshaw, AncB 24C, 1995. U. Dahmen, NSK.AT 23/2, 2001. J. Jeremias, ATD 24/3, 2007. C.-A. Keller, CAT 11a, 1965. W. Rudolph, KAT 13/2, 1971. D. Stuart, WBC 31, 1987. A. Weiser, ATD 24, 1963. H.W. Wolff, BK.AT 14/2, 1969 = Hermeneia, 1977.

4.2. 연구 현황

T. Hiebert, «Book of Joel», in D.N. Freedman (éd.), *Anchor Bible Dictionary. Vol 3*, New York *et al.*, 1992, p. 873-880. R. Mason, *Zephaniah, Habakkuk, Joel* (OTGu), Sheffield, 1994.

4.3. 주요 저서 및 논문

G.W. Ahlström, *Joel and the Temple Cult of Jerusalem* (VT.S 21), Leiden, 1971. S. Bergler, *Joel als Schriftinterpret* (BEAT 16), Frankfurt a.M. *et al.*, 1988. S.L. Cook, *Prophecy and Apocalypticism: The Postexilic*

Social Setting, Minneapolis(MN), 1995. B. Duhm, «Anmerkungen zu den Zwölf Propheten», *ZAW* 31(1911), p. 161–204. A.S. Kapelrud, *Joel Studies* (UUÅ 4), Uppsala, 1948. O. Loretz, *Regenritual und Jahwetag im Joelbuch* (YUBL 4), Altenberge, 1986. A.K. Müller, *Gottes Zukunft. Die Möglichkeit der Rettung am Tag JHWHs nach dem Joelbuch* (WMANT 119), Neukirchen–Vluyn, 2008. O. Plöger, *Theokratie und Eschatologie* (WMANT 2), Neukirchen–Vluyn, 1959. W.S. Prinsloo, *The Theologie of the Book of Joel* (BZAW 163), Berlin/New York, 1985. J. Strazicich, *Joel's Use of Scripture and the Scripture's Use of Joel* (BIS 82), Leiden, 2007.

아모스서

뷔따까즈 (Simon Butticaz)

아모스가 베텔의 사제 아마츠야에게 던진 "나는 예언자도 아니고 예언자의 제자도 아니다"(아모 7,14)라는 그 유명한 대꾸를 누가 모르겠는가? 이 목자의 대중성은 한편 트코아의 목장을 빠르게 넘어 종교적이며 사회적인 수많은 요구를 상징하는 인물로 만들었다. 종교개혁자들, 바르트(Barth), 해방신학, 현대의 사회주의 운동 등은 아모스 설교를 널리 퍼뜨렸으며, 사회 종교적인 아모스의 비판은 현대판 아모스서로 고쳐쓰기까지 하면서 다양한 방법으로 현실화하였다(이 점에서 Martin-Achard가 내세운 수용의 역사 참조). 한편 트코아 목자의 설교는 최종 확립되기 이전부터 현실 적응의 대상이 되었다. 이처럼, 예언자이든 아니든, 아모스는 누구도 대리석으로 내버려 두지 않았다!

1. 설계와 내용

책 전체의 구조는 일독으로도 분명히 드러난다. 사실 완성된 형태로서의 아모스서는 세 주요 단원, 곧 이민족을 향한 노래와(1,3-2,16) 이스라엘을 향한 신탁과(3-6장) 아모스의 일곱 가지 현시를(7,1-9,4) 내포한다. 이 세 문학 단위는 끝내 다윗의 투쟁 복구와 번식력이 강한 낙원 같은 현시를 중심으로 펼쳐지는 종말론적인 통로에 다다른다(9,7-15). 이 분명해 보이는 구조는 그러나 뚜렷한 순서 없이 이민족들을 향한 신탁, 이스라엘을 향한 신탁, 찬영시 단편, 현시, 묵시문학적 자료, 지혜문학 문형 등이 잇따라 등장하는 책의 복잡성을 가리고 있다. 아모스 예언집은 아무런 이의 없이 긴 편집 과정의 결과물임이 분명하다.

1.1. 이민족을 향한 노래(아모 1,3-2,16)

아모스서 시작에 자리한 이 단원은 공통의 도식에 따라 구성된 여덟 개의 소절을 포함한다. 그 도식은 (ㄱ) 지혜문학 문체로 된 선언: "...의 세 가지 죄 때문에, 네 가지 죄 때문에..."(참조. 잠언 6,16 이하; 31,15-16; 욥 5,19 이하; 집회 23,16 이하), (ㄴ) 죄 고발, (ㄷ) 징벌과 보상, (ㄹ) 맺음 문형("[...] 야훼께서 말씀하신다") 순이다.

이스라엘을 거슬러 발설된 맺음 신탁은 분량에서나 구조에서 앞선 일곱 개의 신탁과 차이를 보이는 것이 사실이다. 나아가 주해가들은 이 신탁 모음이 본디 티로와(1,9-10) 에돔과(1,11-12) 유다를(2,4-5) 거슬러 작성된 신탁들을 포함하지 않았다는 견해를 밝힌다(아래 참조). 이 가설은 (아람/필리스티아/암몬/모압에 관한) 나머지 네 개의 신탁이 모든 점에서 거의 일치하는 이스라엘을 향한 신탁을 그려주는 것 같다는 사실에서 큰 관심을 끈다. 이러한 관점은 한편 몇몇 저자가 이 신탁집을 유사한 도식에 따라 짜인 이집트의 저주 의식서와 비교해 보도록 이끌었다(Benzen).

소절	장과 절	민족	고발된 죄(들)	징벌
I	1,3-5	다마스쿠스	길앗을 참혹하게 유린	다마스쿠스와 성채 화재와 파괴
II	1,6-9	가자	포로들 에돔으로 강제 이주	가자 성벽과 성채 화재
III	1,9-10	티로	포로들 에돔으로 강제 이주	티로 성벽과 성채 화재
IV	1,11-12	에돔	제 형제들 공격	수도와 성채 화재
V	1,13-15	암몬	임신한 길앗 여인들 타격	수도와 성채 화재
VI	2,1-3	모압	에돔 임금의 뼈 화장	모압과 성채 화재
VII	2,4-5	유다	야훼의 법 배척	유다와 예루살렘 성채 화재
VIII	2,6-16	이스라엘	가난한 이들 탄압	피할 길 없는 이스라엘의 불가역적 심판

1.2. 이스라엘을 향한 신탁(아모 3-6)

아모스서의 이 중심 단원은 5장 초에서 중요한 중간 휴지를 보여준다. 사실 3장이 "이스라엘 자손들아, 야훼께서 너희를 두고 [...] 한 이 말을 들어라"(아모 3,1ㄱ)하는 문형으로 열리는 반면, 아모 5장은 야훼의 즉각적인 말씀이 아니라 그분의 사자 아모스의 말씀으로 청중을 이끈다. "이스라엘 집안아, 이 말을 들어라, 내가 너희를 두고 부르는 이 애가를..."(아모 5,1). 게다가 이 신탁의 수신인은 더 이상 '이스라엘 자손들'이 아니라(아모 3,1.12; 4,5), '이스라엘의 집안'이다(아모 5,1.3.25; 6,1.14)! 한편 이 둘째 부분은 두 개의 저주로 조율된다(아모 5,18; 6,1).

1.3. 아모스의 현시(아모 7,1-9,4)

아모스서는 전체가 다 마지막 단원에 집중된 다섯 개의 현시를 담고 있다. 첫 네 개의 현시는(아모 7,1-3; 7,4-6; 7,7-8; 8,1-2) 둘씩 짝을 이루는 형태로(1+2; 3+4) 양식상 유사한 구조를 보여준다. 이 현시 짝들은 한편 상호 대립하는 대주제로 짜여 있다. 실상 첫 두 현시에서 아모스는 중개자로서의 예언 기능을 담당하여 하느님의 분노를 가라앉히기에 이르나, 둘째 두 현시는 이미 다짐하신 하느님 징벌의 준엄한 성격을 진술한다. 아모 7,3과 6의 "이 일은 일어나지 않을 것이다"하는 선언은 이제 아모 7,8과 8,2의 "나는 더 이상 그들을 그냥 지나쳐 버리지 않겠다"하는 선언으로 대체된다.

마지막 현시는 (아모 9,1-4) 구조나(조화를 이루지 못하는 도입 어법과, 네 개의 현시와 유사한 맺음 문구 부재) 주제에서(농경 모습 부재와 목소리를 내지 못하는 아모스) 앞선 네 개의 현시와 차이를 보인다. 이 현시는 나아가 사전에 이미 언급된 지진(1,1; 2,13 참조) 예고와 다시 묶인다.

현시	I	II
도입 문형	아모 7,1ㄱ¬	아모,7,4ㄱ¬
문자 그대로의 현시	아모 7,1ㄱㄴ-2ㄱ¬	아모 7,4ㄱㄴ-ㄴ
아모스의 중개	아모 7,2ㄱㄴ-ㄴ	아모 7,5
하느님의 후회	아모 7,3	아모 7,6

현시	III	IV
도입 문형	아모 7,7ㄱㄱ	아모 8,1ㄱ
문자 그대로의 현시	아모 7,7ㄱㄴ-ㄴ	아모 8,1ㄴ
대화와 현시 설명	아모 7,8ㄱ-ㄴㄴ	아모 8,2ㄱ-ㄴㄴ
맺음 문형	아모 7,8ㄴㄷ	아모 8,2ㄴㄷ

2. 출처와 형성

아모스서의 구조는 성서학자들이 공동 해설 예형에 대해 의견의 일치를 볼 수 없을 만큼 복잡하다. 이러한 현실은 아모스서가 아홉 개의 장으로 제한되어 있기에 더욱 놀랍기만 하다.

몇몇 주해가들은 3-6장에 담긴 신탁 모음만이 아모스로부터 직접 유래한 것이리라는 견해를 피력한다. 이 가설은 긴 구성 과정의 다양한 단계를 반영하는 것 같은 책의 표제에서 그 바탕을 찾는다(아모 1,1).

볼프(H.W. Wolff)에게 "트코아의 아모스의 말씀"이라는 간단한 언급이 이 책 초판의 시작으로 다가온다. 나아가 볼프는 이민족들을 향한 현시와 노래의 도입 부분을 후기의 문학 층으로 돌리면서도, 역사의 아모스를 거슬러 올라가는 자서전적 단편일 수 있다는 주장을 펼친다. 그의 관점에서 이 책은 이어서 다양한 재독과 첨가 과정을 거쳤을 것이다 - 볼프는 총 여섯 개의 단계를 구별한다. 먼저 '아모스의 옛 학파'가 현시 모음을 예언 신탁 모음과 통합하기 위하여 표제를 개조하는 작업을 펼쳤을 것이다. 아모 7,10-17의 아모스와 아마츠야 사이의 언쟁 또한 이 편집 단계의 열매일 것이다. 이어서, 요시야 시대 동안 아모스와 관련된 대중 전승들이 회람되었으며, 2열왕 23,17만이 아니라 아모 3,14에 수록되었을 것이다. 아모스서는 동시에 베텔의 제단 파괴를 정당화하는 요시야 개혁을 위한 홍보 도구가 되었다(4,13; 5,8-9; 9,5-6의 찬영가 단편 참조). 훗날 이 책은 신명기계 문체로 수정되었을 것이다(아모 2,4-5의 유다를 거스른 신탁 삽입과, 아모 1,1의 이스라엘과 유다 임금들의 연대기와 예언자의 생애 동시화 등). 끝으로, 최후의 손길이 종말론적 구원 차원을 삽입하여 예언서의 일방적인 위협 면모를 개정하기에 이르렀다(아모 9,11-15).

오늘날 볼프의 가설은 특히 샤르트(A. Schart)에 의해 되풀이되었다. 샤르트의 입장에서 볼 때, 어떤 발행인이 "트코아의 아모스의 말씀"이라는 표제 아래 역사적 아모스의 신탁들을 수집했을 것이다. 이민족들을 거스른 신탁과 현시 모음은, 훗날 "지진이 일어나기 이태 전 이스라엘에 관해 보았던 트코아의 아모스의 말씀"이라는 표제와 함께 최초의 예언집을 넘겨 준 발행인들에 의해 도입되었을 것이다. 이어서, 신명기계 편집자가 표제의 역사적 약술을 보완하고 본문에 몇몇 구절을 첨가했을 것이다(특히 아모 2,4-5). 끝으로 샤르트는 연이은 세 개의 문학 층, 곧 찬영가(아모 4,13; 5,8; 9,6), 구원 열림(아모 9,11.12ㄴ.13ㄱ¨.14-15), 종말론적 층을(아모 9,12ㄱ[?], 13ㄱ˚ㄴ) 식별한다.

이와는 달리 롯촐(D.U. Rottzoll)은 3-6장이 아니라 두 개의 모음(이민족을 거스른 신탁 모음과 현시 모음)에서 예언집의 초판을 확인한다. 이 바탕 문헌 한가운데에 지진을 명시적 또는 묵시적으로 언급하는 몇몇 문구가 첨가되었을 것이다(아모 3,15; 6,11; 5,[1].2.16-17; 등). 이처럼 심판으로 덮인 설교만이 역사의 아모스로 올라갈 수 있을 것이다.

책의 형성 과정 파악에 있어 매우 상반된 이 두 접근 방법은 공감 이론에 대한 의견의 일치를 모으는 데 현실적인 어려움이 있음을 밝혀 주는 좋은 예이다.

사자를 형상화한 쉐마 대신의 유다 원통 관인(기원전 8세기)
아모 1,2와 3,8에서 야훼는 사자와 비교된다.

2.1. 신명기계 편집

아모스서의 신명기계 편집을 주장한 첫 학자들 가운데 한 사람이었던 슈밋트(W.H. Schmidt)는, 아모 1,1(임금들의 역사), 티로와(1,9-10) 에돔과(1,11-12) 유다를(2,4-5) 거스른 신탁, 아모 2,10-12; 3,1.7; 5,25-26의 구원 역사 회고와 같은 본문을 그 편집 결과로 보았다. 편집자의 관점은 기본적으로 (유배의 재앙에 이은) 유다에 대한 하느님의 심판을 확대하거나, 또는 (예루살렘이 약탈당했을 때도, 오바 10.12 참조) 형제적 계약을 파기했다는 이유로 에돔을 비난하면서 아모스의 메시지를 현실화하는 데 있었다. 이 가설은 베르멜렝(J. Vermeylen)에 의해 반복되고 폭넓게 수정되었다. 베르멜렝은 586년 이후 두 개의 신명기계 문학 층을 찾아내, 이를 본국에 남아 있던 신명기계 집단의 업적으로 돌린다. 첫 번째 층은 아모 1,2-2,16; 3,3.7-8; 5,26-27 등이며, 두 번째 층은 아모 3,1-2;

5,25; 9,7-8ㄱ 등이다.

이러한 재구성은 그러나 두 가지 질문을 불러일으킨다.

① 이 같은 경우 신명기계 '층'을 말할 수 있겠는가? 오히려 어떤 주해자의 작업 결과를 확인하는 데 국한해야 하지 않겠는가?

② 열거한 본문들이 진정 전형적인 신명기계 신학 또는 문장 구조를 반영하는가?

이러한 질문 앞에서 롯촐은 전통적으로 신명기계 자료로 분류된 세 개의 신탁이 유배시대 이후에 (기원전 4세기 전반기에) 작성된 후-신명기계 구성을 반영한다고 적시했다. 결론적으로 동질의 신명기계 층에 관한 가설은, 비록 별도의 독립된 첨가 부분에서 신명기계 전문 용어의 몇몇 울림을 찾을 수 있다 하더라도, 근거가 빈약하다.

2.2. 이민족들을 거스른 신탁 모음(아모 1-2)

연구가 대다수가 티로와 에돔과 유다를 향한 신탁들을 후대의 것으로 여기는 데 의견의 일치를 보이는 가운데, 상당한 주해가는 다른 신탁들에 대해서는 비교적 오래된 연대 추정을 유지한다(Jeremias, Rottzoll 참조). 그러나 유배시대 이전 야훼가 우주의 하느님 대열에 들어섰다는 사실을 받아들일 수 있겠는가? 피셔의 주장에 따라, 다마스쿠스와 암몬과 모압을 거스른 말씀 모음이 신-바빌론 시대에 이루어졌다고 추정하는 것이 보다 온당한 일이 아니겠는가(예레미야서나 이사야서의 이민족을 향한 신탁 참조)? 아모 3,1과 불안정한 관계에 있는 아모 9,7은 한편 야훼를 온 인류의 주인으로 제시하려는 이와 같은 맥락과 완전하게 부합한다. 아모 1,3-2,16의 신탁 모음은 추정컨대, 외국 신들과 견주어 당신 백성의 역사처럼 이웃 백성의 역사를 관장하는 유일한 하느님 야훼의 범세계성을 강조할 목적으로 아모스서가 시작되는 순간 첨가되었던 것 같다.

한편 이스라엘을 거스른 신탁은(아모 2,6-16) 이 점에서 문제로 남는다. 이 소절은 분량에서나 주제에서 앞선 신탁들과 구별된다. 9절과 10-12절이 후대의 덧붙임같이 보인다는 것은 사실이나, 이 신탁의 구조는 3-6장에서 울려 퍼지는 비판과 가까우며(4,1; 5,11-12 참조), 아모스의 설교와 완전히 일치한다.

결론적으로 말해서, 아모스서 첫머리에 자리한 민족들을 거스른 노래가 여러 편집의 결과라면, 2,6-16의 이스라엘을 거스른 신탁은 8세기의 아모스의 메시지, 특히 사회 비판과(6-7절) 심판 예고를(13-16절) 반영하는 것 같다.

2.3. 현시 모음(아모 7,1-9,4)

짝을 이루는 첫째 현시 모음에서 둘째 현시 모음으로 넘어가는 과정을 어떻게 설명할 수 있겠는가? 그분의 후회가 돌이킬 수 없는 심판으로 바뀌는 하느님의 갑작스러운 돌아서심을 어떻게 이해할 수 있겠는가?

뷔르트바인(W. Würthwein)에게 현시 모음은 아모스의 예언 사명 중 갑자기 찾아온 전기적 틈을 증언한다. 사실 구원의 예언자 아모스는 불행 예언의 길을 점진적으로 도입해 왔을 것이다. 한편 볼프로서는 여기서 남 왕국으로 귀환한 이후 아모스 예언자의 활동을 정당화시키는 목적을 지닌 자서전적 기억을 본다. 이러한 해석은 모두 8세기 예언자의 사명에 비추어 이 수수께끼를 밝히려는 의도로 보인다.

더욱 최근에 베커(U. Becker)는 (유배시대 이후로 추정되는) 이 현시 모음의 일관성 있는 활력 불어넣기 과정을 지지했다. 그가 볼 때, 처음부터 하나의 동질적 실체로 짜인 네 개의 첫 현시는 오경의 존재를 전제로 하며(특히 창조와 홍수 기사), 아모스서 3-6장을 주해한다.

베커에 의해 길이 열린 이 연구 방법은 매우 매력적인 것으로 보인다. 이 방법은 최소한 이 현시 복합체의 독자적인 여러 주제, 곧 중개,

'야곱과 이스라엘' 호칭 사이의 대구적인 병행 현상, '내 백성', 하느님의 후회와 같은 주제를 정당한 것으로 인정한다. 현시 모음의 이 주제들은 (바빌론과 페르시아 시대) 구약성경 문학의 후기 발전 과정에서 자주 등장한다. 그러나 베커가 (최근 Riede에 의해 활기를 되찾은) 비상식적인 공감대를 파괴한 업적은 인정한다 하더라도, 유배시대 이후의 연대 추정은 아직은 설득력이 엷어 보인다. 사실 페르시아 시대 동안 이스라엘의 종말을 선포할 이유가 어디 있었겠는가? 또 다른 변수는 유다 지도층이 바빌론에 유배된 다음에 책에 첨가된 유배시대의 구성을 살펴야 한다는 데 있다. 베커의 주장은 따라서 세 가지 관점을 내포한다. 첫째, 아모스를 효력 있는 중개자로 소급하여 묘사함으로써 아모스의 예언직과 그의 불행 예고를 정당화하는 것, 둘째, 하느님의 후회 가능성을 소묘하여 죽음(유배) 너머 생명의 돌파구를 여는 것, 셋째, 하느님의 인내를 개진함으로써 자연신학적 작품을 만드는 것이다. 이러한 관점에서 예루살렘의 함락과 그 관료들의 유배는 하느님의 임의적인 심판 결과가 아니라, 이스라엘의 비-회개에 마땅한 그분의 답변이다.

2.4. 아모 3-6장 : 이스라엘을 향한 신탁

예언서의 중심에 그 형태를 부여한 다양한 편집을 식별해낸다는 것은 그리 쉬운 문제가 아니나, 하나의 문학비판 작업이 개략적인 그 첫 편집을 재구성하도록 이끌었다: 아모 3,1ㄱ.9-11.12.15; 4,1-3; 5,1-2.7.10-12.16-17.18-20.21-24; 6,1ㄱᄔ.4-5ㄱ.6ㄱㄴ.8.11-12.13-14. 기본적으로 부호들, 북 왕국의 부유 계급을 겨냥한 이 메시지는 권력과 저택의 장소인 사마리아에 울려 퍼졌던 것 같다. 아모스는 주로 이들의 사치와(아모 3,15; 6,1-6), 폭력과(아모 3,10; 6,3) 법정 부패를(아모 5,7.10-12) 질책하고, 그 결과 이들에게 다가올 하느님의 심판을 선포한다. 이 신탁들은, 위협 예언을 정당화할 목적으로 몇몇 문구를(아모 3,3-

8) 덧붙인 아모스의 제자들에 의해 기록되고 편집되었던 것 같다. 첫 표제는(아모 1,1) 이 시기에 작성되었다. 722년 사마리아가 함락된 다음, 예언 두루마리가 한 무리의 주민들이 피신해 온 남 유다에서 사용되기 이전, 이 동일한 제자들은 아모스의 심판 예고를 근원화시켜 나갔다(아모 5,27; 6,7).

끝으로, 주로 아모스의 메시지를 현실화하려는 목적에서 여러 편집자가 이 신탁집에 개입한다. 아모 4,6-12의 참회 전례는 유배시대의 것으로 보이며, 자연 요소에 대한 하느님의 능력을 노래하는 찬영 단편들은 유배시대 또는 페르시아 시대에 집필되고, 베텔의 제단들을 거스른 신랄한 비판은(아모 3,13-14; 4,4-5; 5,4-5.14; 7,10-17) 페르시아 시대, 곧 옛 피난민들에 의해 비합법적인 것으로 판단된(참조. 1열왕 13; 2열왕 23,15-20) 북 성소들을 거슬러 심각한 논쟁이 벌어졌던 시대의 것으로 추정된다.

2.5. 종합

이처럼 예언자 아모스의 예언집은 일련의 재독 과정을 거쳤을 것이며, 이 과정을 다음과 같이 요약할 수 있다.

1) 예언집 초판은 8세기 후반기 동안 빛을 보았을 것이다. 아모스 제자들의 업적으로 추정되는 이 예언 두루마리는 이스라엘을 거스른 신탁으로 열리고 다섯째 현시로 마감되었으며, 이 신탁과 현시 모두 표제에(1,1) 반영되어 있는 지진을 예고한다. '트코아의 아모스 말씀'이라는 이 최초 모음에, 사마리아의 가진 계급을 겨냥한 심판 설교가 등장한다.

2) 사마리아 함락과 예루살렘 멸망 사이에, 아모스서는 사마리아의 주민 일부가 피신한 남 왕국으로 이첩된다. 두루마리 소지자들은 따라서 엄습한 사건들에 비추어 불행 예고를 구체화할 필요가 있다고 판단했다(아모 3,3-6.8; 5,3.27; 6,7 등).

3) 유다의 지도층이 바빌론으로 유배를 떠난 다음 의미 있는 두 번째 재독이 기획되었을 것이다. 아모스서의 이 유배시대 판은 특히 민족들을 거스른 노래와(아모 1,3–2,16) 아모 4,6–12; 6,1ㄱ ㄱ.2–3.6ㄴ ㄴ, 그리고 현시 모음에서(아모 7,1–3.4–6.7–8; 8,1–2) 확인할 수 있다.

4) 우리 견해로 아모스서는 또한 유배시대 이후(페르시아 시대)의 개정을 드러낸다. 북 왕국의 성소들, 특히 베텔 성소를 거슬러 전개된 폭넓은 논쟁은(아모 3,13–14; 4,4–5; 5,4–6ㄱ.14; 7,10–17) 반–사마리아 감정이 날로 증대하던 이 시기에 예언집에 통합되었을 것이다. 아모스 두루마리가 예언서들의 종말론적 '덧붙여 이어 쓰기'(*Fortschreibung*)에 따라 마련된 구원에 관한 맺음말도(아모 9,7–15) 바로 이 유배시대에 집필되었을 것이다.

그러나 일련의 첨가 부분을 정확한 문학 층에 따라 배열한다는 것은 어려운 작업으로 남는다. 이 점에서, 예언서 필사 때 서기관들이 본문을 여기저기 주해하는 데 서슴지 않았다고 가정하는 것이 바람직해 보인다.

3. 주제와 의도

3.1. 예언자의 역할

아모스의 예언 메시지 지향에 관한 토론은 끝이 없다. 불행의 예언자인가, 아니면 회개의 설교자인가? 이 두 독서 방법은 나름대로 상당한 성서학자에 의해 강력하면서도 확실하게 주창되었다. 완성된 형태로서의 아모스의 설교는 여전히 놀라움을 주고 있는 것이 사실이다. 가장 근원적인 심판 신탁들은 – 하느님의 '아니오'(아모 8,2 참조; 이 주제에서 Smend 참조) – 사실 거의 낙원에 가까운 미래를 예고하는 데 근접해 있다

(아모 9,11-15 참조). 아모스 신탁들의 이 근원성은 분명 매우 일찌감치 일종의 논쟁을 자아냈으며, 예언서는 그 흔적을 간직하고 있다. 이러한 각도에서 보면, 아모 3,3-8은 예언자의 단호한 메시지에 합법성을 부여하는 역할을 했던 것 같다. 아모스에 의해 전달된 많은 말씀과(참조. 아모 4,1; 5,14; 6,13; 9,10 등) 몇몇 장소에서 관측되는 독설 유형(5,18-20) 역시 예언자가 청중에게서 겪었을 저항을 폭로한다.

분명 아모스서의 통시적 분석은 더욱 긍정적인 미래에 관한 현시를 부각시키는 다양한 역사적 맥락을 조명하도록 이끌어준다. 아무튼, 최후의 결과가 이 두 덧문, 야훼와 그분 심판의 이 두 모습을 지니고 있는 것은 사실이다. 따라서, 가능성 있는 '남은 자'에 관한 드문 언급을(아모 3,12; 4,11; 5,3; 5,15; 9,8ㄴ) 과대평가하지 않는다면, 아모스서가 (722년과 587년의) 두 번에 걸친 유배 재앙에 관한 신학적 반성을 증언하는 작품이라는 사실에는 이론의 여지가 있을 수 없다. 이 두 유배가 - 지진이 그러한 것처럼 - 이스라엘의 안전을 뒤흔들었다 하더라도, 야훼와 당신 백성의 관계에 종지부를 찍었던 것은 아니다. "너희는 주님을 찾아라. 그러면 살리라!"(아모 5,6)...

3.2. 법과 예배

야훼를 당신 백성과 묶어주는 관계를 단절함이 없이 이 재앙은 오히려 참 예배, 곧 하느님과의 진정한 관계의 공간을 다시 정의하도록 이끌었다. 아모 5,21-27은 탈출기의 하느님과 새로워진 관계를 찾고자 하는 현실을 반영한다. 이 문구는 사실 야훼와 당신 백성 사이의 직접적인 마주함을 열어준다(하느님의 '나'와 이스라엘의 '너희' 사이의 근원적인 대립이 여러 차례 연주된다). 한편 다마스쿠스 너머의 유배 예고가 이 단락을 끝맺음하나, 이스라엘의 종교의식을 무가치한 것으로 단정한 다음(21-23절) 야훼는 법과 정의가 흘러넘치게 만발할 것을 호소하신다(24절). 이러한 움직임은 두 가지 결과를 빚어낸다. 먼저, 야훼는 인간의 오만을 일소하시며, 이스라엘이 탈출기의 하느님을 향해 돌아서 우상숭배적인 안전을 내려놓기를 권하신다(26절). 한편, 야훼는 여기서 멈추지 않으신다. 하느님의 '아니오'는 조심스러운 '예'로, 다시 말해서 가능성 있는 미래로 대체되며, 이는 법과 정의를 실천한다는 조건 에서이다. 여러 세기가 지난 다음 야고보서는 이에 대한 울림으로 "실천이 없는 믿음은 죽은 것입니다"(야고 2,26)하고 외친다.

4. 참고 문헌

4.1. 주석서

S. Amsler, CAT 11a, 1965. G. Fleischer, NSK.AT 23/2, 2001. J. Jeremias, ATD 24/2, 1995 = OTL, 1998. S.M. Paul, Hermeneia, 1991. W. Rudolph, KAT 13/2, 1971. J.A. Soggin, StBi 61, 1982 = *The Prophet Amos: A Translation and Commentary*, London, 1987. H.W. Wolff, BK.AT 14/2, 1985^3 = Hermeneia, 1984^2.

4.2. 연구 현황

A.G. Auld, *Amos* (OTGu), Sheffield, 1986. R.F. Melugin, «Amos in Recent Research», CR:BS 6(1998), p. 65-101.

4.3. 주요 저서 및 논문

U. Becker, «Der Prophet als Fürbitter: Zum literarischen Ort der Amos-

Visionen», *VT* 51/2(2001), p. 141–165. A. Bentzen, «The Ritual Background of Amos 1,2–2,16», *Oudtestamentische Studiën* 8, Leiden, 1950, p. 85–99. C. Fischer, *Die Fremdvölkersprüche bei Amos und Jesaja: Studien zur Eigenart und Intention im AM 1,3-2,3.4f. und JES 13,1-16,14* (BBB 136), Wein/Berlin, 2002. J. Jeremias, *Hosea und Amos. Studien zu den Anfängen des Dodekapropheton* (FAT 13), Tübingen, 1996. C. Levin, «Amos und Jeroboam I», *VT* 45(1995), p. 307–317. R. Martin–Achard, *Amos. L'homme, le message, l'influence* (Publications de la Faculté de théologie de l'Université de Genève 7), Genève, 1984. P. Riede, *Vom Erbarmen zum Gericht: die Visionen des Amosbuches (Am 7-9) und ihr literatur-und traditionsgeschichtlicher Zusammenhang* (WMANT 120), Neukirchen–Vluyn, 2008. D.U. Rottzoll, *Studien zur Redaktion des Amosbuches* (BZAW 243), Berlin/New York, 1996. A. Schart, *Die Entstehung des Zwölfprophetenbuches. Neubearbeitungen von Amos im Rahmen schriftenübergreifender Redaktionsprozesse* (BZAW 260), Berlin/New York, 1998. W.H. Schmidt, «Die deuteronomistische Redaktion des Amosbuches», *ZAW* 77(1965), p. 168–193. R. Smend, «Das Nein des Amos», *EvTh* 23, 1963, p. 404–423. J. Vermeylen, *Du prophète Isaïe à l'Apocalytique. Isaïe I-XXXV, miroir d'un demi-millénaire d'espérience religieuse en Israël* (EtB), t.2, Paris, 1978, p. 519–569. E. Würthwein, *Wort und Existenz zum Alten Testament*, Göttingen, 1970, p. 68–110.

오바드야서

마치 (Jean-Daniel Macchi)

이 책에서 에돔을 향한 신랄한 비판과 예고된 불행 묘사를 읽다 보면, 유다 남쪽에 위치한 작은 이웃 민족이 매우 위험한 민족이라는 인상을 갖게 된다. 서로 다투기에 이른 쌍둥이 에사우와 야곱 사이에서처럼 갈등은 격정적이다.

1. 설계와 내용

오바드야서는 21개의 구절만 포함하고 있어 구약성경에서 가장 짧은 책이다. 오바드야의 '현시'로 제시되는 내용을 전하면서 이 책은 실은 에돔을 겨냥한 심판 신탁을 진술한다.

1ㄱ	표제
1ㄴ-9	에돔 파괴 예고

1ㄴ	전투 호소
2-4	일반적인 용어로 야훼의 심판 예고. 에돔의 교만 비판
5-7	에돔의 약탈에 대한 정확한 묘사
8-9	에돔 주민의 전멸
10-14	에돔의 파괴 이유: 품행. 에돔은 형제 야곱의 불행 앞에서 수동적으로 처신하고 유다의 재앙을 즐겼다고 비난받음
15-18	야훼의 날과 이스라엘의 재건. 야훼의 날은 에돔을 포함한(18절) 이 민족들의 불행과(16절) 함께 야곱의 복수와 복구를 예고(17절)
19-21	산문체 부록. 이스라엘의 소생. 유배자들에 의해 지배된 땅 묘사에 이어 본문은 시온 산에서의 야훼의 나라 보장으로 절정에 이름

오바드야서는 일련의 짧은 신탁들로 구성되어 있으나, 문체는 매우 다양하며(12-14절의 시적 소절은 동일한 방식으로 시작하며, 19-21절은 산문체로 기초되어 있다), 종종 '야훼의 신탁'(4절과 8절), '야훼께서 말씀하셨다'(18절)와 같은 문형으로 구분된다. 이 짧은 본문들은 한편 일관성 있게 연결되어 있어(Ben Zvi 참조), 비극에 관한 회상을 거쳐 에돔 심판으로부터 야곱의 재건에 이르는 하나의 본문을 형성한다.

2. 출처와 형성

책이 일러주는 것 이외에 우리는 예언자 오바드야에 대하여 아는 것이 전혀 없다. 그의 히브리어 이름 '오바드야'(Obadyah)는 '야훼의 종'을 뜻하며, '사자(使者)'를 의미하는 '말라키'처럼 하나의 호칭일 뿐인 것 같다. 아무튼, 오바드야라는 이름을 가진 예언자는 구약성경 어디서도 언급되지 않으며, 1열왕 18장에 인용된 '오바드야후'(Ovadyahou)라는 이름의 인물과 동일시하는 견해는 그저 의심스럽기만 하다.

2.1. 에돔과의 갈등에 관한 역사적 상황

유다와, 남동쪽의 인접 국가인 에돔 사이의 관계 역사는 매우 요란하다. 창세기에서 에사우와 유다 사이의 갈등은 두 백성의 인접 관계와 동시에 경쟁 관계를 신화적인 용어로 상기시키며, 유다의 왕정시대는 에돔을 포함한 여러 갈등 흔적을 보여준다. 구약성경은 다윗이 에돔을 정복했으나(2사무 8,14), 에돔은 요람시대에 독립을 되찾았다고 전한다(2열왕 8,20-22). 기원전 8세기 초에 아마츠야는 에돔 성읍 셀라를 공격하여 점령하며(2열왕 14,7), 2역대 28,16-19에 따르면 에돔인들은 시리아-에프라임 연합군 시대의(734-732) 위기를 이용하여 유다를 공격한다. 2열왕 24,1 이하가 에돔을 언급하지 않으나, 유다 왕국의 종말이(597-587) 에돔에게 유리하게 작용했을 것이며, 이는 유배시대와 유배시대 이후의 문학에 의해 고증된 두 민족 사이의 끈질긴 원한 관계를 잘 드러내준다(에제 25,12-14; 35).

에돔을 강렬하게 비난하고 임박한 심판을 예고하면서 펼치는, 오바드야서의 그것과 같은 유다의 논쟁은 따라서 다양한 시대로 거슬러 올라갈 수 있으나, 이 책은 분명 역사적인 사건들을 암시한다(특히 에돔이 예루살렘과 유다의 파괴를 이용하고 즐겼다고 분명하게 비난하는 10-14절과 15ㄴ절 참조). 몇몇 저자는 여기서 자주 9세기와 8세기의 갈등에 대한 회상을 보고자 하나(Keil), 주석가 대부분은 이 책이 유다 왕국의 종말을(Wolff, Keller, Lescow 등), 나아가 페르시아 시대 유다인들과 에돔인들 사이의 갈등을 참조하고 있다고 여긴다.

2.2. 편집 절차

이 폭넓은 공감대는 그러나 10-14절과 15ㄴ절에 묘사된 사건들에 관한 확인 외에는 거의 관련이 없다. 사실 책의 나머지 부분에 관한 역사적 맥락과 연대 추정은 매우 논쟁적인 문제로 남아 있다.

책의 생성 문제의 중심축은 에돔의 멸망 예고로 형성된 단락과(1-9절) 예레 49,9-16 본문 사이의 병행 현상과 관련되어 있다.

오바 1-6절	예레 49,9-16
1ㄴ) 우리는 야훼의 말씀을 들었고, 민족들에게는 사자가 파견되었다. "너희는 일어나라. 에돔과 싸우러 나가자."	14) 나는 주님께 말씀을 들었다. 사자가 민족들에게 파견되었다. "한데 모여 에돔으로 진격하고 일어나 싸워라."
2) 보라, 내가 너를 민족들 가운데에서 보잘것없게 만들리니, 너는 크게 멸시를 받으리라.	15) 보라, 내가 너를 민족들 가운데에서 보잘것없게 만들리니, 너는 사람들 가운데에서 멸시를 받으리라.
3) 네가 바위틈에 살고 높은 곳에 자리를 잡고서는 '누가 나를 땅으로 끌어 내리랴?' 하고 마음속으로 생각한다마는	16) 바위틈에 살고 높은 언덕에 자리 잡은 자야,
네 마음의 교만이 너를 속였다.	네가 일으킨 두려움과 네 마음의 교만이 너 자신을 속였다.
4) 네가 독수리처럼 높이 치솟아도, 네가 별들 사이에 보금자리를 틀고 있어도, 내가 너를 거기서 끌어 내리리라. 야훼의 말씀이다.	네가 독수리처럼 높은 곳에 보금자리를 차려도, 내가 너를 거기에서 끌어내리리라. 야훼의 말씀이다.
5) 너에게 도둑이 들고 밤에 강도가 들어도, 제가 원하는 것만 훔쳐 가지 않느냐?	9ㄴ) 도둑들이 밤에 들어오면, 자기들이 원하는 대로 털어간다.

오바 1-6절	예레 49,9-16
6) 에사우가 어찌 그리 털리고, 숨겨 둔 보물마저 빼앗겼는가?	10ㄱ) 나도 에사우를 발가벗기고, 그의 보물들을 들추어 내리라.

오바드야서와 예레미야서의 에돔을 향한 신탁 사이의 병행 현상은, 이 두 본문이 이민족들 향한 신탁집에서 독립적으로 이 부분을 끄집어냈다는 사실로 설명될 수 있을 것이다. 따라서 이 본문은, 적어도 부분적으로, 이미 존재하던 신탁들을 기초로 작성된 것이다.

1-14절의 구성에 관하여 더 이상 알아보는 일은 쉽지 않다. 본문은 유다가 함락되던 시기에 하나의 전체로 구상된 것인가(Wolff, Mason)? 아니면 1-9절이 유배시대 말에 10-14.15ㄴ절의 도입부로 삽입된 것인가(Lescow)?

아무튼, 15ㄱ.16-18절은 에돔에 관련된 주제를 이민족 전체로 일반화하는 것이 분명하며, 나아가 복구와 회귀라는 주제를 도입한다. 이 구절들은 따라서 예루살렘의 함락(10-14절의 경우) 또는 에돔의 붕괴에(1-9절의 경우) 관한 독특한 역사 상황에 기초해서만 읽어나가는 방식을 거부한다. 많은 저자는, 다른 여러 성경 본문의 경우에서(이사 34) 그러한 것처럼, 에돔이 상징적으로 모든 이민족을 지칭한다고 생각한다.

15ㄱ.16-18절은 이처럼 종종 책의 첫머리 주제를 수정하고 일반화하고자 한 저자의 작품으로 취급되었다. 몇몇 주석가는 이를 6세기 예언자의 작품으로 보는 반면(Wolff, Rudolph), 다른 학자들은 근거 있게 유배시대 이후, 곧 5세기(Lescow, Mason) 또는 더욱 후대의 작품으로 여기고자 한다(묵시론적 경향과 마카베오 시대: Welhausen).

산문체 종결부는 흔히 후대의 보충 부분으로 취급되며, 즈카 14장과의 유사성이 자주 지적되었다.

선임 학자들 대부분과 달리 벤 즈비(E. Ben Zvi)는 작품 전체를 완벽한 조직화를 증언하는 것으로 간주하고, 따라서 책의 이전 상태를 재구성한다는 것은 불가능하다고 평가했다는 점을 고려하자. 그에 따르면, 전체로서의 본문은 학식 있는 독자들을 위해 페르시아 시대 예루살렘의 지도층에 의해 기초되었다(문학적으로 많은 것을 조회하는 현상 등 참조). 이 지도층은 이민족과의 관계와 야훼의 범세계적 통치 문제에 관심이 있던 세계였다. 여러 단계에 걸쳐 작품이 형성되었다는 가설을 받아들인다면, 15-18절을 책임진 세계가 그렇게 묘사했을 것이다.

3. 주제와 의도

오바드야서를 읽어가면서 독자들은 흔히 유다를 배반한 에돔인들에게 복수하기 위하여 하느님의 능력을 간청하는 보복적인 측면을 비난했다. 그러나 이 책은 좀 더 나아간다. 에돔을 교만한 민족의 상징으로 만들면서 이 책은 야훼의 절대권을 강조한다. 에돔의 함락과 유다와 그 통치 복구에 대한 묘사는, 이민족들을 지배하고 당신 백성을 보호하시는 이스라엘 하느님의 능력에 대한 믿음을 증언한다. 야훼의 날은(15절) 이민족들의 재앙의 날이며(14-15절) 동시에 시온의 재건의 날이다(16-18절).

이러한 의미에서 오바드야서는 묵시론적 관념에 이르게 될 사고의 흐름과, 이민족들이 하느님과 대립하는 악의 세력으로 상징되는 사고의 흐름 속에 자리한다.

4. 참고 문헌

4.1. 주석서

J. Barton, OTL, 2001. R.J. Coggins, ITC, 1985. J. Jeremias, ATD 24/3, 2007. C.-A. Keller, CAT 11a, 1992^{3}. W. Rudolph, KAT 13/2, 1971. U. Struppe, NSK.AT 24/1, 1996. D. Stuart, WBC 31, 1987. J.D.W. Watts, CNEB, 1975. A. Weiser, ATD 24, 1963^{4}. H.W. Wolff, BK.AT 14/3, 1977 = *Obadiah and Jonah: A Commentary* (Continental Commentaries), Mineapolis(MN), 1986.

4.2. 연구 현황

R. Mason, *Micah, Nahoum, Obadiah* (OTGu), Sheffield, 1991.

4.3. 주요 저서 및 논문

J.R. Bartlett, *Edom and the Edomites* (JSOT.S 77), Sheffield, 1989. Id., «Edom and the Fall of Jerusalem», *PEQ* 114(1982), p. 13-24. E. Ben Zvi, *A Historical-Critical Study of the Book of Obadiah* (BZAW 242), Berlin/New York, 1996. T. Lescow, «Die Komposition des Buches Obadja», *ZAW* 111(1999), p. 380-398. S.D. Snyman, «Cohesion in the Book of Obadiah», *ZAW* 101(1989), p. 59-71. J. Wellhausen, *Die Kleinen Propheten. Skizzen und Vorarbeiten 5(19893)*, Berlin, 1963.

요나서

크나우프 (Ernst Axel Knauf)

다른 예언집과 달리 요나서는 실제로 살았을 한 예언자의 신탁 모음집이 아니다. 요나서는 (요셉 이야기, 룻기, 민수 22-24의 발라암 콩트, 1열왕 21의 나봇 사건 등) 성경에서 여러 차례 확인되는 '히브리 단편소설' 유형과 매우 가까운 작품이다. 진지한 독자는 어떤 물고기가 예언자를 삼키지 않았으며 안전하게 해변에 토해내지도 않았음을 알고 있다. 요나서의 저자도 이를 모르지 않았다. 그는 우리가 모욕을 꿈 참아내도록 시도하지 않고, 다만 몇 가지 냉혹한 진리를 상기시킬 뿐이다.

1. 설계와 내용

1.1. 지리적 배경

예루살렘 : 요나는 하느님에 의해 외국으로 파견된다. 예루살렘과 유다의 산들은 '하늘의 하느님'(1,9) 야훼를 경외하는 히브리인들의 조국이다. 사람들은 예루살렘에서 지중해 연안 야포로 내려간다(1,3). 전혀

언급되어 있지 않으나, 예루살렘은 책의 정점(定點)으로서 니네베를 북동쪽으로 먼 곳에, 그리고 타르시스를 서쪽으로 가장 먼 곳에 자리하게 한다. 유다인들은 '헤라클레스의 기둥'(타르시스)으로 가기 위하여 야포(지금의 텔 아비브)에서 출발했는데, 이 항구는 그리스와의 전쟁 동안 보여준 군역에 대한 보상으로 페르시아 임금이 시돈 사람들에게 하사한 곳이다. 기원전 480년경부터 이곳에서 스페인 남부로 향하는 선박을 찾을 수 있었다.

타르시스 : 스페인 남부 연안에 위치한 이 도시는 히브리인들에게 은과(예레 10,9) 철과 주석과 납을 가져올 수 있는 장소로 알려져 있었다(에제 27,12). 기원전 8세기 말경 이곳에 용광로를 건설한 페니키아인들에게 발견된 이 이국 도시는 몇몇 히브리인 거주지를 탄생시켰다. '타르시스 상인들'은 해외 무역상들, 상인들 가운데 가장 유명한 (그리고 가장 부유한) 상인들을 가리켰고(에제 38,13), '타르시스 선박'은 해양 선박을 일컬었다(1열왕 10,22; 22,49). 국제 상거래와 해양 선박 건조는 그리스인들이 개입하기 전까지 페니키아인들의 독점물이었다. 히브리인 대부분에게 타르시스는 세계의 끝을 의미했다(이사 66,19; 시편 72,10 참조).

니네베 : 한 세기를 넘어 이 도시는 세계에서 가장 큰 도시, 세상의 중심, 아시리아 제국의 수도로 간주되었다(예루살렘이 20헥타르임에 비해 니네베는 500헥타르). 하느님은 팔레스티나 산악지방에 위치한 작은 도시에서, 상업 제국 페니키아의 항구를 통하여, 기원전 7세기 아시리아 제국의 수도로 요나를 이끄신다. 이 제국은 역사상 처음으로, 이집트에서 페르시아만에 이르는 동부 아라비아와 아르메니아까지의 모든 문명국가를 통합시켰다. 7세기 말부터 이 제국은 신-바빌론인들의 손에 넘어갔으며(네부카드네자르), 이어서 페르시아인들(키루스와 다리우스), 마케도니아인들(알렉산드로스), 로마인들, 오토만인들, 그리고 끝내 미합중국이 그 뒤를 이었다.

요나서의 니네베는 역사의 니네베가 아니다. 도시의 크기에도 불구하고 니네베는 도보로 가로지르는 데에만 사흘 걸리는 규모는 아니었다(3,3). 그러나 이러한 과장된 표현은 니네베가 어떤 면에서 기원전 7세기의 유다인들, 노동자, 조공 전달자, 또는 군인으로 그곳을 방문했던 유다인들에게 깊은 인상을 주었는지 일러준다.

1.2. 구조

주석가들은 요나서 2장과 3장 사이에서 주요 중간 휴지를 찾는 일반적인 원칙에 의견의 일치를 보인다. 이 양분법은 일련의 장면 사이에 등장하는 공간상의 변화로 정당화된다. 요나 1-2장은 서쪽에 위치한 바다 위에서 펼쳐지며, 3-4장은 동쪽에 위치한 땅 위에 자리 잡는다. 그러나 이와 같은 개략적인 구조는, 특히 이 지리적 배경을 넘어서는 1,1-2와 4,5-11로 말미암아, 다듬어져야 할 필요가 있다. 이 두 단원은 나아가 요나 이야기 각각의 진술과 결론 기능을 하기도 한다.

한편, 이야기가 흘러가면서 주요 등장인물이 눈에 띄게 바뀐다는 사실을 확인할 수밖에 없다. 이러한 척도를 기초로 할 때, 책의 이 두 단원은 세분화 작업을 가능하게 한다고 볼 수 있다. 요나 1-2장에는 두 장면이 이어진다. 한 장면은 뱃사람들과 요나에게 집중되어 있고, 다른 장면은 요나와 야훼 사이의 맞대면이 핵심이다. 유사한 도식이 둘째 단원에서도 재생된다. 첫 장면은 니네베 사람들을 위한 요나의 사명 완수를 기술하며, 최후의 일화는 요나와 야훼 사이의 맞대면에 맞춰져 있다.

끝으로, 책의 첫째 폭이 요나의 불순종을 주제로 하는 반면, 야훼의 새로워진 명령은(요나 3,1-2) 역사의 중심축 기능을 하며 둘째 폭에 묘사된 요나의 순종으로 귀착된다. 이와 같은 몇 가지 관점은 따라서 다음과 같은 도식을 암시한다:

I. **제1부**(1-2장)

1,1-2	요나에게 내린 야훼의 명령. 요나는 니네베로 가서 성읍의 파괴를 알려야 한다.
1,3-2,11	**서쪽에 있는 바다에서**
1,3-16	요나의 불순종 : 바다로 달아남. 폭풍과 뱃사람들의 기도 : 자연의 힘에 대한 야훼의 주권을 인식하고 하느님의 분노를 진정시키기 위하여 요나를 바다에 던짐
2,1-11	물고기 배 속에서의 요나의 '시편'

II. **제2부**(3-4장)

3,1-2	요나에게 내린 야훼의 명령 반복
3,3-4,11	**동쪽에 있는 땅에서**
3,3-10	요나의 순종 : 니네베로 가서 성읍에 대한 심판 예고. 니네베인들의 회개 : 성읍에 대한 야훼의 주권 인식. 야훼는 성읍 파괴를 포기
4,1-4	요나의 하소연 : 니네베에 관해서 생각을 바꾸셨다고 야훼를 비난
4,5-11	책 전체의 결어 : 요나와 야훼 사이의 최후 대화

2. 출처와 형성

작품의 문학적 단일성은 오늘날 대다수의 주석가에 의해 받아들여진다. 비록 요나 2,3-10의 시편이 종종, 아마도 부당하게, 이의의 대상이 된다 하더라도 말이다(예를 들어 Simon 참조). 특히 중요한 점은 책이 그 안에서 진화해나간 종교적이며 정치적이며 문학적인 세계를 이해하는 일이다.

2.1. 범세계적 야훼주의

이스라엘의 기억 속에 아시리아는 나라를 굴복시킨 첫 제국으로 머물러 있었다. 국제적 세력과 두 소왕국 사이의 만남은 문화적인 진정한 충격 요인이었다. 이스라엘은 갑자기 매우 잘 조직된 국가에 병합됨으로써 훨씬 광범위한 세계, 유다 산악지방의 농부들이 전혀 체험해 본 적이 없던 보다 효과적인 세계에 자리하게 되었다. 아시리아는 '멍에'(이사 9,3; 14,25; 나훔 1,13), 악의(나훔 1,11; 2,1; 3,19), 억압과 폭력과 약탈을(나훔 3,1) 상징한다(미카 5,1-5에 따르면, 메시아는 베틀레헴에서 나와 유다를 아시리아로부터 구해내야 한다). 스바 2,13.15는 니네베의 오만은 영원히 꺼질 것이며, 나훔의 복수심 깊은 노래는 기원전 612년의 니네베 함락을 기념한다. 역사의 니네베는 (요나 3,5-9에도 불구하고) 참회한 적이 없었다. 그러나 요나서의 저자만이 니네베의 참회를 기대한 유일한 인물은 아니다. 그의 인도적 범세계주의는 이사 19,23-25에 의거한다:

«그날에 이집트에서 아시리아로 가는 큰길이 생겨, 아시리아인들은 이집트로 가고 이집트인들은 아시리아로 가며, 이집트인들이 아시리아인들과 함께 예배를 드릴 것이다. 그날에 이스라엘은 이집트와 아시리

> 아에 이어 세 번째로 이 세상 한가운데에서 복이 될 것이다. 곧 만군의 야훼께서 "복을 받아라, 내 백성 이집트야, 내 손의 작품 아시리아야, 내 소유 이스라엘아!" 하고 말씀하시면서 복을 내리실 것이다».

(수 세기 동안 이사야서를 편집하고 발간한 '이사야 학파'의 익명의 구성원인) 이 단락의 저자가 고려했던 것이, (여러 지방 가운데) 아시리아와 이집트와 팔레스티나가 아케메니데스 치하에 통합되었던 페르시아 제국 시대에 현실이 되었다. 기원전 3세기 프톨레마이오스(이집트)와 셀레우코스(아시리아) 세력이 팔레스티나를 지배하기 위하여 전투를 벌였을 때, (요나서와 이사 19,23-25의 저자를 포함한) 팔레스티나 주민들은 페르시아 시대의 평화와 통합을 아쉬워했다. 요나서의 세계는 이 평화와 번영의 시대를 반영한다. 한편, 아케메니데스 시대 이후에 이 책이 집필되었을 것으로 추정케 하는 증빙 자료가 여럿 있다. 역사적 니네베와 기사 속의 니네베 사이의 차이점들은 너무나 명백하다. "아주 큰 성읍 니네베"는 외국 도시 유형, 곧 헬레니즘 도시를 앞당겨 암시한다. 그러나 집회서 저자가 요나서를 알고 있었다는 점에서(49,10) 이 책은 기원전 2세기 이전의 작품이다. 따라서 3세기의 흐름 속에 편집이 이루어졌을 것으로 보아야 한다. 요나서의 저자들에게 니네베는 예전의 예언 전승에서처럼 더 이상 최고 적대 세력의 역겨운 수도가 아니라, 영원하신 분의 동정심이 필요한 헬레니즘 세계 각각의 *polis*(도시)를 가리킨다.

2.2. 예언자의 풍자

하느님은 니네베에 대해 동정심을 가지고 계시나, 하느님이 하늘과 땅을 만드셨음을 알고 있음에도 불구하고 땅끝으로 달아나려 했던 요나는 그렇지 않았다. 배에 실린 화물보다는 요나를 위해 신경을 썼던 이방인 뱃사람들이 곧바로 알아차린 불가능한 기획이었다. 요나는 큰 성읍과 그 주민들보다 자기 목숨에 집착했다. 요나는 하느님을 이해하지 못하면서 그분을 알고 있었으나, 헛된 우상들에게 매여 있던(2,9) 이방인들은 여쭙지도 않은 채 야훼의 눈에 의로운 것을 행했다. 예언자들 가운데 최악의 본보기로서의 요나, 완벽한 풍자이다.

'요나'는 히브리어로, 어리석음으로 이름 높은 날짐승 '비둘기'를 의미한다(호세 7,11). 요나는 역사적인 동명이인과 공통점이 전혀 없다(2열왕 14,25). 기원전 8세기 중반의 국수주의적 예언자 '아미타이의 아들 요나'는, 아시리아가 시리아와 관련된 사건에 대하여 간접적인 역할만을 하고 있던 시기에, 그리고 아직 니네베가 아시리아의 수도가 아니었던 시기에, 다마스쿠스의 아람인들과 맞선 이스라엘의 승리를 예언했다. 갈릴래아의 갓 헤페르(여호 19,13) 출신인 역사의 요나는 페르시아 시대 팔레스티나의 중심 항구인 야포가 아니라, 티로나 시돈에서 배를 탔을 것이다. 고대 히브리인들의 고전적인 시대에 알려지지 않은, 아모스와 그리고 거의 호세아와 동시대 인물인 이 예언자는 이처럼 요나서의 후-고전적 저자에게 대립 본보기 역할을 했다. 우리가 알고 있는 바에 따르면, 역사적 요나의 설교는 아모스의 설교와 대립하였다(아모 6,13-14 참조). 아모스가 '고전적 예언자'로, 다시 말해서 거룩한 사람으로, 유배시대 이후 유다 공동체를 위한 본보기 저자로 받아들여 졌던 순간부터, 그의 반대자들을 웃음거리로 만드는 길이 열렸다. 그러나 이러한 관점은 독자의 눈 앞에 펼쳐진 불가능한 사육제를 설명하기에는 아직 부족함이 있다. 성경에 풍자들이? 왜 아니겠는가? 사람들은 종종, 어이없을 정도로, 사람들이 좋아하는 것만 풍자한다. 사람들은 진지하게 말하기에 너무 고통스러운 (그리고 너무 진실한) 진리를 웃음을 머금고 말한다.

2.3. 요나와 예언자들

요나서의 중요성을 파악하기 위해서는, 18세기 이후 식견 높은 성경 독자들 사이에 일반화된 관념, 성경 문학은 광범위하고 풍부한 고대 히브리 문학의 잔재물일 뿐이라는 관념, 천재적인 사람들이 만들고 이어서 자기들이 하고 있는 일이 무엇인지 알지 못한 얼간이들이 편집하고 발간한 문학이라는 관념을 잊어야 한다. 이 얼간이들이, 요나서를 기원전 8세기의 예언자에 관한 역사적 기사로 취급했기에, 열두 소예언서와 함께 이 책을 정리했을 것이기 때문이다. 그러나 고대 이스라엘에는, 기원 시대부터 헬레니즘 시대에 이르기까지 출판사도 서점도 없었다. 책 한 권을 읽거나 소유하기를 원했던 사람들은, 이 책을 보존하고 아울러 이 책에 관련된 유일한 정보를 제공하던 기관을 방문해야 했다. (유배시대 이전에는) 왕궁, 그리고 (유배시대 이후에는) 성전과 회당이 장서들을 보관하고 있던 유일한 기관들이었다. 이 기관들은 또한 이 책들이 읽히고 수사되고 편집되고 부분적으로 구성된 학교들을 운영했다. 성경 경전은 기원전 5세기와 2세기 사이에 설립된 예루살렘 성전 학교의 고등 교육을 위한 독서 경전이었다. 우연이든 실수든 어떤 책도 경전에 들어설 수 없었다.

예언서들은 위인들의 신탁만이 아니라 그들의 전기적 자료들을 담고 있다. 전기에 관한 관심은 시대가 지나가면서 날로 깊어졌다. 이사야서의 경우 전기적 자료들은(36-39장 = 2열왕 18,13-20,19) 히즈키야 치하에 삽입되었으며, 예레미야서와 에제키엘서의 경우는 매우 중요한 부분을 구성한다. 열두 소예언집의 경우 전기적 기사들이 아모스서와(7,10-17) 호세아서에는(1장) 포함되어 있으나, 다른 예언서에는 찾아볼 수 없다. 그렇다면 아홉 개의 예언서가 어떤 전기 기사도 포함하지 않는 소예언서 총서를 예언 설교를 전혀 담고 있지 않은 한 권의 책으로 장식하지 못할 이유가 어디 있겠는가? 경전이 확정된 이래 시간이 흐르면서 경전의 예언자들은 서서히 거룩한 사람이 되었으며, 사람들은 성경에 없는 모든 정보를 제공하고 특히 참 성인 공경의 기본적인 요소인 각 예언자의 죽음을 기술하여 '예언자의 생애'라는 외경 모음을 구성했다(마태 23,29-31 참조).

"야훼의 말씀이 요나에게 내렸다"로 시작되는 요나서는 예언서 총서에 즉각 등록될 목적으로 작성된 책이다(참조. 예레 33,1; 37,6; 43,8; 하까 2,20; 즈카 7,8; 8,1과 히리브리어상 단어들이 역순으로 되어 있는 호세 1,1; 요엘 1,1; 미카 1,1; 스바 1,1). 예언운동을 모방하고 빈정거리는 작품이나 단편소설이 장애물이 돼서는 안 된다. 이러한 유형의 예언 전승은 적지 않다. 나탄은 비유를 통해 다윗의 행동을 나무라며(2사무 12,1-7), 아모스는 애가를 모방하여 이스라엘을 경고한다(아모 5,2). 이사야라는 이름을 가진 익명의 편집자는 연가를 흉내 내서 예루살렘의 특권층과 유다의 귀족들과 맞서고(이사 5,1-6), 유배 동안 이사야 전승을 편집하고 증보한 서기관들은 고대근동 모든 지방의 공통된 예언 유형이었던 '임금을 위한 구원 신탁'을 고통받는 유다 공동체를 위한 위로의 메시지로 변형시켰다(이사 43,1-3). 예언자에 대해 빈정거림은 새로운 것이 아니었으며, 민수 22,21-35의 발라암과 나귀 이야기를 참조할 수 있다. 외국 예언자 발라암은 거짓 예언자의 상징이 되었다. 또한, 성경의 예언자들이 그들의 동료에 대하여 말하는 내용은 더 이상 호의적이지 않다(참조. 호세 4,5; 이사 28,7-11; 29,9-12; 예레 14,10-18). 이러한 관점에서 보면, 요나서는 현실적 맥락, 곧 열두 소예언서를 위해 의도적으로 편집된 작품으로 보인다. 열두 번째 예언서인 요나서는 넘쳐흘렀던 비극 다음에 희극을 제공한다. 들을 가능성을 부여하지 않은 채 이민족들과 맞선 모든 예언자 동료들의 뒤를 따라가다가, 최후 예언자는 끝내 이민족들을 향한다.

3. 주제와 의도

요나서는, 마지막 부분이 갑자기 독자를 현실로 돌아오게 하지 않는 한, 하나의 훌륭한 일화일 뿐이다. 성경 예언운동의 가장 이해되지 않는 측면들을 웃음거리로 돌리시고 난 다음, 야훼는 끝내 아주까리처럼 니네베를 동정하지 않으실 것이라고 상기시키신다(4,10-11). 612년에 사실상 니네베가 멸망했다는 사실을 누구나 알고 있기에 명백한 확언이다. 마지막 구절의 확언을 종종 하나의 수사법적인 질문으로 해석하도록 이끌었던 신념은 수용할 수 없다. 이처럼 '선하신 하느님'은 잿더미에서 굶주림으로 우는 니네베의 어린 양들에 의해 마음이 흔들리셨을 것이다.

다행히도 히브리어 본문은 자기 비판적인 가치를 지니는 사건의 급전으로 요나의 희극을 결론짓는다. 요나의 이야기는 사실 잘못된 결과에 이르게 할 위험, 죄인들에게 참회 예절이 그들의 행동에 관한 결과를 모면하게 한다는 믿음을 갖게 할 위험을 안고 있다. 그러나 야훼는 결국 참회가 책임으로부터 빠져나올 수 있는 핑계가 될 수 없음을 단언하신다. 인간의 행동은 하느님께서 뒤집기를 원하지 않으시거나 그렇게 하실 수 없는 결과를 지닌다. 니네베는 파괴되었으며, 예루살렘, 바빌론도... 연이어 군림하나 더 이상 유다의 정치적 독립을 용납하지 않는 제국들의 역사에 관한 반성의 시작인가?

4. 참고 문헌

4.1. 주석서

A. Deissler, NEB.AT 21, 1988. J. Jeremias, ATD 24/3, 2007. C.-

A. Keller, CAT 11a, 1992. J. Limburg, OTL, 1993. W. Rudolph, KAT 13/2, 1971. J.M. Sasson, AncB 24B, 1990. U. Simon, JPS. TC, 1999. U. Sruppe, NSK.AT 24/1, 1996. H.W. Wolff, BK.AT 14/3, 1997 = *Obadiah and Jonah: A Commentary* (Continental Commentaries), Mineapolis(MN), 1986.

4.2. 연구 현황

K.M. Craig, «Jonah in Recent Research», *CR:BS* 7(1999), p. 97-118. C. Lichtert, «Un siècle de recherches à propos de "Jonas" (première et deuxième partie», *RB* 112(2005), p. 192-214; p. 330-354. R.B. Salters, *Jonah and Lamentations* (OTGu), Sheffield, 1994.

4.3. 주요 저서 및 논문

A.J. Band, «Swallowing Jonah: The Eclipse of Parody», *Proof* 10(1990), p. 177-195. E. Ben Zni, *Sings of Jonah: Reading and Rereading in Ancient Yehud* (JSOT.S 367), Sheffield, 2003. T.M. Bolin, *Freedom beyond Forgiveness: The Book of Jonah Re-Examined* (JSOT.S 236), Sheffield, 1997. J. Day, «Problems in the Interpretation of the Book of Jonah», *OTS* 25(1990), p. 32-47. M. Gerhards, *Studien zum Jonabuch* (BThSt 78), Neukirchen-Vluyn, 2006. W. van Heerden, «Humour and the Interpretation of the Book of Jonah», *OTE* 5(1992), p. 389-401. S.L. McKenzie, «The Genre of Jonah», in M.A. O'Brien/H.N. Wallace (éd.), *Seeing Signals, Reading Signs. The Art of Exegesis. Studies in Honor of Anthony F. Campbell, SJ for his Seventieth Birthday* (Journal for the Study of Old Testament. Supplement Series, 415), London/New York, 2004,

p. 159–171. R.F. Person, *In Conversation with Jonah: Conversation Analysis, Literary Criticism and the Book of Jonah* (JSOT.S 220), Sheffield, 1996. O. Petit, «Jonas, un prophète travaillé par la parole», *SémBib* 80(1995), p. 59–63. L. Rüdiger, *Jona, Prophet zwischen «Verweigerung» und «Gehorsam». Eine erzählanalytische Studie* (FRLANT 162), Göttingen, 1994. A. Schüle, «"Meinst du, dass dir Zorn zusteht?" Der theologische Diskurs des Jonasschlusses (Jona 3,6–4,11)», *Theologische Literaturzeitung* 131(2006), p. 675–687. R. Syrén, «The Book of Jonah: A Reversed Diasporanovella?», *SEÅ* 58(1993), p. 7–14.

미카서

마치 (Jean-Daniel Macchi)

겨우 일곱 개의 장에서 이 책의 독자는 성경 예언의 놀라울 정도로 다양한 주요 신학 주제들의 파노라마를 접할 수 있다. 사회와 종교의 무질서에 대한 심판과 엄혹한 단죄는 희망과 낙관론으로 가득 찬 구원 예언들과 보조를 맞춘다. 여기에 또한 애가에서 전례와 소송을 거쳐 심판 신탁에 이르는 매우 다양한 문학 유형들이 교차한다. 이사야 예언서처럼 미카서는 이스라엘 예언 사고의 역사적 진화 과정을 예외적으로 증언하는 책으로 간주할 수 있다.

1. 설계와 내용

미카 1–3장 : 미카서의 핵심. 심판 신탁

1,1	표제
1,2–7	사마리아를 향한 신탁, 파괴 예고

1,8-16　유다에 내리 닥친 불행에 대한 애가
2,1-5　착취자들을 향한 심판 신탁
2,6-11　미카와 적대자들 사이의 논쟁
2,12-13　**구원 신탁, 가축 떼 모음**
3,1-4　지도 계급을 향한 심판 신탁
3,5-8　예언자들을 향한 심판 신탁
3,9-12　예루살렘/시온을 향한 신탁, 파괴 예고

미카 4-5장 : 예루살렘을 위한 구원 신탁

4,1-5　야훼의 산은 세상을 다스린다. 예루살렘을 향한 백성들의 순례와 평화 시대
4,6-8　흩어진 사람들 모음
4,9-14　이민족들의 공격 앞에서의 예루살렘 구원. 해산의 진통
5,1-5　메시아 임금
5,6-7　이민족들 가운데 야곱의 남은 자
5,8-14　군대와 우상숭배 파괴. 적들은 징벌된다

미카 6-7장 : 심판 말씀과 구원 전례

6,1-8　야훼와 당신 백성 사이의 소송. 구원 역사와 하느님의 요구 상기
6,9-16　불의를 이유로 성읍 단죄
7,1-7　사회 무질서에 대한 애가
7,8-20　예언자의 구원 전례

경전 형태로서의 미카서는, 한편으로는 심판과 고발 또는 애가라는 주제로 돋보이는 신탁들과(1,1-2,11; 3; 6,1-7,7), 다른 한편으로는 구원 신탁들(2,12-13; 4-5; 7,8-20) 사이의 교차 현상으로 특징된다. 이러한 교차 현상은 종종 작품의 대략적인 조직을 묘사하기 위한 기준 역할을 한다. 따라서 학자들은 이중(1-3 + 4-5 / 6,1-7,7 + 7,8-20; Mays, Renaud 참조), 나아가 - 다소 꺼리는 감이 있기는 하나 - 삼중(1,1-2,11 + 2,12-13 / 3 + 4-5 / 6,1-7,7 + 7,8-20; Willis 참조) 심판-구원 교차 현상을 제안한다.

앞서 진술된 도식에서 제안된 구분은 유사한 규모의 세 단원을 분명하게 드러낸다. 나아가 이 구조는 작품 속에 등장하는 주요 중간 휴지를 바탕으로 한다. 이렇듯 첫째 단원이 끝나는 3,12에서 '성전 산'은 덤불이 되며, 둘째 단원이 시작되는 4,1에서 이 산은 다른 산들의 머리로 세워진다. 이 단원은 듣지(히브리어로 *šm'*) 않는 이민족들에 대한 단죄로 5,14에서 끝맺음하는 반면, 마지막 단원은 정확하게 6,1의 '들어라'(*šm'w*)라는 명령으로 열린다.

2. 출처와 형성

2.1. 미카서 핵심

미카서는 문학적이며 편집적인 오랜 과정의 결과물이다. 학자들은 일반적으로(Otto, Renaud, Mays, Wolff, McKane, Lescow, Jeremias 참조) 8세기 예언자로부터 유래한 신탁들의 핵심은 1-3장 안에서 발견된다고 여긴다. 편집상의 몇몇 재손질에도 불구하고 1,8-16의 애가는 2-3장의 심판 신탁들과 함께 흔히 예언자 자신의 작품으로 취급된다.

그러나 우리는 예언자 미카에 대하여 아는 것이 별로 없다. 미카 1,1은 미카가 세펠라(예루살렘 남서쪽 35km에 위치한 지금의 텔 엣 구데이데)에 자리한 유다 마을 모레셋 출신이라고 일러준다. 지명 모레셋은 재앙을 겪는 유다 지방에 관련된 애가에(1,14) 다시 등장하며, 이는 예언자가 이 비극을 직접 체험했다고 생각하게 한다. 미카 1,1은 한편 예언자의 활동 시기를 요탐과 아하즈와 히즈키야 치하로 둔다. 별로 명확하지 않은 이 정보는 미카의 설교가 8세기 후반기 내내 자리했을 것이라 가정한다.

산 위의 신
미카 1,3-4에서 야훼는 산 위로 내려오신 분으로 소개된다.

미카의 생애에 관한 일화를 말하는 유일한 본문은 역설적으로 예레 26,17-19에서 발견된다. 미카 3,12를 인용하는 이 문구는 히즈키야의 회심을 미카의 설교 덕분으로 돌린다. 사실 신명기계 신학 주제로 돋보이는 예레미야서 본문은 - 예루살렘의 파괴 예언이 완성되지 않은 - 미카서에 관한 주석적 반성을 반영하며, 따라서 예언자 자신에 관한 독립 전승으로 취급하는 데는 어려움이 있다. 예언자 삶의 세계를 재구성하고자 한다면, 미카서 본문 자체에서 출발해야 할 것이다.

미카가 유다 (모레셋) 출신임은 거의 확실해 보이나, 누구를 대상으로 설교하고 있는지는 분명하지 않다. 학자들은 종종 그의 메시지가 예루살렘의 지도 계급을 겨냥한다고 생각한다. 예레 26,17-19의 본문과 미카 3,9 이하의 이 도성 파괴 예고는 이를 위한 근거로 제기될 수 있다. 1,8-16이 말하는 유다 지방의 파괴는 701년에 산헤립이 예루살렘을 거슬러 벌인 전쟁 상황과 관련이 있다. 그러나 이러한 견해는 그럼직한 유일한 것일 수는 없다. 우리는 또한 미카가 기본적으로 사마리아를 대상으로 한다고 가정할 수도 있기 때문이다. 1,1과 같은 문구, 또는 1,5-7의 사마리아에 관한 유일한 파괴 예고는 이러한 의미로 해석될 수 있다. 나아가 미카서의 첫 세 장에서 유일하게 예루살렘을 언급하는 문구는(3,9 이하) 후기 신명기계 재독의 결과임이 거의 분명하다. 이 경우 미카는 아모스처럼 신랄하게 비난하기 위해서 북 왕국에 말을 건네는 유다의 예언자일 수 있다. 1,8-16이 설파하는 재앙은 따라서 시리아-에프라임 연합에 의한 위기의 때에 자리할 수 있다(734-732).

어떠한 경우이든 미카는 지도 계급을 겨냥해 매우 비판적인 설교를 내놓는다. 종교적인 문제를 거의 다루지 않는 그의 메시지는 기본적으로 사회정의에 관한 문제 제기와 관련되어 있다 - 그러기에 볼프(H.W. Wolff)는 미카는 예언자가 아니라 고을의 원로였다는 이론을 변론하기까지 했다. 이러한 견해는 그러나 이어지지 않았다. 미카는 예언운동의 문학 유형들, 특히 '야훼의 사자'("야훼께서 이렇게 말씀하신다": 2,3; 3,5)라는 문형을 사용하고, 전승에 의해 예언자로 인정받고 있으며, 끝으로 세속적 문제를 다루는 거의 유일한 예언자이기 때문이다.

마치기에 앞서서, 미카서의 핵심을 미카 1-3장로 한정하는 폭넓은 교감에도 불구하고, (예를 들어 Shaw와 같은) 몇몇 주석가는 책 전체를 예언자의 작품으로 줄곧 돌리고 있다는 사실을 지적하기로 한다. 이 경우, 어조와 주제상의 큰 차이점들은 예언자의 생애 동안 발전을 거듭해 온 미카의 메시지로 설명될 수 있을 것이다.

2.2. 미카서 후대의 심판 신탁

첫 세 장에 담긴 미카의 신탁들은 유배시대 직전 또는 유배시대 동안 다양한 신학적인 수정을 거쳤다. 신명기계 신학에 가까운 이러한 개입은, 본디 지도 계급을 겨냥한 비난을 백성 전체에게 확대하고, 이제 '규정에 맞는' 종교의식에 관련된(예를 들어 1,5; 2,4...) 새로운 문제를 제기하기 위한 여러 요소를 끌어들였다.

6,1-7,7까지의 본문 역시 하느님의 심판과 사회적이며 종교적인 비판이라는 주제를 다룬다. 미카 1-3장과의 유사성은, 이 본문에서 동일한 발행 세계의 손길을 간파하도록 여러 저자를 이끌었다(Renaud, Zapff). 이 세계는 유배시대에 자리하게 해야 하며, 기본적으로 비판적인 메시지를 담고 있는 본문들로 보완하면서 미카서의 신탁 모음을 증보해 나갔을 것이다(미카 1-3; 6,1-7,7).

그러나 볼프와 특히 메이슨(R. Mason)의 견해에 따르면, 6,1-7,7은 1-3장이 출간되고 난 다음 시간이 지나 빛을 본 작품이다. 사실 이 본문은 1장에서 3장에 이르는 본문의 논리적 연속이라기보다는 미카서의 부록을 형성하는 것으로 보인다. 나아가 이 본문에 담겨 있는 사회정의에 대한 고찰은 유배시대 이전만의 전유물이 아니라 유배시대 이후에도 자주 제시되는 주제였다. 한편 우리는 하까 1,6; 2,17에서처럼 미카 6,13-15에서 후대 본문의 어렴풋한 추억을 식별할 수 있다. 따라서 6,1-7,7이 페르시아 시대의 흐름 속에서 미카의 심판 재생과 현실화를 증언한다는 사실은 충분한 가능성이 있어 보인다. 이와는 달리 또 다른 세계는 구원이라는 주제를 도입하면서 이 설교를 변형시키고자 했다.

2.3. 구원 신탁

4-5장에서, 그리고 마지막 대전례와(7,8-20) 2,12-13에서, 신학적

인 전망은 매우 다르다. 여기서 만나는 본문들은 유배시대와 유배시대 이후의 구원 예언이라는 큰 주제로 돋보인다(이민족들의 순례, 이스라엘의 남은 자의 모임, 메시아).

그러나 4-5장을 유일한 저자의 작품으로 취급하는 것은 경계해야 한다. (Otto, Wolff, McKane, Mays, Jeremias와 같은) 학자들은 흔히 유배시대의 첫 소책자가 고통이라는 주제를 강조하고 위로의 말씀을 제안했다고 여긴다(4,[6]9-14와 5,1-5[7]). 이 첫 소책자는 이민족들의 평화로운 오름이나 적들의 징벌과 같은 주제 도입을 통하여(특히 4,1-8과 5,8-14) 구상되었을 것이며, 이로써 본문에 유배시대 이후의 종말론적인 희망을 편입시켰을 것이다. 르노(B. Renaud)는 한편, 이 장들을 다양한 출처를 가진 단편들을 수집하여 종합한 유일한 발행인의 작품으로 평가함으로써, 다소 다른 이론을 제안한다. 학자들은 또한 4-5장과 7,8-20의 '최후' 발행과 관련하여 헬레니즘 시대의 편집 연대가 자주 검토되고 있다는 사실을 지적한다(Zapff, Lescow). 따라서 이 문구에 표현되어 있는 종말론은 헬레니즘에 하나의 답변을 제공하는 셈이 된다.

우리가 알고 있는 대로의 본문이 범세계적이며 낙관론적인 종말론에 관해 어느 정도의 회의론적 입장을 증언하는 것 같다는 사실을 강조할 필요가 있다. 4,5는 "모든 민족은 저마다 자기 신의 이름으로 걸어갈 것이다"라고 확언하면서 예루살렘을 향한 이민족들의 순례에 관한 문구를 끝맺음한다. 또한, 5,1.3-4ㄱ의 평화로운 메시아사상은 폭력과 소통을 강조하는 2,4ㄴ-5 첨부로 훗날 수정되었다. 따라서, 위로의 소책자가 보편적인 종말론적 관점에서 개정되었을 것이라는 고전적인 가설은 포기하는 편이 적절해 보인다. 사실 이민족들과의 갈등에서 빚어진 폭력 회상은 오히려 책의 구성 이전 단계에서 표면화되었을 이와 같은 종말론을 수정케 하는 역할을 했을 것이다.

3. 주제와 의도

8세기의 흐름 속에서 유배시대 이전 예언운동의 상당한 사조와 조화를 이루는 가운데 미카서는(1-3장) 당대의 정치적이며 종교적인 지도계급을 신랄하게 비판한다. 정의 법령은 남의 재산을 착취하고 백성을 억압하거나 헤매게 하는 행위, 한 마디로 권력을 남용하는 행위를 하지 않도록 요구한다. 1-3장에서 또한, 많은 것을 요구하는 이 메시지는 후에 유죄성과 집단 징벌이라는 주제와 함께 이단적인 종교의식 단죄로 보완될 것이다.

정의와 법에 관한 미카서의 법령은, 이 법령이 하느님을 당신 백성과 맺어주는 역사와 분명하게 결부되는 6,1-7,7에서 다시 재생된다. 이렇게 해서 구원 역사는(6,4-5) 매우 강력한 윤리적 법령으로 이끈다. 번제물 이상으로(6,7 참조) 야훼께서 요구하시는 것은 "법을 실천하고 신의를 사랑하며 겸손하게 네 하느님과 함께 걷는 것"(6,8)이다.

다른 많은 예언서에서처럼 미카서에서 하느님의 심판 확언은 구원에 대한 기대와 희망을 동반한다. 이와 같은 관점의 뒤바뀜은, 비록 미카서 마지막 부분에 표현되어 있다 하더라도, 하느님의 용서에 대한 믿음을 증언한다(7,18-20). 이처럼 구원 신탁은 야훼께서 흩어진 백성의 남은 자를 시온으로 불러모으시고(4,6-8), 평화가 될 메시아가(5,4) 베틀레헴에서 나오리라 확언한다(5,1). 이민족들 또한 예루살렘을 순례하러 올라올 것이며, 칼이 보습으로 변형될 것이다(4,1-4). 그러나 구원 신탁 한가운데서도 범세계적인 행복에 대한 희망과 기대는, 이스라엘이 적들의 재난을 함축하는 보다 폭력적인 관점을 숨기지 않는다(예를 들어 5,7 참조). 이 마지막 관점은 하느님 구원에 관한 서정적인 희망이 종종 인간적 갈등 현실로 깨질 수 있음을 환기시킨다.

4. 참고 문헌

4.1. 주석서

D.R. Hillers, Hermeneia, 1984. J. Jeremias, ATD 24/3, 2007. R. Kessler, HThK.AT, 1999. J.L. Mays, OTL, 1976. W. McKane, *The Book of Micah: Introduction and Commentary*, 1998. R. Oberforcher, NSK.AT 24/2, 1995. B. Renaud, SBi, 1987. H. Utzschneider, ZBK.AT 24/1, 2005. R. Vuilleumier, CAT XIb, (1971) 1990. H.W. Wolff, BK.AT 14/4, 1982 = *Micah: A Commentary* (Continental Commentaries), Minneapolis(MN), 1990.

4.2. 연구 현황

R. Mason, *Micah, Nahoum, Obadiah* (OTGu), Sheffield, 1991.

4.3. 주요 저서 및 논문

T. Lescow, «Zur Komposition des Buches Micha», *JSOT* 9(1995), p. 200-222. E. Otto, «Techniken der Rechtssatzredaktion israelitischer Rechtsbücher in der Redaktion des Prophetenbuches Micha», *JSOT* 5(1991), p. 119-150. B. Renaud, *La formation du livre de Michée. Tradition et actualisation* (EtB), Paris, 1977. C.S. Shaw, *The Speeches of Micah: A Rhetorical-Historical Analysis* (JSOT.S 145), Sheffield, 1993. B.M. Zapff, *Redaktionsgeschichtliche Studien zum Michabuch im Kontext des Dodekapropheten* (BZAW 256), Berlin/New York, 1997.

나훔서

마치 (Jean-Daniel Macchi)

나훔서는 니네베의 함락을 기념하는 찬가이다. 역사의 흐름 속에 많은 독자는 실추한 대도시에서 모든 악과 억압 세력의 원형을 보았을 것이며, 이 책에서 그들을 억압하는 자들 역시 소멸하리라는 약속을 길어냈을 것이다.

1. 설계와 내용

나훔서는 아시리아 제국의 수도 니네베를 향한 하나의 신탁으로 제시된다. 혼합적이며 동시에 정교한 문체는 이 책을 종종 히브리 시의 걸작으로 여기도록 한다. 모든 메달에는 이면이 있는 것처럼, 지나치게 잘 다듬어진 이 시는 불행히도 이해하는 데, 나아가 번역하는 데 어려움을 준다.

본문은 주요 두 부분으로 나뉠 수 있다.

1,1 책의 이중 표제는 내용과("니네베에 관한 신탁") 동시에 저자를("엘코스 사람 나훔이 본 현시의 책") 가리킨다

제1부 : 우주적 전투(1,2-2,3)

1,2-8 하느님 진노의 힘을 묘사하는 준-알파벳 시. 이 신현 찬미가는 야훼를 3인칭으로 말하며 근동의 예배적 신화 주제에 의거한다

1,9-2,3 해석하기 어려운 이 장면은 (니네베를 향한?) 연속적인 심판 예고와 (유다를 위한?) 해방 약속으로 특징된다. 주어와 목적어의 갑작스러운 변화는 여기에 사용된 자료가 혼합적임을 생각하게 한다. 이렇게 2,1의 "보라, 평화를 알리는 이의 발이 산을 넘어온다" 하는 말씀은 이사 52,7을 무의식적으로 인용하는 것으로 보인다.

우리는 나훔서가 작품의 이 단계에서 아직 니네베를 언급하지 않으며, 야훼께서 이끄시는 전투가 우주적 차원을 지니고 있음을 적시할 수 있다(1,11; 2,1의 '불한당' 참조). 이 첫 단원은(1,2-2,3) - 다음 본문에 묘사된 - 니네베의 멸망과 관련된 사건들을 악을 거스른 야훼의 개선 행위라는 일반적 관점에 자리하게 하도록 독자를 초대한다.

제2부 : 니네베 멸망(2,4-3,19)	
2,4-14	이 구절들은 매우 거친 용어로 니네베의 멸망과 약탈을 묘사한다. 이 묘사는 야훼께 패한 사자 은유로 마감된다(12-14절)
3,1-7	창녀에 비교된 피의 성읍에 대한 이 빈정거림 애가는 심판 신탁으로 마무리된다
3,8-19	작품의 마지막 부분은 니네베를 거스른 일련의 신탁으로 구성되어 있다. 아시리아 도성은 파괴된 테베와 비교된다. 니네베의 불행을 표현하기 위하여 무화과나무와 곤충들과 목자들 은유가 다시금 등장한다

작품의 둘째 부분에 사용된 어법은, 이 본문의 저자가 근동 지방 종속 조약의 저주 문형에 친숙한 인물이었다고 추정케 한다.

2. 출처와 형성

우리는 예언자 나훔에 대하여 대단한 것을 알지 못한다. 책의 표제는 그가 정확하게 확인할 길이 없는 지방인 엘코스 사람이었다고 일러준다. '위로'를 의미하는 나훔이라는 이름이 필명일 수 있다는 사실을 배제할 수 없다. 스프롱크(K. Spronk)는 이 책의 책임자인 유다의 고위 관리는 죽음을 각오하지 않고서 자기 이름으로 이러한 반-아시리아적인 본문을 출간할 수 없었을 것이라고 가정한다.

2.1. 바탕에 자리한 역사적 상황

주석가 대부분은 나훔서의 구성을 – 아무튼 가장 오래된 단락들의 구성을 – 아시리아 시대 후반기 중의 유다 왕국에 자리하게 한다. 8세기 후반기부터 7세기 말까지 근동 지방을 지배했던 아시리아 제국이 이스라엘 왕국 대신에 그 자리에 아시리아 행정구역을 설립하고(732–722) 유다를 엄격하게 통제된 봉건 왕국으로 만들었다는 사실을 상기하자.

3,8에 언급된 테베의 함락은 667/663년 아슈르바니팔의 아시리아 군대가 이집트를 침입했을 때 발생했다. 본문은 따라서 이 일자 직후(Keller, Spronk), 아마도 652년과 648년 사이에 하나의 중대한 소요가 아시리아 제국을 붕괴로 이끌 뻔했던 시기에 편집되었을 것이다. 본디 이 예언집은 므나쎄 임금을 아시리아 제국에 맞서 저항하도록 고무하고자 했을 것이다(Christensen). 이러한 일자 추정 유형의 지지자들은 테베 함락 언급이 이 도성의 부흥 이후에는 별로 의미가 없었을 것이라는 사실을 강조한다.

다른 저자들은 이 본문을 기원전 612년 니네베 함락 이전 또는 직후에 자리하게 한다(Renaud, Elliger). 이튼(J.H. Eaton)이 뒤를 잇는 훔베르트(P. Humbert)는 나훔서 본문에서 아시리아의 함락을 기념하고자 했던 612년의 신년(新年) 전례를 본다. 본문 초의 예배적이며 시편에 가까운 면모를 이어지는 멸망 신탁과 조화롭게 해주는 이 이론은 그러나 오늘날 가끔 지지를 받고 있을 뿐이다. 니네베 함락은 사실 매우 일반적인 용어로 기술되어 있으며, 어떤 군사적인 재앙도 상기시킬 수 있기 때문이다. 따라서 이 본문에서 목격 증인의 작품을 찾을 필요가 없다.

압송 장면. 압송 예고는 심판 신탁에 빈번하다.
나훔 3장은 관점을 돌려 유다 적들의 압송을 언급한다.

2.2. 편집 절차

다수의 저자는 나훔서가 유배시대 이후의 유일한 저자의 작품이라 평가한다. 훔베르트의 논제 이외에 우리는 특히 루돌프(W. Rudolph)와 켈러(C.-A. Keller)와 스프롱크의 주해를 참조할 수 있다.

작품의 혼합적인 성격에 관한 가설은 자주 지지를 받아온 터이다. 논쟁은 일반적으로 본문의 첫 단원에(1,2-2,3) 집중되어 있으며, 유명한 알파벳 시편은 종종 이차적인 것으로 취급된다(Baumann, Fabry, Renaud, Seybold). 이 시편은 사실 본문 전체에 야훼 승리의 우주적 성격을 통한 종말론적인 관점을 부여한다. 몇몇 다른 요소를 동반한 이 시편은, 니네베 함락을 악의 세력에 대한 야훼의 승리 원형으로 만들고자, 훗날 이 도성을 거스른 신탁에 덧붙여졌을 것이다. 제2 이사야서(이사 40-55) 본문과의 병행 현상은 재독 과정을 유배시대 동안 또는 이후에 자리하게 한다.

앞서 제시한 가설과 함께, 본래의 신탁들이 니네베가 아니라 유다를 겨냥했다고 주장한 예레미아스가 발전시켜 나간 논제를 언급해야 한다. 그렇다면 신탁들은, 고대 니네베로 상징되는 유다의 적들을 거스른 신탁이 되도록 유배시대 이후에야 비로소 변형되었을 것이다. 예레미아스는 책의 일관성 없는 단편들에서 출발하여 '본래의 신탁들'을 재구성했다. 이 저자에 의해 사용된 문학 비평 방법은 따라서 불확실한 결과를 낳았다.

3. 주제와 의도

니네베에 내리닥친 불행에 관한 매우 거친 묘사를 통하여 나훔서는 현대의 독자에게 불쾌감을 일으킬만한 여지를 남겼다. 그러나 오바드야서, 또는 대예언서에 담긴 이민족들을 향한 긴 신탁 모음들의 경우처럼, 이민족들의 불행은 민족의 신 야훼의 온 누리에 대한 주권에 대한 믿음을 표현한다는 사실을 감안해야 한다.

나훔서를 신-아시리아 통치 시대에 자리하게 한다면, 여기서 우리는 표면상의 강대국을 거스른 유다의 신랄한 선언을 읽을 수 있다. 승리에 대한 강렬한 희망은 그것이 억압받는 자들의 입이나 펜촉에서 나온 것일 때 덜 충격적일 것이다.

니네베의 함락을 예고하는 나훔의 생기 넘치는 설교는 동일한 주제에 대한 요나의 간결한 말씀들과 대조를 이룬다: "이제 사십 일이 지나면 니네베는 무너진다"(요나 3,4). 요나서에서 이 말씀은 이방인 도성의 즉각적인 회개를 불러일으킨다. 나훔서와 요나서는 이처럼 서도 다른 하느님의 모습을 제시한다(이 책의 요나서 입문 참조). 니네베에 베풀어진 은총 앞에서 요나는 "저는 당신께서 자비하시고 너그러우신 하느님이시며, 분노에 더디시고 자애가 크시며, 벌하시다가도 쉬이 마음을 돌리시는 분이시라는 것을 알고 있었습니다."(요나 4,2) 하고 고백하며, 이는 나훔서를 여는 "야훼는 열정을 지니신 분, 보복하시는 하느님, 야훼는 보복하시는 분, 진노하시는 분이시다. 야훼는 당신의 적들에게 보복하시는 분, 당신의 원수들에게 화를 터뜨리시는 분이시다. 야훼는 분노에 더디시고 힘이 뛰어나신 분, 그러나 벌하지 않으신 채 내버려 두지는 않으신다"(나훔 1,2-3) 하는 말씀과 대조를 이룬다. 우리는 이 두 본문이 상관관계가 없지 않다고 생각할 수 있다. 요나서는, 나훔서의 예언처럼 이민족을 떨게 하는 복수의 하느님을 작품에서 즐겨 찾는 데 급급한 예언을 조롱거리로 만들기 위하여 기록되었던 것 같기 때문이다.

4. 참고 문헌

4.1. 주석서

R.J. Coggins, ITC, 1985. J.H. Eaton, TBC, 1961. K. Elliger, ATD 25, 1964[5]. H.J. Fabry, HThK.AT, 2006. C.-A. Keller, CAT 11a, 1992[3]. L. Perlitt, ATD 25/1, 2004. B. Renaud, SBi, 1987. J.J.M. Roberts, OTL, 1991. W. Rudolph, KAT 13/3, 1971. K. Seybold, ZBK.AT 24/2, 1991. R.L. Smith, WBC 32, 1984. K. Spronk, HCOT, 1997.

4.2. 연구 현황

D.L. Christensen, «The Book of Nahoum: A History of Interpretation», in J.W. Watts/P.R. House (éd.), *Forming Prophetic Literature: Essays on Isaiah and the Twelve in Honor of John D.W. Watts* (JSOT.S 235), Sheffield, 1996, p. 187-194. R. Mason, *Micah, Nahoum, Obadiah* (OTGu), Sheffield, 1991. M. Weigl, «Current Research on the Book of Nahum», *CRBS* 9(2001), p. 81-130.

4.3. 주요 저서 및 논문

G. Baumann, *Gottes Gewalt im Wandel: Traditionsgeschichtliche und intertextuelle Studien zu Nahum 1,2-8* (WMANT 108), Neukirchen–Vluyn, 2005. P. Humbert, «Le problème du livre de Nahoum», *RhPhR* 12(1932), p. 1–15. J. Jeremias, *Kultprophetie und Gerichtsverkündigung in der späten Königszeit Israels* (WMANT 35), Heidelberg, 1970. T. Lescow, «Die Komposition der Bücher Nahoum und Habakuk», *BN* 77(1995), p. 59–85. K. Seybold, *Profane Prophetie. Studien zum Buch Nahum* (SBS 135), Stuttgart, 1989.

하바쿡서

마치 (Jean-Daniel Macchi)

대위기의 상황 속에서 하바쿡서는, 그리스도교에서 자주 반복될 "의인은 성실함(신앙)으로 산다"(하바 2,4)라는 원칙을 확언하기에 앞서, 독자에게 하느님의 정의 문제와, 이 정의가 표명되기 위해 사용하는 방법에 대하여 질문을 던진다.

1. 설계와 내용

1,1	표제; 책은 예언자 하바쿡의 신탁들을 담고 있다
1,2-4	(폭력, 법의 실추와 같은) 사회 불의에 직면한 예언자의 애가적인 첫 호소
1,5-11	징벌을 목적으로 한 칼데아(바빌론) 군대의 폭력적인 당도를 예고하시는 하느님의 첫 답변
1,12-17	세상을 지배하는 자의 억압에 직면한 예언자의 애가적인 둘째 호소

2,1	예언자는 견뎌낸다
2,2-6ㄱ	의인의 승리와 악인의 파멸이 다가왔음을 예고하시는 <u>하느님의 둘째 답변</u>
2,6ㄴ-20	"불행하여라!"(*hôy*) 문형으로 열리는 다섯 선언. 이 애가 선언은 약탈, 부당한 이득, 폭력, 만취, 우상숭배와 같은 행위들로 고발되는 악인들을 겨냥한다
3	시편
3,1	표제
3,2	애가
3,3-15	신현 찬가
3,16-17	애가
3,18-19ㄱ	신뢰의 말씀들
3,19ㄴ	맺음 전례 문형

하바쿡서의 첫 두 장은 예언자와 하느님 사이의 대화, 비교적 선명한 장면에 따라 조직된 대화로 이해될 수 있다. 유다에서 자행된 불의를 고발하는 예언자의 하소연에(1,2-4) 하느님은 징벌 대신에 바빌론인들이 당도할 것임을 예고하면서 응답하신다(1,5-10). 1,11은, 하느님의 징벌은 이 징벌이 '교정할' 악보다 더 심한 결과를 낳을 것이기에 하나의 전환점을 나타낸다. 또 하나의 애가가 하느님께 올려져, 힘센 바빌론인들의 약탈을 고발하며(1,12-17), 이 애가에 해방과 구원 약속이 응답한다(2,2 이하).

1,4가 말하는 악인은 1,13의 악인과 동일한 인물이 아니다. 첫째 악인은 유배시대 이전의 예언자들이 자주 비난하는 사람들과 유사한 사회

불의를 저지른 한 유다인인 것처럼 보이며, 둘째 악인은 지배자로서의 위치를 남용하는 외국 침략자이다. 예언자 고발의 이 두 면모는 '불행하여라!' 선언문에 다시 등장한다. 강탈과 부당한 이득 또는 만취와 같은 유다 내부의 죄를 특징짓는 요소들이 외국 침략자들을 분명하게 언급하는 여러 내용과 함께하고 있기 때문이다(2,8.10.13). 끝으로, 하느님의 첫 답변에서 징벌이 바빌론인들의 당도를 통해 구체적으로 서술되어 있는 반면, 둘째 답변은 의인들을 위한 구원과 악인들을 향한 파멸을 예고하는 매우 일반적인 약속이라는 사실을 지적할 필요가 있다.

3장의 시편은 매우 다른 문체로 책 전체를 닫는다. 이 장의 중심 부분은(3-15절) 남쪽(테만)에서 솟아오르시는 하느님의 예외적인 오심을 묘사하는 신현 찬미가로 이루어져 있다. 이 문구를 둘러싸고 있는 애가는(2절과 16-17절) 이 찬미가에, 하느님의 정의가 고통과 피를 마다하지 않는 1장과 2장에 묘사된 드라마에 이 신현을 결부시키는, 비극적인 색조를 드리운다. 신뢰에 관한 말씀이 "의인은 성실함으로 산다"라는 2,4의 확언을 상기시키면서 3장을 닫는다(18-19절).

2. 출처와 형성

2.1. 예언자와 역사적 상황

하바쿡서는 예언자의 삶에 관한 명백한 내용을 우리에게 전해 주지 않기에, 작품의 내용을 기초로 한 간접적인 고찰에서 출발하여 이 작품의 인물을 재구성할 수 있을 것이다. 책에 들어 있는 전례 유형의 형태들은 - 특히 시편과 작품의 대화체 구조와 애가들 - 하바쿡이 예배와 관계가 있는 예언자였다고 추정하도록 여러 저자를 이끌었다(Haak, Humbert, Jeremias, Watts).

하바쿡의 사명은 흔히 유배시대 이전 유다 왕국의 상황 속에 자리한다. 시리아-팔레스티나에 대한 영향력이 7세기의 마지막 사반세기 동안 현저하게 떨어졌던 아시리아 제국은 605년에 궁극적으로 사라지고, 막 부상하기 시작한 바빌론 세력에게 자리를 넘겨 준다. 두 번에 걸쳐(597년과 587년), 예루살렘은 바빌론 군대의 공격 아래 놓이며, 도성의 주민 일부가 바빌론으로 압송된다. 한편, 용과 맞선 다니엘의 투쟁 일화 틀 속에 예언자 하바쿡을 개입시키는 다니 14,33-39의 그리스어 본문이 증언하는 전설이 전제로 하는 것은 바로 이 역사적 상황이다. 한 천사에 의해 바빌론으로 자리를 옮긴 예언자는 사자 굴에 있는 다니엘에게 먹을 것을 가져다준다.

하바 1,6은 바빌론인들(칼데아인들)의 당도를 분명하게 언급한다. 주석가 대부분은 따라서 책의 첫 두 장이 묘사하고 자문하는 것이 바로 이 바빌론 세력의 상승이라고 여긴다.

한편, 유다의 사회정의에 대한 재고와 이 재고를 동반하는 백성의 심판 예고가 예언서에 잘 제시되어 있다. 그런데 하바쿡 메시지의 이러한 측면은, 아모스서와 호세아서 또는 예레미야서와 같은 예언서들을 통하여 알게 된 왕정시대 이스라엘의 예언운동 전승과 관련이 없지 않다. 작품의 문학적 발전 전부 또는 일부를 신-바빌론 시대 이전으로 거슬러 올라가게까지 하지는 않더라도(Seybold, Patterson), 바빌론 시대 동안 하바쿡에 의해 전달된 메시지는 예언운동 뿌리를 왕정시대에서 끌어내야 한다는 사실을 인정하지 않을 수 없다(Keller, Lescow, Robertson, Rudolph 참조). 이처럼, 적어도 예루살렘 일차 포위를 전제하는, 칼데아 파괴자들을 거슬러 작성된 애가는 하느님의 심판 도구의 모호성을 반영하고 있다는 점에서 책의 신학적 발전을 드러낸다고 말할 수 있다.

하바쿡이 바빌론 세력에 대하여 비판적 자세를 취한다는 사실은 한편 예언자를 609년경의 친-바빌론 세계에 자리하게 하는 하악(R.D. Haak)의 작업으로 말미암아 근본적인 의문의 대상이 되었다. 하바쿡은 여호야킴 임금을 거스른 하느님의 징벌 도구인 바빌론인들의 당도를 긍정적인 시각으로 보았다. 여호야킴은 1,4에서 악인과 동일시되는 반면, 선왕인 여호아하즈는 같은 구절에서 의인으로 소개된다.

아무튼, 7세기 말과 6세기 초 사이의 집필 연대는 넓은 공감대를 형성한다. 그러나 우리는 1,6의 '칼데아인들' 언급이 순수 상징적인 기능을 담당한다고, 나아가 본문 변질의 결과라고 여기는 저자들을 가끔 만난다. 이들 저자는 하바쿡을 좀 더 후기에 자리하게 하며, 특히 알렉산드로스 대제 시대의 집필을 가정했던 둠(B. Duhm)과 같은 예전의 여러 저자의 경우이다.

2.2. 편집 과정

하바쿡서의 문학적 단일성은, 책의 시작 부분과 불행 선언과(2,6-20) 시편에서(3장) 찾아볼 수 있는 매우 다양한 문체에 관심을 가지면서 이미 문제시되었다(이미 1884년의 Stade 참조).

1-2장의 단일성은 한편 또 다른 문제를 제기한다. 사실 앞서 지적했던 두 가지 문제, 곧 유다의 사회 불의와 결부된 첫 문제와, 바빌론의 억압에 관한 질문과 결부된 둘째 문제는 두 개의 문학 층이 존재했음을 일러준다. 이렇게 오토(E. Otto)와 예레미아스(J. Jeremias)가 볼 때, 우선 순수 사회적인 비판은 바빌론인들에 관한 재고 삽입을 통하여 재해석되었을 것이다(특히 1,5-11). 동일한 개념 속에 레스코브(T. Lescow)는 애가와(1,2-4.13) 신탁과(2,1-4) 불행 선언(2,6ㄴ.9.12.15.19ㄱ)과 같은 삼중 구조로 된 첫 단계를 확인하며, 이 단계는 유배시대 동안 재독되고 폭넓게 증보되었을 것으로 본다. 몇몇 저자에게 이중 편집은 예언자 생애의 두 단계와 부합할 수도 있다(Robert).

첫 두 개의 장 본문의 현재 구조에서, 바빌론에 의한 위기의 상황 속에서 책 전체를 사회적 예언운동에 대한 재고로 만든 논리적 일관성을 보는 저자들이 적지 않은 것이 사실이다(Peterson, Patterson).

끝으로 하악은 또한, 매우 미미한 편집적 손질 작업이 책의 반-바빌론 재해석 관점에서 이행되었을 것이라는 사실을 인정하면서, 작품의 일관성을 강조한다.

3장은 한편 일련의 특이한 문제를 제기한다.

먼저 본문의 관점에서, 하바쿡서 사본들은 앞의 두 개의 장에서보다 3장에서 매우 많은 이본을 제시하며 동시에, 하바쿡서 쿰란 주해본(1QpHab = 1Q15)에서는 제시되지 않는다.

시편이 어느 정도 책의 결말 부분으로 취급될 수 있다 하더라도 - 신현은 의인들에게는 하느님의 구원, 악인들에게는 징벌 약속에 대한 완성을 나타낼 수 있다 -, 주의를 기울여 이 책을 읽다 보면 3장과 앞의 두 장 사이에서 문체와 문학 유형 못지않게 어휘에 있어 매우 다른 점들을 확인할 수 있다. 그러기에 3장이 둘째 단계에서 삽입되었다고 여기는 저자들이 다수다(Lescow, Seybold 등). 이러한 관점은 신현 찬미가(3,3-15) 자체의 고대성에 대하여 예단하지 않는다. 이 찬미가에 비록 오래된 자료가 있다 하더라도, 하바쿡서의 결말 부분으로 삽입할 목적으로 후대에 가서야 3,2.16-17.18-19의 탄원과 약속 말씀으로 둘러싸일 수 있었을 것이기 때문이다

신현 찬미가의 집필 연대에 관한 토론은, 사용된 고어 고찰과 함께, 창세 49장과 탈출 15장과 신명 32장과 판관 5장과 같은 오래된 유명한 다른 찬미가 문구들과의 매우 뚜렷한 병행 현상을 기초로 한다(Watts). 학자들은 예를 들어 판관 5,4-5에서처럼 하느님이 남쪽에서 나오신다거나, 또는 창세 49,25와 하바 3,6에 동일한 문장 구조가 등장한다는 사실을 주목한다. 찬미가의 집필 연대를 오랜 시대로 잡는 것 또한 논쟁거리이다. 언어학적인 논거는 의심스러울 뿐이며 - 사용된 언어는 고어인가 아니면 고어화한 것인가? -, 병행 본문들, 특히 시편 77장은 찬미가 저자의 영감 원천을 이룰 수 있었기 때문이다.

3. 주제와 의도

하바쿡서는 성경 사고에 있어 기여한 바가 없지 않다. 유다 역사의 주요 순간에 자리한 이 책은, 외국 폭군들이 약탈을 자행하고 징벌 되어야 한다고 여겨지는 잘못보다 훨씬 더 심각한 악을 저지르는 상황 속에서, 이 세력들의 힘을 빌려 악인들을 징벌하는 하느님의 정의에 대한 고전적인 예언운동을 분명히 재고하고자 한다.

신앙인의 자세는 이러한 위기의 상황 속에서 2,4에 선포된 "의인은 성실함으로 산다" 하는 표현으로 정의된다. 유다교에 있어 여기서 요구되는 자세는 하느님과 율법을 믿는 이의 행동하는 신앙과 성실함이다. 그리스도교는, 사도 바오로의 영향으로(로마 1,17; 갈라 3,11-12), 하바쿡서의 이 구절을 하느님과의 관계 개념을 위한 중심 본문으로 만들 것이다. 그리스어 역본은 히브리어 '성실함'(*'emet*)을 '신앙'(*pistis*)으로 번역한다. 신앙인은 따라서 신앙으로 살도록 초대된다. 바오로가 '의인'을 예수 그리스도를 믿는 이와 동일시하면서 하바쿡서를 현실화하고 있다면, 유다교와의 이 구절 해석 차이는 근본적인 문제가 되지 않는다. 바오로에게 믿는다는 것은 사고의 질서 속에 단순히 머무는 행위가 아니라, 매 순간 행동하는 성실함을 전제로 하기 때문이다.

쿰란의 하바쿡서 주해본 또한 '악인'을 하스몬가의 대사제로, '의인'을 정의의 스승으로 해석하고, 로마인들이 악인을 징벌하도록 호소하면서 이 책을 다시금 현실화한다.

끝으로, 하바쿡서는 3장에서 세상에 대한 주권을 강력하게 정립하시는 하느님의 오심에 관한 종말론적 기다림으로 귀착된다. 이처럼 신앙인에게 요구되는 성실함과 함께 하바쿡서는, 그것 없이 어떤 좋은 것도 궁극적으로 세워질 수 없는 하느님의 성실하심 또한 선포한다.

4. 참고 문헌

4.1. 주석서

F.I. Andersen, AB 25, 2001. D.W. Baker, TOTC 23, 1988. A. Deissler, NEB, 1984. B. Duhm, *Das Buch Habakuk*, Tübingen, 1906. C.-A. Keller, CAT 11b, 1971. R.D. Patterson, WEC, 1991. L. Perlitt, ATD 25/1, 2004. J.J.M. Roberts, OTL, 1991. O.P. Robertson, NICOT, 1990. W. Rudolph, KAT 13/3, 1975. K. Seybold, ZBK.AT 24/2, 1991. R.L. Smith, WBC 32, 1984. M.E. Széles, ITC, 1987. J.D.W. Watts, CNEB, 1975.

4.2. 연구 현황

O. Dangl, «Habakkuk in Recent Research», *CR:BS* 9(2001), p. 131-168. P. Jöcken, *Das Buch Habakuk*(BBB 48), Köln/Bonn, 1977. R. Mason, *Zephaniah, Habakkuk, Joel* (OTGu), Sheffield, 1994.

4.3. 주요 저서 및 논문

R.D. Haak, *Habakkuk*(VT.S 44), Leiden *et al.*, 1992. P. Humbert, *Problèmes du livre d'Habacuc* (Mémoires de l'Université de Neuchâtel 18), Neuchâtel, 1944. J. Jeremias, *Kultprophetie und Gerichtsverkündigung in der späten Königszeit Israel* (WMANT 35), Heidelberg, 1970. T. Lescow, «Die Komposition der Bücher Nahum und Habakuk», *BN* 77(1995), p. 59-85. E. Otto, «Die Stellung der Wehe-Worte in der Verkündigung des Propheten Habakuk», *ZAW* 89(1977), p. 73-107. M.A. Sweeney,

«Structure, Genre and Intent in the Book of Habakkuk», *VT* 41(1991), p. 63–83.

스바니야서

마치 (Jean-Daniel Macchi)

"야훼는 선을 베풀지도 않고 악을 내리지도 않으신다"(스바 1,12). 무력한 하느님의 시선을 떠나 제멋대로 행동해도 무방하다고 생각하는 사람들의 확신을 거슬러, 스바니야서는 이스라엘 하느님의 능력과 정의는 불가피하게 표출될 것이라고 응수한다.

1. 설계와 내용

스바니야서가 다양한 형태와 주제를 지닌 일련의 신탁을 포함하고 있기는 하나, 우리의 시선 아래에 있는 작품은 비교적 일관성을 띤 전반적인 조직을 보여준다.

1,1	스바니야에게 내린 야훼의 말씀을 요시야 치하로 두는 표제
1,2-3	야훼는 땅 위의 사람들과 짐승들을 쓸어버리시리라

유다와 예루살렘을 향한 심판 예고(1,4-2,3)

1,4-6	지도자들이 우상 숭배 행위로 고발되다
1,7-13	야훼의 날은 도성의 통치자들과 부유한 이들을 약탈로 치시리라
1,14-18	나라를 치는 야훼의 날에 관한 일반적 묘사
2,1-3	겸손한 이들을 향한 회개와 정의 호소

이민족들 심판(2,4-15)

2,4-7	서쪽의 필리스티아인들
2,8-11	동쪽의 암몬과 모압
2,12	남쪽의 에티오피아인들
2,13-15	북쪽의 아시리아와 니네베 성읍

예루살렘과 이민족들 심판(3,1-8)

3,1-4	지도자들이 사악한 행동으로 고발되는 예루살렘을 향한 불행
3,5	야훼는 의로우신 분이다
3,6-8	야훼는 이민족들과 성읍들을 황폐하게 만드시나(6절), 교훈은 수용되지 않는다(7절). 황폐화가 이민족들과 온 땅을 칠 것이다(8절)

이민족들과 이스라엘을 위한 구원 약속(3,9-20)

3,9-10	먼 백성들(에티오피아인들)이 야훼의 이름을 받들어 부를 것이다

3,11-13	교만한 자들이 이스라엘에서 사라지고, 겸손한 사람들이 성실하게 남아 있을 것이다
3,14-20	원수들에게서 구원된 예루살렘의 기쁨. 흩어진 이들이 모일 것이다(19-20절)

스바니야서의 조직은 이사 1-39장과 (그리스어본) 예레미야서와 에제키엘서와 같은 대예언서에 잘 알려진 삼중 구조와 자주 대조되었다. 이 구조에서 유다를 거스른 심판 신탁들을 이민족들을 거스른 신탁들이 뒤따르며, 이어서 구원 신탁들이 전체를 마감한다. 이 세 요소가 작품의 내용과 상응하는 것이 사실이라 하더라도, 스바니야서의 조직은 엄격한 의미에서의 삼중 조직은 아니다. 2장의 이민족들을 거스른 심판 신탁 다음에 3장의 시작은 예루살렘 징벌로 되돌아오기 때문이다. 루돌프(W. Rudolph)는 유다에 이은 이민족들의 심판 장면이 연속해서 두 번 등장한다고 평가한다(1,2-2,3/2,4-15와 3,1-7/3,8).

2. 출처와 형성

도입 구절은 스바니야의 – 비교적 흔한 이름인 '스바니야'는 '야훼께서 보호하시다'를 의미한다 – 직무 수행을 요시아 치세로 둔다.

2.1. 역사적 상황

요시야가 유다 왕국을 다스리던 시대는(640-609), 609년에 사라지기 이전 7세기 마지막 사반세기 초에 시리아-팔레스티나에 대한 통제를 점차 상실해 가던 아시리아 제국의 쇠퇴로 특징된다. 따라서 강대국이 이 지방에 미쳤던 통제가 현저하게 약화한 나머지 유다 왕국이 북쪽에 영향력을 펼칠 가능성을 넘겨주었다. 예루살렘에 예배를 집중시키고 이 예배를 '정화하려는' 의지가 돋보이는 요시야의 종교 개혁이(622년) 이러한 상황 속에 자리한다(2열왕 22–23 참조). 학자들은 대체로 요시야의 종교 개혁이 신명기의 원리에 기초한다고 여긴다.

2.2. 예언자

예언자의 족보는 스바니야가 히즈키야의 후손이라고 말하나, 본문은 이 히즈키야가 유다의 군주를 가리키는 것인지 분명히 밝히지 않는다. 나아가 동일한 족보에 등장하는 '쿠시'라는 이름 언급은 종종 스바니야가 아프리카 후손임을 가리키는 표지로 이해되었다.

1,1에 따라 대다수의 주석가는 책 전체 또는 일부를 요시야 시대의 작품으로 본다. 유다 지도층을 거슬러 발설된 심판과 종교 혼합주의는 스바니야를 요시야 개혁의 선구자로(Rudolph, Renaud, Széles, Roberts), 나아가 이 개혁 방식의 열렬한 지지자로 여기도록 한다(Seybold, Vlaardingerbroeck, Sweeney). 또한, 1,4의 바알을 숭배하는 남은 자들 언급과 같은 몇몇 문구, 또는 7세기 유다 적대 민족의 불행과(2,4–15) 시온의 해방을(3,14 이하) 예고하는 의기양양한 본문에 기초한다면, 개혁 이후의 상황도 고려할 수 있다. 크리네츠키(G. Krinetzki)나 벌(I.J. Ball)은 이러한 관점에서 이 책이 630년과 612년 사이 스바니야 사고의 발전 과정을 증언한다고 주장한다.

도성의 파괴와 그 성소의 약탈을 묘사한 아시리아 그림(스바 1 참조).
상단 좌편에서 서기관들이 노획물 목록을 작성하고 있다.

우리는 또한 예언자가 요시야의 죽음과 유배 사이에 전개된 불확실한 시대 동안 활동했다고 예상할 수도 있다. 이 가설을 위한 논거는 특히, 니네베 함락과(612년) 바빌론 사람들에 의한 필리스티아 약탈과 예루살렘의 불행이 예언자에 의해 예고되기보다는 설명되었을 수 있다는 사실에 의거한다.

어떤 견해를 가지고 있든, 스바니야는 종말에 이른 유다 왕정시대의 지적이며 종교적인 상황에 자리함이 틀림없다.

2.3. 편집 과정

책의 편집 과정에 관한 견해는 다양하다. (Berlin, Roberts와 같은) 몇몇 저자는, 작품 전체를 예언자와 동시대의 결과물로 보고서 책의 대조와 발행을 요시야 시대와 결부시키는 반면, 성경 주석의 일반적인 흐름은 발행 과정이 이 시대를 넘어 펼쳐졌으리라 추정한다.

그러기에 이 작품이 유배시대 중의 신명기계 세계에서 발행되었다는 가설이 지지를 받았다(Ryou, Krinetzki, Seybold). 이러한 의미에서 스바니야서의 발행인들에 의해 사용된 전문용어와 신명기 사이의 유사성이 제기되었다(유사성 본보기 목록으로서는 Vlaardingerbroeck, p. 22-23 참조). 또한, 심판과 유다의 황폐화 예고가 유배시대의 신명기계 신학을 반영할 수도 있었을 것이다.

나아가 스바니야서 출간이 유배시대 이후 이어졌을 수도 있다. 루돌프가 재고한 주석 공감대는 이러한 방향으로 흐른다. '남은 자들'을 위한 구원 예고와 예루살렘의 복구는(특히 3,9 이하 참조), 작품의 주요 출간 문제가 아니라면(Rudolph, Renaud), 적어도 이차적인 편집을 제2 이사야와 가까운 세계, 나아가 우주적 심판 신학을 전해준 원-묵시론 세계와(1,2-3; 2,4-15; 3,8) 결부시키는 요소가 된다(Vlaardingerbroeck, Ryou).

3. 주제와 의도

작품의 내용은 스바니야를 유배시대 이전의 심판 예언운동 전승에 자리하게 한다. 우리는 이 책에서 유다의 지도 계급을 향한 신랄한 공격을 접한다. 이 비판은 우선 혼합주의적인 예배 의식을 대상으로 하나(1,4-7) 사회정의 문제도 병합하며(3,3-4), 이 질책은 땅에 내리 닥칠 불행 예고로 귀착된다. 이러한 문맥 속에서, 1장에서 두 번 언급되는 '야훼의 날'은(7절과 14절), 아모스서와 마찬가지로(5,18-20), 유다 백성에 대한 불행과 황폐의 날이다.

이스라엘의 많은 예언서에서처럼, 유다를 거슬러 발설된 심판의 말씀들은, 한편으로는 다른 민족들을 내리치는 불행 선언을 동반하며 – '야훼의 날' 개념이 묶여 나오는 불행(3,8) –, 다른 한편으로는 이민족들과 특히 복구될 시온을 위한 구원 전망이 그 뒤를 잇는다. 참회로 초대되고 구원이 약속되는 겸손한 이들이 하느님의 뜻을 거슬러 행동하는 유다의 힘 있는 자들과 대립 관계에 놓인다. 아마도 스바니야서의 최후 형태는 심판 예언이라는 고전적인 주제들을 요약 정리하는 가운데, 하까이서에서 말라키서에 이르는 예언서에 표현된 유배시대 이후의 예언 발전 과정을 준비해 나간 것 같다.

4. 참고 문헌

4.1. 주석서

D.W. Baker, TOTC, 1988. A. Berlin, AncB 25A, 1994. H. Issigler, HThK.AT, 2002. C.-A. Keller, CAT 11b, 1971. L. Perlitt, ATD 25/1, 2004. B. Renaud, SBi, 1987. J.J.M. Roberts, OTL, 1991. O.P. Robertson, NICOT, 1990. W. Rudolph, KAT 13/3, 1975. K. Seybold, ZBK.AT 24/2, 1991. R.L. Smith, WBC 32, 1984. M.E. Széles, ITC, 1987. M.A. Sweeney, Hermeneia, 2003. J. Vlaardingerbroeck, HCOT, 1999.

4.2. 연구 현황

R. Mason, *Zephaniah, Habakkuk, Joel* (OTGu), Sheffield, 1994. M.A. Sweeney, «Zephaniah: A Paradigm for the Study of the Prophetic Books», *CR:BS* 7(1999), p. 119-145.

4.3. 주요 저서와 논문

I.J. Ball, *Zephaniah: A Rhetorical Study*, Berkeley(CA), 1988. E. Ben Zvi, *A Historical-Critical Study of the Book of Zephaniah* (BZAW 198), Berlin/New York, 1991. G. Krinetzki, *Zefanjastudien: Motiv-und Traditionskritik + Kompositions-und Redaktionskritik* (RSTh 7), Frankfurt a.M./Bern, 1977. D.H. Ryou, *Zephaniah's Oracles against the Nations: A Synchronic and Diachronic Study of Zephaniah 2;1-3:8* (BibInt), Leiden, 1995.

하까이서

마치 (Jean-Daniel Macchi)

하까이서는 유다 백성과 지도자들이 야훼 성전을 재건하도록 초대한다. 이 계획의 목적은 단순한 건축 문제를 초월하여 약속을 동반한다. 백성은 복을 받을 것이고 성전의 풍요로움은 상상할 수 있는 것을 뛰어넘을 것이며, 온 세상은 전복될 것이다.

1. 설계와 내용

히브리어 성경 경전에서, 하까이서는 일련의 세 소예언서(하까이서, 즈카르야서, 말라키서)를 열며, 해당 예언자들의 직무 수행은 유배시대 이후에 자리한다.

산문체로 집필된 하까이서는 본문상의 문제를 거의 제기하지 않는다. 이 책은 겨우 두 개의 장으로 되어 있으나, 다섯 개의 연대 표기를 담고 있으며(1,1.15; 2,1.10.20), 이 표기들은 그것들이 둘러싸고 있는 신탁들을 논리적으로 정돈하고 구조화한다.

가. 하까 1,1–15

1,1	다리우스 임금 제2년 여섯째 달 초하룻날. 하까이를 통하여 즈루빠벨과 예수아에게 내린 야훼의 말씀
1,2–11	야훼의 집 재건 독려. 성전 경시는 나라에 퍼져 있는 기근의 이유를 설명한다(5–11절)
1,12–15ㄱ	지도자들과 백성이 야훼의 말씀을 들어, 여섯째 달 스무나흗날 공사를 시작한다(15ㄱ절)

나. 하까 2,1–9

2,1–2	다리우스 임금 제2년 일곱째 달 스무하룻날. 야훼의 말씀이 하까이를 통하여 즈루빠벨과 예수아와 백성의 모든 남은 자에게 내린다
2,3–9	격려. 성전의 현 처지는 비통하나, 미래의 화려함은 솔로몬 성전의 그것을 뛰어넘을 것이다. 은과 금이 이민족들로부터 흘러들 것이며 평화가 정착할 것이다

가'. 하까 2,10–19

2,10	다리우스 임금 제2년 아홉째 달 스무나흗날. 하까이에게 내린 야훼의 말씀
2,11–14	정과 부정에 관한 토론. 백성이 부정하다면 이 백성이 짓는 것도 부정하다

2,15-19	성전 경시는 기근의 이유를 설명한다. 그러나 오늘부터 야훼는 복을 내리실 것이다

나'. 하까 2,20-23

2,20	스무나흗날 하까이에게 내린 야훼의 두 번째 말씀
2,21-23	이민족들의 권세는 꺾일 것이다. 즈루빠벨은 '봉인'을 위하여 선택된다

연대 표기로 된 틀은 두 개의 연속 병행 장면을 식별하도록 이끈다(가-나//가'-나'). 과거의 잘못이 먼저 회상되고(가와 가'), 이어서 행복에 관한 전망이 열린다(나와 나').

작품의 첫째 부분에서는, - 기근의 이유를 설명하는 - 성전 재건 부재가 유감의 대상이 되고 있다. 이어지는 공사 개시는(1,12-15), 한 달이 지나, 성전의 화려한 미래에 관한 격려 말씀으로 귀착된다(2,1-9).

둘째 부분에서는, 기근에 관한 위협적인 회상과(2,15-19) 결부된 시공자들의 부정(不淨)에 관한 토론이 해석상의 문제를 제기한다(2,11-14). 부정한 백성은(2,14) 제의 규정을 따르지 않은 채 성전 건축에 임한 유다 백성을 말함인가, 아니면 공사에 참여한 다른 백성을 가리키는가? 아무튼, 즈루빠벨이 같은 날 '봉인자'(입법자)로 임명되었다는 사실은 이 부정 문제를 해결하기 위한 것이었다. 이 위임은 더 좋은 미래를 위한 약속을 동반한다.

2. 출처와 형성

2.1. 역사적 상황

페르시아 제국의 부상 이후, 상당수 유다인이 유배로부터 귀환한다. 에즈라기는(1장) 키루스의 칙령 이후(538년) 곧바로 첫 귀환 출발이 이루어졌다고 언급한다. 몇 년이 지나, 캄비세스의 이집트 원정이(525-522년) 유다를 향한 귀환 운동 촉진에 기여한다. 연대 표기들이 하까이에게 내린 야훼의 말씀을 자리하게 한 시점인 520년에, 팔레스티나는 비교적 평온한 시기를 보낸다. 즈루빠벨은 이제 예루살렘에서 총독으로 머물며, 페르시아의 황제 다리우스는(522-486) 제국의 동부에서 발생한 반란을 거슬러 싸워야 했다.

베히스툰 기념 석비에 묘사된 다리우스 임금.
하까이의 신탁들은 다리우스 치세에 발설된 것들이다.

예루살렘 성전이 폐허 상태에 있었다 하더라도, 이 현실이 그곳에서 어떤 예배도 집전되지 않았음을 의미하는 것은 아니다. (야외 또는 초라한 은신처에 자리한) 성소는 유배시대 동안에도 그 기능을 결코 멈추지 않았을 것이다. 하까이의 신탁들은 따라서 예배 회복이 아니라, 품위를 지닌 건물의 건립을 겨냥한다. 성전 재건은 5년이 걸릴 것이므로(즈카르야서와 에즈 1-6장 참조), 하까이의 메시지는 건립 계획의 시작만을 다룰 뿐이다.

2.2. 예언자

하까이라는 이름은 '축제'를 의미하는 낱말에서 유래한다. 구약성경에는 거의 확인되지 않으나(창세 46,16; 민수 26,15; 1역대 6,15의 유사한 이름 참조), 이 이름은 성경 외적 여러 비문에 등장하므로 비교적 흔한 이름이었다.

예언자의 아버지 이름이 하까이서에도, 에즈 5,1과 6,14의 인물 묘사에도 언급되지 않는다는 사실이 특이하다. 한편, 하까이는 유배 귀환민 목록 어디에도 등장하지 않으며, 그의 신탁에서 유배로부터의 귀환에 대한 어떤 언급도 찾을 수 없다. 이와는 달리 예언자는 농산물과 관련된 문제를 강조한다. 이러한 관점을 통해 우리는 하까이가 바빌론에서 귀환한 유배민 집단에 속한 인물이 아니라, 유배시대 동안 유다에 남아 있던 공동체의 구성원이었다고 가정할 수 있다.

다른 많은 성경 예언자와는 달리, 권위적이며 충격적인 그의 호소는 즉각적인 효력을 발휘해 성전 재건 사업은 바로 시행된다.

2.3. 편집 과정

하까이 말씀의 일차적 기록은 예언자의 제자 한 사람이 이루어냈으며, 추정컨대 스승의 사명이 완료된 지 얼마 안 돼 기록으로 남긴 것 같다 - 사실 책 전체에서 1인칭 문구는 전혀 발견되지 않는다. (Kessler, Meyers, Smith와 같은) 몇몇 저자는 이 예언서가 한꺼번에 작성되었다고 가정하나, 많은 주석가는 최소한 두 개의 문학층을 구별한다(Beuken과 Mason에 이어 특히 Wolff, Petersen). 연대적인 틀들과 문자 그대로의 신탁들 사이의 문체와 내용에서 중요한 차이점이 존재하는 것은 사실이다.

최초의 예언집에서 - 야훼의 사자로 불리는 - 하까이의 신탁들은 주로 백성에게 건네지며, 즈루빠벨 총독은 행동의 주체라기보다는 체제의 요소 가운데 하나로 등장한다. 볼프(H. Wolff)의 견해를 따른다면, 하까이가 직접 기초한 이 첫 두루마리는 다음과 같은 구절들을 내포했을 것이다: 1,2.4-11; 2,15-19; 1,12ㄴ-13; 2,3-9.11-14.21ㄴ-23.

편집 틀은 연대에 관한 표기를 담고 있으며(특히 1,1; 1,12ㄱ.14-15; 2,1-2.10.20-21ㄱ), 그 언어는 매우 동질적이다. 우리는 특히 '하까이 예언자'라는 표현에 주목한다. 신학적으로 이 편집 틀은 이제 하느님 말씀의 주요 상대자가 된 바빌론 골라의 지도자 즈루빠벨과 예수아를 강조한다(2,4는 하나의 주해 부분이다). 이들은 주의를 기울여 하느님의 말씀을 들으며 (석 달 안에) 신속한 반응을 보인다. 버이켄(W.A.M. Beuken)은 이 틀의 구상을 역대기 저술 세계에 두나, 메이슨(R. Maison)은 제2 성전의 신정(新政) 집단에 자리하게 한다. 아무튼 이 편집 틀은, 유배시대 이후 공동체에서 권력을 행사하는 일과 관련됨으로써 본래의 주제로부터 멀어졌고, 공사를 개시하도록 공동체를 설득하는 데 목적을 두었던 문제의 본문에 삽입되었다. 나아가 몇몇 저자는 하까이서의 편집 틀이 즈카르야서의 첫 부분인 1-8장을 저술한 동일 인물에게서 유래한다고 여기며, 이 경우 이 두 작품은 제1 즈카르야서와(즈카 1-8) 제2 즈카르야서가(즈카 9-14) 묶일 때 비로소 갈라진 하나의 문학 단위를 형성하게 된다(Redditt).

3. 주제와 의도

우리는 어떤 이유로 하까이서와 이 작품을 전달하고 현실화한 공동체에 성전 재건이 그토록 중요한 작업이 되었는지 자문하게 된다. 성전은 단순히 하느님과의 조화로운 관계 설정만을 목적으로 하는 것이 아니라, 페르시아 제국에 살던 작은 유다 공동체를 조직하고 하나로 묶기 위한 본질적인 요소이기도 하다. 임금과 정치적 자립이 결여된 이 백성을 위해 성전은 정체성을 확립해주는 불가결한 요소이며, 공동체의 활력과 희망을 집약시키는 요소이다. 성전을 향한 재물 쇄도와(2,7), 공사 개시를 동반하는 우주적 전복은(2,22) 따라서 성전 재건과 결부된 눈부신 미래에 대한 희망을 증언한다.

하까이서의 신학적 메시지는 또한 주변 세계에 대한, 나아가 조화를 주도하시는 하느님에 대한 인간의 철저한 종속 관계를 상기시킨다. 이 메시지는 직접적인 보상에 대한 메시지를 간과하지 않는다. 인간은 자기에게 내리 닥친 가난과 기근의 책임자이다. 이 불행은 성소 건축에 대한 태만의 결과이기 때문이다. 한편, 건축 운동에 뛰어듦은 분명 하느님의 축복으로 이끌어갈 것이다.

하까이서는 또한 소유권에 대한 하나의 반성을 끌어들인다. 성전 건축은, 따라서 하느님과의 관계는, 일상적인 집착에 앞서 펼쳐져야 할 것이다(1,4).

4. 참고 문헌

4.1. 주석서

S. Amsler, CAT 11c, 1981. T. Chary, SBi, 1969. C.L. Meyers/E.M.

Meyers, AncB 25B, 1987. D.L. Petersen, OTL, 1985. P.L. Redditt, NCBC, 1995. H. Reventlow, ATD 25/2, 1993. W. Rudolph, KAT 13/4, 1976. R.L. Smith, WBC 32, 1984. I. Willi-Plein, ZBK 24/4, 2007. H.W. Wolff, BK.AT 14/6, 1986 = *Haggai: A Commentary* (Continental Commentaries), Mineapolis(Mn), 1988.

4.2. 연구 현황

M. Boda, «Majoring on the Minors: Research on Haggai and Zechariah», *CBR* 2/1(2003), p. 33-68. R.J. Coggins, *Haggai, Zecharaiah, Malachi* (OTGu), Sheffield, 1987.

4.3. 주요 저서 및 논문

S. Amsler, *Les derniers prophètes. Aggée, Zacharie, Malachie et quelques autres* (CEv 90), Paris, 1995. W.A.M. Beuken, *Haggai-Sacharja 1-8. Studien zur Überlieferungs-geschichte der frühnachexilischen Prophetie*, Assen, 1967. J. Kessler, *The Book of Haggai. Prophecy and Society in Early Persian Yehud* (VT.S 91), Leiden/Boston/Köln, 2002. R. Maison, «The Purpose of the "Editorial Framework" of the Book of Haggai», *VT* 27(1977), p. 413-421.

즈카르야서

세랑두르 (Arnaud Sérandour)

다리우스 1세 치하로 배치된(1,1.7; 7,1) 즈카르야서는 아르케메니데스 시대 초기에 펼쳐진 사건들과 결합해 있다. 이 예언서는 기원전 539년 메데스의 대왕 키루스가 신-바빌론 제국과 싸워 거둔 승리를 자축한다(즈카 2,1-4의 뿔 현시). 이 승리의 결과였던 새로운 제국의 탄생은, 기원전 587년 예루살렘을 점령하고 옥좌의 하느님께 대한 예배와 함께 왕정을 폐지함으로써 유다 왕국을 종식시킨 국가의 적들을 거슬러 유다의 위대하신 하느님이 이루신 승리로 해석되었다. 새로운 세계 질서는, 위대한 지방 신을 모시기 위해 다시 건립된 성전과 예배를 중심으로 조직된 공동체의 정치 종교적인 중심으로서의 예루살렘의 복구를 나았다. 열두 소예언서 중 마지막 세 예언서가 형성하는 문학적이며 주제적인 총체 한가운데서 즈카르야서는 가장 원리적이고 전략적인 중심 자리를 차지한다. 다윗의 자손인 즈루빠벨 총독에게 내린 종말론적 메시아 약속과(하까 2,20-23), 사제 지파를 축성하여 예배를 정화할 레위 출신 하느님 사자의 임박한 도래 예고(말라 2,4-5; 3,1-5) 사이에 자리하고 있기 때문이다. 야훼께서 원하시는 바대로 제국의 새로운 질서와, 특히 다리우스 1세의 주도로 펼쳐질 유다의 새로운 조직을 정당화하는 일이다.

아울러 세상의 훌륭한 통치를 위한 하느님의 계획 실현을 늦추는 소요의 책임자들을 징계하는 일이다.

1. 설계와 내용

I. 서막(1,1–6)

1,1	일자 표기된 표제
1,2–6	첫 권고: "너희는 나에게 돌아와라. 그러면 나도 너희에게 돌아가리라", 야훼께서 말씀하신다

II. 현시 모음(1,7–6,15)

1,7	일자 표기된 표제
1,8–16	첫 번째 현시 : 하늘의 문에 선 말 탄 기사들. "야훼께서 돌아오신다"
2,1–4	두 번째 현시 : 부서진 뿔들. 유다의 지배자였던 이민족들이 정복되고 물러날 것이다
2,5–9	세 번째 현시 : 돌아온 예루살렘의 측량사. 예루살렘은 광대할 것이며, 야훼는 그 안의 불 벽이 되실 것이다
2,10–17	천상 대화자의 네 가지 말씀
2,10–13	"북녘땅에서 도망쳐 나와라, 이스라엘아"
2,14–15	"즐거워 하여라, 시온아. 많은 민족을 동반하여 야훼께서 돌아오신다"
2,16	"야훼께서 유다를 당신 몫으로 삼으신다"
2,17	"조용히 하여라, 주님께서 오신다"

3,1-5	상징적 행위 기사 : 대사제 예수아 임직식
3,6-10	세 가지 약속
3,7	"네가 내 명령을 지키면, 나는 너에게 천상 회의에 참석할 권한을 주겠다"
3,8	"내가 나의 종 '새싹'을 데려오려 한다"
3,9-10	"내가 허물들을 새긴 비문을 대사제에게 준다"
4,1-14	네 번째 현시 : 올리브 나무 두 그루가 옆에 있는 불 밝힌 등잔대; 온 세상의 주님을 섬기는 두 지도자
	이 단락의 중심에(6ㄴ-10ㄱ절) 즈루빠벨에게 내린 말씀 두 마디
	– 하느님 영의 도움으로 즈루빠벨은 큰 산꼭대기에서 머릿돌을 빼내리라
	– 야훼의 눈은 즈루빠벨의 손에 분리된 머릿돌을 보시고 즐거워 하실 것이다
5,1-4	다섯 번째 현시 : 날아다니는 저주. 도둑과 거짓 맹세자로부터 정화된 땅
5,5-11	여섯 번째 현시 : 바벨 탑의 땅으로 이전된 불경. 불경을 세상의 경계로 추방함으로써 성화된 땅
6,1-8	일곱 번째 현시 : 병거를 끄는 말들. 네 바람으로 부풀린 세상의 새로운 질서
6,9-15	현시 모음 결어 : 상징적 행위
6,9	도입 문형
6,10.14	성전을 위한 왕관
6,12-13	두 왕좌. 하나는 세습적인 사제의 왕좌이며(12.13ㄴ절), 다른 하나는 비세습적인 왕의 왕좌(13ㄱ)

6,15 결어 : "너희가 야훼 너희 하느님의 말씀을 잘 들으면 이 일이 이루어질 것이다"

III. 종장(7-8장)

7,1-3 단식에 관한 문의

7,4-14 야훼의 답변. 유배의 이유: 백성의 이기주의와 완고함

8,1-3 나는 예루살렘으로 돌아온다

8,4-8 이스라엘은 예루살렘 주위로 돌아온다

8,9-23 이스라엘은 이민족들 가운데 축복을 드러낼 것이다. 사람들은 백성들이 예루살렘의 야훼를 향하여 모여드는 것을 볼 것이다

IV. 첫째 마싸(*massa'*, '선언': 9-11장) : 귀환

9,1-8 야훼는 당신 영지로 돌아오신다

9,9-10 이민족들의 개선하는 임금 메시아

9,11-10,12 이스라엘은 돌아온다. 새로운 탈출

11,1-17 두 목자의 실패는 야훼의 영지를 위협한다

V. 둘째 마싸(12-14장) : 귀환

1. 정화된 예루살렘(12,2-13,6)

12,2-8 공격으로부터 보호받는 예루살렘과 유다

12,9-14 은총의 영 부여와 위대한 찔린 자에 대한 애도

13,1-6 죄와 부정 정화. 황홀경에 빠진 예언자들

2. 부정 근절을 통해 성화된 예루살렘(13,7-9)

13,7	최후 목자 제거
13,8	정화. 마지막 남은 자들
13,9	계약 복원

3. 최후 경신(14장)

14,1-5	황폐화한 다음 구조되는 예루살렘
14,6-11	새로운 지방 질서
14,12-15	정복자 야훼
14,16-21	새로운 세상 질서

'야(훼)는 기억하셨다'라는 예언자의 이름은 즈카르야서의 프로그램을 예고한다. 이스라엘이 토해낸 탄원 외침에, 하느님은 이 백성을 빠뜨렸던 억압으로부터 구하기 위하여 역사에 개입하시면서 그를 '기억하셨다'. 민족사의 일화 둘 또는 세 가지는 하느님이 이 구원을 주도하셨음을 밝혀준다. 다리우스 치세로 일자 표기된 제1부는(1-8장) 재건 중인 성전을 중심으로 조직된 유다인들의 예루살렘 공동체 복원을 상기시키며, 페르시아의 아케메니데스 왕조에 의해 유다에 펼쳐진 새로운 질서를 묘사한다. 이 단원은 따라서 하까이 예언자의 설교와 밀접한 관계에 있다. 이 부분은 삼중 구조를 보여준다. 몇 개의 구절로 된 서막은(1,1-6) 구조의 중심을 차지하는 일곱 개의 밤 현시를 포함하는 책자를 도입하며(1,7-6,15), 하나의 긴 종장은 전체를 닫는다(7-8장). 이 하위 단락 각각은 다리우스 치세와 관련된 특별한 일자로 표기된다(1,1; 1,7; 7,1). 서막과 종장의 어조와 문체는 문자 그대로의 예언보다는 설교와 전례에 속한다. 그 선집적인 성격은 이 문구들을 예레미야서의 산문체 연사와 함께 다른 예언서에 접근시킨다.

서막은, 하느님이 예언자들을 통하여 전달했던 경고에도 불구하고 듣지 않음으로써 유배로 보내지고 죽음에 붙여졌던 '조상들'과는 달리, 공동체가 회개할 것을, 곧 민족의 신과 그분의 말씀을 향해 '돌아올 것'을 촉구한다. 이 문구는 즈카르야의 동시대 공동체의 순종으로 마감된다(1,6).

한편, 현시들은 아무런 문제 없이 예언문학 유형에 속한다. 그 문체는 특히 아모스서와 예레미야서에 담겨 있는 현시 기사들을 상기시킨다. 그러나 그 고전적인 양식은 혁신을 배제하지 않는다. 특히 예언자의 천상 대화자에게 부여된 역할은 헬레니즘 시대에 이어 로마 시대 유다 문학에서 꽃필 묵시 유형을 예고한다. 문학적인 측면에서 현시 책자는 이처럼 예언문학과 묵시문학 사이에 첫 번째 다리를 놓으며, 예언서의 제2부는(9-14장) 이를 더욱 확장하고 완성해나갈 것이다. 일곱 개의 ("나에게 보여주었다" 하는 도입 문구에도 불구하고 2,10에서 시작된 천상 중개자의 연사를 이어가는 3장의 기사를 포함한다면, 여덟 개의: Lescow 참조) 밤의 현시는 구심적이며 대칭적인 구조에 따라 배열되어 있다. 상호 반사적인 구조를 보이는 이 기사들은 하나의 현시 모음을 형성한다. 최초 기사와(말 탄 기사들, 1,8-15) 중앙 기사와(올리브 나무 두 그루가 옆에 있는 등잔대, 4,1-14) 최후 기사는(병거를 끄는 말들, 6,1-8) 서로서로 참조하며, 색과 빛의 전조 아래에 놓여 있다. 또한, 네 개의 중간 기사는(천상 장인에 의해 부서진 뿔들, 2,1-4; 예루살렘의 천상 측량사, 2,5-9; 날아다니는 저주, 5,1-4; 뒤주에 담긴 부정, 5,5-11) 예루살렘과 그 한가운데에 재건된 성전을 중심으로 세상의 경계에 이르기까지 공간과 시간의 경신을 상기시키면서 상호 화답한다. 이 구조는 페르시아 권력에 의해 임명된 공동체의 두 지도자를 암시하는, 중심에 자리한 요소에 역점을 둔다. 예루살렘 성전의 수장인 대사제 예수아와(3장) 대왕의 대리자인 총독(하까 1,1 참조) 즈루빠벨을 말한다(4장). 하늘과 땅을 정의하는 하나의 축이 이 구심적인 도식을 가로지른다. 각 현시는 아래를 향하여 위로부터 받아들여 진다. 말 탄 기사들 현시와 예루살렘의 천상 측량사 현시와 함께 천상 회의에서 거행된 대사제 예수아 임직식은(3장) 인간 세계의 일을 다루는 천상 명령을 드러내는 신탁들로 마감된다. 등잔대 현시에서 성전을 건립하는 역할을 지닌 즈루빠벨과 관련된 신탁들은, 하늘의 하느님 현존을 상징하는 등잔대와 지상의 두 지도자를 가리키는 올리브 나무 사이에서, 이 책의 중심에 자리한다. 현시의 중심축은 따라서 하늘과 땅 사이의 중간 개념인 성전이 차지하고 있다. 끝으로, 마지막 현시 기사 역시, 하나의 상징적 행위에 삽입되어 있고 유다의 쌍두 통치에 관한 하느님의 계획을 밝히는, 신탁과(6,12-15) 조화를 이루고 있다(이 장의 끝에 게재된 도식 참조).

나무 두 그루를 동반한 달의 신 상징 앞에 서 있는 임금과 사제를 보여주는 아시리아 관인.
즈카 4장의 현시는 동일한 그림을 제시한다.

종장은(7-8장) 유다교 삶의 방식에 관한 실천적인 질문으로 도입된다. 재건 공사가 완료된 후, 예루살렘 성전 파괴를 애념하여 제도화한 단식일은 어떻게 될 것인가(즈카 7,1-3; 참조. 2열왕 25,8)? 답변은 8,16에서 찾아야 한다. 종말론적 시대에 공동체의 전례에 리듬을 주는 단식은 환희로 바뀔 것이다. 질문과 답변 사이에 과거의 불행을 미래의 축복과 대립시키는 다양한 유형의 설교 모음이 삽입된다. 과거의 단식 준수를 의문에 부친 다음(7,5-6), 옛 예언자들이 전해준 하느님의 가르침에 대한 과거의 불순종을 상기시킨다(7,7-14). 이어서, 하까이서와 함께 이 책의 현시 모음에 담긴 여러 예언을 벗어나는, 미래를 위한 일종의 약속 십계명이 뒤따른다(8,1-23). 단식 질문에 대한 답변은 종말론적 시대에 관한 예고 세 가지 전체를 열며, 이 예고는 참회 전례와 함께 예루살렘의 주님이신 위대한 하느님께서 땅의 모든 민족을 초대할 축제를 상기시키면서 종장을 결론짓는다.

책의 제2부는 앞서서, 특히 제1부의 종장에서 다루어진 주제와 결부된다. 제1부에서 이미 감지된 선집적인 문체 경향은 더욱 두드러진다. 여기서 예언의 쇠퇴 또는 와해 표지를 읽어야 하는가, 아니면 반대로 당대의 공동체 한가운데 자리한 예언의 활력 표지를 찾아야 하는가? 내부의 수많은 성경 구절 인용은, 편집자들과 청중들이 보기에, 성경 특히 경전 예언문학의 권위를 증언한다. 책의 두 부분을 하나로 묶어주는 – 저자들에 의해 다르게 평가되는 – 실질적인 관계에도 불구하고, 첫째 부분에 견주어 훨씬 강력한 종말론이 새겨 있는 9-14장의 예언들은 앞선 예언들과 구별된다. 역사적인 분명한 인물들은 물론 사건에 대한 암시가 없고, 일반적으로 정확하게 확인할 수 있는 역사적 맥락이 결여되어 있기 때문이다. 문체적인 관점에서, 학자들은 여전히 몇몇 단편의 문체에 관하여 토론하고 있다 하더라도, 첫째 부분에서보다 시 유형이 폭넓게 드리워져 있다. 반복적인 문형으로 박자를 맞추고 있는 종말론적인 웅장한 묘사가 현시 기사들과 예언 신탁들을 교체한다. 끝으로, 제2부는 다양한 유형에 속하면서 여러 가지 주제를 다루는 문학 단편들이 뒤섞인 혼합 작품을 포함한다. 자료와 문체와 내용의 이 혼합 작품은 작품 전체의 선집적이며 묵시론적인 성격과 함께한다.

제2 즈카르야서의(즈카 9-14) 선집 문체는 제1 즈카르야서를 폭넓게 넘어서며, 다소 모호한 인용이나 암시 형태로 구약성경 전체를 거의 포괄한다. 대예언서들이 자주 인용되며, 제1 즈카르야서의 종장(즈카 7-8) 한가운데서와 마찬가지로 그 첫 자리를 예레미야서가 차지한다. 신명기에서 유래한 예언과 역사 전승에 대한 회상이 특히 눈에 띄며, 시편도 종종 인용된다. 학자들은 책 내부의 이러한 인용을 위해 사용한 주석 방법의 놀랄만한 다양성을 확인한다. 대개의 경우 인용은 본래의 문학 유형을 변형시킨다. 예를 들어, 법적인 지시 사항이 종말론적 예고로 바뀌거나, 신명기에서 빌려온 저주가 예언 신탁집에 등장한다.

제2 즈카르야서에서는 두 개의 하위 단원이 식별된다. 각각 마싸(*massa'*, '선언')로 도입되며(9,1; 12,1), 이 용어는 말라키서를 열기도 한다(말라 1,1). 이렇게, 제1 즈카르야서의 일자 표기된 표제가(1,1.7; 7,1) 책의 첫째 부분을 이를 앞서는 하까이서와 묶어주는 것처럼(하까 1,1.15; 2,10.18.20), 제2 즈카르야서에 리듬을 주는 문형들이 이어지는 책 말라키서를 향한 하나의 다리를 놓는다. 주제상 우리는 9,1-11,3; 11,4-17; 12-13; 14장을 별도의 문학 단위로 세분할 수도 있다. 첫째 단위는 하느님이 당신 '집'의 관할 구역 전체를 소유하시는 방법을 소개하면서 시작한다. 이 영지는 민수 34,2-12가 이스라엘 자손에게 부여한 땅의 경계선에 따라 묘사되어 있으며, 이는 다윗-솔로몬 제국의 국경선을 떠올린다(1열왕 5,1-6). 이러한 목적에서 하느님은 이 영지에 부당하게 정착한 이민족들의 왕좌와 권세를 꺾어버리신다(9,1-8). 그분은 관할 구역의 머리로 메시아 임금을 세우시며(9,9-10), 이 임금은 포로가 되어 유배지에 사는 백성을 이 땅으로 데려올 것이다(9,11-15). 예배적이며 종말론적인 인용과 암시로 온전히 지배된 해방 장면은 백성과 지고의 하느님을 맺어주는 연회로 마감된다. 10장은 지도자라는 의미의 '목자들'을 사라지게 했다는 이유로 거짓 예언자들을 비판하는 경고로 열린다(10,1-2). 이 주제는 9,9-10의 이상적 임금을 반향하며, 착한 목자들과 사악한 목자들에 관한 은유로 11장과(11,1-3절로 도입되는 4-7절) 13,7-9에서 되풀이된다. 유배자들의 회복 주제는(10,3-12), 이집트 탈출 방법으로 묘사된 이스라엘의 열두 지파 전체의 귀환을 좀 더 강조하면서, 9,11-15를 상기시킨다. 12,2-13,6은 "그날에 ... 일이 일어날 것이다"(12,3.4.6.8.9.11; 13,1.2.4)라는 표현의 반복으로 확인되는 하나의 논리적 문학 단위로 등장한다. 그 한가운데서 예루살렘은 주변 이민족들의 공격으로부터 보호된다(12,2-8). 이민족들의 예루살렘 소집 주제는, 결론의 장에서처럼(14장), 성도 포위를 회상시키기 위하여 전도된다. 이어서 예루살렘과 그 주민들은 정화되고 성화된다(9-14절). 이는 '은총과 자비를 구하는 영' 부여를 통해서(10절), 그리고 한편으로는 신비스러운 '찔려 죽은 이'를 위한 장례 의식과, 다른 한편으로는 13,2-6에 따르면 야훼의 예배를 고무하는 새로운 영과 함께 비교할 수 없는 탈혼적인 점술을 사용하는 예언자들이 그 전수자로 등장하는 죄와 부정의 정화를 통해서 이루어진다(13,1.2). 끝으로, 사악한 목자들 제거는(13,7-9; 참조. 11장) 도성과 그 주민들 정화의 늘임표 역할을 한다. 14장은 이민족들에 의한 예루살렘 최후 공격과 종말에 이루어질 성도 변형을 묘사하면서 책을 결론짓는다. 이민족들이 승리하고 도성이 정복되고 난 다음(1-2절), 하느님은 당신 영지와 온 세상의 영원한 새 주인이 되시기 위해 모습을 드러내신다(3-9절). 세상과 도성은 개편되고(10-11절) 백성은 벌을 받을 것이며(12-15절), 그들 가운데 소수의 남은 자는 해마다 예루살렘에서 하느님 왕국 축제를 거행하기 위하여 모여들 것이고 위반하면 죽음의 벌이 따를 것이다(16-19절). 도성은 소장하고 있는 모든 것과 함께 야훼께 봉헌되고, 번제 제단에서 올려진 예배에 사용된 기물들과 같은 정결과 성성 등급이 부여될 것이다.

2. 출처와 형성

연구 비평은 책 한가운데서 이차적으로 상호 연결된 여러 요소를 식별한다. 책의 첫 구분은 둘, 나아가 여러 저자의 작품으로 보는 세 부분으로 한정되며, 각각 제1 즈카르야서(1-8장), 제2 즈카르야서(9-14장), 나아가 제3 즈카르야서(12-14장)라 불린다. 제1 즈카르야서에서 서막과 종장의 이차적 성격은 두 단편의 선집적인 문체와, 묵시적이며 교훈적, 나아가 찬영가 유형으로 드러난다. 자주 일자 표기되어 나오는, 하느님의 말씀이 예언자에게 내림에 관한 문형에서도 마찬가지이다. 이 문형들은, 제1 즈카르야서 발행인이 한편으로는 즈카르야의 작품으로 보는 말씀들이 발설된 상황들을 진술하고, 다른 한편으로는 성전 재건을 위해서 하까이의 권고들을 즈카르야의 예언에 접근시키려 힘쓴 '발행 틀'에 속한다. 이러한 경향은 그들의 메시지를 동일시하면서 이 두 예언자를 함께 상기시키는 즈카 8,9에서 정점을 맞이한다. 서막과 종장에서 주로 전개된 발행인의 문학 활동은, 그 핵심이 다리우스 1세 시대의 예언자로 거슬러 올라갈 수 있는 현시 책자 한가운데서도 감지된다. 더 오래된 자료로 된 이 발행 작업에 관한 정확한 외연은 당연히 논쟁의 대상이 된다. 저자 대부분은 여기에 혼합적인 문학 단편의 모든 기준을 제시하는 현시 모음의 결말 부분을(즈카 6,9-15) 포함하는 데 동의한다. 균형 잡힌 구조 한가운데서 유다 지방의 쌍두 통치에 관한 예언은 제1 즈카르야서의 발행인이 살던 상황의 역사적 지표를 형성한다. 그러나 메시지의 간결성과, 헬레니즘 시대 이전의 유다 역사에 대한 우리의 몰이해는 가장 다양한 일자를 제안하는 현상을 빚어냈다. 이 다양성은 표제에 주어진 일자들과 동시대, 곧 즈루빠벨의 성전 봉헌 일자부터(에즈 6,15에 따르면, 다리우스 1세 제6년, 다시 말해서 기원전 516년, C.L과 E.M. Meyers 참조) 페르시아 시대 말기, 곧 헬레니즘 시대 초기까지(300년경의 역대기자의 작품, W.A.M. Beuken 참조) 이른다. 역사적 해석은 대부분 대사제 예수아에게 두 번에 걸쳐 부여된 '새싹'이라는 이름의(3,8; 6,12) 의미에 따라 좌우된다. 실질적인 고유명사(Niehr가 추종하는 Lemaire), 메시아적 용어, 약속된 축복 표현, 또는 왕조를 암시하는 개념? 병행구인 예레 23,5와 33,15와 함께 에제 29,21과 시편 132,17을 읽어 보면, 이 이름이 한 혈통의 '후손'을 가리키는 것이 분명하다. 이 경우, 제1 즈카르야서의 발행인은 '대사제'라는 세습적 직함 제도를 기념하고, 민족신이 다윗 임금에게 부여한 계약의 세습적 보증인 왕조와(2사무 7) 차독의 사제 혈통이 짝을 이루는 것으로 엮고자 했을 것이다. 이 직함이 예루살렘 성전에서 언제 제도화했는가? 행정에 관한 일자가 표기된 분명한 본문이 없어 이 질문은 해결할 방법이 없으나, 성경 밖에서는 이집트 엘레판틴 군사 식민지의 유다 고문서에서 발견된, 410년에 작성된 문서에 의해 이 직함이 처음으로 예루살렘 성전의 사제였던 예호하난이라는 사람에게 적용된다. 제도화의 정확한 일자가 어떠하든, 엘레판틴 문서와 마찬가지로 제1 즈카르야서는 대사제가 최고의 지위로서의 통치권 이양을 향해 아직 총독을 대신하지 않았던 시대를 증언한다.

한편, 연구 비평은 오랫동안 말 탄 기사와 측량사 현시를 결론 짓는 신탁들과(1,16-17; 2,10-17), 등잔대 현시 한가운데에 자리한 신탁의(4,6ㄴ-10ㄱ) 이차적 성격을 기정사실로 받아들였다. '예수아 현시'와(3,1-7) 이 현시에 쉼표를 찍는 예언도(3,8-10), 비록 이 문구들의 전체 또는 일부의 친저성이 주기적으로 방어된다 하더라도, 마찬가지이다. 그 출처가 논쟁의 대상이 되는 이 자료들의 삽입은 흔히, 예언자 자신 또는 발행인이 현시 기사들로부터 출발해서 제1 즈카르야서를 발행하던 단계에 속한 것으로 추정된다.

즈카르야서 제2부(제2 즈카르야서)의 편집 상황은 정리하기 더욱 어렵다. 이 문제에서도 페르시아 시대(5-4세기)부터 마카베오 시대까지 매우 다양한 일자들이 제안되었다. 선집적인 문체는 사건들을 혼란스럽게 하며, 역사적 암시들은 쉽게 파악되도록 허락하지 않는다. 책의 두 부분을 구별하는 차이점을 넘어, 상호간의 연속성 윤곽은, 핸슨(O.D. Hanson)이 제안했던 대로, 두 문학 단위의 뜻밖의 통합으로 결론짓도록 내버려두지 않는다. 이와는 달리 제2부는 제1부를 연장한다. 궁전-성전과 동시에 영지와 그 영역에 속하는 '집안'(가족, 하인, 가신)으로 이해되는 야훼의 '집'은 종살이하던 외국인들을 동반한 유배자들이 돌아올 수 있도록 회복되고 복구되고 성화되어야 한다. 이 주제는 시종일관 두 단원의 기초를 이룬다. 이렇게 둘째 단원은 야훼께 '돌아오고' 회개하라는 서막의 호소에 응답한다. 또한, 둘째 단원에서의 예루살렘의 역할은 1,12의 예언자의 천상 대화자의 기도에 응답하며, 1,14-17과 2,12-16에 진술된 예언 약속을 연장한다. 각 현시 기사는 또한 둘째 단원에서 하나의 연장 부분을 만난다. 마지막 장에서 제1 즈카르야서를 결론짓는 예루살렘을 향한 이민족들의 순례 주제가 되풀이된다(8,20-23). 9-14장의 접목은 즈카르야서에, 마지막 때 세상과 세상에 사는 사람들의 통치에 관계된 하느님의 계획을 밝혀주는 묵시적인 새로운 영역을 제공한다.

특히 책의 제1부에서처럼, 하느님의 양 떼를 보살펴야 하는 '목자들'에 관한 문제는 제2 즈카르야서의 기본 주제이다. 이번에는 착한 목자들과 악한 목자들이 익명으로 소개된다. 즈루빠벨과 대사제 예수아는 더는 활동하고 있지 않았던 것 같다. 그러나 이상적 임금은 '합법적인 개선장군'으로 지칭되는(9,9-10) 즈루빠벨의 후계자이며, 그는 다윗의 자손으로서 합법적인 성전 건축가, '큰 산'을 쳐 이겨 평지로 만들어버리는 사람이다(4,7). 11,17의 악한 목자에게는 그 벌로, 다윗의 후손이며 즈루빠벨의 간접적 조상인 치드키야가 받은 벌이 연상된다(2열왕 25,7; 예레 52,10). 우리는 11,4-14; 12,9-13,6의 고통받는 종, 칼 또는 단검으로 '찔려' 죽은 종이, 앞선 장들의 임금 메시아와 대립적인 사제계 인물을 가리키는 것은 아닌지 반문할 수 있다. 이처럼 우리는 제1 즈카르야서에 의해 발설되고 세상에 하늘 왕국을 창설하기 위하여 종말로 자리를 옮긴 쌍두 체제를 다시 접한다. 마지막 장에서 두 개의 산으로 분리되는 올리브 산 주제는(14,4) 등잔대 현시와 이 현시를 결론짓는 4,14의 예언을 상기시키는 것이 아닌가? 4,14에 따르면, 사제와 제후를 표현하는 올리브 나무 두 그루가 온 세상의 주님 곁에 (자의적으로는 '맞은 편에') 영원히 서 있다. 버림받은 '착한 목자'와 '찔려 죽은 이'의 모습을, 최고위직의 합법적 계승자였으나 기원전 170년에 배신을 당해 직무에서 축출되고 안드로니코스의 칼에 의해 살해된 오니아스 3세와(2마카 4) 동일시하는 견해는 흥미를 끄는 일이다. 그러나 집회서는 기원전 180년경 열두 소예언서집이 완료되었다고 증언한다(집회 49,10 참조).

3. 주제와 의도

책의 역사적 목적에 대해서는, 두 단원 각각을 위해 제안된 일자에 따라 저자들마다 의견 차이를 보인다. 제1 즈카르야서를 성전 봉헌 시대 또는 직후에 두는 저자들이 볼 때, 이 책은 즈루빠벨에 의한 예루살렘 성전 재건에 관한 연대로 꾸며진 미래를 위한 정치적이며 종교적인 하나의 프로그램으로 자리한다. 건축가 역할은 왕정 복원 시도 속에서 다윗의 자손 즈루빠벨을 향한 메시아적 희망을 불러일으켰을 것이다. 이 희망은 곧 좌절을 맛보며, 최고위직으로 주권이 이양될 수 있도록 정치적인 기대와 관점이 이제 대사제를 향하나, 이는 즈카 6,13의 내용과 어긋난다. 즈카 6,9-15의 편집사에 관한 추측과 즈카 6,13에 의해 발설된 조직의 쌍두 체제에 대한 몰이해에 기초한 이 독서법은, 다양한 역사적 문헌들이 페르시아 시대 말기까지 또는 그 시대를 넘어 유다의 총독이 현존했다는 사실을 밝혀준 이래, 그 신빙성을 상실했다. 대사제는 따라서 훨씬 후인 헬레니즘 시대에 가서야 정치적 우위를 차지하게 되었다. 한편, 즈루빠벨이 혜택을 받았을 메시아적 희망은 즈카르야서가 아니라 하까이서에서, 다시 말해서 분명 이차적인 문학 문맥 한가운데서 확인된다(하까 2,20-23). 이 희망은 현재에 대한 참조 없이 여전히 불명확한 종말론적 미래를 향한다. 성전 건축 사건은 한편 왕정 복원에 대한 희망을 불러일으키기에 충분했을까? 성전 건축이 이미 임금인 존재에게 권위를 가중해서 부여한다는 것은 공인된 일이나, 임금이 아닌 존재를 임금으로 만들 수 있다는 가능성은 달리 입증되지 않는다.

좀 더 후대의 일자를 지지하는 학자들과 함께 우리는 제1 즈카르야서가 하나의 프로그램이 아니라, 관념적인 문서로 이해된다고 판단할만한 몇몇 충분한 근거를 보유하고 있다. 이 문서는 기존의 제도들을 하느님께서 원하신 것으로 정당화하며, 특히 예루살렘 성전 대사제의 세습 직능을 민족신에 의해 어두운 무질서 속으로 도입된 새로운 우주 질서의 근본 원리로 제시한다.

책의 제2부는 하느님의 주권이 머무는 도성 예루살렘을 중심으로 한 구심 세력에 의한 지상의 하느님 왕국 창립 시각에서 이 주제를 이어간다. 온 세상의 성화는 거룩한 땅의 경계에서 하느님 집의 가장 내밀한 곳에 이르기까지 그 모든 주민의 정화를 요구한다. 지상의 하느님 왕국 창립 시기도 구심적이다. 이 세상에서 줄곧 문제시되는 세상의 성화는 종말에 이르기까지의 꾸준함을 통해서만 전진할 수 있다. 금을 정제하는 불 또는 옷을 깨끗이 하는 세탁제와 자주 비교되는 성화는 세속의 영역처럼 신성한 영역에 속하는 내국인들과 외국인들을 겨냥한다. 우리는 한 사회적 집단이 부정을 이유로 다른 모든 이를 단죄했다고 생각할 수 있다. 제2 즈카르야서 전체, 나아가 책 전체를 이와 같은 일반적인 방법으로 해석할 필요는 없는 것 같다. 한편 이 책에서 특별히 겨냥된 제한된 집단을 밝혀내기는 어렵다. 저자에 대해서 우리는 그가 '야훼의 가난한 이들', 겸손한 이들, 고통받는 종, 공정하나 버림받은 목자, 많은 이의 구원과 성화를 위하여 목숨을 내놓은 무죄한 희생자를 위해 체험한 연민을 주목할 수 있다. 이와는 달리 저자의 혐오는, 왕정 시대의 임금들, 특히 명시적이든(11,6) 묵시적이든(11,17) 왕국을 파멸로 이끌어간 임금들을 본보기로 자주 묘사된 부정한 목자들을 거슬러 건네진다. 그가 인용한 성경에 대한 깊은 지식은, '옛 예언자들'이 애써 설파한 가르침에 이미 젖어 있던(1,4; 7,12) 제1 즈카르야서 발행인과의 접근성을 설명하고 발전시켜 나간다. 신약성경은 기꺼이 제2 즈카르야서의 문구들을 인용하여 이 땅의 하느님 나라 건설과 관련된 메시아적이며 종말론적인 희망을 표현할 것이다. 마태 21,4와 요한 12,15는 즈카 9,9에 의거하고, 마태 26,31과 마르 14,27은 즈카 13,7을 인용하며, 마태 27,9는 즈카 11,13을 언급하고, 요한 19,37은 즈카 12,10을 참조한다.

4. 참고 문헌

4.1. 주석서

S. Amsler/A. Lacocque, CAT 11c, 1981. T. Chary, SBi, 1969. R. Hanhart, BK.AT 14/7, 1990-1998. C.L. Meyers/E.M. Meyers, AncB 25B, 1987; AncB 25C, 1993. P.L. Redditt, NCBC, 1995. H. Reventlow, ATD 25/2, 1993.

4.2. 연구 현황

M. Boda, «Majoring on the Minors: Research on Haggai and Zechariah», *CBR* 2/1(2003), p. 33-68. R.J. Coggins, *Haggai, Zechariah, Malachi* (OTGu), Sheffield, 1987.

4.3. 주요 저서 및 논문

S. Amsler, «Zacharie et l'origine de l'apocalyptique», in Id., *Le dernier et l'avant dernier. Etudes sur l'Ancien Testament* (Le Monde de la Bible 29), Genève, 1993, p. 241-245. W.A.M. Beuken, *Haggai, Sacharja 1-8*.

Studien zur Überlieferungsgeschichte der frühnachexilischen Prophetie (SSN 10), Assen, 1967. M.J. Boda, «Figuring the Future: The Prophets and Messiah», in S.E. Porter, *The Messiah in the Old and New Testament*, Grand Rapids, 2007, p. 35-74. Id., «Freeing the Burden of Prophecy: Massa' and the Legitimacy of Prophecy in Zech 9-14», *Bib* 87(2006), p. 338-357. Id./M.H. Floyd (éd.), *Bringing Out the Treasure: Inner Biblical Allusion in Zechariah 9-14*, Sheffield, 2003. Id. (éd.), *Tradition in Translation: Haggai and Zechariah 1-8 in the Trajectory of Hebrew Theology*, New York, 2008. M. Casevitz/C. Dogniez et M. Harl, *Aggée, Zacharie: traduction du texte grec de la Septante, introduction et notes*, La Bible d'Alexandrie 23, Les Douze Prophètes 10-11, Paris, 2007. J.J. Collins, «The Eschatology of Zechariah», in L.L. Grabbe/R.D. Haak, *Knowing the End from the Beginning: The Prophetic, the Apocalyptic and their Relationship*, London, 2003, p. 74-84. C. Doniez, «L'intertextualité dans la LXX de Zacharie 9-14», in F. Garcia Martinez/M. Vervenne (éd.), *Interpreting Translation: Studies on the LXX and Ezekiel in Honour of Johan Lust*, Leiden, 2005, p. 81-96. EAD., «La reconstruction du Temple selon la Septante de Zacharie», in A. Lemaire (éd.), *Congress Volume Leiden 2004*, Leiden, 2006, p. 45-64. B. Gosse, «Le gouverneur et le grand prêtre, et quelques problèmes de fonctionnement de la communauté postexilique. Au sujet des rapports entre les charismatiques et l'autorité religieuse et civile dans le cadre de l'empire perse», *Trans* 21(2001), p. 149-173. P.D. Hanson, *The Dawn of Apocalytic*, Philadelphia(PA), 1975. Y. Hoffman, «The Fasts in the Book of Zechariah and the Fashioning of National Remembrance», in O. Lipschits/J. Blenkinsopp, *Judah and Judeans in the Neo-Babylonian Period*, Winona Lake, 2003, p. 169-218. C.

Jeremias, *Die Nachtgeschichte des Sacharja. Untersuchungen zu ihrer Stellung im Zusammenhang der Visionsberichte im Alten Testament und zu ihrem Bildmaterial* (FRLANT 117), Göttingen, 1977. A. Kunz, *Zions Weg zum Frieden. Jüdische Vorstellungen vom endzeitlichen Krieg und Frieden in hellenischer Zeit am Beispiel von Sacharja 9-14*, Stuttgart, 2001. K. Larkin, *The Eschatology of Second Zechariah*, Kampen, 1994. A. Lemaire, «Zorobabel et la Judée à la lumière de l'épigraphie (fin du VIes. avant J.-C)», *RB* 103(1996), p. 48-57. T. Lescow, «Zachariah 1-8: Verkündigung und Komposition», *BN* 68(1993), p. 75-99. H. Niehr, «Religio-Historical Aspects of the "Early Post-Exilic Period"», in B. Becking/M.C.A. Korpel (éd.), *The Crisis of Israelite Religion: Transformation of Religious Tradition in Exilic and Post-Exilic Times* (OTS 42), Leiden *et al.*, 1999. R. North, «Prophecy to Apocalyptic via Zechariah», *VT* 22(1972), p. 47-71. R.F. Person, *Second Zechariah and the Deuteronomic School* (JSOT.S 167), Sheffield, 1993. D.L. Petersen, *The Roles of Israel's Prophets* (JSOT.S 17), Sheffield, 1981. A. Petitjean, *Les oracles du Proto-Zacharie* (EtB), Paris, 1969. T. Pola, *Das Priestertum bei Sacharja: historische und traditionsgeschichtliche Untersuchungen zur frnünachexilischen Herrschererwartung* (FAT 35), Tübingen, 2003. A. Sérandour, «Les récits bibliques de la construction du second temple: leurs enjeux», *Trans* 11(1996), p. 9-32. Id., «Zacharie et les autorités de son temps», in A. Lemaire (éd.), *Prophètes et rois. Bible et Proche-Orient* (LeDiv. Hors série), Paris, 2001, p. 259-298. F. Smyth-Florentin, «L'espace d'un chandelier: Zacharie 1,8-6,15», in O. Abel/F. Smyth (éd.), *Le livre de traverse. De l'exégèse biblique à l'anthropologie* (Patrimoines), Paris 1992, p. 281-289. M.A. Sweeney, «Zechariah's Debate with Isaiah», in *Form and Intertextuality in Prophetic and Apocalyptic Literture*, Tübingen, 2005, p. 222–235. Id., D.W. Cotter (éd.), *The Twelve Prophets*, I, *Hosea, Joel, Amos, Obadiah, Jonah*. II, *Micah, Nahum, Habakkuk, Zephaniah, Haggai, Zechariah, Malachi* (Berit Olam, Studies in Hebrew Narratives & Poetry), Collegeville, 2000. C. Tuckett, The Book of Zechariah and its Influence, Hampshire, 2003. J.–M. Vincent, «L'apport de la recherche historique et ses limits pour la compréhension des visions noctures de Zacharie», *Bib* 87(2006), p. 22–41. I. Willi–Plein, *Prophetie am Ende. Untersuchungen zu Sacharja 9-14* (BBB 42), Köln, 1974.

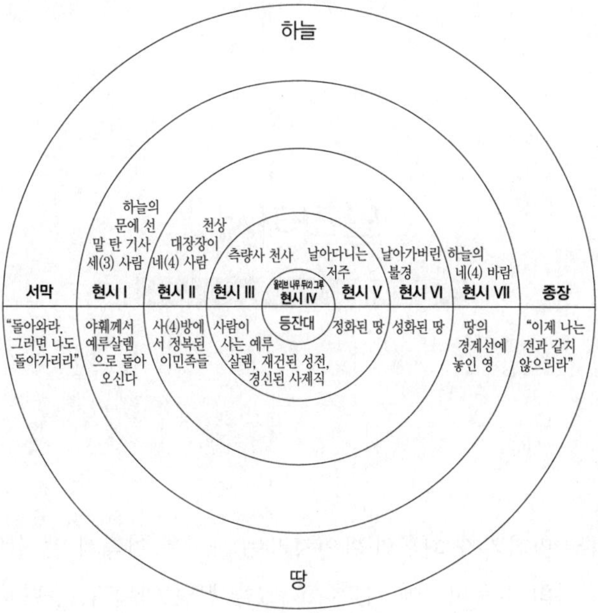
하늘
하늘의 문에 선 말 탄 기사 세(3) 사람
천상 대장장이 네(4) 사람
측량사 천사
날아다니는 저주
날아가버린 불경
하늘의 네(4) 바람
서막
현시 I
현시 II
현시 III
올리브 나무 두(2) 그루
현시 IV
현시 V
현시 VI
현시 VII
종장
"돌아와라. 그러면 나도 돌아가리라"
야훼께서 예루살렘으로 돌아 오신다
사(4)방에서 정복된 이민족들
사람이 사는 예루살렘, 재건된 성전, 경신된 사제직
등잔대
정화된 땅
성화된 땅
땅의 경계선에 놓인 영
"이제 나는 전과 같지 않으리라"
땅

마싸 I
즈카 9,1-8
야훼께서 당신의 영지를 다시 소유하신다
즈카 9,9-10
정복된 이민족들, 이상적 임금
즈카 9,11-10,12
이스라엘은 돌아온다
즈카 11
두 목자의 실패는
영지를 위협한다
마싸 II
즈카 12,1-13,6
구원되고 정화된 예루살렘
즈카 13,7-14,2
찔려 죽은 착한 목자에 대한 애도로 성화된 예루살렘, 재생된 예루살렘
즈카 14,3-21
야훼께서 당신의 영지를 다시 소유하신다

말라키서

힘바자 (Innocent Himbaza)

우리는 말라키가 최후의 예언자라는 사실은 어떻게 알 수 있는가? 그가 예언서의 끄트머리에 자리하고 있을 뿐만 아니라, 유다교 전승은 여전히 말라키가 죽은 다음에야 비로소 예언 전승이 이스라엘을 떠났다고 가르친다. 하느님의 사자인 말라키는 하느님의 영으로 가득 차 그분의 분개와 함께 회개에 대한 그분의 호소를 전한다.

말라키서는 예배 직무를 책임진 사제들이건 일반 백성이건 모든 이가 하느님의 계약을 저버렸다는 엄혹한 목록을 제시한다. 그러나 시간과 공간은 하느님께 속하며, 백성의 미래 구원은 이 백성이 하느님께 돌아와 그분의 율법을 지키며 결심해야 할 선택에 달려 있다.

1. 설계와 내용

하나의 예외를 제외하면(말라키서를 요나서 앞에 두는 4Q XII[a]), 다른 모든 히브리어, 그리스어, 라틴어, 시리아어 본문 증언은 말라키서를 열두 소예언서 끄트머리에 배치한다. 몇몇 주해가는 말라키서가 실은 즈카르야서의 부록이었다고 가정한다. 이 경우 열두 소예언서 발행인은 이 부록에 '말라키'(나의 사자)라는 표제를 부여했을 것이다. 그러나 많은 저자는 말라키서는 본디 즈카르야서와 독립된 작품이라고 생각한다(Childs, Hill). 한편, 말라키서의 경정성은 문제시되어 본 적이 없다(Verhoef).

본문의 설계에서 히브리어 본문과 번역본 사이의 비교는 본문상 여러 난제를 제시한다. 루돌프(W. Rudolph)는 우리가 1,13; 1,14; 2,3; 2,4; 2,15; 3,6; 3,16에서 짐작으로 본문을 읽는다고 주장한다. 이를 확인하기 위해서는 다양한 성경 번역을 주의 깊게 읽는 것으로 족하다. 이 난제들은 서로 다르게 평가된다. 몇몇 역자는 번역본에 유리하게 히브리어 본문을 수정할 것을 제안하며(BHS), 다른 역자들은 이러한 수정에 반대 견해를 보인다(Verhoef).

장 구분은 의견의 일치를 보이지 못한다. 어떤 성경 판은 네 개의 장을 포함하는가 하면, 다른 성경 판은 세 개의 장만 간직하고 있기 때문이다. 이러한 장 구분의 차이는 성경이 처음으로 인쇄되기 이전 대중 라틴말 성경(Vulgata)에 드리워져 있었다. 파리 대학교의 교수였던 랑똥(E. Langton)은 성경 본문 장 구분에서 새로운 구분을 도입했다. 이 구분은 '파리 성경'(또는 '대학교 성경')이라 불리는 1226년의 대중 라틴말 성경 판에 수용되었다. 랑똥은 말라키서를 세 장으로 나누었다. 이 구분은 유다인들 세계에서 인정되었으나, 그리스도교 대부분은 네 장으로의 구분을 받아들였다.

1908년의 주해서에서 반 호나커(A. Van Hoonacker)는 말라키서는 두 부분으로 나뉜다고 여겼다. 첫 부분인 1,2-2,16에서 예언자는 유다 공동체의 적폐를 고발한다. 사제들은 의무를 위반하며, 제사장과 율법 교사로서의 신분을 소홀히 한다. 공동체를 거슬러 예언자는 분열과 이혼 폐습과 혼혈혼을 지적한다. 둘째 부분인 2,17-3,24에서 예언자는 메시아 시대와 복원에 대하여 말한다. 번성하는 것처럼 보이는 악인들을 위해서 주님의 날이 다가온다. 백성은 따라서 자기들의 의무를 성실히 채

워야 한다. 주님의 날에 의인들은 빛나는 보상을 받을 것이다. 열두 소예언서 두루마리 전체를 마감하는 두 개의 부록은 모세 율법의 중요성을 상기시키고, 주님 날의 선구자를 엘리야와 동일시한다.

이와는 달리 뽀트렐(R. Pautrel)은 (이스라엘의 선택 주제를 중심으로 하는 1,1-5의) 도입 부분과 (엘리야라는 인물 안에서 심판 선구자를 예고하는 3,23-24의) 결어 부분 이외에 세 부분을 본다. 이 세 부분은 레위의 계약 파기와(1,6-2,9) 조상들의 계약 위반과(2,10-16) 율법의 계약에 대한 믿음 결핍을(2,17-3,22) 묘사한다.

마소라본의 열린 단원들(*Parashot*)과 닫힌 단원들(*Sedarim*) 구분을 따르면, 우리는 네 부분을 얻을 수 있다. 첫 부분은 1,1-2,9(1,1-13; 1,14-2,9), 둘째 부분은 2,10-12, 셋째 부분은 2,13-3,21(2,13-16; 2,17-3,12; 3,13-18; 3,19-21), 넷째 부분은 3,22-24이다. 이 구분법은 계약 주제를 말라키서의 중심 주제로 분명히 드러낸다. 사실 첫 부분은 사제들을 대상으로 하고, 셋째 부분은 백성과 관련되며, 본문의 가운데에 있는 둘째 부분은 하느님과 맺은 계약 존중에 관한 필요성을 강조한다. 이 구분법은, 마소라 학자들의 눈에, 책의 마지막 단락을 하나의 부록을 형성하는 것으로 취급하게 한다(Hill). 다른 구분법을 따르면서, 후겐베르거(G.P. Hugenberger)는 계약으로서의 혼인을 말하는 2,10-16의 셋째 논쟁을 말라키서의 중심 단락으로 간주한다. 그는 이러한 관점에서 이 책의 구심적 구조를 지지한다.

그러나 (Smith, Chary, Rudolph, Vuilleumier, Glazier-McDonald, Verhoef, Hugenberger, Meinhold와 같은) 여러 현대 학자들에게 말라키서는 서언과(1,1) 결어(3,22-24) 외에 – 한편 몇몇 학자는 서언과 결어를 별도의 두 부분으로 취급한다 – 여섯 부분으로 형성된다. 내용에서 상당한 차이를 보이는 이 부분들은 언쟁 또는 '소송'(*rîb*), 고발, 논쟁, 신탁 등으로 불린다. 예언자는 홀로 말하기에, 욥기에서처럼 각 편이 돌아가며 말을 하는 언쟁은 아니다(Weyde). 몇몇 저자는 말라키서에서 일정한 단일성 또는 전반적인 움직임을 본다. 글래지어 맥도널드(B. Glazier-McDonald)는 말라키가 예언을 위해서 질문하고 응답하는 교리교육 도식을 활용한다고 여긴다. 샤리(T. Chary)에게, 비록 말라키서가 일정한 구도를 보여주지 못한다 하더라도, 이 책에는 하느님 사랑으로부터 필수적인 회개를 통한 구원 실현에 이르는 점진적인 움직임이 있다. 루돌프와 같은 몇몇 학자에게, 끝부분인 말라 3,22-24는 말라키서와 아무런 관련이 없으며, 오히려 예언서 경전 전체의 결론을 구성한다는 사실을 부연해야 할 것이다. 이와 같은 해석은 한편 최근의 연구에 있어 점점 더 관심의 대상이 되었다.

일반적으로 우리는 다음과 같은 방법으로 말라키서 구분을 제시할 수 있다.

1,1	저자(말라키)와 수신인(이스라엘)을 밝히는 제목 또는 표제
1,2-5	주님은 이스라엘을 사랑하시고 이를 입증하신다
1,6-2,9	참된 예배를 위해 요구되는 조건과 사제들 고발
2,10-16	이혼을 거스른 반론과 우상을 숭배하는 여인들과의 재혼
2,17-3,5	심판과 정화의 날이 다가온다
3,6-12	회개 호소와 하느님의 축복을 받기 위한 십일조 납부 호소
3,13-21	하느님의 정의와 의인들의 최후 승리 예고
3,22-24	종결 : 이스라엘 신앙의 역사적 두 인물, (각각 율법과 예언자들을 대표하는) 과거를 위한 모세와 미래를 위한 엘리야 언급

2. 출처와 형성

말라키의 설교에 관한 정확한 일자도, 예언자 자신도 우리에게 거의 알려져 있지 않다. 우리는 예언자의 책과 이 책이 밝히는 예언자의 영적인 '면모'만을 간직하고 있을 뿐이다(Chary, Verhoef).

유다교 전승은 말라키가 바빌론 유배로부터 귀환한 사람들 가운데 한 사람이라고 주장한다(바빌론 탈무드, *Zebahim* 62a). 한편 말라키는, 예언자 하까이와 즈카르야와 말라키가 죽은 다음 성령이 이스라엘을 떠났다고 전해지고 있기에(*Tosefta Sota* 13,2; *Midrash Cantique Rabba* VIII, 9,3; 바빌론 탈무드, *Sanhedrin* 11a), 하느님의 영을 보유한 최후의 인물일 것이다.

우리는 본문의 몇몇 요소를 통하여 말라키의 설교가 페르시아 시대에 자리한다고 추정할 수 있다. 여러 주석가는 외국 정부의 대표를 가리키는 단어인 1,8의 페하(*pēhâ*, 총독)라는 언급을 지적한다(Hugenberger, Verhoef, Glazier-McDonald). 그러나 다른 저자들은 이 단어를 한정사로 보기에는 너무나 일반적이라고 단언한다(Smith). 성전이 존재한다는 사실로 보아 우리는 515년 이후, 나아가 성전에서의 성무가 타락하던 시기에 서 있다. 말라키서의 질책은 에즈라-느헤미야기의 그것과 유사하기에, 이 작품들은 거의 동시대의 것으로 보인다. 집회 49,10이 열두 예언자들을 언급하고 있고, 집회 48,10이 말라 3,24를 암시하고 있다는 사실은 말라키서가 아무튼 기원전 180년 이전에 편집되었음을 밝혀준다. 역사비평 주석이 말라키서 편집에 대해 제안한 다양한 일자들은 이처럼 페르시아 시대와 헬레니즘 시대 초기 사이에서 망설임을 보인다. 크릭(M. Krieg)은 더욱 후대의 일자인 기원전 200년경을 고려하기도 하나, 저자 대부분은 기원전 5세기 중반을 택한다.

말라키서 저자는 어떤 사람인가? 특별한 정보의 결핍은 최소한 서로 다른 세 가지 해답을 가능하게 한다.

1) 몇몇 저자는 말라키가 익명의 호칭이라고 여긴다(Vuilleumier.

Smith). 말라 1,1의 이름을 '그분의 사자'로 번역한 칠십인역 성경은 동일 선상에 놓인다.

2) '말라키'라는 이름이 고유명사가 아니라고 평가하는 다른 저자들은 예언자를 모르도카이나 서기관 에즈라와 같은 역사 속에 알려진 인물과 동일시하고자 시도했다(타르굼 [ms de Reuchlin], 바빌론 탈무드, *Megillah* 15a). 유다교 전승의 일부에 따라 예로니모와(*PL* 25, col. 1542,1557,1570) 칼빈은 그를 에즈라와 동일 인물로 보았다(Hill, Chary).

3) 다른 저자들은 말라키를 예언자의 고유명사로 간주하기도 한다. 이는 유다교 전승과(바빌론 탈무드, *Megillah* 15a: "그러나 현자들은 말라키가 그의 고유한 이름이었다고 말한다") 현대 여러 저자의 관점이다(Chary, Verhoef, Glazier-McDonald, Hill, Meingold).

말라키서 수신자들에 관한 문제는 매우 명백하다. 예언자는 유다인 일반과(1,1), 비난의 여지가 없는 예배 복원을 위한 차원에서 특히 사제들을 대상으로 설교한다. 말라키가 바빌론 유배 귀환 이후 예언하고 있기에, '이스라엘'은 남 왕국(유다와 벤야민)으로 대표되는 선택된 백성 또는 그 가운데 남은 자를 가리키는 개념으로 이해해야 한다.

3. 주제와 의도

말라키서의 주요 주제는 야훼와 이스라엘 사이의 계약 관계이다(Hill). 이 작품은 계약 어휘를 사용하고, 레위 곧 사제들과 맺은 계약과(2,1-9) 혼인 안에서의 계약에(2,10-16) 대하여 말하며, 계약의 사자(또는 천사)를 언급한다(3,1). 피셔(J.A. Fischer)는 말라키서가 하느님과 맺은 계약 관계의 왜곡된 개념을 바로 잡는다고 생각한다. 하느님을 사랑한다는 것은 그분 축복의 원인이 아니라 이 축복의 조건이다. 하느님은 몸소 원인으로 머무신다. 하느님은 유다를 사랑하시며, 진솔함과 진정한 예배를 원하신다(Hill).

말라키서는 하까이서와 즈카르야서가 선언한 구원 신탁들을 상대화한다(Hill). 유배시대 이후의 공동체는 그 희망을 유배에서 귀환한 메시아 즈루빠벨에게 두었으나(즈카 6,9-15), 약속은 실현되지 않았다. 성전 재건으로 고무된 기대가 실현되지 않았을 뿐만 아니라, 사제들의 윤리적 타락과 백성의 전반적인 실의가 뒤따랐다. 말라키서는 따라서 하느님께 대한 백성의 신뢰를 다시 세우고자 하며, 메시아의 임박한 도래를 예고한다. 이스라엘은 변화하여 하느님께 돌아가야 하며, 그러면 메시아 시대가 다가올 것이다(Smith). 샤리(T. Chary)는 또한 말라키서가 일종의 종말론적인 긴장을 담고 있다고 평가한다. 다윗의 후손은 더 이상 기대되지 않으며, 이제 미래의 복원 프로그램을 실현하실 분은 바로 하느님이시다.

다른 열두 소예언서처럼, 말라키서는 과거의 사건들과 인물들을 인용하면서 백성의 옛 역사를 주해하고, 나아가 이상화한다(Hill). 되찾아야 할 이상으로서 선택의 과거, 계약의 과거, 레위 사제직의 과거를 다시 읽는다.

유배시대 이후의 예언자들이 그렇게 했던 것처럼, 말라키서는 하느님께 돌아오는 사람들을 위하여 복원을 예고하고, 사회에서 소외된 사람들을 위하여 정의를 말한다(3,5).

이혼 주제는 유배시대 이후 유다교의 배타주의적 사조를 반영한다(Hill). 말라키서는 이혼과 동시에 이방 여인들과의 혼인을 비난한다. 이 두 현실은 조상들의 계약에 대한 성실성 결여를 드러내기 때문이다. 현대의 독자는 이 책의 배타주의적 성격에 대하여 충격을 받을 수 있다. 에즈 10장과 느헤 13장은 한편 이 문제에 있어 말라키보다 훨씬 더 나아간다. 이 배타성은, 에즈라-느헤미야기처럼 말라키서에서, '배교'라는 주제와 긴밀히 연결되어 있다. 그러기에 말라키는 "이방 신을 섬기는 여자"를 언급하여(말라 2,11) 그가 공격하는 우상숭배를 밝힌다. 이 문제는 계급으로 구성된 신정주의적 사회를 제시한다. 이 사회는 주로 이방 예배의 오염과 하느님 계약의 망각에 대한 두려움으로 노심초사하던 사회였다.

말라키서에서 이스라엘 백성이 설교의 대상이 되고 있는 반면, 외국 민족들은 최소한만 언급될 뿐이다. 말라키서는 특히 예루살렘 성전을 중심으로 한 공동체의 내적 자세에 관하여 관심을 쏟는다. 한편, 이민족들에 대한 최소한의 암시는(1,11.14) 야훼의 보편성을 지향한다. 그분의 이름은 이민족들 사이에서 위대한 이름이기 때문이다. 이 암시는 이민족들이 계약의 역사적 수탁자인 이스라엘 백성보다 하느님의 이름을 더욱 경외한다는 것으로 들린다.

말라키서가 의인들을 위한 '비망록'을 말함으로써(말라 3,16) 히브리 종말론에 혁신을 일으켰다는 사실을 지적하도록 하자. 유배시대 이후 유다교에 끼친 페르시아 영향의 결과이다(Hill, Meingold). 주님의 날 선구자 개념(3,1; 3,23) 또한 계시의 역사에서 유일한 종말론적 측면이기도 하다(Verhoef).

그리스도교 신자들에게 말라키서 독서는 신약성경에서 바로 이어진다. 말라 1,10-11은 교회를 예고하고, 말라 3,1.23-24(엘리야)는 요한 세례자를 예고하며, 말라 3,20은 예수님을 예고한다(Hill). 열두 소예언서 문맥에서 말라 3,22-24는 느비임(*Nebiim*, 예언서) 전체의 결론을 제시한다. 히브리어 성경의 둘째 부분인 예언서는 여기서 첫째 부분인 모세의 토라와 상관관계에 놓인다. 또한 (하느님에 의해 "하늘로 들어 올려진" 유일한 예언자; 2열왕 2 참조) 엘리야의 재림 예고는 예언서 전체의 종말론적 (재)독서의 길을 열어준다.

4. 참고 문헌

4.1. 주석서

T. Chary, SBi, 1969. A.E. Hill, AncB 25D, 1998. A. Meingold, BK.AT 14/8, 2006. H.G. Mitchell/J.M.P. Smith & J.A. Bewer, ICC, 1912. H. Reventlow, ATD. 25/2, 1993. T.H. Robinson/F. Horst, HAT 14, 1954. W. Rudolph, KAT 13/4, 1976. A. Van Hoonacker, EtB, 1908. P.A. Verhoef, NICOT, 1987. R. Vuilleumier, CAT 11c, 1981.

4.2. 연구 현황

J.M. O'Brien, «Malachi in Recent Research», *CR:BS* 3(1995), p. 81-94. A.E. Hill, «Malachi, Book of», in D.N. Freedman (éd.), *The Anchor Bible Dictionary. Vol. 4*, New York *et al.*, 1992, p. 478-485. R. Pautrel, «Malachie (Le livre de)», *DBS* 5(1957), col. 738-746.

4.3. 주요 저서 및 논문

J. Briend, «Malachie 1,11 et l'universalisme», in R. Kuntzmann (éd.), *Ce Dieu qui vient. Mélanges offerts à Bernard Renaud* (LeDiv 159), Paris, 1995, p. 191-204. J.A. Fischer, «Notes on the Literary Form and Message of Malachi», *CBQ* 34(1972), p. 315-320. B. Glazier-McDonald, *Malachi: The Divine Messenger*, Atlanta(GA), 1987. I. Himbaza, «La finale de Malachie sur Elie (Ml 3,23-24). Son influence sur le livre de Malachie et son impact sur la literature postérieure», in I. Himbaza/A. Schenker (éd.),

Un carrefour dans l'histoire de la Bible. Du texte à la théologie au IIe siècle avant J.-C (OBO 233), Fribourg, 2007, p. 21–44. G.P. Hugenberger, *Marriage as Covenant: A Study of Biblical Law and Ethics Governing Marriage Developed from the Perspective of Malachi* (VT.S 7), Leiden *et al.*, 1994. M. Krieg, *Mutmaßungen über Maleachi. Eine Monographie* (AThANT 80), Zürich, 1992. K.W. Weyde, *Prophecy and Teaching Prophetic Authority: Form Problems and the Use of Traditions in the Book of Malachi* (BZAW 288), Berlin/New York, 2000.